2020 年度全国会计专业技术资格考试参考用书

初级会计资格

全国会计专业技术资格考试参考法规汇编

财政部会计资格评价中心 编

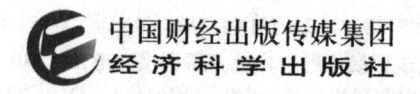

中国财经出版传媒集团
经济科学出版社

图书在版编目（CIP）数据

全国会计专业技术资格考试参考法规汇编/财政部会计资格评价中心编.—北京：经济科学出版社，2019.9
2020年度全国会计专业技术资格考试参考用书
ISBN 978-7-5218-0902-2

Ⅰ.①全… Ⅱ.①财… Ⅲ.①法律-汇编-中国-资格考试-自学参考资料 Ⅳ.①D920.9

中国版本图书馆 CIP 数据核字（2019）第 194881 号

责任编辑：李　磊
责任校对：蒋子明　靳玉环
责任印制：刘　军　邱　天

全国会计专业技术资格考试参考法规汇编
财政部会计资格评价中心　编
经济科学出版社出版、发行　新华书店经销
社址：北京市海淀区阜成路甲 28 号　邮编：100142
总编部电话：010-88191217　发行部电话：010-88191522
网址：http://www.cfeac.com
天猫网店：经济科学出版社旗舰店
网址：http://jjkxcbs.tmall.com
北京中科印刷有限公司印装
787×1092　16开　32印张　990000字
2019 年 9 月第 1 版　2019 年 9 月第 1 次印刷
印数：000001—130000 册
ISBN 978-7-5218-0902-2　定价：54.00 元
（图书出现印装问题，本社负责调换。电话：010-88191510）
（打击盗版举报热线：010-88191661，QQ：2242791300）

前　言

为帮助考生全面理解和掌握全国会计专业技术资格考试领导小组办公室印发的 2020 年度《初级会计专业技术资格考试大纲》，更好地复习备考，财政部会计资格评价中心组织专家编写组按照考试大纲的要求和最新颁布的法律法规，对《初级会计实务》《经济法基础》辅导教材进行了调整和修订，并对《全国会计专业技术资格考试参考法规汇编》作了相应调整。调整和修订的主要内容将在全国会计资格评价网（http://kzp.mof.gov.cn/）上公布。调整和修订所参照的法律法规截止到 2019 年 9 月。

本考试用书作为指导考生复习备考之用，不作为全国会计专业技术资格考试指定用书。考生在学习过程中如遇到疑难问题，可登录全国会计资格评价网提出问题，并注意查阅有关问题解答。

书中如有疏漏和不当之处，敬请指正，并及时反馈我们。

财政部会计资格评价中心

二〇一九年九月

目 录

一、会计法律制度部分

中华人民共和国会计法 ……………………………………………………………（1）
企业会计准则——基本准则 ………………………………………………………（6）
企业会计准则第1号——存货 ……………………………………………………（9）
企业会计准则第2号——长期股权投资 …………………………………………（11）
企业会计准则第3号——投资性房地产 …………………………………………（14）
企业会计准则第4号——固定资产 ………………………………………………（16）
企业会计准则第6号——无形资产 ………………………………………………（18）
企业会计准则第7号——非货币性资产交换 ……………………………………（20）
企业会计准则第8号——资产减值 ………………………………………………（23）
企业会计准则第9号——职工薪酬 ………………………………………………（28）
企业会计准则第11号——股份支付 ……………………………………………（32）
企业会计准则第12号——债务重组 ……………………………………………（34）
企业会计准则第13号——或有事项 ……………………………………………（36）
企业会计准则第14号——收入 …………………………………………………（37）
企业会计准则第16号——政府补助 ……………………………………………（45）
企业会计准则第17号——借款费用 ……………………………………………（47）
企业会计准则第18号——所得税 ………………………………………………（49）
企业会计准则第20号——企业合并 ……………………………………………（51）
企业会计准则第21号——租赁 …………………………………………………（54）
企业会计准则第22号——金融工具确认和计量 ………………………………（63）
企业会计准则第28号——会计政策、会计估计变更和差错更正 ……………（76）
企业会计准则第29号——资产负债表日后事项 ………………………………（78）
企业会计准则第30号——财务报表列报 ………………………………………（79）
企业会计准则第31号——现金流量表 …………………………………………（85）
企业会计准则第34号——每股收益 ……………………………………………（88）
企业会计准则第36号——关联方披露 …………………………………………（89）
企业会计准则第37号——金融工具列报 ………………………………………（91）
企业会计准则第39号——公允价值计量 ………………………………………（108）
企业会计准则第42号——持有待售的非流动资产、处置组和终止经营 ……（116）
企业会计准则解释第1号 …………………………………………………………（120）
企业会计准则解释第2号 …………………………………………………………（122）
企业会计准则解释第3号 …………………………………………………………（124）

企业会计准则解释第 4 号 …………………………………………………………… (126)
企业会计准则解释第 5 号 …………………………………………………………… (129)
企业会计准则解释第 6 号 …………………………………………………………… (131)
企业会计准则解释第 7 号 …………………………………………………………… (132)
企业会计准则解释第 8 号 …………………………………………………………… (135)
企业会计准则解释第 9 号 …………………………………………………………… (137)
企业会计准则解释第 10 号 ………………………………………………………… (138)
企业会计准则解释第 11 号 ………………………………………………………… (138)
企业会计准则解释第 12 号 ………………………………………………………… (139)
企业产品成本核算制度（试行） …………………………………………………… (140)
增值税会计处理规定 ………………………………………………………………… (145)
管理会计基本指引 …………………………………………………………………… (150)
企业财务会计报告条例 ……………………………………………………………… (152)
关于修订印发 2019 年度一般企业财务报表格式的通知 ………………………… (157)
政府会计准则——基本准则 ………………………………………………………… (177)
关于印发《政府会计制度——行政事业单位会计科目和报表》的通知 ………… (181)
企业内部控制基本规范 ……………………………………………………………… (193)
行政事业单位内部控制规范（试行） ……………………………………………… (198)
小企业内部控制规范（试行） ……………………………………………………… (205)
会计基础工作规范 …………………………………………………………………… (208)
会计档案管理办法 …………………………………………………………………… (218)
会计人员管理办法 …………………………………………………………………… (223)
会计专业技术人员继续教育规定 …………………………………………………… (224)
关于加强会计人员诚信建设的指导意见 …………………………………………… (227)
代理记账管理办法 …………………………………………………………………… (229)
财政部门监督办法 …………………………………………………………………… (233)

二、税收法律制度部分

中华人民共和国增值税暂行条例 …………………………………………………… (236)
中华人民共和国增值税暂行条例实施细则 ………………………………………… (239)
中华人民共和国消费税暂行条例 …………………………………………………… (243)
中华人民共和国消费税暂行条例实施细则 ………………………………………… (244)
中华人民共和国企业所得税法 ……………………………………………………… (247)
中华人民共和国企业所得税法实施条例 …………………………………………… (252)
中华人民共和国个人所得税法 ……………………………………………………… (265)
中华人民共和国个人所得税法实施条例 …………………………………………… (269)
关于全面实施新个人所得税法若干征管衔接问题的公告 ………………………… (272)
关于个人取得有关收入适用个人所得税应税所得项目的公告 …………………… (273)
个人所得税专项附加扣除暂行办法 ………………………………………………… (275)
中华人民共和国房产税暂行条例 …………………………………………………… (277)
中华人民共和国契税暂行条例 ……………………………………………………… (278)
中华人民共和国土地增值税暂行条例 ……………………………………………… (279)
中华人民共和国城镇土地使用税暂行条例 ………………………………………… (280)
中华人民共和国车船税法 …………………………………………………………… (282)

中华人民共和国印花税暂行条例 …… (283)
中华人民共和国资源税暂行条例 …… (286)
中华人民共和国进出口关税条例 …… (287)
中华人民共和国环境保护税法 …… (294)
中华人民共和国车辆购置税法 …… (297)
中华人民共和国耕地占用税法 …… (298)
中华人民共和国烟叶税法 …… (299)
中华人民共和国船舶吨税法 …… (300)
关于全面推开营业税改征增值税试点的通知 …… (302)
关于简并增值税税率有关政策的通知 …… (333)
关于调整增值税税率的通知 …… (335)
关于深化增值税改革有关政策的公告 …… (336)
增值税一般纳税人登记管理办法 …… (338)
关于统一增值税小规模纳税人标准的通知 …… (339)
关于增值税普通发票管理有关事项的公告 …… (339)
关于增值税发票管理若干事项的公告 …… (340)
关于租入固定资产进项税额抵扣等增值税政策的通知 …… (341)
关于进一步加强代扣代收代征税款手续费管理的通知 …… (343)
关于个人所得税法修改后有关优惠政策衔接问题的通知 …… (345)
关于实施小微企业普惠性税收减免政策的通知 …… (348)
关于营改增后契税　房产税　土地增值税　个人所得税计税依据问题的通知 …… (349)
关于防范税收风险若干增值税政策的通知 …… (349)
关于进一步完善固定资产加速折旧企业所得税政策的通知 …… (351)
关于企业职工教育经费税前扣除政策的通知 …… (356)
关于完善研究开发费用税前加计扣除政策的通知 …… (356)
关于提高研究开发费用税前加计扣除比例的通知 …… (358)
关于公益性捐赠支出企业所得税税前结转扣除有关政策的通知 …… (358)
关于全面推进资源税改革的通知 …… (359)
关于资源税改革具体政策问题的通知 …… (362)
关于广告费和业务宣传费支出税前扣除政策的通知 …… (364)
中华人民共和国税收征收管理法 …… (365)
中华人民共和国税收征收管理法实施细则 …… (373)
中华人民共和国发票管理办法 …… (382)
中华人民共和国发票管理办法实施细则 …… (386)
关于加快推进"多证合一"改革的指导意见 …… (389)

三、金融证券法律制度部分

中华人民共和国票据法 …… (392)
支付结算办法 …… (400)
人民币银行结算账户管理办法 …… (423)
人民币银行结算账户管理办法实施细则 …… (431)
票据交易管理办法 …… (436)
票据管理实施办法 …… (441)
支付机构预付卡业务管理办法 …… (443)

非金融机构支付服务管理办法 …………………………………………………（448）
电子商业汇票业务管理办法 ……………………………………………………（454）
银行卡业务管理办法 ……………………………………………………………（461）
银行卡收单业务管理办法 ………………………………………………………（468）

四、其他法律制度部分

中华人民共和国劳动法 …………………………………………………………（473）
中华人民共和国劳动合同法 ……………………………………………………（480）
中华人民共和国劳动合同法实施条例 …………………………………………（489）
中华人民共和国社会保险法 ……………………………………………………（492）
中华人民共和国劳动争议调解仲裁法 …………………………………………（499）

一、会计法律制度部分

中华人民共和国会计法

(1985年1月21日第六届全国人民代表大会常务委员会第九次会议通过 1993年12月29日第八届全国人民代表大会常务委员会第五次会议修正 1999年10月31日第九届全国人民代表大会常务委员会第十二次会议修订 2017年11月4日第十二届全国人民代表大会常务委员会第三十次会议修正)

第一章 总 则

第一条 为了规范会计行为,保证会计资料真实、完整,加强经济管理和财务管理,提高经济效益,维护社会主义市场经济秩序,制定本法。

第二条 国家机关、社会团体、公司、企业、事业单位和其他组织(以下统称单位)必须依照本法办理会计事务。

第三条 各单位必须依法设置会计账簿,并保证其真实、完整。

第四条 单位负责人对本单位的会计工作和会计资料的真实性、完整性负责。

第五条 会计机构、会计人员依照本法规定进行会计核算,实行会计监督。

任何单位或者个人不得以任何方式授意、指使、强令会计机构、会计人员伪造、变造会计凭证、会计账簿和其他会计资料,提供虚假财务会计报告。

任何单位或者个人不得对依法履行职责、抵制违反本法规定行为的会计人员实行打击报复。

第六条 对认真执行本法,忠于职守,坚持原则,作出显著成绩的会计人员,给予精神的或者物质的奖励。

第七条 国务院财政部门主管全国的会计工作。

县级以上地方各级人民政府财政部门管理本行政区域内的会计工作。

第八条 国家实行统一的会计制度。国家统一的会计制度由国务院财政部门根据本法制定并公布。

国务院有关部门可以依照本法和国家统一的会计制度制定对会计核算和会计监督有特殊要求的行业实施国家统一的会计制度的具体办法或者补充规定,报国务院财政部门审核批准。

中国人民解放军总后勤部可以依照本法和国家统一的会计制度制定军队实施国家统一的会计制度的具体办法,报国务院财政部门备案。

第二章 会 计 核 算

第九条 各单位必须根据实际发生的经济业务事项进行会计核算,填制会计凭证,登记会计账簿,编制财务会计报告。

任何单位不得以虚假的经济业务事项或者资料进行会计核算。

第十条 下列经济业务事项,应当办理会计手续,进行会计核算:

(一)款项和有价证券的收付;

(二)财物的收发、增减和使用;

(三)债权债务的发生和结算;

(四)资本、基金的增减;

（五）收入、支出、费用、成本的计算；
（六）财务成果的计算和处理；
（七）需要办理会计手续、进行会计核算的其他事项。

第十一条 会计年度自公历1月1日起至12月31日止。

第十二条 会计核算以人民币为记账本位币。

业务收支以人民币以外的货币为主的单位，可以选定其中一种货币作为记账本位币，但是编报的财务会计报告应当折算为人民币。

第十三条 会计凭证、会计账簿、财务会计报告和其他会计资料，必须符合国家统一的会计制度的规定。

使用电子计算机进行会计核算的，其软件及其生成的会计凭证、会计账簿、财务会计报告和其他会计资料，也必须符合国家统一的会计制度的规定。

任何单位和个人不得伪造、变造会计凭证、会计账簿及其他会计资料，不得提供虚假的财务会计报告。

第十四条 会计凭证包括原始凭证和记账凭证。

办理本法第十条所列的经济业务事项，必须填制或者取得原始凭证并及时送交会计机构。

会计机构、会计人员必须按照国家统一的会计制度的规定对原始凭证进行审核，对不真实、不合法的原始凭证有权不予接受，并向单位负责人报告；对记载不准确、不完整的原始凭证予以退回，并要求按照国家统一的会计制度的规定更正、补充。

原始凭证记载的各项内容均不得涂改；原始凭证有错误的，应当由出具单位重开或者更正，更正处应当加盖出具单位印章。原始凭证金额有错误的，应当由出具单位重开，不得在原始凭证上更正。

记账凭证应当根据经过审核的原始凭证及有关资料编制。

第十五条 会计账簿登记，必须以经过审核的会计凭证为依据，并符合有关法律、行政法规和国家统一的会计制度的规定。会计账簿包括总账、明细账、日记账和其他辅助性账簿。

会计账簿应当按照连续编号的页码顺序登记。会计账簿记录发生错误或者隔页、缺号、跳行的，应当按照国家统一的会计制度规定的方法更正，并由会计人员和会计机构负责人（会计主管人员）在更正处盖章。

使用电子计算机进行会计核算的，其会计账簿的登记、更正，应当符合国家统一的会计制度的规定。

第十六条 各单位发生的各项经济业务事项应当在依法设置的会计账簿上统一登记、核算，不得违反本法和国家统一的会计制度的规定私设会计账簿登记、核算。

第十七条 各单位应当定期将会计账簿记录与实物、款项及有关资料相互核对，保证会计账簿记录与实物及款项的实有数额相符、会计账簿记录与会计凭证的有关内容相符、会计账簿之间相对应的记录相符、会计账簿记录与会计报表的有关内容相符。

第十八条 各单位采用的会计处理方法，前后各期应当一致，不得随意变更；确有必要变更的，应当按照国家统一的会计制度的规定变更，并将变更的原因、情况及影响在财务会计报告中说明。

第十九条 单位提供的担保、未决诉讼等或有事项，应当按照国家统一的会计制度的规定，在财务会计报告中予以说明。

第二十条 财务会计报告应当根据经过审核的会计账簿记录和有关资料编制，并符合本法和国家统一的会计制度关于财务会计报告的编制要求、提供对象和提供期限的规定；其他法律、行政法规另有规定的，从其规定。

财务会计报告由会计报表、会计报表附注和财务情况说明书组成。向不同的会计资料使用者提供的财务会计报告，其编制依据应当一致。有关法律、行政法规规定会计报表、会计报表附注和财务情况说明书须经注册会计师审计的，注册会计师及其所在的会计师事务所出具的审计报告应当随同财务会计报告一并提供。

第二十一条 财务会计报告应当由单位负责人和主管会计工作的负责人、会计机构负责人（会计主管人员）签名并盖章；设置总会计师的单位，还须由总会计师签名并盖章。

单位负责人应当保证财务会计报告真实、完整。

第二十二条 会计记录的文字应当使用中文。在民族自治地方，会计记录可以同时使用当地通用的一种民族文字。在中华人民共和国境内的外商投资企业、外国企业和其他外国组织的会计记录可以同时使用一种外国文字。

第二十三条 各单位对会计凭证、会计账簿、财务会计报告和其他会计资料应当建立档案，妥善保管。会计档案的保管期限和销毁办法，由国务院财政部门会同有关部门制定。

第三章 公司、企业会计核算的特别规定

第二十四条 公司、企业进行会计核算，除应当遵守本法第二章的规定外，还应当遵守本章规定。

第二十五条 公司、企业必须根据实际发生的经济业务事项，按照国家统一的会计制度的规定确认、计量和记录资产、负债、所有者权益、收入、费用、成本和利润。

第二十六条 公司、企业进行会计核算不得有下列行为：

（一）随意改变资产、负债、所有者权益的确认标准或者计量方法，虚列、多列、不列或者少列资产、负债、所有者权益；

（二）虚列或者隐瞒收入，推迟或者提前确认收入；

（三）随意改变费用、成本的确认标准或者计量方法，虚列、多列、不列或者少列费用、成本；

（四）随意调整利润的计算、分配方法，编造虚假利润或者隐瞒利润；

（五）违反国家统一的会计制度规定的其他行为。

第四章 会 计 监 督

第二十七条 各单位应当建立、健全本单位内部会计监督制度。单位内部会计监督制度应当符合下列要求：

（一）记账人员与经济业务事项和会计事项的审批人员、经办人员、财物保管人员的职责权限应当明确，并相互分离、相互制约；

（二）重大对外投资、资产处置、资金调度和其他重要经济业务事项的决策和执行的相互监督、相互制约程序应当明确；

（三）财产清查的范围、期限和组织程序应当明确；

（四）对会计资料定期进行内部审计的办法和程序应当明确。

第二十八条 单位负责人应当保证会计机构、会计人员依法履行职责，不得授意、指使、强令会计机构、会计人员违法办理会计事项。

会计机构、会计人员对违反本法和国家统一的会计制度规定的会计事项，有权拒绝办理或者按照职权予以纠正。

第二十九条 会计机构、会计人员发现会计账簿记录与实物、款项及有关资料不相符的，按照国家统一的会计制度的规定有权自行处理的，应当及时处理；无权处理的，应当立即向单位负责人报告，请求查明原因，作出处理。

第三十条 任何单位和个人对违反本法和国家统一的会计制度规定的行为，有权检举。收到检举的部门有权处理的，应当依法按照职责分工及时处理；无权处理的，应当及时移送有权处理的部门处理。收到检举的部门、负责处理的部门应当为检举人保密，不得将检举人姓名和检举材料转给被检举单位和被检举人个人。

第三十一条 有关法律、行政法规规定，须经注册会计师进行审计的单位，应当向受委托的会计师事务所如实提供会计凭证、会计账簿、财务会计报告和其他会计资料以及有关情况。

任何单位或者个人不得以任何方式要求或者示意注册会计师及其所在的会计师事务所出具不实或者不当的审计报告。

财政部门有权对会计师事务所出具审计报告的程序和内容进行监督。

第三十二条 财政部门对各单位的下列情况实施监督：

（一）是否依法设置会计账簿；

（二）会计凭证、会计账簿、财务会计报告和其他会计资料是否真实、完整；

（三）会计核算是否符合本法和国家统一的会计制度的规定；

（四）从事会计工作的人员是否具备专业能力、遵守职业道德。

在对前款第（二）项所列事项实施监督，发现重大违法嫌疑时，国务院财政部门及其派出机构可以向与被监督单位有经济业务往来的单位和被监督单位开立账户的金融机构查询有关情况，有关单位和金融机构应当给予支持。

第三十三条 财政、审计、税务、人民银行、证券监管、保险监管等部门应当依照有关法律、行政法规规定的职责，对有关单位的会计资料实施监督检查。

前款所列监督检查部门对有关单位的会计资料依法实施监督检查后，应当出具检查结论。有关监督检查部门已经作出的检查结论能够满足其他监督检查部门履行本部门职责需要的，其他监督检查部门应当加以利用，避免重复查账。

第三十四条 依法对有关单位的会计资料实施监督检查的部门及其工作人员对在监督检查中知悉的国家秘密和商业秘密负有保密义务。

第三十五条 各单位必须依照有关法律、行政法规的规定，接受有关监督检查部门依法实施的监督检查，如实提供会计凭证、会计账簿、财务会计报告和其他会计资料以及有关情况，不得拒绝、隐匿、谎报。

第五章　会计机构和会计人员

第三十六条 各单位应当根据会计业务的需要，设置会计机构，或者在有关机构中设置会计人员并指定会计主管人员；不具备设置条件的，应当委托经批准设立从事会计代理记账业务的中介机构代理记账。

国有的和国有资产占控股地位或者主导地位的大、中型企业必须设置总会计师。总会计师的任职资格、任免程序、职责权限由国务院规定。

第三十七条 会计机构内部应当建立稽核制度。

出纳人员不得兼任稽核、会计档案保管和收入、支出、费用、债权债务账目的登记工作。

第三十八条 会计人员应当具备从事会计工作所需要的专业能力。

担任单位会计机构负责人（会计主管人员）的，应当具备会计师以上专业技术职务资格或者从事会计工作三年以上经历。

本法所称会计人员的范围由国务院财政部门规定。

第三十九条 会计人员应当遵守职业道德，提高业务素质。对会计人员的教育和培训工作应当加强。

第四十条 因有提供虚假财务会计报告，做假账，隐匿或者故意销毁会计凭证、会计账簿、财务会计报告，贪污，挪用公款，职务侵占等与会计职务有关的违法行为被依法追究刑事责任的人员，不得再从事会计工作。

第四十一条 会计人员调动工作或者离职，必须与接管人员办清交接手续。

一般会计人员办理交接手续，由会计机构负责人（会计主管人员）监交；会计机构负责人（会计主管人员）办理交接手续，由单位负责人监交，必要时主管单位可以派人会同监交。

第六章　法律责任

第四十二条 违反本法规定，有下列行为之一的，由县级以上人民政府财政部门责令限期改正，可以对单位并处 3 千元以上 5 万元以下的罚款；对其直接负责的主管人员和其他直接责任人员，可以处 2 千元以上 2 万元以下的罚款；属于国家工作人员的，还应当由其所在单位或者有关单位依法给予行政处分：
（一）不依法设置会计账簿的；
（二）私设会计账簿的；
（三）未按照规定填制、取得原始凭证或者填制、取得的原始凭证不符合规定的；
（四）以未经审核的会计凭证为依据登记会计账簿或者登记会计账簿不符合规定的；
（五）随意变更会计处理方法的；
（六）向不同的会计资料使用者提供的财务会计报告编制依据不一致的；
（七）未按照规定使用会计记录文字或者记账本位币的；
（八）未按照规定保管会计资料，致使会计资料毁损、灭失的；
（九）未按照规定建立并实施单位内部会计监督制度或者拒绝依法实施的监督或者不如实提供有关会计资料及有关情况的；
（十）任用会计人员不符合本法规定的。
有前款所列行为之一，构成犯罪的，依法追究刑事责任。
会计人员有第一款所列行为之一，情节严重的，五年内不得从事会计工作。
有关法律对第一款所列行为的处罚另有规定的，依照有关法律的规定办理。

第四十三条　伪造、变造会计凭证、会计账簿，编制虚假财务会计报告，构成犯罪的，依法追究刑事责任。
有前款行为，尚不构成犯罪的，由县级以上人民政府财政部门予以通报，可以对单位并处5千元以上10万元以下的罚款；对其直接负责的主管人员和其他直接责任人员，可以处3千元以上5万元以下的罚款；属于国家工作人员的，还应当由其所在单位或者有关单位依法给予撤职直至开除的行政处分；其中的会计人员，五年内不得从事会计工作。

第四十四条　隐匿或者故意销毁依法应当保存的会计凭证、会计账簿、财务会计报告，构成犯罪的，依法追究刑事责任。
有前款行为，尚不构成犯罪的，由县级以上人民政府财政部门予以通报，可以对单位并处5千元以上10万元以下的罚款；对其直接负责的主管人员和其他直接责任人员，可以处3千元以上5万元以下的罚款；属于国家工作人员的，还应当由其所在单位或者有关单位依法给予撤职直至开除的行政处分；其中的会计人员，五年内不得从事会计工作。

第四十五条　授意、指使、强令会计机构、会计人员及其他人员伪造、变造会计凭证、会计账簿，编制虚假财务会计报告或者隐匿、故意销毁依法应当保存的会计凭证、会计账簿、财务会计报告，构成犯罪的，依法追究刑事责任；尚不构成犯罪的，可以处5千元以上5万元以下的罚款；属于国家工作人员的，还应当由其所在单位或者有关单位依法给予降级、撤职、开除的行政处分。

第四十六条　单位负责人对依法履行职责、抵制违反本法规定行为的会计人员以降级、撤职、调离工作岗位、解聘或者开除等方式实行打击报复，构成犯罪的，依法追究刑事责任；尚不构成犯罪的，由其所在单位或者有关单位依法给予行政处分。对受打击报复的会计人员，应当恢复其名誉和原有职务、级别。

第四十七条　财政部门及有关行政部门的工作人员在实施监督管理中滥用职权、玩忽职守、徇私舞弊或者泄露国家秘密、商业秘密，构成犯罪的，依法追究刑事责任；尚不构成犯罪的，依法给予行政处分。

第四十八条　违反本法第三十条规定，将检举人姓名和检举材料转给被检举单位和被检举人个人的，由所在单位或者有关单位依法给予行政处分。

第四十九条　违反本法规定，同时违反其他法律规定的，由有关部门在各自职权范围内依法进行处罚。

第七章　附　　则

第五十条　本法下列用语的含义：

单位负责人，是指单位法定代表人或者法律、行政法规规定代表单位行使职权的主要负责人。

国家统一的会计制度，是指国务院财政部门根据本法制定的关于会计核算、会计监督、会计机构和会计人员以及会计工作管理的制度。

第五十一条 个体工商户会计管理的具体办法，由国务院财政部门根据本法的原则另行规定。

第五十二条 本法自 2000 年 7 月 1 日起施行。

企业会计准则——基本准则

(2006 年 2 月 15 日 财政部令第 33 号 2014 年 7 月 23 日 财政部令第 76 号修正)

第一章 总 则

第一条 为了规范企业会计确认、计量和报告行为，保证会计信息质量，根据《中华人民共和国会计法》和其他有关法律、行政法规，制定本准则。

第二条 本准则适用于在中华人民共和国境内设立的企业（包括公司，下同）。

第三条 企业会计准则包括基本准则和具体准则，具体准则的制定应当遵循本准则。

第四条 企业应当编制财务会计报告（又称财务报告，下同）。财务会计报告的目标是向财务会计报告使用者提供与企业财务状况、经营成果和现金流量等有关的会计信息，反映企业管理层受托责任履行情况，有助于财务会计报告使用者作出经济决策。

财务会计报告使用者包括投资者、债权人、政府及其有关部门和社会公众等。

第五条 企业应当对其本身发生的交易或者事项进行会计确认、计量和报告。

第六条 企业会计确认、计量和报告应当以持续经营为前提。

第七条 企业应当划分会计期间，分期结算账目和编制财务会计报告。

会计期间分为年度和中期。中期是指短于一个完整的会计年度的报告期间。

第八条 企业会计应当以货币计量。

第九条 企业应当以权责发生制为基础进行会计确认、计量和报告。

第十条 企业应当按照交易或者事项的经济特征确定会计要素。会计要素包括资产、负债、所有者权益、收入、费用和利润。

第十一条 企业应当采用借贷记账法记账。

第二章 会计信息质量要求

第十二条 企业应当以实际发生的交易或者事项为依据进行会计确认、计量和报告，如实反映符合确认和计量要求的各项会计要素及其他相关信息，保证会计信息真实可靠、内容完整。

第十三条 企业提供的会计信息应当与财务会计报告使用者的经济决策需要相关，有助于财务会计报告使用者对企业过去、现在或者未来的情况作出评价或者预测。

第十四条 企业提供的会计信息应当清晰明了，便于财务会计报告使用者理解和使用。

第十五条 企业提供的会计信息应当具有可比性。

同一企业不同时期发生的相同或者相似的交易或者事项，应当采用一致的会计政策，不得随意变更。确需变更的，应当在附注中说明。

不同企业发生的相同或者相似的交易或者事项，应当采用规定的会计政策，确保会计信息口径一致、相互可比。

第十六条 企业应当按照交易或者事项的经济实质进行会计确认、计量和报告，不应仅以交易或者事项的法律形式为依据。

第十七条 企业提供的会计信息应当反映与企业财务状况、经营成果和现金流量等有关的所有重要交易或者事项。

第十八条 企业对交易或者事项进行会计确认、计量和报告应当保持应有的谨慎，不应高估资产或者收益、低估负债或者费用。

第十九条 企业对于已经发生的交易或者事项，应当及时进行会计确认、计量和报告，不得提前或者延后。

第三章 资　　产

第二十条 资产是指企业过去的交易或者事项形成的、由企业拥有或者控制的、预期会给企业带来经济利益的资源。

前款所指的企业过去的交易或者事项包括购买、生产、建造行为或其他交易或者事项。预期在未来发生的交易或者事项不形成资产。

由企业拥有或者控制，是指企业享有某项资源的所有权，或者虽然不享有某项资源的所有权，但该资源能被企业所控制。

预期会给企业带来经济利益，是指直接或者间接导致现金和现金等价物流入企业的潜力。

第二十一条 符合本准则第二十条规定的资产定义的资源，在同时满足以下条件时，确认为资产：

（一）与该资源有关的经济利益很可能流入企业；

（二）该资源的成本或者价值能够可靠地计量。

第二十二条 符合资产定义和资产确认条件的项目，应当列入资产负债表；符合资产定义、但不符合资产确认条件的项目，不应当列入资产负债表。

第四章 负　　债

第二十三条 负债是指企业过去的交易或者事项形成的、预期会导致经济利益流出企业的现时义务。

现时义务是指企业在现行条件下已承担的义务。未来发生的交易或者事项形成的义务，不属于现时义务，不应当确认为负债。

第二十四条 符合本准则第二十三条规定的负债定义的义务，在同时满足以下条件时，确认为负债：

（一）与该义务有关的经济利益很可能流出企业；

（二）未来流出的经济利益的金额能够可靠地计量。

第二十五条 符合负债定义和负债确认条件的项目，应当列入资产负债表；符合负债定义、但不符合负债确认条件的项目，不应当列入资产负债表。

第五章 所有者权益

第二十六条 所有者权益是指企业资产扣除负债后由所有者享有的剩余权益。

公司的所有者权益又称为股东权益。

第二十七条 所有者权益的来源包括所有者投入的资本、直接计入所有者权益的利得和损失、留存收益等。

直接计入所有者权益的利得和损失，是指不应计入当期损益、会导致所有者权益发生增减变动的、与所有者投入资本或者向所有者分配利润无关的利得或者损失。

利得是指由企业非日常活动所形成的、会导致所有者权益增加的、与所有者投入资本无关的经济利益的流入。

损失是指由企业非日常活动所发生的、会导致所有者权益减少的、与向所有者分配利润无关的经济利益的流出。

第二十八条 所有者权益金额取决于资产和负债的计量。

第二十九条 所有者权益项目应当列入资产负债表。

第六章 收 入

第三十条 收入是指企业在日常活动中形成的、会导致所有者权益增加的、与所有者投入资本无关的经济利益的总流入。

第三十一条 收入只有在经济利益很可能流入从而导致企业资产增加或者负债减少，且经济利益的流入额能够可靠计量时才能予以确认。

第三十二条 符合收入定义和收入确认条件的项目，应当列入利润表。

第七章 费 用

第三十三条 费用是指企业在日常活动中发生的、会导致所有者权益减少的、与向所有者分配利润无关的经济利益的总流出。

第三十四条 费用只有在经济利益很可能流出从而导致企业资产减少或者负债增加，且经济利益的流出额能够可靠计量时才能予以确认。

第三十五条 企业为生产产品、提供劳务等发生的可归属于产品成本、劳务成本等的费用，应当在确认产品销售收入、劳务收入等时，将已销售产品、已提供劳务的成本等计入当期损益。

企业发生的支出不产生经济利益的，或者即使能够产生经济利益但不符合或者不再符合资产确认条件的，应当在发生时确认为费用，计入当期损益。

企业发生的交易或者事项导致其承担了一项负债而又不确认为一项资产的，应当在发生时确认为费用，计入当期损益。

第三十六条 符合费用定义和费用确认条件的项目，应当列入利润表。

第八章 利 润

第三十七条 利润是指企业在一定会计期间的经营成果。利润包括收入减去费用后的净额、直接计入当期利润的利得和损失等。

第三十八条 直接计入当期利润的利得和损失，是指应当计入当期损益、会导致所有者权益发生增减变动的、与所有者投入资本或者向所有者分配利润无关的利得或者损失。

第三十九条 利润金额取决于收入和费用、直接计入当期利润的利得和损失金额的计量。

第四十条 利润项目应当列入利润表。

第九章 会 计 计 量

第四十一条 企业在将符合确认条件的会计要素登记入账并列报于会计报表及其附注（又称财务报表，下同）时，应当按照规定的会计计量属性进行计量，确定其金额。

第四十二条 会计计量属性主要包括：

（一）历史成本。在历史成本计量下，资产按照购置时支付的现金或者现金等价物的金额，或者按照购置资产时所付出的对价的公允价值计量。负债按照因承担现时义务而实际收到的款项或者资产的金额，或者承担现时义务的合同金额，或者按照日常活动中为偿还负债预期需要支付的现金或者现金等价物的金额计量。

（二）重置成本。在重置成本计量下，资产按照现在购买相同或者相似资产所需支付的现金或者现金等价物的金额计量。负债按照现在偿付该项债务所需支付的现金或者现金等价物的金额计量。

（三）可变现净值。在可变现净值计量下，资产按照其正常对外销售所能收到现金或者现金等价物的金额扣减该资产至完工时估计将要发生的成本、估计的销售费用以及相关税费后的金额计量。

（四）现值。在现值计量下，资产按照预计从其持续使用和最终处置中所产生的未来净现金流入量的折现金额计量。负债按照预计期限内需要偿还的未来净现金流出量的折现金额计量。

（五）公允价值。在公允价值计量下，资产和负债按照市场参与者在计量日发生的有序交易中，出售资产所能收到或者转移负债所需支付的价格计量。

第四十三条　企业在对会计要素进行计量时，一般应当采用历史成本，采用重置成本、可变现净值、现值、公允价值计量的，应当保证所确定的会计要素金额能够取得并可靠计量。

第十章　财务会计报告

第四十四条　财务会计报告是指企业对外提供的反映企业某一特定日期的财务状况和某一会计期间的经营成果、现金流量等会计信息的文件。

财务会计报告包括会计报表及其附注和其他应当在财务会计报告中披露的相关信息和资料。会计报表至少应当包括资产负债表、利润表、现金流量表等报表。

小企业编制的会计报表可以不包括现金流量表。

第四十五条　资产负债表是指反映企业在某一特定日期的财务状况的会计报表。

第四十六条　利润表是指反映企业在一定会计期间的经营成果的会计报表。

第四十七条　现金流量表是指反映企业在一定会计期间的现金和现金等价物流入和流出的会计报表。

第四十八条　附注是指对在会计报表中列示项目所作的进一步说明，以及对未能在这些报表中列示项目的说明等。

第十一章　附　　则

第四十九条　本准则由财政部负责解释。

第五十条　本准则自 2007 年 1 月 1 日起施行。

企业会计准则第 1 号——存货

（2006 年 2 月 15 日　财政部　财会〔2006〕3 号）

第一章　总　　则

第一条　为了规范存货的确认、计量和相关信息的披露，根据《企业会计准则——基本准则》，制定本准则。

第二条　下列各项适用其他相关会计准则：

（一）消耗性生物资产，适用《企业会计准则第 5 号——生物资产》。

（二）通过建造合同归集的存货成本，适用《企业会计准则第 15 号——建造合同》。

第二章　确　　认

第三条　存货，是指企业在日常活动中持有以备出售的产成品或商品、处在生产过程中的在产品、在生产过程或提供劳务过程中耗用的材料和物料等。

第四条　存货同时满足下列条件的，才能予以确认：

（一）与该存货有关的经济利益很可能流入企业。

（二）该存货的成本能够可靠地计量。

第三章 计 量

第五条 存货应当按照成本进行初始计量。存货成本包括采购成本、加工成本和其他成本。

第六条 存货的采购成本，包括购买价款、相关税费、运输费、装卸费、保险费以及其他可归属于存货采购成本的费用。

第七条 存货的加工成本，包括直接人工以及按照一定方法分配的制造费用。

制造费用，是指企业为生产产品和提供劳务而发生的各项间接费用。企业应当根据制造费用的性质，合理地选择制造费用分配方法。

在同一生产过程中，同时生产两种或两种以上的产品，并且每种产品的加工成本不能直接区分的，其加工成本应当按照合理的方法在各种产品之间进行分配。

第八条 存货的其他成本，是指除采购成本、加工成本以外的，使存货达到目前场所和状态所发生的其他支出。

第九条 下列费用应当在发生时确认为当期损益，不计入存货成本：

（一）非正常消耗的直接材料、直接人工和制造费用。

（二）仓储费用（不包括在生产过程中为达到下一个生产阶段所必需的费用）。

（三）不能归属于使存货达到目前场所和状态的其他支出。

第十条 应计入存货成本的借款费用，按照《企业会计准则第17号——借款费用》处理。

第十一条 投资者投入存货的成本，应当按照投资合同或协议约定的价值确定，但合同或协议约定价值不公允的除外。

第十二条 收获时农产品的成本、非货币性资产交换、债务重组和企业合并取得的存货的成本，应当分别按照《企业会计准则第5号——生物资产》、《企业会计准则第7号——非货币性资产交换》、《企业会计准则第12号——债务重组》和《企业会计准则第20号——企业合并》确定。

第十三条 企业提供劳务的，所发生的从事劳务提供人员的直接人工和其他直接费用以及可归属的间接费用，计入存货成本。

第十四条 企业应当采用先进先出法、加权平均法或者个别计价法确定发出存货的实际成本。

对于性质和用途相似的存货，应当采用相同的成本计算方法确定发出存货的成本。

对于不能替代使用的存货、为特定项目专门购入或制造的存货以及提供的劳务，通常采用个别计价法确定发出存货的成本。

对于已售存货，应当将其成本结转为当期损益，相应的存货跌价准备也应当予以结转。

第十五条 资产负债表日，存货应当按照成本与可变现净值孰低计量。

存货成本高于其可变现净值的，应当计提存货跌价准备，计入当期损益。

可变现净值，是指在日常活动中，存货的估计售价减去至完工时估计将要发生的成本、估计的销售费用以及相关税费后的金额。

第十六条 企业确定存货的可变现净值，应当以取得的确凿证据为基础，并且考虑持有存货的目的、资产负债表日后事项的影响等因素。

为生产而持有的材料等，用其生产的产成品的可变现净值高于成本的，该材料仍然应当按照成本计量；材料价格的下降表明产成品的可变现净值低于成本的，该材料应当按照可变现净值计量。

第十七条 为执行销售合同或者劳务合同而持有的存货，其可变现净值应当以合同价格为基础计算。

企业持有存货的数量多于销售合同订购数量的，超出部分的存货的可变现净值应当以一般销售价格为基础计算。

第十八条 企业通常应当按照单个存货项目计提存货跌价准备。

对于数量繁多、单价较低的存货，可以按照存货类别计提存货跌价准备。

与在同一地区生产和销售的产品系列相关、具有相同或类似最终用途或目的，且难以与其他项目分开计量的存货,可以合并计提存货跌价准备。

第十九条 资产负债表日,企业应当确定存货的可变现净值。以前减记存货价值的影响因素已经消失的,减记的金额应当予以恢复,并在原已计提的存货跌价准备金额内转回,转回的金额计入当期损益。

第二十条 企业应当采用一次转销法或者五五摊销法对低值易耗品和包装物进行摊销,计入相关资产的成本或者当期损益。

第二十一条 企业发生的存货毁损,应当将处置收入扣除账面价值和相关税费后的金额计入当期损益。存货的账面价值是存货成本扣减累计跌价准备后的金额。

存货盘亏造成的损失,应当计入当期损益。

第四章 披 露

第二十二条 企业应当在附注中披露与存货有关的下列信息:
(一)各类存货的期初和期末账面价值。
(二)确定发出存货成本所采用的方法。
(三)存货可变现净值的确定依据,存货跌价准备的计提方法,当期计提的存货跌价准备的金额,当期转回的存货跌价准备的金额,以及计提和转回的有关情况。
(四)用于担保的存货账面价值。

企业会计准则第2号——长期股权投资

(2014年3月13日 财政部 财会〔2014〕14号)

第一章 总 则

第一条 为了规范长期股权投资的确认、计量,根据《企业会计准则——基本准则》,制定本准则。

第二条 本准则所称长期股权投资,是指投资方对被投资单位实施控制、重大影响的权益性投资,以及对其合营企业的权益性投资。

在确定能否对被投资单位实施控制时,投资方应当按照《企业会计准则第33号——合并财务报表》的有关规定进行判断。投资方能够对被投资单位实施控制的,被投资单位为其子公司。投资方属于《企业会计准则第33号——合并财务报表》规定的投资性主体且子公司不纳入合并财务报表的情况除外。

重大影响,是指投资方对被投资单位的财务和经营政策有参与决策的权力,但并不能够控制或者与其他方一起共同控制这些政策的制定。在确定能否对被投资单位施加重大影响时,应当考虑投资方和其他方持有的被投资单位当期可转换公司债券、当期可执行认股权证等潜在表决权因素。投资方能够对被投资单位施加重大影响的,被投资单位为其联营企业。

在确定被投资单位是否为合营企业时,应当按照《企业会计准则第40号——合营安排》的有关规定进行判断。

第三条 下列各项适用其他相关会计准则:
(一)外币长期股权投资的折算,适用《企业会计准则第19号——外币折算》。
(二)风险投资机构、共同基金以及类似主体持有的、在初始确认时按照《企业会计准则第22号——金融工具确认和计量》的规定以公允价值计量且其变动计入当期损益的金融资产,投资性主体对不纳入合并财务报表的子公司的权益性投资,以及本准则未予规范的其他权益性投资,适用

《企业会计准则第22号——金融工具确认和计量》。

第四条 长期股权投资的披露，适用《企业会计准则第41号——在其他主体中权益的披露》。

第二章 初始计量

第五条 企业合并形成的长期股权投资，应当按照下列规定确定其初始投资成本：

（一）同一控制下的企业合并，合并方以支付现金、转让非现金资产或承担债务方式作为合并对价的，应当在合并日按照被合并方所有者权益在最终控制方合并财务报表中的账面价值的份额作为长期股权投资的初始投资成本。长期股权投资初始投资成本与支付的现金、转让的非现金资产以及所承担债务账面价值之间的差额，应当调整资本公积；资本公积不足冲减的，调整留存收益。

合并方以发行权益性证券作为合并对价的，应当在合并日按照被合并方所有者权益在最终控制方合并财务报表中的账面价值的份额作为长期股权投资的初始投资成本。按照发行股份的面值总额作为股本，长期股权投资初始投资成本与所发行股份面值总额之间的差额，应当调整资本公积；资本公积不足冲减的，调整留存收益。

（二）非同一控制下的企业合并，购买方在购买日应当按照《企业会计准则第20号——企业合并》的有关规定确定的合并成本作为长期股权投资的初始投资成本。

合并方或购买方为企业合并发生的审计、法律服务、评估咨询等中介费用以及其他相关管理费用，应当于发生时计入当期损益。

第六条 除企业合并形成的长期股权投资以外，其他方式取得的长期股权投资，应当按照下列规定确定其初始投资成本：

（一）以支付现金取得的长期股权投资，应当按照实际支付的购买价款作为初始投资成本。初始投资成本包括与取得长期股权投资直接相关的费用、税金及其他必要支出。

（二）以发行权益性证券取得的长期股权投资，应当按照发行权益性证券的公允价值作为初始投资成本。与发行权益性证券直接相关的费用，应当按照《企业会计准则第37号——金融工具列报》的有关规定确定。

（三）通过非货币性资产交换取得的长期股权投资，其初始投资成本应当按照《企业会计准则第7号——非货币性资产交换》的有关规定确定。

（四）通过债务重组取得的长期股权投资，其初始投资成本应当按照《企业会计准则第12号——债务重组》的有关规定确定。

第三章 后续计量

第七条 投资方能够对被投资单位实施控制的长期股权投资应当采用成本法核算。

第八条 采用成本法核算的长期股权投资应当按照初始投资成本计价。追加或收回投资应当调整长期股权投资的成本。被投资单位宣告分派的现金股利或利润，应当确认为当期投资收益。

第九条 投资方对联营企业和合营企业的长期股权投资，应当按照本准则第十条至第十三条规定，采用权益法核算。

投资方对联营企业的权益性投资，其中一部分通过风险投资机构、共同基金、信托公司或包括投连险基金在内的类似主体间接持有的，无论以上主体是否对这部分投资具有重大影响，投资方都可以按照《企业会计准则第22号——金融工具确认和计量》的有关规定，对间接持有的该部分投资选择以公允价值计量且其变动计入损益，并对其余部分采用权益法核算。

第十条 长期股权投资的初始投资成本大于投资时应享有被投资单位可辨认净资产公允价值份额的，不调整长期股权投资的初始投资成本；长期股权投资的初始投资成本小于投资时应享有被投资单位可辨认净资产公允价值份额的，其差额应当计入当期损益，同时调整长期股权投资的成本。

被投资单位可辨认净资产的公允价值，应当比照《企业会计准则第20号——企业合并》的有关规定确定。

第十一条 投资方取得长期股权投资后，应当按照应享有或应分担的被投资单位实现的净损益和其他综合收益的份额，分别确认投资收益和其他综合收益，同时调整长期股权投资的账面价值；投资方按照被投资单位宣告分派的利润或现金股利计算应享有的部分，相应减少长期股权投资的账面价值；投资方对于被投资单位除净损益、其他综合收益和利润分配以外所有者权益的其他变动，应当调整长期股权投资的账面价值并计入所有者权益。

投资方在确认应享有被投资单位净损益的份额时，应当以取得投资时被投资单位可辨认净资产的公允价值为基础，对被投资单位的净利润进行调整后确认。

被投资单位采用的会计政策及会计期间与投资方不一致的，应当按照投资方的会计政策及会计期间对被投资单位的财务报表进行调整，并据以确认投资收益和其他综合收益等。

第十二条 投资方确认被投资单位发生的净亏损，应当以长期股权投资的账面价值以及其他实质上构成对被投资单位净投资的长期权益减记至零为限，投资方负有承担额外损失义务的除外。

被投资单位以后实现净利润的，投资方在其收益分享额弥补未确认的亏损分担额后，恢复确认收益分享额。

第十三条 投资方计算确认应享有或应分担被投资单位的净损益时，与联营企业、合营企业之间发生的未实现内部交易损益按照应享有的比例计算归属于投资方的部分，应当予以抵销，在此基础上确认投资收益。

投资方与被投资单位发生的未实现内部交易损失，按照《企业会计准则第8号——资产减值》等的有关规定属于资产减值损失的，应当全额确认。

第十四条 投资方因追加投资等原因能够对被投资单位施加重大影响或实施共同控制但不构成控制的，应当按照《企业会计准则第22号——金融工具确认和计量》确定的原持有的股权投资的公允价值加上新增投资成本之和，作为改按权益法核算的初始投资成本。原持有的股权投资分类为可供出售金融资产的，其公允价值与账面价值之间的差额，以及原计入其他综合收益的累计公允价值变动应当转入改按权益法核算的当期损益。

投资方因追加投资等原因能够对非同一控制下的被投资单位实施控制的，在编制个别财务报表时，应当按照原持有的股权投资账面价值加上新增投资成本之和，作为改按成本法核算的初始投资成本。购买日之前持有的股权投资因采用权益法核算而确认的其他综合收益，应当在处置该项投资时采用与被投资单位直接处置相关资产或负债相同的基础进行会计处理。购买日之前持有的股权投资按照《企业会计准则第22号——金融工具确认和计量》的有关规定进行会计处理的，原计入其他综合收益的累计公允价值变动应当在改按成本法核算时转入当期损益。在编制合并财务报表时，应当按照《企业会计准则第33号——合并财务报表》的有关规定进行会计处理。

第十五条 投资方因处置部分股权投资等原因丧失了对被投资单位的共同控制或重大影响的，处置后的剩余股权应当改按《企业会计准则第22号——金融工具确认和计量》核算，其在丧失共同控制或重大影响之日的公允价值与账面价值之间的差额计入当期损益。原股权投资因采用权益法核算而确认的其他综合收益，应当在终止采用权益法核算时采用与被投资单位直接处置相关资产或负债相同的基础进行会计处理。

投资方因处置部分权益性投资等原因丧失了对被投资单位的控制的，在编制个别财务报表时，处置后的剩余股权能够对被投资单位实施共同控制或施加重大影响的，应当改按权益法核算，并对该剩余股权视同自取得时即采用权益法核算进行调整；处置后的剩余股权不能对被投资单位实施共同控制或施加重大影响的，应当改按《企业会计准则第22号——金融工具确认和计量》的有关规定进行会计处理，其在丧失控制之日的公允价值与账面价值间的差额计入当期损益。在编制合并财务报表时，应当按照《企业会计准则第33号——合并财务报表》的有关规定进行会计处理。

第十六条 对联营企业或合营企业的权益性投资全部或部分分类为持有待售资产的，投资方应当按照《企业会计准则第4号——固定资产》的有关规定处理，对于未划分为持有待售资产的剩余权益性投资，应当采用权益法进行会计处理。

已划分为持有待售的对联营企业或合营企业的权益性投资，不再符合持有待售资产分类条件的，应当从被分类为持有待售资产之日起采用权益法进行追溯调整。分类为持有待售期间的财务报表应当作相应调整。

第十七条 处置长期股权投资，其账面价值与实际取得价款之间的差额，应当计入当期损益。采用权益法核算的长期股权投资，在处置该项投资时，采用与被投资单位直接处置相关资产或负债相同的基础，按相应比例对原计入其他综合收益的部分进行会计处理。

第十八条 投资方应当关注长期股权投资的账面价值是否大于享有被投资单位所有者权益账面价值的份额等类似情况。出现类似情况时，投资方应当按照《企业会计准则第 8 号——资产减值》对长期股权投资进行减值测试，可收回金额低于长期股权投资账面价值的，应当计提减值准备。

第四章 衔 接 规 定

第十九条 在本准则施行日之前已经执行企业会计准则的企业，应当按照本准则进行追溯调整，追溯调整不切实可行的除外。

第五章 附 则

第二十条 本准则自 2014 年 7 月 1 日起施行。

企业会计准则第 3 号——投资性房地产

（2006 年 2 月 15 日　财政部　财会〔2006〕3 号）

第一章 总 则

第一条 为了规范投资性房地产的确认、计量和相关信息的披露，根据《企业会计准则——基本准则》，制定本准则。

第二条 投资性房地产，是指为赚取租金或资本增值，或两者兼有而持有的房地产。

投资性房地产应当能够单独计量和出售。

第三条 本准则规范下列投资性房地产：

（一）已出租的土地使用权。

（二）持有并准备增值后转让的土地使用权。

（三）已出租的建筑物。

第四条 下列各项不属于投资性房地产：

（一）自用房地产，即为生产商品、提供劳务或者经营管理而持有的房地产。

（二）作为存货的房地产。

第五条 下列各项适用其他相关会计准则：

（一）企业代建的房地产，适用《企业会计准则第 15 号——建造合同》。

（二）投资性房地产的租金收入和售后租回，适用《企业会计准则第 21 号——租赁》。

第二章 确认和初始计量

第六条 投资性房地产同时满足下列条件的，才能予以确认：

（一）与该投资性房地产有关的经济利益很可能流入企业。

（二）该投资性房地产的成本能够可靠地计量。

第七条 投资性房地产应当按照成本进行初始计量。

（一）外购投资性房地产的成本，包括购买价款、相关税费和可直接归属于该资产的其他支出。

（二）自行建造投资性房地产的成本，由建造该项资产达到预定可使用状态前所发生的必要支出构成。

（三）以其他方式取得的投资性房地产的成本，按照相关会计准则的规定确定。

第八条 与投资性房地产有关的后续支出，满足本准则第六条规定的确认条件的，应当计入投资性房地产成本；不满足本准则第六条规定的确认条件的，应当在发生时计入当期损益。

第三章 后续计量

第九条 企业应当在资产负债表日采用成本模式对投资性房地产进行后续计量，但本准则第十条规定的除外。

采用成本模式计量的建筑物的后续计量，适用《企业会计准则第4号——固定资产》。

采用成本模式计量的土地使用权的后续计量，适用《企业会计准则第6号——无形资产》。

第十条 有确凿证据表明投资性房地产的公允价值能够持续可靠取得的，可以对投资性房地产采用公允价值模式进行后续计量。

采用公允价值模式计量的，应当同时满足下列条件：

（一）投资性房地产所在地有活跃的房地产交易市场。

（二）企业能够从房地产交易市场上取得同类或类似房地产的市场价格及其他相关信息，从而对投资性房地产的公允价值作出合理的估计。

第十一条 采用公允价值模式计量的，不对投资性房地产计提折旧或进行摊销，应当以资产负债表日投资性房地产的公允价值为基础调整其账面价值，公允价值与原账面价值之间的差额计入当期损益。

第十二条 企业对投资性房地产的计量模式一经确定，不得随意变更。成本模式转为公允价值模式的，应当作为会计政策变更，按照《企业会计准则第28号——会计政策、会计估计变更和差错更正》处理。

已采用公允价值模式计量的投资性房地产，不得从公允价值模式转为成本模式。

第四章 转换

第十三条 企业有确凿证据表明房地产用途发生改变，满足下列条件之一的，应当将投资性房地产转换为其他资产或者将其他资产转换为投资性房地产：

（一）投资性房地产开始自用。

（二）作为存货的房地产，改为出租。

（三）自用土地使用权停止自用，用于赚取租金或资本增值。

（四）自用建筑物停止自用，改为出租。

第十四条 在成本模式下，应当将房地产转换前的账面价值作为转换后的入账价值。

第十五条 采用公允价值模式计量的投资性房地产转换为自用房地产时，应当以其转换当日的公允价值作为自用房地产的账面价值，公允价值与原账面价值的差额计入当期损益。

第十六条 自用房地产或存货转换为采用公允价值模式计量的投资性房地产时，投资性房地产按照转换当日的公允价值计价，转换当日的公允价值小于原账面价值的，其差额计入当期损益；转换当日的公允价值大于原账面价值的，其差额计入所有者权益。

第五章 处置

第十七条 当投资性房地产被处置，或者永久退出使用且预计不能从其处置中取得经济利益时，应当终止确认该项投资性房地产。

第十八条 企业出售、转让、报废投资性房地产或者发生投资性房地产毁损，应当将处置收入扣除其账面价值和相关税费后的金额计入当期损益。

第六章 披 露

第十九条 企业应当在附注中披露与投资性房地产有关的下列信息：
（一）投资性房地产的种类、金额和计量模式。
（二）采用成本模式的，投资性房地产的折旧或摊销，以及减值准备的计提情况。
（三）采用公允价值模式的，公允价值的确定依据和方法，以及公允价值变动对损益的影响。
（四）房地产转换情况、理由，以及对损益或所有者权益的影响。
（五）当期处置的投资性房地产及其对损益的影响。

企业会计准则第 4 号——固定资产

(2006 年 2 月 15 日 财政部 财会〔2006〕3 号)

第一章 总 则

第一条 为了规范固定资产的确认、计量和相关信息的披露，根据《企业会计准则——基本准则》，制定本准则。
第二条 下列各项适用其他相关会计准则：
（一）作为投资性房地产的建筑物，适用《企业会计准则第 3 号——投资性房地产》。
（二）生产性生物资产，适用《企业会计准则第 5 号——生物资产》。

第二章 确 认

第三条 固定资产，是指同时具有下列特征的有形资产：
（一）为生产商品、提供劳务、出租或经营管理而持有的。
（二）使用寿命超过一个会计年度。
使用寿命，是指企业使用固定资产的预计期间，或者该固定资产所能生产产品或提供劳务的数量。
第四条 固定资产同时满足下列条件的，才能予以确认：
（一）与该固定资产有关的经济利益很可能流入企业。
（二）该固定资产的成本能够可靠地计量。
第五条 固定资产的各组成部分具有不同使用寿命或者以不同方式为企业提供经济利益，适用不同折旧率或折旧方法的，应当分别将各组成部分确认为单项固定资产。
第六条 与固定资产有关的后续支出，符合本准则第四条规定的确认条件的，应当计入固定资产成本；不符合本准则第四条规定的确认条件的，应当在发生时计入当期损益。

第三章 初 始 计 量

第七条 固定资产应当按照成本进行初始计量。
第八条 外购固定资产的成本，包括购买价款、相关税费、使固定资产达到预定可使用状态前所发生的可归属于该项资产的运输费、装卸费、安装费和专业人员服务费等。
以一笔款项购入多项没有单独标价的固定资产，应当按照各项固定资产公允价值比例对总成本进行分配，分别确定各项固定资产的成本。
购买固定资产的价款超过正常信用条件延期支付，实质上具有融资性质的，固定资产的成本以购买价款的现值为基础确定。实际支付的价款与购买价款的现值之间的差额，除按照《企业会计准则第 17 号——借款费用》应予资本化的以外，应当在信用期间内计入当期损益。

第九条 自行建造固定资产的成本,由建造该项资产达到预定可使用状态前所发生的必要支出构成。

第十条 应计入固定资产成本的借款费用,按照《企业会计准则第17号——借款费用》处理。

第十一条 投资者投入固定资产的成本,应当按照投资合同或协议约定的价值确定,但合同或协议约定价值不公允的除外。

第十二条 非货币性资产交换、债务重组、企业合并和融资租赁取得的固定资产的成本,应当分别按照《企业会计准则第7号——非货币性资产交换》、《企业会计准则第12号——债务重组》、《企业会计准则第20号——企业合并》和《企业会计准则第21号——租赁》确定。

第十三条 确定固定资产成本时,应当考虑预计弃置费用因素。

第四章 后续计量

第十四条 企业应当对所有固定资产计提折旧。但是,已提足折旧仍继续使用的固定资产和单独计价入账的土地除外。

折旧,是指在固定资产使用寿命内,按照确定的方法对应计折旧额进行系统分摊。

应计折旧额,是指应当计提折旧的固定资产的原价扣除其预计净残值后的金额。已计提减值准备的固定资产,还应当扣除已计提的固定资产减值准备累计金额。

预计净残值,是指假定固定资产预计使用寿命已满并处于使用寿命终了时的预期状态,企业目前从该项资产处置中获得的扣除预计处置费用后的金额。

第十五条 企业应当根据固定资产的性质和使用情况,合理确定固定资产的使用寿命和预计净残值。

固定资产的使用寿命、预计净残值一经确定,不得随意变更。但是,符合本准则第十九条规定的除外。

第十六条 企业确定固定资产使用寿命,应当考虑下列因素:

(一)预计生产能力或实物产量。
(二)预计有形损耗和无形损耗。
(三)法律或者类似规定对资产使用的限制。

第十七条 企业应当根据与固定资产有关的经济利益的预期实现方式,合理选择固定资产折旧方法。

可选用的折旧方法包括年限平均法、工作量法、双倍余额递减法和年数总和法等。

固定资产的折旧方法一经确定,不得随意变更。但是,符合本准则第十九条规定的除外。

第十八条 固定资产应当按月计提折旧,并根据用途计入相关资产的成本或者当期损益。

第十九条 企业至少应当于每年年度终了,对固定资产的使用寿命、预计净残值和折旧方法进行复核。

使用寿命预计数与原先估计数有差异的,应当调整固定资产使用寿命。

预计净残值预计数与原先估计数有差异的,应当调整预计净残值。

与固定资产有关的经济利益预期实现方式有重大改变的,应当改变固定资产折旧方法。

固定资产使用寿命、预计净残值和折旧方法的改变应当作为会计估计变更。

第二十条 固定资产的减值,应当按照《企业会计准则第8号——资产减值》处理。

第五章 处 置

第二十一条 固定资产满足下列条件之一的,应当予以终止确认:

(一)该固定资产处于处置状态。
(二)该固定资产预期通过使用或处置不能产生经济利益。

第二十二条 企业持有待售的固定资产,应当对其预计净残值进行调整。

第二十三条 企业出售、转让、报废固定资产或发生固定资产毁损，应当将处置收入扣除账面价值和相关税费后的金额计入当期损益。固定资产的账面价值是固定资产成本扣减累计折旧和累计减值准备后的金额。

固定资产盘亏造成的损失，应当计入当期损益。

第二十四条 企业根据本准则第六条的规定，将发生的固定资产后续支出计入固定资产成本的，应当终止确认被替换部分的账面价值。

第六章 披 露

第二十五条 企业应当在附注中披露与固定资产有关的下列信息：

（一）固定资产的确认条件、分类、计量基础和折旧方法。

（二）各类固定资产的使用寿命、预计净残值和折旧率。

（三）各类固定资产的期初和期末原价、累计折旧额及固定资产减值准备累计金额。

（四）当期确认的折旧费用。

（五）对固定资产所有权的限制及其金额和用于担保的固定资产账面价值。

（六）准备处置的固定资产名称、账面价值、公允价值、预计处置费用和预计处置时间等。

企业会计准则第6号——无形资产

（2006年2月15日 财政部 财会〔2006〕3号）

第一章 总 则

第一条 为了规范无形资产的确认、计量和相关信息的披露，根据《企业会计准则——基本准则》，制定本准则。

第二条 下列各项适用其他相关会计准则：

（一）作为投资性房地产的土地使用权，适用《企业会计准则第3号——投资性房地产》。

（二）企业合并中形成的商誉，适用《企业会计准则第8号——资产减值》和《企业会计准则第20号——企业合并》。

（三）石油天然气矿区权益，适用《企业会计准则第27号——石油天然气开采》。

第二章 确 认

第三条 无形资产，是指企业拥有或者控制的没有实物形态的可辨认非货币性资产。

资产满足下列条件之一的，符合无形资产定义中的可辨认性标准：

（一）能够从企业中分离或者划分出来，并能单独或者与相关合同、资产或负债一起，用于出售、转移、授予许可、租赁或者交换。

（二）源自合同性权利或其他法定权利，无论这些权利是否可以从企业或其他权利和义务中转移或者分离。

第四条 无形资产同时满足下列条件的，才能予以确认：

（一）与该无形资产有关的经济利益很可能流入企业。

（二）该无形资产的成本能够可靠地计量。

第五条 企业在判断无形资产产生的经济利益是否很可能流入时，应当对无形资产在预计使用寿命内可能存在的各种经济因素作出合理估计，并且应当有明确证据支持。

第六条 企业无形项目的支出，除下列情形外，均应于发生时计入当期损益：

（一）符合本准则规定的确认条件、构成无形资产成本的部分。

（二）非同一控制下企业合并中取得的、不能单独确认为无形资产、构成购买日确认的商誉的部分。

第七条 企业内部研究开发项目的支出，应当区分研究阶段支出与开发阶段支出。

研究是指为获取并理解新的科学或技术知识而进行的独创性的有计划调查。

开发是指在进行商业性生产或使用前，将研究成果或其他知识应用于某项计划或设计，以生产出新的或具有实质性改进的材料、装置、产品等。

第八条 企业内部研究开发项目研究阶段的支出，应当于发生时计入当期损益。

第九条 企业内部研究开发项目开发阶段的支出，同时满足下列条件的，才能确认为无形资产：

（一）完成该无形资产以使其能够使用或出售在技术上具有可行性。

（二）具有完成该无形资产并使用或出售的意图。

（三）无形资产产生经济利益的方式，包括能够证明运用该无形资产生产的产品存在市场或无形资产自身存在市场，无形资产将在内部使用的，应当证明其有用性。

（四）有足够的技术、财务资源和其他资源支持，以完成该无形资产的开发，并有能力使用或出售该无形资产。

（五）归属于该无形资产开发阶段的支出能够可靠地计量。

第十条 企业取得的已作为无形资产确认的正在进行中的研究开发项目，在取得后发生的支出应当按照本准则第七条至第九条的规定处理。

第十一条 企业自创商誉以及内部产生的品牌、报刊名等，不应确认为无形资产。

第三章　初　始　计　量

第十二条 无形资产应当按照成本进行初始计量。

外购无形资产的成本，包括购买价款、相关税费以及直接归属于使该项资产达到预定用途所发生的其他支出。

购买无形资产的价款超过正常信用条件延期支付，实质上具有融资性质的，无形资产的成本以购买价款的现值为基础确定。实际支付的价款与购买价款的现值之间的差额，除按照《企业会计准则第17号——借款费用》应予资本化的以外，应当在信用期间内计入当期损益。

第十三条 自行开发的无形资产，其成本包括自满足本准则第四条和第九条规定后至达到预定用途前所发生的支出总额，但是对于以前期间已经费用化的支出不再调整。

第十四条 投资者投入无形资产的成本，应当按照投资合同或协议约定的价值确定，但合同或协议约定价值不公允的除外。

第十五条 非货币性资产交换、债务重组、政府补助和企业合并取得的无形资产的成本，应当分别按照《企业会计准则第7号——非货币性资产交换》、《企业会计准则第12号——债务重组》、《企业会计准则第16号——政府补助》和《企业会计准则第20号——企业合并》确定。

第四章　后　续　计　量

第十六条 企业应当于取得无形资产时分析判断其使用寿命。

无形资产的使用寿命为有限的，应当估计该使用寿命的年限或者构成使用寿命的产量等类似计量单位数量；无法预见无形资产为企业带来经济利益期限的，应当视为使用寿命不确定的无形资产。

第十七条 使用寿命有限的无形资产，其应摊销金额应当在使用寿命内系统合理摊销。

企业摊销无形资产，应当自无形资产可供使用时起，至不再作为无形资产确认时止。

企业选择的无形资产摊销方法，应当反映与该项无形资产有关的经济利益的预期实现方式。无法可靠确定预期实现方式的，应当采用直线法摊销。

无形资产的摊销金额一般应当计入当期损益，其他会计准则另有规定的除外。

第十八条 无形资产的应摊销金额为其成本扣除预计残值后的金额。已计提减值准备的无形资产，还应扣除已计提的无形资产减值准备累计金额。使用寿命有限的无形资产，其残值应当视为零，但下列情况除外：

（一）有第三方承诺在无形资产使用寿命结束时购买该无形资产。

（二）可以根据活跃市场得到预计残值信息，并且该市场在无形资产使用寿命结束时很可能存在。

第十九条 使用寿命不确定的无形资产不应摊销。

第二十条 无形资产的减值，应当按照《企业会计准则第8号——资产减值》处理。

第二十一条 企业至少应当于每年年度终了，对使用寿命有限的无形资产的使用寿命及摊销方法进行复核。无形资产的使用寿命及摊销方法与以前估计不同的，应当改变摊销期限和摊销方法。

企业应当在每个会计期间对使用寿命不确定的无形资产的使用寿命进行复核。如果有证据表明无形资产的使用寿命是有限的，应当估计其使用寿命，并按本准则规定处理。

第五章 处置和报废

第二十二条 企业出售无形资产，应当将取得的价款与该无形资产账面价值的差额计入当期损益。

第二十三条 无形资产预期不能为企业带来经济利益的，应当将该无形资产的账面价值予以转销。

第六章 披 露

第二十四条 企业应当按照无形资产的类别在附注中披露与无形资产有关的下列信息：

（一）无形资产的期初和期末账面余额、累计摊销额及减值准备累计金额。

（二）使用寿命有限的无形资产，其使用寿命的估计情况；使用寿命不确定的无形资产，其使用寿命不确定的判断依据。

（三）无形资产的摊销方法。

（四）用于担保的无形资产账面价值、当期摊销额等情况。

（五）计入当期损益和确认为无形资产的研究开发支出金额。

企业会计准则第7号——非货币性资产交换

（2019年5月9日 财政部 财会〔2019〕8号）

第一章 总 则

第一条 为了规范非货币性资产交换的确认、计量和相关信息的披露，根据《企业会计准则——基本准则》，制定本准则。

第二条 非货币性资产交换，是指企业主要以固定资产、无形资产、投资性房地产和长期股权投资等非货币性资产进行的交换。该交换不涉及或只涉及少量的货币性资产（即补价）。

货币性资产，是指企业持有的货币资金和收取固定或可确定金额的货币资金的权利。

非货币性资产，是指货币性资产以外的资产。

第三条 本准则适用于所有非货币性资产交换，但下列各项适用其他相关会计准则：

（一）企业以存货换取客户的非货币性资产的，适用《企业会计准则第14号——收入》。

（二）非货币性资产交换中涉及企业合并的，适用《企业会计准则第20号——企业合并》《企业会计准则第2号——长期股权投资》和《企业会计准则第33号——合并财务报表》。

（三）非货币性资产交换中涉及由《企业会计准则第22号——金融工具确认和计量》规范的金融资产的，金融资产的确认、终止确认和计量适用《企业会计准则第22号——金融工具确认和计量》和《企业会计准则第23号——金融资产转移》。

（四）非货币性资产交换中涉及由《企业会计准则第21号——租赁》规范的使用权资产或应收融资租赁款等的，相关资产的确认、终止确认和计量适用《企业会计准则第21号——租赁》。

（五）非货币性资产交换的一方直接或间接对另一方持股且以股东身份进行交易的，或者非货币性资产交换的双方均受同一方或相同的多方最终控制，且该非货币性资产交换的交易实质是交换的一方向另一方进行了权益性分配或交换的一方接受了另一方权益性投入的，适用权益性交易的有关会计处理规定。

第二章 确　　认

第四条　企业应当分别按照下列原则对非货币性资产交换中的换入资产进行确认，对换出资产终止确认：

（一）对于换入资产，企业应当在换入资产符合资产定义并满足资产确认条件时予以确认；

（二）对于换出资产，企业应当在换出资产满足资产终止确认条件时终止确认。

第五条　换入资产的确认时点与换出资产的终止确认时点存在不一致的，企业在资产负债表日应当按照下列原则进行处理：

（一）换入资产满足资产确认条件，换出资产尚未满足终止确认条件的，在确认换入资产的同时将交付换出资产的义务确认为一项负债。

（二）换入资产尚未满足资产确认条件，换出资产满足终止确认条件的，在终止确认换出资产的同时将取得换入资产的权利确认为一项资产。

第三章　以公允价值为基础计量

第六条　非货币性资产交换同时满足下列条件的，应当以公允价值为基础计量：

（一）该项交换具有商业实质；

（二）换入资产或换出资产的公允价值能够可靠地计量。

换入资产和换出资产的公允价值均能够可靠计量的，应当以换出资产的公允价值为基础计量，但有确凿证据表明换入资产的公允价值更加可靠的除外。

第七条　满足下列条件之一的非货币性资产交换具有商业实质：

（一）换入资产的未来现金流量在风险、时间分布或金额方面与换出资产显著不同。

（二）使用换入资产所产生的预计未来现金流量现值与继续使用换出资产不同，且其差额与换入资产和换出资产的公允价值相比是重大的。

第八条　以公允价值为基础计量的非货币性资产交换，对于换入资产，应当以换出资产的公允价值和应支付的相关税费作为换入资产的成本进行初始计量；对于换出资产，应当在终止确认时，将换出资产的公允价值与其账面价值之间的差额计入当期损益。

有确凿证据表明换入资产的公允价值更加可靠的，对于换入资产，应当以换入资产的公允价值和应支付的相关税费作为换入资产的初始计量金额；对于换出资产，应当在终止确认时，将换入资产的公允价值与换出资产账面价值之间的差额计入当期损益。

第九条　以公允价值为基础计量的非货币性资产交换，涉及补价的，应当按照下列规定进行处理：

（一）支付补价的，以换出资产的公允价值，加上支付补价的公允价值和应支付的相关税费，作为换入资产的成本，换出资产的公允价值与其账面价值之间的差额计入当期损益。

有确凿证据表明换入资产的公允价值更加可靠的，以换入资产的公允价值和应支付的相关税费作为换入资产的初始计量金额，换入资产的公允价值减去支付补价的公允价值，与换出资产账面价值之间的差额计入当期损益。

（二）收到补价的，以换出资产的公允价值，减去收到补价的公允价值，加上应支付的相关税费，作为换入资产的成本，换出资产的公允价值与其账面价值之间的差额计入当期损益。

有确凿证据表明换入资产的公允价值更加可靠的，以换入资产的公允价值和应支付的相关税费作为换入资产的初始计量金额，换入资产的公允价值加上收到补价的公允价值，与换出资产账面价值之间的差额计入当期损益。

第十条 以公允价值为基础计量的非货币性资产交换，同时换入或换出多项资产的，应当按照下列规定进行处理：

（一）对于同时换入的多项资产，按照换入的金融资产以外的各项换入资产公允价值相对比例，将换出资产公允价值总额（涉及补价的，加上支付补价的公允价值或减去收到补价的公允价值）扣除换入金融资产公允价值后的净额进行分摊，以分摊至各项换入资产的金额，加上应支付的相关税费，作为各项换入资产的成本进行初始计量。

有确凿证据表明换入资产的公允价值更加可靠的，以各项换入资产的公允价值和应支付的相关税费作为各项换入资产的初始计量金额。

（二）对于同时换出的多项资产，将各项换出资产的公允价值与其账面价值之间的差额，在各项换出资产终止确认时计入当期损益。

有确凿证据表明换入资产的公允价值更加可靠的，按照各项换出资产的公允价值的相对比例，将换入资产的公允价值总额（涉及补价的，减去支付补价的公允价值或加上收到补价的公允价值）分摊至各项换出资产，分摊至各项换出资产的金额与各项换出资产账面价值之间的差额，在各项换出资产终止确认时计入当期损益。

第四章　以账面价值为基础计量

第十一条 不满足本准则第六条规定条件的非货币性资产交换，应当以账面价值为基础计量。对于换入资产，企业应当以换出资产的账面价值和应支付的相关税费作为换入资产的初始计量金额；对于换出资产，终止确认时不确认损益。

第十二条 以账面价值为基础计量的非货币性资产交换，涉及补价的，应当按照下列规定进行处理：

（一）支付补价的，以换出资产的账面价值，加上支付补价的账面价值和应支付的相关税费，作为换入资产的初始计量金额，不确认损益。

（二）收到补价的，以换出资产的账面价值，减去收到补价的公允价值，加上应支付的相关税费，作为换入资产的初始计量金额，不确认损益。

第十三条 以账面价值为基础计量的非货币性资产交换，同时换入或换出多项资产的，应当按照下列规定进行处理：

（一）对于同时换入的多项资产，按照各项换入资产的公允价值的相对比例，将换出资产的账面价值总额（涉及补价的，加上支付补价的账面价值或减去收到补价的公允价值）分摊至各项换入资产，加上应支付的相关税费，作为各项换入资产的初始计量金额。换入资产的公允价值不能够可靠计量的，可以按照各项换入资产的原账面价值的相对比例或其他合理的比例对换出资产的账面价值进行分摊。

（二）对于同时换出的多项资产，各项换出资产终止确认时均不确认损益。

第五章　披　露

第十四条 企业应当在附注中披露与非货币性资产交换有关的下列信息：

（一）非货币性资产交换是否具有商业实质及其原因。

（二）换入资产、换出资产的类别。
（三）换入资产初始计量金额的确定方式。
（四）换入资产、换出资产的公允价值以及换出资产的账面价值。
（五）非货币性资产交换确认的损益。

第六章 衔接规定

第十五条 企业对 2019 年 1 月 1 日至本准则施行日之间发生的非货币性资产交换，应根据本准则进行调整。企业对 2019 年 1 月 1 日之前发生的非货币性资产交换，不需要按照本准则的规定进行追溯调整。

第七章 附则

第十六条 本准则自 2019 年 6 月 10 日起施行。

第十七条 2006 年 2 月 15 日财政部印发的《财政部关于印发〈企业会计准则第 1 号——存货〉等 38 项具体准则的通知》（财会〔2006〕3 号）中的《企业会计准则第 7 号——非货币性资产交换》同时废止。

财政部此前发布的有关非货币性资产交换会计处理规定与本准则不一致的，以本准则为准。

企业会计准则第 8 号——资产减值

（2006 年 2 月 15 日　财政部　财会〔2006〕3 号）

第一章 总则

第一条 为了规范资产减值的确认、计量和相关信息的披露，根据《企业会计准则——基本准则》，制定本准则。

第二条 资产减值，是指资产的可收回金额低于其账面价值。

本准则中的资产，除了特别规定外，包括单项资产和资产组。

资产组，是指企业可以认定的最小资产组合，其产生的现金流入应当基本上独立于其他资产或者资产组产生的现金流入。

第三条 下列各项适用其他相关会计准则：
（一）存货的减值，适用《企业会计准则第 1 号——存货》。
（二）采用公允价值模式计量的投资性房地产的减值，适用《企业会计准则第 3 号——投资性房地产》。
（三）消耗性生物资产的减值，适用《企业会计准则第 5 号——生物资产》。
（四）建造合同形成的资产的减值，适用《企业会计准则第 15 号——建造合同》。
（五）递延所得税资产的减值，适用《企业会计准则第 18 号——所得税》。
（六）融资租赁中出租人未担保余值的减值，适用《企业会计准则第 21 号——租赁》。
（七）《企业会计准则第 22 号——金融工具确认和计量》规范的金融资产的减值，适用《企业会计准则第 22 号——金融工具确认和计量》。
（八）未探明石油天然气矿区权益的减值，适用《企业会计准则第 27 号——石油天然气开采》。

第二章 可能发生减值资产的认定

第四条 企业应当在资产负债表日判断资产是否存在可能发生减值的迹象。

因企业合并所形成的商誉和使用寿命不确定的无形资产，无论是否存在减值迹象，每年都应当进行减值测试。

第五条 存在下列迹象的，表明资产可能发生了减值：

（一）资产的市价当期大幅度下跌，其跌幅明显高于因时间的推移或者正常使用而预计的下跌。

（二）企业经营所处的经济、技术或者法律等环境以及资产所处的市场在当期或者将在近期发生重大变化，从而对企业产生不利影响。

（三）市场利率或者其他市场投资报酬率在当期已经提高，从而影响企业计算资产预计未来现金流量现值的折现率，导致资产可收回金额大幅度降低。

（四）有证据表明资产已经陈旧过时或者其实体已经损坏。

（五）资产已经或者将被闲置、终止使用或者计划提前处置。

（六）企业内部报告的证据表明资产的经济绩效已经低于或者将低于预期，如资产所创造的净现金流量或者实现的营业利润（或者亏损）远远低于（或者高于）预计金额等。

（七）其他表明资产可能已经发生减值的迹象。

第三章 资产可收回金额的计量

第六条 资产存在减值迹象的，应当估计其可收回金额。

可收回金额应当根据资产的公允价值减去处置费用后的净额与资产预计未来现金流量的现值两者之间较高者确定。

处置费用包括与资产处置有关的法律费用、相关税费、搬运费以及为使资产达到可销售状态所发生的直接费用等。

第七条 资产的公允价值减去处置费用后的净额与资产预计未来现金流量的现值，只要有一项超过了资产的账面价值，就表明资产没有发生减值，不需再估计另一项金额。

第八条 资产的公允价值减去处置费用后的净额，应当根据公平交易中销售协议价格减去可直接归属于该资产处置费用的金额确定。

不存在销售协议但存在资产活跃市场的，应当按照该资产的市场价格减去处置费用后的金额确定。资产的市场价格通常应当根据资产的买方出价确定。

在不存在销售协议和资产活跃市场的情况下，应当以可获取的最佳信息为基础，估计资产的公允价值减去处置费用后的净额，该净额可以参考同行业类似资产的最近交易价格或者结果进行估计。

企业按照上述规定仍然无法可靠估计资产的公允价值减去处置费用后的净额的，应当以该资产预计未来现金流量的现值作为其可收回金额。

第九条 资产预计未来现金流量的现值，应当按照资产在持续使用过程中和最终处置时所产生的预计未来现金流量，选择恰当的折现率对其进行折现后的金额加以确定。

预计资产未来现金流量的现值，应当综合考虑资产的预计未来现金流量、使用寿命和折现率等因素。

第十条 预计的资产未来现金流量应当包括下列各项：

（一）资产持续使用过程中预计产生的现金流入。

（二）为实现资产持续使用过程中产生的现金流入所必需的预计现金流出（包括为使资产达到预定可使用状态所发生的现金流出）。该现金流出应当是可直接归属于或者可通过合理和一致的基础分配到资产中的现金流出。

（三）资产使用寿命结束时，处置资产所收到或者支付的净现金流量。该现金流量应当是在公平交易中，熟悉情况的交易双方自愿进行交易时，企业预期可从资产的处置中获取或者支付的、减去预计处置费用后的金额。

第十一条 预计资产未来现金流量时，企业管理层应当在合理和有依据的基础上对资产剩余使用寿命内整个经济状况进行最佳估计。

预计资产的未来现金流量，应当以经企业管理层批准的最近财务预算或者预测数据，以及该预算或者预测期之后年份稳定的或者递减的增长率为基础。企业管理层如能证明递增的增长率是合理的，可以以递增的增长率为基础。

建立在预算或者预测基础上的预计现金流量最多涵盖5年，企业管理层如能证明更长的期间是合理的，可以涵盖更长的期间。

在对预算或者预测期之后年份的现金流量进行预计时，所使用的增长率除了企业能够证明更高的增长率是合理的之外，不应当超过企业经营的产品、市场、所处的行业或者所在国家或者地区的长期平均增长率，或者该资产所处市场的长期平均增长率。

第十二条 预计资产的未来现金流量，应当以资产的当前状况为基础，不应当包括与将来可能会发生的、尚未作出承诺的重组事项或者与资产改良有关的预计未来现金流量。

预计资产的未来现金流量也不应当包括筹资活动产生的现金流入或者流出以及与所得税收付有关的现金流量。

企业已经承诺重组的，在确定资产的未来现金流量的现值时，预计的未来现金流入和流出数，应当反映重组所能节约的费用和由重组所带来的其他利益，以及因重组所导致的估计未来现金流出数。其中重组所能节约的费用和由重组所带来的其他利益，通常应当根据企业管理层批准的最近财务预算或者预测数据进行估计；因重组所导致的估计未来现金流出数应当根据《企业会计准则第13号——或有事项》所确认的因重组所发生的预计负债金额进行估计。

第十三条 折现率是反映当前市场货币时间价值和资产特定风险的税前利率。该折现率是企业在购置或者投资资产时所要求的必要报酬率。

在预计资产的未来现金流量时已经对资产特定风险的影响作了调整的，估计折现率不需要考虑这些特定风险。如果用于估计折现率的基础是税后的，应当将其调整为税前的折现率。

第十四条 预计资产的未来现金流量涉及外币的，应当以该资产所产生的未来现金流量的结算货币为基础，按照该货币适用的折现率计算资产的现值；然后将该外币现值按照计算资产未来现金流量现值当日的即期汇率进行折算。

第四章 资产减值损失的确定

第十五条 可收回金额的计量结果表明，资产的可收回金额低于其账面价值的，应当将资产的账面价值减记至可收回金额，减记的金额确认为资产减值损失，计入当期损益，同时计提相应的资产减值准备。

第十六条 资产减值损失确认后，减值资产的折旧或者摊销费用应当在未来期间作相应调整，以使该资产在剩余使用寿命内，系统地分摊调整后的资产账面价值（扣除预计净残值）。

第十七条 资产减值损失一经确认，在以后会计期间不得转回。

第五章 资产组的认定及减值处理

第十八条 有迹象表明一项资产可能发生减值的，企业应当以单项资产为基础估计其可收回金额。企业难以对单项资产的可收回金额进行估计的，应当以该资产所属的资产组为基础确定资产组的可收回金额。

资产组的认定，应当以资产组产生的主要现金流入是否独立于其他资产或者资产组的现金流入为依据。同时，在认定资产组时，应当考虑企业管理层管理生产经营活动的方式（如是按照生产线、业务种类还是按照地区或者区域）和对资产的持续使用或者处置的决策方式等。

几项资产的组合生产的产品（或者其他产出）存在活跃市场的，即使部分或者所有这些产品（或者其他产出）均供内部使用，也应当在符合前款规定的情况下，将这几项资产的组合认定为一个资产组。如果该资产组的现金流入受内部转移价格的影响，应当按照企业管理层在公平交易中对未来价格的最佳估计数来确定资产组的未来现金流量。

资产组一经确定，各个会计期间应当保持一致，不得随意变更。如需变更，企业管理层应当证明该变更是合理的，并根据本准则第二十七条的规定在附注中作相应说明。

第十九条 资产组账面价值的确定基础应当与其可收回金额的确定方式相一致。

资产组的账面价值包括可直接归属于资产组与可以合理和一致地分摊至资产组的资产账面价值，通常不应当包括已确认负债的账面价值，但如不考虑该负债金额就无法确定资产组可收回金额的除外。

资产组的可收回金额应当按照该资产组的公允价值减去处置费用后的净额与其预计未来现金流量的现值两者之间较高者确定。

资产组在处置时如要求购买者承担一项负债（如环境恢复负债等）、该负债金额已经确认并计入相关资产账面价值，而且企业只能取得包括上述资产和负债在内的单一公允价值减去处置费用后的净额的，为了比较资产组的账面价值和可收回金额，在确定资产组的账面价值及其预计未来现金流量的现值时，应当将已确认的负债金额从中扣除。

第二十条 企业总部资产包括企业集团或其事业部的办公楼、电子数据处理设备等资产。总部资产的显著特征是难以脱离其他资产或者资产组产生独立的现金流入，而且其账面价值难以完全归属于某一资产组。

有迹象表明某项总部资产可能发生减值的，企业应当计算确定该总部资产所归属的资产组或者资产组组合的可收回金额，然后将其与相应的账面价值相比较，据以判断是否需要确认减值损失。

资产组组合，是指由若干个资产组组成的最小资产组组合，包括资产组或者资产组组合，以及按合理方法分摊的总部资产部分。

第二十一条 企业对某一资产组进行减值测试，应当先认定所有与该资产组相关的总部资产，再根据相关总部资产能否按照合理和一致的基础分摊至该资产组分别下列情况处理。

（一）对于相关总部资产能够按照合理和一致的基础分摊至该资产组的部分，应当将该部分总部资产的账面价值分摊至该资产组，再据以比较该资产组的账面价值（包括已分摊的总部资产的账面价值部分）和可收回金额，并按照本准则第二十二条的规定处理。

（二）对于相关总部资产中有部分资产难以按照合理和一致的基础分摊至该资产组的，应当按照下列步骤处理：

首先，在不考虑相关总部资产的情况下，估计和比较资产组的账面价值和可收回金额，并按照本准则第二十二条的规定处理。

其次，认定由若干个资产组组成的最小的资产组组合，该资产组组合应当包括所测试的资产组与可以按照合理和一致的基础将该部分总部资产的账面价值分摊其上的部分。

最后，比较所认定的资产组组合的账面价值（包括已分摊的总部资产的账面价值部分）和可收回金额，并按照本准则第二十二条的规定处理。

第二十二条 资产组或者资产组组合的可收回金额低于其账面价值的（总部资产和商誉分摊至某资产组或者资产组组合的，该资产组或者资产组组合的账面价值应当包括相关总部资产和商誉的分摊额），应当确认相应的减值损失。减值损失金额应当先抵减分摊至资产组或者资产组组合中商誉的账面价值，再根据资产组或者资产组组合中除商誉之外的其他各项资产的账面价值所占比重，按比例抵减其他各项资产的账面价值。

以上资产账面价值的抵减，应当作为各单项资产（包括商誉）的减值损失处理，计入当期损益。抵减后的各资产的账面价值不得低于以下三者之中最高者：该资产的公允价值减去处置费用后的净额（如可确定的）、该资产预计未来现金流量的现值（如可确定的）和零。因此而导致的未能分摊的减值损失金额，应当按照相关资产组或者资产组组合中其他各项资产的账面价值所占比重进行分摊。

第六章 商誉减值的处理

第二十三条 企业合并所形成的商誉，至少应当在每年年度终了进行减值测试。商誉应当结合与其相关的资产组或者资产组组合进行减值测试。

相关的资产组或者资产组组合应当是能够从企业合并的协同效应中受益的资产组或者资产组组合，不应当大于按照《企业会计准则第35号——分部报告》所确定的报告分部。

第二十四条 企业进行资产减值测试，对于因企业合并形成的商誉的账面价值，应当自购买日起按照合理的方法分摊至相关的资产组；难以分摊至相关的资产组的，应当将其分摊至相关的资产组组合。

在将商誉的账面价值分摊至相关的资产组或者资产组组合时，应当按照各资产组或者资产组组合的公允价值占相关资产组或者资产组组合公允价值总额的比例进行分摊。公允价值难以可靠计量的，按照各资产组或者资产组组合的账面价值占相关资产组或者资产组组合账面价值总额的比例进行分摊。

企业因重组等原因改变了其报告结构，从而影响到已分摊商誉的一个或者若干个资产组或者资产组组合构成的，应当按照与本条前款规定相似的分摊方法，将商誉重新分摊至受影响的资产组或者资产组组合。

第二十五条 在对包含商誉的相关资产组或者资产组组合进行减值测试时，如与商誉相关的资产组或者资产组组合存在减值迹象的，应当先对不包含商誉的资产组或者资产组组合进行减值测试，计算可收回金额，并与相关账面价值相比较，确认相应的减值损失。再对包含商誉的资产组或者资产组组合进行减值测试，比较这些相关资产组或者资产组组合的账面价值（包括所分摊的商誉的账面价值部分）与其可收回金额，如相关资产组或者资产组组合的可收回金额低于其账面价值的，应当确认商誉的减值损失，按照本准则第二十二条的规定处理。

第七章 披 露

第二十六条 企业应当在附注中披露与资产减值有关的下列信息：

（一）当期确认的各项资产减值损失金额。

（二）计提的各项资产减值准备累计金额。

（三）提供分部报告信息的，应当披露每个报告分部当期确认的减值损失金额。

第二十七条 发生重大资产减值损失的，应当在附注中披露导致每项重大资产减值损失的原因和当期确认的重大资产减值损失的金额。

（一）发生重大减值损失的资产是单项资产的，应当披露该单项资产的性质。提供分部报告信息的，还应披露该项资产所属的主要报告分部。

（二）发生重大减值损失的资产是资产组（或者资产组组合，下同）的，应当披露：

1. 资产组的基本情况。

2. 资产组中所包括的各项资产于当期确认的减值损失金额。

3. 资产组的组成与前期相比发生变化的，应当披露变化的原因以及前期和当期资产组组成情况。

第二十八条 对于重大资产减值，应当在附注中披露资产（或者资产组，下同）可收回金额的确定方法。

（一）可收回金额按资产的公允价值减去处置费用后的净额确定的，还应当披露公允价值减去处置费用后的净额的估计基础。

（二）可收回金额按资产预计未来现金流量的现值确定的，还应当披露估计其现值时所采用的折现率，以及该资产前期可收回金额也按照其预计未来现金流量的现值确定的情况下，前期所采用的折现率。

第二十九条 第二十六条（一）、（二）和第二十七条（二）第2项信息应当按照资产类别予以披露。资产类别应当以资产在企业生产经营活动中的性质或者功能是否相同或者相似为基础确定。

第三十条 分摊到某资产组的商誉（或者使用寿命不确定的无形资产，下同）的账面价值占商誉账面价值总额的比例重大的，应当在附注中披露下列信息：

（一）分摊到该资产组的商誉的账面价值。
（二）该资产组可收回金额的确定方法。

1. 可收回金额按照资产组公允价值减去处置费用后的净额确定的，还应当披露确定公允价值减去处置费用后的净额的方法。资产组的公允价值减去处置费用后的净额不是按照市场价格确定的，应当披露：

（1）企业管理层在确定公允价值减去处置费用后的净额时所采用的各关键假设及其依据。
（2）企业管理层在确定各关键假设相关的价值时，是否与企业历史经验或者外部信息来源相一致；如不一致，应当说明理由。

2. 可收回金额按照资产组预计未来现金流量的现值确定的，应当披露：

（1）企业管理层预计未来现金流量的各关键假设及其依据。
（2）企业管理层在确定各关键假设相关的价值时，是否与企业历史经验或者外部信息来源相一致；如不一致，应当说明理由。
（3）估计现值时所采用的折现率。

第三十一条 商誉的全部或者部分账面价值分摊到多个资产组、且分摊到每个资产组的商誉的账面价值占商誉账面价值总额的比例不重大的，企业应当在附注中说明这一情况以及分摊到上述资产组的商誉合计金额。

商誉账面价值按照相同的关键假设分摊到上述多个资产组、且分摊的商誉合计金额占商誉账面价值总额的比例重大的，企业应当在附注中说明这一情况，并披露下列信息：

（一）分摊到上述资产组的商誉的账面价值合计。
（二）采用的关键假设及其依据。
（三）企业管理层在确定各关键假设相关的价值时，是否与企业历史经验或者外部信息来源相一致；如不一致，应当说明理由。

企业会计准则第 9 号——职工薪酬

(2014 年 1 月 27 日　财政部　财会〔2014〕8 号)

第一章　总　则

第一条　为了规范职工薪酬的确认、计量和相关信息的披露，根据《企业会计准则——基本准则》，制定本准则。

第二条　职工薪酬，是指企业为获得职工提供的服务或解除劳动关系而给予的各种形式的报酬或补偿。职工薪酬包括短期薪酬、离职后福利、辞退福利和其他长期职工福利。企业提供给职工配偶、子女、受赡养人、已故员工遗属及其他受益人等的福利，也属于职工薪酬。

短期薪酬，是指企业在职工提供相关服务的年度报告期间结束后十二个月内需要全部予以支付的职工薪酬，因解除与职工的劳动关系给予的补偿除外。短期薪酬具体包括：职工工资、奖金、津贴和补贴，职工福利费，医疗保险费、工伤保险费和生育保险费等社会保险费，住房公积金，工会经费和职工教育经费，短期带薪缺勤，短期利润分享计划，非货币性福利以及其他短期薪酬。

带薪缺勤，是指企业支付工资或提供补偿的职工缺勤，包括年休假、病假、短期伤残、婚假、产假、丧假、探亲假等。利润分享计划，是指因职工提供服务而与职工达成的基于利润或其他经营成果提供薪酬的协议。

离职后福利，是指企业为获得职工提供的服务而在职工退休或与企业解除劳动关系后，提供的各种形式的报酬和福利，短期薪酬和辞退福利除外。

辞退福利，是指企业在职工劳动合同到期之前解除与职工的劳动关系，或者为鼓励职工自愿接受裁减而给予职工的补偿。

其他长期职工福利，是指除短期薪酬、离职后福利、辞退福利之外所有的职工薪酬，包括长期带薪缺勤、长期残疾福利、长期利润分享计划等。

第三条 本准则所称职工，是指与企业订立劳动合同的所有人员，含全职、兼职和临时职工，也包括虽未与企业订立劳动合同但由企业正式任命的人员。

未与企业订立劳动合同或未由其正式任命，但向企业所提供服务与职工所提供服务类似的人员，也属于职工的范畴，包括通过企业与劳务中介公司签订用工合同而向企业提供服务的人员。

第四条 下列各项适用其他相关会计准则：

（一）企业年金基金，适用《企业会计准则第 10 号——企业年金基金》。

（二）以股份为基础的薪酬，适用《企业会计准则第 11 号——股份支付》。

第二章 短期薪酬

第五条 企业应当在职工为其提供服务的会计期间，将实际发生的短期薪酬确认为负债，并计入当期损益，其他会计准则要求或允许计入资产成本的除外。

第六条 企业发生的职工福利费，应当在实际发生时根据实际发生额计入当期损益或相关资产成本。职工福利费为非货币性福利的，应当按照公允价值计量。

第七条 企业为职工缴纳的医疗保险费、工伤保险费、生育保险费等社会保险费和住房公积金，以及按规定提取的工会经费和职工教育经费，应当在职工为其提供服务的会计期间，根据规定的计提基础和计提比例计算确定相应的职工薪酬金额，并确认相应负债，计入当期损益或相关资产成本。

第八条 带薪缺勤分为累积带薪缺勤和非累积带薪缺勤。企业应当在职工提供服务从而增加了其未来享有的带薪缺勤权利时，确认与累积带薪缺勤相关的职工薪酬，并以累积未行使权利而增加的预期支付金额计量。企业应当在职工实际发生缺勤的会计期间确认与非累积带薪缺勤相关的职工薪酬。

累积带薪缺勤，是指带薪缺勤权利可以结转下期的带薪缺勤，本期尚未用完的带薪缺勤权利可以在未来期间使用。

非累积带薪缺勤，是指带薪缺勤权利不能结转下期的带薪缺勤，本期尚未用完的带薪缺勤权利将予以取消，并且职工离开企业时也无权获得现金支付。

第九条 利润分享计划同时满足下列条件的，企业应当确认相关的应付职工薪酬：

（一）企业因过去事项导致现在具有支付职工薪酬的法定义务或推定义务；

（二）因利润分享计划所产生的应付职工薪酬义务金额能够可靠估计。属于下列三种情形之一的，视为义务金额能够可靠估计：

1. 在财务报告批准报出之前企业已确定应支付的薪酬金额。

2. 该短期利润分享计划的正式条款中包括确定薪酬金额的方式。

3. 过去的惯例为企业确定推定义务金额提供了明显证据。

第十条 职工只有在企业工作一段特定期间才能分享利润的，企业在计量利润分享计划产生的应付职工薪酬时，应当反映职工因离职而无法享受利润分享计划福利的可能性。

如果企业在职工为其提供相关服务的年度报告期间结束后十二个月内，不需要全部支付利润分享计划产生的应付职工薪酬，该利润分享计划应当适用本准则其他长期职工福利的有关规定。

第三章 离职后福利

第十一条 企业应当将离职后福利计划分类为设定提存计划和设定受益计划。

离职后福利计划，是指企业与职工就离职后福利达成的协议，或者企业为向职工提供离职后福利制定的规章或办法等。其中，设定提存计划，是指向独立的基金缴存固定费用后，企业不再承担进一步支付义务的离职后福利计划；设定受益计划，是指除设定提存计划以外的离职后福利计划。

第十二条 企业应当在职工为其提供服务的会计期间,将根据设定提存计划计算的应缴存金额确认为负债,并计入当期损益或相关资产成本。

根据设定提存计划,预期不会在职工提供相关服务的年度报告期结束后十二个月内支付全部应缴存金额的,企业应当参照本准则第十五条规定的折现率,将全部应缴存金额以折现后的金额计量应付职工薪酬。

第十三条 企业对设定受益计划的会计处理通常包括下列四个步骤:

(一)根据预期累计福利单位法,采用无偏且相互一致的精算假设对有关人口统计变量和财务变量等作出估计,计量设定受益计划所产生的义务,并确定相关义务的归属期间。企业应当按照本准则第十五条规定的折现率将设定受益计划所产生的义务予以折现,以确定设定受益计划义务的现值和当期服务成本。

(二)设定受益计划存在资产的,企业应当将设定受益计划义务现值减去设定受益计划资产公允价值所形成的赤字或盈余确认为一项设定受益计划净负债或净资产。

设定受益计划存在盈余的,企业应当以设定受益计划的盈余和资产上限两项的孰低者计量设定受益计划净资产。其中,资产上限,是指企业可从设定受益计划退款或减少未来对设定受益计划缴存资金而获得的经济利益的现值。

(三)根据本准则第十六条的有关规定,确定应当计入当期损益的金额。

(四)根据本准则第十六条和第十七条的有关规定,确定应当计入其他综合收益的金额。

在预期累计福利单位法下,每一服务期间会增加一个单位的福利权利,并且需对每一个单位单独计量,以形成最终义务。企业应当将福利归属于提供设定受益计划的义务发生的期间。这一期间是指从职工提供服务以获取企业在未来报告期间预计支付的设定受益计划福利开始,至职工的继续服务不会导致这一福利金额显著增加之日为止。

第十四条 企业应当根据预期累计福利单位法确定的公式将设定受益计划产生的福利义务归属于职工提供服务的期间,并计入当期损益或相关资产成本。

当职工后续年度的服务将导致其享有的设定受益计划福利水平显著高于以前年度时,企业应当按照直线法将累计设定受益计划义务分摊确认于职工提供服务而导致企业第一次产生设定受益计划福利义务至职工提供服务不再导致该福利义务显著增加的期间。在确定该归属期间时,不应考虑仅因未来工资水平提高而导致设定受益计划义务显著增加的情况。

第十五条 企业应当对所有设定受益计划义务予以折现,包括预期在职工提供服务的年度报告期间结束后的十二个月内支付的义务。折现时所采用的折现率应当根据资产负债表日与设定受益计划义务期限和币种相匹配的国债或活跃市场上的高质量公司债券的市场收益率确定。

第十六条 报告期末,企业应当将设定受益计划产生的职工薪酬成本确认为下列组成部分:

(一)服务成本,包括当期服务成本、过去服务成本和结算利得或损失。其中,当期服务成本,是指职工当期提供服务所导致的设定受益计划义务现值的增加额;过去服务成本,是指设定受益计划修改所导致的与以前期间职工服务相关的设定受益计划义务现值的增加或减少。

(二)设定受益计划净负债或净资产的利息净额,包括计划资产的利息收益、设定受益计划义务的利息费用以及资产上限影响的利息。

(三)重新计量设定受益计划净负债或净资产所产生的变动。

除非其他会计准则要求或允许职工福利成本计入资产成本,上述第(一)项和第(二)项应计入当期损益;第(三)项应计入其他综合收益,并且在后续会计期间不允许转回至损益,但企业可以在权益范围内转移这些在其他综合收益中确认的金额。

第十七条 重新计量设定受益计划净负债或净资产所产生的变动包括下列部分:

(一)精算利得或损失,即由于精算假设和经验调整导致之前所计量的设定受益计划义务现值的增加或减少。

(二)计划资产回报,扣除包括在设定受益计划净负债或净资产的利息净额中的金额。

(三) 资产上限影响的变动,扣除包括在设定受益计划净负债或净资产的利息净额中的金额。

第十八条 在设定受益计划下,企业应当在下列日期孰早日将过去服务成本确认为当期费用:
(一) 修改设定受益计划时。
(二) 企业确认相关重组费用或辞退福利时。

第十九条 企业应当在设定受益计划结算时,确认一项结算利得或损失。

设定受益计划结算,是指企业为了消除设定受益计划所产生的部分或所有未来义务进行的交易,而不是根据计划条款和所包含的精算假设向职工支付福利。设定受益计划结算利得或损失是下列两项的差额:
(一) 在结算日确定的设定受益计划义务现值。
(二) 结算价格,包括转移的计划资产的公允价值和企业直接发生的与结算相关的支付。

第四章 辞退福利

第二十条 企业向职工提供辞退福利的,应当在下列两者孰早日确认辞退福利产生的职工薪酬负债,并计入当期损益:
(一) 企业不能单方面撤回因解除劳动关系计划或裁减建议所提供的辞退福利时。
(二) 企业确认与涉及支付辞退福利的重组相关的成本或费用时。

第二十一条 企业应当按照辞退计划条款的规定,合理预计并确认辞退福利产生的应付职工薪酬。辞退福利预期在其确认的年度报告期结束后十二个月内完全支付的,应当适用短期薪酬的相关规定;辞退福利预期在年度报告期结束后十二个月内不能完全支付的,应当适用本准则关于其他长期职工福利的有关规定。

第五章 其他长期职工福利

第二十二条 企业向职工提供的其他长期职工福利,符合设定提存计划条件的,应当适用本准则第十二条关于设定提存计划的有关规定进行处理。

第二十三条 除上述第二十二条规定的情形外,企业应当适用本准则关于设定受益计划的有关规定,确认和计量其他长期职工福利净负债或净资产。在报告期末,企业应当将其他长期职工福利产生的职工薪酬成本确认为下列组成部分:
(一) 服务成本。
(二) 其他长期职工福利净负债或净资产的利息净额。
(三) 重新计量其他长期职工福利净负债或净资产所产生的变动。

为简化相关会计处理,上述项目的总净额应计入当期损益或相关资产成本。

第二十四条 长期残疾福利水平取决于职工提供服务期间长短的,企业应当在职工提供服务的期间确认应付长期残疾福利义务,计量时应当考虑长期残疾福利支付的可能性和预期支付的期限;长期残疾福利与职工提供服务期间长短无关的,企业应当在导致职工长期残疾的事件发生的当期确认应付长期残疾福利义务。

第六章 披 露

第二十五条 企业应当在附注中披露与短期职工薪酬有关的下列信息:
(一) 应当支付给职工的工资、奖金、津贴和补贴及其期末应付未付金额。
(二) 应当为职工缴纳的医疗保险费、工伤保险费和生育保险费等社会保险费及其期末应付未付金额。
(三) 应当为职工缴存的住房公积金及其期末应付未付金额。
(四) 为职工提供的非货币性福利及其计算依据。

（五）依据短期利润分享计划提供的职工薪酬金额及其计算依据。

（六）其他短期薪酬。

第二十六条 企业应当披露所设立或参与的设定提存计划的性质、计算缴费金额的公式或依据，当期缴费金额以及期末应付未付金额。

第二十七条 企业应当披露与设定受益计划有关的下列信息：

（一）设定受益计划的特征及与之相关的风险。

（二）设定受益计划在财务报表中确认的金额及其变动。

（三）设定受益计划对企业未来现金流量金额、时间和不确定性的影响。

（四）设定受益计划义务现值所依赖的重大精算假设及有关敏感性分析的结果。

第二十八条 企业应当披露支付的因解除劳动关系所提供辞退福利及其期末应付未付金额。

第二十九条 企业应当披露提供的其他长期职工福利的性质、金额及其计算依据。

第七章 衔接规定

第三十条 对于本准则施行日存在的离职后福利计划、辞退福利、其他长期职工福利，除本准则第三十一条规定外，应当按照《企业会计准则第28号——会计政策、会计估计变更和差错更正》的规定采用追溯调整法处理。

第三十一条 企业比较财务报表中披露的本准则施行之前的信息与本准则要求不一致的，不需要按照本准则的规定进行调整。

第八章 附 则

第三十二条 本准则自2014年7月1日起施行。

企业会计准则第11号——股份支付

（2006年2月15日 财政部 财会〔2006〕3号）

第一章 总 则

第一条 为了规范股份支付的确认、计量和相关信息的披露，根据《企业会计准则——基本准则》，制定本准则。

第二条 股份支付，是指企业为获取职工和其他方提供服务而授予权益工具或者承担以权益工具为基础确定的负债的交易。

股份支付分为以权益结算的股份支付和以现金结算的股份支付。

以权益结算的股份支付，是指企业为获取服务以股份或其他权益工具作为对价进行结算的交易。

以现金结算的股份支付，是指企业为获取服务承担以股份或其他权益工具为基础计算确定的交付现金或其他资产义务的交易。

本准则所指的权益工具是企业自身权益工具。

第三条 下列各项适用其他相关会计准则：

（一）企业合并中发行权益工具取得其他企业净资产的交易，适用《企业会计准则第20号——企业合并》。

（二）以权益工具作为对价取得其他金融工具等交易，适用《企业会计准则第22号——金融工具确认和计量》。

第二章 以权益结算的股份支付

第四条 以权益结算的股份支付换取职工提供服务的,应当以授予职工权益工具的公允价值计量。

权益工具的公允价值,应当按照《企业会计准则第 22 号——金融工具确认和计量》确定。

第五条 授予后立即可行权的换取职工服务的以权益结算的股份支付,应当在授予日按照权益工具的公允价值计入相关成本或费用,相应增加资本公积。

授予日,是指股份支付协议获得批准的日期。

第六条 完成等待期内的服务或达到规定业绩条件才可行权的换取职工服务的以权益结算的股份支付,在等待期内的每个资产负债表日,应当以对可行权权益工具数量的最佳估计为基础,按照权益工具授予日的公允价值,将当期取得的服务计入相关成本或费用和资本公积。

在资产负债表日,后续信息表明可行权权益工具的数量与以前估计不同的,应当进行调整,并在可行权日调整至实际可行权的权益工具数量。

等待期,是指可行权条件得到满足的期间。

对于可行权条件为规定服务期间的股份支付,等待期为授予日至可行权日的期间;对于可行权条件为规定业绩的股份支付,应当在授予日根据最可能的业绩结果预计等待期的长度。

可行权日,是指可行权条件得到满足、职工和其他方具有从企业取得权益工具或现金的权利的日期。

第七条 企业在可行权日之后不再对已确认的相关成本或费用和所有者权益总额进行调整。

第八条 以权益结算的股份支付换取其他方服务的,应当分别下列情况处理:

(一) 其他方服务的公允价值能够可靠计量的,应当按照其他方服务在取得日的公允价值,计入相关成本或费用,相应增加所有者权益。

(二) 其他方服务的公允价值不能可靠计量但权益工具公允价值能够可靠计量的,应当按照权益工具在服务取得日的公允价值,计入相关成本或费用,相应增加所有者权益。

第九条 在行权日,企业根据实际行权的权益工具数量,计算确定应转入实收资本或股本的金额,将其转入实收资本或股本。

行权日,是指职工和其他方行使权利、获取现金或权益工具的日期。

第三章 以现金结算的股份支付

第十条 以现金结算的股份支付,应当按照企业承担的以股份或其他权益工具为基础计算确定的负债的公允价值计量。

第十一条 授予后立即可行权的以现金结算的股份支付,应当在授予日以企业承担负债的公允价值计入相关成本或费用,相应增加负债。

第十二条 完成等待期内的服务或达到规定业绩条件以后才可行权的以现金结算的股份支付,在等待期内的每个资产负债表日,应当以对可行权情况的最佳估计为基础,按照企业承担负债的公允价值金额,将当期取得的服务计入成本或费用和相应的负债。

在资产负债表日,后续信息表明企业当期承担债务的公允价值与以前估计不同的,应当进行调整,并在可行权日调整至实际可行权水平。

第十三条 企业应当在相关负债结算前的每个资产负债表日以及结算日,对负债的公允价值重新计量,其变动计入当期损益。

第四章 披 露

第十四条 企业应当在附注中披露与股份支付有关的下列信息:

(一) 当期授予、行权和失效的各项权益工具总额。

（二）期末发行在外的股份期权或其他权益工具行权价格的范围和合同剩余期限。
（三）当期行权的股份期权或其他权益工具以其行权日价格计算的加权平均价格。
（四）权益工具公允价值的确定方法。
企业对性质相似的股份支付信息可以合并披露。

第十五条 企业应当在附注中披露股份支付交易对当期财务状况和经营成果的影响，至少包括下列信息：
（一）当期因以权益结算的股份支付而确认的费用总额。
（二）当期因以现金结算的股份支付而确认的费用总额。
（三）当期以股份支付换取的职工服务总额及其他方服务总额。

企业会计准则第 12 号——债务重组

（2019 年 5 月 16 日　财政部　财会〔2019〕9 号）

第一章　总　　则

第一条 为了规范债务重组的确认、计量和相关信息的披露，根据《企业会计准则——基本准则》，制定本准则。

第二条 债务重组，是指在不改变交易对手方的情况下，经债权人和债务人协定或法院裁定，就清偿债务的时间、金额或方式等重新达成协议的交易。

本准则中的债务重组涉及的债权和债务是指《企业会计准则第 22 号——金融工具确认和计量》规范的金融工具。

第三条 债务重组一般包括下列方式，或下列一种以上方式的组合：
（一）债务人以资产清偿债务；
（二）债务人将债务转为权益工具；
（三）除本条第（一）项和第（二）项外，采用调整债务本金、改变债务利息、变更还款期限等方式修改债权和债务的其他条款，形成重组债权和重组债务。

第四条 本准则适用于所有债务重组，但下列各项适用其他相关会计准则：
（一）债务重组中涉及的债权、重组债权、债务、重组债务和其他金融工具的确认、计量和列报，分别适用《企业会计准则第 22 号——金融工具确认和计量》和《企业会计准则第 37 号——金融工具列报》。
（二）通过债务重组形成企业合并的，适用《企业会计准则第 20 号——企业合并》。
（三）债权人或债务人中的一方直接或间接对另一方持股且以股东身份进行债务重组的，或者债权人与债务人在债务重组前后均受同一方或相同的多方最终控制，且该债务重组的交易实质是债权人或债务人进行了权益性分配或接受了权益性投入的，适用权益性交易的有关会计处理规定。

第二章　债权人的会计处理

第五条 以资产清偿债务或者将债务转为权益工具方式进行债务重组的，债权人应当在相关资产符合其定义和确认条件时予以确认。

第六条 以资产清偿债务方式进行债务重组的，债权人初始确认受让的金融资产以外的资产时，应当按下列原则以成本计量：
存货的成本，包括放弃债权的公允价值和使该资产达到当前位置和状态所发生的可直接归属于该资产的税金、运输费、装卸费、保险费等其他成本。

对联营企业或合营企业投资的成本，包括放弃债权的公允价值和可直接归属于该资产的税金等其他成本。

投资性房地产的成本，包括放弃债权的公允价值和可直接归属于该资产的税金等其他成本。

固定资产的成本，包括放弃债权的公允价值和使该资产达到预定可使用状态前所发生的可直接归属于该资产的税金、运输费、装卸费、安装费、专业人员服务费等其他成本。

生物资产的成本，包括放弃债权的公允价值和可直接归属于该资产的税金、运输费、保险费等其他成本。

无形资产的成本，包括放弃债权的公允价值和可直接归属于使该资产达到预定用途所发生的税金等其他成本。

放弃债权的公允价值与账面价值之间的差额，应当计入当期损益。

第七条 将债务转为权益工具方式进行债务重组导致债权人将债权转为对联营企业或合营企业的权益性投资的，债权人应当按照本准则第六条的规定计量其初始投资成本。放弃债权的公允价值与账面价值之间的差额，应当计入当期损益。

第八条 采用修改其他条款方式进行债务重组的，债权人应当按照《企业会计准则第22号——金融工具确认和计量》的规定，确认和计量重组债权。

第九条 以多项资产清偿债务或者组合方式进行债务重组的，债权人应当首先按照《企业会计准则第22号——金融工具确认和计量》的规定确认和计量受让的金融资产和重组债权，然后按照受让的金融资产以外的各项资产的公允价值比例，对放弃债权的公允价值扣除受让金融资产和重组债权确认金额后的净额进行分配，并以此为基础按照本准则第六条的规定分别确定各项资产的成本。放弃债权的公允价值与账面价值之间的差额，应当计入当期损益。

第三章 债务人的会计处理

第十条 以资产清偿债务方式进行债务重组的，债务人应当在相关资产和所清偿债务符合终止确认条件时予以终止确认，所清偿债务账面价值与转让资产账面价值之间的差额计入当期损益。

第十一条 将债务转为权益工具方式进行债务重组的，债务人应当在所清偿债务符合终止确认条件时予以终止确认。债务人初始确认权益工具时应当按照权益工具的公允价值计量，权益工具的公允价值不能可靠计量的，应当按照所清偿债务的公允价值计量。所清偿债务账面价值与权益工具确认金额之间的差额，应当计入当期损益。

第十二条 采用修改其他条款方式进行债务重组的，债务人应当按照《企业会计准则第22号——金融工具确认和计量》和《企业会计准则第37号——金融工具列报》的规定，确认和计量重组债务。

第十三条 以多项资产清偿债务或者组合方式进行债务重组的，债务人应当按照本准则第十一条和第十二条的规定确认和计量权益工具和重组债务，所清偿债务的账面价值与转让资产的账面价值以及权益工具和重组债务的确认金额之和的差额，应当计入当期损益。

第四章 披 露

第十四条 债权人应当在附注中披露与债务重组有关的下列信息：

（一）根据债务重组方式，分组披露债权账面价值和债务重组相关损益。

（二）债务重组导致的对联营企业或合营企业的权益性投资增加额，以及该投资占联营企业或合营企业股份总额的比例。

第十五条 债务人应当在附注中披露与债务重组有关的下列信息：

（一）根据债务重组方式，分组披露债务账面价值和债务重组相关损益。

（二）债务重组导致的股本等所有者权益的增加额。

第五章 衔接规定

第十六条 企业对 2019 年 1 月 1 日至本准则施行日之间发生的债务重组，应根据本准则进行调整。企业对 2019 年 1 月 1 日之前发生的债务重组，不需要按照本准则的规定进行追溯调整。

第六章 附则

第十七条 本准则自 2019 年 6 月 17 日起施行。

第十八条 2006 年 2 月 15 日财政部印发的《财政部关于印发〈企业会计准则第 1 号——存货〉等 38 项具体准则的通知》（财会〔2006〕3 号）中的《企业会计准则第 12 号——债务重组》同时废止。

财政部此前发布的有关债务重组会计处理规定与本准则不一致的，以本准则为准。

企业会计准则第 13 号——或有事项

（2006 年 2 月 15 日 财政部 财会〔2006〕3 号）

第一章 总则

第一条 为了规范或有事项的确认、计量和相关信息的披露，根据《企业会计准则——基本准则》，制定本准则。

第二条 或有事项，是指过去的交易或者事项形成的，其结果须由某些未来事项的发生或不发生才能决定的不确定事项。

第三条 职工薪酬、建造合同、所得税、企业合并、租赁、原保险合同和再保险合同等形成的或有事项，适用其他相关会计准则。

第二章 确认和计量

第四条 与或有事项相关的义务同时满足下列条件的，应当确认为预计负债：

（一）该义务是企业承担的现时义务；

（二）履行该义务很可能导致经济利益流出企业；

（三）该义务的金额能够可靠地计量。

第五条 预计负债应当按照履行相关现时义务所需支出的最佳估计数进行初始计量。

所需支出存在一个连续范围，且该范围内各种结果发生的可能性相同的，最佳估计数应当按照该范围内的中间值确定。

在其他情况下，最佳估计数应当分别下列情况处理：

（一）或有事项涉及单个项目的，按照最可能发生金额确定。

（二）或有事项涉及多个项目的，按照各种可能结果及相关概率计算确定。

第六条 企业在确定最佳估计数时，应当综合考虑与或有事项有关的风险、不确定性和货币时间价值等因素。

货币时间价值影响重大的，应当通过对相关未来现金流出进行折现后确定最佳估计数。

第七条 企业清偿预计负债所需支出全部或部分预期由第三方补偿的，补偿金额只有在基本确定能够收到时才能作为资产单独确认。确认的补偿金额不应当超过预计负债的账面价值。

第八条 待执行合同变成亏损合同的，该亏损合同产生的义务满足本准则第四条规定的，应当确认为预计负债。

待执行合同，是指合同各方尚未履行任何合同义务，或部分地履行了同等义务的合同。

亏损合同，是指履行合同义务不可避免会发生的成本超过预期经济利益的合同。

第九条 企业不应当就未来经营亏损确认预计负债。

第十条 企业承担的重组义务满足本准则第四条规定的，应当确认预计负债。同时存在下列情况时，表明企业承担了重组义务：

（一）有详细、正式的重组计划，包括重组涉及的业务、主要地点、需要补偿的职工人数及其岗位性质、预计重组支出、计划实施时间等；

（二）该重组计划已对外公告。

重组，是指企业制定和控制的，将显著改变企业组织形式、经营范围或经营方式的计划实施行为。

第十一条 企业应当按照与重组有关的直接支出确定预计负债金额。

直接支出不包括留用职工岗前培训、市场推广、新系统和营销网络投入等支出。

第十二条 企业应当在资产负债表日对预计负债的账面价值进行复核。有确凿证据表明该账面价值不能真实反映当前最佳估计数的，应当按照当前最佳估计数对该账面价值进行调整。

第十三条 企业不应当确认或有负债和或有资产。

或有负债，是指过去的交易或者事项形成的潜在义务，其存在须通过未来不确定事项的发生或不发生予以证实；或过去的交易或者事项形成的现时义务，履行该义务不是很可能导致经济利益流出企业或该义务的金额不能可靠计量。

或有资产，是指过去的交易或者事项形成的潜在资产，其存在须通过未来不确定事项的发生或不发生予以证实。

第三章 披 露

第十四条 企业应当在附注中披露与或有事项有关的下列信息：

（一）预计负债。

1. 预计负债的种类、形成原因以及经济利益流出不确定性的说明。
2. 各类预计负债的期初、期末余额和本期变动情况。
3. 与预计负债有关的预期补偿金额和本期已确认的预期补偿金额。

（二）或有负债（不包括极小可能导致经济利益流出企业的或有负债）。

1. 或有负债的种类及其形成原因，包括已贴现商业承兑汇票、未决诉讼、未决仲裁、对外提供担保等形成的或有负债。
2. 经济利益流出不确定性的说明。
3. 或有负债预计产生的财务影响，以及获得补偿的可能性；无法预计的，应当说明原因。

（三）企业通常不应当披露或有资产。但或有资产很可能会给企业带来经济利益的，应当披露其形成的原因、预计产生的财务影响等。

第十五条 在涉及未决诉讼、未决仲裁的情况下，按照本准则第十四条披露全部或部分信息预期对企业造成重大不利影响的，企业无须披露这些信息，但应当披露该未决诉讼、未决仲裁的性质，以及没有披露这些信息的事实和原因。

企业会计准则第 14 号——收入

(2017 年 7 月 5 日 财政部 财会〔2017〕22 号)

第一章 总 则

第一条 为了规范收入的确认、计量和相关信息的披露，根据《企业会计准则——基本准则》，制定本准则。

第二条 收入,是指企业在日常活动中形成的、会导致所有者权益增加的、与所有者投入资本无关的经济利益的总流入。

第三条 本准则适用于所有与客户之间的合同,但下列各项除外:

(一)由《企业会计准则第 2 号——长期股权投资》、《企业会计准则第 22 号——金融工具确认和计量》、《企业会计准则第 23 号——金融资产转移》、《企业会计准则第 24 号——套期会计》、《企业会计准则第 33 号——合并财务报表》以及《企业会计准则第 40 号——合营安排》规范的金融工具及其他合同权利和义务,分别适用《企业会计准则第 2 号——长期股权投资》、《企业会计准则第 22 号——金融工具确认和计量》、《企业会计准则第 23 号——金融资产转移》、《企业会计准则第 24 号——套期会计》、《企业会计准则第 33 号——合并财务报表》以及《企业会计准则第 40 号——合营安排》。

(二)由《企业会计准则第 21 号——租赁》规范的租赁合同,适用《企业会计准则第 21 号——租赁》。

(三)由保险合同相关会计准则规范的保险合同,适用保险合同相关会计准则。

本准则所称客户,是指与企业订立合同以向该企业购买其日常活动产出的商品或服务(以下简称"商品")并支付对价的一方。

本准则所称合同,是指双方或多方之间订立有法律约束力的权利义务的协议。合同有书面形式、口头形式以及其他形式。

第二章 确 认

第四条 企业应当在履行了合同中的履约义务,即在客户取得相关商品控制权时确认收入。

取得相关商品控制权,是指能够主导该商品的使用并从中获得几乎全部的经济利益。

第五条 当企业与客户之间的合同同时满足下列条件时,企业应当在客户取得相关商品控制权时确认收入:

(一)合同各方已批准该合同并承诺将履行各自义务;

(二)该合同明确了合同各方与所转让商品或提供劳务(以下简称"转让商品")相关的权利和义务;

(三)该合同有明确的与所转让商品相关的支付条款;

(四)该合同具有商业实质,即履行该合同将改变企业未来现金流量的风险、时间分布或金额;

(五)企业因向客户转让商品而有权取得的对价很可能收回。

在合同开始日即满足前款条件的合同,企业在后续期间无需对其进行重新评估,除非有迹象表明相关事实和情况发生重大变化。合同开始日通常是指合同生效日。

第六条 在合同开始日不符合本准则第五条规定的合同,企业应当对其进行持续评估,并在其满足本准则第五条规定时按照该条的规定进行会计处理。

对于不符合本准则第五条规定的合同,企业只有在不再负有向客户转让商品的剩余义务,且已向客户收取的对价无需退回时,才能将已收取的对价确认为收入;否则,应当将已收取的对价作为负债进行会计处理。没有商业实质的非货币性资产交换,不确认收入。

第七条 企业与同一客户(或该客户的关联方)同时订立或在相近时间内先后订立的两份或多份合同,在满足下列条件之一时,应当合并为一份合同进行会计处理:

(一)该两份或多份合同基于同一商业目的而订立并构成一揽子交易;

(二)该两份或多份合同中的一份合同的对价金额取决于其他合同的定价或履行情况;

(三)该两份或多份合同中所承诺的商品(或每份合同中所承诺的部分商品)构成本准则第九条规定的单项履约义务。

第八条 企业应当区分下列三种情形对合同变更分别进行会计处理:

(一)合同变更增加了可明确区分的商品及合同价款,且新增合同价款反映了新增商品单独售价的，应当将该合同变更部分作为一份单独的合同进行会计处理。

（二）合同变更不属于本条（一）规定的情形，且在合同变更日已转让的商品或已提供的服务（以下简称"已转让的商品"）与未转让的商品或未提供的服务（以下简称"未转让的商品"）之间可明确区分的，应当视为原合同终止，同时，将原合同未履约部分与合同变更部分合并为新合同进行会计处理。

（三）合同变更不属于本条（一）规定的情形，且在合同变更日已转让的商品与未转让的商品之间不可明确区分的，应当将该合同变更部分作为原合同的组成部分进行会计处理，由此产生的对已确认收入的影响，应当在合同变更日调整当期收入。

本准则所称合同变更，是指经合同各方批准对原合同范围或价格作出的变更。

第九条 合同开始日，企业应当对合同进行评估，识别该合同所包含的各单项履约义务，并确定各单项履约义务是在某一时段内履行，还是在某一时点履行，然后，在履行了各单项履约义务时分别确认收入。

履约义务，是指合同中企业向客户转让可明确区分商品的承诺。履约义务既包括合同中明确的承诺，也包括由于企业已公开宣布的政策、特定声明或以往的习惯做法等导致合同订立时客户合理预期企业将履行的承诺。企业为履行合同而应开展的初始活动，通常不构成履约义务，除非该活动向客户转让了承诺的商品。

企业向客户转让一系列实质相同且转让模式相同的、可明确区分商品的承诺，也应当作为单项履约义务。

转让模式相同，是指每一项可明确区分商品均满足本准则第十一条规定的、在某一时段内履行履约义务的条件，且采用相同方法确定其履约进度。

第十条 企业向客户承诺的商品同时满足下列条件的，应当作为可明确区分商品：

（一）客户能够从该商品本身或从该商品与其他易于获得资源一起使用中受益；

（二）企业向客户转让该商品的承诺与合同中其他承诺可单独区分。

下列情形通常表明企业向客户转让该商品的承诺与合同中其他承诺不可单独区分：

1. 企业需提供重大的服务以将该商品与合同中承诺的其他商品整合成合同约定的组合产出转让给客户。

2. 该商品将对合同中承诺的其他商品予以重大修改或定制。

3. 该商品与合同中承诺的其他商品具有高度关联性。

第十一条 满足下列条件之一的，属于在某一时段内履行履约义务；否则，属于在某一时点履行履约义务：

（一）客户在企业履约的同时即取得并消耗企业履约所带来的经济利益。

（二）客户能够控制企业履约过程中在建的商品。

（三）企业履约过程中所产出的商品具有不可替代用途，且该企业在整个合同期间内有权就累计至今已完成的履约部分收取款项。

具有不可替代用途，是指因合同限制或实际可行性限制，企业不能轻易地将商品用于其他用途。

有权就累计至今已完成的履约部分收取款项，是指在由于客户或其他方原因终止合同的情况下，企业有权就累计至今已完成的履约部分收取能够补偿其已发生成本和合理利润的款项，并且该权利具有法律约束力。

第十二条 对于在某一时段内履行的履约义务，企业应当在该段时间内按照履约进度确认收入，但是，履约进度不能合理确定的除外。企业应当考虑商品的性质，采用产出法或投入法确定恰当的履约进度。其中，产出法是根据已转移给客户的商品对于客户的价值确定履约进度；投入法是根据企业为履行履约义务的投入确定履约进度。对于类似情况下的类似履约义务，企业应当采用相同的方法确定履约进度。

当履约进度不能合理确定时，企业已经发生的成本预计能够得到补偿的，应当按照已经发生的成本金额确认收入，直到履约进度能够合理确定为止。

第十三条 对于在某一时点履行的履约义务，企业应当在客户取得相关商品控制权时点确认收入。在判断客户是否已取得商品控制权时，企业应当考虑下列迹象：

（一）企业就该商品享有现时收款权利，即客户就该商品负有现时付款义务。

（二）企业已将该商品的法定所有权转移给客户，即客户已拥有该商品的法定所有权。

（三）企业已将该商品实物转移给客户，即客户已实物占有该商品。

（四）企业已将该商品所有权上的主要风险和报酬转移给客户，即客户已取得该商品所有权上的主要风险和报酬。

（五）客户已接受该商品。

（六）其他表明客户已取得商品控制权的迹象。

第三章 计 量

第十四条 企业应当按照分摊至各单项履约义务的交易价格计量收入。

交易价格，是指企业因向客户转让商品而预期有权收取的对价金额。企业代第三方收取的款项以及企业预期将退还给客户的款项，应当作为负债进行会计处理，不计入交易价格。

第十五条 企业应当根据合同条款，并结合其以往的习惯做法确定交易价格。在确定交易价格时，企业应当考虑可变对价、合同中存在的重大融资成分、非现金对价、应付客户对价等因素的影响。

第十六条 合同中存在可变对价的，企业应当按照期望值或最可能发生金额确定可变对价的最佳估计数，但包含可变对价的交易价格，应当不超过在相关不确定性消除时累计已确认收入极可能不会发生重大转回的金额。企业在评估累计已确认收入是否极可能不会发生重大转回时，应当同时考虑收入转回的可能性及其比重。

每一资产负债表日，企业应当重新估计应计入交易价格的可变对价金额。可变对价金额发生变动的，按照本准则第二十四条和第二十五条规定进行会计处理。

第十七条 合同中存在重大融资成分的，企业应当按照假定客户在取得商品控制权时即以现金支付的应付金额确定交易价格。该交易价格与合同对价之间的差额，应当在合同期间内采用实际利率法摊销。

合同开始日，企业预计客户取得商品控制权与客户支付价款间隔不超过一年的，可以不考虑合同中存在的重大融资成分。

第十八条 客户支付非现金对价的，企业应当按照非现金对价的公允价值确定交易价格。非现金对价的公允价值不能合理估计的，企业应当参照其承诺向客户转让商品的单独售价间接确定交易价格。非现金对价的公允价值因对价形式以外的原因而发生变动的，应当作为可变对价，按照本准则第十六条规定进行会计处理。

单独售价，是指企业向客户单独销售商品的价格。

第十九条 企业应付客户（或向客户购买本企业商品的第三方，本条下同）对价的，应当将该应付对价冲减交易价格，并在确认相关收入与支付（或承诺支付）客户对价二者孰晚的时点冲减当期收入，但应付客户对价是为了向客户取得其他可明确区分商品的除外。

企业应付客户对价是为了向客户取得其他可明确区分商品的，应当采用与本企业其他采购相一致的方式确认所购买的商品。企业应付客户对价超过向客户取得可明确区分商品公允价值的，超过金额应当冲减交易价格。向客户取得的可明确区分商品公允价值不能合理估计的，企业应当将应付客户对价全额冲减交易价格。

第二十条 合同中包含两项或多项履约义务的，企业应当在合同开始日，按照各单项履约义务所承诺商品的单独售价的相对比例，将交易价格分摊至各单项履约义务。企业不得因合同开始日之后单独售价的变动而重新分摊交易价格。

第二十一条 企业在类似环境下向类似客户单独销售商品的价格，应作为确定该商品单独售价的最佳证据。单独售价无法直接观察的，企业应当综合考虑其能够合理取得的全部相关信息，采用市场调整法、成本加成法、余值法等方法合理估计单独售价。在估计单独售价时，企业应当最大限度地采用可观察的输入值，并对类似的情况采用一致的估计方法。

市场调整法，是指企业根据某商品或类似商品的市场售价考虑本企业的成本和毛利等进行适当调整后，确定其单独售价的方法。

成本加成法，是指企业根据某商品的预计成本加上其合理毛利后的价格，确定其单独售价的方法。

余值法，是指企业根据合同交易价格减去合同中其他商品可观察的单独售价后的余值，确定某商品单独售价的方法。

第二十二条 企业在商品近期售价波动幅度巨大，或者因未定价且未曾单独销售而使售价无法可靠确定时，可采用余值法估计其单独售价。

第二十三条 对于合同折扣，企业应当在各单项履约义务之间按比例分摊。

有确凿证据表明合同折扣仅与合同中一项或多项（而非全部）履约义务相关的，企业应当将该合同折扣分摊至相关一项或多项履约义务。

合同折扣仅与合同中一项或多项（而非全部）履约义务相关，且企业采用余值法估计单独售价的，应当首先按照前款规定在该一项或多项（而非全部）履约义务之间分摊合同折扣，然后采用余值法估计单独售价。

合同折扣，是指合同中各单项履约义务所承诺商品的单独售价之和高于合同交易价格的金额。

第二十四条 对于可变对价及可变对价的后续变动额，企业应当按照本准则第二十条至第二十三条规定，将其分摊至与之相关的一项或多项履约义务，或者分摊至构成单项履约义务的一系列可明确区分商品中的一项或多项商品。

对于已履行的履约义务，其分摊的可变对价后续变动额应当调整变动当期的收入。

第二十五条 合同变更之后发生可变对价后续变动的，企业应当区分下列三种情形分别进行会计处理：

（一）合同变更属于本准则第八条（一）规定情形的，企业应当判断可变对价后续变动与哪一项合同相关，并按照本准则第二十四条规定进行会计处理。

（二）合同变更属于本准则第八条（二）规定情形，且可变对价后续变动与合同变更前已承诺可变对价相关的，企业应当首先将该可变对价后续变动额以原合同开始日确定的基础进行分摊，然后再将分摊至合同变更日尚未履行履约义务的该可变对价后续变动额以新合同开始日确定的基础进行二次分摊。

（三）合同变更之后发生除本条（一）、（二）规定情形以外的可变对价后续变动的，企业应当将该可变对价后续变动额分摊至合同变更日尚未履行的履约义务。

第四章 合同成本

第二十六条 企业为履行合同发生的成本，不属于其他企业会计准则规范范围且同时满足下列条件的，应当作为合同履约成本确认为一项资产：

（一）该成本与一份当前或预期取得的合同直接相关，包括直接人工、直接材料、制造费用（或类似费用）、明确由客户承担的成本以及仅因该合同而发生的其他成本；

（二）该成本增加了企业未来用于履行履约义务的资源；

（三）该成本预期能够收回。

第二十七条 企业应当在下列支出发生时，将其计入当期损益：

（一）管理费用；

（二）非正常消耗的直接材料、直接人工和制造费用（或类似费用），这些支出为履行合同发生，但未反映在合同价格中。

（三）与履约义务中已履行部分相关的支出。

（四）无法在尚未履行的与已履行的履约义务之间区分的相关支出。

第二十八条 企业为取得合同发生的增量成本预期能够收回的，应当作为合同取得成本确认为一项资产；但是，该资产摊销期限不超过一年的，可以在发生时计入当期损益。

增量成本，是指企业不取得合同就不会发生的成本（如销售佣金等）。

企业为取得合同发生的、除预期能够收回的增量成本之外的其他支出（如无论是否取得合同均会发生的差旅费等），应当在发生时计入当期损益，但是，明确由客户承担的除外。

第二十九条 按照本准则第二十六条和第二十八条规定确认的资产（以下简称"与合同成本有关的资产"），应当采用与该资产相关的商品收入确认相同的基础进行摊销，计入当期损益。

第三十条 与合同成本有关的资产，其账面价值高于下列两项的差额的，超出部分应当计提减值准备，并确认为资产减值损失：

（一）企业因转让与该资产相关的商品预期能够取得的剩余对价；

（二）为转让该相关商品估计将要发生的成本。

以前期间减值的因素之后发生变化，使得前款（一）减（二）的差额高于该资产账面价值的，应当转回原已计提的资产减值准备，并计入当期损益，但转回后的资产账面价值不应超过假定不计提减值准备情况下该资产在转回日的账面价值。

第三十一条 在确定与合同成本有关的资产的减值损失时，企业应当首先对按照其他相关企业会计准则确认的、与合同有关的其他资产确定减值损失；然后，按照本准则第三十条规定确定与合同成本有关的资产的减值损失。

企业按照《企业会计准则第8号——资产减值》测试相关资产组的减值情况时，应当将按照前款规定确定与合同成本有关的资产减值后的新账面价值计入相关资产组的账面价值。

第五章　特定交易的会计处理

第三十二条 对于附有销售退回条款的销售，企业应当在客户取得相关商品控制权时，按照因向客户转让商品而预期有权收取的对价金额（即，不包含预期因销售退回将退还的金额）确认收入，按照预期因销售退回将退还的金额确认负债；同时，按照预期将退回商品转让时的账面价值，扣除收回该商品预计发生的成本（包括退回商品的价值减损）后的余额，确认为一项资产，按照所转让商品转让时的账面价值，扣除上述资产成本的净额结转成本。

每一资产负债表日，企业应当重新估计未来销售退回情况，如有变化，应当作为会计估计变更进行会计处理。

第三十三条 对于附有质量保证条款的销售，企业应当评估该质量保证是否在向客户保证所销售商品符合既定标准之外提供了一项单独的服务。企业提供额外服务的，应当作为单项履约义务，按照本准则规定进行会计处理；否则，质量保证责任应当按照《企业会计准则第13号——或有事项》规定进行会计处理。在评估质量保证是否在向客户保证所销售商品符合既定标准之外提供了一项单独的服务时，企业应当考虑该质量保证是否为法定要求、质量保证期限以及企业承诺履行任务的性质等因素。客户能够选择单独购买质量保证的，该质量保证构成单项履约义务。

第三十四条 企业应当根据其在向客户转让商品前是否拥有对该商品的控制权，来判断其从事交易时的身份是主要责任人还是代理人。企业在向客户转让商品前能够控制该商品的，该企业为主要责任人，应当按照已收或应收对价总额确认收入；否则，该企业为代理人，应当按照预期有权收取的佣金或手续费的金额确认收入，该金额应当按照已收或应收对价总额扣除应支付给其他相关方的价款后的净额，或者按照既定的佣金金额或比例等确定。

企业向客户转让商品前能够控制该商品的情形包括：

（一）企业自第三方取得商品或其他资产控制权后，再转让给客户。

（二）企业能够主导第三方代表本企业向客户提供服务。

（三）企业自第三方取得商品控制权后，通过提供重大的服务将该商品与其他商品整合成某组合产出转让给客户。

在具体判断向客户转让商品前是否拥有对该商品的控制权时，企业不应仅局限于合同的法律形式，而应当综合考虑所有相关事实和情况，这些事实和情况包括：

（一）企业承担向客户转让商品的主要责任。

（二）企业在转让商品之前或之后承担了该商品的存货风险。

（三）企业有权自主决定所交易商品的价格。

（四）其他相关事实和情况。

第三十五条 对于附有客户额外购买选择权的销售，企业应当评估该选择权是否向客户提供了一项重大权利。企业提供重大权利的，应当作为单项履约义务，按照本准则第二十条至第二十四条规定将交易价格分摊至该履约义务，在客户未来行使购买选择权取得相关商品控制权时，或者该选择权失效时，确认相应的收入。客户额外购买选择权的单独售价无法直接观察的，企业应当综合考虑客户行使和不行使该选择权所能获得的折扣的差异、客户行使该选择权的可能性等全部相关信息后，予以合理估计。

客户虽然有额外购买商品选择权，但客户行使该选择权购买商品时的价格反映了这些商品单独售价的，不应被视为企业向该客户提供了一项重大权利。

第三十六条 企业向客户授予知识产权许可的，应当按照本准则第九条和第十条规定评估该知识产权许可是否构成单项履约义务，构成单项履约义务的，应当进一步确定其是在某一时段内履行还是在某一时点履行。

企业向客户授予知识产权许可，同时满足下列条件时，应当作为在某一时段内履行的履约义务确认相关收入；否则，应当作为在某一时点履行的履约义务确认相关收入：

（一）合同要求或客户能够合理预期企业将从事对该项知识产权有重大影响的活动；

（二）该活动对客户将产生有利或不利影响；

（三）该活动不会导致向客户转让某项商品。

第三十七条 企业向客户授予知识产权许可，并约定按客户实际销售或使用情况收取特许权使用费的，应当在下列两项孰晚的时点确认收入：

（一）客户后续销售或使用行为实际发生；

（二）企业履行相关履约义务。

第三十八条 对于售后回购交易，企业应当区分下列两种情形分别进行会计处理：

（一）企业因存在与客户的远期安排而负有回购义务或企业享有回购权利的，表明客户在销售时点并未取得相关商品控制权，企业应当作为租赁交易或融资交易进行相应的会计处理。其中，回购价格低于原售价的，应当视为租赁交易，按照《企业会计准则第21号——租赁》的相关规定进行会计处理；回购价格不低于原售价的，应当视为融资交易，在收到客户款项时确认金融负债，并将该款项和回购价格的差额在回购期间内确认为利息费用等。企业到期未行使回购权利的，应当在该回购权利到期时终止确认金融负债，同时确认收入。

（二）企业负有应客户要求回购商品义务的，应当在合同开始日评估客户是否具有行使该要求权的重大经济动因。客户具有行使该要求权重大经济动因的，企业应当将售后回购作为租赁交易或融资交易，按照本条（一）规定进行会计处理；否则，企业应当将其作为附有销售退回条款的销售交易，按照本准则第三十二条规定进行会计处理。

售后回购，是指企业销售商品的同时承诺或有权选择日后再将该商品（包括相同或几乎相同的商品，或以该商品作为组成部分的商品）购回的销售方式。

第三十九条 企业向客户预收销售商品款项的，应当首先将该款项确认为负债，待履行了相关履约义务时再转为收入。当企业预收款项无需退回，且客户可能会放弃其全部或部分合同权利时，企业预期将有权获得与客户所放弃的合同权利相关的金额的，应当按照客户行使合同权利的模式按比例将上述金额确认为收入；否则，企业只有在客户要求其履行剩余履约义务的可能性极低时，才能将上述负债的相关余额转为收入。

第四十条 企业在合同开始（或接近合同开始）日向客户收取的无需退回的初始费（如俱乐部的入会费等）应当计入交易价格。企业应当评估该初始费是否与向客户转让已承诺的商品相关。该初始费与向客户转让已承诺的商品相关，并且该商品构成单项履约义务的，企业应当在转让该商品时，按照分摊至该商品的交易价格确认收入；该初始费与向客户转让已承诺的商品相关，但该商品不构成单项履约义务的，企业应当在包含该商品的单项履约义务履行时，按照分摊至该单项履约义务的交易价格确认收入；该初始费与向客户转让已承诺的商品不相关的，该初始费应当作为未来将转让商品的预收款，在未来转让该商品时确认为收入。

企业收取了无需退回的初始费且为履行合同应开展初始活动，但这些活动本身并没有向客户转让已承诺的商品的，该初始费与未来将转让的已承诺商品相关，应当在未来转让该商品时确认为收入，企业在确定履约进度时不应考虑这些初始活动；企业为该初始活动发生的支出应当按照本准则第二十六条和第二十七条规定确认为一项资产或计入当期损益。

第六章 列 报

第四十一条 企业应当根据本企业履行履约义务与客户付款之间的关系在资产负债表中列示合同资产或合同负债。企业拥有的、无条件（即，仅取决于时间流逝）向客户收取对价的权利应当作为应收款项单独列示。

合同资产，是指企业已向客户转让商品而有权收取对价的权利，且该权利取决于时间流逝之外的其他因素。如企业向客户销售两项可明确区分的商品，企业因已交付其中一项商品而有权收取款项，但收取该款项还取决于企业交付另一项商品的，企业应当将该收款权利作为合同资产。

合同负债，是指企业已收或应收客户对价而应向客户转让商品的义务。如企业在转让承诺的商品之前已收取的款项。

按照本准则确认的合同资产的减值的计量和列报应当按照《企业会计准则第22号——金融工具确认和计量》和《企业会计准则第37号——金融工具列报》的规定进行会计处理。

第四十二条 企业应当在附注中披露与收入有关的下列信息：

（一）收入确认和计量所采用的会计政策、对于确定收入确认的时点和金额具有重大影响的判断以及这些判断的变更，包括确定履约进度的方法及采用该方法的原因、评估客户取得所转让商品控制权时点的相关判断，在确定交易价格、估计计入交易价格的可变对价、分摊交易价格以及计量预期将退还给客户的款项等类似义务时所采用的方法、输入值和假设等。

（二）与合同相关的下列信息：

1. 与本期确认收入相关的信息，包括与客户之间的合同产生的收入、该收入按主要类别（如商品类型、经营地区、市场或客户类型、合同类型、商品转让的时间、合同期限、销售渠道等）分解的信息以及该分解信息与每一报告分部的收入之间的关系等。

2. 与应收款项、合同资产和合同负债的账面价值相关的信息，包括与客户之间的合同产生的应收款项、合同资产和合同负债的期初和期末账面价值、对上述应收款项和合同资产确认的减值损失、在本期确认的包括在合同负债期初账面价值中的收入、前期已经履行（或部分履行）的履约义务在本期调整的收入、履行履约义务的时间与通常的付款时间之间的关系以及此类因素对合同资产和合同负债账面价值的影响的定量或定性信息、合同资产和合同负债的账面价值在本期内发生的重大变动情况等。

3. 与履约义务相关的信息，包括履约义务通常的履行时间、重要的支付条款、企业承诺转让的商品的性质（包括说明企业是否作为代理人）、企业承担的预期将退还给客户的款项等类似义务、质量保证的类型及相关义务等。

4. 与分摊至剩余履约义务的交易价格相关的信息，包括分摊至本期末尚未履行（或部分未履行）

履约义务的交易价格总额、上述金额确认为收入的预计时间的定量或定性信息、未包括在交易价格的对价金额（如可变对价）等。

（三）与合同成本有关的资产相关的信息，包括确定该资产金额所做的判断、该资产的摊销方法、按该资产主要类别（如为取得合同发生的成本、为履行合同开展的初始活动发生的成本等）披露的期末账面价值以及本期确认的摊销及减值损失金额等。

（四）企业根据本准则第十七条规定因预计客户取得商品控制权与客户支付价款间隔未超过一年而未考虑合同中存在的重大融资成分，或者根据本准则第二十八条规定因合同取得成本的摊销期限未超过一年而将其在发生时计入当期损益的，应当披露该事实。

第七章 衔接规定

第四十三条 首次执行本准则的企业，应当根据首次执行本准则的累积影响数，调整首次执行本准则当年年初留存收益及财务报表其他相关项目金额，对可比期间信息不予调整。企业可以仅对在首次执行日尚未完成的合同的累积影响数进行调整。同时，企业应当在附注中披露，与收入相关会计准则制度的原规定相比，执行本准则对当期财务报表相关项目的影响金额，如有重大影响的，还需披露其原因。

已完成的合同，是指企业按照与收入相关会计准则制度的原规定已完成合同中全部商品的转让的合同。尚未完成的合同，是指除已完成的合同之外的其他合同。

第四十四条 对于最早可比期间期初之前或首次执行本准则当年年初之前发生的合同变更，企业可予以简化处理，即无需按照本准则第八条规定进行追溯调整，而是根据合同变更的最终安排，识别已履行的和尚未履行的履约义务、确定交易价格以及在已履行的和尚未履行的履约义务之间分摊交易价格。

企业采用该简化处理方法的，应当对所有合同一致采用，并且在附注中披露该事实以及在合理范围内对采用该简化处理方法的影响所作的定性分析。

第八章 附 则

第四十五条 本准则自 2018 年 1 月 1 日起施行。

企业会计准则第 16 号——政府补助

（2017 年 5 月 10 日 财政部 财会〔2017〕15 号）

第一章 总 则

第一条 为了规范政府补助的确认、计量和列报，根据《企业会计准则——基本准则》，制定本准则。

第二条 本准则中的政府补助，是指企业从政府无偿取得货币性资产或非货币性资产。

第三条 政府补助具有下列特征：

（一）来源于政府的经济资源。对于企业收到的来源于其他方的补助，有确凿证据表明政府是补助的实际拨付者，其他方只起到代收代付作用的，该项补助也属于来源于政府的经济资源。

（二）无偿性。即企业取得来源于政府的经济资源，不需要向政府交付商品或服务等对价。

第四条 政府补助分为与资产相关的政府补助和与收益相关的政府补助。

与资产相关的政府补助，是指企业取得的、用于购建或以其他方式形成长期资产的政府补助。

与收益相关的政府补助，是指除与资产相关的政府补助之外的政府补助。

第五条 下列各项适用其他相关会计准则：

（一）企业从政府取得的经济资源，如果与企业销售商品或提供服务等活动密切相关，且是企业商品或服务的对价或者是对价的组成部分，适用《企业会计准则第14号——收入》等相关会计准则。

（二）所得税减免，适用《企业会计准则第18号——所得税》。

政府以投资者身份向企业投入资本，享有相应的所有者权益，不适用本准则。

第二章 确认和计量

第六条 政府补助同时满足下列条件的，才能予以确认：

（一）企业能够满足政府补助所附条件；

（二）企业能够收到政府补助。

第七条 政府补助为货币性资产的，应当按照收到或应收的金额计量。

政府补助为非货币性资产的，应当按照公允价值计量；公允价值不能可靠取得的，按照名义金额计量。

第八条 与资产相关的政府补助，应当冲减相关资产的账面价值或确认为递延收益。与资产相关的政府补助确认为递延收益的，应当在相关资产使用寿命内按照合理、系统的方法分期计入损益。按照名义金额计量的政府补助，直接计入当期损益。

相关资产在使用寿命结束前被出售、转让、报废或发生毁损的，应当将尚未分配的相关递延收益余额转入资产处置当期的损益。

第九条 与收益相关的政府补助，应当分情况按照以下规定进行会计处理：

（一）用于补偿企业以后期间的相关成本费用或损失的，确认为递延收益，并在确认相关成本费用或损失的期间，计入当期损益或冲减相关成本；

（二）用于补偿企业已发生的相关成本费用或损失的，直接计入当期损益或冲减相关成本。

第十条 对于同时包含与资产相关部分和与收益相关部分的政府补助，应当区分不同部分分别进行会计处理；难以区分的，应当整体归类为与收益相关的政府补助。

第十一条 与企业日常活动相关的政府补助，应当按照经济业务实质，计入其他收益或冲减相关成本费用。与企业日常活动无关的政府补助，应当计入营业外收支。

第十二条 企业取得政策性优惠贷款贴息的，应当区分财政将贴息资金拨付给贷款银行和财政将贴息资金直接拨付给企业两种情况，分别按照本准则第十三条和第十四条进行会计处理。

第十三条 财政将贴息资金拨付给贷款银行，由贷款银行以政策性优惠利率向企业提供贷款的，企业可以选择下列方法之一进行会计处理：

（一）以实际收到的借款金额作为借款的入账价值，按照借款本金和该政策性优惠利率计算相关借款费用。借款本金和该政策性优惠利率计算相关借款费用。

（二）以借款的公允价值作为借款的入账价值并按照实际利率法计算借款费用，实际收到的金额与借款公允价值之间的差额确认为递延收益。递延收益在借款存续期内采用实际利率法摊销，冲减相关借款费用。

企业选择了上述两种方法之一后，应当一致地运用，不得随意变更。

第十四条 财政将贴息资金直接拨付给企业，企业应当将对应的贴息冲减相关借款费用。

第十五条 已确认的政府补助需要退回的，应当在需要退回的当期分情况按照以下规定进行会计处理：

（一）初始确认时冲减相关资产账面价值的，调整资产账面价值；

（二）存在相关递延收益的，冲减相关递延收益账面余额，超出部分计入当期损益；

（三）属于其他情况的，直接计入当期损益。

第三章 列　　报

第十六条　企业应当在利润表中的"营业利润"项目之上单独列报"其他收益"项目,计入其他收益的政府补助在该项目中反映。

第十七条　企业应当在附注中单独披露与政府补助有关的下列信息:

(一)政府补助的种类、金额和列报项目;

(二)计入当期损益的政府补助金额;

(三)本期退回的政府补助金额及原因。

第四章 衔接规定

第十八条　企业对 2017 年 1 月 1 日存在的政府补助采用未来适用法处理,对 2017 年 1 月 1 日至本准则施行日之间新增的政府补助根据本准则进行调整。

第五章 附　　则

第十九条　本准则自 2017 年 6 月 12 日起施行。

第二十条　2006 年 2 月 15 日财政部印发的《财政部关于印发〈企业会计准则第 1 号——存货〉等 38 项具体准则的通知》(财会〔2006〕3 号)中的《企业会计准则第 16 号——政府补助》同时废止。

财政部此前发布的有关政府补助会计处理规定与本准则不一致的,以本准则为准。

企业会计准则第 17 号——借款费用

(2006 年 2 月 15 日　财政部　财会〔2006〕3 号)

第一章 总　　则

第一条　为了规范借款费用的确认、计量和相关信息的披露,根据《企业会计准则——基本准则》,制定本准则。

第二条　借款费用,是指企业因借款而发生的利息及其他相关成本。

借款费用包括借款利息、折价或者溢价的摊销、辅助费用以及因外币借款而发生的汇兑差额等。

第三条　与融资租赁有关的融资费用,适用《企业会计准则第 21 号——租赁》。

第二章 确认和计量

第四条　企业发生的借款费用,可直接归属于符合资本化条件的资产的购建或者生产的,应当予以资本化,计入相关资产成本;其他借款费用,应当在发生时根据其发生额确认为费用,计入当期损益。

符合资本化条件的资产,是指需要经过相当长时间的购建或者生产活动才能达到预定可使用或者可销售状态的固定资产、投资性房地产和存货等资产。

第五条　借款费用同时满足下列条件的,才能开始资本化:

(一)资产支出已经发生,资产支出包括为购建或者生产符合资本化条件的资产而以支付现金、转移非现金资产或者承担带息债务形式发生的支出。

(二)借款费用已经发生。

(三)为使资产达到预定可使用或者可销售状态所必要的购建或者生产活动已经开始。

第六条 在资本化期间内,每一会计期间的利息(包括折价或溢价的摊销)资本化金额,应当按照下列规定确定:

(一)为购建或者生产符合资本化条件的资产而借入专门借款的,应当以专门借款当期实际发生的利息费用,减去将尚未动用的借款资金存入银行取得的利息收入或进行暂时性投资取得的投资收益后的金额确定。

专门借款,是指为购建或者生产符合资本化条件的资产而专门借入的款项。

(二)为购建或者生产符合资本化条件的资产而占用了一般借款的,企业应当根据累计资产支出超过专门借款部分的资产支出加权平均数乘以所占用一般借款的资本化率,计算确定一般借款应予资本化的利息金额。资本化率应当根据一般借款加权平均利率计算确定。

资本化期间,是指从借款费用开始资本化时点到停止资本化时点的期间,借款费用暂停资本化的期间不包括在内。

第七条 借款存在折价或者溢价的,应当按照实际利率法确定每一会计期间应摊销的折价或溢价金额,调整每期利息金额。

第八条 在资本化期间内,每一会计期间的利息资本化金额,不应当超过当期相关借款实际发生的利息金额。

第九条 在资本化期间内,外币专门借款本金及利息的汇兑差额,应当予以资本化,计入符合资本化条件的资产的成本。

第十条 专门借款发生的辅助费用,在所购建或者生产的符合资本化条件的资产达到预定可使用或者可销售状态之前发生的,应当在发生时根据其发生额予以资本化,计入符合资本化条件的资产的成本;在所购建或者生产的符合资本化条件的资产达到预定可使用或者可销售状态之后发生的,应当在发生时根据其发生额确认为费用,计入当期损益。

一般借款发生的辅助费用,应当在发生时根据其发生额确认为费用,计入当期损益。

第十一条 符合资本化条件的资产在购建或者生产过程中发生非正常中断、且中断时间连续超过3个月的,应当暂停借款费用的资本化。在中断期间发生的借款费用应当确认为费用,计入当期损益,直至资产的购建或者生产活动重新开始。如果中断是所购建或者生产的符合资本化条件的资产达到预定可使用或者可销售状态必要的程序,借款费用的资本化应当继续进行。

第十二条 购建或者生产符合资本化条件的资产达到预定可使用或者可销售状态时,借款费用应当停止资本化。在符合资本化条件的资产达到预定可使用或者可销售状态之后所发生的借款费用,应当在发生时根据其发生额确认为费用,计入当期损益。

第十三条 购建或者生产符合资本化条件的资产达到预定可使用或者可销售状态,可从下列几个方面进行判断:

(一)符合资本化条件的资产的实体建造(包括安装)或者生产工作已经全部完成或者实质上已经完成。

(二)所购建或者生产的符合资本化条件的资产与设计要求、合同规定或者生产要求相符或者基本相符,即使有极个别与设计、合同或者生产要求不相符的地方,也不影响其正常使用或者销售。

(三)继续发生在所购建或生产的符合资本化条件的资产上的支出金额很少或者几乎不再发生。

购建或者生产符合资本化条件的资产需要试生产或者试运行的,在试生产结果表明资产能够正常生产出合格产品或者试运行结果表明资产能够正常运转或者营业时,应当认为该资产已经达到预定可使用或者可销售状态。

第十四条 购建或者生产的符合资本化条件的资产的各部分分别完工、且每部分在其他部分继续建造过程中可供使用或者可对外销售,且为使该部分资产达到预定可使用或可销售状态所必要的购建或者生产活动实质上已经完成的,应当停止与该部分资产相关的借款费用的资本化。

购建或者生产的资产的各部分分别完工,但必须等到整体完工后才可使用或者可对外销售的,应当在该资产整体完工时停止借款费用的资本化。

第三章 披 露

第十五条 企业应当在附注中披露与借款费用有关的下列信息：
（一）当期资本化的借款费用金额。
（二）当期用于计算确定借款费用资本化金额的资本化率。

企业会计准则第 18 号——所得税

(2006 年 2 月 15 日 财政部 财会〔2006〕3 号)

第一章 总 则

第一条 为了规范企业所得税的确认、计量和相关信息的列报，根据《企业会计准则——基本准则》，制定本准则。

第二条 本准则所称所得税包括企业以应纳税所得额为基础的各种境内和境外税额。

第三条 本准则不涉及政府补助的确认和计量，但因政府补助产生暂时性差异的所得税影响，应当按照本准则进行确认和计量。

第二章 计税基础

第四条 企业在取得资产、负债时，应当确定其计税基础。资产、负债的账面价值与其计税基础存在差异的，应当按照本准则规定确认所产生的递延所得税资产或递延所得税负债。

第五条 资产的计税基础，是指企业收回资产账面价值过程中，计算应纳税所得额时按照税法规定可以自应税经济利益中抵扣的金额。

第六条 负债的计税基础，是指负债的账面价值减去未来期间计算应纳税所得额时按照税法规定可予抵扣的金额。

第三章 暂时性差异

第七条 暂时性差异，是指资产或负债的账面价值与其计税基础之间的差额；未作为资产和负债确认的项目，按照税法规定可以确定其计税基础的，该计税基础与其账面价值之间的差额也属于暂时性差异。

按照暂时性差异对未来期间应税金额的影响，分为应纳税暂时性差异和可抵扣暂时性差异。

第八条 应纳税暂时性差异，是指在确定未来收回资产或清偿负债期间的应纳税所得额时，将导致产生应税金额的暂时性差异。

第九条 可抵扣暂时性差异，是指在确定未来收回资产或清偿负债期间的应纳税所得额时，将导致产生可抵扣金额的暂时性差异。

第四章 确 认

第十条 企业应当将当期和以前期间应交未交的所得税确认为负债，将已支付的所得税超过应支付的部分确认为资产。

存在应纳税暂时性差异或可抵扣暂时性差异的，应当按照本准则规定确认递延所得税负债或递延所得税资产。

第十一条 除下列交易中产生的递延所得税负债以外，企业应当确认所有应纳税暂时性差异产生的递延所得税负债：

（一）商誉的初始确认。
（二）同时具有下列特征的交易中产生的资产或负债的初始确认：
1. 该项交易不是企业合并。
2. 交易发生时既不影响会计利润也不影响应纳税所得额（或可抵扣亏损）。

与子公司、联营企业及合营企业的投资相关的应纳税暂时性差异产生的递延所得税负债，应当按照本准则第十二条的规定确认。

第十二条 企业对与子公司、联营企业及合营企业投资相关的应纳税暂时性差异，应当确认相应的递延所得税负债。但是，同时满足下列条件的除外：
（一）投资企业能够控制暂时性差异转回的时间。
（二）该暂时性差异在可预见的未来很可能不会转回。

第十三条 企业应当以很可能取得用来抵扣可抵扣暂时性差异的应纳税所得额为限，确认由可抵扣暂时性差异产生的递延所得税资产。但是，同时具有下列特征的交易中因资产或负债的初始确认所产生的递延所得税资产不予确认：
（一）该项交易不是企业合并。
（二）交易发生时既不影响会计利润也不影响应纳税所得额（或可抵扣亏损）。

资产负债表日，有确凿证据表明未来期间很可能获得足够的应纳税所得额用来抵扣可抵扣暂时性差异的，应当确认以前期间未确认的递延所得税资产。

第十四条 企业对与子公司、联营企业及合营企业投资相关的可抵扣暂时性差异，同时满足下列条件的，应当确认相应的递延所得税资产：
（一）暂时性差异在可预见的未来很可能转回。
（二）未来很可能获得用来抵扣可抵扣暂时性差异的应纳税所得额。

第十五条 企业对于能够结转以后年度的可抵扣亏损和税款抵减，应当以很可能获得用来抵扣可抵扣亏损和税款抵减的未来应纳税所得额为限，确认相应的递延所得税资产。

第五章 计 量

第十六条 资产负债表日，对于当期和以前期间形成的当期所得税负债（或资产），应当按照税法规定计算的预期应交纳（或返还）的所得税金额计量。

第十七条 资产负债表日，对于递延所得税资产和递延所得税负债，应当根据税法规定，按照预期收回该资产或清偿该负债期间的适用税率计量。

适用税率发生变化的，应对已确认的递延所得税资产和递延所得税负债进行重新计量，除直接在所有者权益中确认的交易或者事项产生的递延所得税资产和递延所得税负债以外，应当将其影响数计入变化当期的所得税费用。

第十八条 递延所得税资产和递延所得税负债的计量，应当反映资产负债表日企业预期收回资产或清偿负债方式的所得税影响，即在计量递延所得税资产和递延所得税负债时，应当采用与收回资产或清偿债务的预期方式相一致的税率和计税基础。

第十九条 企业不应当对递延所得税资产和递延所得税负债进行折现。

第二十条 资产负债表日，企业应当对递延所得税资产的账面价值进行复核。如果未来期间很可能无法获得足够的应纳税所得额用以抵扣递延所得税资产的利益，应当减记递延所得税资产的账面价值。

在很可能获得足够的应纳税所得额时，减记的金额应当转回。

第二十一条 企业当期所得税和递延所得税应当作为所得税费用或收益计入当期损益，但不包括下列情况产生的所得税：
（一）企业合并。
（二）直接在所有者权益中确认的交易或者事项。

第二十二条 与直接计入所有者权益的交易或者事项相关的当期所得税和递延所得税,应当计入所有者权益。

第六章 列 报

第二十三条 递延所得税资产和递延所得税负债应当分别作为非流动资产和非流动负债在资产负债表中列示。

第二十四条 所得税费用应当在利润表中单独列示。

第二十五条 企业应当在附注中披露与所得税有关的下列信息:

(一)所得税费用(收益)的主要组成部分。

(二)所得税费用(收益)与会计利润关系的说明。

(三)未确认递延所得税资产的可抵扣暂时性差异、可抵扣亏损的金额(如果存在到期日,还应披露到期日)。

(四)对每一类暂时性差异和可抵扣亏损,在列报期间确认的递延所得税资产或递延所得税负债的金额,确认递延所得税资产的依据。

(五)未确认递延所得税负债的,与对子公司、联营企业及合营企业投资相关的暂时性差异金额。

企业会计准则第 20 号——企业合并

(2006 年 2 月 15 日 财政部 财会〔2006〕3 号)

第一章 总 则

第一条 为了规范企业合并的确认、计量和相关信息的披露,根据《企业会计准则——基本准则》,制定本准则。

第二条 企业合并,是指将两个或者两个以上单独的企业合并形成一个报告主体的交易或事项。企业合并分为同一控制下的企业合并和非同一控制下的企业合并。

第三条 涉及业务的合并比照本准则规定处理。

第四条 本准则不涉及下列企业合并:

(一)两方或者两方以上形成合营企业的企业合并。

(二)仅通过合同而不是所有权份额将两个或者两个以上单独的企业合并形成一个报告主体的企业合并。

第二章 同一控制下的企业合并

第五条 参与合并的企业在合并前后均受同一方或相同的多方最终控制且该控制并非暂时性的,为同一控制下的企业合并。

同一控制下的企业合并,在合并日取得对其他参与合并企业控制权的一方为合并方,参与合并的其他企业为被合并方。

合并日,是指合并方实际取得对被合并方控制权的日期。

第六条 合并方在企业合并中取得的资产和负债,应当按照合并日在被合并方的账面价值计量。合并方取得的净资产账面价值与支付的合并对价账面价值(或发行股份面值总额)的差额,应当调整资本公积;资本公积不足冲减的,调整留存收益。

第七条 同一控制下的企业合并中,被合并方采用的会计政策与合并方不一致的,合并方在合并日应当按照本企业会计政策对被合并方的财务报表相关项目进行调整,在此基础上按照本准则规定确认。

第八条 合并方为进行企业合并发生的各项直接相关费用，包括为进行企业合并而支付的审计费用、评估费用、法律服务费用等，应当于发生时计入当期损益。

为企业合并发行的债券或承担其他债务支付的手续费、佣金等，应当计入所发行债券及其他债务的初始计量金额。企业合并中发行权益性证券发生的手续费、佣金等费用，应当抵减权益性证券溢价收入，溢价收入不足冲减的，冲减留存收益。

第九条 企业合并形成母子公司关系的，母公司应当编制合并日的合并资产负债表、合并利润表和合并现金流量表。

合并资产负债表中被合并方的各项资产、负债，应当按其账面价值计量。因被合并方采用的会计政策与合并方不一致，按照本准则规定进行调整的，应当以调整后的账面价值计量。

合并利润表应当包括参与合并各方自合并当期期初至合并日所发生的收入、费用和利润。被合并方在合并前实现的净利润，应当在合并利润表中单列项目反映。

合并现金流量表应当包括参与合并各方自合并当期期初至合并日的现金流量。

编制合并财务报表时，参与合并各方的内部交易等，应当按照《企业会计准则第33号——合并财务报表》处理。

第三章 非同一控制下的企业合并

第十条 参与合并的各方在合并前后不受同一方或相同的多方最终控制的，为非同一控制下的企业合并。

非同一控制下的企业合并，在购买日取得对其他参与合并企业控制权的一方为购买方，参与合并的其他企业为被购买方。

购买日，是指购买方实际取得对被购买方控制权的日期。

第十一条 购买方应当区别下列情况确定合并成本：

（一）一次交换交易实现的企业合并，合并成本为购买方在购买日为取得对被购买方的控制权而付出的资产、发生或承担的负债以及发行的权益性证券的公允价值。

（二）通过多次交换交易分步实现的企业合并，合并成本为每一单项交易成本之和。

（三）购买方为进行企业合并发生的各项直接相关费用也应当计入企业合并成本。

（四）在合并合同或协议中对可能影响合并成本的未来事项作出约定的，购买日如果估计未来事项很可能发生并且对合并成本的影响金额能够可靠计量的，购买方应当将其计入合并成本。

第十二条 购买方在购买日对作为企业合并对价付出的资产、发生或承担的负债应当按照公允价值计量，公允价值与其账面价值的差额，计入当期损益。

第十三条 购买方在购买日应当对合并成本进行分配，按照本准则第十四条的规定确认所取得的被购买方各项可辨认资产、负债及或有负债。

（一）购买方对合并成本大于合并中取得的被购买方可辨认净资产公允价值份额的差额，应当确认为商誉。

初始确认后的商誉，应当以其成本扣除累计减值准备后的金额计量。商誉的减值应当按照《企业会计准则第8号——资产减值》处理。

（二）购买方对合并成本小于合并中取得的被购买方可辨认净资产公允价值份额的差额，应当按照下列规定处理：

1. 对取得的被购买方各项可辨认资产、负债及或有负债的公允价值以及合并成本的计量进行复核。

2. 经复核后合并成本仍小于合并中取得的被购买方可辨认净资产公允价值份额的，其差额应当计入当期损益。

第十四条 被购买方可辨认净资产公允价值，是指合并中取得的被购买方可辨认资产的公允价值减去负债及或有负债公允价值后的余额。被购买方各项可辨认资产、负债及或有负债，符合下列条件的，应当单独予以确认：

（一）合并中取得的被购买方除无形资产以外的其他各项资产（不仅限于被购买方原已确认的资产），其所带来的经济利益很可能流入企业且公允价值能够可靠地计量的，应当单独予以确认并按照公允价值计量。

合并中取得的无形资产，其公允价值能够可靠地计量的，应当单独确认为无形资产并按照公允价值计量。

（二）合并中取得的被购买方除或有负债以外的其他各项负债，履行有关的义务很可能导致经济利益流出企业且公允价值能够可靠地计量的，应当单独予以确认并按照公允价值计量。

（三）合并中取得的被购买方或有负债，其公允价值能够可靠地计量的，应当单独确认为负债并按照公允价值计量。或有负债在初始确认后，应当按照下列两者孰高进行后续计量：

1. 按照《企业会计准则第13号——或有事项》应予确认的金额。

2. 初始确认金额减去按照《企业会计准则第14号——收入》的原则确认的累计摊销额后的余额。

第十五条 企业合并形成母子公司关系的，母公司应当设置备查簿，记录企业合并中取得的子公司各项可辨认资产、负债及或有负债等在购买日的公允价值。编制合并财务报表时，应当以购买日确定的各项可辨认资产、负债及或有负债的公允价值为基础对子公司的财务报表进行调整。

第十六条 企业合并发生当期的期末，因合并中取得的各项可辨认资产、负债及或有负债的公允价值或企业合并成本只能暂时确定的，购买方应当以所确定的暂时价值为基础对企业合并进行确认和计量。

购买日后12个月内对确认的暂时价值进行调整的，视为在购买日确认和计量。

第十七条 企业合并形成母子公司关系的，母公司应当编制购买日的合并资产负债表，因企业合并取得的被购买方各项可辨认资产、负债及或有负债应当以公允价值列示。母公司的合并成本与取得的子公司可辨认净资产公允价值份额的差额，以按照本准则规定处理的结果列示。

第四章 披　　露

第十八条 企业合并发生当期的期末，合并方应当在附注中披露与同一控制下企业合并有关的下列信息：

（一）参与合并企业的基本情况。

（二）属于同一控制下企业合并的判断依据。

（三）合并日的确定依据。

（四）以支付现金、转让非现金资产以及承担债务作为合并对价的，所支付对价在合并日的账面价值；以发行权益性证券作为合并对价的，合并中发行权益性证券的数量及定价原则，以及参与合并各方交换有表决权股份的比例。

（五）被合并方的资产、负债在上一会计期间资产负债表日及合并日的账面价值；被合并方自合并当期期初至合并日的收入、净利润、现金流量等情况。

（六）合并合同或协议约定将承担被合并方或有负债的情况。

（七）被合并方采用的会计政策与合并方不一致所作调整情况的说明。

（八）合并后已处置或准备处置被合并方资产、负债的账面价值、处置价格等。

第十九条 企业合并发生当期的期末，购买方应当在附注中披露与非同一控制下企业合并有关的下列信息：

（一）参与合并企业的基本情况。

（二）购买日的确定依据。

（三）合并成本的构成及其账面价值、公允价值及公允价值的确定方法。

（四）被购买方各项可辨认资产、负债在上一会计期间资产负债表日及购买日的账面价值和公允价值。

（五）合并合同或协议约定将承担被购买方或有负债的情况。

（六）被购买方自购买日起至报告期期末的收入、净利润和现金流量等情况。

（七）商誉的金额及其确定方法。

（八）因合并成本小于合并中取得的被购买方可辨认净资产公允价值的份额计入当期损益的金额。

（九）合并后已处置或准备处置被购买方资产、负债的账面价值、处置价格等。

企业会计准则第 21 号——租赁

（2018 年 12 月 7 日　财政部　财会〔2018〕35 号）

第一章　总　则

第一条　为了规范租赁的确认、计量和相关信息的列报，根据《企业会计准则——基本准则》，制定本准则。

第二条　租赁，是指在一定期间内，出租人将资产的使用权让与承租人以获取对价的合同。

第三条　本准则适用于所有租赁，但下列各项除外：

（一）承租人通过许可使用协议取得的电影、录像、剧本、文稿等版权、专利等项目的权利，以出让、划拨或转让方式取得的土地使用权，适用《企业会计准则第 6 号——无形资产》。

（二）出租人授予的知识产权许可，适用《企业会计准则第 14 号——收入》。

勘探或使用矿产、石油、天然气及类似不可再生资源的租赁，承租人承租生物资产，采用建设经营移交等方式参与公共基础设施建设、运营的特许经营权合同，不适用本准则。

第二章　租赁的识别、分拆和合并

第一节　租赁的识别

第四条　在合同开始日，企业应当评估合同是否为租赁或者包含租赁。如果合同中一方让渡了在一定期间内控制一项或多项已识别资产使用的权利以换取对价，则该合同为租赁或者包含租赁。

除非合同条款和条件发生变化，企业无需重新评估合同是否为租赁或者包含租赁。

第五条　为确定合同是否让渡了在一定期间内控制已识别资产使用的权利，企业应当评估合同中的客户是否有权获得在使用期间内因使用已识别资产所产生的几乎全部经济利益，并有权在该使用期间主导已识别资产的使用。

第六条　已识别资产通常由合同明确指定，也可以在资产可供客户使用时隐性指定。但是，即使合同已对资产进行指定，如果资产的供应方在整个使用期间拥有对该资产的实质性替换权，则该资产不属于已识别资产。

同时符合下列条件时，表明供应方拥有资产的实质性替换权：

（一）资产供应方拥有在整个使用期间替换资产的实际能力；

（二）资产供应方通过行使替换资产的权利将获得经济利益。

企业难以确定供应方是否拥有对该资产的实质性替换权的，应当视为供应方没有对该资产的实质性替换权。

如果资产的某部分产能或其他部分在物理上不可区分，则该部分不属于已识别资产，除非其实质上代表该资产的全部产能，从而使客户获得因使用该资产所产生的几乎全部经济利益。

第七条 在评估是否有权获得因使用已识别资产所产生的几乎全部经济利益时，企业应当在约定的客户可使用资产的权利范围内考虑其所产生的经济利益。

第八条 存在下列情况之一的，可视为客户有权主导对已识别资产在整个使用期间内的使用：

（一）客户有权在整个使用期间主导已识别资产的使用目的和使用方式。

（二）已识别资产的使用目的和使用方式在使用期开始前已预先确定，并且客户有权在整个使用期间自行或主导他人按照其确定的方式运营该资产，或者客户设计了已识别资产并在设计时已预先确定了该资产在整个使用期间的使用目的和使用方式。

第二节 租赁的分拆和合并

第九条 合同中同时包含多项单独租赁的，承租人和出租人应当将合同予以分拆，并分别各项单独租赁进行会计处理。

合同中同时包含租赁和非租赁部分的，承租人和出租人应当将租赁和非租赁部分进行分拆，除非企业适用本准则第十二条的规定进行会计处理，租赁部分应当分别按照本准则进行会计处理，非租赁部分应当按照其他适用的企业会计准则进行会计处理。

第十条 同时符合下列条件的，使用已识别资产的权利构成合同中的一项单独租赁：

（一）承租人可从单独使用该资产或将其与易于获得的其他资源一起使用中获利；

（二）该资产与合同中的其他资产不存在高度依赖或高度关联关系。

第十一条 在分拆合同包含的租赁和非租赁部分时，承租人应当按照各租赁部分单独价格及非租赁部分的单独价格之和的相对比例分摊合同对价，出租人应当根据《企业会计准则第14号——收入》关于交易价格分摊的规定分摊合同对价。

第十二条 为简化处理，承租人可以按照租赁资产的类别选择是否分拆合同包含的租赁和非租赁部分。承租人选择不分拆的，应当将各租赁部分及与其相关的非租赁部分分别合并为租赁，按照本准则进行会计处理。但是，对于按照《企业会计准则第22号——金融工具确认和计量》应分拆的嵌入衍生工具，承租人不应将其与租赁部分合并进行会计处理。

第十三条 企业与同一交易方或其关联方在同一时间或相近时间订立的两份或多份包含租赁的合同，在符合下列条件之一时，应当合并为一份合同进行会计处理：

（一）该两份或多份合同基于总体商业目的而订立并构成一揽子交易，若不作为整体考虑则无法理解其总体商业目的。

（二）该两份或多份合同中的某份合同的对价金额取决于其他合同的定价或履行情况。

（三）该两份或多份合同让渡的资产使用权合起来构成一项单独租赁。

第三章 承租人的会计处理

第一节 确认和初始计量

第十四条 在租赁期开始日，承租人应当对租赁确认使用权资产和租赁负债，应用本准则第三章第三节进行简化处理的短期租赁和低价值资产租赁除外。

使用权资产，是指承租人可在租赁期内使用租赁资产的权利。

租赁期开始日，是指出租人提供租赁资产使其可供承租人使用的起始日期。

第十五条 租赁期，是指承租人有权使用租赁资产且不可撤销的期间。

承租人有续租选择权，即有权选择续租该资产，且合理确定将行使该选择权的，租赁期还应当包含续租选择权涵盖的期间。

承租人有终止租赁选择权，即有权选择终止租赁该资产，但合理确定将不会行使该选择权的，租赁期应当包含终止租赁选择权涵盖的期间。

发生承租人可控范围内的重大事件或变化，且影响承租人是否合理确定将行使相应选择权的，承租人应当对其是否合理确定将行使续租选择权、购买选择权或不行使终止租赁选择权进行重新评估。

第十六条 使用权资产应当按照成本进行初始计量。该成本包括：

（一）租赁负债的初始计量金额；

（二）在租赁期开始日或之前支付的租赁付款额，存在租赁激励的，扣除已享受的租赁激励相关金额；

（三）承租人发生的初始直接费用；

（四）承租人为拆卸及移除租赁资产、复原租赁资产所在场地或将租赁资产恢复至租赁条款约定状态预计将发生的成本。前述成本属于为生产存货而发生的，适用《企业会计准则第 1 号——存货》。

承租人应当按照《企业会计准则第 13 号——或有事项》对本条第（四）项所述成本进行确认和计量。

租赁激励，是指出租人为达成租赁向承租人提供的优惠，包括出租人向承租人支付的与租赁有关的款项、出租人为承租人偿付或承担的成本等。

初始直接费用，是指为达成租赁所发生的增量成本。增量成本是指若企业不取得该租赁，则不会发生的成本。

第十七条 租赁负债应当按照租赁期开始日尚未支付的租赁付款额的现值进行初始计量。

在计算租赁付款额的现值时，承租人应当采用租赁内含利率作为折现率；无法确定租赁内含利率的，应当采用承租人增量借款利率作为折现率。

租赁内含利率，是指使出租人的租赁收款额的现值与未担保余值的现值之和等于租赁资产公允价值与出租人的初始直接费用之和的利率。

承租人增量借款利率，是指承租人在类似经济环境下为获得与使用权资产价值接近的资产，在类似期间以类似抵押条件借入资金须支付的利率。

第十八条 租赁付款额，是指承租人向出租人支付的与在租赁期内使用租赁资产的权利相关的款项，包括：

（一）固定付款额及实质固定付款额，存在租赁激励的，扣除租赁激励相关金额；

（二）取决于指数或比率的可变租赁付款额，该款项在初始计量时根据租赁期开始日的指数或比率确定；

（三）购买选择权的行权价格，前提是承租人合理确定将行使该选择权；

（四）行使终止租赁选择权需支付的款项，前提是租赁期反映出承租人将行使终止租赁选择权；

（五）根据承租人提供的担保余值预计应支付的款项。

实质固定付款额，是指在形式上可能包含变量但实质上无法避免的付款额。

可变租赁付款额，是指承租人为取得在租赁期内使用租赁资产的权利，向出租人支付的因租赁期开始日后的事实或情况发生变化（而非时间推移）而变动的款项。取决于指数或比率的可变租赁付款额包括与消费者价格指数挂钩的款项、与基准利率挂钩的款项和为反映市场租金费率变化而变动的款项等。

第十九条 担保余值，是指与出租人无关的一方向出租人提供担保，保证在租赁结束时租赁资产的价值至少为某指定的金额。

未担保余值，是指租赁资产余值中，出租人无法保证能够实现或仅由与出租人有关的一方予以担保的部分。

第二节 后续计量

第二十条 在租赁期开始日后，承租人应当按照本准则第二十一条、第二十二条、第二十七条及第二十九条的规定，采用成本模式对使用权资产进行后续计量。

第二十一条 承租人应当参照《企业会计准则第 4 号——固定资产》有关折旧规定，对使用权资产计提折旧。

承租人能够合理确定租赁期届满时取得租赁资产所有权的，应当在租赁资产剩余使用寿命内计提折旧。无法合理确定租赁期届满时能够取得租赁资产所有权的，应当在租赁期与租赁资产剩余使用寿命两者孰短的期间内计提折旧。

第二十二条　承租人应当按照《企业会计准则第 8 号——资产减值》的规定,确定使用权资产是否发生减值,并对已识别的减值损失进行会计处理。

第二十三条　承租人应当按照固定的周期性利率计算租赁负债在租赁期内各期间的利息费用,并计入当期损益。按照《企业会计准则第 17 号——借款费用》等其他准则规定应当计入相关资产成本的,从其规定。

该周期性利率,是按照本准则第十七条规定所采用的折现率,或者按照本准则第二十五条、二十六条和二十九条规定所采用的修订后的折现率。

第二十四条　未纳入租赁负债计量的可变租赁付款额应当在实际发生时计入当期损益。按照《企业会计准则第 1 号——存货》等其他准则规定应当计入相关资产成本的,从其规定。

第二十五条　在租赁期开始日后,发生下列情形的,承租人应当重新确定租赁付款额,并按变动后租赁付款额和修订后的折现率计算的现值重新计量租赁负债:

(一)因依据本准则第十五条第四款规定,续租选择权或终止租赁选择权的评估结果发生变化,或者前述选择权的实际行使情况与原评估结果不一致等导致租赁期变化的,应当根据新的租赁期重新确定租赁付款额;

(二)因依据本准则第十五条第四款规定,购买选择权的评估结果发生变化的,应当根据新的评估结果重新确定租赁付款额。

在计算变动后租赁付款额的现值时,承租人应当采用剩余租赁期间的租赁内含利率作为修订后的折现率;无法确定剩余租赁期间的租赁内含利率的,应当采用重估日的承租人增量借款利率作为修订后的折现率。

第二十六条　在租赁期开始日后,根据担保余值预计的应付金额发生变动,或者因用于确定租赁付款额的指数或比率变动而导致未来租赁付款额发生变动的,承租人应当按照变动后租赁付款额的现值重新计量租赁负债。在这些情形下,承租人采用的折现率不变;但是,租赁付款额的变动源自浮动利率变动的,使用修订后的折现率。

第二十七条　承租人在根据本准则第二十五条、第二十六条或因实质固定付款额变动重新计量租赁负债时,应当相应调整使用权资产的账面价值。使用权资产的账面价值已调减至零,但租赁负债仍需进一步调减的,承租人应当将剩余金额计入当期损益。

第二十八条　租赁发生变更且同时符合下列条件的,承租人应当将该租赁变更作为一项单独租赁进行会计处理:

(一)该租赁变更通过增加一项或多项租赁资产的使用权而扩大了租赁范围;

(二)增加的对价与租赁范围扩大部分的单独价格按该合同情况调整后的金额相当。

租赁变更,是指原合同条款之外的租赁范围、租赁对价、租赁期限的变更,包括增加或终止一项或多项租赁资产的使用权,延长或缩短合同规定的租赁期等。

第二十九条　租赁变更未作为一项单独租赁进行会计处理的,在租赁变更生效日,承租人应当按照本准则第九条至第十二条的规定分摊变更后合同的对价,按照本准则第十五条的规定重新确定租赁期,并按变更后租赁付款额和修订后的折现率计算的现值重新计量租赁负债。

在计算变更后租赁付款额的现值时,承租人应当采用剩余租赁期间的租赁内含利率作为修订后的折现率;无法确定剩余租赁期间的租赁内含利率的,应当采用租赁变更生效日的承租人增量借款利率作为修订后的折现率。租赁变更生效日,是指双方就租赁变更达成一致的日期。

租赁变更导致租赁范围缩小或租赁期缩短的,承租人应当相应调减使用权资产的账面价值,并将部分终止或完全终止租赁的相关利得或损失计入当期损益。其他租赁变更导致租赁负债重新计量的,承租人应当相应调整使用权资产的账面价值。

第三节　短期租赁和低价值资产租赁

第三十条　短期租赁,是指在租赁期开始日,租赁期不超过 12 个月的租赁。
包含购买选择权的租赁不属于短期租赁。

第三十一条 低价值资产租赁,是指单项租赁资产为全新资产时价值较低的租赁。

低价值资产租赁的判定仅与资产的绝对价值有关,不受承租人规模、性质或其他情况影响。低价值资产租赁还应当符合本准则第十条的规定。

承租人转租或预期转租租赁资产的,原租赁不属于低价值资产租赁。

第三十二条 对于短期租赁和低价值资产租赁,承租人可以选择不确认使用权资产和租赁负债。

作出该选择的,承租人应当将短期租赁和低价值资产租赁的租赁付款额,在租赁期内各个期间按照直线法或其他系统合理的方法计入相关资产成本或当期损益。其他系统合理的方法能够更好地反映承租人的受益模式的,承租人应当采用该方法。

第三十三条 对于短期租赁,承租人应当按照租赁资产的类别作出本准则第三十二条所述的会计处理选择。

对于低价值资产租赁,承租人可根据每项租赁的具体情况作出本准则第三十二条所述的会计处理选择。

第三十四条 按照本准则第三十二条进行简化处理的短期租赁发生租赁变更或者因租赁变更之外的原因导致租赁期发生变化的,承租人应当将其视为一项新租赁进行会计处理。

第四章 出租人的会计处理

第一节 出租人的租赁分类

第三十五条 出租人应当在租赁开始日将租赁分为融资租赁和经营租赁。

租赁开始日,是指租赁合同签署日与租赁各方就主要租赁条款作出承诺日中的较早者。

融资租赁,是指实质上转移了与租赁资产所有权有关的几乎全部风险和报酬的租赁。其所有权最终可能转移,也可能不转移。

经营租赁,是指除融资租赁以外的其他租赁。

在租赁开始日后,出租人无需对租赁的分类进行重新评估,除非发生租赁变更。租赁资产预计使用寿命、预计余值等会计估计变更或发生承租人违约等情况变化的,出租人不对租赁的分类进行重新评估。

第三十六条 一项租赁属于融资租赁还是经营租赁取决于交易的实质,而不是合同的形式。如果一项租赁实质上转移了与租赁资产所有权有关的几乎全部风险和报酬,出租人应当将该项租赁分类为融资租赁。

一项租赁存在下列一种或多种情形的,通常分类为融资租赁:

(一)在租赁期届满时,租赁资产的所有权转移给承租人。

(二)承租人有购买租赁资产的选择权,所订立的购买价款与预计行使选择权时租赁资产的公允价值相比足够低,因而在租赁开始日就可以合理确定承租人将行使该选择权。

(三)资产的所有权虽然不转移,但租赁期占租赁资产使用寿命的大部分。

(四)在租赁开始日,租赁收款额的现值几乎相当于租赁资产的公允价值。

(五)租赁资产性质特殊,如果不作较大改造,只有承租人才能使用。

一项租赁存在下列一项或多项迹象的,也可能分类为融资租赁:

(一)若承租人撤销租赁,撤销租赁对出租人造成的损失由承租人承担。

(二)资产余值的公允价值波动所产生的利得或损失归属于承租人。

(三)承租人有能力以远低于市场水平的租金继续租赁至下一期间。

第三十七条 转租出租人应当基于原租赁产生的使用权资产,而不是原租赁的标的资产,对转租赁进行分类。

但是,原租赁为短期租赁,且转租出租人应用本准则第三十二条对原租赁进行简化处理的,转租出租人应当将该转租赁分类为经营租赁。

第二节　出租人对融资租赁的会计处理

第三十八条　在租赁期开始日，出租人应当对融资租赁确认应收融资租赁款，并终止确认融资租赁资产。

出租人对应收融资租赁款进行初始计量时，应当以租赁投资净额作为应收融资租赁款的入账价值。

租赁投资净额为未担保余值和租赁期开始日尚未收到的租赁收款额按照租赁内含利率折现的现值之和。

租赁收款额，是指出租人因让渡在租赁期内使用租赁资产的权利而应向承租人收取的款项，包括：

（一）承租人需支付的固定付款额及实质固定付款额，存在租赁激励的，扣除租赁激励相关金额；

（二）取决于指数或比率的可变租赁付款额，该款项在初始计量时根据租赁期开始日的指数或比率确定；

（三）购买选择权的行权价格，前提是合理确定承租人将行使该选择权；

（四）承租人行使终止租赁选择权需支付的款项，前提是租赁期反映出承租人将行使终止租赁选择权；

（五）由承租人、与承租人有关的一方以及有经济能力履行担保义务的独立第三方向出租人提供的担保余值。

在转租的情况下，若转租的租赁内含利率无法确定，转租出租人可采用原租赁的折现率（根据与转租有关的初始直接费用进行调整）计量转租投资净额。

第三十九条　出租人应当按照固定的周期性利率计算并确认租赁期内各个期间的利息收入。该周期性利率，是按照本准则第三十八条规定所采用的折现率，或者按照本准则第四十四条规定所采用的修订后的折现率。

第四十条　出租人应当按照《企业会计准则第22号——金融工具确认和计量》和《企业会计准则第23号——金融资产转移》的规定，对应收融资租赁款的终止确认和减值进行会计处理。

出租人将应收融资租赁款或其所在的处置组划分为持有待售类别的，应当按照《企业会计准则第42号——持有待售的非流动资产、处置组和终止经营》进行会计处理。

第四十一条　出租人取得的未纳入租赁投资净额计量的可变租赁付款额应当在实际发生时计入当期损益。

第四十二条　生产商或经销商作为出租人的融资租赁，在租赁期开始日，该出租人应当按照租赁资产公允价值与租赁收款额按市场利率折现的现值两者孰低确认收入，并按照租赁资产账面价值扣除未担保余值的现值后的余额结转销售成本。

生产商或经销商出租人为取得融资租赁发生的成本，应当在租赁期开始日计入当期损益。

第四十三条　融资租赁发生变更且同时符合下列条件的，出租人应当将该变更作为一项单独租赁进行会计处理：

（一）该变更通过增加一项或多项租赁资产的使用权而扩大了租赁范围；

（二）增加的对价与租赁范围扩大部分的单独价格按该合同情况调整后的金额相当。

第四十四条　融资租赁的变更未作为一项单独租赁进行会计处理的，出租人应当分别下列情形对变更后的租赁进行处理：

（一）假如变更在租赁开始日生效，该租赁会被分类为经营租赁的，出租人应当自租赁变更生效日开始将其作为一项新租赁进行会计处理，并以租赁变更生效日前的租赁投资净额作为租赁资产的账面价值；

（二）假如变更在租赁开始日生效，该租赁会被分类为融资租赁的，出租人应当按照《企业会计准则第22号——金融工具确认和计量》关于修改或重新议定合同的规定进行会计处理。

第三节　出租人对经营租赁的会计处理

第四十五条　在租赁期内各个期间，出租人应当采用直线法或其他系统合理的方法，将经营租赁的租赁收款额确认为租金收入。其他系统合理的方法能够更好地反映因使用租赁资产所产生经济利益的消耗模式的，出租人应当采用该方法。

第四十六条 出租人发生的与经营租赁有关的初始直接费用应当资本化，在租赁期内按照与租金收入确认相同的基础进行分摊，分期计入当期损益。

第四十七条 对于经营租赁资产中的固定资产，出租人应当采用类似资产的折旧政策计提折旧；对于其他经营租赁资产，应当根据该资产适用的企业会计准则，采用系统合理的方法进行摊销。

出租人应当按照《企业会计准则第8号——资产减值》的规定，确定经营租赁资产是否发生减值，并进行相应会计处理。

第四十八条 出租人取得的与经营租赁有关的未计入租赁收款额的可变租赁付款额，应当在实际发生时计入当期损益。

第四十九条 经营租赁发生变更的，出租人应当自变更生效日起将其作为一项新租赁进行会计处理，与变更前租赁有关的预收或应收租赁收款额应当视为新租赁的收款额。

第五章 售后租回交易

第五十条 承租人和出租人应当按照《企业会计准则第14号——收入》的规定，评估确定售后租回交易中的资产转让是否属于销售。

第五十一条 售后租回交易中的资产转让属于销售的，承租人应当按原资产账面价值中与租回获得的使用权有关的部分，计量售后租回所形成的使用权资产，并仅就转让至出租人的权利确认相关利得或损失；出租人应当根据其他适用的企业会计准则对资产购买进行会计处理，并根据本准则对资产出租进行会计处理。

如果销售对价的公允价值与资产的公允价值不同，或者出租人未按市场价格收取租金，则企业应当将销售对价低于市场价格的款项作为预付租金进行会计处理，将高于市场价格的款项作为出租人向承租人提供的额外融资进行会计处理；同时，承租人按照公允价值调整相关销售利得或损失，出租人按市场价格调整租金收入。

在进行上述调整时，企业应当基于以下两者中更易于确定的项目：销售对价的公允价值与资产公允价值之间的差额、租赁合同中付款额的现值与按租赁市价计算的付款额现值之间的差额。

第五十二条 售后租回交易中的资产转让不属于销售的，承租人应当继续确认被转让资产，同时确认一项与转让收入等额的金融负债，并按照《企业会计准则第22号——金融工具确认和计量》对该金融负债进行会计处理；出租人不确认被转让资产，但应当确认一项与转让收入等额的金融资产，并按照《企业会计准则第22号——金融工具确认和计量》对该金融资产进行会计处理。

第六章 列 报

第一节 承租人的列报

第五十三条 承租人应当在资产负债表中单独列示使用权资产和租赁负债。其中，租赁负债通常分别非流动负债和一年内到期的非流动负债列示。

在利润表中，承租人应当分别列示租赁负债的利息费用与使用权资产的折旧费用。租赁负债的利息费用并入财务费用项目列示。

在现金流量表中，偿还租赁负债本金和利息所支付的现金应当计入筹资活动现金流出，支付的按本准则第三十二条简化处理的短期租赁付款额和低价值资产租赁付款额以及未纳入租赁负债计量的可变租赁付款额应当计入经营活动现金流出。

第五十四条 承租人应当在附注中披露与租赁有关的下列信息：

（一）各类使用权资产的期初余额、本期增加额、期末余额以及累计折旧额和减值金额；

（二）租赁负债的利息费用；

（三）计入当期损益的按本准则第三十二条简化处理的短期租赁费用和低价值资产租赁费用；

（四）未纳入租赁负债计量的可变租赁付款额；

（五）转租使用权资产取得的收入；
（六）与租赁相关的总现金流出；
（七）售后租回交易产生的相关损益；
（八）其他按照《企业会计准则第37号——金融工具列报》应当披露的有关租赁负债的信息。

承租人应用本准则第三十二条对短期租赁和低价值资产租赁进行简化处理的，应当披露这一事实。

第五十五条 承租人应当根据理解财务报表的需要，披露有关租赁活动的其他定性和定量信息。此类信息包括：
（一）租赁活动的性质，如对租赁活动基本情况的描述；
（二）未纳入租赁负债计量的未来潜在现金流出；
（三）租赁导致的限制或承诺；
（四）售后租回交易除第五十四条第（七）项之外的其他信息；
（五）其他相关信息。

第二节 出租人的列报

第五十六条 出租人应当根据资产的性质，在资产负债表中列示经营租赁资产。

第五十七条 出租人应当在附注中披露与融资租赁有关的下列信息：
（一）销售损益、租赁投资净额的融资收益以及与未纳入租赁投资净额的可变租赁付款额相关的收入；
（二）资产负债表日后连续五个会计年度每年将收到的未折现租赁收款额，以及剩余年度将收到的未折现租赁收款额总额；
（三）未折现租赁收款额与租赁投资净额的调节表。

第五十八条 出租人应当在附注中披露与经营租赁有关的下列信息：
（一）租赁收入，并单独披露与未计入租赁收款额的可变租赁付款额相关的收入；
（二）将经营租赁固定资产与出租人持有自用的固定资产分开，并按经营租赁固定资产的类别提供《企业会计准则第4号——固定资产》要求披露的信息；
（三）资产负债表日后连续五个会计年度每年将收到的未折现租赁收款额，以及剩余年度将收到的未折现租赁收款额总额。

第五十九条 出租人应当根据理解财务报表的需要，披露有关租赁活动的其他定性和定量信息。此类信息包括：
（一）租赁活动的性质，如对租赁活动基本情况的描述；
（二）对其在租赁资产中保留的权利进行风险管理的情况；
（三）其他相关信息。

第七章 衔接规定

第六十条 对于首次执行日前已存在的合同，企业在首次执行日可以选择不重新评估其是否为租赁或者包含租赁。选择不重新评估的，企业应当在财务报表附注中披露这一事实，并一致应用于前述所有合同。

第六十一条 承租人应当选择下列方法之一对租赁进行衔接会计处理，并一致应用于其作为承租人的所有租赁：
（一）按照《企业会计准则第28号——会计政策、会计估计变更和差错更正》的规定采用追溯调整法处理。
（二）根据首次执行本准则的累积影响数，调整首次执行本准则当年年初留存收益及财务报表其他相关项目金额，不调整可比期间信息。采用该方法时，应当按照下列规定进行衔接处理：
1. 对于首次执行日前的融资租赁，承租人在首次执行日应当按照融资租入资产和应付融资租赁款的原账面价值，分别计量使用权资产和租赁负债。

2. 对于首次执行日前的经营租赁，承租人在首次执行日应当根据剩余租赁付款额按首次执行日承租人增量借款利率折现的现值计量租赁负债，并根据每项租赁选择按照下列两者之一计量使用权资产：

（1）假设自租赁期开始日即采用本准则的账面价值（采用首次执行日的承租人增量借款利率作为折现率）；

（2）与租赁负债相等的金额，并根据预付租金进行必要调整。

3. 在首次执行日，承租人应当按照《企业会计准则第8号——资产减值》的规定，对使用权资产进行减值测试并进行相应会计处理。

第六十二条 首次执行日前的经营租赁中，租赁资产属于低价值资产且根据本准则第三十二条的规定选择不确认使用权资产和租赁负债的，承租人无需对该经营租赁按照衔接规定进行调整，应当自首次执行日起按照本准则进行会计处理。

第六十三条 承租人采用本准则第六十一条第（二）项进行衔接会计处理时，对于首次执行日前的经营租赁，可根据每项租赁采用下列一项或多项简化处理：

1. 将于首次执行日后12个月内完成的租赁，可作为短期租赁处理。

2. 计量租赁负债时，具有相似特征的租赁可采用同一折现率；使用权资产的计量可不包含初始直接费用。

3. 存在续租选择权或终止租赁选择权的，承租人可根据首次执行日前选择权的实际行使及其他最新情况确定租赁期，无需对首次执行日前各期间是否合理确定行使续租选择权或终止租赁选择权进行估计。

4. 作为使用权资产减值测试的替代，承租人可根据《企业会计准则第13号——或有事项》评估包含租赁的合同在首次执行日前是否为亏损合同，并根据首次执行日前计入资产负债表的亏损准备金额调整使用权资产。

5. 首次执行本准则当年年初之前发生租赁变更的，承租人无需按照本准则第二十八条、第二十九条的规定对租赁变更进行追溯调整，而是根据租赁变更的最终安排，按照本准则进行会计处理。

第六十四条 承租人采用本准则第六十三条规定的简化处理方法的，应当在财务报表附注中披露所采用的简化处理方法以及在合理可能的范围内对采用每项简化处理方法的估计影响所作的定性分析。

第六十五条 对于首次执行日前划分为经营租赁且在首次执行日后仍存续的转租赁，转租出租人在首次执行日应当基于原租赁和转租赁的剩余合同期限和条款进行重新评估，并按照本准则的规定进行分类。按照本准则重分类为融资租赁的，应当将其作为一项新的融资租赁进行会计处理。

除前款所述情形外，出租人无需对其作为出租人的租赁按照衔接规定进行调整，而应当自首次执行日起按照本准则进行会计处理。

第六十六条 对于首次执行日前已存在的售后租回交易，企业在首次执行日不重新评估资产转让是否符合《企业会计准则第14号——收入》作为销售进行会计处理的规定。

对于首次执行日前应当作为销售和融资租赁进行会计处理的售后租回交易，卖方（承租人）应当按照与首次执行日存在的其他融资租赁相同的方法对租回进行会计处理，并继续在租赁期内摊销相关递延收益或损失。

对于首次执行日前应当作为销售和经营租赁进行会计处理的售后租回交易，卖方（承租人）应当按照与首次执行日存在的其他经营租赁相同的方法对租回进行会计处理，并根据首次执行日前计入资产负债表的相关递延收益或损失调整使用权资产。

第六十七条 承租人选择按照本准则第六十一条第（二）项规定对租赁进行衔接会计处理的，还应当在首次执行日披露以下信息：

（一）首次执行日计入资产负债表的租赁负债所采用的承租人增量借款利率的加权平均值；

（二）首次执行日前一年度报告期末披露的重大经营租赁的尚未支付的最低租赁付款额按首次执

行日承租人增量借款利率折现的现值，与计入首次执行日资产负债表的租赁负债的差额。

第八章 附 则

第六十八条 本准则自 2019 年 1 月 1 日起施行。

企业会计准则第 22 号——金融工具确认和计量

(2017 年 3 月 31 日 财政部 财会〔2017〕7 号)

第一章 总 则

第一条 为了规范金融工具的确认和计量，根据《企业会计准则——基本准则》，制定本准则。

第二条 金融工具，是指形成一方的金融资产并形成其他方的金融负债或权益工具的合同。

第三条 金融资产，是指企业持有的现金、其他方的权益工具以及符合下列条件之一的资产：

（一）从其他方收取现金或其他金融资产的合同权利。

（二）在潜在有利条件下，与其他方交换金融资产或金融负债的合同权利。

（三）将来须用或可用企业自身权益工具进行结算的非衍生工具合同，且企业根据该合同将收到可变数量的自身权益工具。

（四）将来须用或可用企业自身权益工具进行结算的衍生工具合同，但以固定数量的自身权益工具交换固定金额的现金或其他金融资产的衍生工具合同除外。其中，企业自身权益工具不包括应当按照《企业会计准则第 37 号——金融工具列报》分类为权益工具的可回售工具或发行方仅在清算时才有义务向另一方按比例交付其净资产的金融工具，也不包括本身就要求在未来收取或交付企业自身权益工具的合同。

第四条 金融负债，是指企业符合下列条件之一的负债：

（一）向其他方交付现金或其他金融资产的合同义务。

（二）在潜在不利条件下，与其他方交换金融资产或金融负债的合同义务。

（三）将来须用或可用企业自身权益工具进行结算的非衍生工具合同，且企业根据该合同将交付可变数量的自身权益工具。

（四）将来须用或可用企业自身权益工具进行结算的衍生工具合同，但以固定数量的自身权益工具交换固定金额的现金或其他金融资产的衍生工具合同除外。企业对全部现有同类别非衍生自身权益工具的持有方同比例发行配股权、期权或认股权证，使之有权按比例以固定金额的任何货币换取固定数量的该企业自身权益工具的，该类配股权、期权或认股权证应当分类为权益工具。其中，企业自身权益工具不包括应当按照《企业会计准则第 37 号——金融工具列报》分类为权益工具的可回售工具或发行方仅在清算时才有义务向另一方按比例交付其净资产的金融工具，也不包括本身就要求在未来收取或交付企业自身权益工具的合同。

第五条 衍生工具，是指属于本准则范围并同时具备下列特征的金融工具或其他合同：

（一）其价值随特定利率、金融工具价格、商品价格、汇率、价格指数、费率指数、信用等级、信用指数或其他变量的变动而变动，变量为非金融变量的，该变量不应与合同的任何一方存在特定关系。

（二）不要求初始净投资，或者与对市场因素变化预期有类似反应的其他合同相比，要求较少的初始净投资。

（三）在未来某一日期结算。

常见的衍生工具包括远期合同、期货合同、互换合同和期权合同等。

第六条 除下列各项外，本准则适用于所有企业各种类型的金融工具：

（一）由《企业会计准则第 2 号——长期股权投资》规范的对子公司、合营企业和联营企业的投资，适用《企业会计准则第 2 号——长期股权投资》，但是企业根据《企业会计准则第 2 号——长期股权投资》对上述投资按照本准则相关规定进行会计处理的，适用本准则。企业持有的与在子公司、合营企业或联营企业中的权益相联系的衍生工具，适用本准则；该衍生工具符合《企业会计准则第 37 号——金融工具列报》规定的权益工具定义的，适用《企业会计准则第 37 号——金融工具列报》。

（二）由《企业会计准则第 9 号——职工薪酬》规范的职工薪酬计划形成的企业的权利和义务，适用《企业会计准则第 9 号——职工薪酬》。

（三）由《企业会计准则第 11 号——股份支付》规范的股份支付，适用《企业会计准则第 11 号——股份支付》。但是，股份支付中属于本准则第八条范围的买入或卖出非金融项目的合同，适用本准则。

（四）由《企业会计准则第 12 号——债务重组》规范的债务重组，适用《企业会计准则第 12 号——债务重组》。

（五）因清偿按照《企业会计准则第 13 号——或有事项》所确认的预计负债而获得补偿的权利，适用《企业会计准则第 13 号——或有事项》。

（六）由《企业会计准则第 14 号——收入》规范的属于金融工具的合同权利和义务，适用《企业会计准则第 14 号——收入》，但该准则要求在确认和计量相关合同权利的减值损失和利得时应当按照本准则规定进行会计处理的，适用本准则有关减值的规定。

（七）购买方（或合并方）与出售方之间签订的，将在未来购买日（或合并日）形成《企业会计准则第 20 号——企业合并》规范的企业合并且其期限不超过企业合并获得批准并完成交易所必需的合理期限的远期合同，不适用本准则。

（八）由《企业会计准则第 21 号——租赁》规范的租赁的权利和义务，适用《企业会计准则第 21 号——租赁》。但是，租赁应收款的减值、终止确认，租赁应付款的终止确认，以及租赁中嵌入的衍生工具，适用本准则。

（九）金融资产转移，适用《企业会计准则第 23 号——金融资产转移》。

（十）套期会计，适用《企业会计准则第 24 号——套期会计》。

（十一）由保险合同相关会计准则规范的保险合同所产生的权利和义务，适用保险合同相关会计准则。因具有相机分红特征而由保险合同相关会计准则规范的合同所产生的权利和义务，适用保险合同相关会计准则。但对于嵌入保险合同的衍生工具，该嵌入衍生工具本身不是保险合同的，适用本准则。

对于财务担保合同，发行方之前明确表明将此类合同视作保险合同，并且已按照保险合同相关会计准则进行会计处理的，可以选择适用本准则或保险合同相关会计准则。该选择可以基于单项合同，但选择一经作出，不得撤销。否则，相关财务担保合同适用本准则。

财务担保合同，是指当特定债务人到期不能按照最初或修改后的债务工具条款偿付债务时，要求发行方向蒙受损失的合同持有人赔付特定金额的合同。

（十二）企业发行的按照《企业会计准则第 37 号——金融工具列报》规定应当分类为权益工具的金融工具，适用《企业会计准则第 37 号——金融工具列报》。

第七条 本准则适用于下列贷款承诺：

（一）企业指定为以公允价值计量且其变动计入当期损益的金融负债的贷款承诺。如果按照以往惯例，企业在贷款承诺产生后不久即出售其所产生资产，则同一类别的所有贷款承诺均应当适用本准则。

（二）能够以现金或者通过交付或发行其他金融工具净额结算的贷款承诺。此类贷款承诺属于衍生工具。企业不得仅仅因为相关贷款将分期拨付（如按工程进度分期拨付的按揭建造贷款）而将该贷款承诺视为以净额结算。

（三）以低于市场利率贷款的贷款承诺。

所有贷款承诺均适用本准则关于终止确认的规定。企业作为贷款承诺发行方的,还适用本准则关于减值的规定。

贷款承诺,是指按照预先规定的条款和条件提供信用的确定性承诺。

第八条 对于能够以现金或其他金融工具净额结算,或者通过交换金融工具结算的买入或卖出非金融项目的合同,除了企业按照预定的购买、销售或使用要求签订并持有旨在收取或交付非金融项目的合同适用其他相关会计准则外,企业应当将该合同视同金融工具,适用本准则。

对于能够以现金或其他金融工具净额结算,或者通过交换金融工具结算的买入或卖出非金融项目的合同,即使企业按照预定的购买、销售或使用要求签订并持有旨在收取或交付非金融项目的合同的,企业也可以将该合同指定为以公允价值计量且其变动计入当期损益的金融资产或金融负债。企业只能在合同开始时作出该指定,并且必须能够通过该指定消除或显著减少会计错配。该指定一经作出,不得撤销。

会计错配,是指当企业以不同的会计确认方法和计量属性,对在经济上相关的资产和负债进行确认或计量而产生利得或损失时,可能导致的会计确认和计量上的不一致。

第二章 金融工具的确认和终止确认

第九条 企业成为金融工具合同的一方时,应当确认一项金融资产或金融负债。

第十条 对于以常规方式购买或出售金融资产的,企业应当在交易日确认将收到的资产和为此将承担的负债,或者在交易日终止确认已出售的资产,同时确认处置利得或损失以及应向买方收取的应收款项。

以常规方式购买或出售金融资产,是指企业按照合同规定购买或出售金融资产,并且该合同条款规定,企业应当根据通常由法规或市场惯例所确定的时间安排来交付金融资产。

第十一条 金融资产满足下列条件之一的,应当终止确认:

(一)收取该金融资产现金流量的合同权利终止。

(二)该金融资产已转移,且该转移满足《企业会计准则第23号——金融资产转移》关于金融资产终止确认的规定。

本准则所称金融资产或金融负债终止确认,是指企业将之前确认的金融资产或金融负债从其资产负债表中予以转出。

第十二条 金融负债(或其一部分)的现时义务已经解除的,企业应当终止确认该金融负债(或该部分金融负债)。

第十三条 企业(借入方)与借出方之间签订协议,以承担新金融负债方式替换原金融负债,且新金融负债与原金融负债的合同条款实质上不同的,企业应当终止确认原金融负债,同时确认一项新金融负债。

企业对原金融负债(或其一部分)的合同条款作出实质性修改的,应当终止确认原金融负债,同时按照修改后的条款确认一项新金融负债。

第十四条 金融负债(或其一部分)终止确认的,企业应当将其账面价值与支付的对价(包括转出的非现金资产或承担的负债)之间的差额,计入当期损益。

第十五条 企业回购金融负债一部分的,应当按照继续确认部分和终止确认部分在回购日各自的公允价值占整体公允价值的比例,对该金融负债整体的账面价值进行分配。分配给终止确认部分的账面价值与支付的对价(包括转出的非现金资产或承担的负债)之间的差额,应当计入当期损益。

第三章 金融资产的分类

第十六条 企业应当根据其管理金融资产的业务模式和金融资产的合同现金流量特征,将金融资产划分为以下三类:

(一)以摊余成本计量的金融资产。

（二）以公允价值计量且其变动计入其他综合收益的金融资产。

（三）以公允价值计量且其变动计入当期损益的金融资产。

企业管理金融资产的业务模式，是指企业如何管理其金融资产以产生现金流量。业务模式决定企业所管理金融资产现金流量的来源是收取合同现金流量、出售金融资产还是两者兼有。企业管理金融资产的业务模式，应当以企业关键管理人员决定的对金融资产进行管理的特定业务目标为基础确定。企业确定管理金融资产的业务模式，应当以客观事实为依据，不得以按照合理预期不会发生的情形为基础确定。

金融资产的合同现金流量特征，是指金融工具合同约定的、反映相关金融资产经济特征的现金流量属性。企业分类为本准则第十七条和第十八条规范的金融资产，其合同现金流量特征，应当与基本借贷安排相一致。即相关金融资产在特定日期产生的合同现金流量仅为对本金和以未偿付本金金额为基础的利息的支付，其中，本金是指金融资产在初始确认时的公允价值，本金金额可能因提前还款等原因在金融资产的存续期内发生变动；利息包括对货币时间价值、与特定时期未偿付本金金额相关的信用风险以及其他基本借贷风险、成本和利润的对价。其中，货币时间价值是利息要素中仅因为时间流逝而提供对价的部分，不包括为所持有金融资产的其他风险或成本提供的对价，但货币时间价值要素有时可能存在修正。在货币时间价值要素存在修正的情况下，企业应当对相关修正进行评估，以确定其是否满足上述合同现金流量特征的要求。此外，金融资产包含可能导致其合同现金流量的时间分布或金额发生变更的合同条款（如包含提前还款特征）的，企业应当对相关条款进行评估（如评估提前还款特征的公允价值是否非常小），以确定其是否满足上述合同现金流量特征的要求。

第十七条　金融资产同时符合下列条件的，应当分类为以摊余成本计量的金融资产：

（一）企业管理该金融资产的业务模式是以收取合同现金流量为目标。

（二）该金融资产的合同条款规定，在特定日期产生的现金流量，仅为对本金和以未偿付本金金额为基础的利息的支付。

第十八条　金融资产同时符合下列条件的，应当分类为以公允价值计量且其变动计入其他综合收益的金融资产：

（一）企业管理该金融资产的业务模式既以收取合同现金流量为目标，又以出售该金融资产为目标。

（二）该金融资产的合同条款规定，在特定日期产生的现金流量，仅为对本金和以未偿付本金金额为基础的利息的支付。

第十九条　按照本准则第十七条分类为以摊余成本计量的金融资产和按照本准则第十八条分类为以公允价值计量且其变动计入其他综合收益的金融资产之外的金融资产，企业应当将其分类为以公允价值计量且其变动计入当期损益的金融资产。

在初始确认时，企业可以将非交易性权益工具投资指定为以公允价值计量且其变动计入其他综合收益的金融资产，并按照本准则第六十五条规定确认股利收入。该指定一经作出，不得撤销。企业在非同一控制下的企业合并中确认的或有对价构成金融资产的，该金融资产应当分类为以公允价值计量且其变动计入当期损益的金融资产，不得指定为以公允价值计量且其变动计入其他综合收益的金融资产。

金融资产或金融负债满足下列条件之一的，表明企业持有该金融资产或承担该金融负债的目的是交易性的：

（一）取得相关金融资产或承担相关金融负债的目的，主要是为了近期出售或回购。

（二）相关金融资产或金融负债在初始确认时属于集中管理的可辨认金融工具组合的一部分，且有客观证据表明近期实际存在短期获利模式。

（三）相关金融资产或金融负债属于衍生工具。但符合财务担保合同定义的衍生工具以及被指定为有效套期工具的衍生工具除外。

第二十条　在初始确认时，如果能够消除或显著减少会计错配，企业可以将金融资产指定为以公允价值计量且其变动计入当期损益的金融资产。该指定一经作出，不得撤销。

第四章　金融负债的分类

第二十一条　除下列各项外，企业应当将金融负债分类为以摊余成本计量的金融负债：

（一）以公允价值计量且其变动计入当期损益的金融负债，包括交易性金融负债（含属于金融负债的衍生工具）和指定为以公允价值计量且其变动计入当期损益的金融负债。

（二）金融资产转移不符合终止确认条件或继续涉入被转移金融资产所形成的金融负债。对此类金融负债，企业应当按照《企业会计准则第23号——金融资产转移》相关规定进行计量。

（三）不属于本条（一）或（二）情形的财务担保合同，以及不属于本条（一）情形的以低于市场利率贷款的贷款承诺。企业作为此类金融负债发行方的，应当在初始确认后按照依据本准则第八章所确定的损失准备金额以及初始确认金额扣除依据《企业会计准则第14号——收入》相关规定所确定的累计摊销额后的余额孰高进行计量。

在非同一控制下的企业合并中，企业作为购买方确认的或有对价形成金融负债的，该金融负债应当按照以公允价值计量且其变动计入当期损益进行会计处理。

第二十二条　在初始确认时，为了提供更相关的会计信息，企业可以将金融负债指定为以公允价值计量且其变动计入当期损益的金融负债，但该指定应当满足下列条件之一：

（一）能够消除或显著减少会计错配。

（二）根据正式书面文件载明的企业风险管理或投资策略，以公允价值为基础对金融负债组合或金融资产和金融负债组合进行管理和业绩评价，并在企业内部以此为基础向关键管理人员报告。

该指定一经作出，不得撤销。

第五章　嵌入衍生工具

第二十三条　嵌入衍生工具，是指嵌入到非衍生工具（即主合同）中的衍生工具。嵌入衍生工具与主合同构成混合合同。该嵌入衍生工具对混合合同的现金流量产生影响的方式，应当与单独存在的衍生工具类似，且该混合合同的全部或部分现金流量随特定利率、金融工具价格、商品价格、汇率、价格指数、费率指数、信用等级、信用指数或其他变量变动而变动，变量为非金融变量的，该变量不应与合同的任何一方存在特定关系。

衍生工具如果附属于一项金融工具但根据合同规定可以独立于该金融工具进行转让，或者具有与该金融工具不同的交易对手方，则该衍生工具不是嵌入衍生工具，应当作为一项单独存在的衍生工具处理。

第二十四条　混合合同包含的主合同属于本准则规范的资产的，企业不应从该混合合同中分拆嵌入衍生工具，而应当将该混合合同作为一个整体适用本准则关于金融资产分类的相关规定。

第二十五条　混合合同包含的主合同不属于本准则规范的资产，且同时符合下列条件的，企业应当从混合合同中分拆嵌入衍生工具，将其作为单独存在的衍生工具处理：

（一）嵌入衍生工具的经济特征和风险与主合同的经济特征和风险不紧密相关。

（二）与嵌入衍生工具具有相同条款的单独工具符合衍生工具的定义。

（三）该混合合同不是以公允价值计量且其变动计入当期损益进行会计处理。

嵌入衍生工具从混合合同中分拆的，企业应当按照适用的会计准则规定，对混合合同的主合同进行会计处理。企业无法根据嵌入衍生工具的条款和条件对嵌入衍生工具的公允价值进行可靠计量的，该嵌入衍生工具的公允价值应当根据混合合同公允价值和主合同公允价值之间的差额确定。使用了上述方法后，该嵌入衍生工具在取得日或后续资产负债表日的公允价值仍然无法单独计量的，企业应当将该混合合同整体指定为以公允价值计量且其变动计入当期损益的金融工具。

第二十六条　混合合同包含一项或多项嵌入衍生工具，且其主合同不属于本准则规范的资产的，企业可以将其整体指定为以公允价值计量且其变动计入当期损益的金融工具。但下列情况除外：

（一）嵌入衍生工具不会对混合合同的现金流量产生重大改变。

（二）在初次确定类似的混合合同是否需要分拆时，几乎不需分析就能明确其包含的嵌入衍生工具不应分拆。如嵌入贷款的提前还款权，允许持有人以接近摊余成本的金额提前偿还贷款，该提前还款权不需要分拆。

第六章 金融工具的重分类

第二十七条 企业改变其管理金融资产的业务模式时，应当按照本准则的规定对所有受影响的相关金融资产进行重分类。

企业对所有金融负债均不得进行重分类。

第二十八条 企业发生下列情况的，不属于金融资产或金融负债的重分类：

（一）按照《企业会计准则第24号——套期会计》相关规定，某金融工具以前被指定并成为现金流量套期或境外经营净投资套期中的有效套期工具，但目前已不再满足运用该套期会计方法的条件。

（二）按照《企业会计准则第24号——套期会计》相关规定，某金融工具被指定并成为现金流量套期或境外经营净投资套期中的有效套期工具。

（三）按照《企业会计准则第24号——套期会计》相关规定，运用信用风险敞口公允价值选择权所引起的计量变动。

第二十九条 企业对金融资产进行重分类，应当自重分类日起采用未来适用法进行相关会计处理，不得对以前已经确认的利得、损失（包括减值损失或利得）或利息进行追溯调整。

重分类日，是指导致企业对金融资产进行重分类的业务模式发生变更后的首个报告期间的第一天。

第三十条 企业将一项以摊余成本计量的金融资产重分类为以公允价值计量且其变动计入当期损益的金融资产的，应当按照该资产在重分类日的公允价值进行计量。原账面价值与公允价值之间的差额计入当期损益。

企业将一项以摊余成本计量的金融资产重分类为以公允价值计量且其变动计入其他综合收益的金融资产的，应当按照该金融资产在重分类日的公允价值进行计量。原账面价值与公允价值之间的差额计入其他综合收益。该金融资产重分类不影响其实际利率和预期信用损失的计量。

第三十一条 企业将一项以公允价值计量且其变动计入其他综合收益的金融资产重分类为以摊余成本计量的金融资产的，应当将之前计入其他综合收益的累计利得或损失转出，调整该金融资产在重分类日的公允价值，并以调整后的金额作为新的账面价值，即视同该金融资产一直以摊余成本计量。该金融资产重分类不影响其实际利率和预期信用损失的计量。

企业将一项以公允价值计量且其变动计入其他综合收益的金融资产重分类为以公允价值计量且其变动计入当期损益的金融资产的，应当继续以公允价值计量该金融资产。同时，企业应当将之前计入其他综合收益的累计利得或损失从其他综合收益转入当期损益。

第三十二条 企业将一项以公允价值计量且其变动计入当期损益的金融资产重分类为以摊余成本计量的金融资产的，应当以其在重分类日的公允价值作为新的账面余额。

企业将一项以公允价值计量且其变动计入当期损益的金融资产重分类为以公允价值计量且其变动计入其他综合收益的金融资产的，应当继续以公允价值计量该金融资产。

按照本条规定对金融资产重分类进行处理的，企业应当根据该金融资产在重分类日的公允价值确定其实际利率。同时，企业应当自重分类日起对该金融资产适用本准则关于金融资产减值的相关规定，并将重分类日视为初始确认日。

第七章 金融工具的计量

第三十三条 企业初始确认金融资产或金融负债，应当按照公允价值计量。对于以公允价值计量且其变动计入当期损益的金融资产和金融负债,相关交易费用应当直接计入当期损益;对于其他类别的金融资产或金融负债,相关交易费用应当计入初始确认金额。但是,企业初始确认的应收账款未包含《企业会计准则第14号——收入》所定义的重大融资成分或根据《企业会计准则第14号——收入》规定不考虑不超过一年的合同中的融资成分的,应当按照该准则定义的交易价格进行初始计量。

交易费用,是指可直接归属于购买、发行或处置金融工具的增量费用。增量费用是指企业没有发生购买、发行或处置相关金融工具的情形就不会发生的费用,包括支付给代理机构、咨询公司、券商、证券交易所、政府有关部门等的手续费、佣金、相关税费以及其他必要支出,不包括债券溢价、折价、融资费用、内部管理成本和持有成本等与交易不直接相关的费用。

第三十四条 企业应当根据《企业会计准则第39号——公允价值计量》的规定,确定金融资产和金融负债在初始确认时的公允价值。公允价值通常为相关金融资产或金融负债的交易价格。金融资产或金融负债公允价值与交易价格存在差异的,企业应当区别下列情况进行处理:

(一)在初始确认时,金融资产或金融负债的公允价值依据相同资产或负债在活跃市场上的报价或者以仅使用可观察市场数据的估值技术确定的,企业应当将该公允价值与交易价格之间的差额确认为一项利得或损失。

(二)在初始确认时,金融资产或金融负债的公允价值以其他方式确定的,企业应当将该公允价值与交易价格之间的差额递延。初始确认后,企业应当根据某一因素在相应会计期间的变动程度将该递延差额确认为相应会计期间的利得或损失。该因素应当仅限于市场参与者对该金融工具定价时将予考虑的因素,包括时间等。

第三十五条 初始确认后,企业应当对不同类别的金融资产,分别以摊余成本、以公允价值计量且其变动计入其他综合收益或以公允价值计量且其变动计入当期损益进行后续计量。

第三十六条 初始确认后,企业应当对不同类别的金融负债,分别以摊余成本、以公允价值计量且其变动计入当期损益或以本准则第二十一条规定的其他适当方法进行后续计量。

第三十七条 金融资产或金融负债被指定为被套期项目的,企业应当根据《企业会计准则第24号——套期会计》规定进行后续计量。

第三十八条 金融资产或金融负债的摊余成本,应当以该金融资产或金融负债的初始确认金额经下列调整后的结果确定:

(一)扣除已偿还的本金。

(二)加上或减去采用实际利率法将该初始确认金额与到期日金额之间的差额进行摊销形成的累计摊销额。

(三)扣除累计计提的损失准备(仅适用于金融资产)。

实际利率法,是指计算金融资产或金融负债的摊余成本以及将利息收入或利息费用分摊计入各会计期间的方法。

实际利率,是指将金融资产或金融负债在预计存续期的估计未来现金流量,折现为该金融资产账面余额或该金融负债摊余成本所使用的利率。在确定实际利率时,应当在考虑金融资产或金融负债所有合同条款(如提前还款、展期、看涨期权或其他类似期权等)的基础上估计预期现金流量,但不应当考虑预期信用损失。

第三十九条 企业应当按照实际利率法确认利息收入。利息收入应当根据金融资产账面余额乘以实际利率计算确定,但下列情况除外:

(一)对于购入或源生的已发生信用减值的金融资产,企业应当自初始确认起,按照该金融资产的摊余成本和经信用调整的实际利率计算确定其利息收入。

(二)对于购入或源生的未发生信用减值、但在后续期间成为已发生信用减值的金融资产,企业应当在后续期间,按照该金融资产的摊余成本和实际利率计算确定其利息收入。企业按照上述规定对金融资产的摊余成本运用实际利率法计算利息收入的,若该金融工具在后续期间因其信用风险有所改善而不再存在信用减值,并且这一改善在客观上可与应用上述规定之后发生的某一事件相联系(如债务人的信用评级被上调），企业应当转按实际利率乘以该金融资产账面余额来计算确定利息收入。

经信用调整的实际利率，是指将购入或源生的已发生信用减值的金融资产在预计存续期的估计未来现金流量，折现为该金融资产摊余成本的利率。在确定经信用调整的实际利率时，应当在考虑金融资产的所有合同条款（例如，提前还款、展期、看涨期权或其他类似期权等）以及初始预期信用损失的基础上估计预期现金流量。

第四十条 当对金融资产预期未来现金流量具有不利影响的一项或多项事件发生时，该金融资产成为已发生信用减值的金融资产。金融资产已发生信用减值的证据包括下列可观察信息：

（一）发行方或债务人发生重大财务困难；
（二）债务人违反合同，如偿付利息或本金违约或逾期等；
（三）债权人出于与债务人财务困难有关的经济或合同考虑，给予债务人在任何其他情况下都不会作出的让步；
（四）债务人很可能破产或进行其他财务重组；
（五）发行方或债务人财务困难导致该金融资产的活跃市场消失；
（六）以大幅折扣购买或源生一项金融资产，该折扣反映了发生信用损失的事实。

金融资产发生信用减值，有可能是多个事件的共同作用所致，未必是可单独识别的事件所致。

第四十一条 合同各方之间支付或收取的、属于实际利率或经信用调整的实际利率组成部分的各项费用、交易费用及溢价或折价等，应当在确定实际利率或经信用调整的实际利率时予以考虑。

企业通常能够可靠估计金融工具（或一组类似金融工具）的现金流量和预计存续期。在极少数情况下，金融工具（或一组金融工具）的估计未来现金流量或预计存续期无法可靠估计的，企业在计算确定其实际利率（或经信用调整的实际利率）时，应当基于该金融工具在整个合同期内的合同现金流量。

第四十二条 企业与交易对手方修改或重新议定合同，未导致金融资产终止确认，但导致合同现金流量发生变化的，应当重新计算该金融资产的账面余额，并将相关利得或损失计入当期损益。重新计算的该金融资产的账面余额，应当根据将重新议定或修改的合同现金流量按金融资产的原实际利率（或者购买或源生的已发生信用减值的金融资产的经信用调整的实际利率）或按《企业会计准则第24号——套期会计》第二十三条规定的重新计算的实际利率（如适用）折现的现值确定。对于修改或重新议定合同所产生的所有成本或费用，企业应当调整修改后的金融资产账面价值，并在修改后金融资产的剩余期限内进行摊销。

第四十三条 企业不再合理预期金融资产合同现金流量能够全部或部分收回的，应当直接减记该金融资产的账面余额。这种减记构成相关金融资产的终止确认。

第四十四条 企业对权益工具的投资和与此类投资相联系的合同应当以公允价值计量。但在有限情况下，如果用以确定公允价值的近期信息不足，或者公允价值的可能估计金额分布范围很广，而成本代表了该范围内对公允价值的最佳估计的，该成本可代表其在该分布范围内对公允价值的恰当估计。

企业应当利用初始确认日后可获得的关于被投资方业绩和经营的所有信息，判断成本能否代表公允价值。存在下列情形（包含但不限于）之一的，可能表明成本不代表相关金融资产的公允价值，企业应当对其公允价值进行估值：

（一）与预算、计划或阶段性目标相比，被投资方业绩发生重大变化。
（二）对被投资方技术产品实现阶段性目标的预期发生变化。
（三）被投资方的权益、产品或潜在产品的市场发生重大变化。
（四）全球经济或被投资方经营所处的经济环境发生重大变化。
（五）被投资方可比企业的业绩或整体市场所显示的估值结果发生重大变化。
（六）被投资方的内部问题，如欺诈、商业纠纷、诉讼、管理或战略变化。
（七）被投资方权益发生了外部交易并有客观证据，包括发行新股等被投资方发生的交易和第三方之间转让被投资方权益工具的交易等。

第四十五条 权益工具投资或合同存在报价的，企业不应当将成本作为对其公允价值的最佳估计。

第八章 金融工具的减值

第四十六条 企业应当按照本准则规定，以预期信用损失为基础，对下列项目进行减值会计处理并确认损失准备：

（一）按照本准则第十七条分类为以摊余成本计量的金融资产和按照本准则第十八条分类为以公允价值计量且其变动计入其他综合收益的金融资产。

（二）租赁应收款。

（三）合同资产。合同资产是指《企业会计准则第14号——收入》定义的合同资产。

（四）企业发行的分类为以公允价值计量且其变动计入当期损益的金融负债以外的贷款承诺和适用本准则第二十一条（三）规定的财务担保合同。

损失准备，是指针对按照本准则第十七条计量的金融资产、租赁应收款和合同资产的预期信用损失计提的准备，按照本准则第十八条计量的金融资产的累计减值金额以及针对贷款承诺和财务担保合同的预期信用损失计提的准备。

第四十七条 预期信用损失，是指以发生违约的风险为权重的金融工具信用损失的加权平均值。

信用损失，是指企业按照原实际利率折现的、根据合同应收的所有合同现金流量与预期收取的所有现金流量之间的差额，即全部现金短缺的现值。其中，对于企业购买或源生的已发生信用减值的金融资产，应按照该金融资产经信用调整的实际利率折现。由于预期信用损失考虑付款的金额和时间分布，因此即使企业预计可以全额收款但收款时间晚于合同规定的到期期限，也会产生信用损失。

在估计现金流量时，企业应当考虑金融工具在整个预计存续期的所有合同条款（如提前还款、展期、看涨期权或其他类似期权等）。企业所考虑的现金流量应当包括出售所持担保品获得的现金流量，以及属于合同条款组成部分的其他信用增级所产生的现金流量。

企业通常能够可靠估计金融工具的预计存续期。在极少数情况下，金融工具预计存续期无法可靠估计的，企业在计算确定预期信用损失时，应当基于该金融工具的剩余合同期间。

第四十八条 除了按照本准则第五十七条和第六十三条的相关规定计量金融工具损失准备的情形以外，企业应当在每个资产负债表日评估相关金融工具的信用风险自初始确认后是否已显著增加，并按照下列情形分别计量其损失准备、确认预期信用损失及其变动：

（一）如果该金融工具的信用风险自初始确认后已显著增加，企业应当按照相当于该金融工具整个存续期内预期信用损失的金额计量其损失准备。无论企业评估信用损失的基础是单项金融工具还是金融工具组合，由此形成的损失准备的增加或转回金额，应当作为减值损失或利得计入当期损益。

（二）如果该金融工具的信用风险自初始确认后并未显著增加，企业应当按照相当于该金融工具未来12个月内预期信用损失的金额计量其损失准备，无论企业评估信用损失的基础是单项金融工具还是金融工具组合，由此形成的损失准备的增加或转回金额，应当作为减值损失或利得计入当期损益。

未来12个月内预期信用损失，是指因资产负债表日后12个月内（若金融工具的预计存续期少于12个月，则为预计存续期）可能发生的金融工具违约事件而导致的预期信用损失，是整个存续期预期信用损失的一部分。

企业在进行相关评估时，应当考虑所有合理且有依据的信息，包括前瞻性信息。为确保自金融工具初始确认后信用风险显著增加即确认整个存续期预期信用损失，企业在一些情况下应当以组合为基础考虑评估信用风险是否显著增加。整个存续期预期信用损失，是指因金融工具整个预计存续期内所有可能发生的违约事件而导致的预期信用损失。

第四十九条 对于按照本准则第十八条分类为以公允价值计量且其变动计入其他综合收益的金融资产，企业应当在其他综合收益中确认其损失准备，并将减值损失或利得计入当期损益，且不应减少该金融资产在资产负债表中列示的账面价值。

第五十条 企业在前一会计期间已经按照相当于金融工具整个存续期内预期信用损失的金额计量了损失准备，但在当期资产负债表日，该金融工具已不再属于自初始确认后信用风险显著增加的情形的，企业应当在当期资产负债表日按照相当于未来 12 个月内预期信用损失的金额计量该金融工具的损失准备，由此形成的损失准备的转回金额应当作为减值利得计入当期损益。

第五十一条 对于贷款承诺和财务担保合同，企业在应用金融工具减值规定时，应当将本企业成为作出不可撤销承诺的一方之日作为初始确认日。

第五十二条 企业在评估金融工具的信用风险自初始确认后是否显著增加时，应当考虑金融工具预计存续期内发生违约风险的变化，而不是预期信用损失金额的变化。企业应当通过比较金融工具在资产负债表日发生违约的风险与在初始确认日发生违约的风险，以确定金融工具预计存续期内发生违约风险的变化情况。

在为确定是否发生违约风险而对违约进行界定时，企业所采用的界定标准，应当与其内部针对相关金融工具的信用风险管理目标保持一致，并考虑财务限制条款等其他定性指标。

第五十三条 企业通常应当在金融工具逾期前确认该工具整个存续期预期信用损失。企业在确定信用风险自初始确认后是否显著增加时，企业无须付出不必要的额外成本或努力即可获得合理且有依据的前瞻性信息的，不得仅依赖逾期信息来确定信用风险自初始确认后是否显著增加；企业必须付出不必要的额外成本或努力才可获得合理且有依据的逾期信息以外的单独或汇总的前瞻性信息的，可以采用逾期信息来确定信用风险自初始确认后是否显著增加。

无论企业采用何种方式评估信用风险是否显著增加，通常情况下，如果逾期超过 30 日，则表明金融工具的信用风险已经显著增加。除非企业在无须付出不必要的额外成本或努力的情况下即可获得合理且有依据的信息，证明即使逾期超过 30 日，信用风险自初始确认后仍未显著增加。如果企业在合同付款逾期超过 30 日前已确定信用风险显著增加，则应当按照整个存续期的预期信用损失确认损失准备。

如果交易对手方未按合同规定时间支付约定的款项，则表明该金融资产发生逾期。

第五十四条 企业在评估金融工具的信用风险自初始确认后是否已显著增加时，应当考虑违约风险的相对变化，而非违约风险变动的绝对值。在同一后续资产负债表日，对于违约风险变动的绝对值相同的两项金融资产，初始确认时违约风险较低的金融工具比初始确认时违约风险较高的金融工具的信用风险变化更为显著。

第五十五条 企业确定金融工具在资产负债表日只具有较低的信用风险的，可以假设该金融工具的信用风险自初始确认后并未显著增加。

如果金融工具的违约风险较低，借款人在短期内履行其合同现金流量义务的能力很强，并且即便较长时期内经济形势和经营环境存在不利变化，但未必一定降低借款人履行其合同现金流量义务的能力，该金融工具被视为具有较低的信用风险。

第五十六条 企业与交易对手方修改或重新议定合同，未导致金融资产终止确认，但导致合同现金流量发生变化的，企业在评估相关金融工具的信用风险是否已经显著增加时，应当将基于变更后的合同条款在资产负债表日发生违约的风险与基于原合同条款在初始确认时发生违约的风险进行比较。

第五十七条 对于购买或源生的已发生信用减值的金融资产，企业应当在资产负债表日仅将自初始确认后整个存续期内预期信用损失的累计变动确认为损失准备。在每个资产负债表日，企业应当将整个存续期内预期信用损失的变动金额作为减值损失或利得计入当期损益。即使该资产负债表日确定的整个存续期内预期信用损失小于初始确认时估计现金流量所反映的预期信用损失的金额，企业也应当将预期信用损失的有利变动确认为减值利得。

第五十八条 企业计量金融工具预期信用损失的方法应当反映下列各项要素：

（一）通过评价一系列可能的结果而确定的无偏概率加权平均金额。

（二）货币时间价值。

（三）在资产负债表日无须付出不必要的额外成本或努力即可获得的有关过去事项、当前状况以及未来经济状况预测的合理且有依据的信息。

第五十九条 对于适用本准则有关金融工具减值规定的各类金融工具，企业应当按照下列方法确定其信用损失：

（一）对于金融资产，信用损失应为企业应收取的合同现金流量与预期收取的现金流量之间差额的现值。

（二）对于租赁应收款项，信用损失应为企业应收取的合同现金流量与预期收取的现金流量之间差额的现值。其中，用于确定预期信用损失的现金流量，应与按照《企业会计准则第21号——租赁》用于计量租赁应收款项的现金流量保持一致。

（三）对于未提用的贷款承诺，信用损失应为在贷款承诺持有人提用相应贷款的情况下，企业应收取的合同现金流量与预期收取的现金流量之间差额的现值。企业对贷款承诺预期信用损失的估计，应当与其对该贷款承诺提用情况的预期保持一致。

（四）对于财务担保合同，信用损失应为企业就该合同持有人发生的信用损失向其作出赔付的预计付款额，减去企业预期向该合同持有人、债务人或任何其他方收取的金额之间差额的现值。

（五）对于资产负债表日已发生信用减值但并非购买或源生已发生信用减值的金融资产，信用损失应为该金融资产账面余额与按原实际利率折现的估计未来现金流量的现值之间的差额。

第六十条 企业应当以概率加权平均为基础对预期信用损失进行计量。企业对预期信用损失的计量应当反映发生信用损失的各种可能性，但不必识别所有可能的情形。

第六十一条 在计量预期信用损失时，企业需考虑的最长期限为企业面临信用风险的最长合同期限（包括考虑续约选择权），而不是更长期间，即使该期间与业务实践相一致。

第六十二条 如果金融工具同时包含贷款和未提用的承诺，且企业根据合同规定要求还款或取消未提用承诺的能力并未将企业面临信用损失的期间限定在合同通知期内的，企业对于此类金融工具（仅限于此类金融工具）确认预期信用损失的期间，应当为其面临信用风险且无法用信用风险管理措施予以缓释的期间，即使该期间超过了最长合同期限。

第六十三条 对于下列各项目，企业应当始终按照相当于整个存续期内预期信用损失的金额计量其损失准备：

（一）由《企业会计准则第14号——收入》规范的交易形成的应收款项或合同资产，且符合下列条件之一：

1. 该项目未包含《企业会计准则第14号——收入》所定义的重大融资成分，或企业根据《企业会计准则第14号——收入》规定不考虑不超过一年的合同中的融资成分。

2. 该项目包含《企业会计准则第14号——收入》所定义的重大融资成分，同时企业作出会计政策选择，按照相当于整个存续期内预期信用损失的金额计量损失准备。企业应当将该会计政策选择适用于所有此类应收款项和合同资产，但可对应收款项类和合同资产类分别作出会计政策选择。

（二）由《企业会计准则第21号——租赁》规范的交易形成的租赁应收款，同时企业作出会计政策选择，按照相当于整个存续期内预期信用损失的金额计量损失准备。企业应当将该会计政策选择适用于所有租赁应收款，但可对应收融资租赁款和应收经营租赁款分别作出会计政策选择。

在适用本条规定时，企业可对应收款项、合同资产和租赁应收款分别选择减值会计政策。

第九章 利得和损失

第六十四条 企业应当将以公允价值计量的金融资产或金融负债的利得或损失计入当期损益，除非该金融资产或金融负债属于下列情形之一：

（一）属于《企业会计准则第24号——套期会计》规定的套期关系的一部分。

（二）是一项对非交易性权益工具的投资，且企业已按照本准则第十九条规定将其指定为以公允价值计量且其变动计入其他综合收益的金融资产。

（三）是一项被指定为以公允价值计量且其变动计入当期损益的金融负债，且按照本准则第六十八条规定，该负债由企业自身信用风险变动引起的其公允价值变动应当计入其他综合收益。

（四）是一项按照本准则第十八条分类为以公允价值计量且其变动计入其他综合收益的金融资产，且企业根据本准则第七十一条规定，其减值损失或利得和汇兑损益之外的公允价值变动计入其他综合收益。

第六十五条　企业只有在同时符合下列条件时，才能确认股利收入并计入当期损益：

（一）企业收取股利的权利已经确立；

（二）与股利相关的经济利益很可能流入企业；

（三）股利的金额能够可靠计量。

第六十六条　以摊余成本计量且不属于任何套期关系的一部分的金融资产所产生的利得或损失，应当在终止确认、按照本准则规定重分类、按照实际利率法摊销或按照本准则规定确认减值时，计入当期损益。如果企业将以摊余成本计量的金融资产重分类为其他类别，应当根据本准则第三十条规定处理其利得或损失。

以摊余成本计量且不属于任何套期关系的一部分的金融负债所产生的利得或损失，应当在终止确认时计入当期损益或在按照实际利率法摊销时计入相关期间损益。

第六十七条　属于套期关系中被套期项目的金融资产或金融负债所产生的利得或损失，应当按照《企业会计准则第24号——套期会计》相关规定进行处理。

第六十八条　企业根据本准则第二十二条和第二十六条规定将金融负债指定为以公允价值计量且其变动计入当期损益的金融负债的，该金融负债所产生的利得或损失应当按照下列规定进行处理：

（一）由企业自身信用风险变动引起的该金融负债公允价值的变动金额，应当计入其他综合收益；

（二）该金融负债的其他公允价值变动计入当期损益。

按照本条（一）规定对该金融负债的自身信用风险变动的影响进行处理会造成或扩大损益中的会计错配的，企业应当将该金融负债的全部利得或损失（包括企业自身信用风险变动的影响金额）计入当期损益。

该金融负债终止确认时，之前计入其他综合收益的累计利得或损失应当从其他综合收益中转出，计入留存收益。

第六十九条　企业根据本准则第十九条规定将非交易性权益工具投资指定为以公允价值计量且其变动计入其他综合收益的金融资产的，当该金融资产终止确认时，之前计入其他综合收益的累计利得或损失应当从其他综合收益中转出，计入留存收益。

第七十条　指定为以公允价值计量且其变动计入当期损益的金融负债的财务担保合同和不可撤销贷款承诺所产生的全部利得或损失，应当计入当期损益。

第七十一条　按照本准则第十八条分类为以公允价值计量且其变动计入其他综合收益的金融资产所产生的所有利得或损失，除减值损失或利得和汇兑损益之外，均应当计入其他综合收益，直至该金融资产终止确认或被重分类。但是，采用实际利率法计算的该金融资产的利息应当计入当期损益。该金融资产计入各期损益的金额应当与视同其一直按摊余成本计量而计入各期损益的金额相等。

该金融资产终止确认时，之前计入其他综合收益的累计利得或损失应当从其他综合收益中转出，计入当期损益。

企业将该金融资产重分类为其他类别金融资产的，应当根据本准则第三十一条规定，对之前计入其他综合收益的累计利得或损失进行相应处理。

第十章　衔　接　规　定

第七十二条　本准则施行日之前的金融工具确认和计量与本准则要求不一致的，企业应当追溯调整，但本准则第七十三条至八十三条另有规定的除外。在本准则施行日已经终止确认的项目不适用本准则。

第七十三条 在本准则施行日，企业应当按照本准则的规定对金融工具进行分类和计量（含减值），涉及前期比较财务报表数据与本准则要求不一致的，无须调整。金融工具原账面价值和在本准则施行日的新账面价值之间的差额，应当计入本准则施行日所在年度报告期间的期初留存收益或其他综合收益。同时，企业应当按照《企业会计准则第 37 号——金融工具列报》的相关规定在附注中进行披露。

企业如果调整前期比较财务报表数据，应当能够以前期的事实和情况为依据，且比较数据应当反映本准则的所有要求。

第七十四条 在本准则施行日，企业应当以该日的既有事实和情况为基础，根据本准则第十七条（一）或第十八条（一）的相关规定评估其管理金融资产的业务模式是以收取合同现金流量为目标，还是以既收取合同现金流量又出售金融资产为目标，并据此确定金融资产的分类，进行追溯调整，无须考虑企业之前的业务模式。

第七十五条 在本准则施行日，企业在考虑具有本准则第十六条所述修正的货币时间价值要素的金融资产的合同现金流量特征时，需要对特定货币时间价值要素修正进行评估的，该评估应当以该金融资产初始确认时存在的事实和情况为基础。该评估不切实可行的，企业不应考虑本准则关于货币时间价值要素修正的规定。

第七十六条 在本准则施行日，企业在考虑具有本准则第十六条所述提前还款特征的金融资产的合同现金流量特征时，需要对该提前还款特征的公允价值是否非常小进行评估的，该评估应当以该金融资产初始确认时存在的事实和情况为基础。该评估不切实可行的，企业不应考虑本准则关于提前还款特征例外情形的规定。

第七十七条 在本准则施行日，企业存在根据本准则相关规定应当以公允价值计量的混合合同但之前未以公允价值计量的，该混合合同在前期比较财务报表期末的公允价值应当等于其各组成部分在前期比较财务报表期末公允价值之和。在本准则施行日，企业应当将整个混合合同在该日的公允价值与该混合合同各组成部分在该日的公允价值之和之间的差额，计入本准则施行日所在报告期间的期初留存收益或其他综合收益。

第七十八条 在本准则施行日，企业应当以该日的既有事实和情况为基础，根据本准则的相关规定，对相关金融资产进行指定或撤销指定，并追溯调整：

（一）在本准则施行日，企业可以根据本准则第二十条规定，将满足条件的金融资产指定为以公允价值计量且其变动计入当期损益的金融资产。但企业之前指定为以公允价值计量且其变动计入当期损益的金融资产，不满足本准则第二十条规定的指定条件的，应当解除之前作出的指定；之前指定为以公允价值计量且其变动计入当期损益的金融资产继续满足本准则第二十条规定的指定条件的，企业可以选择继续指定或撤销之前的指定。

（二）在本准则施行日，企业可以根据本准则第十九条规定，将非交易性权益工具投资指定为以公允价值计量且其变动计入其他综合收益的金融资产。

第七十九条 在本准则施行日，企业应当以该日的既有事实和情况为基础，根据本准则的相关规定，对相关金融负债进行指定或撤销指定，并追溯调整：

（一）在本准则施行日，为了消除或显著减少会计错配，企业可以根据本准则第二十二条（一）的规定，将金融负债指定为以公允价值计量且其变动计入当期损益的金融负债。

（二）企业之前初始确认金融负债时，为了消除或显著减少会计错配，已将金融负债指定为以公允价值计量且其变动计入当期损益的金融负债，但在本准则施行日不再满足本准则规定的指定条件的，企业应当撤销之前的指定；该金融负债在本准则施行日仍然满足本准则规定的指定条件的，企业可以选择继续指定或撤销之前的指定。

第八十条 在本准则施行日，企业按照本准则规定对相关金融资产或金融负债以摊余成本进行计量、应用实际利率法追溯调整不切实可行的，应当按照以下原则进行处理：

（一）以金融资产或金融负债在前期比较财务报表期末的公允价值，作为企业调整前期比较财务报表数据时该金融资产的账面余额或该金融负债的摊余成本；

（二）以金融资产或金融负债在本准则施行日的公允价值，作为该金融资产在本准则施行日的新账面余额或该金融负债的新摊余成本。

第八十一条 在本准则施行日，对于之前以成本计量的、在活跃市场中没有报价且其公允价值不能可靠计量的权益工具投资或与该权益工具挂钩并须通过交付该工具进行结算的衍生金融资产，企业应当以其在本准则施行日的公允价值计量。原账面价值与公允价值之间的差额，应当计入本准则施行日所在报告期间的期初留存收益或其他综合收益。

在本准则施行日，对于之前以成本计量的、与在活跃市场中没有报价的权益工具挂钩并须通过交付该权益工具进行结算的衍生金融负债，企业应当以其在本准则施行日的公允价值计量。原账面价值与公允价值之间的差额，应当计入本准则施行日所在报告期间的期初留存收益。

第八十二条 在本准则施行日，企业存在根据本准则第二十二条规定将金融负债指定为以公允价值计量且其变动计入当期损益的金融负债，并且按照本准则第六十八条（一）规定将由企业自身信用风险变动引起的该金融负债公允价值的变动金额计入其他综合收益的，企业应当以该日的既有事实和情况为基础，判断按照上述规定处理是否会造成或扩大损益的会计错配，进而确定是否应当将该金融负债的全部利得或损失（包括企业自身信用风险变动的影响金额）计入当期损益，并按照上述结果追溯调整。

第八十三条 在本准则施行日，企业按照本准则计量金融工具减值的，应当使用无须付出不必要的额外成本或努力即可获得的合理且有依据的信息，确定金融工具在初始确认日的信用风险，并将该信用风险与本准则施行日的信用风险进行比较。

在确定自初始确认后信用风险是否显著增加时，企业可以应用本准则第五十五条的规定根据其是否具有较低的信用风险进行判断，或者应用本准则第五十三条第二段的规定根据相关金融资产逾期是否超过 30 日进行判断。企业在本准则施行日必须付出不必要的额外成本或努力才可获得合理且有依据的信息的，企业在该金融工具终止确认前的所有资产负债表日的损失准备应当等于其整个存续期的预期信用损失。

第十一章 附 则

第八十四条 本准则自 2018 年 1 月 1 日起施行。

企业会计准则第 28 号
——会计政策、会计估计变更和差错更正

(2006 年 2 月 15 日 财政部 财会〔2006〕3 号)

第一章 总 则

第一条 为了规范企业会计政策的应用，会计政策、会计估计变更和前期差错更正的确认、计量和相关信息的披露，根据《企业会计准则——基本准则》，制定本准则。

第二条 会计政策变更和前期差错更正的所得税影响，适用《企业会计准则第 18 号——所得税》。

第二章 会 计 政 策

第三条 企业应当对相同或者相似的交易或者事项采用相同的会计政策进行处理。但是，其他会计准则另有规定的除外。

会计政策，是指企业在会计确认、计量和报告中所采用的原则、基础和会计处理方法。

第四条 企业采用的会计政策，在每一会计期间和前后各期应当保持一致，不得随意变更。但是，满足下列条件之一的，可以变更会计政策：

（一）法律、行政法规或者国家统一的会计制度等要求变更。

（二）会计政策变更能够提供更可靠、更相关的会计信息。

第五条 下列各项不属于会计政策变更：

（一）本期发生的交易或者事项与以前相比具有本质差别而采用新的会计政策。

（二）对初次发生的或不重要的交易或者事项采用新的会计政策。

第六条 企业根据法律、行政法规或者国家统一的会计制度等要求变更会计政策的，应当按照国家相关会计规定执行。

会计政策变更能够提供更可靠、更相关的会计信息的，应当采用追溯调整法处理，将会计政策变更累积影响数调整列报前期最早期初留存收益，其他相关项目的期初余额和列报前期披露的其他比较数据也应当一并调整，但确定该项会计政策变更累积影响数不切实可行的除外。

追溯调整法，是指对某项交易或事项变更会计政策，视同该项交易或事项初次发生时即采用变更后的会计政策，并以此对财务报表相关项目进行调整的方法。

会计政策变更累积影响数，是指按照变更后的会计政策对以前各期追溯计算的列报前期最早期初留存收益应有金额与现有金额之间的差额。

第七条 确定会计政策变更对列报前期影响数不切实可行的，应当从可追溯调整的最早期间期初开始应用变更后的会计政策。

在当期期初确定会计政策变更对以前各期累积影响数不切实可行的，应当采用未来适用法处理。

未来适用法，是指将变更后的会计政策应用于变更日及以后发生的交易或者事项，或者在会计估计变更当期和未来期间确认会计估计变更影响数的方法。

第三章 会计估计变更

第八条 企业据以进行估计的基础发生了变化，或者由于取得新信息、积累更多经验以及后来的发展变化，可能需要对会计估计进行修订。会计估计变更的依据应当真实、可靠。

会计估计变更，是指由于资产和负债的当前状况及预期经济利益和义务发生了变化，从而对资产或负债的账面价值或者资产的定期消耗金额进行调整。

第九条 企业对会计估计变更应当采用未来适用法处理。

会计估计变更仅影响变更当期的，其影响数应当在变更当期予以确认；既影响变更当期又影响未来期间的，其影响数应当在变更当期和未来期间予以确认。

第十条 企业难以对某项变更区分为会计政策变更或会计估计变更的，应当将其作为会计估计变更处理。

第四章 前期差错更正

第十一条 前期差错，是指由于没有运用或错误运用下列两种信息，而对前期财务报表造成省略或错报。

（一）编报前期财务报表时预期能够取得并加以考虑的可靠信息。

（二）前期财务报告批准报出时能够取得的可靠信息。

前期差错通常包括计算错误、应用会计政策错误、疏忽或曲解事实以及舞弊产生的影响以及存货、固定资产盘盈等。

第十二条 企业应当采用追溯重述法更正重要的前期差错，但确定前期差错累积影响数不切实可行的除外。

追溯重述法，是指在发现前期差错时，视同该项前期差错从未发生过，从而对财务报表相关项目进行更正的方法。

第十三条 确定前期差错影响数不切实可行的,可以从可追溯重述的最早期间开始调整留存收益的期初余额,财务报表其他相关项目的期初余额也应当一并调整,也可以采用未来适用法。

第十四条 企业应当在重要的前期差错发现当期的财务报表中,调整前期比较数据。

第五章 披 露

第十五条 企业应当在附注中披露与会计政策变更有关的下列信息:
(一) 会计政策变更的性质、内容和原因。
(二) 当期和各个列报前期财务报表中受影响的项目名称和调整金额。
(三) 无法进行追溯调整的,说明该事实和原因以及开始应用变更后的会计政策的时点、具体应用情况。

第十六条 企业应当在附注中披露与会计估计变更有关的下列信息:
(一) 会计估计变更的内容和原因。
(二) 会计估计变更对当期和未来期间的影响数。
(三) 会计估计变更的影响数不能确定的,披露这一事实和原因。

第十七条 企业应当在附注中披露与前期差错更正有关的下列信息:
(一) 前期差错的性质。
(二) 各个列报前期财务报表中受影响的项目名称和更正金额。
(三) 无法进行追溯重述的,说明该事实和原因以及对前期差错开始进行更正的时点、具体更正情况。

第十八条 在以后期间的财务报表中,不需要重复披露在以前期间的附注中已披露的会计政策变更和前期差错更正的信息。

企业会计准则第 29 号——资产负债表日后事项

(2006 年 2 月 15 日 财政部 财会〔2006〕3 号)

第一章 总 则

第一条 为了规范资产负债表日后事项的确认、计量和相关信息的披露,根据《企业会计准则——基本准则》,制定本准则。

第二条 资产负债表日后事项,是指资产负债表日至财务报告批准报出日之间发生的有利或不利事项。财务报告批准报出日,是指董事会或类似机构批准财务报告报出的日期。

资产负债表日后事项包括资产负债表日后调整事项和资产负债表日后非调整事项。

资产负债表日后调整事项,是指对资产负债表日已经存在的情况提供了新的或进一步证据的事项。

资产负债表日后非调整事项,是指表明资产负债表日后发生的情况的事项。

第三条 资产负债表日后事项表明持续经营假设不再适用的,企业不应当在持续经营基础上编制财务报表。

第二章 资产负债表日后调整事项

第四条 企业发生的资产负债表日后调整事项,应当调整资产负债表日的财务报表。

第五条 企业发生的资产负债表日后调整事项,通常包括下列各项:
(一) 资产负债表日后诉讼案件结案,法院判决证实了企业在资产负债表日已经存在现时义务,需要调整原先确认的与该诉讼案件相关的预计负债,或确认一项新负债。
（二）资产负债表日后取得确凿证据,表明某项资产在资产负债表日发生了减值或者需要调整该项资产原先确认的减值金额。
（三）资产负债表日后进一步确定了资产负债表日前购入资产的成本或售出资产的收入。
（四）资产负债表日后发现了财务报表舞弊或差错。

第三章　资产负债表日后非调整事项

第六条　企业发生的资产负债表日后非调整事项,不应当调整资产负债表日的财务报表。
第七条　企业发生的资产负债表日后非调整事项,通常包括下列各项：
（一）资产负债表日后发生重大诉讼、仲裁、承诺。
（二）资产负债表日后资产价格、税收政策、外汇汇率发生重大变化。
（三）资产负债表日后因自然灾害导致资产发生重大损失。
（四）资产负债表日后发行股票和债券以及其他巨额举债。
（五）资产负债表日后资本公积转增资本。
（六）资产负债表日后发生巨额亏损。
（七）资产负债表日后发生企业合并或处置子公司。
第八条　资产负债表日后,企业利润分配方案中拟分配的以及经审议批准宣告发放的股利或利润,不确认为资产负债表日的负债,但应当在附注中单独披露。

第四章　披　露

第九条　企业应当在附注中披露与资产负债表日后事项有关的下列信息：
（一）财务报告的批准报出者和财务报告批准报出日。
按照有关法律、行政法规等规定,企业所有者或其他方面有权对报出的财务报告进行修改的,应当披露这一情况。
（二）每项重要的资产负债表日后非调整事项的性质、内容,及其对财务状况和经营成果的影响。无法作出估计的,应当说明原因。
第十条　企业在资产负债表日后取得了影响资产负债表日存在情况的新的或进一步的证据,应当调整与之相关的披露信息。

企业会计准则第 30 号——财务报表列报

(2014 年 1 月 26 日　财政部　财会〔2014〕7 号)

第一章　总　则

第一条　为了规范财务报表的列报,保证同一企业不同期间和同一期间不同企业的财务报表相互可比,根据《企业会计准则——基本准则》,制定本准则。
第二条　财务报表是对企业财务状况、经营成果和现金流量的结构性表述。财务报表至少应当包括下列组成部分：
（一）资产负债表；
（二）利润表；
（三）现金流量表；
（四）所有者权益（或股东权益,下同）变动表；

（五）附注。

财务报表上述组成部分具有同等的重要程度。

第三条 本准则适用于个别财务报表和合并财务报表，以及年度财务报表和中期财务报表，《企业会计准则第 32 号——中期财务报告》另有规定的除外。合并财务报表的编制和列报，还应遵循《企业会计准则第 33 号——合并财务报表》；现金流量表的编制和列报，还应遵循《企业会计准则第 31 号——现金流量表》；其他会计准则的特殊列报要求，适用其他相关会计准则。

第二章 基本要求

第四条 企业应当以持续经营为基础，根据实际发生的交易和事项，按照《企业会计准则——基本准则》和其他各项会计准则的规定进行确认和计量，在此基础上编制财务报表。企业不应以附注披露代替确认和计量，不恰当的确认和计量也不能通过充分披露相关会计政策而纠正。

如果按照各项会计准则规定披露的信息不足以让报表使用者了解特定交易或事项对企业财务状况和经营成果的影响时，企业还应当披露其他的必要信息。

第五条 在编制财务报表的过程中，企业管理层应当利用所有可获得信息来评价企业自报告期末起至少 12 个月的持续经营能力。

评价时需要考虑宏观政策风险、市场经营风险、企业目前或长期的盈利能力、偿债能力、财务弹性以及企业管理层改变经营政策的意向等因素。

评价结果表明对持续经营能力产生重大怀疑的，企业应当在附注中披露导致对持续经营能力产生重大怀疑的因素以及企业拟采取的改善措施。

第六条 企业如有近期获利经营的历史且有财务资源支持，则通常表明以持续经营为基础编制财务报表是合理的。

企业正式决定或被迫在当期或将在下一个会计期间进行清算或停止营业的，则表明以持续经营为基础编制财务报表不再合理。在这种情况下，企业应当采用其他基础编制财务报表，并在附注中声明财务报表未以持续经营为基础编制的事实、披露未以持续经营为基础编制的原因和财务报表的编制基础。

第七条 除现金流量表按照收付实现制原则编制外，企业应当按照权责发生制原则编制财务报表。

第八条 财务报表项目的列报应当在各个会计期间保持一致，不得随意变更，但下列情况除外：

（一）会计准则要求改变财务报表项目的列报。

（二）企业经营业务的性质发生重大变化或对企业经营影响较大的交易或事项发生后，变更财务报表项目的列报能够提供更可靠、更相关的会计信息。

第九条 性质或功能不同的项目，应当在财务报表中单独列报，但不具有重要性的项目除外。

性质或功能类似的项目，其所属类别具有重要性的，应当按其类别在财务报表中单独列报。

某些项目的重要性程度不足以在资产负债表、利润表、现金流量表或所有者权益变动表中单独列示，但对附注却具有重要性，则应当在附注中单独披露。

第十条 重要性，是指在合理预期下，财务报表某项目的省略或错报会影响使用者据此作出经济决策的，该项目具有重要性。

重要性应当根据企业所处的具体环境，从项目的性质和金额两方面予以判断，且对各项目重要性的判断标准一经确定，不得随意变更。判断项目性质的重要性，应当考虑该项目在性质上是否属于企业日常活动、是否显著影响企业的财务状况、经营成果和现金流量等因素；判断项目金额大小的重要性，应当考虑该项目金额占资产总额、负债总额、所有者权益总额、营业收入总额、营业成本总额、净利润、综合收益总额等直接相关项目金额的比重或所属报表单列项目金额的比重。

第十一条 财务报表中的资产项目和负债项目的金额、收入项目和费用项目的金额、直接计入当期利润的利得项目和损失项目的金额不得相互抵销，但其他会计准则另有规定的除外。

一组类似交易形成的利得和损失应当以净额列示,但具有重要性的除外。

资产或负债项目按扣除备抵项目后的净额列示,不属于抵销。

非日常活动产生的利得和损失,以同一交易形成的收益扣减相关费用后的净额列示更能反映交易实质的,不属于抵销。

第十二条 当期财务报表的列报,至少应当提供所有列报项目上一个可比会计期间的比较数据,以及与理解当期财务报表相关的说明,但其他会计准则另有规定的除外。

根据本准则第八条的规定,财务报表的列报项目发生变更的,应当至少对可比期间的数据按照当期的列报要求进行调整,并在附注中披露调整的原因和性质,以及调整的各项目金额。对可比数据进行调整不切实可行的,应当在附注中披露不能调整的原因。

不切实可行,是指企业在作出所有合理努力后仍然无法采用某项会计准则规定。

第十三条 企业应当在财务报表的显著位置至少披露下列各项:

(一)编报企业的名称。

(二)资产负债表日或财务报表涵盖的会计期间。

(三)人民币金额单位。

(四)财务报表是合并财务报表的,应当予以标明。

第十四条 企业至少应当按年编制财务报表。年度财务报表涵盖的期间短于一年的,应当披露年度财务报表的涵盖期间、短于一年的原因以及报表数据不具可比性的事实。

第十五条 本准则规定在财务报表中单独列报的项目,应当单独列报。其他会计准则规定单独列报的项目,应当增加单独列报项目。

第三章 资产负债表

第十六条 资产和负债应当分别按流动资产和非流动资产、流动负债和非流动负债列示。

金融企业等销售产品或提供服务不具有明显可识别营业周期的企业,其各项资产或负债按照流动性列示能够提供可靠且更相关信息的,可以按照其流动性顺序列示。从事多种经营的企业,其部分资产或负债按照流动和非流动列报、其他部分资产或负债按照流动性列示能够提供可靠且更相关信息的,可以采用混合的列报方式。

对于同时包含资产负债表日后一年内(含一年,下同)和一年之后预期将收回或清偿金额的资产和负债单列项目,企业应当披露超过一年后预期收回或清偿的金额。

第十七条 资产满足下列条件之一的,应当归类为流动资产:

(一)预计在一个正常营业周期中变现、出售或耗用。

(二)主要为交易目的而持有。

(三)预计在资产负债表日起一年内变现。

(四)自资产负债表日起一年内,交换其他资产或清偿负债的能力不受限制的现金或现金等价物。

正常营业周期,是指企业从购买用于加工的资产起至实现现金或现金等价物的期间。正常营业周期通常短于一年。因生产周期较长等导致正常营业周期长于一年的,尽管相关资产往往超过一年才变现、出售或耗用,仍应当划分为流动资产。正常营业周期不能确定的,应当以一年(12个月)作为正常营业周期。

第十八条 流动资产以外的资产应当归类为非流动资产,并应按其性质分类列示。被划分为持有待售的非流动资产应当归类为流动资产。

第十九条 负债满足下列条件之一的,应当归类为流动负债:

(一)预计在一个正常营业周期中清偿。

(二)主要为交易目的而持有。

(三)自资产负债表日起一年内到期应予以清偿。

（四）企业无权自主地将清偿推迟至资产负债表日后一年以上。负债在其对手方选择的情况下可通过发行权益进行清偿的条款与负债的流动性划分无关。

企业对资产和负债进行流动性分类时，应当采用相同的正常营业周期。企业正常营业周期中的经营性负债项目即使在资产负债表日后超过一年才予清偿的，仍应当划分为流动负债。经营性负债项目包括应付账款、应付职工薪酬等，这些项目属于企业正常营业周期中使用的营运资金的一部分。

第二十条 流动负债以外的负债应当归类为非流动负债，并应当按其性质分类列示。被划分为持有待售的非流动负债应当归类为流动负债。

第二十一条 对于在资产负债表日起一年内到期的负债，企业有意图且有能力自主地将清偿义务展期至资产负债表日后一年以上的，应当归类为非流动负债；不能自主地将清偿义务展期的，即使在资产负债表日后、财务报告批准报出日前签订了重新安排清偿计划协议，该项负债仍应当归类为流动负债。

第二十二条 企业在资产负债表日或之前违反了长期借款协议，导致贷款人可随时要求清偿的负债，应当归类为流动负债。

贷款人在资产负债表日或之前同意提供在资产负债表日后一年以上的宽限期，在此期限内企业能够改正违约行为，且贷款人不能要求随时清偿的，该项负债应当归类为非流动负债。

其他长期负债存在类似情况的，比照上述第一款和第二款处理。

第二十三条 资产负债表中的资产类至少应当单独列示反映下列信息的项目：

（一）货币资金；

（二）以公允价值计量且其变动计入当期损益的金融资产；

（三）应收款项；

（四）预付款项；

（五）存货；

（六）被划分为持有待售的非流动资产及被划分为持有待售的处置组中的资产；

（七）可供出售金融资产；

（八）持有至到期投资；

（九）长期股权投资；

（十）投资性房地产；

（十一）固定资产；

（十二）生物资产；

（十三）无形资产；

（十四）递延所得税资产。

第二十四条 资产负债表中的资产类至少应当包括流动资产和非流动资产的合计项目，按照企业的经营性质不切实可行的除外。

第二十五条 资产负债表中的负债类至少应当单独列示反映下列信息的项目：

（一）短期借款；

（二）以公允价值计量且其变动计入当期损益的金融负债；

（三）应付款项；

（四）预收款项；

（五）应付职工薪酬；

（六）应交税费；

（七）被划分为持有待售的处置组中的负债；

（八）长期借款；

（九）应付债券；

（十）长期应付款；

（十一）预计负债；
（十二）递延所得税负债。

第二十六条 资产负债表中的负债类至少应当包括流动负债、非流动负债和负债的合计项目，按照企业的经营性质不切实可行的除外。

第二十七条 资产负债表中的所有者权益类至少应当单独列示反映下列信息的项目：
（一）实收资本（或股本，下同）；
（二）资本公积；
（三）盈余公积；
（四）未分配利润。
在合并资产负债表中，应当在所有者权益类单独列示少数股东权益。

第二十八条 资产负债表中的所有者权益类应当包括所有者权益的合计项目。

第二十九条 资产负债表应当列示资产总计项目，负债和所有者权益总计项目。

第四章 利 润 表

第三十条 企业在利润表中应当对费用按照功能分类，分为从事经营业务发生的成本、管理费用、销售费用和财务费用等。

第三十一条 利润表至少应当单独列示反映下列信息的项目，但其他会计准则另有规定的除外：
（一）营业收入；
（二）营业成本；
（三）营业税金及附加；
（四）管理费用；
（五）销售费用；
（六）财务费用；
（七）投资收益；
（八）公允价值变动损益；
（九）资产减值损失；
（十）非流动资产处置损益；
（十一）所得税费用；
（十二）净利润；
（十三）其他综合收益各项目分别扣除所得税影响后的净额；
（十四）综合收益总额。
金融企业可以根据其特殊性列示利润表项目。

第三十二条 综合收益，是指企业在某一期间除与所有者以其所有者身份进行的交易之外的其他交易或事项所引起的所有者权益变动。综合收益总额项目反映净利润和其他综合收益扣除所得税影响后的净额相加后的合计金额。

第三十三条 其他综合收益，是指企业根据其他会计准则规定未在当期损益中确认的各项利得和损失。
其他综合收益项目应当根据其他相关会计准则的规定分为下列两类列报：
（一）以后会计期间不能重分类进损益的其他综合收益项目，主要包括重新计量设定受益计划净负债或净资产导致的变动、按照权益法核算的在被投资单位以后会计期间不能重分类进损益的其他综合收益中所享有的份额等；
（二）以后会计期间在满足规定条件时将重分类进损益的其他综合收益项目，主要包括按照权益法核算的在被投资单位以后会计期间在满足规定条件时将重分类进损益的其他综合收益中所享有的份额、可供出售金融资产公允价值变动形成的利得或损失、持有至到期投资重分类为可供出售金融资产形成的利得或损失、现金流量套期工具产生的利得或损失中属于有效套期的部分、外币财务报表折算差额等。

第三十四条 在合并利润表中，企业应当在净利润项目之下单独列示归属于母公司所有者的损益和归属于少数股东的损益，在综合收益总额项目之下单独列示归属于母公司所有者的综合收益总额和归属于少数股东的综合收益总额。

第五章 所有者权益变动表

第三十五条 所有者权益变动表应当反映构成所有者权益的各组成部分当期的增减变动情况。综合收益和与所有者（或股东，下同）的资本交易导致的所有者权益的变动，应当分别列示。

与所有者的资本交易，是指企业与所有者以其所有者身份进行的、导致企业所有者权益变动的交易。

第三十六条 所有者权益变动表至少应当单独列示反映下列信息的项目：

（一）综合收益总额，在合并所有者权益变动表中还应单独列示归属于母公司所有者的综合收益总额和归属于少数股东的综合收益总额；

（二）会计政策变更和前期差错更正的累积影响金额；

（三）所有者投入资本和向所有者分配利润等；

（四）按照规定提取的盈余公积；

（五）所有者权益各组成部分的期初和期末余额及其调节情况。

第六章 附 注

第三十七条 附注是对在资产负债表、利润表、现金流量表和所有者权益变动表等报表中列示项目的文字描述或明细资料，以及对未能在这些报表中列示项目的说明等。

第三十八条 附注应当披露财务报表的编制基础，相关信息应当与资产负债表、利润表、现金流量表和所有者权益变动表等报表中列示的项目相互参照。

第三十九条 附注一般应当按照下列顺序至少披露：

（一）企业的基本情况。

1. 企业注册地、组织形式和总部地址。
2. 企业的业务性质和主要经营活动。
3. 母公司以及集团最终母公司的名称。
4. 财务报告的批准报出者和财务报告批准报出日，或者以签字人及其签字日期为准。
5. 营业期限有限的企业，还应当披露有关其营业期限的信息。

（二）财务报表的编制基础。

（三）遵循企业会计准则的声明。

企业应当声明编制的财务报表符合企业会计准则的要求，真实、完整地反映了企业的财务状况、经营成果和现金流量等有关信息。

（四）重要会计政策和会计估计。

重要会计政策的说明，包括财务报表项目的计量基础和在运用会计政策过程中所做的重要判断等。重要会计估计的说明，包括可能导致下一个会计期间内资产、负债账面价值重大调整的会计估计的确定依据等。

企业应当披露采用的重要会计政策和会计估计，并结合企业的具体实际披露其重要会计政策的确定依据和财务报表项目的计量基础，及其会计估计所采用的关键假设和不确定因素。

（五）会计政策和会计估计变更以及差错更正的说明。

企业应当按照《企业会计准则第 28 号——会计政策、会计估计变更和差错更正》的规定，披露会计政策和会计估计变更以及差错更正的情况。
（六）报表重要项目的说明。
企业应当按照资产负债表、利润表、现金流量表、所有者权益变动表及其项目列示的顺序，对报表重要项目的说明采用文字和数字描述相结合的方式进行披露。报表重要项目的明细金额合计，应当与报表项目金额相衔接。
企业应当在附注中披露费用按照性质分类的利润表补充资料，可将费用分为耗用的原材料、职工薪酬费用、折旧费用、摊销费用等。
（七）或有和承诺事项、资产负债表日后非调整事项、关联方关系及其交易等需要说明的事项。
（八）有助于财务报表使用者评价企业管理资本的目标、政策及程序的信息。

第四十条 企业应当在附注中披露下列关于其他综合收益各项目的信息：
（一）其他综合收益各项目及其所得税影响；
（二）其他综合收益各项目原计入其他综合收益、当期转出计入当期损益的金额；
（三）其他综合收益各项目的期初和期末余额及其调节情况。

第四十一条 企业应当在附注中披露终止经营的收入、费用、利润总额、所得税费用和净利润，以及归属于母公司所有者的终止经营利润。

第四十二条 终止经营，是指满足下列条件之一的已被企业处置或被企业划归为持有待售的、在经营和编制财务报表时能够单独区分的组成部分：
（一）该组成部分代表一项独立的主要业务或一个主要经营地区。
（二）该组成部分是拟对一项独立的主要业务或一个主要经营地区进行处置计划的一部分。
（三）该组成部分是仅仅为了再出售而取得的子公司。

同时满足下列条件的企业组成部分（或非流动资产，下同）应当确认为持有待售：该组成部分必须在其当前状况下仅根据出售此类组成部分的惯常条款即可立即出售；企业已经就处置该组成部分作出决议，如按规定需得到股东批准的，应当已经取得股东大会或相应权力机构的批准；企业已经与受让方签订了不可撤销的转让协议；该项转让将在一年内完成。

第四十三条 企业应当在附注中披露在资产负债表日后、财务报告批准报出日前提议或宣布发放的股利总额和每股股利金额（或向投资者分配的利润总额）。

第七章 衔 接 规 定

第四十四条 在本准则施行日之前已经执行企业会计准则的企业，应当按照本准则调整财务报表的列报项目；涉及有关报表和附注比较数据的，也应当做相应调整，调整不切实可行的除外。

第八章 附 则

第四十五条 本准则自 2014 年 7 月 1 日起施行。

企业会计准则第 31 号——现金流量表

（2006 年 2 月 15 日 财政部 财会〔2006〕3 号）

第一章 总 则

第一条 为了规范现金流量表的编制和列报，根据《企业会计准则——基本准则》，制定本准则。

第二条 现金流量表，是指反映企业在一定会计期间现金和现金等价物流入和流出的报表。

现金，是指企业库存现金以及可以随时用于支付的存款。

现金等价物，是指企业持有的期限短、流动性强、易于转换为已知金额现金、价值变动风险很小的投资。

本准则提及现金时，除非同时提及现金等价物，均包括现金和现金等价物。

第三条 合并现金流量表的编制和列报，适用《企业会计准则第33号——合并财务报表》。

第二章　基 本 要 求

第四条 现金流量表应当分别经营活动、投资活动和筹资活动列报现金流量。

第五条 现金流量应当分别按照现金流入和现金流出总额列报。但是，下列各项可以按照净额列报：

（一）代客户收取或支付的现金。

（二）周转快、金额大、期限短项目的现金流入和现金流出。

（三）金融企业的有关项目，包括短期贷款发放与收回的贷款本金、活期存款的吸收与支付、同业存款和存放同业款项的存取、向其他金融企业拆借资金，以及证券的买入与卖出等。

第六条 自然灾害损失、保险索赔等特殊项目，应当根据其性质，分别归并到经营活动、投资活动和筹资活动现金流量类别中单独列报。

第七条 外币现金流量以及境外子公司的现金流量，应当采用现金流量发生日的即期汇率或按照系统合理的方法确定的、与现金流量发生日即期汇率近似的汇率折算。汇率变动对现金的影响额应当作为调节项目，在现金流量表中单独列报。

第三章　经营活动现金流量

第八条 企业应当采用直接法列示经营活动产生的现金流量。

经营活动，是指企业投资活动和筹资活动以外的所有交易和事项。

直接法，是指通过现金收入和现金支出的主要类别列示经营活动的现金流量。

第九条 有关经营活动现金流量的信息，可以通过下列途径之一取得：

（一）企业的会计记录。

（二）根据下列项目对利润表中的营业收入、营业成本以及其他项目进行调整：

1. 当期存货及经营性应收和应付项目的变动；
2. 固定资产折旧、无形资产摊销、计提资产减值准备等其他非现金项目；
3. 属于投资活动或筹资活动现金流量的其他非现金项目。

第十条 经营活动产生的现金流量至少应当单独列示反映下列信息的项目：

（一）销售商品、提供劳务收到的现金；

（二）收到的税费返还；

（三）收到其他与经营活动有关的现金；

（四）购买商品、接受劳务支付的现金；

（五）支付给职工以及为职工支付的现金；

（六）支付的各项税费；

（七）支付其他与经营活动有关的现金。

第十一条 金融企业可以根据行业特点和现金流量实际情况，合理确定经营活动现金流量项目的类别。

第四章　投资活动现金流量

第十二条 投资活动，是指企业长期资产的购建和不包括在现金等价物范围的投资及其处置活动。

第十三条 投资活动产生的现金流量至少应当单独列示反映下列信息的项目：

（一）收回投资收到的现金；
（二）取得投资收益收到的现金；
（三）处置固定资产、无形资产和其他长期资产收回的现金净额；
（四）处置子公司及其他营业单位收到的现金净额；
（五）收到其他与投资活动有关的现金；
（六）购建固定资产、无形资产和其他长期资产支付的现金；
（七）投资支付的现金；
（八）取得子公司及其他营业单位支付的现金净额；
（九）支付其他与投资活动有关的现金。

第五章 筹资活动现金流量

第十四条 筹资活动，是指导致企业资本及债务规模和构成发生变化的活动。

第十五条 筹资活动产生的现金流量至少应当单独列示反映下列信息的项目：
（一）吸收投资收到的现金；
（二）取得借款收到的现金；
（三）收到其他与筹资活动有关的现金；
（四）偿还债务支付的现金；
（五）分配股利、利润或偿付利息支付的现金；
（六）支付其他与筹资活动有关的现金。

第六章 披 露

第十六条 企业应当在附注中披露将净利润调节为经营活动现金流量的信息。至少应当单独披露对净利润进行调节的下列项目：
（一）资产减值准备；
（二）固定资产折旧；
（三）无形资产摊销；
（四）长期待摊费用摊销；
（五）待摊费用；
（六）预提费用；
（七）处置固定资产、无形资产和其他长期资产的损益；
（八）固定资产报废损失；
（九）公允价值变动损益；
（十）财务费用；
（十一）投资损益；
（十二）递延所得税资产和递延所得税负债；
（十三）存货；
（十四）经营性应收项目；
（十五）经营性应付项目。

第十七条 企业应当在附注中以总额披露当期取得或处置子公司及其他营业单位的下列信息：
（一）取得或处置价格；
（二）取得或处置价格中以现金支付的部分；
（三）取得或处置子公司及其他营业单位收到的现金；
（四）取得或处置子公司及其他营业单位按照主要类别分类的非现金资产和负债。

第十八条 企业应当在附注中披露不涉及当期现金收支，但影响企业财务状况或在未来可能影响企业现金流量的重大投资和筹资活动。

第十九条　企业应当在附注中披露与现金和现金等价物有关的下列信息：
（一）现金和现金等价物的构成及其在资产负债表中的相应金额。
（二）企业持有但不能由母公司或集团内其他子公司使用的大额现金和现金等价物金额。

企业会计准则第 34 号——每股收益

(2006 年 2 月 15 日　财政部　财会〔2006〕3 号)

第一章　总　　则

第一条　为了规范每股收益的计算方法及其列报，根据《企业会计准则——基本准则》，制定本准则。

第二条　本准则适用于普通股或潜在普通股已公开交易的企业，以及正处于公开发行普通股或潜在普通股过程中的企业。

潜在普通股，是指赋予其持有者在报告期或以后期间享有取得普通股权利的一种金融工具或其他合同，包括可转换公司债券、认股权证、股份期权等。

第三条　合并财务报表中，企业应当以合并财务报表为基础计算和列报每股收益。

第二章　基本每股收益

第四条　企业应当按照归属于普通股股东的当期净利润，除以发行在外普通股的加权平均数计算基本每股收益。

第五条　发行在外普通股加权平均数按下列公式计算：

发行在外普通股加权平均数＝期初发行在外普通股股数＋当期新发行普通股股数×已发行时间÷报告期时间－当期回购普通股股数×已回购时间÷报告期时间

已发行时间、报告期时间和已回购时间一般按照天数计算；在不影响计算结果合理性的前提下，也可以采用简化的计算方法。

第六条　新发行普通股股数，应当根据发行合同的具体条款，从应收对价之日（一般为股票发行日）起计算确定。通常包括下列情况：
（一）为收取现金而发行的普通股股数，从应收现金之日起计算。
（二）因债务转资本而发行的普通股股数，从停计债务利息之日或结算日起计算。
（三）非同一控制下的企业合并，作为对价发行的普通股股数，从购买日起计算；同一控制下的企业合并，作为对价发行的普通股股数，应当计入各列报期间普通股的加权平均数。
（四）为收购非现金资产而发行的普通股股数，从确认收购之日起计算。

第三章　稀释每股收益

第七条　企业存在稀释性潜在普通股的，应当分别调整归属于普通股股东的当期净利润和发行在外普通股的加权平均数，并据以计算稀释每股收益。

稀释性潜在普通股，是指假设当期转换为普通股会减少每股收益的潜在普通股。

第八条　计算稀释每股收益，应当根据下列事项对归属于普通股股东的当期净利润进行调整：
（一）当期已确认为费用的稀释性潜在普通股的利息；
（二）稀释性潜在普通股转换时将产生的收益或费用。
上述调整应当考虑相关的所得税影响。

第九条　计算稀释每股收益时，当期发行在外普通股的加权平均数应当为计算基本每股收益时普通股的加权平均数与假定稀释性潜在普通股转换为已发行普通股而增加的普通股股数的加权平均数之和。

计算稀释性潜在普通股转换为已发行普通股而增加的普通股股数的加权平均数时,以前期间发行的稀释性潜在普通股,应当假设在当期期初转换;当期发行的稀释性潜在普通股,应当假设在发行日转换。

第十条 认股权证和股份期权等的行权价格低于当期普通股平均市场价格时,应当考虑其稀释性。计算稀释每股收益时,增加的普通股股数按下列公式计算:

增加的普通股股数 = 拟行权时转换的普通股股数 − 行权价格 × 拟行权时转换的普通股股数 ÷ 当期普通股平均市场价格

第十一条 企业承诺将回购其股份的合同中规定的回购价格高于当期普通股平均市场价格时,应当考虑其稀释性。计算稀释每股收益时,增加的普通股股数按下列公式计算:

增加的普通股股数 = 回购价格 × 承诺回购的普通股股数 ÷ 当期普通股平均市场价格 − 承诺回购的普通股股数

第十二条 稀释性潜在普通股应当按照其稀释程度从大到小的顺序计入稀释每股收益,直至稀释每股收益达到最小值。

第四章 列 报

第十三条 发行在外普通股或潜在普通股的数量因派发股票股利、公积金转增资本、拆股而增加或因并股而减少,但不影响所有者权益金额的,应当按调整后的股数重新计算各列报期间的每股收益。上述变化发生于资产负债表日至财务报告批准报出日之间的,应当以调整后的股数重新计算各列报期间的每股收益。

按照《企业会计准则第 28 号——会计政策、会计估计变更和差错更正》的规定对以前年度损益进行追溯调整或追溯重述的,应当重新计算各列报期间的每股收益。

第十四条 企业应当在利润表中单独列示基本每股收益和稀释每股收益。

第十五条 企业应当在附注中披露与每股收益有关的下列信息:

(一) 基本每股收益和稀释每股收益分子、分母的计算过程。

(二) 列报期间不具有稀释性但以后期间很可能具有稀释性的潜在普通股。

(三) 在资产负债表日至财务报告批准报出日之间,企业发行在外普通股或潜在普通股股数发生重大变化的情况。

企业会计准则第 36 号——关联方披露

(2006 年 2 月 15 日 财政部 财会〔2006〕3 号)

第一章 总 则

第一条 为了规范关联方及其交易的信息披露,根据《企业会计准则——基本准则》,制定本准则。

第二条 企业财务报表中应当披露所有关联方关系及其交易的相关信息。对外提供合并财务报表的,对于已经包括在合并范围内各企业之间的交易不予披露,但应当披露与合并范围外各关联方的关系及其交易。

第二章 关 联 方

第三条 一方控制、共同控制另一方或对另一方施加重大影响,以及两方或两方以上同受一方控制、共同控制或重大影响的,构成关联方。

控制，是指有权决定一个企业的财务和经营政策，并能据以从该企业的经营活动中获取利益。

共同控制，是指按照合同约定对某项经济活动所共有的控制，仅在与该项经济活动相关的重要财务和经营决策需要分享控制权的投资方一致同意时存在。

重大影响，是指对一个企业的财务和经营政策有参与决策的权力，但并不能够控制或者与其他方一起共同控制这些政策的制定。

第四条 下列各方构成企业的关联方：

（一）该企业的母公司。

（二）该企业的子公司。

（三）与该企业受同一母公司控制的其他企业。

（四）对该企业实施共同控制的投资方。

（五）对该企业施加重大影响的投资方。

（六）该企业的合营企业。

（七）该企业的联营企业。

（八）该企业的主要投资者个人及与其关系密切的家庭成员。主要投资者个人，是指能够控制、共同控制一个企业或者对一个企业施加重大影响的个人投资者。

（九）该企业或其母公司的关键管理人员及与其关系密切的家庭成员。关键管理人员，是指有权力并负责计划、指挥和控制企业活动的人员。与主要投资者个人或关键管理人员关系密切的家庭成员，是指在处理与企业的交易时可能影响该个人或受该个人影响的家庭成员。

（十）该企业主要投资者个人、关键管理人员或与其关系密切的家庭成员控制、共同控制或施加重大影响的其他企业。

第五条 仅与企业存在下列关系的各方，不构成企业的关联方：

（一）与该企业发生日常往来的资金提供者、公用事业部门、政府部门和机构。

（二）与该企业发生大量交易而存在经济依存关系的单个客户、供应商、特许商、经销商或代理商。

（三）与该企业共同控制合营企业的合营者。

第六条 仅仅同受国家控制而不存在其他关联方关系的企业，不构成关联方。

第三章 关联方交易

第七条 关联方交易，是指关联方之间转移资源、劳务或义务的行为，而不论是否收取价款。

第八条 关联方交易的类型通常包括下列各项：

（一）购买或销售商品。

（二）购买或销售商品以外的其他资产。

（三）提供或接受劳务。

（四）担保。

（五）提供资金（贷款或股权投资）。

（六）租赁。

（七）代理。

（八）研究与开发项目的转移。

（九）许可协议。

（十）代表企业或由企业代表另一方进行债务结算。

（十一）关键管理人员薪酬。

第四章 披 露

第九条 企业无论是否发生关联方交易，均应当在附注中披露与母公司和子公司有关的下列信息：

（一）母公司和子公司的名称。

母公司不是该企业最终控制方的，还应当披露最终控制方名称。

母公司和最终控制方均不对外提供财务报表的，还应当披露母公司之上与其最相近的对外提供财务报表的母公司名称。

（二）母公司和子公司的业务性质、注册地、注册资本（或实收资本、股本）及其变化。

（三）母公司对该企业或者该企业对子公司的持股比例和表决权比例。

第十条 企业与关联方发生关联方交易的，应当在附注中披露该关联方关系的性质、交易类型及交易要素。交易要素至少应当包括：

（一）交易的金额。

（二）未结算项目的金额、条款和条件，以及有关提供或取得担保的信息。

（三）未结算应收项目的坏账准备金额。

（四）定价政策。

第十一条 关联方交易应当分别关联方以及交易类型予以披露。类型相似的关联方交易，在不影响财务报表阅读者正确理解关联方交易对财务报表影响的情况下，可以合并披露。

第十二条 企业只有在提供确凿证据的情况下，才能披露关联方交易是公平交易。

企业会计准则第 37 号——金融工具列报

（2017 年 5 月 2 日 财政部 财会〔2017〕14 号）

第一章 总 则

第一条 为了规范金融工具的列报，根据《企业会计准则——基本准则》，制定本准则。

金融工具列报，包括金融工具列示和金融工具披露。

第二条 金融工具列报的信息，应当有助于财务报表使用者了解企业所发行金融工具的分类、计量和列报的情况，以及企业所持有的金融资产和承担的金融负债的情况，并就金融工具对企业财务状况和经营成果影响的重要程度、金融工具使企业在报告期间和期末所面临风险的性质和程度，以及企业如何管理这些风险作出合理评价。

第三条 本准则适用于所有企业各种类型的金融工具，但下列各项适用其他会计准则：

（一）由《企业会计准则第 2 号——长期股权投资》、《企业会计准则第 33 号——合并财务报表》和《企业会计准则第 40 号——合营安排》规范的对子公司、合营企业和联营企业的投资，其披露适用《企业会计准则第 41 号——在其他主体中权益的披露》。但企业持有的与在子公司、合营企业或联营企业中的权益相联系的衍生工具，适用本准则。

企业按照《企业会计准则第 22 号——金融工具确认和计量》相关规定对联营企业或合营企业的投资进行会计处理的，以及企业符合《企业会计准则第 33 号——合并财务报表》有关投资性主体定义，且根据该准则规定对子公司的投资以公允价值计量且其变动计入当期损益的，对上述合营企业、联营企业或子公司的相关投资适用本准则。

（二）由《企业会计准则第 9 号——职工薪酬》规范的职工薪酬相关计划形成的企业的权利和义务，适用《企业会计准则第 9 号——职工薪酬》。

（三）由《企业会计准则第 11 号——股份支付》规范的股份支付中涉及的金融工具以及其他合同和义务，适用《企业会计准则第 11 号——股份支付》。但是，股份支付中属于本准则范围的买入或卖出非金融项目的合同，以及与股份支付相关的企业发行、回购、出售或注销的库存股，适用本准则。

（四）由《企业会计准则第 12 号——债务重组》规范的债务重组，适用《企业会计准则第 12 号——债务重组》。但债务重组中涉及金融资产转移披露的，适用本准则。

（五）由《企业会计准则第 14 号——收入》规范的属于金融工具的合同权利和义务，适用《企业会计准则第 14 号——收入》。由《企业会计准则第 14 号——收入》要求在确认和计量相关合同权利的减值损失和利得时，应当按照《企业会计准则第 22 号——金融工具确认和计量》进行会计处理的合同权利，适用本准则有关信用风险披露的规定。

（六）由保险合同相关会计准则规范的保险合同所产生的权利和义务，适用保险合同相关会计准则。

因具有相机分红特征而由保险合同相关会计准则规范的合同所产生的权利和义务，适用保险合同相关会计准则。但对于嵌入保险合同的衍生工具，该嵌入衍生工具本身不是保险合同的，适用本准则；该嵌入衍生工具本身为保险合同的，适用保险合同相关会计准则。

企业选择按照《企业会计准则第 22 号——金融工具确认和计量》进行会计处理的财务担保合同，适用本准则；企业选择按照保险合同相关会计准则进行会计处理的财务担保合同，适用保险合同相关会计准则。

第四条 本准则适用于能够以现金或其他金融工具净额结算，或通过交换金融工具结算的买入或卖出非金融项目的合同。但企业按照预定的购买、销售或使用要求签订并持有，旨在收取或交付非金融项目的合同，适用其他相关会计准则，但是企业根据《企业会计准则第 22 号——金融工具确认和计量》第八条的规定将该合同指定为以公允价值计量且其变动计入当期损益的金融资产或金融负债的，适用本准则。

第五条 本准则第六章至第八章的规定，除适用于企业已按照《企业会计准则第 22 号——金融工具确认和计量》确认的金融工具外，还适用于未确认的金融工具。

第六条 本准则规定的交易或事项涉及所得税的，应当按照《企业会计准则第 18 号——所得税》进行处理。

第二章 金融负债和权益工具的区分

第七条 企业应当根据所发行金融工具的合同条款及其所反映的经济实质而非仅以法律形式，结合金融资产、金融负债和权益工具的定义，在初始确认时将该金融工具或其组成部分分类为金融资产、金融负债或权益工具。

第八条 金融负债，是指企业符合下列条件之一的负债：

（一）向其他方交付现金或其他金融资产的合同义务。

（二）在潜在不利条件下，与其他方交换金融资产或金融负债的合同义务。

（三）将来须用或可用企业自身权益工具进行结算的非衍生工具合同，且企业根据该合同将交付可变数量的自身权益工具。

（四）将来须用或可用企业自身权益工具进行结算的衍生工具合同，但以固定数量的自身权益工具交换固定金额的现金或其他金融资产的衍生工具合同除外。企业对全部现有同类别非衍生自身权益工具的持有方同比例发行配股权、期权或认股权证，使之有权按比例以固定金额的任何货币换取固定数量的该企业自身权益工具的，该类配股权、期权或认股权证应当分类为权益工具。其中，企业自身权益工具不包括应按照本准则第三章分类为权益工具的金融工具，也不包括本身就要求在未来收取或交付企业自身权益工具的合同。

第九条 权益工具，是指能证明拥有某个企业在扣除所有负债后的资产中的剩余权益的合同。企业发行的金融工具同时满足下列条件的，符合权益工具的定义，应当将该金融工具分类为权益工具：

（一）该金融工具应当不包括交付现金或其他金融资产给其他方，或在潜在不利条件下与其他方交换金融资产或金融负债的合同义务；

（二）将来须用或可用企业自身权益工具结算该金融工具。如为非衍生工具，该金融工具应当不包括交付可变数量的自身权益工具进行结算的合同义务；如为衍生工具，企业只能通过以固定数量的自身权益工具交换固定金额的现金或其他金融资产结算该金融工具。企业自身权益工具不包括应按照本准则第三章分类为权益工具的金融工具，也不包括本身就要求在未来收取或交付企业自身权益工具的合同。

第十条 企业不能无条件地避免以交付现金或其他金融资产来履行一项合同义务的，该合同义务符合金融负债的定义。有些金融工具虽然没有明确地包含交付现金或其他金融资产义务的条款和条件，但有可能通过其他条款和条件间接地形成合同义务。

如果一项金融工具须用或可用企业自身权益工具进行结算，需要考虑用于结算该工具的企业自身权益工具，是作为现金或其他金融资产的替代品，还是为了使该工具持有方享有在发行方扣除所有负债后的资产中的剩余权益。如果是前者，该工具是发行方的金融负债；如果是后者，该工具是发行方的权益工具。在某些情况下，一项金融工具合同规定企业须用或可用自身权益工具结算该金融工具，其中合同权利或合同义务的金额等于可获取或需交付的自身权益工具的数量乘以其结算时的公允价值，则无论该合同权利或合同义务的金额是固定的，还是完全或部分地基于除企业自身权益工具的市场价格以外变量（例如利率、某种商品的价格或某项金融工具的价格）的变动而变动的，该合同应当分类为金融负债。

第十一条 除根据本准则第三章分类为权益工具的金融工具外，如果一项合同使发行方承担了以现金或其他金融资产回购自身权益工具的义务，即使发行方的回购义务取决于合同对手方是否行使回售权，发行方应当在初始确认时将该义务确认为一项金融负债，其金额等于回购所需支付金额的现值（如远期回购价格的现值、期权行权价格的现值或其他回售金额的现值）。如果最终发行方无须以现金或其他金融资产回购自身权益工具，应当在合同到期时将该项金融负债按照账面价值重分类为权益工具。

第十二条 对于附有或有结算条款的金融工具，发行方不能无条件地避免交付现金、其他金融资产或以其他导致该工具成为金融负债的方式进行结算的，应当分类为金融负债。但是，满足下列条件之一的，发行方应当将其分类为权益工具：

（一）要求以现金、其他金融资产或以其他导致该工具成为金融负债的方式进行结算的或有结算条款几乎不具有可能性，即相关情形极端罕见、显著异常且几乎不可能发生。

（二）只有在发行方清算时，才需以现金、其他金融资产或以其他导致该工具成为金融负债的方式进行结算。

（三）按照本准则第三章分类为权益工具的可回售工具。

附有或有结算条款的金融工具，指是否通过交付现金或其他金融资产进行结算，或者是否以其他导致该金融工具成为金融负债的方式进行结算，需要由发行方和持有方均不能控制的未来不确定事项（如股价指数、消费价格指数变动、利率或税法变动、发行方未来收入、净收益或债务权益比率等）的发生或不发生（或发行方和持有方均不能控制的未来不确定事项的结果）来确定的金融工具。

第十三条 对于存在结算选择权的衍生工具（例如合同规定发行方或持有方能选择以现金净额或以发行股份交换现金等方式进行结算的衍生工具），发行方应当将其确认为金融资产或金融负债，但所有可供选择的结算方式均表明该衍生工具应当确认为权益工具的除外。

第十四条 企业应对发行的非衍生工具进行评估，以确定所发行的工具是否为复合金融工具。企业所发行的非衍生工具可能同时包含金融负债成分和权益工具成分。对于复合金融工具，发行方应于初始确认时将各组成部分分别分类为金融负债、金融资产或权益工具。

企业发行的一项非衍生工具同时包含金融负债成分和权益工具成分的，应于初始计量时先确定金融负债成分的公允价值（包括其中可能包含的非权益性嵌入衍生工具的公允价值），再从复合金融工具公允价值中扣除负债成分的公允价值，作为权益工具成分的价值。复合金融工具中包含非权益性嵌入衍生工具的，非权益性嵌入衍生工具的公允价值应当包含在金融负债成分的公允价值中，并且按照《企业会计准则第22号——金融工具确认和计量》的规定对该金融负债成分进行会计处理。

第十五条 在合并财务报表中对金融工具（或其组成部分）进行分类时，企业应当考虑企业集团成员和金融工具的持有方之间达成的所有条款和条件。企业集团作为一个整体，因该工具承担了交付现金、其他金融资产或以其他导致该工具成为金融负债的方式进行结算的义务的，该工具在企业集团合并财务报表中应当分类为金融负债。

第三章 特殊金融工具的区分

第十六条 符合金融负债定义，但同时具有下列特征的可回售工具，应当分类为权益工具：

（一）赋予持有方在企业清算时按比例份额获得该企业净资产的权利。这里所指企业净资产是扣除所有优先于该工具对企业资产要求权之后的剩余资产；这里所指按比例份额是清算时将企业的净资产分拆为金额相等的单位，并且将单位金额乘以持有方所持有的单位数量。

（二）该工具所属的类别次于其他所有工具类别，即该工具在归属于该类别前无须转换为另一种工具，且在清算时对企业资产没有优先于其他工具的要求权。

（三）该工具所属的类别中（该类别次于其他所有工具类别），所有工具具有相同的特征（例如它们必须都具有可回售特征，并且用于计算回购或赎回价格的公式或其他方法都相同）。

（四）除了发行方应当以现金或其他金融资产回购或赎回该工具的合同义务外，该工具不满足本准则规定的金融负债定义中的任何其他特征。

（五）该工具在存续期内的预计现金流量总额，应当实质上基于该工具存续期内企业的损益、已确认净资产的变动、已确认和未确认净资产的公允价值变动（不包括该工具的任何影响）。

可回售工具，是指根据合同约定，持有方有权将该工具回售给发行方以获取现金或其他金融资产的权利，或者在未来某一不确定事项发生或者持有方死亡或退休时，自动回售给发行方的金融工具。

第十七条 符合金融负债定义，但同时具有下列特征的发行方仅在清算时才有义务向另一方按比例交付其净资产的金融工具，应当分类为权益工具：

（一）赋予持有方在企业清算时按比例份额获得该企业净资产的权利；

（二）该工具所属的类别次于其他所有工具类别；

（三）该工具所属的类别中（该类别次于其他所有工具类别），发行方对该类别中所有工具都应当在清算时承担按比例份额交付其净资产的同等合同义务。

产生上述合同义务的清算确定将会发生并且不受发行方的控制（如发行方本身是有限寿命主体），或者发生与否取决于该工具的持有方。

第十八条 分类为权益工具的可回售工具，或发行方仅在清算时才有义务向另一方按比例交付其净资产的金融工具，除应当具有本准则第十六条或第十七条所述特征外，其发行方应当没有同时具备下列特征的其他金融工具或合同：

（一）现金流量总额实质上基于企业的损益、已确认净资产的变动、已确认和未确认净资产的公允价值变动（不包括该工具或合同的任何影响）；

（二）实质上限制或固定了本准则第十六条或第十七条所述工具持有方所获得的剩余回报。

在运用上述条件时，对于发行方与本准则第十六条或第十七条所述工具持有方签订的非金融合同，如果其条款和条件与发行方和其他方之间可能订立的同等合同类似，不应考虑该非金融合同的影响。但如果不能做出此判断，则不得将该工具分类为权益工具。

第十九条 按照本章规定分类为权益工具的金融工具，自不再具有本准则第十六条或第十七条所述特征，或发行方不再满足本准则第十八条规定条件之日起，发行方应当将其重分类为金融负债，以重分类日该工具的公允价值计量，并将重分类日权益工具的账面价值和金融负债的公允价值之间的差额确认为权益。

按照本章规定分类为金融负债的金融工具，自具有本准则第十六条或第十七条所述特征，且发行方满足本准则第十八条规定条件之日起，发行方应当将其重分类为权益工具，以重分类日金融负债的账面价值计量。

第二十条 企业发行的满足本章规定分类为权益工具的金融工具，在企业集团合并财务报表中对应的少数股东权益部分，应当分类为金融负债。

第四章 收益和库存股

第二十一条 金融工具或其组成部分属于金融负债的，相关利息、股利（或股息）、利得或损失，以及赎回或再融资产生的利得或损失等，应当计入当期损益。

第二十二条 金融工具或其组成部分属于权益工具的，其发行（含再融资）、回购、出售或注销时，发行方应当作为权益的变动处理。发行方不应当确认权益工具的公允价值变动。

发行方向权益工具持有方的分配应当作为其利润分配处理，发放的股票股利不影响发行方的所有者权益总额。

第二十三条 与权益性交易相关的交易费用应当从权益中扣减。

企业发行或取得自身权益工具时发生的交易费用（例如登记费、承销费、法律、会计、评估及其他专业服务费用，印刷成本和印花税等），可直接归属于权益性交易的，应当从权益中扣减。终止的未完成权益性交易所发生的交易费用应当计入当期损益。

第二十四条 发行复合金融工具发生的交易费用，应当在金融负债成分和权益工具成分之间按照各自占总发行价款的比例进行分摊。与多项交易相关的共同交易费用，应当在合理的基础上，采用与其他类似交易一致的方法，在各项交易间进行分摊。

第二十五条 发行方分类为金融负债的金融工具支付的股利，在利润表中应当确认为费用，与其他负债的利息费用合并列示，并在财务报表附注中单独披露。

作为权益扣减项的交易费用，应当在财务报表附注中单独披露。

第二十六条 回购自身权益工具（库存股）支付的对价和交易费用，应当减少所有者权益，不得确认金融资产。库存股可由企业自身购回和持有，也可由企业集团合并财务报表范围内的其他成员购回和持有。

第二十七条 企业应当按照《企业会计准则第30号——财务报表列报》的规定在资产负债表中单独列示所持有的库存股金额。

企业从关联方回购自身权益工具的，还应当按照《企业会计准则第36号——关联方披露》的相关规定进行披露。

第五章 金融资产和金融负债的抵销

第二十八条 金融资产和金融负债应当在资产负债表内分别列示，不得相互抵销。但同时满足下列条件的，应当以相互抵销后的净额在资产负债表内列示：

（一）企业具有抵销已确认金额的法定权利，且该种法定权利是当前可执行的；

（二）企业计划以净额结算，或同时变现该金融资产和清偿该金融负债。

不满足终止确认条件的金融资产转移，转出方不得将已转移的金融资产和相关负债进行抵销。

第二十九条 抵销权是债务人根据合同或其他协议，以应收债权人的金额全部或部分抵销应付债权人的金额的法定权利。在某些情况下，如果债务人、债权人和第三方三者之间签署的协议明确表示债务人拥有该抵销权，并且不违反法律法规或其他相关规定，债务人可能拥有以应收第三方的金额抵销应付债权人的金额的法定权利。

第三十条 抵销权应当不取决于未来事项，而且在企业和所有交易对手方的正常经营过程中，或在出现违约、无力偿债或破产等各种情形下，企业均可执行该法定权利。

在确定抵销权是否可执行时，企业应当充分考虑法律法规或其他相关规定以及合同约定等各方面因素。

第三十一条 当前可执行的抵销权不构成相互抵销的充分条件，企业既不打算行使抵销权（即净额结算），又无计划同时结算金融资产和金融负债的，该金融资产和金融负债不得抵销。

在没有法定权利的情况下，一方或双方即使有意向以净额为基础进行结算或同时结算相关金融资产和金融负债的，该金融资产和金融负债也不得抵销。

第三十二条 企业同时结算金融资产和金融负债的,如果该结算方式相当于净额结算,则满足本准则第二十八条(二)以净额结算的标准。这种结算方式必须在同一结算过程或周期内处理了相关应收和应付款项,最终消除或几乎消除了信用风险和流动性风险。如果某结算方式同时具备如下特征,可视为满足净额结算标准:

(一)符合抵销条件的金融资产和金融负债在同一时点提交处理;

(二)金融资产和金融负债一经提交处理,各方即承诺履行结算义务;

(三)金融资产和金融负债一经提交处理,除非处理失败,这些资产和负债产生的现金流量不可能发生变动;

(四)以证券作为担保物的金融资产和金融负债,通过证券结算系统或其他类似机制进行结算(例如券款对付),即如果证券交付失败,则以证券作为抵押的应收款项或应付款项的处理也将失败,反之亦然;

(五)若发生本条(四)所述的失败交易,将重新进入处理程序,直至结算完成;

(六)由同一结算机构执行;

(七)有足够的日间信用额度,并且能够确保该日间信用额度一经申请提取即可履行,以支持各方能够在结算日进行支付处理。

第三十三条 在下列情况下,通常认为不满足本准则第二十八条所列条件,不得抵销相关金融资产和金融负债:

(一)使用多项不同金融工具来仿效单项金融工具的特征(即合成工具)。例如,利用浮动利率长期债券与收取浮动利息且支付固定利息的利率互换,合成一项固定利率长期负债。

(二)金融资产和金融负债虽然具有相同的主要风险敞口(例如,远期合同或其他衍生工具组合中的资产和负债),但涉及不同的交易对手方。

(三)无追索权金融负债与作为其担保物的金融资产或其他资产。

(四)债务人为解除某项负债而将一定的金融资产进行托管(例如,偿债基金或类似安排),但债权人尚未接受以这些资产清偿负债。

(五)因某些导致损失的事项而产生的义务预计可以通过保险合同向第三方索赔而得以补偿。

第三十四条 企业与同一交易对手方进行多项金融工具交易时,可能与对手方签订总互抵协议。只有满足本准则第二十八条所列条件时,总互抵协议下的相关金融资产和金融负债才能抵销。

总互抵协议,是指协议所涵盖的所有金融工具中的任何一项合同在发生违约或终止时,就协议所涵盖的所有金融工具按单一净额进行结算。

第三十五条 企业应当区分金融资产和金融负债的抵销与终止确认。抵销金融资产和金融负债并在资产负债表中以净额列示,不应当产生利得或损失;终止确认是从资产负债表列示的项目中移除相关金融资产或金融负债,有可能产生利得或损失。

第六章 金融工具对财务状况和经营成果影响的列报

第一节 一般性规定

第三十六条 企业在对金融工具各项目进行列报时,应当根据金融工具的特点及相关信息的性质对金融工具进行归类,并充分披露与金融工具相关的信息,使得财务报表附注中的披露与财务报表列示的各项目相互对应。

第三十七条 在确定金融工具的列报类型时,企业至少应当将本准则范围内的金融工具区分为以摊余成本计量和以公允价值计量的类型。

第三十八条 企业应当披露编制财务报表时对金融工具所采用的重要会计政策、计量基础和与理解财务报表相关的其他会计政策等信息,主要包括:

(一)对于指定为以公允价值计量且其变动计入当期损益的金融资产,企业应当披露下列信息:

1. 指定的金融资产的性质;

2. 企业如何满足运用指定的标准。企业应当披露该指定所针对的确认或计量不一致的描述性说明。

(二) 对于指定为以公允价值计量且其变动计入当期损益的金融负债，企业应当披露下列信息：

1. 指定的金融负债的性质；

2. 初始确认时对上述金融负债做出指定的标准；

3. 企业如何满足运用指定的标准。对于以消除或显著减少会计错配为目的的指定，企业应披露该指定所针对的确认或计量不一致的描述性说明。对于以更好地反映组合的管理实质为目的的指定，企业应当披露该指定符合企业正式书面文件载明的风险管理或投资策略的描述性说明。对于整体指定为以公允价值计量且其变动计入当期损益的混合工具，企业应当披露运用指定标准的描述性说明。

(三) 如何确定每类金融工具的利得或损失。

第二节 资产负债表中的列示及相关披露

第三十九条 企业应当在资产负债表或相关附注中列报下列金融资产或金融负债的账面价值：

(一) 以摊余成本计量的金融资产。

(二) 以摊余成本计量的金融负债。

(三) 以公允价值计量且其变动计入其他综合收益的金融资产，并分别反映：(1) 根据《企业会计准则第22号——金融工具确认和计量》第十八条的规定分类为以公允价值计量且其变动计入其他综合收益的金融资产；(2) 根据《企业会计准则第22号——金融工具确认和计量》第十九条的规定在初始确认时被指定为以公允价值计量且其变动计入其他综合收益的非交易性权益工具投资。

(四) 以公允价值计量且其变动计入当期损益的金融资产，并分别反映：(1) 根据《企业会计准则第22号——金融工具确认和计量》第十九条的规定分类为以公允价值计量且其变动计入当期损益的金融资产；(2) 根据《企业会计准则第22号——金融工具确认和计量》第二十条的规定指定为以公允价值计量且其变动计入当期损益的金融资产；(3) 根据《企业会计准则第24号——套期会计》第三十四条的规定在初始确认或后续计量时指定为以公允价值计量且其变动计入当期损益的金融资产。

(五) 以公允价值计量且其变动计入当期损益的金融负债，并分别反映：(1) 根据《企业会计准则第22号——金融工具确认和计量》第二十一条的规定分类为以公允价值计量且其变动计入当期损益的金融负债；(2) 根据《企业会计准则第22号——金融工具确认和计量》第二十二条的规定在初始确认时指定为以公允价值计量且其变动计入当期损益的金融负债；(3) 根据《企业会计准则第24号——套期会计》第三十四条的规定在初始确认和后续计量时指定为以公允价值计量且其变动计入当期损益的金融负债。

第四十条 企业将本应按摊余成本或以公允价值计量且其变动计入其他综合收益计量的一项或一组金融资产指定为以公允价值计量且其变动计入当期损益的金融资产的，应当披露下列信息：

(一) 该金融资产在资产负债表日使企业面临的最大信用风险敞口；

(二) 企业通过任何相关信用衍生工具或类似工具使得该最大信用风险敞口降低的金额；

(三) 该金融资产因信用风险变动引起的公允价值本期变动额和累计变动额；

(四) 相关信用衍生工具或类似工具自该金融资产被指定以来的公允价值本期变动额和累计变动额。

信用风险，是指金融工具的一方不履行义务，造成另一方发生财务损失的风险。

金融资产在资产负债表日的最大信用风险敞口，通常是金融工具账面余额减去减值损失准备后的金额（已减去根据本准则规定已抵销的金额）。

第四十一条 企业将一项金融负债指定为以公允价值计量且其变动计入当期损益的金融负债，且企业自身信用风险变动引起的该金融负债公允价值的变动金额计入其他综合收益的，应当披露下列信息：

(一) 该金融负债因自身信用风险变动引起的公允价值本期变动额和累计变动额；

(二) 该金融负债的账面价值与按合同约定到期应支付债权人金额之间的差额；

（三）该金融负债的累计利得或损失本期从其他综合收益转入留存收益的金额和原因。

第四十二条 企业将一项金融负债指定为以公允价值计量且其变动计入当期损益的金融负债，且该金融负债（包括企业自身信用风险变动的影响）的全部利得或损失计入当期损益的，应当披露下列信息：

（一）该金融负债因自身信用风险变动引起的公允价值本期变动额和累计变动额；

（二）该金融负债的账面价值与按合同约定到期应支付债权人金额之间的差额。

第四十三条 企业应当披露用于确定本准则第四十条（三）所要求披露的金融资产因信用风险变动引起的公允价值变动额的估值方法，以及用于确定本准则第四十一条（一）和第四十二条（一）所要求披露的金融负债因自身信用风险变动引起的公允价值变动额的估值方法，并说明选用该方法的原因。如果企业认为披露的信息未能如实反映相关金融工具公允价值变动中由信用风险引起的部分，则应当披露企业得出此结论的原因及其他需要考虑的因素。

企业应当披露其用于确定金融负债自身信用风险变动引起的公允价值的变动计入其他综合收益是否会造成或扩大损益中的会计错配的方法。企业根据《企业会计准则第22号——金融工具确认和计量》第六十八条的规定将金融负债因企业自身信用风险变动引起的公允价值变动计入当期损益的，企业应当披露该金融负债与预期能够抵销其自身信用风险变动引起的公允价值变动的金融工具之间的经济关系。

第四十四条 企业将非交易性权益工具投资指定为以公允价值计量且其变动计入其他综合收益的，应当披露下列信息：

（一）企业每一项指定为以公允价值计量且其变动计入其他综合收益的权益工具投资；

（二）企业做出该指定的原因；

（三）企业每一项指定为以公允价值计量且其变动计入其他综合收益的权益工具投资的期末公允价值；

（四）本期确认的股利收入，其中对本期终止确认的权益工具投资相关的股利收入和资产负债表日仍持有的权益工具投资相关的股利收入应当分别单独披露；

（五）该权益工具投资的累计利得和损失本期从其他综合收益转入留存收益的金额及其原因。

第四十五条 企业本期终止确认了指定为以公允价值计量且其变动计入其他综合收益的非交易性权益工具投资的，应当披露下列信息：

（一）企业处置该权益工具投资的原因；

（二）该权益工具投资在终止确认时的公允价值；

（三）该权益工具投资在终止确认时的累计利得或损失。

第四十六条 企业在当期或以前报告期间将金融资产进行重分类的，对于每一项重分类，应当披露重分类日、对业务模式变更的具体说明及其对财务报表影响的定性描述，以及该金融资产重分类前后的金额。

企业自上一年度报告日起将以公允价值计量且其变动计入其他综合收益的金融资产重分类为以摊余成本计量的金融资产的，或者将以公允价值计量且其变动计入当期损益的金融资产重分类为其他类别的，应当披露下列信息：

（一）该金融资产在资产负债表日的公允价值；

（二）如果未被重分类，该金融资产原来应在当期损益或其他综合收益中确认的公允价值利得或损失。

企业将以公允价值计量且其变动计入当期损益的金融资产重分类为其他类别的，自重分类日起到终止确认的每一个报告期间内，都应当披露该金融资产在重分类日确定的实际利率和当期已确认的利息收入。

第四十七条 对于所有可执行的总互抵协议或类似协议下的已确认金融工具，以及符合本准则第二十八条抵销条件的已确认金融工具，企业应当在报告期末以表格形式（除非企业有更恰当的披露

形式)分别按金融资产和金融负债披露下列定量信息:

(一)已确认金融资产和金融负债的总额。

(二)按本准则规定抵销的金额。

(三)在资产负债表中列示的净额。

(四)可执行的总互抵协议或类似协议确定的,未包含在本条(二)中的金额,包括:

1. 不满足本准则抵销条件的已确认金融工具的金额;

2. 与财务担保物(包括现金担保)相关的金额,以在资产负债表中列示的净额扣除本条(四)1后的余额为限。

(五)资产负债表中列示的净额扣除本条(四)后的余额。

企业应当披露本条(四)所述协议中抵销权的条款及其性质等信息,以及不同计量基础的金融工具适用本条时产生的计量差异。

上述信息未在财务报表同一附注中披露的,企业应当提供不同附注之间的交叉索引。

第四十八条 按照本准则第三章分类为权益工具的可回售工具,企业应当披露下列信息:

(一)可回售工具的汇总定量信息;

(二)对于按持有方要求承担的回购或赎回义务,企业的管理目标、政策和程序及其变化;

(三)回购或赎回可回售工具的预期现金流出金额以及确定方法。

第四十九条 企业将本准则第三章规定的特殊金融工具在金融负债和权益工具之间重分类的,应当分别披露重分类前后的公允价值或账面价值,以及重分类的时间和原因。

第五十条 企业应当披露作为负债或或有负债担保物的金融资产的账面价值,以及与该项担保有关的条款和条件。根据《企业会计准则第23号——金融资产转移》第二十六条的规定,企业(转出方)向金融资产转入方提供了非现金担保物(如债务工具或权益工具投资等),转入方按照合同或惯例有权出售该担保物或将其再作为担保物的,企业应当将该非现金担保物在财务报表中单独列报。

第五十一条 企业取得担保物(担保物为金融资产或非金融资产),在担保物所有人未违约时可将该担保物出售或再抵押的,应当披露该担保物的公允价值、企业已出售或再抵押担保物的公允价值,以及承担的返还义务和使用担保物的条款和条件。

第五十二条 对于按照《企业会计准则第22号——金融工具确认和计量》第十八条的规定分类为以公允价值计量且其变动计入其他综合收益的金融资产,企业应当在财务报表附注中披露其确认的损失准备,但不应在资产负债表中将损失准备作为金融资产账面金额的扣减项目单独列示。

第五十三条 对于企业发行的包含金融负债成分和权益工具成分的复合金融工具,嵌入了价值相互关联的多项衍生工具(如可赎回的可转换债务工具)的,应当披露相关特征。

第五十四条 对于除基于正常信用条款的短期贸易应付款项之外的金融负债,企业应当披露下列信息:

(一)本期发生违约的金融负债的本金、利息、偿债基金、赎回条款的详细情况;

(二)发生违约的金融负债的期末账面价值;

(三)在财务报告批准对外报出前,就违约事项已采取的补救措施、对债务条款的重新议定等情况。

企业本期发生其他违反合同的情况,且债权人有权在发生违约或其他违反合同情况时要求企业提前偿还的,企业应当按上述要求披露。如果在期末前违约或其他违反合同情况已得到补救或已重新议定债务条款,则无需披露。

第三节 利润表中的列示及相关披露

第五十五条 企业应当披露与金融工具有关的下列收入、费用、利得或损失:

(一)以公允价值计量且其变动计入当期损益的金融资产和金融负债所产生的利得或损失。其中,指定为以公允价值计量且其变动计入当期损益的金融资产和金融负债,以及根据《企业会计准则第22号——金融工具确认和计量》第十九条的规定必须分类为以公允价值计量且其变动计入当期损益的金融资产和根据《企业会计准则第 22 号——金融工具确认和计量》第二十一条的规定必须分类为以公允价值计量且其变动计入当期损益的金融负债的净利得或净损失，应当分别披露。

（二）对于指定为以公允价值计量且其变动计入当期损益的金融负债，企业应当分别披露本期在其他综合收益中确认的和在当期损益中确认的利得或损失。

（三）对于根据《企业会计准则第 22 号——金融工具确认和计量》第十八条的规定分类为以公允价值计量且其变动计入其他综合收益的金融资产，企业应当分别披露当期在其他综合收益中确认的以及当期终止确认时从其他综合收益转入当期损益的利得或损失。

（四）对于根据《企业会计准则第 22 号——金融工具确认和计量》第十九条的规定指定为以公允价值计量且其变动计入其他综合收益的非交易性权益工具投资，企业应当分别披露在其他综合收益中确认的利得和损失以及在当期损益中确认的股利收入。

（五）除以公允价值计量且其变动计入当期损益的金融资产或金融负债外，按实际利率法计算的金融资产或金融负债产生的利息收入或利息费用总额，以及在确定实际利率时未予包括并直接计入当期损益的手续费收入或支出。

（六）企业通过信托和其他托管活动代他人持有资产或进行投资而形成的，直接计入当期损益的手续费收入或支出。

第五十六条 企业应当分别披露以摊余成本计量的金融资产终止确认时在利润表中确认的利得和损失金额及其相关分析，包括终止确认金融资产的原因。

第四节 套期会计相关披露

第五十七条 企业应当披露与套期会计有关的下列信息：
（一）企业的风险管理策略以及如何应用该策略来管理风险；
（二）企业的套期活动可能对其未来现金流量金额、时间和不确定性的影响；
（三）套期会计对企业的资产负债表、利润表及所有者权益变动表的影响。

企业在披露套期会计相关信息时，应当合理确定披露的详细程度、披露的重点、恰当的汇总或分解水平，以及财务报表使用者是否需要额外的说明以评估企业披露的定量信息。企业按照本准则要求所确定的信息披露汇总或分解水平应当和《企业会计准则第 39 号——公允价值计量》的披露要求所使用的汇总或分解水平相同。

第五十八条 企业应当披露其进行套期和运用套期会计的各类风险的风险敞口的风险管理策略相关信息，从而有助于财务报表使用者评价：每类风险是如何产生的、企业是如何管理各类风险的（包括企业是对某一项目整体的所有风险进行套期还是对某一项目的单个或多个风险成分进行套期及其理由），以及企业管理风险敞口的程度。与风险管理策略相关的信息应当包括：
（一）企业指定的套期工具；
（二）企业如何运用套期工具对被套期项目的特定风险敞口进行套期；
（三）企业如何确定被套期项目与套期工具的经济关系以评估套期有效性；
（四）套期比率的确定方法；
（五）套期无效部分的来源。

第五十九条 企业将某一特定的风险成分指定为被套期项目的，除应当披露本准则第五十八条规定的相关信息外，还应当披露下列定性或定量信息：
（一）企业如何确定该风险成分，包括风险成分与项目整体之间关系性质的说明；
（二）风险成分与项目整体的关联程度（例如，被指定的风险成分以往平均涵盖项目整体公允价值变动的百分比）。

第六十条 企业应当按照风险类型披露相关定量信息，从而有助于财务报表使用者评价套期工具的条款和条件及这些条款和条件如何影响企业未来现金流量的金额、时间和不确定性。这些要求披露的明细信息应当包括：
（一）套期工具名义金额的时间分布；

（二）套期工具的平均价格或利率（如适用）。

第六十一条 在因套期工具和被套期项目频繁变更而导致企业频繁地重设（即终止及重新开始）套期关系的情况下，企业无须披露本准则第六十条规定的信息，但应当披露下列信息：

（一）企业基本风险管理策略与该套期关系相关的信息；

（二）企业如何通过运用套期会计以及指定特定的套期关系来反映其风险管理策略；

（三）企业重设套期关系的频率。

在因套期工具和被套期项目频繁变更而导致企业频繁地重设套期关系的情况下，如果资产负债表日的套期关系数量并不代表本期内的正常数量，企业应当披露这一情况以及该数量不具代表性的原因。

第六十二条 企业应当按照风险类型披露在套期关系存续期内预期将影响套期关系的套期无效部分的来源，如果在套期关系中出现导致套期无效部分的其他来源，也应当按照风险类型披露相关来源及导致套期无效的原因。

第六十三条 企业应当披露已运用套期会计但预计不再发生的预期交易的现金流量套期。

第六十四条 对于公允价值套期，企业应当以表格形式、按风险类型分别披露与被套期项目相关的下列金额：

（一）在资产负债表中确认的被套期项目的账面价值，其中资产和负债应当分别单独列示；

（二）资产负债表中已确认的被套期项目的账面价值、针对被套期项目的公允价值套期调整的累计金额，其中资产和负债应当分别单独列示；

（三）包含被套期项目的资产负债表列示项目；

（四）本期用作确认套期无效部分基础的被套期项目价值变动；

（五）被套期项目为以摊余成本计量的金融工具的，若已终止针对套期利得和损失进行调整，则应披露在资产负债表中保留的公允价值套期调整的累计金额。

第六十五条 对于现金流量套期和境外经营净投资套期，企业应当以表格形式、按风险类型分别披露与被套期项目相关的下列金额：

（一）本期用作确认套期无效部分基础的被套期项目价值变动；

（二）根据《企业会计准则第24号——套期会计》第二十四条的规定继续按照套期会计处理的现金流量套期储备的余额；

（三）根据《企业会计准则第24号——套期会计》第二十七条的规定继续按照套期会计处理的境外经营净投资套期计入其他综合收益的余额；

（四）套期会计不再适用的套期关系所导致的现金流量套期储备和境外经营净投资套期中计入其他综合收益的利得和损失的余额。

第六十六条 对于每类套期类型，企业应当以表格形式、按风险类型分别披露与套期工具相关的下列金额：

（一）套期工具的账面价值，其中金融资产和金融负债应当分别单独列示；

（二）包含套期工具的资产负债表列示项目；

（三）本期用作确认套期无效部分基础的套期工具的公允价值变动；

（四）套期工具的名义金额或数量。

第六十七条 对于公允价值套期，企业应当以表格形式、按风险类型分别披露与套期工具相关的下列金额：

（一）计入当期损益的套期无效部分；

（二）计入其他综合收益的套期无效部分；

（三）包含已确认的套期无效部分的利润表列示项目。

第六十八条 对于现金流量套期和境外经营净投资套期，企业应当以表格形式、按风险类型分别披露与套期工具相关的下列金额：

（一）当期计入其他综合收益的套期利得或损失；

（二）计入当期损益的套期无效部分；

（三）包含已确认的套期无效部分的利润表列示项目；

（四）从现金流量套期储备或境外经营净投资套期计入其他综合收益的利得和损失重分类至当期损益的金额，并应区分之前已运用套期会计但因被套期项目的未来现金流量预计不再发生而转出的金额和因被套期项目影响当期损益而转出的金额；

（五）包含重分类调整的利润表列示项目；

（六）对于风险净敞口套期，计入利润表中单列项目的套期利得或损失。

第六十九条 企业按照《企业会计准则第 30 号——财务报表列报》的规定在提供所有者权益各组成部分的调节情况以及其他综合收益的分析时，应当按照风险类型披露下列信息：

（一）分别披露按照本准则第六十八条（一）和（四）的规定披露的金额；

（二）分别披露按照《企业会计准则第 24 号——套期会计》第二十五条（一）和（三）的规定处理的现金流量套期储备的金额；

（三）分别披露对与交易相关的被套期项目进行套期的期权时间价值所涉及的金额，以及对与时间段相关的被套期项目进行套期的期权时间价值所涉及的金额；

（四）分别披露对与交易相关的被套期项目进行套期的远期合同的远期要素和金融工具的外汇基差所涉及的金额，以及对与时间段相关的被套期项目进行套期的远期合同的远期要素和金融工具的外汇基差所涉及的金额。

第七十条 企业因使用信用衍生工具管理金融工具的信用风险敞口而将金融工具（或其一定比例）指定为以公允价值计量且其变动计入当期损益的，应当披露下列信息：

（一）对于用于管理根据《企业会计准则第 24 号——套期会计》第三十四条的规定被指定为以公允价值计量且其变动计入当期损益的金融工具信用风险敞口的信用衍生工具，每一项名义金额与当期期初和期末公允价值的调节表；

（二）根据《企业会计准则第 24 号——套期会计》第三十四条的规定将金融工具（或其一定比例）指定为以公允价值计量且其变动计入当期损益时，在损益中确认的利得或损失；

（三）当企业根据《企业会计准则第 24 号——套期会计》第三十五条的规定对该金融工具（或其一定比例）终止以公允价值计量且其变动计入当期损益时，作为其新账面价值的该金融工具的公允价值和相关的名义金额或本金金额，企业在后续期间无须继续披露这一信息，除非根据《企业会计准则第 30 号——财务报表列报》的规定需要提供比较信息。

第五节 公允价值披露

第七十一条 除了本准则第七十三条规定情况外，企业应当披露每一类金融资产和金融负债的公允价值，并与账面价值进行比较。对于在资产负债表中相互抵销的金融资产和金融负债，其公允价值应当以抵销后的金额披露。

第七十二条 金融资产或金融负债初始确认的公允价值与交易价格存在差异时，如果其公允价值并非基于相同资产或负债在活跃市场中的报价确定的，也非基于仅使用可观察市场数据的估值技术确定的，企业在初始确认金融资产或金融负债时不应确认利得或损失。在此情况下，企业应当按金融资产或金融负债的类型披露下列信息：

（一）企业在损益中确认交易价格与初始确认的公允价值之间差额时所采用的会计政策，以反映市场参与者对资产或负债进行定价时所考虑的因素（包括时间因素）的变动；

（二）该项差异期初和期末尚未在损益中确认的总额和本期变动额的调节表；

（三）企业如何认定交易价格并非公允价值的最佳证据，以及确定公允价值的证据。

第七十三条 企业可以不披露下列金融资产或金融负债的公允价值信息：

（一）账面价值与公允价值差异很小的金融资产或金融负债（如短期应收账款或应付账款）；

（二）包含相机分红特征且其公允价值无法可靠计量的合同；

（三）租赁负债。

第七十四条 在本准则第七十三条（二）所述的情况下，企业应当披露下列信息：

（一）对金融工具的描述及其账面价值，以及因公允价值无法可靠计量而未披露其公允价值的事实和说明；

（二）金融工具的相关市场信息；

（三）企业是否有意图处置以及如何处置这些金融工具；

（四）之前公允价值无法可靠计量的金融工具终止确认的，应当披露终止确认的事实，终止确认时该金融工具的账面价值和所确认的利得或损失金额。

第七章 与金融工具相关的风险披露

第一节 定性和定量信息

第七十五条 企业应当披露与各类金融工具风险相关的定性和定量信息，以便财务报表使用者评估报告期末金融工具产生的风险的性质和程度，更好地评价企业所面临的风险敞口。相关风险包括信用风险、流动性风险、市场风险等。

第七十六条 对金融工具产生的各类风险，企业应当披露下列定性信息：

（一）风险敞口及其形成原因，以及在本期发生的变化；

（二）风险管理目标、政策和程序以及计量风险的方法及其在本期发生的变化。

第七十七条 对金融工具产生的各类风险，企业应当按类别披露下列定量信息：

（一）期末风险敞口的汇总数据。该数据应当以向内部关键管理人员提供的相关信息为基础。企业运用多种方法管理风险的，披露的信息应当以最相关和可靠的方法为基础。

（二）按照本准则第七十八条至第九十七条披露的信息。

（三）期末风险集中度信息，包括管理层确定风险集中度的说明和参考因素（包括交易对手方、地理区域、货币种类、市场类型等），以及各风险集中度相关的风险敞口金额。

上述期末定量信息不能代表企业本期风险敞口情况的，应当进一步提供相关信息。

第二节 信用风险披露

第七十八条 对于适用《企业会计准则第22号——金融工具确认和计量》金融工具减值规定的各类金融工具和相关合同权利，企业应当按本准则第八十条至第八十七条的规定披露。

对于始终按照相当于整个存续期内预期信用损失的金额计量其减值损失准备的应收款项、合同资产和租赁应收款，在逾期超过30日后对合同现金流量作出修改的，适用本准则第八十五条（一）的规定。

租赁应收款不适用本准则第八十六条（二）的规定。

第七十九条 为使财务报表使用者了解信用风险对未来现金流量的金额、时间和不确定性的影响，企业应当披露与信用风险有关的下列信息：

（一）企业信用风险管理实务的相关信息及其与预期信用损失的确认和计量的关系，包括计量金融工具预期信用损失的方法、假设和信息；

（二）有助于财务报表使用者评价在财务报表中确认的预期信用损失金额的定量和定性信息，包括预期信用损失金额的变动及其原因；

（三）企业的信用风险敞口，包括重大信用风险集中度；

（四）其他有助于财务报表使用者了解信用风险对未来现金流量金额、时间和不确定性的影响的信息。

第八十条 信用风险信息已经在其他报告（例如管理层讨论与分析）中予以披露并与财务报告交叉索引，且财务报告和其他报告可以同时同条件获得的，则信用风险信息无须重复列报。企业应当根据自身实际情况，合理确定相关披露的详细程度、汇总或分解水平以及是否需对所披露的定量信息作补充说明。

第八十一条 企业应当披露与信用风险管理实务有关的下列信息：

（一）企业评估信用风险自初始确认后是否已显著增加的方法，并披露下列信息：

1. 根据《企业会计准则第 22 号——金融资产确认和计量》第五十五条的规定，在资产负债表日只具有较低的信用风险的金融工具及其确定依据（包括适用该情况的金融工具类别）；

2. 逾期超过 30 日，而信用风险自初始确认后未被认定为显著增加的金融资产及其确定依据。

（二）企业对违约的界定及其原因。

（三）以组合为基础评估预期信用风险的金融工具的组合方法。

（四）确定金融资产已发生信用减值的依据。

（五）企业直接减记金融工具的政策，包括没有合理预期金融资产可以收回的迹象和已经直接减记但仍受执行活动影响的金融资产相关政策的信息。

（六）根据《企业会计准则第 22 号——金融工具确认和计量》第五十六条的规定评估合同现金流量修改后金融资产的信用风险的，企业应当披露其信用风险的评估方法以及下列信息：

1. 对于损失准备相当于整个存续期预期信用损失的金融资产，在发生合同现金流修改时，评估信用风险是否已下降，从而企业可以按照相当于该金融资产未来 12 个月内预期信用损失的金额确认计量其损失准备；

2. 对于符合本条（六）1 中所述的金融资产，企业应当披露其如何监控后续该金融资产的信用风险是否显著增加，从而按照相当于整个存续期预期信用损失的金额重新计量损失准备。

第八十二条　企业应当披露《企业会计准则第 22 号——金融工具确认和计量》第八章有关金融工具减值所采用的输入值、假设和估值技术等相关信息，具体包括：

（一）用于确定下列各事项或数据的输入值、假设和估计技术：

1. 未来 12 个月内预期信用损失和整个存续期的预期信用损失的计量；

2. 金融工具的信用风险自初始确认后是否已显著增加；

3. 金融资产是否已发生信用减值。

（二）确定预期信用损失时如何考虑前瞻性信息，包括宏观经济信息的使用。

（三）报告期估计技术或重大假设的变更及其原因。

第八十三条　企业应当以表格形式按金融工具的类别编制损失准备期初余额与期末余额的调节表，分别说明下列项目的变动情况：

（一）按相当于未来 12 个月预期信用损失的金额计量的损失准备。

（二）按相当于整个存续期预期信用损失的金额计量的下列各项的损失准备：

1. 自初始确认后信用风险已显著增加但并未发生信用减值的金融工具；

2. 对于资产负债表日已发生信用减值但并非购买或源生的已发生信用减值的金融资产；

3. 根据《企业会计准则第 22 号——金融工具确认和计量》第六十三条的规定计量减值损失准备的应收账款、合同资产和租赁应收款。

（三）购买或源生的已发生信用减值的金融资产的变动。除调节表外，企业还应当披露本期初始确认的该类金融资产在初始确认时未折现的预期信用损失总额。

第八十四条　为有助于财务报表使用者了解企业按照本准则第八十三条规定披露的损失准备变动信息，企业应当对本期发生损失准备变动的金融工具账面余额显著变动情况作出说明，这些说明信息应当包括定性和定量信息，并应当对按照本准则第八十三条规定披露损失准备的各项目分别单独披露，具体可包括下列情况下发生损失准备变动的金融工具账面余额显著变动信息：

（一）本期因购买或源生的金融工具所导致的变动。

（二）未导致终止确认的金融资产的合同现金流量修改所导致的变动。

（三）本期终止确认的金融工具（包括直接减记的金融工具）所导致的变动。

对于当期已直接减记但仍受执行活动影响的金融资产，还应当披露尚未结算的合同金额。

（四）因按照相当于未来 12 个月预期信用损失或整个存续期内预期信用损失金额计量损失准备而导致的金融工具账面余额变动信息。

第八十五条 为有助于财务报表使用者了解未导致终止确认的金融资产合同现金流量修改的性质和影响,及其对预期信用损失计量的影响,企业应当披露下列信息:

(一)企业在本期修改了金融资产合同现金流量,且修改前损失准备是按相当于整个存续期预期信用损失金额计量的,应当披露修改或重新议定合同前的摊余成本及修改合同现金流量的净利得或净损失;

(二)对于之前按照相当于整个存续期内预期信用损失的金额计量了损失准备的金融资产,而当期按照相当于未来12个月内预期信用损失的金额计量该金融资产的损失准备的,应当披露该金融资产在资产负债表日的账面余额。

第八十六条 为有助于财务报表使用者了解担保物或其他信用增级对源自预期信用损失的金额的影响,企业应当按照金融工具的类别披露下列信息:

(一)在不考虑可利用的担保物或其他信用增级的情况下,企业在资产负债表日的最大信用风险敞口。

(二)作为抵押持有的担保物和其他信用增级的描述,包括:

1. 所持有担保物的性质和质量的描述;
2. 本期由于信用恶化或企业担保政策变更,导致担保物或信用增级的质量发生显著变化的说明;
3. 由于存在担保物而未确认损失准备的金融工具的信息。

(三)企业在资产负债表日持有的担保物和其他信用增级为已发生信用减值的金融资产作抵押的定量信息(例如对担保物和其他信用增级降低信用风险程度的量化信息)。

第八十七条 为有助于财务报表使用者评估企业的信用风险敞口并了解其重大信用风险集中度,企业应当按照信用风险等级披露相关金融资产的账面余额以及贷款承诺和财务担保合同的信用风险敞口。这些信息应当按照下列各类金融工具分别披露:

(一)按相当于未来12个月预期信用损失的金额计量损失准备的金融工具。

(二)按相当于整个存续期预期信用损失的金额计量损失准备的下列金融工具:

1. 自初始确认后信用风险已显著增加的金融工具(但并非已发生信用减值的金融资产);
2. 在资产负债表日已发生信用减值但并非所购买或源生的已发生信用减值的金融资产;
3. 根据《企业会计准则第22号——金融工具确认和计量》第六十三条规定计量减值损失准备的应收账款、合同资产或者租赁应收款。

(三)购买或源生的已发生信用减值的金融资产。

信用风险等级是指基于金融工具发生违约的风险对信用风险划分的等级。

第八十八条 对于属于本准则范围,但不适用《企业会计准则第22号——金融工具确认和计量》金融工具减值规定的各类金融工具,企业应当披露与每类金融工具信用风险有关的下列信息:

(一)在不考虑可利用的担保物或其他信用增级的情况下,企业在资产负债表日的最大信用风险敞口。金融工具的账面价值能代表最大信用风险敞口的,不再要求披露此项信息。

(二)无论是否适用本条(一)中的披露要求,企业都应当披露可利用担保物或其他信用增级的信息及其对最大信用风险敞口的财务影响。

第八十九条 企业本期通过取得担保物或其他信用增级所确认的金融资产或非金融资产,应当披露下列信息:

(一)所确认资产的性质和账面价值;

(二)对于不易变现的资产,应当披露处置或拟将其用于日常经营的政策等。

第三节 流动性风险披露

第九十条 企业应当披露金融负债按剩余到期期限进行的到期期限分析,以及管理这些金融负债流动性风险的方法:

(一)对于非衍生金融负债(包括财务担保合同),到期期限分析应当基于合同剩余到期期限。对于包含嵌入衍生工具的混合金融工具,应当将其整体视为非衍生金融负债进行披露。

（二）对于衍生金融负债，如果合同到期期限是理解现金流量时间分布的关键因素，到期期限分析应当基于合同剩余到期期限。

当企业将所持有的金融资产作为流动性风险管理的一部分，且披露金融资产的到期期限分析使财务报表使用者能够恰当地评估企业流动性风险的性质和范围时，企业应当披露金融资产的到期期限分析。

流动性风险，是指企业在履行以交付现金或其他金融资产的方式结算的义务时发生资金短缺的风险。

第九十一条 企业在披露到期期限分析时，应当运用职业判断确定适当的时间段。列入各时间段内按照本准则第九十条的规定披露的金额，应当是未经折现的合同现金流量。

企业可以但不限于按下列时间段进行到期期限分析：

（一）一个月以内（含一个月，下同）；

（二）一个月至三个月以内；

（三）三个月至一年以内；

（四）一年至五年以内；

（五）五年以上。

第九十二条 债权人可以选择收回债权时间的，债务人应当将相应的金融负债列入债权人可以要求收回债权的最早时间段内。

债务人应付债务金额不固定的，应当根据资产负债表日的情况确定到期期限分析所披露的金额。如分期付款的，债务人应当把每期将支付的款项列入相应的最早时间段内。

财务担保合同形成的金融负债，担保人应当将最大担保金额列入相关方可以要求支付的最早时间段内。

第九十三条 企业应当披露流动性风险敞口汇总定量信息的确定方法。此类汇总定量信息中的现金（或另一项金融资产）流出符合下列条件之一的，应当说明相关事实，并提供有助于评价该风险程度的额外定量信息：

（一）该现金的流出可能显著早于汇总定量信息中所列示的时间。

（二）该现金的流出可能与汇总定量信息中所列示的金额存在重大差异。

如果以上信息已包括在本准则第九十条规定的到期期限分析中，则无须披露上述额外定量信息。

第四节 市场风险披露

第九十四条 金融工具的市场风险，是指金融工具的公允价值或未来现金流量因市场价格变动而发生波动的风险，包括汇率风险、利率风险和其他价格风险。

汇率风险，是指金融工具的公允价值或未来现金流量因外汇汇率变动而发生波动的风险。汇率风险可源于以记账本位币之外的外币进行计价的金融工具。

利率风险，是指金融工具的公允价值或未来现金流量因市场利率变动而发生波动的风险。利率风险可源于已确认的计息金融工具和未确认的金融工具（如某些贷款承诺）。

其他价格风险，是指金融工具的公允价值或未来现金流量因汇率风险和利率风险以外的市场价格变动而发生波动的风险，无论这些变动是由于与单项金融工具或其发行方有关的因素而引起的，还是由于与市场内交易的所有类似金融工具有关的因素而引起的。其他价格风险可源于商品价格或权益工具价格等的变化。

第九十五条 在对市场风险进行敏感性分析时，应当以整个企业为基础，披露下列信息：

（一）资产负债表日所面临的各类市场风险的敏感性分析。该项披露应当反映资产负债表日相关风险变量发生合理、可能的变动时，将对企业损益和所有者权益产生的影响。

对具有重大汇率风险敞口的每一种货币，应当分币种进行敏感性分析。

（二）本期敏感性分析所使用的方法和假设，以及本期发生的变化和原因。

第九十六条 企业采用风险价值法或类似方法进行敏感性分析能够反映金融风险变量之间（如利率和汇率之间等）的关联性，且企业已采用该种方法管理金融风险的，可不按照本准则第九十五条的规定进行披露，但应当披露下列信息：

（一）用于该种敏感性分析的方法、选用的主要参数和假设；

（二）所用方法的目的，以及该方法提供的信息在反映相关资产和负债公允价值方面的局限性。

第九十七条 按照本准则第九十五条或第九十六条对敏感性分析的披露不能反映金融工具市场风险的（例如期末的风险敞口不能反映当期的风险状况），企业应当披露这一事实及其原因。

第八章 金融资产转移的披露

第九十八条 企业应当就资产负债表日存在的所有未终止确认的已转移金融资产，以及对已转移金融资产的继续涉入，按本准则要求单独披露。

本章所述的金融资产转移，包括下列两种情形：

（一）企业将收取金融资产现金流量的合同权利转移给另一方。

（二）企业保留了收取金融资产现金流量的合同权利，但承担了将收取的现金流量支付给一个或多个最终收款方的合同义务。

第九十九条 企业对于金融资产转移所披露的信息，应当有助于财务报表使用者了解未整体终止确认的已转移金融资产与相关负债之间的关系，评价企业继续涉入已终止确认金融资产的性质和相关风险。

企业按照本准则第一百零一条和第一百零二条所披露信息不能满足本条前款要求的，应当披露其他补充信息。

第一百条 本章所述的继续涉入，是指企业保留了已转移金融资产中内在的合同权利或义务，或者取得了与已转移金融资产相关的新合同权利或义务。转出方与转入方签订的转让协议或与第三方单独签订的与转让相关的协议，都有可能形成对已转移金融资产的继续涉入。如果企业对已转移金融资产的未来业绩不享有任何利益，也不承担与已转移金融资产相关的任何未来支付义务，则不形成继续涉入。下列情形不形成继续涉入：

（一）与转移的真实性以及合理、诚信和公平交易等原则有关的常规声明和保证，这些声明和保证可能因法律行为导致转移无效。

（二）以公允价值回购已转移金融资产的远期、期权和其他合同。

（三）使企业保留了收取金融资产现金流量的合同权利但承担了将收取的现金流量支付给一个或多个最终收款方的合同义务的安排，且这类安排满足《企业会计准则第23号——金融资产转移》第六条（二）中的三个条件。

第一百零一条 对于已转移但未整体终止确认的金融资产，企业应当按照类别披露下列信息：

（一）已转移金融资产的性质；

（二）仍保留的与所有权有关的风险和报酬的性质；

（三）已转移金融资产与相关负债之间关系的性质，包括因转移引起的对企业使用已转移金融资产的限制；

（四）在转移金融资产形成的相关负债的交易对手方仅对已转移金融资产有追索权的情况下，应当以表格形式披露所转移金融资产和相关负债的公允价值以及净头寸，即已转移金融资产和相关负债公允价值之间的差额；

（五）继续确认已转移金融资产整体的，披露已转移金融资产和相关负债的账面价值；

（六）按继续涉入程度确认所转移金融资产的，披露转移前该金融资产整体的账面价值、按继续涉入程度确认的资产和相关负债的账面价值。

第一百零二条 对于已整体终止确认但转出方继续涉入已转移金融资产的，企业应当至少按照类别披露下列信息：

（一）因继续涉入确认的资产和负债的账面价值和公允价值，以及在资产负债表中对应的项目。

（二）因继续涉入导致企业发生损失的最大风险敞口及确定方法。

（三）应当或可能回购已终止确认的金融资产需要支付的未折现现金流量（如期权协议中的行权价格）或其他应向转入方支付的款项，以及对这些现金流量或款项的到期期限分析。如果到期期限可能为一个区间，应当以企业必须或可能支付的最早日期为依据归入相应的时间段。到期期限分析应当分别反映企业应当支付的现金流量（如远期合同）、企业可能支付的现金流量（如签出看跌期权）以及企业可选择支付的现金流量（如购入看涨期权）。在现金流量不固定的情形下，上述金额应当基于每个资产负债表日的情况披露。

（四）对本条（一）至（三）定量信息的解释性说明，包括对已转移金融资产、继续涉入的性质和目的，以及企业所面临风险的描述等。其中，对企业所面临风险的描述包括下列各项：

1. 企业对继续涉入已终止确认金融资产的风险进行管理的方法；
2. 企业是否应先于其他方承担有关损失，以及先于本企业承担损失的其他方应承担损失的顺序及金额；
3. 企业向已转移金融资产提供财务支持或回购该金融资产的义务的触发条件。

（五）金融资产转移日确认的利得或损失，以及因继续涉入已终止确认金融资产当期和累计确认的收益或费用（如衍生工具的公允价值变动）。

（六）终止确认产生的收款总额在本期分布不均衡的（例如大部分转移金额在临近报告期末发生），企业应当披露本期最大转移活动发生的时间段、该段期间所确认的金额（如相关利得或损失）和收款总额。

企业在披露本条所规定的信息时，应当按照其继续涉入面临的风险敞口类型分类汇总披露。例如，可按金融工具类别（如附担保或看涨期权继续涉入方式）或转让类型（如应收账款保理、证券化和融券）分类汇总披露。企业对某项终止确认的金融资产存在多种继续涉入方式的，可按其中一类汇总披露。

第一百零三条 企业按照本准则第一百条的规定确定是否继续涉入已转移金融资产时，应当以自身财务报告为基础进行考虑。

第九章 衔接规定

第一百零四条 自本准则施行日起，企业应当按照本准则的要求列报金融工具相关信息。企业比较财务报表列报的信息与本准则要求不一致的，不需要按照本准则的要求进行调整。

第十章 附 则

第一百零五条 本准则自 2018 年 1 月 1 日起施行。

企业会计准则第 39 号——公允价值计量

（2014 年 1 月 26 日 财政部 财会〔2014〕6 号）

第一章 总 则

第一条 为了规范公允价值的计量和披露，根据《企业会计准则——基本准则》，制定本准则。

第二条 公允价值，是指市场参与者在计量日发生的有序交易中，出售一项资产所能收到或者转移一项负债所需支付的价格。

第三条 本准则适用于其他相关会计准则要求或者允许采用公允价值进行计量或披露的情形，本准则第四条和第五条所列情形除外。

第四条 下列各项的计量和披露适用其他相关会计准则：

（一）与公允价值类似的其他计量属性的计量和披露，如《企业会计准则第1号——存货》规范的可变现净值、《企业会计准则第8号——资产减值》规范的预计未来现金流量现值，分别适用《企业会计准则第1号——存货》和《企业会计准则第8号——资产减值》。

（二）股份支付业务相关的计量和披露，适用《企业会计准则第11号——股份支付》。

（三）租赁业务相关的计量和披露，适用《企业会计准则第21号——租赁》。

第五条 下列各项的披露适用其他相关会计准则：

（一）以公允价值减去处置费用后的净额确定可收回金额的资产的披露，适用《企业会计准则第8号——资产减值》。

（二）以公允价值计量的职工离职后福利计划资产的披露，适用《企业会计准则第9号——职工薪酬》。

（三）以公允价值计量的企业年金基金投资的披露，适用《企业会计准则第10号——企业年金基金》。

第二章 相关资产或负债

第六条 企业以公允价值计量相关资产或负债，应当考虑该资产或负债的特征。

相关资产或负债的特征，是指市场参与者在计量日对该资产或负债进行定价时考虑的特征，包括资产状况及所在位置、对资产出售或者使用的限制等。

第七条 以公允价值计量的相关资产或负债可以是单项资产或负债（如一项金融工具、一项非金融资产等），也可以是资产组合、负债组合或者资产和负债的组合（如《企业会计准则第8号——资产减值》规范的资产组、《企业会计准则第20号——企业合并》规范的业务等）。企业是以单项还是以组合的方式对相关资产或负债进行公允价值计量，取决于该资产或负债的计量单元。

计量单元，是指相关资产或负债以单独或者组合方式进行计量的最小单位。相关资产或负债的计量单元应当由要求或者允许以公允价值计量的其他相关会计准则规定，但本准则第十章规范的市场风险或信用风险可抵销的金融资产和金融负债的公允价值计量除外。

第三章 有序交易和市场

第八条 企业以公允价值计量相关资产或负债，应当假定市场参与者在计量日出售资产或者转移负债的交易，是在当前市场条件下的有序交易。

有序交易，是指在计量日前一段时期内相关资产或负债具有惯常市场活动的交易。清算等被迫交易不属于有序交易。

第九条 企业以公允价值计量相关资产或负债，应当假定出售资产或者转移负债的有序交易在相关资产或负债的主要市场进行。不存在主要市场的，企业应当假定该交易在相关资产或负债的最有利市场进行。

主要市场，是指相关资产或负债交易量最大和交易活跃程度最高的市场。

最有利市场，是指在考虑交易费用和运输费用后，能够以最高金额出售相关资产或者以最低金额转移相关负债的市场。

交易费用，是指在相关资产或负债的主要市场（或最有利市场）中，发生的可直接归属于资产出售或者负债转移的费用。交易费用是直接由交易引起的、交易所必需的，而且不出售资产或不转移负债就不会发生的费用。

运输费用，是指将资产从当前位置运抵主要市场（或最有利市场）发生的费用。

第十条 企业在识别主要市场（或最有利市场）时，应当考虑所有可合理取得的信息，但没有必要考察所有市场。

通常情况下，企业正常进行资产出售或者负债转移的市场可以视为主要市场（或最有利市场）。

第十一条 主要市场（或最有利市场）应当是企业在计量日能够进入的交易市场，但不要求企业于计量日在该市场上实际出售资产或者转移负债。

由于不同企业可以进入的市场不同，对于不同企业，相同资产或负债可能具有不同的主要市场（或最有利市场）。

第十二条 企业应当以主要市场的价格计量相关资产或负债的公允价值。不存在主要市场的，企业应当以最有利市场的价格计量相关资产或负债的公允价值。

企业不应当因交易费用对该价格进行调整。交易费用不属于相关资产或负债的特征，只与特定交易有关。交易费用不包括运输费用。

相关资产所在的位置是该资产的特征，发生的运输费用能够使该资产从当前位置转移到主要市场（或最有利市场）的，企业应当根据使该资产从当前位置转移到主要市场（或最有利市场）的运输费用调整主要市场（或最有利市场）的价格。

第十三条 当计量日不存在能够提供出售资产或者转移负债的相关价格信息的可观察市场时，企业应当从持有资产或者承担负债的市场参与者角度，假定计量日发生了出售资产或者转移负债的交易，并以该假定交易的价格为基础计量相关资产或负债的公允价值。

第四章　市场参与者

第十四条 企业以公允价值计量相关资产或负债，应当采用市场参与者在对该资产或负债定价时为实现其经济利益最大化所使用的假设。

市场参与者，是指在相关资产或负债的主要市场（或最有利市场）中，同时具备下列特征的买方和卖方：

（一）市场参与者应当相互独立，不存在《企业会计准则第36号——关联方披露》所述的关联方关系；

（二）市场参与者应当熟悉情况，能够根据可取得的信息对相关资产或负债以及交易具备合理认知；

（三）市场参与者应当有能力并自愿进行相关资产或负债的交易。

第十五条 企业在确定市场参与者时，应当考虑所计量的相关资产或负债、该资产或负债的主要市场（或最有利市场）以及在该市场上与企业进行交易的市场参与者等因素，从总体上识别市场参与者。

第五章　公允价值初始计量

第十六条 企业应当根据交易性质和相关资产或负债的特征等，判断初始确认时的公允价值是否与其交易价格相等。

在企业取得资产或者承担负债的交易中，交易价格是取得该项资产所支付或者承担该项负债所收到的价格（即进入价格）。公允价值是出售该项资产所能收到或者转移该项负债所需支付的价格（即脱手价格）。相关资产或负债在初始确认时的公允价值通常与其交易价格相等，但在下列情况中两者可能不相等：

（一）交易发生在关联方之间。但企业有证据表明该关联方交易是在市场条件下进行的除外。

（二）交易是被迫的。

（三）交易价格所代表的计量单元与按照本准则第七条确定的计量单元不同。

（四）交易市场不是相关资产或负债的主要市场（或最有利市场）。

第十七条 其他相关会计准则要求或者允许企业以公允价值对相关资产或负债进行初始计量，且其交易价格与公允价值不相等的，企业应当将相关利得或损失计入当期损益，但其他相关会计准则另有规定的除外。

第六章　估值技术

第十八条 企业以公允价值计量相关资产或负债，应当采用在当前情况下适用并且有足够可利用数据和其他信息支持的估值技术。企业使用估值技术的目的，是为了估计在计量日当前市场条件下，市场参与者在有序交易中出售一项资产或者转移一项负债的价格。

企业以公允价值计量相关资产或负债，使用的估值技术主要包括市场法、收益法和成本法。企业应当使用与其中一种或多种估值技术相一致的方法计量公允价值。企业使用多种估值技术计量公允价值的，应当考虑各估值结果的合理性，选取在当前情况下最能代表公允价值的金额作为公允价值。

市场法，是利用相同或类似的资产、负债或资产和负债组合的价格以及其他相关市场交易信息进行估值的技术。

收益法，是将未来金额转换成单一现值的估值技术。

成本法，是反映当前要求重置相关资产服务能力所需金额（通常指现行重置成本）的估值技术。

第十九条 企业在估值技术的应用中，应当优先使用相关可观察输入值，只有在相关可观察输入值无法取得或取得不切实可行的情况下，才可以使用不可观察输入值。

输入值，是指市场参与者在给相关资产或负债定价时所使用的假设，包括可观察输入值和不可观察输入值。

可观察输入值，是指能够从市场数据中取得的输入值。该输入值反映了市场参与者在对相关资产或负债定价时所使用的假设。

不可观察输入值，是指不能从市场数据中取得的输入值。该输入值应当根据可获得的市场参与者在对相关资产或负债定价时所使用假设的最佳信息确定。

第二十条 企业以交易价格作为初始确认时的公允价值，且在公允价值后续计量中使用了涉及不可观察输入值的估值技术的，应当在估值过程中校正该估值技术，以使估值技术确定的初始确认结果与交易价格相等。

企业在公允价值后续计量中使用估值技术的，尤其是涉及不可观察输入值的，应当确保该估值技术反映了计量日可观察的市场数据，如类似资产或负债的价格等。

第二十一条 公允价值计量使用的估值技术一经确定，不得随意变更，但变更估值技术或其应用能使计量结果在当前情况下同样或者更能代表公允价值的情况除外，包括但不限于下列情况：

（一）出现新的市场。

（二）可以取得新的信息。

（三）无法再取得以前使用的信息。

（四）改进了估值技术。

（五）市场状况发生变化。

企业变更估值技术或其应用的，应当按照《企业会计准则第28号——会计政策、会计估计变更和差错更正》的规定作为会计估计变更，并根据本准则的披露要求对估值技术及其应用的变更进行披露，而不需要按照《企业会计准则第28号——会计政策、会计估计变更和差错更正》的规定对相关会计估计变更进行披露。

第二十二条 企业采用估值技术计量公允价值时，应当选择与市场参与者在相关资产或负债的交易中所考虑的资产或负债特征相一致的输入值，包括流动性折溢价、控制权溢价或少数股东权益折价等，但不包括与本准则第七条规定的计量单元不一致的折溢价。

企业不应当考虑因其大量持有相关资产或负债所产生的折价或溢价。该折价或溢价反映了市场正常日交易量低于企业在当前市场出售或转让其持有的相关资产或负债数量时，市场参与者对该资产或负债报价的调整。

第二十三条 以公允价值计量的相关资产或负债存在出价和要价的，企业应当以在出价和要价之间最能代表当前情况下公允价值的价格确定该资产或负债的公允价值。企业可以使用出价计量资产头寸、使用要价计量负债头寸。

本准则不限制企业使用市场参与者在实务中使用的在出价和要价之间的中间价或其他定价惯例计量相关资产或负债。

第七章 公允价值层次

第二十四条 企业应当将公允价值计量所使用的输入值划分为三个层次，并首先使用第一层次输入值，其次使用第二层次输入值，最后使用第三层次输入值。

第一层次输入值是在计量日能够取得的相同资产或负债在活跃市场上未经调整的报价。活跃市场，是指相关资产或负债的交易量和交易频率足以持续提供定价信息的市场。

第二层次输入值是除第一层次输入值外相关资产或负债直接或间接可观察的输入值。

第三层次输入值是相关资产或负债的不可观察输入值。

公允价值计量结果所属的层次，由对公允价值计量整体而言具有重要意义的输入值所属的最低层次决定。企业应当在考虑相关资产或负债特征的基础上判断所使用的输入值是否重要。公允价值计量结果所属的层次，取决于估值技术的输入值，而不是估值技术本身。

第二十五条 第一层次输入值为公允价值提供了最可靠的证据。在所有情况下，企业只要能够获得相同资产或负债在活跃市场上的报价，就应当将该报价不加调整地应用于该资产或负债的公允价值计量，但下列情况除外：

（一）企业持有大量类似但不相同的以公允价值计量的资产或负债，这些资产或负债存在活跃市场报价，但难以获得每项资产或负债在计量日单独的定价信息。在这种情况下，企业可以采用不单纯依赖报价的其他估值模型。

（二）活跃市场报价未能代表计量日的公允价值，如因发生影响公允价值计量的重大事件等导致活跃市场的报价未能代表计量日的公允价值。

（三）本准则第三十四条（二）所述情况。

企业因上述情况对相同资产或负债在活跃市场上的报价进行调整的，公允价值计量结果应当划分为较低层次。

第二十六条 企业在使用第二层次输入值对相关资产或负债进行公允价值计量时，应当根据该资产或负债的特征，对第二层次输入值进行调整。这些特征包括资产状况或所在位置、输入值与类似资产或负债的相关程度（包括本准则第三十四条（二）规定的因素）、可观察输入值所在市场的交易量和活跃程度等。

对于具有合同期限等具体期限的相关资产或负债，第二层次输入值应当在几乎整个期限内是可观察的。

第二层次输入值包括：

（一）活跃市场中类似资产或负债的报价；

（二）非活跃市场中相同或类似资产或负债的报价；

（三）除报价以外的其他可观察输入值，包括在正常报价间隔期间可观察的利率和收益率曲线、隐含波动率和信用利差等；

（四）市场验证的输入值等。市场验证的输入值，是指通过相关性分析或其他手段获得的主要来源于可观察市场数据或者经过可观察市场数据验证的输入值。

企业使用重要的不可观察输入值对第二层次输入值进行调整，且该调整对公允价值计量整体而言是重要的，公允价值计量结果应当划分为第三层次。

第二十七条 企业只有在相关资产或负债不存在市场活动或者市场活动很少导致相关可观察输入值无法取得或取得不切实可行的情况下，才能使用第三层次输入值，即不可观察输入值。

不可观察输入值应当反映市场参与者对相关资产或负债定价时所使用的假设，包括有关风险的假设，如特定估值技术的固有风险和估值技术输入值的固有风险等。

第二十八条 企业在确定不可观察输入值时，应当使用在当前情况下可合理取得的最佳信息，包括所有可合理取得的市场参与者假设。

企业可以使用内部数据作为不可观察输入值，但如果有证据表明其他市场参与者将使用不同于企业内部数据的其他数据，或者这些企业内部数据是企业特定数据、其他市场参与者不具备企业相关特征时，企业应当对其内部数据作出相应调整。

第八章　非金融资产的公允价值计量

第二十九条　企业以公允价值计量非金融资产，应当考虑市场参与者将该资产用于最佳用途产生经济利益的能力，或者将该资产出售给能够用于最佳用途的其他市场参与者产生经济利益的能力。

最佳用途，是指市场参与者实现一项非金融资产或其所属的资产和负债组合的价值最大化时该非金融资产的用途。

第三十条　企业确定非金融资产的最佳用途，应当考虑法律上是否允许、实物上是否可能以及财务上是否可行等因素：

（一）企业判断非金融资产的用途在法律上是否允许，应当考虑市场参与者在对该资产定价时考虑的资产使用在法律上的限制。

（二）企业判断非金融资产的用途在实物上是否可能，应当考虑市场参与者在对该资产定价时考虑的资产实物特征。

（三）企业判断非金融资产的用途在财务上是否可行，应当考虑在法律上允许且实物上可能的情况下，使用该资产能否产生足够的收益或现金流量，从而在补偿使资产用于该用途所发生的成本后，仍然能够满足市场参与者所要求的投资回报。

第三十一条　企业应当从市场参与者的角度确定非金融资产的最佳用途。

通常情况下，企业对非金融资产的现行用途可以视为最佳用途，除非市场因素或者其他因素表明市场参与者按照其他用途使用该资产可以实现价值最大化。

第三十二条　企业以公允价值计量非金融资产，应当基于最佳用途确定下列估值前提：

（一）市场参与者单独使用一项非金融资产产生最大价值的，该非金融资产的公允价值应当是将其出售给同样单独使用该资产的市场参与者的当前交易价格。

（二）市场参与者将一项非金融资产与其他资产（或者其他资产或负债的组合）组合使用产生最大价值的，该非金融资产的公允价值应当是将其出售给以同样组合方式使用该资产的市场参与者的当前交易价格，并且该市场参与者可以取得组合中的其他资产和负债。其中，负债包括企业为筹集营运资金产生的负债，但不包括企业为组合之外的资产筹集资金所产生的负债。最佳用途的假定应当一致地应用于组合中所有与最佳用途相关的资产。

企业应当从市场参与者的角度判断该资产的最佳用途是单独使用、与其他资产组合使用还是与其他资产和负债组合使用，但在计量非金融资产的公允价值时，应当假定按照本准则第七条确定的计量单元出售该资产。

第九章　负债和企业自身权益工具的公允价值计量

第三十三条　企业以公允价值计量负债，应当假定在计量日将该负债转移给其他市场参与者，而且该负债在转移后继续存在，并由作为受让方的市场参与者履行义务。

企业以公允价值计量自身权益工具，应当假定在计量日将该自身权益工具转移给其他市场参与者，而且该自身权益工具在转移后继续存在，并由作为受让方的市场参与者取得与该工具相关的权利、承担相应的义务。

第三十四条　企业以公允价值计量负债或自身权益工具，应当遵循下列原则：

（一）存在相同或类似负债或企业自身权益工具可观察市场报价的，应当以该报价为基础确定该负债或企业自身权益工具的公允价值。

（二）不存在相同或类似负债或企业自身权益工具可观察市场报价，但其他方将其作为资产持有的，企业应当在计量日从持有该资产的市场参与者角度，以该资产的公允价值为基础确定该负债或自身权益工具的公允价值。

当该资产的某些特征不适用于所计量的负债或企业自身权益工具时，企业应当根据该资产的公允价值进行调整，以调整后的价值确定负债或企业自身权益工具的公允价值。这些特征包括资产出售受到限制、资产与所计量负债或企业自身权益工具类似但不相同、资产的计量单元与负债或企业自身权益工具的计量单元不完全相同等。

（三）不存在相同或类似负债或企业自身权益工具可观察市场报价，并且其他方未将其作为资产持有的，企业应当从承担负债或者发行权益工具的市场参与者角度，采用估值技术确定该负债或企业自身权益工具的公允价值。

第三十五条　企业以公允价值计量负债，应当考虑不履约风险，并假定不履约风险在负债转移前后保持不变。

不履约风险，是指企业不履行义务的风险，包括但不限于企业自身信用风险。

第三十六条　企业以公允价值计量负债或自身权益工具，并且该负债或自身权益工具存在限制转移因素的，如果公允价值计量的输入值中已经考虑了该因素，企业既不应当再单独设置相关输入值，也不应当对其他输入值进行相关调整。

第三十七条　企业以公允价值计量活期存款等具有可随时要求偿还特征的金融负债的，该金融负债的公允价值不应当低于债权人随时要求偿还时的应付金额，即从债权人可要求偿还的第一天起折现的现值。

第十章　市场风险或信用风险可抵销的金融资产和金融负债的公允价值计量

第三十八条　企业以市场风险和信用风险的净敞口为基础管理金融资产和金融负债的，可以以计量日市场参与者在当前市场条件下有序交易中出售净多头（即资产）或者转移净空头（即负债）的价格为基础，计量该金融资产和金融负债组合的公允价值。

市场风险或信用风险可抵销的金融资产或金融负债，应当是由《企业会计准则第22号——金融工具确认和计量》规范的金融资产和金融负债，也包括不符合金融资产或金融负债定义但按照《企业会计准则第22号——金融工具确认和计量》进行会计处理的其他合同。

与市场风险或信用风险可抵销的金融资产和金融负债相关的财务报表列报，应当适用其他相关会计准则。

第三十九条　企业按照本准则第三十八条规定计量金融资产和金融负债组合的公允价值的，应当同时满足下列条件：

（一）企业风险管理或投资策略的正式书面文件已载明，企业以特定市场风险或特定对手信用风险的净敞口为基础，管理金融资产和金融负债的组合；

（二）企业以特定市场风险或特定对手信用风险的净敞口为基础，向企业关键管理人员报告金融资产和金融负债组合的信息；

（三）企业在每个资产负债表日以公允价值计量组合中的金融资产和金融负债。

第四十条　企业按照本准则第三十八条规定计量金融资产和金融负债组合的公允价值的，该金融资产和金融负债面临的特定市场风险及其期限实质上应当相同。

企业按照本准则第三十八条规定计量金融资产和金融负债组合的公允价值的，如果市场参与者将会考虑假定出现违约情况下能够减小信用风险敞口的所有现行安排，企业应当考虑特定对手的信用风险净敞口的影响或特定对手对企业的信用风险净敞口的影响，并预计市场参与者依法强制执行这些安排的可能性。

第四十一条　企业采用本准则第三十八条规定的，应当按照《企业会计准则第28号——会计政策、会计估计变更和差错更正》的规定确定相关会计政策，并且一经确定，不得随意变更。

第十一章　公允价值披露

第四十二条　企业应当根据相关资产或负债的性质、特征、风险以及公允价值计量的层次对该资产或负债进行恰当分组，并按照组别披露公允价值计量的相关信息。

为确定资产和负债的组别，企业通常应当对资产负债表列报项目做进一步分解。企业应当披露各组别与报表列报项目之间的调节信息。

其他相关会计准则明确规定了相关资产或负债组别且其分组原则符合本条规定的，企业可以直接使用该组别提供相关信息。

第四十三条 企业应当区分持续的公允价值计量和非持续的公允价值计量。

持续的公允价值计量，是指其他相关会计准则要求或者允许企业在每个资产负债表日持续以公允价值进行的计量。

非持续的公允价值计量，是指其他相关会计准则要求或者允许企业在特定情况下的资产负债表中以公允价值进行的计量。

第四十四条 在相关资产或负债初始确认后的每个资产负债表日，企业至少应当在附注中披露持续以公允价值计量的每组资产和负债的下列信息：

（一）其他相关会计准则要求或者允许企业在资产负债表日持续以公允价值计量的项目和金额。

（二）公允价值计量的层次。

（三）在各层次之间转换的金额和原因，以及确定各层次之间转换时点的政策。每一层次的转入与转出应当分别披露。

（四）对于第二层次的公允价值计量，企业应当披露使用的估值技术和输入值的描述性信息。当变更估值技术时，企业还应当披露这一变更以及变更的原因。

（五）对于第三层次的公允价值计量，企业应当披露使用的估值技术、输入值和估值流程的描述性信息。当变更估值技术时，企业还应当披露这一变更以及变更的原因。企业应当披露公允价值计量中使用的重要的、可合理取得的不可观察输入值的量化信息。

（六）对于第三层次的公允价值计量，企业应当披露期初余额与期末余额之间的调节信息，包括计入当期损益的已实现利得或损失总额，以及确认这些利得或损失时的损益项目；计入当期损益的未实现利得或损失总额，以及确认这些未实现利得或损失时的损益项目（如相关资产或负债的公允价值变动损益等）；计入当期其他综合收益的利得或损失总额，以及确认这些利得或损失时的其他综合收益项目；分别披露相关资产或负债购买、出售、发行及结算情况。

（七）对于第三层次的公允价值计量，当改变不可观察输入值的金额可能导致公允价值显著变化时，企业应当披露有关敏感性分析的描述性信息。

这些输入值和使用的其他不可观察输入值之间具有相关关系的，企业应当描述这种相关关系及其影响，其中不可观察输入值至少包括本条（五）要求披露的不可观察输入值。

对于金融资产和金融负债，如果为反映合理、可能的其他假设而变更一个或多个不可观察输入值将导致公允价值的重大改变，企业还应当披露这一事实、变更的影响金额及其计算方法。

（八）当非金融资产的最佳用途与其当前用途不同时，企业应当披露这一事实及其原因。

第四十五条 在相关资产或负债初始确认后的资产负债表中，企业至少应当在附注中披露非持续以公允价值计量的每组资产和负债的下列信息：

（一）其他相关会计准则要求或者允许企业在特定情况下非持续以公允价值计量的项目和金额，以及以公允价值计量的原因。

（二）公允价值计量的层次。

（三）对于第二层次的公允价值计量，企业应当披露使用的估值技术和输入值的描述性信息。当变更估值技术时，企业还应当披露这一变更以及变更的原因。

（四）对于第三层次的公允价值计量，企业应当披露使用的估值技术、输入值和估值流程的描述性信息，当变更估值技术时，企业还应当披露这一变更以及变更的原因。企业应当披露公允价值计量中使用的重要不可观察输入值的量化信息。

（五）当非金融资产的最佳用途与其当前用途不同时，企业应当披露这一事实及其原因。

第四十六条 企业调整公允价值计量层次转换时点的相关会计政策应当在前后各会计期间保持一致,并按照本准则第四十四条(三)的规定进行披露。企业调整公允价值计量层次转换时点的相关会计政策应当一致地应用于转出的公允价值计量层次和转入的公允价值计量层次。

第四十七条 企业采用本准则第三十八条规定的会计政策的,应当披露该事实。

第四十八条 对于在资产负债表中不以公允价值计量但以公允价值披露的各组资产和负债,企业应当按照本准则第四十四条(二)、(四)、(五)和(八)披露信息,但不需要按照本准则第四十四条(五)披露第三层次公允价值计量的估值流程和使用的重要不可观察输入值的量化信息。

第四十九条 对于以公允价值计量且在发行时附有不可分割的第三方信用增级的负债,发行人应当披露这一事实,并说明该信用增级是否已反映在该负债的公允价值计量中。

第五十条 企业应当以表格形式披露本准则要求的量化信息,除非其他形式更适当。

第十二章 衔接规定

第五十一条 本准则施行日之前的公允价值计量与本准则要求不一致的,企业不作追溯调整。

第五十二条 比较财务报表中披露的本准则施行日之前的信息与本准则要求不一致的,企业不需要按照本准则的规定进行调整。

第十三章 附 则

第五十三条 本准则自 2014 年 7 月 1 日起施行。

企业会计准则第 42 号
——持有待售的非流动资产、处置组和终止经营

(2017 年 4 月 28 日 财政部 财会〔2017〕13 号)

第一章 总 则

第一条 为了规范企业持有待售的非流动资产或处置组的分类、计量和列报,以及终止经营的列报,根据《企业会计准则——基本准则》,制定本准则。

第二条 本准则的分类和列报规定适用于所有非流动资产和处置组。

处置组,是指在一项交易中作为整体通过出售或其他方式一并处置的一组资产,以及在该交易中转让的与这些资产直接相关的负债。处置组所属的资产组或资产组组合按照《企业会计准则第 8 号——资产减值》分摊了企业合并中取得的商誉的,该处置组应当包含分摊至处置组的商誉。

第三条 本准则的计量规定适用于所有非流动资产,但下列各项的计量适用其他相关会计准则:

(一)采用公允价值模式进行后续计量的投资性房地产,适用《企业会计准则第 3 号——投资性房地产》;

(二)采用公允价值减去出售费用后的净额计量的生物资产,适用《企业会计准则第 5 号——生物资产》;

(三)职工薪酬形成的资产,适用《企业会计准则第 9 号——职工薪酬》;

(四)递延所得税资产,适用《企业会计准则第 18 号——所得税》;

(五)由金融工具相关会计准则规范的金融资产,适用金融工具相关会计准则;

(六)由保险合同相关会计准则规范的保险合同所产生的权利,适用保险合同相关会计准则。

处置组包含适用本准则计量规定的非流动资产的,本准则的计量规定适用于整个处置组。处置组中负债的计量适用相关会计准则。

第四条 终止经营,是指企业满足下列条件之一的、能够单独区分的组成部分,且该组成部分已经处置或划分为持有待售类别的:

(一)该组成部分代表一项独立的主要业务或一个单独的主要经营地区;

(二)该组成部分是拟对一项独立的主要业务或一个单独的主要经营地区进行处置的一项相关联计划的一部分;

(三)该组成部分是专为转售而取得的子公司。

第二章 持有待售的非流动资产或处置组的分类

第五条 企业主要通过出售(包括具有商业实质的非货币性资产交换,下同)而非持续使用一项非流动资产或处置组收回其账面价值的,应当将其划分为持有待售类别。账面价值的,应当将其划分为持有待售类别。

第六条 非流动资产或处置组划分为持有待售类别,应当同时满足下列条件:

(一)根据类似交易中出售此类资产或处置组的惯例,在当前状况下即可立即出售;

(二)出售极可能发生,即企业已经就一项出售计划作出决议且获得确定的购买承诺,预计出售将在一年内完成。有关规定要求企业相关权力机构或者监管部门批准后方可出售的,应当已经获得批准。

确定的购买承诺,是指企业与其他方签订的具有法律约束力的购买协议,该协议包含交易价格、时间和足够严厉的违约惩罚等重要条款,使协议出现重大调整或者撤销的可能性极小。

第七条 企业专为转售而取得的非流动资产或处置组,在取得日满足"预计出售将在一年内完成"的规定条件,且短期(通常为3个月)内很可能满足持有待售类别的其他划分条件的,企业应当在取得日将其划分为持有待售类别。

第八条 因企业无法控制的下列原因之一,导致非关联方之间的交易未能在一年内完成,且有充分证据表明企业仍然承诺出售非流动资产或处置组的,企业应当继续将非流动资产或处置组划分为持有待售类别:

(一)买方或其他方意外设定导致出售延期的条件,企业针对这些条件已经及时采取行动,且预计能够自设定导致出售延期的条件起一年内顺利化解延期因素;

(二)因发生罕见情况,导致持有待售的非流动资产或处置组未能在一年内完成出售,企业在最初一年内已经针对这些新情况采取必要措施且重新满足了持有待售类别的划分条件。

第九条 持有待售的非流动资产或处置组不再满足持有待售类别划分条件的,企业不应当继续将其划分为持有待售类别。

部分资产或负债从持有待售的处置组中移除后,处置组中剩余资产或负债新组成的处置组仍然满足持有待售类别划分条件的,企业应当将新组成的处置组划分为持有待售类别,否则应当将满足持有待售类别划分条件的非流动资产单独划分为持有待售类别。

第十条 企业因出售对子公司的投资等原因导致其丧失对子公司控制权的,无论出售后企业是否保留部分权益性投资,应当在拟出售的对子公司投资满足持有待售类别划分条件时,在母公司个别财务报表中将对子公司投资整体划分为持有待售类别,在合并财务报表中将子公司所有资产和负债划分为持有待售类别。

第十一条 企业不应当将拟结束使用而非出售的非流动资产或处置组划分为持有待售类别。

第三章 持有待售的非流动资产或处置组的计量

第十二条 企业将非流动资产或处置组首次划分为持有待售类别前,应当按照相关会计准则规定计量非流动资产或处置组中各项资产和负债的账面价值。

第十三条 企业初始计量或在资产负债表日重新计量持有待售的非流动资产或处置组时,其账面价值高于公允价值减去出售费用后的净额的,应当将账面价值减记至公允价值减去出售费用后的净额，减记的金额确认为资产减值损失，计入当期损益，同时计提持有待售资产减值准备。

第十四条 对于取得日划分为持有待售类别的非流动资产或处置组，企业应当在初始计量时比较假定其不划分为持有待售类别情况下的初始计量金额和公允价值减去出售费用后的净额，以两者孰低计量。除企业合并中取得的非流动资产或处置组外，由非流动资产或处置组以公允价值减去出售费用后的净额作为初始计量金额而产生的差额，应当计入当期损益。

第十五条 企业在资产负债表日重新计量持有待售的处置组时，应当首先按照相关会计准则规定计量处置组中不适用本准则计量规定的资产和负债的账面价值，然后按照本准则第十三条的规定进行会计处理。

第十六条 对于持有待售的处置组确认的资产减值损失金额，应当先抵减处置组中商誉的账面价值，再根据处置组中适用本准则计量规定的各项非流动资产账面价值所占比重，按比例抵减其账面价值。

第十七条 后续资产负债表日持有待售的非流动资产公允价值减去出售费用后的净额增加的，以前减记的金额应当予以恢复，并在划分为持有待售类别后确认的资产减值损失金额内转回，转回金额计入当期损益。划分为持有待售类别前确认的资产减值损失不得转回。

第十八条 后续资产负债表日持有待售的处置组公允价值减去出售费用后的净额增加的，以前减记的金额应当予以恢复，并在划分为持有待售类别后适用本准则计量规定的非流动资产确认的资产减值损失金额内转回，转回金额计入当期损益。已抵减的商誉账面价值，以及适用本准则计量规定的非流动资产在划分为持有待售类别前确认的资产减值损失不得转回。

第十九条 持有待售的处置组确认的资产减值损失后续转回金额，应当根据处置组中除商誉外适用本准则计量规定的各项非流动资产账面价值所占比重，按比例增加其账面价值。

第二十条 持有待售的非流动资产或处置组中的非流动资产不应计提折旧或摊销，持有待售的处置组中负债的利息和其他费用应当继续予以确认。

第二十一条 非流动资产或处置组因不再满足持有待售类别的划分条件而不再继续划分为持有待售类别或非流动资产从持有待售的处置组中移除时，应当按照以下两者孰低计量：

（一）划分为持有待售类别前的账面价值，按照假定不划分为持有待售类别情况下本应确认的折旧、摊销或减值等进行调整后的金额；

（二）可收回金额。

第二十二条 企业终止确认持有待售的非流动资产或处置组时，应当将尚未确认的利得或损失计入当期损益。

第四章 列　报

第二十三条 企业应当在资产负债表中区别于其他资产单独列示持有待售的非流动资产或持有待售的处置组中的资产，区别于其他负债单独列示持有待售的处置组中的负债。持有待售的非流动资产或持有待售的处置组中的资产与持有待售的处置组中的负债不应当相互抵销，应当分别作为流动资产和流动负债列示。

第二十四条 企业应当在利润表中分别列示持续经营损益和终止经营损益。不符合终止经营定义的持有待售的非流动资产或处置组，其减值损失和转回金额及处置损益应当作为持续经营损益列报。终止经营的减值损失和转回金额等经营损益及处置损益应当作为终止经营损益列报。

第二十五条 企业应当在附注中披露下列信息：

（一）持有待售的非流动资产或处置组的出售费用和主要类别，以及每个类别的账面价值和公允价值；

（二）持有待售的非流动资产或处置组的出售原因、方式和时间安排；

（三）列报持有待售的非流动资产或处置组的分部；

（四）持有待售的非流动资产或持有待售的处置组中的资产确认的减值损失及其转回金额；

（五）与持有待售的非流动资产或处置组有关的其他综合收益累计金额；
（六）终止经营的收入、费用、利润总额、所得税费用（收益）和净利润；
（七）终止经营的资产或处置组确认的减值损失及其转回金额；
（八）终止经营的处置损益总额、所得税费用（收益）和处置净损益；
（九）终止经营的经营活动、投资活动和筹资活动现金流量净额；
（十）归属于母公司所有者的持续经营损益和终止经营损益。

非流动资产或处置组在资产负债表日至财务报告批准报出日之间满足持有待售类别划分条件的，应当作为资产负债表日后非调整事项进行会计处理，并按照本条（一）至（三）的规定进行披露。

企业专为转售而取得的持有待售的子公司，应当按照本条（二）至（五）和（十）的规定进行披露。

第二十六条 对于当期首次满足持有待售类别划分条件的非流动资产或处置组，不应当调整可比会计期间资产负债表。

第二十七条 对于当期列报的终止经营，企业应当在当期财务报表中，将原来作为持续经营损益列报的信息重新作为可比会计期间的终止经营损益列报，并按照本准则第二十五条（六）、（七）、（九）、（十）的规定披露可比会计期间的信息。（七）、（九）、（十）的规定披露可比会计期间的信息。

第二十八条 拟结束使用而非出售的处置组满足终止经营定义中有关组成部分的条件的，应当自停止使用日起作为终止经营列报。

第二十九条 企业因出售对子公司的投资等原因导致其丧失对子公司控制权，且该子公司符合终止经营定义的，应当在合并利润表中列报相关终止经营损益，并按照本准则第二十五条（六）至（十）的规定进行披露。

第三十条 企业应当在利润表中将终止经营处置损益的调整金额作为终止经营损益列报，并在附注中披露调整的性质和金额。可能引起调整的情形包括：
（一）最终确定处置条款，如与买方商定交易价格调整额和补偿金；
（二）消除与处置相关的不确定因素，如确定卖方保留的环保义务或产品质量保证义务；
（三）履行与处置相关的职工薪酬支付义务。

第三十一条 非流动资产或处置组不再继续划分为持有待售类别或非流动资产从持有待售的处置组中移除的，企业应当在当期利润表中将非流动资产或处置组的账面价值调整金额作为持续经营损益列报。企业的子公司、共同经营、合营企业、联营企业以及部分对合营企业或联营企业的投资不再继续划分为持有待售类别或从持有待售的处置组中移除的，企业应当在当期财务报表中相应调整各个划分为持有待售类别后可比会计期间的比较数据。企业应当在附注中披露下列信息：报表中相应调整各个划分为持有待售类别后可比会计期间的比较数据。企业应当在附注中披露下列信息：
（一）企业改变非流动资产或处置组出售计划的原因；
（二）可比会计期间财务报表中受影响的项目名称和影响金额。

第三十二条 终止经营不再满足持有待售类别划分条件的，企业应当在当期财务报表中，将原来作为终止经营损益列报的信息重新作为可比会计期间的持续经营损益列报，并在附注中说明这一事实。

第五章　附　　则

第三十三条 本准则自 2017 年 5 月 28 日起施行。

对于本准则施行日存在的持有待售的非流动资产、处置组和终止经营，应当采用未来适用法处理。

企业会计准则解释第 1 号

(2007 年 11 月 16 日　财政部　财会〔2007〕14 号)

一、企业在编制年报时，首次执行日有关资产、负债及所有者权益项目的金额是否要进一步复核？原同时按照国内及国际财务报告准则对外提供财务报告的 B 股、H 股等上市公司，首次执行日如何调整？

答：企业在编制首份年报时，应当对首次执行日有关资产、负债及所有者权益项目的账面余额进行复核，经注册会计师审计后，在附注中以列表形式披露年初所有者权益的调节过程以及作出修正的项目、影响金额及其原因。

原同时按照国内及国际财务报告准则对外提供财务报告的 B 股、H 股等上市公司，首次执行日根据取得的相关信息，能够对因会计政策变更所涉及的交易或事项的处理结果进行追溯调整的，以追溯调整后的结果作为首次执行日的余额。

二、中国境内企业设在境外的子公司在境外发生的有关交易或事项，境内不存在且受相关法律法规等限制或交易不常见，企业会计准则未作规范的，如何进行处理？

答：中国境内企业设在境外的子公司在境外发生的交易或事项，境内不存在且受法律法规等限制或交易不常见，企业会计准则未作出规范的，可以将境外子公司已经进行的会计处理结果，在符合《企业会计准则——基本准则》的原则下，按照国际财务报告准则进行调整后，并入境内母公司合并财务报表的相关项目。

三、经营租赁中出租人发生的初始直接费用以及融资租赁中承租人发生的融资费用应当如何处理？出租人对经营租赁提供激励措施的，如提供免租期或承担承租人的某些费用等，承租人和出租人应当如何处理？企业（建造承包商）为订立建造合同发生的相关费用如何处理？

答：(一) 经营租赁中出租人发生的初始直接费用，是指在租赁谈判和签订租赁合同过程中发生的可归属于租赁项目的手续费、律师费、差旅费、印花税等，应当计入当期损益；金额较大的应当资本化，在整个经营租赁期间内按照与确认租金收入相同的基础分期计入当期损益。

承租人在融资租赁中发生的融资费用应予资本化或是费用化，应按《企业会计准则第 17 号——借款费用》处理，并按《企业会计准则第 21 号——租赁》进行计量。

(二) 出租人对经营租赁提供激励措施的，出租人与承租人应当分别下列情况进行处理：

1. 出租人提供免租期的，承租人应将租金总额在不扣除免租期的整个租赁期内，按直线法或其他合理的方法进行分摊，免租期内应当确认租金费用；出租人应将租金总额在不扣除免租期的整个租赁期内，按直线法或其他合理的方法进行分配，免租期内出租人应当确认租金收入。

2. 出租人承担了承租人某些费用的，出租人应将该费用自租金收入总额中扣除，按扣除后的租金收入余额在租赁期内进行分配；承租人应将该费用从租金费用总额中扣除，按扣除后的租金费用余额在租赁期内进行分摊。

(三) 企业（建造承包商）为订立合同发生的差旅费、投标费等，能够单独区分和可靠计量且合同很可能订立的，应当予以归集，待取得合同时计入合同成本；未满足上述条件的，应当计入当期损益。

四、企业发行的金融工具应当在满足何种条件时确认为权益工具？[①]

答：企业将发行的金融工具确认为权益性工具，应当同时满足下列条件：

(一) 该金融工具应当不包括交付现金或其他金融资产给其他单位，或在潜在不利条件下与其他单位交换金融资产或金融负债的合同义务。

---

① 该部分已被新修订的《企业会计准则第 37 号——金融工具列报》替代。

（二）该金融工具须用或可用发行方自身权益工具进行结算的，如为非衍生工具，该金融工具应当不包括交付非固定数量的发行方自身权益工具进行结算的合同义务；如为衍生工具，该金融工具只能通过交付固定数量的发行方自身权益工具换取固定数额的现金或其他金融资产进行结算。其中，所指的发行方自身权益工具不包括本身通过收取或交付企业自身权益工具进行结算的合同。

五、嵌入保险合同或嵌入租赁合同中的衍生工具应当如何处理？

答：根据《企业会计准则第22号——金融工具确认和计量》的规定，嵌入衍生工具相关的混合工具没有指定为以公允价值计量且其变动计入当期损益的金融资产或金融负债，同时满足有关条件的，该嵌入衍生工具应当从混合工具中分拆，作为单独的衍生工具处理。该规定同样适用于嵌入在保险合同中的衍生工具，除非该嵌入衍生工具本身属于保险合同。

按照保险合同约定，如果投保人在持有保险合同期间，拥有以固定金额或是以固定金额和相应利率确定的金额退还保险合同选择权的，即使其行权价格与主保险合同负债的账面价值不同，保险人也不应将该选择权从保险合同中分拆，仍按保险合同进行处理。但是，如果退保价值随同某金融变量或者某一与合同一方不特定相关的非金融变量的变动而变化，嵌入保险合同中的卖出选择权或现金退保选择权，应适用《企业会计准则第22号——金融工具确认和计量》；如果持有人实施卖出选择权或现金退保选择权的能力取决于上述变量变动的，嵌入保险合同中的卖出选择权或现金退保选择权，也适用《企业会计准则第22号——金融工具确认和计量》。

嵌入租赁合同中的衍生工具，应当按照《企业会计准则第22号——金融工具确认和计量》进行处理。

六、企业如有持有待售的固定资产和其他非流动资产，如何进行确认和计量？

答：《企业会计准则第4号——固定资产》第二十二条规定，企业对于持有待售的固定资产，应当调整该项固定资产的预计净残值，使该固定资产的预计净残值反映其公允价值减去处置费用后的金额，但不得超过符合持有待售条件时该项固定资产的原账面价值，原账面价值高于调整后预计净残值的差额，应作为资产减值损失计入当期损益。

同时满足下列条件的非流动资产应当划分为持有待售：一是企业已经就处置该非流动资产作出决议；二是企业已经与受让方签订了不可撤销的转让协议；三是该项转让将在一年内完成。

符合持有待售条件的无形资产等其他非流动资产，比照上述原则处理，但不包括递延所得税资产、《企业会计准则第22号——金融工具确认和计量》规范的金融资产、以公允价值计量的投资性房地产和生物资产、保险合同中产生的合同权利。

持有待售的非流动资产包括单项资产和处置组，处置组是指作为整体出售或其他方式一并处置的一组资产。

七、企业在确认由联营企业及合营企业投资产生的投资收益时，对于与联营企业及合营企业发生的内部交易损益应当如何处理？首次执行日对联营企业及合营企业投资存在股权投资借方差额的，计算投资损益时如何进行调整？企业在首次执行日前持有对子公司的长期股权投资，取得子公司分派现金股利或利润如何处理？

答：（一）企业持有的对联营企业及合营企业的投资，按照《企业会计准则第2号——长期股权投资》的规定，应当采用权益法核算，在按持股比例等计算确认应享有或应分担被投资单位的净损益时，应当考虑以下因素：

投资企业与联营企业及合营企业之间发生的内部交易损益按照持股比例计算归属于投资企业的部分，应当予以抵销，在此基础上确认投资损益。投资企业与被投资单位发生的内部交易损失，按照《企业会计准则第8号——资产减值》等规定属于资产减值损失的，应当全额确认。投资企业对于纳入其合并范围的子公司与其联营企业及合营企业之间发生的内部交易损益，也应当按照上述原则进行抵销，在此基础上确认投资损益。

投资企业对于首次执行日之前已经持有的对联营企业及合营企业的长期股权投资，如存在与该投资相关的股权投资借方差额，还应扣除按原剩余期限直线摊销的股权投资借方差额，确认投资损益。

投资企业在被投资单位宣告发放现金股利或利润时，按照规定计算应分得的部分确认应收股利，同时冲减长期股权投资的账面价值。

（二）企业在首次执行日以前已经持有的对子公司长期股权投资，应在首次执行日进行追溯调整，视同该子公司自最初即采用成本法核算。执行新会计准则后，应当按照子公司宣告分派现金股利或利润中应分得的部分，确认投资收益。

八、企业在股权分置改革过程中持有的限售股权如何进行处理？

答：企业在股权分置改革过程中持有对被投资单位在重大影响以上的股权，应当作为长期股权投资，视对被投资单位的影响程度分别采用成本法或权益法核算；企业在股权分置改革过程中持有对被投资单位不具有控制、共同控制或重大影响的股权，应当划分为可供出售金融资产，其公允价值与账面价值的差额，在首次执行日应当追溯调整，计入资本公积。

九、企业在编制合并财务报表时，因抵销未实现内部销售损益在合并财务报表中产生的暂时性差异是否应当确认递延所得税？母公司对于纳入合并范围子公司的未确认投资损失，执行新会计准则后在合并财务报表中如何列报？

答：（一）企业在编制合并财务报表时，因抵销未实现内部销售损益导致合并资产负债表中资产、负债的账面价值与其在所属纳税主体的计税基础之间产生暂时性差异的，在合并资产负债表中应当确认递延所得税资产或递延所得税负债，同时调整合并利润表中的所得税费用，但与直接计入所有者权益的交易或事项及企业合并相关的递延所得税除外。

（二）执行新会计准则后，母公司对于纳入合并范围子公司的未确认投资损失，在合并资产负债表中应当冲减未分配利润，不再单独作为"未确认的投资损失"项目列报。

十、企业改制过程中的资产、负债，应当如何进行确认和计量？

答：企业引入新股东改制为股份有限公司，相关资产、负债应当按照公允价值计量，并以改制时确定的公允价值为基础持续核算的结果并入控股股东的合并财务报表。改制企业的控股股东在确认对股份有限公司的长期股权投资时，初始投资成本为投出资产的公允价值及相关费用之和。

企业会计准则解释第 2 号

（2008 年 8 月 7 日　财政部　财会〔2008〕11 号）

一、同时发行 A 股和 H 股的上市公司，应当如何运用会计政策及会计估计？

答：内地企业会计准则和香港财务报告准则实现等效后，同时发行 A 股和 H 股的上市公司，除部分长期资产减值损失的转回以及关联方披露两项差异外，对于同一交易事项，应当在 A 股和 H 股财务报告中采用相同的会计政策、运用相同的会计估计进行确认、计量和报告，不得在 A 股和 H 股财务报告中采用不同的会计处理。

二、企业购买子公司少数股东拥有对子公司的股权应当如何处理？企业或其子公司进行公司制改制的，相关资产、负债的账面价值应当如何调整？

答：（一）母公司购买子公司少数股权所形成的长期股权投资，应当按照《企业会计准则第 2 号——长期股权投资》第四条的规定确定其投资成本。

母公司在编制合并财务报表时，因购买少数股权新取得的长期股权投资与按照新增持股比例计算应享有子公司自购买日（或合并日）开始持续计算的净资产份额之间的差额，应当调整所有者权益（资本公积），资本公积不足冲减的，调整留存收益。

上述规定仅适用于本规定发布之后发生的购买子公司少数股权交易，之前已经发生的购买子公司少数股权交易未按照上述原则处理的，不予追溯调整。

（二）企业进行公司制改制的，应以经评估确认的资产、负债价值作为认定成本，该成本与其账面价值的差额,应当调整所有者权益;企业的子公司进行公司制改制的,母公司通常应当按照《企业会计准则解释第1号》的相关规定确定对子公司长期股权投资的成本,该成本与长期股权投资账面价值的差额,应当调整所有者权益。

三、企业对于合营企业是否应纳入合并财务报表的合并范围?

答:按照《企业会计准则第33号——合并财务报表》的规定,投资企业对于与其他投资方一起实施共同控制的被投资单位,应当采用权益法核算,不应采用比例合并法。但是,如果根据有关章程、协议等,表明投资企业能够对被投资单位实施控制的,应当将被投资单位纳入合并财务报表的合并范围。

四、企业发行认股权和债券分离交易的可转换公司债券,其认股权应当如何进行会计处理?

答:企业发行认股权和债券分离交易的可转换公司债券(以下简称分离交易可转换公司债券),其认股权符合《企业会计准则第22号——金融工具确认和计量》和《企业会计准则第37号——金融工具列报》有关权益工具定义的,应当按照分离交易可转换公司债券发行价格,减去不附认股权且其他条件相同的公司债券公允价值后的差额,确认一项权益工具(资本公积)。

企业对于本规定发布之前已经发行的分离交易可转换公司债券,应当进行追溯调整。

五、企业采用建设经营移交方式(BOT)参与公共基础设施建设业务应当如何处理?

答:企业采用建设经营移交方式(BOT)参与公共基础设施建设业务,应当按照以下规定进行处理:

(一)本规定涉及的BOT业务应同时满足以下条件:

1. 合同授予方为政府及其有关部门或政府授权进行招标的企业。

2. 合同投资方为按照有关程序取得该特许经营权合同的企业(以下简称合同投资方)。合同投资方按照规定设立项目公司(以下简称项目公司)进行项目建设和运营。项目公司除取得建设有关基础设施的权利以外,在基础设施建造完成以后的一定期间内负责提供后续经营服务。

3. 特许经营权合同中对所建造基础设施的质量标准、工期、开始经营后提供服务的对象、收费标准及后续调整作出约定,同时在合同期满,合同投资方负有将有关基础设施移交给合同授予方的义务,并对基础设施在移交时的性能、状态等作出明确规定。

(二)与BOT业务相关收入的确认。

1. 建造期间,项目公司对于所提供的建造服务应当按照《企业会计准则第15号——建造合同》确认相关的收入和费用。基础设施建成后,项目公司应当按照《企业会计准则第14号——收入》确认与后续经营服务相关的收入。

建造合同收入应当按照收取或应收对价的公允价值计量,并分别以下情况在确认收入的同时,确认金融资产或无形资产:

(1)合同规定基础设施建成后的一定期间内,项目公司可以无条件地自合同授予方收取确定金额的货币资金或其他金融资产的,或在项目公司提供经营服务的收费低于某一限定金额的情况下,合同授予方按照合同规定负责将有关差价补偿给项目公司的,应当在确认收入的同时确认金融资产,并按照《企业会计准则第22号——金融工具确认和计量》的规定处理。

(2)合同规定项目公司在有关基础设施建成后,从事经营的一定期间内有权利向获取服务的对象收取费用,但收费金额不确定的,该权利不构成一项无条件收取现金的权利,项目公司应当在确认收入的同时确认无形资产。

建造过程如发生借款利息,应当按照《企业会计准则第17号——借款费用》的规定处理。

2. 项目公司未提供实际建造服务,将基础设施建造发包给其他方的,不应确认建造服务收入,应当按照建造过程中支付的工程价款等考虑合同规定,分别确认为金融资产或无形资产。

(三)按照合同规定,企业为使有关基础设施保持一定的服务能力或在移交给合同授予方之前保持一定的使用状态,预计将发生的支出,应当按照《企业会计准则第13号——或有事项》的规定处理。

(四)按照特许经营权合同规定,项目公司应提供不止一项服务(如既提供基础设施建造服务又提供建成后经营服务)的,各项服务能够单独区分时,其收取或应收的对价应当按照各项服务的相对公允价值比例分配给所提供的各项服务。

（五）BOT业务所建造基础设施不应作为项目公司的固定资产。

（六）在BOT业务中，授予方可能向项目公司提供除基础设施以外其他的资产，如果该资产构成授予方应付合同价款的一部分，不应作为政府补助处理。项目公司自授予方取得资产时，应以其公允价值确认，未提供与获取该资产相关的服务前应确认为一项负债。

本规定发布前，企业已经进行的BOT项目，应当进行追溯调整；进行追溯调整不切实可行的，应以与BOT业务相关的资产、负债在列报最早期间期初的账面价值为基础重新分类，作为无形资产或是金融资产，同时进行减值测试；在列报的最早期间期初进行减值测试不切实可行的，应在当期期初进行减值测试。

六、售后租回交易认定为经营租赁的，应当如何进行会计处理？

答：企业的售后租回交易认定为经营租赁的，应当分别以下情况处理：

（一）有确凿证据表明售后租回交易是按照公允价值达成的，售价与资产账面价值的差额应当计入当期损益。

（二）售后租回交易如果不是按照公允价值达成的，售价低于公允价值的差额，应计入当期损益；但若该损失将由低于市价的未来租赁付款额补偿时，有关损失应予以递延（递延收益），并按与确认租金费用相一致的方法在租赁期内进行分摊；如果售价大于公允价值，其大于公允价值的部分应计入递延收益，并在租赁期内分摊。

企业会计准则解释第3号

（2009年6月11日　财政部　财会〔2009〕8号）

一、采用成本法核算的长期股权投资，投资企业取得被投资单位宣告发放的现金股利或利润，应当如何进行会计处理？

答：采用成本法核算的长期股权投资，除取得投资时实际支付的价款或对价中包含的已宣告但尚未发放的现金股利或利润外，投资企业应当按照享有被投资单位宣告发放的现金股利或利润确认投资收益，不再划分是否属于投资前和投资后被投资单位实现的净利润。

企业按照上述规定确认自被投资单位应分得的现金股利或利润后，应当考虑长期股权投资是否发生减值。在判断该类长期股权投资是否存在减值迹象时，应当关注长期股权投资的账面价值是否大于享有被投资单位净资产（包括相关商誉）账面价值的份额等类似情况。出现类似情况时，企业应当按照《企业会计准则第8号——资产减值》对长期股权投资进行减值测试，可收回金额低于长期股权投资账面价值的，应当计提减值准备。

二、企业持有上市公司限售股权，对上市公司不具有控制、共同控制或重大影响的，应当如何进行会计处理？

答：企业持有上市公司限售股权（不包括股权分置改革中持有的限售股权），对上市公司不具有控制、共同控制或重大影响的，应当按照《企业会计准则第22号——金融工具确认和计量》的规定，将该限售股权划分为可供出售金融资产或以公允价值计量且其变动计入当期损益的金融资产。

企业在确定上市公司限售股权公允价值时，应当按照《企业会计准则第22号——金融工具确认和计量》有关公允价值确定的规定执行，不得改变企业会计准则规定的公允价值确定原则和方法。

本解释发布前未按上述规定确定所持有限售股权公允价值的，应当按照《企业会计准则第28号——会计政策、会计估计变更和差错更正》进行处理。

三、高危行业企业提取的安全生产费，应当如何进行会计处理？

答：高危行业企业按照国家规定提取的安全生产费，应当计入相关产品的成本或当期损益，同时记入"4301 专项储备"科目。

企业使用提取的安全生产费时，属于费用性支出的，直接冲减专项储备。企业使用提取的安全生产费形成固定资产的，应当通过"在建工程"科目归集所发生的支出，待安全项目完工达到预定可使用状态时确认为固定资产；同时，按照形成固定资产的成本冲减专项储备，并确认相同金额的累计折旧。该固定资产在以后期间不再计提折旧。

"专项储备"科目期末余额在资产负债表所有者权益项下"减：库存股"和"盈余公积"之间增设"专项储备"项目反映。

企业提取的维简费和其他具有类似性质的费用，比照上述规定处理。

本解释发布前未按上述规定处理的，应当进行追溯调整。

四、企业收到政府给予的搬迁补偿款应当如何进行会计处理？

答：企业因城镇整体规划、库区建设、棚户区改造、沉陷区治理等公共利益进行搬迁，收到政府从财政预算直接拨付的搬迁补偿款，应作为专项应付款处理。其中，属于对企业在搬迁和重建过程中发生的固定资产和无形资产损失、有关费用性支出、停工损失及搬迁后拟新建资产进行补偿的，应自专项应付款转入递延收益，并按照《企业会计准则第 16 号——政府补助》进行会计处理。企业取得的搬迁补偿款扣除转入递延收益的金额后如有结余的，应当作为资本公积处理。

企业收到除上述之外的搬迁补偿款，应当按照《企业会计准则第 4 号——固定资产》、《企业会计准则第 16 号——政府补助》等会计准则进行处理。

五、在股份支付的确认和计量中，应当如何正确运用可行权条件和非可行权条件？

答：企业根据国家有关规定实行股权激励的，股份支付协议中确定的相关条件，不得随意变更。其中，可行权条件是指能够确定企业是否得到职工或其他方提供的服务，且该服务使职工或其他方具有获取股份支付协议规定的权益工具或现金等权利的条件；反之，为非可行权条件。可行权条件包括服务期限条件或业绩条件。服务期限条件是指职工或其他方完成规定服务期限才可行权的条件。业绩条件是指职工或其他方完成规定服务期限且企业已经达到特定业绩目标才可行权的条件，具体包括市场条件和非市场条件。

企业在确定权益工具授予日的公允价值时，应当考虑股份支付协议规定的可行权条件中的市场条件和非可行权条件的影响。股份支付存在非可行权条件的，只要职工或其他方满足了所有可行权条件中的非市场条件（如服务期限等），企业应当确认已得到服务相对应的成本费用。

在等待期内如果取消了授予的权益工具，企业应当对取消所授予的权益性工具作为加速行权处理，将剩余等待期内应确认的金额立即计入当期损益，同时确认资本公积。职工或其他方能够选择满足非可行权条件但在等待期内未满足的，企业应当将其作为授予权益工具的取消处理。

六、企业自行建造或通过分包商建造房地产，应当遵循哪项会计准则确认与房地产建造协议相关的收入？

答：企业自行建造或通过分包商建造房地产，应当根据房地产建造协议条款和实际情况，判断确认收入应适用的会计准则。

房地产购买方在建造工程开始前能够规定房地产设计的主要结构要素，或者能够在建造过程中决定主要结构变动的，房地产建造协议符合建造合同定义，企业应当遵循《企业会计准则第 15 号——建造合同》确认收入。

房地产购买方影响房地产设计的能力有限（如仅能对基本设计方案做微小变动）的，企业应当遵循《企业会计准则第 14 号——收入》中有关商品销售收入的原则确认收入。

七、利润表应当作哪些调整？[①]

答：（一）企业应当在利润表"每股收益"项下增列"其他综合收益"项目和"综合收益总额"项目。"其他综合收益"项目，反映企业根据企业会计准则规定未在损益中确认的各项利得和损失扣

[①] 该部分已被新修订的《企业会计准则第 30 号——财务报表列报》替代。

除所得税影响后的净额。"综合收益总额"项目,反映企业净利润与其他综合收益的合计金额。"其他综合收益"和"综合收益总额"项目的序号在原有基础上顺延。

(二)企业应当在附注中详细披露其他综合收益各项目及其所得税影响,以及原计入其他综合收益、当期转入损益的金额等信息。

(三)企业合并利润表也应按照上述规定进行调整。在"综合收益总额"项目下单独列示"归属于母公司所有者的综合收益总额"项目和"归属于少数股东的综合收益总额"项目。

(四)企业提供前期比较信息时,比较利润表应当按照《企业会计准则第30号——财务报表列报》第八条的规定处理。

八、企业应当如何改进报告分部信息?

答:企业应当以内部组织结构、管理要求、内部报告制度为依据确定经营分部,以经营分部为基础确定报告分部,并按下列规定披露分部信息。原有关确定地区分部和业务分部以及按照主要报告形式、次要报告形式披露分部信息的规定不再执行。

(一)经营分部,是指企业内同时满足下列条件的组成部分:

1. 该组成部分能够在日常活动中产生收入、发生费用;
2. 企业管理层能够定期评价该组成部分的经营成果,以决定向其配置资源、评价其业绩;
3. 企业能够取得该组成部分的财务状况、经营成果和现金流量等有关会计信息。

企业存在相似经济特征的两个或多个经营分部,同时满足《企业会计准则第35号——分部报告》第五条相关规定的,可以合并为一个经营分部。

(二)企业以经营分部为基础确定报告分部时,应当满足《企业会计准则第35号——分部报告》第八条规定的三个条件之一。未满足规定条件,但企业认为披露该经营分部信息对财务报告使用者有用的,也可将其确定为报告分部。

报告分部的数量通常不应超过10个。报告分部的数量超过10个需要合并的,应当以经营分部的合并条件为基础,对相关的报告分部予以合并。

(三)企业报告分部确定后,应当披露下列信息:

1. 确定报告分部考虑的因素、报告分部的产品和劳务的类型;
2. 每一报告分部的利润(亏损)总额相关信息,包括利润(亏损)总额组成项目及计量的相关会计政策信息;
3. 每一报告分部的资产总额、负债总额相关信息,包括资产总额组成项目的信息,以及有关资产、负债计量的相关会计政策。

(四)除上述已经作为报告分部信息组成部分披露的外,企业还应当披露下列信息:

1. 每一产品和劳务或每一类似产品和劳务组合的对外交易收入;
2. 企业取得的来自于本国的对外交易收入总额以及位于本国的非流动资产(不包括金融资产、独立账户资产、递延所得税资产,下同)总额,企业从其他国家取得的对外交易收入总额以及位于其他国家的非流动资产总额;
3. 企业对主要客户的依赖程度。

企业会计准则解释第4号

(2010年7月14日 财政部 财会〔2010〕15号)

一、同一控制下的企业合并中,合并方发生的审计、法律服务、评估咨询等中介费用以及其他相关管理费用,应当于发生时计入当期损益。非同一控制下的企业合并中,购买方发生的上述费用,应当如何进行会计处理?

答：非同一控制下的企业合并中，购买方为企业合并发生的审计、法律服务、评估咨询等中介费用以及其他相关管理费用，应当于发生时计入当期损益；购买方作为合并对价发行的权益性证券或债务性证券的交易费用，应当计入权益性证券或债务性证券的初始确认金额。

二、非同一控制下的企业合并中，购买方在购买日取得被购买方可辨认资产和负债，应当如何进行分类或指定？

答：非同一控制下的企业合并中，购买方在购买日取得被购买方可辨认资产和负债，应当根据企业会计准则的规定，结合购买日存在的合同条款、经营政策、并购政策等相关因素进行分类或指定，主要包括被购买方的金融资产和金融负债的分类、套期关系的指定、嵌入衍生工具的分拆等。但是，合并中如涉及租赁合同和保险合同且在购买日对合同条款作出修订的，购买方应当根据企业会计准则的规定，结合修订的条款和其他因素对合同进行分类。

三、企业通过多次交易分步实现非同一控制下企业合并的，对于购买日之前持有的被购买方的股权，应当如何进行会计处理？

答：企业通过多次交易分步实现非同一控制下企业合并的，应当区分个别财务报表和合并财务报表进行相关会计处理：

（一）在个别财务报表中，应当以购买日之前所持被购买方的股权投资的账面价值与购买日新增投资成本之和，作为该项投资的初始投资成本；购买日之前持有的被购买方的股权涉及其他综合收益的，应当在处置该项投资时将与其相关的其他综合收益（例如，可供出售金融资产公允价值变动计入资本公积的部分，下同）转入当期投资收益。[1]

（二）在合并财务报表中，对于购买日之前持有的被购买方的股权，应当按照该股权在购买日的公允价值进行重新计量，公允价值与其账面价值的差额计入当期投资收益；购买日之前持有的被购买方的股权涉及其他综合收益的，与其相关的其他综合收益应当转为购买日所属当期投资收益。购买方应当在附注中披露其在购买日之前持有的被购买方的股权在购买日的公允价值、按照公允价值重新计量产生的相关利得或损失的金额。[2]

四、企业因处置部分股权投资或其他原因丧失了对原有子公司控制权的，对于处置后的剩余股权应当如何进行会计处理？

答：企业因处置部分股权投资或其他原因丧失了对原有子公司控制权的，应当区分个别财务报表和合并财务报表进行相关会计处理：

（一）在个别财务报表中，对于处置的股权，应当按照《企业会计准则第2号——长期股权投资》的规定进行会计处理；同时，对于剩余股权，应当按其账面价值确认为长期股权投资或其他相关金融资产。处置后的剩余股权能够对原有子公司实施共同控制或重大影响的，按有关成本法转为权益法的相关规定进行会计处理。[3]

（二）在合并财务报表中，对于剩余股权，应当按照其在丧失控制权日的公允价值进行重新计量。处置股权取得的对价与剩余股权公允价值之和，减去按原持股比例计算应享有原有子公司自购买日开始持续计算的净资产的份额之间的差额，计入丧失控制权当期的投资收益。与原有子公司股权投资相关的其他综合收益，应当在丧失控制权时转为当期投资收益。企业应当在附注中披露处置后的剩余股权在丧失控制权日的公允价值、按照公允价值重新计量产生的相关利得或损失的金额。[4]

五、在企业合并中，购买方对于因企业合并而产生的递延所得税资产，应当如何进行会计处理？

答：在企业合并中，购买方取得被购买方的可抵扣暂时性差异，在购买日不符合递延所得税资产确认条件的，不应予以确认。购买日后12个月内，如取得新的或进一步的信息表明购买日的相关情

---

[1] 该部分已被新修订的《企业会计准则第2号——长期股权投资》替代。
[2] 该部分已被新修订的《企业会计准则第33号——合并财务报表》替代。
[3] 该部分已被新修订的《企业会计准则第2号——长期股权投资》替代。
[4] 该部分已被新修订的《企业会计准则第33号——合并财务报表》替代。

况已经存在,预期被购买方在购买日可抵扣暂时性差异带来的经济利益能够实现的,应当确认相关的递延所得税资产,同时减少商誉,商誉不足冲减的,差额部分确认为当期损益;除上述情况以外,确认与企业合并相关的递延所得税资产,应当计入当期损益。

本解释发布前递延所得税资产未按照上述规定处理的,应当进行追溯调整,追溯调整不切实可行的除外。

六、在合并财务报表中,子公司少数股东分担的当期亏损超过了少数股东在该子公司期初所有者权益中所享有的份额的,其余额应当如何进行会计处理?

答:在合并财务报表中,子公司少数股东分担的当期亏损超过了少数股东在该子公司期初所有者权益中所享有的份额的,其余额仍应当冲减少数股东权益。

本解释发布前子公司少数股东权益未按照上述规定处理的,应当进行追溯调整,追溯调整不切实可行的除外。

七、企业集团内涉及不同企业的股份支付交易应当如何进行会计处理?

答:企业集团(由母公司和其全部子公司构成)内发生的股份支付交易,应当按照以下规定进行会计处理:

(一)结算企业以其本身权益工具结算的,应当将该股份支付交易作为权益结算的股份支付处理;除此之外,应当作为现金结算的股份支付处理。

结算企业是接受服务企业的投资者的,应当按照授予日权益工具的公允价值或应承担负债的公允价值确认为对接受服务企业的长期股权投资,同时确认资本公积(其他资本公积)或负债。

(二)接受服务企业没有结算义务或授予本企业职工的是其本身权益工具的,应当将该股份支付交易作为权益结算的股份支付处理。

接受服务企业具有结算义务且授予本企业职工的是企业集团内其他企业权益工具的,应当将该股份支付交易作为现金结算的股份支付处理。

本解释发布前股份支付交易未按上述规定处理的,应当进行追溯调整,追溯调整不切实可行的除外。

八、融资性担保公司应当执行何种会计标准?

答:融资性担保公司应当执行企业会计准则,并按照《企业会计准则——应用指南》有关保险公司财务报表格式规定,结合公司实际情况,编制财务报表并对外披露相关信息,不再执行《担保企业会计核算办法》(财会〔2005〕17号)。

融资性担保公司发生的担保业务,应当按照《企业会计准则第25号——原保险合同》、《企业会计准则第26号——再保险合同》、《保险合同相关会计处理规定》(财会〔2009〕15号)等有关保险合同的相关规定进行会计处理。

本解释发布前融资性担保公司发生的担保业务未按照上述规定处理的,应当进行追溯调整,追溯调整不切实可行的除外。

九、企业发生的融资融券业务,应当执行何种会计标准?

答:融资融券业务,是指证券公司向客户出借资金供其买入证券或者出借证券供其卖出,并由客户交存相应担保物的经营活动。企业发生的融资融券业务,分为融资业务和融券业务两类。

关于融资业务,证券公司及其客户均应当按照《企业会计准则第22号——金融工具确认和计量》有关规定进行会计处理。证券公司融出的资金,应当确认应收债权,并确认相应利息收入;客户融入的资金,应当确认应付债务,并确认相应利息费用。

关于融券业务,证券公司融出的证券,按照《企业会计准则第23号——金融资产转移》有关规定,不应终止确认该证券,但应确认相应利息收入;客户融入的证券,应当按照《企业会计准则第22号——金融工具确认和计量》有关规定进行会计处理,并确认相应利息费用。

证券公司对客户融资融券并代客户买卖证券时,应当作为证券经纪业务进行会计处理。

证券公司及其客户发生的融资融券业务,应当按照《企业会计准则第37号——金融工具列报》

有关规定披露相关会计信息。

本解释发布前融资融券业务未按上述规定进行处理的,应当进行追溯调整,追溯调整不切实可行的除外。

十、企业根据《企业会计准则解释第 2 号》(财会〔2008〕11 号)的规定,对认股权和债券分离交易的可转换公司债券中的认股权,单独确认了一项权益工具(资本公积——其他资本公积)。认股权持有人没有行权的,原计入资本公积(其他资本公积)的部分,应当如何进行会计处理?

答:企业发行的认股权和债券分离交易的可转换公司债券,认股权持有人到期没有行权的,应当在到期时将原计入资本公积(其他资本公积)的部分转入资本公积(股本溢价)。

本解释发布前认股权和债券分离交易的可转换公司债券未按上述规定进行处理的,应当进行追溯调整,追溯调整不切实可行的除外。

十一、本解释中除特别注明应予追溯调整的以外,其他问题自 2010 年 1 月 1 日起施行。

企业会计准则解释第 5 号

(2012 年 11 月 5 日　财政部　财会〔2012〕19 号)

一、非同一控制下的企业合并中,购买方应如何确认取得的被购买方拥有的但在其财务报表中未确认的无形资产?

答:非同一控制下的企业合并中,购买方在对企业合并中取得的被购买方资产进行初始确认时,应当对被购买方拥有的但在其财务报表中未确认的无形资产进行充分辨认和合理判断,满足以下条件之一的,应确认为无形资产:

(一)源于合同性权利或其他法定权利;

(二)能够从被购买方中分离或者划分出来,并能单独或与相关合同、资产和负债一起,用于出售、转移、授予许可、租赁或交换。

企业应当在附注中披露在非同一控制下的企业合并中取得的被购买方无形资产的公允价值及其公允价值的确定方法。

二、企业开展信用风险缓释工具相关业务,应当如何进行会计处理?

答:信用风险缓释工具,是指信用风险缓释合约、信用风险缓释凭证及其他用于管理信用风险的信用衍生产品。信用风险缓释合约,是指交易双方达成的、约定在未来一定期限内,信用保护买方按照约定的标准和方式向信用保护卖方支付信用保护费用,由信用保护卖方就约定的标的债务向信用保护买方提供信用风险保护的金融合约。信用风险缓释凭证,是指由标的实体以外的机构创设,为凭证持有人就标的债务提供信用风险保护的、可交易流通的有价凭证。

信用保护买方和卖方应当根据信用风险缓释工具的合同条款,按照实质重于形式的原则,判断信用风险缓释工具是否属于财务担保合同,并分别下列情况进行处理:

(一)属于财务担保合同的信用风险缓释工具,除融资性担保公司根据《企业会计准则解释第 4 号》第八条的规定处理外,信用保护买方和卖方应当按照《企业会计准则第 22 号——金融工具确认和计量》中有关财务担保合同的规定进行会计处理。其中,信用保护买方支付的信用保护费用和信用保护卖方取得的信用保护收入,应当在财务担保合同期间内按照合理的基础进行摊销,计入各期损益。

(二)不属于财务担保合同的其他信用风险缓释工具,信用保护买方和卖方应当按照《企业会计准则第 22 号——金融工具确认和计量》的规定,将其归类为衍生工具进行会计处理。

财务担保合同,是指当特定债务人到期不能按照最初或修改后的债务工具条款偿付时,要求签发人向蒙受损失的合同持有人赔付特定金额的合同。

开展信用风险缓释工具相关业务的信用保护买方和卖方，应当根据信用风险缓释工具的分类，分别按照《企业会计准则第37号——金融工具列报》、《企业会计准则第25号——原保险合同》或《企业会计准则第26号——再保险合同》以及《企业会计准则第30号——财务报表列报》进行列报。

三、企业采用附追索权方式出售金融资产，或将持有的金融资产背书转让，是否应当终止确认该金融资产？

答：企业对采用附追索权方式出售的金融资产，或将持有的金融资产背书转让，应当根据《企业会计准则第23号——金融资产转移》的规定，确定该金融资产所有权上几乎所有的风险和报酬是否已经转移。企业已将该金融资产所有权上几乎所有的风险和报酬转移给转入方的，应当终止确认该金融资产；保留了金融资产所有权上几乎所有的风险和报酬的，不应当终止确认该金融资产；既没有转移也没有保留金融资产所有权上几乎所有的风险和报酬的，应当继续判断企业是否对该资产保留了控制，并根据《企业会计准则第23号——金融资产转移》的规定进行会计处理。

四、银行业金融机构开展同业代付业务，应当如何进行会计处理？

答：银行业金融机构应当根据委托行（发起行、开证行）与受托行（代付行）签订的代付业务协议条款判断同业代付交易的实质，按照融资资金的提供方不同以及代付本金和利息的偿还责任不同，分别下列情况进行处理：

（一）如果委托行承担合同义务在约定还款日无条件向受托行偿还代付本金和利息，委托行应当按照《企业会计准则第22号——金融工具确认和计量》，将相关交易作为对申请人发放贷款处理，受托行应当将相关交易作为向委托行拆出资金处理。

（二）如果申请人承担合同义务向受托行在约定还款日偿还代付本金和利息（无论还款是否通过委托行），委托行仅在申请人到期未能偿还代付本金和利息的情况下，才向受托行无条件偿还代付本金和利息的，对于相关交易中的担保部分，委托行应当按照《企业会计准则第22号——金融工具确认和计量》对财务担保合同的规定处理；对于相关交易中的代理责任部分，委托行应当按照《企业会计准则第14号——收入》处理。受托行应当按照《企业会计准则第22号——金融工具确认和计量》，将相关交易作为对申请人发放贷款处理。

银行业金融机构应当严格遵循《企业会计准则第37号——金融工具列报》和其他相关准则的规定，对同业代付业务涉及的金融资产、金融负债、贷款承诺、担保、代理责任等相关信息进行列报。同业代付业务产生的金融资产和金融负债不得随意抵销。

本条解释既适用于信用证项下的同业代付业务，也适用于保理项下的同业代付业务。

五、企业通过多次交易分步处置对子公司股权投资直至丧失控制权，应当如何进行会计处理？

答：企业通过多次交易分步处置对子公司股权投资直至丧失控制权的，应当按照《关于执行会计准则的上市公司和非上市企业做好2009年年报工作的通知》（财会〔2009〕16号）和《企业会计准则解释第4号》（财会〔2010〕15号）的规定对每一项交易进行会计处理。处置对子公司股权投资直至丧失控制权的各项交易属于"一揽子"交易的，应当将各项交易作为一项处置子公司并丧失控制权的交易进行会计处理；但是，在丧失控制权之前每一次处置价款与处置投资对应的享有该子公司净资产份额的差额，在合并财务报表中应当确认为其他综合收益，在丧失控制权时一并转入丧失控制权当期的损益。

处置对子公司股权投资的各项交易的条款、条件以及经济影响符合以下一种或多种情况，通常表明应将多次交易事项作为"一揽子"交易进行会计处理：

（1）这些交易是同时或者在考虑了彼此影响的情况下订立的；

（2）这些交易整体才能达成一项完整的商业结果；

（3）一项交易的发生取决于其他至少一项交易的发生；

（4）一项交易单独看是不经济的，但是和其他交易一并考虑时是经济的。

六、企业接受非控股股东（或非控股股东的子公司）直接或间接代为偿债、债务豁免或捐赠的，应如何进行会计处理?

答:企业接受代为偿债、债务豁免或捐赠,按照企业会计准则规定符合确认条件的,通常应当确认为当期收益;但是,企业接受非控股股东(或非控股股东的子公司)直接或间接代为偿债、债务豁免或捐赠,经济实质表明属于非控股股东对企业的资本性投入,应当将相关利得计入所有者权益(资本公积)。

企业发生破产重整,其非控股股东因执行人民法院批准的破产重整计划,通过让渡所持有的该企业部分股份向企业债权人偿债的,企业应将非控股股东所让渡股份按照其在让渡之日的公允价值计入所有者权益(资本公积),减少所豁免债务的账面价值,并将让渡股份公允价值与被豁免的债务账面价值之间的差额计入当期损益。控股股东按照破产重整计划让渡了所持有的部分该企业股权向企业债权人偿债的,该企业也按此原则处理。

七、本解释自 2013 年 1 月 1 日施行,不要求追溯调整。

企业会计准则解释第 6 号

(2014 年 1 月 17 日　财政部　财会〔2014〕1 号)

一、企业因固定资产弃置费用确认的预计负债发生变动的,应当如何进行会计处理?

答:企业应当进一步规范关于固定资产弃置费用的会计核算,根据《企业会计准则第 4 号——固定资产》应用指南的规定,对固定资产的弃置费用进行会计处理。

本解释所称的弃置费用形成的预计负债在确认后,按照实际利率法计算的利息费用应当确认为财务费用;由于技术进步、法律要求或市场环境变化等原因,特定固定资产的履行弃置义务可能发生支出金额、预计弃置时点、折现率等变动而引起的预计负债变动,应按照以下原则调整该固定资产的成本:

(1) 对于预计负债的减少,以该固定资产账面价值为限扣减固定资产成本。如果预计负债的减少额超过该固定资产账面价值,超出部分确认为当期损益。

(2) 对于预计负债的增加,增加该固定资产的成本。

按照上述原则调整的固定资产,在资产剩余使用年限内计提折旧。一旦该固定资产的使用寿命结束,预计负债的所有后续变动应在发生时确认为损益。

二、根据《企业会计准则第 20 号——企业合并》,在同一控制下的企业合并中,合并方在企业合并中取得的资产和负债,应当按照合并日在被合并方的账面价值计量。在被合并方是最终控制方以前年度从第三方收购来的情况下,合并方在编制财务报表时,应如何确定被合并方资产、负债的账面价值?

答:同一控制下的企业合并,是指参与合并的企业在合并前后均受同一方或相同的多方最终控制,且该控制不是暂时性的。从最终控制方的角度看,其在合并前后实际控制的经济资源并没有发生变化,因此有关交易事项不应视为购买。合并方编制财务报表时,在被合并方是最终控制方以前年度从第三方收购来的情况下,应视同合并后形成的报告主体自最终控制方开始实施控制时起,一直是一体化存续下来的,应以被合并方的资产、负债(包括最终控制方收购被合并方而形成的商誉)在最终控制方财务报表中的账面价值为基础,进行相关会计处理。合并方的财务报表比较数据追溯调整的期间应不早于双方处于最终控制方的控制之下孰晚的时间。

本解释发布前同一控制下的企业合并未按上述规定处理的,应当进行追溯调整,追溯调整不切实可行的除外。

三、本解释自发布之日起施行。

企业会计准则解释第 7 号

(2015 年 11 月 4 日 财政部 财会〔2015〕19 号)

一、投资方因其他投资方对其子公司增资而导致本投资方持股比例下降，从而丧失控制权但能实施共同控制或施加重大影响的，投资方应如何进行会计处理？

答：该问题主要涉及《企业会计准则第 2 号——长期股权投资》、《企业会计准则第 33 号——合并财务报表》等准则。

投资方应当区分个别财务报表和合并财务报表进行相关会计处理：

（一）在个别财务报表中，应当对该项长期股权投资从成本法转为权益法核算。首先，按照新的持股比例确认本投资方应享有的原子公司因增资扩股而增加净资产的份额，与应结转持股比例下降部分所对应的长期股权投资原账面价值之间的差额计入当期损益；然后，按照新的持股比例视同自取得投资时即采用权益法核算进行调整。

（二）在合并财务报表中，应当按照《企业会计准则第 33 号——合并财务报表》的有关规定进行会计处理。

二、重新计量设定受益计划净负债或者净资产所产生的变动应计入其他综合收益，后续会计期间应如何进行会计处理？

答：该问题主要涉及《企业会计准则第 9 号——职工薪酬》等准则。

重新计量设定受益计划净负债或者净资产的变动计入其他综合收益，在后续会计期间不允许转回至损益，在原设定受益计划终止时应当在权益范围内将原计入其他综合收益的部分全部结转至未分配利润。计划终止，指该计划已不存在，即本企业已解除该计划所产生的所有未来义务。

三、子公司发行优先股等其他权益工具的，应如何计算母公司合并利润表中的"归属于母公司股东的净利润"？

答：该问题主要涉及《企业会计准则第 33 号——合并财务报表》等准则。

子公司发行累积优先股等其他权益工具的，无论当期是否宣告发放其股利，在计算列报母公司合并利润表中的"归属于母公司股东的净利润"时，应扣除当期归属于除母公司之外的其他权益工具持有者的可累积分配股利，扣除金额应在"少数股东损益"项目中列示。

子公司发行不可累积优先股等其他权益工具的，在计算列报母公司合并利润表中的"归属于母公司股东的净利润"时，应扣除当期宣告发放的归属于除母公司之外的其他权益工具持有者的不可累积分配股利，扣除金额应在"少数股东损益"项目中列示。

本解释发布前企业的合并财务报表未按照上述规定列报的，应当对可比期间的数据进行相应调整。

四、母公司直接控股的全资子公司改为分公司的，该母公司应如何进行会计处理？

答：母公司直接控股的全资子公司改为分公司的（不包括反向购买形成的子公司改为分公司的情况），应按以下规定进行会计处理：

（一）原母公司（即子公司改为分公司后的总公司）应当对原子公司（即子公司改为分公司后的分公司）的相关资产、负债，按照原母公司自购买日所取得的该原子公司各项资产、负债的公允价值（如为同一控制下企业合并取得的原子公司则为合并日账面价值）以及购买日（或合并日）计算的递延所得税负债或递延所得税资产持续计算至改为分公司日的各项资产、负债的账面价值确认。在此基础上，抵销原母公司与原子公司内部交易形成的未实现损益，并调整相关资产、负债，以及相应的递延所得税负债或递延所得税资产。此外，某些特殊项目按如下原则处理：

1. 原为非同一控制下企业合并取得的子公司改为分公司的，原母公司购买原子公司时产生的合并成本小于合并中取得的可辨认净资产公允价值份额的差额,应计入留存收益;原母公司购买原子公司时产生的合并成本大于合并中取得的可辨认净资产公允价值份额的差额,应按照原母公司合并该原子公司的合并财务报表中商誉的账面价值转入原母公司的商誉。原为同一控制下企业合并取得的子公司改为分公司的,原母公司在合并财务报表中确认的最终控制方收购原子公司时形成的商誉,按其在合并财务报表中的账面价值转入原母公司的商誉。

2. 原子公司提取但尚未使用的安全生产费或一般风险准备,分别情况处理:原为非同一控制下企业合并取得的子公司改为分公司的,按照购买日起开始持续计算至改为分公司日的原子公司安全生产费或一般风险准备的账面价值,转入原母公司的专项储备或一般风险准备;原为同一控制下企业合并取得的子公司改为分公司的,按照合并日原子公司安全生产费或一般风险准备账面价值持续计算至改为分公司日的账面价值,转入原母公司的专项储备或一般风险准备。

3. 原为非同一控制下企业合并取得的子公司改为分公司的,应将购买日至改为分公司日原子公司实现的净损益,转入原母公司留存收益;原为同一控制下企业合并取得的子公司改为分公司的,应将合并日至改为分公司日原子公司实现的净损益,转入原母公司留存收益。这里,将原子公司实现的净损益转入原母公司留存收益时,应当按购买日(或合并日)所取得的原子公司各项资产、负债公允价值(或账面价值)为基础计算,并且抵销原母子公司内部交易形成的未实现损益。

原子公司实现的其他综合收益和权益法下核算的其他所有者权益变动等,应参照上述原则计算调整,并相应转入原母公司权益项下其他综合收益和资本公积等项目。

4. 原母公司对该原子公司长期股权投资的账面价值与按上述原则将原子公司的各项资产、负债等转入原母公司后形成的差额,应调整资本公积;资本公积不足冲减的,调整留存收益。

(二)除上述情况外,原子公司改为分公司过程中,由于其他原因产生的各项资产、负债的入账价值与其计税基础不同所产生的暂时性差异,按照《企业会计准则第18号——所得税》的有关规定进行会计处理。

(三)其他方式取得的子公司改为分公司的,应比照上述(一)和(二)原则进行会计处理。

五、对于授予限制性股票的股权激励计划,企业应如何进行会计处理?等待期内企业应如何考虑限制性股票对每股收益计算的影响?

答:该问题主要涉及《企业会计准则第11号——股份支付》、《企业会计准则第22号——金融工具确认和计量》、《企业会计准则第34号——每股收益》和《企业会计准则第37号——金融工具列报》等准则。

(一)授予限制性股票的会计处理

上市公司实施限制性股票的股权激励安排中,常见做法是上市公司以非公开发行的方式向激励对象授予一定数量的公司股票,并规定锁定期和解锁期,在锁定期和解锁期内,不得上市流通及转让。达到解锁条件,可以解锁;如果全部或部分股票未被解锁而失效或作废,通常由上市公司按照事先约定的价格立即进行回购。

对于此类授予限制性股票的股权激励计划,向职工发行的限制性股票按有关规定履行了注册登记等增资手续的,上市公司应当根据收到职工缴纳的认股款确认股本和资本公积(股本溢价),按照职工缴纳的认股款,借记"银行存款"等科目,按照股本金额,贷记"股本"科目,按照其差额,贷记"资本公积——股本溢价"科目;同时,就回购义务确认负债(作收购库存股处理),按照发行限制性股票的数量以及相应的回购价格计算确定的金额,借记"库存股"科目,贷记"其他应付款——限制性股票回购义务"(包括未满足条件而须立即回购的部分)等科目。

上市公司应当综合考虑限制性股票锁定期和解锁期等相关条款,按照《企业会计准则第11号——股份支付》相关规定判断等待期,进行与股份支付相关的会计处理。对于因回购产生的义务确认的负债,应当按照《企业会计准则第22号——金融工具确认和计量》相关规定进行会计处理。上市公司未达到限制性股票解锁条件而需回购的股票,按照应支付的金额,借记"其他应付款——限制性股票回购义务"等科目,贷记"银行存款"等科目;同时,按照注销的限制性股票数量相对应的股本金额，借记"股本"科目，按照注销的限制性股票数量相对应的库存股的账面价值，贷记"库存股"科目，按其差额，借记"资本公积——股本溢价"科目。上市公司达到限制性股票解锁条件而无须回购的股票，按照解锁股票相对应的负债的账面价值，借记"其他应付款——限制性股票回购义务"等科目，按照解锁股票相对应的库存股的账面价值，贷记"库存股"科目，如有差额，则借记或贷记"资本公积——股本溢价"科目。

（二）等待期内发放现金股利的会计处理和基本每股收益的计算

上市公司在等待期内发放现金股利的会计处理及基本每股收益的计算，应视其发放的现金股利是否可撤销采取不同的方法：

1. 现金股利可撤销，即一旦未达到解锁条件，被回购限制性股票的持有者将无法获得（或需要退回）其在等待期内应收（或已收）的现金股利。

等待期内，上市公司在核算应分配给限制性股票持有者的现金股利时，应合理估计未来解锁条件的满足情况，该估计与进行股份支付会计处理时在等待期内每个资产负债表日对可行权权益工具数量进行的估计应当保持一致。对于预计未来可解锁限制性股票持有者，上市公司应分配给限制性股票持有者的现金股利应当作为利润分配进行会计处理，借记"利润分配——应付现金股利或利润"科目，贷记"应付股利——限制性股票股利"科目；同时，按分配的现金股利金额，借记"其他应付款——限制性股票回购义务"等科目，贷记"库存股"科目；实际支付时，借记"应付股利——限制性股票股利"科目，贷记"银行存款"等科目。对于预计未来不可解锁限制性股票持有者，上市公司应分配给限制性股票持有者的现金股利应当冲减相关的负债，借记"其他应付款——限制性股票回购义务"等科目，贷记"应付股利——限制性股票股利"科目；实际支付时，借记"应付股利——限制性股票股利"科目，贷记"银行存款"等科目。后续信息表明不可解锁限制性股票的数量与以前估计不同的，应当作为会计估计变更处理，直到解锁日预计不可解锁限制性股票的数量与实际未解锁限制性股票的数量一致。

等待期内计算基本每股收益时，分子应扣除当期分配给预计未来可解锁限制性股票持有者的现金股利；分母不应包含限制性股票的股数。

2. 现金股利不可撤销，即不论是否达到解锁条件，限制性股票持有者仍有权获得（或不得被要求退回）其在等待期内应收（或已收）的现金股利。

等待期内，上市公司在核算应分配给限制性股票持有者的现金股利时，应合理估计未来解锁条件的满足情况，该估计与进行股份支付会计处理时在等待期内每个资产负债表日对可行权权益工具数量进行的估计应当保持一致。对于预计未来可解锁限制性股票持有者，上市公司应分配给限制性股票持有者的现金股利应当作为利润分配进行会计处理，借记"利润分配——应付现金股利或利润"科目，贷记"应付股利——限制性股票股利"科目；实际支付时，借记"应付股利——限制性股票股利"科目，贷记"银行存款"等科目。对于预计未来不可解锁限制性股票持有者，上市公司应分配给限制性股票持有者的现金股利应当计入当期成本费用，借记"管理费用"等科目，贷记"应付股利——应付限制性股票股利"科目；实际支付时，借记"应付股利——限制性股票股利"科目，贷记"银行存款"等科目。后续信息表明不可解锁限制性股票的数量与以前估计不同的，应当作为会计估计变更处理，直到解锁日预计不可解锁限制性股票的数量与实际未解锁限制性股票的数量一致。

等待期内计算基本每股收益时，应当将预计未来可解锁限制性股票作为同普通股一起参加剩余利润分配的其他权益工具处理，分子应扣除归属于预计未来可解锁限制性股票的净利润；分母不应包含限制性股票的股数。

（三）等待期内稀释每股收益的计算

等待期内计算稀释每股收益时，应视解锁条件不同采取不同的方法：

1. 解锁条件仅为服务期限条件的，企业应假设资产负债表日尚未解锁的限制性股票已于当期期初（或晚于期初的授予日）全部解锁，并参照《企业会计准则第34号——每股收益》中股份期权的有关规定考虑限制性股票的稀释性。其中，行权价格为限制性股票的发行价格加上资产负债表日尚未取得的职工服务按《企业会计准则第 11 号——股份支付》有关规定计算确定的公允价值。锁定期内计算稀释每股收益时，分子应加回计算基本每股收益分子时已扣除的当期分配给预计未来可解锁限制性股票持有者的现金股利或归属于预计未来可解锁限制性股票的净利润。

2. 解锁条件包含业绩条件的，企业应假设资产负债表日即为解锁日并据以判断资产负债表日的实际业绩情况是否满足解锁要求的业绩条件。若满足业绩条件的，应当参照上述解锁条件仅为服务期限条件的有关规定计算稀释每股收益；若不满足业绩条件的，计算稀释性每股收益时不必考虑此限制性股票的影响。

本解释发布前限制性股票未按照上述规定处理的，应当追溯调整，并重新计算各列报期间的每股收益，追溯调整不切实可行的除外。

六、本解释中除特别注明外，其他问题的会计处理规定适用于 2015 年年度及以后期间的财务报告。

企业会计准则解释第 8 号

(2015 年 12 月 16 日　财政部　财会〔2015〕23 号)

一、商业银行及其子公司（以下统称为商业银行）应当如何判断是否控制其按照银行业监督管理委员会相关规定发行的理财产品（以下称为理财产品）？

答：商业银行应当按照《企业会计准则第 33 号——合并财务报表》（以下简称《合并财务报表准则》）的相关规定，判断是否控制其发行的理财产品。如果商业银行控制该理财产品，应当按照《合并财务报表准则》的规定将该理财产品纳入合并范围。

商业银行在判断是否控制其发行的理财产品时，应当综合考虑其本身直接享有以及通过所有子公司（包括控制的结构化主体）间接享有权利而拥有的权力、可变回报及其联系。分析可变回报时，至少应当关注以下方面：

可变回报通常包括商业银行因向理财产品提供管理服务等获得的决策者薪酬和其他利益：前者包括各种形式的理财产品管理费（含各种形式的固定管理费和业绩报酬等），还可能包括以销售费、托管费以及其他各种服务收费的名义收取的实质上为决策者薪酬的收费；后者包括各种形式的直接投资收益，提供信用增级或支持等而获得的补偿或报酬，因提供信用增级或支持等而可能发生或承担的损失，与理财产品进行其他交易或者持有理财产品其他利益而取得的可变回报，以及销售费、托管费和其他各种名目的服务收费等。其中，提供的信用增级包括担保（例如保证理财产品投资者的本金或收益、为理财产品的债务提供保证等）、信贷承诺等；提供的支持包括财务或其他支持，例如流动性支持、回购承诺、向理财产品提供融资、购买理财产品持有的资产、同理财产品进行衍生交易等。

商业银行在分析享有的可变回报时，不仅应当分析与理财产品相关的法律法规及各项合同安排的实质，还应当分析理财产品成本与收益是否清晰明确，交易定价（含收费）是否符合市场或行业惯例，以及是否存在其他可能导致商业银行最终承担理财产品损失的情况等。商业银行应当慎重考虑其是否在没有合同义务的情况下，对过去发行的具有类似特征的理财产品提供过信用增级或支持的事实或情况，至少包括以下几个方面：

1. 提供该信用增级或支持的触发事件及其原因，以及预期未来发生类似事件的可能性和频率。
2. 商业银行提供该信用增级或支持的原因，以及作出这一决定的内部控制和管理流程；预期未来出现类似触发事件时，是否仍将提供信用增级和支持（此评估应当基于商业银行对于此类事件的应对机制以及内部控制和管理流程，且应当考虑历史经验）。
3. 因提供信用增级或支持而从理财产品获取的对价，包括但不限于该对价是否公允，收取该对价是否存在不确定性以及不确定性的程度。

4. 因提供信用增级或支持而面临损失的风险程度。

如果商业银行按照《合并财务报表准则》判断对所发行的理财产品不构成控制，但在该理财产品的存续期内，商业银行向该理财产品提供了合同义务以外的信用增级或支持，商业银行应当至少考虑上述各项事实和情况，重新评估是否对该理财产品形成控制。经重新评估后认定对理财产品具有控制的，商业银行应当将该理财产品纳入合并范围。同时，对于发行的具有类似特征（如具有类似合同条款、基础资产构成、投资者构成、商业银行参与理财产品而享有可变回报的构成等）的理财产品，商业银行也应当按照一致性原则予以重新评估。

二、商业银行应当如何对其发行的理财产品进行会计处理？

答：商业银行发行的理财产品应当作为独立的会计主体，按照企业会计准则的相关规定进行会计处理。

（一）会计核算

对于理财产品持有或发行的金融工具，在采用《企业会计准则第22号——金融工具确认和计量》（以下简称《金融工具确认计量准则》）、《企业会计准则第37号——金融工具列报》（以下简称《金融工具列报准则》）和《企业会计准则第39号——公允价值计量》（以下简称《公允价值计量准则》）时，应当至少考虑以下内容：

1. 分类。

对于理财产品持有的金融资产或金融负债，应当根据持有目的或意图、是否有活跃市场报价、金融工具现金流量特征等，按照《金融工具确认计量准则》有关金融资产或金融负债的分类原则进行恰当分类。

如果理财产品持有的非衍生金融资产由于缺乏流动性而难以在市场上出售（如非标准化债权资产），则通常不能表明该金融资产是为了交易目的而持有的（如为了近期内出售，或者属于进行集中管理的可辨认金融工具组合的一部分，且有客观证据表明近期采用短期获利方式对该组合进行管理），因而不应当分类为以公允价值计量且其变动计入当期损益的金融资产中的交易性金融资产。

如果理财产品持有的权益工具投资在活跃市场中没有报价，且采用估值技术后公允价值也不能可靠计量，则不得将其指定为以公允价值计量且其变动计入当期损益的金融资产。

如果商业银行因为估值流程不完善或不具备估值能力，且未能或难以有效利用第三方估值等原因，无法或难以可靠地评估理财产品持有的金融资产或金融负债的公允价值，则通常不能表明其能以公允价值为基础对理财产品持有的金融资产或金融负债进行管理和评价，因而不得依据《金融工具确认计量准则》，将该金融资产或金融负债指定为以公允价值计量且其变动计入当期损益的金融工具。

理财产品发行的金融工具，应当按照《金融工具列报准则》的相关规定进行分类。

在对理财产品进行会计处理时，应当按照企业会计准则的相关规定规范使用会计科目，不得使用诸如"代理理财投资"等可能引起歧义的科目名称。

2. 计量。

对于理财产品持有的金融资产或金融负债，应当按照《金融工具确认计量准则》、《公允价值计量准则》和其他相关准则进行计量。其中：

（1）公允价值计量。

对于以公允价值计量的金融资产或金融负债，应当按照《公允价值计量准则》的相关规定确定其公允价值。通常情况下，金融工具初始确认的成本不符合后续公允价值计量要求，除非有充分的证据或理由表明该成本在计量日仍是对公允价值的恰当估计。

（2）减值。

理财产品持有的除以公允价值计量且其变动计入当期损益之外的金融资产，应当按照《金融工具确认计量准则》中有关金融资产减值的规定，评估是否存在减值的客观证据，以及确定减值损失的金额并进行会计核算。

（二）列报

商业银行是编报理财产品财务报表的法定责任人。如果相关法律法规或监管部门要求报送或公开理财产品财务报表，商业银行应当确保其报送或公开的理财产品财务报表符合企业会计准则的要求。

三、商业银行应当在2016年年度及以后期间的财务报告中适用本解释要求。本解释生效前商业银行对理财产品的会计处理与本解释不一致的，应当进行追溯调整，追溯调整不可行的除外。

企业会计准则解释第9号
——关于权益法下有关投资净损失的会计处理

(2017年6月12日　财政部　财会〔2017〕16号)

一、涉及的主要准则

该问题主要涉及《企业会计准则第2号——长期股权投资》（财会〔2014〕14号，以下简称第2号准则）。

二、涉及的主要问题

第2号准则第十二条规定，投资方确认被投资单位发生的净亏损，应以长期股权投资的账面价值以及其他实质上构成对被投资单位净投资的长期权益（简称其他长期权益）冲减至零为限，投资方负有承担额外损失义务的除外。被投资单位以后实现净利润的，投资方在其收益分享额弥补未确认的亏损分担额后，恢复确认收益分享额。

根据上述规定，投资方在权益法下因确认被投资单位发生的其他综合收益减少净额而产生未确认投资净损失的，是否按照上述原则处理？

三、会计确认、计量和列报要求

投资方按权益法确认应分担被投资单位的净亏损或被投资单位其他综合收益减少净额，将有关长期股权投资冲减至零并产生了未确认投资净损失的，被投资单位在以后期间实现净利润或其他综合收益增加净额时，投资方应当按照以前确认或登记有关投资净损失时的相反顺序进行会计处理，即依次减记未确认投资净损失金额、恢复其他长期权益和恢复长期股权投资的账面价值，同时，投资方还应当重新复核预计负债的账面价值，有关会计处理如下：

（一）投资方当期对被投资单位净利润和其他综合收益增加净额的分享额小于或等于前期未确认投资净损失的，根据登记的未确认投资净损失的类型，弥补前期未确认的应分担的被投资单位净亏损或其他综合收益减少净额等投资净损失。

（二）投资方当期对被投资单位净利润和其他综合收益增加净额的分享额大于前期未确认投资净损失的，应先按照以上（一）的规定弥补前期未确认投资净损失；对于前者大于后者的差额部分，依次恢复其他长期权益的账面价值和恢复长期股权投资的账面价值，同时按权益法确认该差额。

投资方应当按照《企业会计准则第13号——或有事项》的有关规定，对预计负债的账面价值进行复核，并根据复核后的最佳估计数予以调整。

四、生效日期和新旧衔接

本解释自2018年1月1日起施行。本解释施行前的有关业务未按照以上规定进行处理的，应进行追溯调整，追溯调整不切实可行的除外。本解释施行前已处置或因其他原因终止采用权益法核算的长期股权投资，无须追溯调整。

企业会计准则解释第 10 号
——关于以使用固定资产产生的收入为基础的折旧方法

(2017 年 6 月 12 日　财政部　财会〔2017〕17 号)

一、涉及的主要准则

该问题主要涉及《企业会计准则第 4 号——固定资产》(财会〔2006〕3 号,以下简称第 4 号准则)。

二、涉及的主要问题

第 4 号准则第十七条规定,企业应当根据与固定资产有关的经济利益的预期实现方式,合理选择固定资产折旧方法。可选的折旧方法包括年限平均法、工作量法、双倍余额递减法和年数总和法等。

根据上述规定,企业能否以包括使用固定资产在内的经济活动产生的收入为基础计提折旧?

三、会计确认、计量和列报要求

企业在按照第 4 号准则的上述规定选择固定资产折旧方法时,应当根据与固定资产有关的经济利益的预期消耗方式作出决定。由于收入可能受到投入、生产过程、销售等因素的影响,这些因素与固定资产有关经济利益的预期消耗方式无关,因此,企业不应以包括使用固定资产在内的经济活动所产生的收入为基础进行折旧。

四、生效日期和新旧衔接

本解释自 2018 年 1 月 1 日起施行,不要求追溯调整。本解释施行前已确认的相关固定资产未按本解释进行会计处理的,不调整以前各期折旧金额,也不计算累积影响数,自施行之日起在未来期间根据重新评估后的折旧方法计提折旧。

企业会计准则解释第 11 号
——关于以使用无形资产产生的收入为基础的摊销方法

(2017 年 6 月 12 日　财政部　财会〔2017〕18 号)

一、涉及的主要准则

该问题主要涉及《企业会计准则第 6 号——无形资产》(财会〔2006〕3 号,以下简称第 6 号准则)。

二、涉及的主要问题

第 6 号准则第十七条规定,企业选择的无形资产摊销方法,应当反映与该无形资产有关的经济利益的预期实现方式。无法可靠确定预期实现方式的,应当采用直线法摊销。

根据上述规定,企业能否以包括使用无形资产在内的经济活动产生的收入为基础进行摊销?

三、会计确认、计量和列报要求

企业在按照第 6 号准则的上述规定选择无形资产摊销方法时,应根据与无形资产有关的经济利益的预期消耗方式作出决定。由于收入可能受到投入、生产过程和销售等因素的影响,这些因素与无形资产有关经济利益的预期消耗方式无关,因此,企业通常不应以包括使用无形资产在内的经济活动所产生的收入为基础进行摊销,但是,下列极其有限的情况除外:

1. 企业根据合同约定确定无形资产固有的根本性限制条款(如无形资产的使用时间、使用无形资产生产产品的数量或因使用无形资产而应取得固定的收入总额)的,当该条款为因使用无形资产而应取得的固定的收入总额时,取得的收入可以成为摊销的合理基础,如企业获得勘探开采黄金的特许权,且合同明确规定该特许权在销售黄金的收入总额达到某固定的金额时失效。

2. 有确凿的证据表明收入的金额和无形资产经济利益的消耗是高度相关的。

企业采用车流量法对高速公路经营权进行摊销的,不属于以包括使用无形资产在内的经济活动产生的收入为基础的摊销方法。

四、生效日期和新旧衔接

本解释自2018年1月1日起施行,不要求追溯调整。本解释施行前已确认的无形资产未按本解释进行会计处理的,不调整以前各期摊销金额,也不计算累积影响数,自施行之日起在未来期间根据重新评估后的摊销方法计提摊销。

企业会计准则解释第12号
——关于关键管理人员服务的提供方与接受方是否为关联方

(2017年6月12日 财政部 财会〔2017〕19号)

一、涉及的主要准则

该问题主要涉及《企业会计准则第36号——关联方披露》(财会〔2006〕3号,以下简称第36号准则)。

二、涉及的主要问题

根据第36号准则第四条,企业的关键管理人员构成该企业的关联方。

根据上述规定,提供关键管理人员服务的主体(以下简称服务提供方)与接受该服务的主体(以下简称服务接受方)之间是否构成关联方?例如,证券公司与其设立并管理的资产管理计划之间存在提供和接受关键管理人员服务的关系的,是否仅因此就构成了关联方,即证券公司在财务报表中是否将资产管理计划作为关联方披露,以及资产管理计划在财务报表中是否将证券公司作为关联方披露。

三、会计确认、计量和列报要求

服务提供方向服务接受方提供关键管理人员服务的,服务接受方在编制财务报表时,应当将服务提供方作为关联方进行相关披露;服务提供方在编制财务报表时,不应仅仅因为向服务接受方提供了关键管理人员服务就将其认定为关联方,而应当按照第36号准则判断双方是否构成关联方并进行相应的会计处理。

服务接受方可以不披露服务提供方所支付或应支付给服务提供方有关员工的报酬,但应当披露其接受服务而应支付的金额。

四、生效日期和新旧衔接

本解释自2018年1月1日起施行,不要求追溯调整。

企业产品成本核算制度（试行）

（2013年8月16日 财政部 财会〔2013〕17号）

第一章 总 则

第一条 为了加强企业产品成本核算工作，保证产品成本信息真实、完整，促进企业和经济社会的可持续发展，根据《中华人民共和国会计法》、《企业会计准则》等国家有关规定制定本制度。

第二条 本制度适用于大中型企业，包括制造业、农业、批发零售业、建筑业、房地产业、采矿业、交通运输业、信息传输业、软件及信息技术服务业、文化业以及其他行业的企业。其他未明确规定的行业比照以上类似行业的规定执行。

本制度不适用于金融保险业的企业。

第三条 本制度所称的产品，是指企业日常生产经营活动中持有以备出售的产成品、商品、提供的劳务或服务。

本制度所称的产品成本，是指企业在生产产品过程中所发生的材料费用、职工薪酬等，以及不能直接计入而按一定标准分配计入的各种间接费用。

第四条 企业应当充分利用现代信息技术，编制、执行企业产品成本预算，对执行情况进行分析、考核，落实成本管理责任制，加强对产品生产事前、事中、事后的全过程控制，加强产品成本核算与管理各项基础工作。

第五条 企业应当根据所发生的有关费用能否归属于使产品达到目前场所和状态的原则，正确区分产品成本和期间费用。

第六条 企业应当根据产品生产过程的特点、生产经营组织的类型、产品种类的繁简和成本管理的要求，确定产品成本核算的对象、项目、范围，及时对有关费用进行归集、分配和结转。

企业产品成本核算采用的会计政策和估计一经确定，不得随意变更。

第七条 企业一般应当按月编制产品成本报表，全面反映企业生产成本、成本计划执行情况、产品成本及其变动情况等。

第二章 产品成本核算对象

第八条 企业应当根据生产经营特点和管理要求，确定成本核算对象，归集成本费用，计算产品的生产成本。

第九条 制造企业一般按照产品品种、批次订单或生产步骤等确定产品成本核算对象。

（一）大量大批单步骤生产产品或管理上不要求提供有关生产步骤成本信息的，一般按照产品品种确定成本核算对象。

（二）小批单件生产产品的，一般按照每批或每件产品确定成本核算对象。

（三）多步骤连续加工产品且管理上要求提供有关生产步骤成本信息的，一般按照每种（批）产品及各生产步骤确定成本核算对象。

产品规格繁多的，可以将产品结构、耗用原材料和工艺过程基本相同的产品，适当合并作为成本核算对象。

第十条 农业企业一般按照生物资产的品种、成长期、批别（群别、批次）、与农业生产相关的劳务作业等确定成本核算对象。

第十一条 批发零售企业一般按照商品的品种、批次、订单、类别等确定成本核算对象。

第十二条 建筑企业一般按照订立的单项合同确定成本核算对象。单项合同包括建造多项资产的，企业应当按照企业会计准则规定的合同分立原则，确定建造合同的成本核算对象。为建造一项或数项资产而签订一组合同的，按合同合并的原则，确定建造合同的成本核算对象。

第十三条 房地产企业一般按照开发项目、综合开发期数并兼顾产品类型等确定成本核算对象。

第十四条 采矿企业一般按照所采掘的产品确定成本核算对象。

第十五条 交通运输企业以运输工具从事货物、旅客运输的，一般按照航线、航次、单船（机）、基层站段等确定成本核算对象；从事货物等装卸业务的，可以按照货物、成本责任部门、作业场所等确定成本核算对象；从事仓储、堆存、港务管理业务的，一般按照码头、仓库、堆场、油罐、筒仓、货棚或主要货物的种类、成本责任部门等确定成本核算对象。

第十六条 信息传输企业一般按照基础电信业务、电信增值业务和其他信息传输业务等确定成本核算对象。

第十七条 软件及信息技术服务企业的科研设计与软件开发等人工成本比重较高的，一般按照科研课题、承接的单项合同项目、开发项目、技术服务客户等确定成本核算对象。合同项目规模较大、开发期较长的，可以分段确定成本核算对象。

第十八条 文化企业一般按照制作产品的种类、批次、印次、刊次等确定成本核算对象。

第十九条 除本制度已明确规定的以外，其他行业企业应当比照以上类似行业的企业确定产品成本核算对象。

第二十条 企业应当按照第八条至第十九条规定确定产品成本核算对象，进行产品成本核算。企业内部管理有相关要求的，还可以按照现代企业多维度、多层次的管理需要，确定多元化的产品成本核算对象。

多维度，是指以产品的最小生产步骤或作业为基础，按照企业有关部门的生产流程及其相应的成本管理要求，利用现代信息技术，组合出产品维度、工序维度、车间班组维度、生产设备维度、客户订单维度、变动成本维度和固定成本维度等不同的成本核算对象。

多层次，是指根据企业成本管理需要，划分为企业管理部门、工厂、车间和班组等成本管控层次。

第三章 产品成本核算项目和范围

第二十一条 企业应当根据生产经营特点和管理要求，按照成本的经济用途和生产要素内容相结合的原则或者成本性态等设置成本项目。

第二十二条 制造企业一般设置直接材料、燃料和动力、直接人工和制造费用等成本项目。

直接材料，是指构成产品实体的原材料以及有助于产品形成的主要材料和辅助材料。

燃料和动力，是指直接用于产品生产的燃料和动力。

直接人工，是指直接从事产品生产的工人的职工薪酬。

制造费用，是指企业为生产产品和提供劳务而发生的各项间接费用，包括企业生产部门（如生产车间）发生的水电费、固定资产折旧、无形资产摊销、管理人员的职工薪酬、劳动保护费、国家规定的有关环保费用、季节性和修理期间的停工损失等。

第二十三条 农业企业一般设置直接材料、直接人工、机械作业费、其他直接费用、间接费用等成本项目。

直接材料，是指种植业生产中耗用的自产或外购的种子、种苗、饲料、肥料、农药、燃料和动力、修理用材料和零件、原材料以及其他材料等；养殖业生产中直接用于养殖生产的苗种、饲料、肥料、燃料、动力、畜禽医药费等。

直接人工，是指直接从事农业生产人员的职工薪酬。

机械作业费，是指种植业生产过程中农用机械进行耕耙、播种、施肥、除草、喷药、收割、脱粒等机械作业所发生的费用。

其他直接费用，是指除直接材料、直接人工和机械作业费以外的畜力作业费等直接费用。

间接费用，是指应摊销、分配计入成本核算对象的运输费、灌溉费、固定资产折旧、租赁费、保养费等费用。

第二十四条 批发零售企业一般设置进货成本、相关税费、采购费等成本项目。

进货成本，是指商品的采购价款。

相关税费，是指购买商品发生的进口关税、资源税和不能抵扣的增值税等。

采购费，是指运杂费、装卸费、保险费、仓储费、整理费、合理损耗以及其他可归属于商品采购成本的费用。采购费金额较小的，可以在发生时直接计入当期销售费用。

第二十五条 建筑企业一般设置直接人工、直接材料、机械使用费、其他直接费用和间接费用等成本项目。建筑企业将部分工程分包的，还可以设置分包成本项目。

直接人工，是指按照国家规定支付给施工过程中直接从事建筑安装工程施工的工人以及在施工现场直接为工程制作构件和运料、配料等工人的职工薪酬。

直接材料，是指在施工过程中所耗用的、构成工程实体的材料、结构件、机械配件和有助于工程形成的其他材料以及周转材料的租赁费和摊销等。

机械使用费，是指施工过程中使用自有施工机械所发生的机械使用费，使用外单位施工机械的租赁费，以及按照规定支付的施工机械进出场费等。

其他直接费用，是指施工过程中发生的材料搬运费、材料装卸保管费、燃料动力费、临时设施摊销、生产工具用具使用费、检验试验费、工程定位复测费、工程点交费、场地清理费，以及能够单独区分和可靠计量的为订立建造承包合同而发生的差旅费、投标费等费用。

间接费用，是指企业各施工单位为组织和管理工程施工所发生的费用。

分包成本，是指按照国家规定开展分包，支付给分包单位的工程价款。

第二十六条 房地产企业一般设置土地征用及拆迁补偿费、前期工程费、建筑安装工程费、基础设施建设费、公共配套设施费、开发间接费、借款费用等成本项目。

土地征用及拆迁补偿费，是指为取得土地开发使用权（或开发权）而发生的各项费用，包括土地买价或出让金、大市政配套费、契税、耕地占用税、土地使用费、土地闲置费、农作物补偿费、危房补偿费、土地变更用途和超面积补交的地价及相关税费、拆迁补偿费用、安置及动迁费用、回迁房建造费用等。

前期工程费，是指项目开发前期发生的政府许可规费、招标代理费、临时设施费以及水文地质勘查、测绘、规划、设计、可行性研究、咨询论证费、筹建、场地通平等前期费用。

建筑安装工程费，是指开发项目开发过程中发生的各项主体建筑的建筑工程费、安装工程费及精装修费等。

基础设施建设费，是指开发项目在开发过程中发生的道路、供水、供电、供气、供暖、排污、排洪、消防、通讯、照明、有线电视、宽带网络、智能化等社区管网工程费和环境卫生、园林绿化等园林、景观环境工程费用等。

公共配套设施费，是指开发项目内发生的、独立的、非营利性的且产权属于全体业主的，或无偿赠与地方政府、政府公共事业单位的公共配套设施费用等。

开发间接费，指企业为直接组织和管理开发项目所发生的，且不能将其直接归属于成本核算对象的工程监理费、造价审核费、结算审核费、工程保险费等。为业主代扣代缴的公共维修基金等不得计入产品成本。

借款费用，是指符合资本化条件的借款费用。

房地产企业自行进行基础设施、建筑安装等工程建设的，可以比照建筑企业设置有关成本项目。

第二十七条 采矿企业一般设置直接材料、燃料和动力、直接人工、间接费用等成本项目。

直接材料，是指采掘生产过程中直接耗用的添加剂、催化剂、引发剂、助剂、触媒以及净化材料、包装物等。

燃料和动力，是指采掘生产过程中直接耗用的各种固体、液体、气体燃料，以及水、电、汽、风、氮气、氧气等动力。

直接人工，是指直接从事采矿生产人员的职工薪酬。

间接费用，是指为组织和管理厂（矿）采掘生产所发生的职工薪酬、劳动保护费、固定资产折旧、无形资产摊销、保险费、办公费、环保费用、化（检）验计量费、设计制图费、停工损失、洗车费、转输费、科研试验费、信息系统维护费等。

第二十八条 交通运输企业一般设置营运费用、运输工具固定费用与非营运期间的费用等成本项目。

营运费用，是指企业在货物或旅客运输、装卸、堆存过程中发生的营运费用，包括货物费、港口费、起降及停机费、中转费、过桥过路费、燃料和动力、航次租船费、安全救生费、护航费、装卸整理费、堆存费等。铁路运输企业的营运费用还包括线路等相关设施的维护费等。

运输工具固定费用，是指运输工具的固定费用和共同费用等，包括检验检疫费、车船税、劳动保护费、固定资产折旧、租赁费、备件配件、保险费、驾驶及相关操作人员薪酬及其伙食费等。

非营运期间费用，是指受不可抗力制约或行业惯例等原因暂停营运期间发生的有关费用等。

第二十九条 信息传输企业一般设置直接人工、固定资产折旧、无形资产摊销、低值易耗品摊销、业务费、电路及网元租赁费等成本项目。

直接人工，是指直接从事信息传输服务的人员的职工薪酬。

业务费，是指支付通信生产的各种业务费用，包括频率占用费，卫星测控费，安全保卫费，码号资源费，设备耗用的外购电力费，自有电源设备耗用的燃料和润料费等。

电路及网元租赁费，是指支付给其他信息传输企业的电路及网元等传输系统及设备的租赁费等。

第三十条 软件及信息技术服务企业一般设置直接人工、外购软件与服务费、场地租赁费、固定资产折旧、无形资产摊销、差旅费、培训费、转包成本、水电费、办公费等成本项目。

直接人工，是指直接从事软件及信息技术服务的人员的职工薪酬。

外购软件与服务费，是指企业为开发特定项目而必须从外部购进的辅助软件或服务所发生的费用。

场地租赁费，是指企业为开发软件或提供信息技术服务租赁场地支付的费用等。

转包成本，是指企业将有关项目部分分包给其他单位支付的费用。

第三十一条 文化企业一般设置开发成本和制作成本等成本项目。

开发成本，是指从选题策划开始到正式生产制作所经历的一系列过程，包括信息收集、策划、市场调研、选题论证、立项等阶段所发生的信息搜集费、调研交通费、通信费、组稿费、专题会议费、参与开发的职工薪酬等。

制作成本，是指产品内容制作成本和物质形态的制作成本，包括稿费、审稿费、校对费、录入费、编辑加工费、直接材料费、印刷费、固定资产折旧、参与制作的职工薪酬等。电影企业的制作成本，是指企业在影片制片、译制、洗印等生产过程所发生的各项费用，包括剧本费、演职员的薪酬、胶片及磁片磁带费、化妆费、道具费、布景费、场租费、剪接费、洗印费等。

第三十二条 除本制度已明确规定的以外，其他行业企业应当比照以上类似行业的企业确定成本项目。

第三十三条 企业应当按照第二十一条至第三十二条规定确定产品成本核算项目，进行产品成本核算。企业内部管理有相关要求的，还可以按照现代企业多维度、多层次的成本管理要求，利用现代信息技术对有关成本项目进行组合，输出有关成本信息。

第四章　产品成本归集、分配和结转

第三十四条 企业所发生的费用，能确定由某一成本核算对象负担的，应当按照所对应的产品成本项目类别，直接计入产品成本核算对象的生产成本；由几个成本核算对象共同负担的，应当选择合理的分配标准分配计入。

企业应当根据生产经营特点，以正常生产能力水平为基础，按照资源耗费方式确定合理的分配标准。

企业应当按照权责发生制的原则，根据产品的生产特点和管理要求结转成本。

第三十五条 制造企业发生的直接材料和直接人工，能够直接计入成本核算对象的，应当直接计入成本核算对象的生产成本，否则应当按照合理的分配标准分配计入。

制造企业外购燃料和动力的，应当根据实际耗用数量或者合理的分配标准对燃料和动力费用进行归集分配。生产部门直接用于生产的燃料和动力，直接计入生产成本；生产部门间接用于生产（如照明、取暖）的燃料和动力，计入制造费用。制造企业内部自行提供燃料和动力的，参照本条第三款进行处理。

制造企业辅助生产部门为生产部门提供劳务和产品而发生的费用，应当参照生产成本项目归集，并按照合理的分配标准分配计入各成本核算对象的生产成本。辅助生产部门之间互相提供的劳务、作业成本，应当采用合理的方法，进行交互分配。互相提供劳务、作业不多的，可以不进行交互分配，直接分配给辅助生产部门以外的受益单位。

第三十六条 制造企业发生的制造费用，应当按照合理的分配标准按月分配计入各成本核算对象的生产成本。企业可以采取的分配标准包括机器工时、人工工时、计划分配率等。

季节性生产企业在停工期间发生的制造费用，应当在开工期间进行合理分摊，连同开工期间发生的制造费用，一并计入产品的生产成本。

制造企业可以根据自身经营管理特点和条件，利用现代信息技术，采用作业成本法对不能直接归属于成本核算对象的成本进行归集和分配。

第三十七条 制造企业应当根据生产经营特点和联产品、副产品的工艺要求，选择系数分配法、实物量分配法、相对销售价格分配法等合理的方法分配联合生产成本。

第三十八条 制造企业发出的材料成本，可以根据实物流转方式、管理要求、实物性质等实际情况，采用先进先出法、加权平均法、个别计价法等方法计算。

第三十九条 制造企业应当根据产品的生产特点和管理要求，按成本计算期结转成本。制造企业可以选择原材料消耗量、约当产量法、定额比例法、原材料扣除法、完工百分比法等方法，恰当地确定完工产品和在产品的实际成本，并将完工入库产品的产品成本结转至库存产品科目；在产品数量、金额不重要或在产品期初期末数量变动不大的，可以不计算在产品成本。

制造企业产成品和在产品的成本核算，除季节性生产企业等以外，应当以月为成本计算期。

第四十条 农业企业应当比照制造企业对产品成本进行归集、分配和结转。

第四十一条 批发零售企业发生的进货成本、相关税金直接计入成本核算对象成本；发生的采购费，可以结合经营管理特点，按照合理的方法分配计入成本核算对象成本。采购费金额较小的，可以在发生时直接计入当期销售费用。

批发零售企业可以根据实物流转方式、管理要求、实物性质等实际情况，采用先进先出法、加权平均法、个别计价法、毛利率法等方法结转产品成本。

第四十二条 建筑企业发生的有关费用，由某一成本核算对象负担的，应当直接计入成本核算对象成本；由几个成本核算对象共同负担的，应当选择直接费用比例、定额比例和职工薪酬比例等合理的分配标准，分配计入成本核算对象成本。

建筑企业应当按照《企业会计准则第15号——建造合同》的规定结转产品成本。合同结果能够可靠估计的，应当采用完工百分比法确定和结转当期提供服务的成本；合同结果不能可靠估计的，应当直接结转已经发生的成本。

第四十三条 房地产企业发生的有关费用，由某一成本核算对象负担的，应当直接计入成本核算对象成本；由几个成本核算对象共同负担的，应当选择占地面积比例、预算造价比例、建筑面积比例等合理的分配标准，分配计入成本核算对象成本。

第四十四条 采矿企业应当比照制造企业对产品成本进行归集、分配和结转。

第四十五条 交通运输企业发生的营运费用,应当按照成本核算对象归集。

交通运输企业发生的运输工具固定费用,能确定由某一成本核算对象负担的,应当直接计入成本核算对象的成本;由多个成本核算对象共同负担的,应当选择营运时间等符合经营特点的、科学合理的分配标准分配计入各成本核算对象的成本。

交通运输企业发生的非营运期间费用,比照制造业季节性生产企业处理。

第四十六条 信息传输、软件及信息技术服务等企业,可以根据经营特点和条件,利用现代信息技术,采用作业成本法等对产品成本进行归集和分配。

第四十七条 文化企业发生的有关成本项目费用,由某一成本核算对象负担的,应当直接计入成本核算对象成本;由几个成本核算对象共同负担的,应当选择人员比例、工时比例、材料耗用比例等合理的分配标准分配计入成本核算对象成本。

第四十八条 企业不得以计划成本、标准成本、定额成本等代替实际成本。企业采用计划成本、标准成本、定额成本等类似成本进行直接材料日常核算的,期末应当将耗用直接材料的计划成本或定额成本等类似成本调整为实际成本。

第四十九条 除本制度已明确规定的以外,其他行业企业应当比照以上类似行业的企业对产品成本进行归集、分配和结转。

第五十条 企业应当按照第三十四条至第四十九条规定对产品成本进行归集、分配和结转。企业内部管理有相关要求的,还可以利用现代信息技术,在确定多维度、多层次成本核算对象的基础上,对有关费用进行归集、分配和结转。

第五章 附 则

第五十一条 小企业参照执行本制度。

第五十二条 本制度自 2014 年 1 月 1 日起施行。

第五十三条 执行本制度的企业不再执行《国营工业企业成本核算办法》。

增值税会计处理规定

(2016 年 12 月 3 日 财政部 财会〔2016〕22 号)

根据《中华人民共和国增值税暂行条例》和《关于全面推开营业税改征增值税试点的通知》(财税〔2016〕36 号)等有关规定,现对增值税有关会计处理规定如下:

一、会计科目及专栏设置

增值税一般纳税人应当在"应交税费"科目下设置"应交增值税"、"未交增值税"、"预交增值税"、"待抵扣进项税额"、"待认证进项税额"、"待转销项税额"、"增值税留抵税额"、"简易计税"、"转让金融商品应交增值税"、"代扣代交增值税"等明细科目。

(一)增值税一般纳税人应在"应交增值税"明细账内设置"进项税额"、"销项税额抵减"、"已交税金"、"转出未交增值税"、"减免税款"、"出口抵减内销产品应纳税额"、"销项税额"、"出口退税"、"进项税额转出"、"转出多交增值税"等专栏。其中:

1. "进项税额"专栏,记录一般纳税人购进货物、加工修理修配劳务、服务、无形资产或不动产而支付或负担的、准予从当期销项税额中抵扣的增值税额;

2. "销项税额抵减"专栏,记录一般纳税人按照现行增值税制度规定因扣减销售额而减少的销项税额;

3. "已交税金"专栏,记录一般纳税人当月已交纳的应交增值税额;

4. "转出未交增值税"和"转出多交增值税"专栏,分别记录一般纳税人月度终了转出当月应

交未交或多交的增值税额;

5."减免税款"专栏,记录一般纳税人按现行增值税制度规定准予减免的增值税额;

6."出口抵减内销产品应纳税额"专栏,记录实行"免、抵、退"办法的一般纳税人按规定计算的出口货物的进项税抵减内销产品的应纳税额;

7."销项税额"专栏,记录一般纳税人销售货物、加工修理修配劳务、服务、无形资产或不动产应收取的增值税额;

8."出口退税"专栏,记录一般纳税人出口货物、加工修理修配劳务、服务、无形资产按规定退回的增值税额;

9."进项税额转出"专栏,记录一般纳税人购进货物、加工修理修配劳务、服务、无形资产或不动产等发生非正常损失以及其他原因而不应从销项税额中抵扣、按规定转出的进项税额。

(二)"未交增值税"明细科目,核算一般纳税人月度终了从"应交增值税"或"预交增值税"明细科目转入当月应交未交、多交或预缴的增值税额,以及当月交纳以前期间未交的增值税额。

(三)"预交增值税"明细科目,核算一般纳税人转让不动产、提供不动产经营租赁服务、提供建筑服务、采用预收款方式销售自行开发的房地产项目等,以及其他按现行增值税制度规定应预缴的增值税额。

(四)"待抵扣进项税额"明细科目,核算一般纳税人已取得增值税扣税凭证并经税务机关认证,按照现行增值税制度规定准予以后期间从销项税额中抵扣的进项税额。包括:一般纳税人自2016年5月1日后取得并按固定资产核算的不动产或者2016年5月1日后取得的不动产在建工程,按现行增值税制度规定准予以后期间从销项税额中抵扣的进项税额;实行纳税辅导期管理的一般纳税人取得的尚未交叉稽核比对的增值税扣税凭证上注明或计算的进项税额。

(五)"待认证进项税额"明细科目,核算一般纳税人由于未经税务机关认证而不得从当期销项税额中抵扣的进项税额。包括:一般纳税人已取得增值税扣税凭证、按照现行增值税制度规定准予从销项税额中抵扣,但尚未经税务机关认证的进项税额;一般纳税人已申请稽核但尚未取得稽核相符结果的海关缴款书进项税额。

(六)"待转销项税额"明细科目,核算一般纳税人销售货物、加工修理修配劳务、服务、无形资产或不动产,已确认相关收入(或利得)但尚未发生增值税纳税义务而需于以后期间确认为销项税额的增值税额。

(七)"增值税留抵税额"明细科目,核算兼有销售服务、无形资产或者不动产的原增值税一般纳税人,截止到纳入"营改增"试点之日前的增值税期末留抵税额按照现行增值税制度规定不得从销售服务、无形资产或不动产的销项税额中抵扣的增值税留抵税额。

(八)"简易计税"明细科目,核算一般纳税人采用简易计税方法发生的增值税计提、扣减、预缴、缴纳等业务。

(九)"转让金融商品应交增值税"明细科目,核算增值税纳税人转让金融商品发生的增值税税额。

(十)"代扣代交增值税"明细科目,核算纳税人购进在境内未设经营机构的境外单位或个人在境内的应税行为代扣代缴的增值税。

小规模纳税人只需在"应交税费"科目下设置"应交增值税"明细科目,不需要设置上述专栏及除"转让金融商品应交增值税"、"代扣代交增值税"外的明细科目。

二、账务处理

(一)取得资产或接受劳务等业务的账务处理。

1.采购等业务进项税额允许抵扣的账务处理。一般纳税人购进货物、加工修理修配劳务、服务、无形资产或不动产,按应计入相关成本费用或资产的金额,借记"在途物资"或"原材料"、"库存商品"、"生产成本"、"无形资产"、"固定资产"、"管理费用"等科目,按当月已认证的可抵扣增值税额,借记"应交税费——应交增值税(进项税额)"科目,按当月未认证的可抵扣增值税额,借记"应交税费——待认证进项税额"科目,按应付或实际支付的金额,贷记"应付账款"、"应付票据"、

"银行存款"等科目。发生退货的,如原增值税专用发票已做认证,应根据税务机关开具的红字增值税专用发票做相反的会计分录;如原增值税专用发票未做认证,应将发票退回并做相反的会计分录。

2. 采购等业务进项税额不得抵扣的账务处理。一般纳税人购进货物、加工修理修配劳务、服务、无形资产或不动产,用于简易计税方法计税项目、免征增值税项目、集体福利或个人消费等,其进项税额按照现行增值税制度规定不得从销项税额中抵扣的,取得增值税专用发票时,应借记相关成本费用或资产科目,借记"应交税费——待认证进项税额"科目,贷记"银行存款"、"应付账款"等科目,经税务机关认证后,应借记相关成本费用或资产科目,贷记"应交税费——应交增值税(进项税额转出)"科目。

3. 购进不动产或不动产在建工程按规定进项税额分年抵扣的账务处理。一般纳税人自2016年5月1日后取得并按固定资产核算的不动产或者2016年5月1日后取得的不动产在建工程,其进项税额按现行增值税制度规定自取得之日起分2年从销项税额中抵扣的,应当按取得成本,借记"固定资产"、"在建工程"等科目,按当期可抵扣的增值税额,借记"应交税费——应交增值税(进项税额)"科目,按以后期间可抵扣的增值税额,借记"应交税费——待抵扣进项税额"科目,按应付或实际支付的金额,贷记"应付账款"、"应付票据"、"银行存款"等科目。尚未抵扣的进项税额待以后期间允许抵扣时,按允许抵扣的金额,借记"应交税费——应交增值税(进项税额)"科目,贷记"应交税费——待抵扣进项税额"科目。

4. 货物等已验收入库但尚未取得增值税扣税凭证的账务处理。一般纳税人购进的货物等已到达并验收入库,但尚未收到增值税扣税凭证并未付款的,应在月末按货物清单或相关合同协议上的价格暂估入账,不需要将增值税的进项税额暂估入账。下月初,用红字冲销原暂估入账金额,待取得相关增值税扣税凭证并经认证后,按应计入相关成本费用或资产的金额,借记"原材料"、"库存商品"、"固定资产"、"无形资产"等科目,按可抵扣的增值税额,借记"应交税费——应交增值税(进项税额)"科目,按应付金额,贷记"应付账款"等科目。

5. 小规模纳税人采购等业务的账务处理。小规模纳税人购买物资、服务、无形资产或不动产,取得增值税专用发票上注明的增值税应计入相关成本费用或资产,不通过"应交税费——应交增值税"科目核算。

6. 购买方作为扣缴义务人的账务处理。按照现行增值税制度规定,境外单位或个人在境内发生应税行为,在境内未设有经营机构的,以购买方为增值税扣缴义务人。境内一般纳税人购进服务、无形资产或不动产,按应计入相关成本费用或资产的金额,借记"生产成本"、"无形资产"、"固定资产"、"管理费用"等科目,按可抵扣的增值税额,借记"应交税费——应交增值税(进项税额)"科目(小规模纳税人应借记相关成本费用或资产科目),按应付或实际支付的金额,贷记"应付账款"等科目,按应代扣代缴的增值税额,贷记"应交税费——代扣代交增值税"科目。实际缴纳代扣代缴增值税时,按代扣代缴的增值税额,借记"应交税费——代扣代交增值税"科目,贷记"银行存款"科目。

(二)销售等业务的账务处理。

1. 销售业务的账务处理。企业销售货物、加工修理修配劳务、服务、无形资产或不动产,应当按应收或已收的金额,借记"应收账款"、"应收票据"、"银行存款"等科目,按取得的收入金额,贷记"主营业务收入"、"其他业务收入"、"固定资产清理"、"工程结算"等科目,按现行增值税制度规定计算的销项税额(或采用简易计税方法计算的应纳增值税额),贷记"应交税费——应交增值税(销项税额)"或"应交税费——简易计税"科目(小规模纳税人应贷记"应交税费——应交增值税"科目)。发生销售退回的,应根据按规定开具的红字增值税专用发票做相反的会计分录。

按照国家统一的会计制度确认收入或利得的时点早于按照增值税制度确认增值税纳税义务发生时点的,应将相关销项税额记入"应交税费——待转销项税额"科目,待实际发生纳税义务时再转入"应交税费——应交增值税(销项税额)"或"应交税费——简易计税"科目。

按照增值税制度确认增值税纳税义务发生时点早于按照国家统一的会计制度确认收入或利得的时

点的，应将应纳增值税额，借记"应收账款"科目，贷记"应交税费——应交增值税（销项税额）"或"应交税费——简易计税"科目，按照国家统一的会计制度确认收入或利得时，应按扣除增值税销项税额后的金额确认收入。

2. 视同销售的账务处理。企业发生税法上视同销售的行为，应当按照企业会计准则制度相关规定进行相应的会计处理，并按照现行增值税制度规定计算的销项税额（或采用简易计税方法计算的应纳增值税额），借记"应付职工薪酬"、"利润分配"等科目，贷记"应交税费——应交增值税（销项税额）"或"应交税费——简易计税"科目（小规模纳税人应记入"应交税费——应交增值税"科目）。

3. 全面试行营业税改征增值税前已确认收入，此后产生增值税纳税义务的账务处理。企业营业税改征增值税前已确认收入，但因未产生营业税纳税义务而未计提营业税的，在达到增值税纳税义务时点时，企业应在确认应交增值税销项税额的同时冲减当期收入；已经计提营业税且未缴纳的，在达到增值税纳税义务时点时，应借记"应交税费——应交营业税"、"应交税费——应交城市维护建设税"、"应交税费——应交教育费附加"等科目，贷记"主营业务收入"科目，并根据调整后的收入计算确定记入"应交税费——待转销项税额"科目的金额，同时冲减收入。

全面试行营业税改征增值税后，"营业税金及附加"科目名称调整为"税金及附加"科目，该科目核算企业经营活动发生的消费税、城市维护建设税、资源税、教育费附加及房产税、城镇土地使用税、车船税、印花税等相关税费；利润表中的"营业税金及附加"项目调整为"税金及附加"项目。

（三）差额征税的账务处理。

1. 企业发生相关成本费用允许扣减销售额的账务处理。按现行增值税制度规定企业发生相关成本费用允许扣减销售额的，发生成本费用时，按应付或实际支付的金额，借记"主营业务成本"、"存货"、"工程施工"等科目，贷记"应付账款"、"应付票据"、"银行存款"等科目。待取得合规增值税扣税凭证且纳税义务发生时，按照允许抵扣的税额，借记"应交税费——应交增值税（销项税额抵减）"或"应交税费——简易计税"科目（小规模纳税人应借记"应交税费——应交增值税"科目），贷记"主营业务成本"、"存货"、"工程施工"等科目。

2. 金融商品转让按规定以盈亏相抵后的余额作为销售额的账务处理。金融商品实际转让月末，如产生转让收益，则按应纳税额借记"投资收益"等科目，贷记"应交税费——转让金融商品应交增值税"科目；如产生转让损失，则按可结转下月抵扣税额，借记"应交税费——转让金融商品应交增值税"科目，贷记"投资收益"等科目。交纳增值税时，应借记"应交税费——转让金融商品应交增值税"科目，贷记"银行存款"科目。年末，本科目如有借方余额，则借记"投资收益"等科目，贷记"应交税费——转让金融商品应交增值税"科目。

（四）出口退税的账务处理。

为核算纳税人出口货物应收取的出口退税款，设置"应收出口退税款"科目，该科目借方反映销售出口货物按规定向税务机关申报应退回的增值税、消费税等，贷方反映实际收到的出口货物应退回的增值税、消费税等。期末借方余额，反映尚未收到的应退税额。

1. 未实行"免、抵、退"办法的一般纳税人出口货物按规定退税的，按规定计算的应收出口退税额，借记"应收出口退税款"科目，贷记"应交税费——应交增值税（出口退税）"科目，收到出口退税时，借记"银行存款"科目，贷记"应收出口退税款"科目；退税额低于购进时取得的增值税专用发票上的增值税额的差额，借记"主营业务成本"科目，贷记"应交税费——应交增值税（进项税额转出）"科目。

2. 实行"免、抵、退"办法的一般纳税人出口货物，在货物出口销售后结转产品销售成本时，按规定计算的退税额低于购进时取得的增值税专用发票上的增值税额的差额，借记"主营业务成本"科目，贷记"应交税费——应交增值税（进项税额转出）"科目；按规定计算的当期出口货物的进项税抵减内销产品的应纳税额，借记"应交税费——应交增值税（出口抵减内销产品应纳税额）"科目，贷记"应交税费——应交增值税（出口退税）"科目。在规定期限内，内销产品的应纳税额不足以抵减出口货物的进项税额,不足部分按有关税法规定给予退税的,应在实际收到退税款时,借记"银行存款"科目,贷记"应交税费——应交增值税(出口退税)"科目。

(五)进项税额抵扣情况发生改变的账务处理。

因发生非正常损失或改变用途等,原已计入进项税额、待抵扣进项税额或待认证进项税额,但按现行增值税制度规定不得从销项税额中抵扣的,借记"待处理财产损溢"、"应付职工薪酬"、"固定资产"、"无形资产"等科目,贷记"应交税费——应交增值税(进项税额转出)"、"应交税费——待抵扣进项税额"或"应交税费——待认证进项税额"科目;原不得抵扣且未抵扣进项税额的固定资产、无形资产等,因改变用途等用于允许抵扣进项税额的应税项目的,应按允许抵扣的进项税额,借记"应交税费——应交增值税(进项税额)"科目,贷记"固定资产"、"无形资产"等科目。固定资产、无形资产等经上述调整后,应按调整后的账面价值在剩余尚可使用寿命内计提折旧或摊销。

一般纳税人购进时已全额计提进项税额的货物或服务等转用于不动产在建工程的,对于结转以后期间的进项税额,应借记"应交税费——待抵扣进项税额"科目,贷记"应交税费——应交增值税(进项税额转出)"科目。

(六)月末转出多交增值税和未交增值税的账务处理。

月度终了,企业应当将当月应交未交或多交的增值税自"应交增值税"明细科目转入"未交增值税"明细科目。对于当月应交未交的增值税,借记"应交税费——应交增值税(转出未交增值税)"科目,贷记"应交税费——未交增值税"科目;对于当月多交的增值税,借记"应交税费——未交增值税"科目,贷记"应交税费——应交增值税(转出多交增值税)"科目。

(七)交纳增值税的账务处理。

1. 交纳当月应交增值税的账务处理。企业交纳当月应交的增值税,借记"应交税费——应交增值税(已交税金)"科目(小规模纳税人应借记"应交税费——应交增值税"科目),贷记"银行存款"科目。

2. 交纳以前期间未交增值税的账务处理。企业交纳以前期间未交的增值税,借记"应交税费——未交增值税"科目,贷记"银行存款"科目。

3. 预缴增值税的账务处理。企业预缴增值税时,借记"应交税费——预交增值税"科目,贷记"银行存款"科目。月末,企业应将"预交增值税"明细科目余额转入"未交增值税"明细科目,借记"应交税费——未交增值税"科目,贷记"应交税费——预交增值税"科目。房地产开发企业等在预缴增值税后,应直至纳税义务发生时方可从"应交税费——预交增值税"科目结转至"应交税费——未交增值税"科目。

4. 减免增值税的账务处理。对于当期直接减免的增值税,借记"应交税费——应交增值税(减免税款)"科目,贷记损益类相关科目。

(八)增值税期末留抵税额的账务处理。

纳入营改增试点当月月初,原增值税一般纳税人应按不得从销售服务、无形资产或不动产的销项税额中抵扣的增值税留抵税额,借记"应交税费——增值税留抵税额"科目,贷记"应交税费——应交增值税(进项税额转出)"科目。待以后期间允许抵扣时,按允许抵扣的金额,借记"应交税费——应交增值税(进项税额)"科目,贷记"应交税费——增值税留抵税额"科目。

(九)增值税税控系统专用设备和技术维护费用抵减增值税额的账务处理。

按现行增值税制度规定,企业初次购买增值税税控系统专用设备支付的费用以及缴纳的技术维护费允许在增值税应纳税额中全额抵减的,按规定抵减的增值税应纳税额,借记"应交税费——应交增值税(减免税款)"科目(小规模纳税人应借记"应交税费——应交增值税"科目),贷记"管理费用"等科目。

(十)关于小微企业免征增值税的会计处理规定。

小微企业在取得销售收入时,应当按照税法的规定计算应交增值税,并确认为应交税费,在达到增值税制度规定的免征增值税条件时,将有关应交增值税转入当期损益。

三、财务报表相关项目列示

"应交税费"科目下的"应交增值税"、"未交增值税"、"待抵扣进项税额"、"待认证进项税额"、"增值税留抵税额"等明细科目期末借方余额应根据情况,在资产负债表中的"其他流动资产"或"其他非流动资产"项目列示;"应交税费——待转销项税额"等科目期末贷方余额应根据情况,在资产负债表中的"其他流动负债"或"其他非流动负债"项目列示;"应交税费"科目下的"未交增值税"、"简易计税"、"转让金融商品应交增值税"、"代扣代交增值税"等科目期末贷方余额应在资产负债表中的"应交税费"项目列示。

四、附则

本规定自发布之日起施行,国家统一的会计制度中相关规定与本规定不一致的,应按本规定执行。自2016年5月1日至本规定施行之间发生的交易由于本规定而影响资产、负债等金额的,应按本规定调整。《营业税改征增值税试点有关企业会计处理规定》(财会〔2012〕13号)及《关于小微企业免征增值税和营业税的会计处理规定》(财会〔2013〕24号)等原有关增值税会计处理的规定同时废止。

管理会计基本指引

(2016年6月22日 财政部 财会〔2016〕10号)

第一章 总 则

第一条 为促进单位(包括企业和行政事业单位,下同)加强管理会计工作,提升内部管理水平,促进经济转型升级,根据《中华人民共和国会计法》、《财政部关于全面推进管理会计体系建设的指导意见》等,制定本指引。

第二条 基本指引在管理会计指引体系中起统领作用,是制定应用指引和建设案例库的基础。管理会计指引体系包括基本指引、应用指引和案例库,用以指导单位管理会计实践。

第三条 管理会计的目标是通过运用管理会计工具方法,参与单位规划、决策、控制、评价活动并为之提供有用信息,推动单位实现战略规划。

第四条 单位应用管理会计,应遵循下列原则:

(一)战略导向原则。管理会计的应用应以战略规划为导向,以持续创造价值为核心,促进单位可持续发展。

(二)融合性原则。管理会计应嵌入单位相关领域、层次、环节,以业务流程为基础,利用管理会计工具方法,将财务和业务等有机融合。

(三)适应性原则。管理会计的应用应与单位应用环境和自身特征相适应。单位自身特征包括单位性质、规模、发展阶段、管理模式、治理水平等。

(四)成本效益原则。管理会计的应用应权衡实施成本和预期效益,合理、有效地推进管理会计应用。

第五条 管理会计应用主体视管理决策主体确定,可以是单位整体,也可以是单位内部的责任中心。

第六条 单位应用管理会计,应包括应用环境、管理会计活动、工具方法、信息与报告等四要素。

第二章 应用环境

第七条 单位应用管理会计,应充分了解和分析其应用环境。管理会计应用环境,是单位应用管理会计的基础,包括内外部环境。

内部环境主要包括与管理会计建设和实施相关的价值创造模式、组织架构、管理模式、资源保障、信息系统等因素。

外部环境主要包括国内外经济、市场、法律、行业等因素。

第八条 单位应准确分析和把握价值创造模式,推动财务与业务等的有机融合。

第九条 单位应根据组织架构特点,建立健全能够满足管理会计活动所需的由财务、业务等相关人员组成的管理会计组织体系。有条件的单位可以设置管理会计机构,组织开展管理会计工作。

第十条 单位应根据管理模式确定责任主体,明确各层级以及各层级内的部门、岗位之间的管理会计责任权限,制订管理会计实施方案,以落实管理会计责任。

第十一条 单位应从人力、财力、物力等方面做好资源保障工作,加强资源整合,提高资源利用效率效果,确保管理会计工作顺利开展。

单位应注重管理会计理念、知识培训,加强管理会计人才培养。

第十二条 单位应将管理会计信息化需求纳入信息系统规划,通过信息系统整合、改造或新建等途径,及时、高效地提供和管理相关信息,推进管理会计实施。

第三章 管理会计活动

第十三条 管理会计活动是单位利用管理会计信息,运用管理会计工具方法,在规划、决策、控制、评价等方面服务于单位管理需要的相关活动。

第十四条 单位应用管理会计,应做好相关信息支持,参与战略规划拟订,从支持其定位、目标设定、实施方案选择等方面,为单位合理制定战略规划提供支撑。

第十五条 单位应用管理会计,应融合财务和业务等活动,及时充分提供和利用相关信息,支持单位各层级根据战略规划作出决策。

第十六条 单位应用管理会计,应设定定量定性标准,强化分析、沟通、协调、反馈等控制机制,支持和引导单位持续高质高效地实施单位战略规划。

第十七条 单位应用管理会计,应合理设计评价体系,基于管理会计信息等,评价单位战略规划实施情况,并以此为基础进行考核,完善激励机制;同时,对管理会计活动进行评估和完善,以持续改进管理会计应用。

第四章 工 具 方 法

第十八条 管理会计工具方法是实现管理会计目标的具体手段。

第十九条 管理会计工具方法是单位应用管理会计时所采用的战略地图、滚动预算管理、作业成本管理、本量利分析、平衡计分卡等模型、技术、流程的统称。管理会计工具方法具有开放性,随着实践发展不断丰富完善。

第二十条 管理会计工具方法主要应用于以下领域:战略管理、预算管理、成本管理、营运管理、投融资管理、绩效管理、风险管理等。

(一)战略管理领域应用的管理会计工具方法包括但不限于战略地图、价值链管理等;

(二)预算管理领域应用的管理会计工具方法包括但不限于全面预算管理、滚动预算管理、作业预算管理、零基预算管理、弹性预算管理等;

(三)成本管理领域应用的管理会计工具方法包括但不限于目标成本管理、标准成本管理、变动成本管理、作业成本管理、生命周期成本管理等;

(四)营运管理领域应用的管理会计工具方法包括但不限于本量利分析、敏感性分析、边际分析、标杆管理等;

(五)投融资管理领域应用的管理会计工具方法包括但不限于贴现现金流法、项目管理、资本成本分析等;

(六)绩效管理领域应用的管理会计工具方法包括但不限于关键指标法、经济增加值、平衡计分卡等;

（七）风险管理领域应用的管理会计工具方法包括但不限于单位风险管理框架、风险矩阵模型等。

第二十一条 单位应用管理会计，应结合自身实际情况，根据管理特点和实践需要选择适用的管理会计工具方法，并加强管理会计工具方法的系统化、集成化应用。

第五章 信息与报告

第二十二条 管理会计信息包括管理会计应用过程中所使用和生成的财务信息和非财务信息。

第二十三条 单位应充分利用内外部各种渠道，通过采集、转换等多种方式，获得相关、可靠的管理会计基础信息。

第二十四条 单位应有效利用现代信息技术，对管理会计基础信息进行加工、整理、分析和传递，以满足管理会计应用需要。

第二十五条 单位生成的管理会计信息应相关、可靠、及时、可理解。

第二十六条 管理会计报告是管理会计活动成果的重要表现形式，旨在为报告使用者提供满足管理需要的信息。管理会计报告按期间可以分为定期报告和不定期报告，按内容可以分为综合性报告和专项报告等类别。

第二十七条 单位可以根据管理需要和管理会计活动性质设定报告期间。一般应以公历期间作为报告期间，也可以根据特定需要设定报告期间。

第六章 附　则

第二十八条 本指引由财政部负责解释。

第二十九条 本指引自印发之日起施行。

企业财务会计报告条例

（2000年6月21日　国务院令第287号）

第一章 总　则

第一条 为了规范企业财务会计报告，保证财务会计报告的真实、完整，根据《中华人民共和国会计法》，制定本条例。

第二条 企业（包括公司，下同）编制和对外提供财务会计报告，应当遵守本条例。

本条例所称财务会计报告，是指企业对外提供的反映企业某一特定日期财务状况和某一会计期间经营成果、现金流量的文件。

第三条 企业不得编制和对外提供虚假的或者隐瞒重要事实的财务会计报告。

企业负责人对本企业财务会计报告的真实性、完整性负责。

第四条 任何组织或者个人不得授意、指使、强令企业编制和对外提供虚假的或者隐瞒重要事实的财务会计报告。

第五条 注册会计师、会计师事务所审计企业财务会计报告，应当依照有关法律、行政法规以及注册会计师执业规则的规定进行，并对所出具的审计报告负责。

第二章 财务会计报告的构成

第六条 财务会计报告分为年度、半年度、季度和月度财务会计报告。

第七条 年度、半年度财务会计报告应当包括：

（一）会计报表；
（二）会计报表附注；
（三）财务情况说明书。
会计报表应当包括资产负债表、利润表、现金流量表及相关附表。

第八条 季度、月度财务会计报告通常仅指会计报表，会计报表至少应当包括资产负债表和利润表。国家统一的会计制度规定季度、月度财务会计报告需要编制会计报表附注的，从其规定。

第九条 资产负债表是反映企业在某一特定日期财务状况的报表。资产负债表应当按照资产、负债和所有者权益（或者股东权益，下同）分类分项列示。其中，资产、负债和所有者权益的定义及列示应当遵循下列规定：

（一）资产，是指过去的交易、事项形成并由企业拥有或者控制的资源，该资源预期会给企业带来经济利益。在资产负债表上，资产应当按照其流动性分类分项列示，包括流动资产、长期投资、固定资产、无形资产及其他资产。银行、保险公司和非银行金融机构的各项资产有特殊性的，按照其性质分类分项列示。

（二）负债，是指过去的交易、事项形成的现时义务，履行该义务预期会导致经济利益流出企业。在资产负债表上，负债应当按照其流动性分类分项列示，包括流动负债、长期负债等。银行、保险公司和非银行金融机构的各项负债有特殊性的，按照其性质分类分项列示。

（三）所有者权益，是指所有者在企业资产中享有的经济利益，其金额为资产减去负债后的余额。在资产负债表上，所有者权益应当按照实收资本（或者股本）、资本公积、盈余公积、未分配利润等项目分项列示。

第十条 利润表是反映企业在一定会计期间经营成果的报表。利润表应当按照各项收入、费用以及构成利润的各个项目分类分项列示。其中，收入、费用和利润的定义及列示应当遵循下列规定：

（一）收入，是指企业在销售商品、提供劳务及让渡资产使用权等日常活动中所形成的经济利益的总流入。收入不包括为第三方或者客户代收的款项。在利润表上，收入应当按照其重要性分项列示。

（二）费用，是指企业为销售商品、提供劳务等日常活动所发生的经济利益的流出。在利润表上，费用应当按照其性质分项列示。

（三）利润，是指企业在一定会计期间的经营成果。在利润表上，利润应当按照营业利润、利润总额和净利润等利润的构成分类分项列示。

第十一条 现金流量表是反映企业一定会计期间现金和现金等价物（以下简称现金）流入和流出的报表。现金流量表应当按照经营活动、投资活动和筹资活动的现金流量分类分项列示。其中，经营活动、投资活动和筹资活动的定义及列示应当遵循下列规定：

（一）经营活动，是指企业投资活动和筹资活动以外的所有交易和事项。在现金流量表上，经营活动的现金流量应当按照其经营活动的现金流入和流出的性质分项列示；银行、保险公司和非银行金融机构的经营活动按照其经营活动特点分项列示。

（二）投资活动，是指企业长期资产的购建和不包括在现金等价物范围内的投资及其处置活动。在现金流量表上，投资活动的现金流量应当按照其投资活动的现金流入和流出的性质分项列示。

（三）筹资活动，是指导致企业资本及债务规模和构成发生变化的活动。在现金流量表上，筹资活动的现金流量应当按照其筹资活动的现金流入和流出的性质分项列示。

第十二条 相关附表是反映企业财务状况、经营成果和现金流量的补充报表，主要包括利润分配表以及国家统一的会计制度规定的其他附表。

利润分配表是反映企业一定会计期间对实现净利润以及以前年度未分配利润的分配或者亏损弥补的报表。利润分配表应当按照利润分配各个项目分类分项列示。

第十三条 年度、半年度会计报表至少应当反映两个年度或者相关两个期间的比较数据。

第十四条 会计报表附注是为便于会计报表使用者理解会计报表的内容而对会计报表的编制基

础、编制依据、编制原则和方法及主要项目等所作的解释。会计报表附注至少应当包括下列内容：
（一）不符合基本会计假设的说明；
（二）重要会计政策和会计估计及其变更情况、变更原因及其对财务状况和经营成果的影响；
（三）或有事项和资产负债表日后事项的说明；
（四）关联方关系及其交易的说明；
（五）重要资产转让及其出售情况；
（六）企业合并、分立；
（七）重大投资、融资活动；
（八）会计报表中重要项目的明细资料；
（九）有助于理解和分析会计报表需要说明的其他事项。

第十五条 财务情况说明书至少应当对下列情况作出说明：
（一）企业生产经营的基本情况；
（二）利润实现和分配情况；
（三）资金增减和周转情况；
（四）对企业财务状况、经营成果和现金流量有重大影响的其他事项。

第三章　财务会计报告的编制

第十六条 企业应当于年度终了编报年度财务会计报告。国家统一的会计制度规定企业应当编报半年度、季度和月度财务会计报告的，从其规定。

第十七条 企业编制财务会计报告，应当根据真实的交易、事项以及完整、准确的账簿记录等资料，并按照国家统一的会计制度规定的编制基础、编制依据、编制原则和方法。

企业不得违反本条例和国家统一的会计制度规定，随意改变财务会计报告的编制基础、编制依据、编制原则和方法。

任何组织或者个人不得授意、指使、强令企业违反本条例和国家统一的会计制度规定，改变财务会计报告的编制基础、编制依据、编制原则和方法。

第十八条 企业应当依照本条例和国家统一的会计制度规定，对会计报表中各项会计要素进行合理的确认和计量，不得随意改变会计要素的确认和计量标准。

第十九条 企业应当依照有关法律、行政法规和本条例规定的结账日进行结账，不得提前或者延迟。年度结账日为公历年度每年的12月31日；半年度、季度、月度结账日分别为公历年度每半年、每季、每月的最后一天。

第二十条 企业在编制年度财务会计报告前，应当按照下列规定，全面清查资产、核实债务：
（一）结算款项，包括应收款项、应付款项、应交税金等是否存在，与债务、债权单位的相应债务、债权金额是否一致；
（二）原材料、在产品、自制半成品、库存商品等各项存货的实存数量与账面数量是否一致，是否有报废损失和积压物资等；
（三）各项投资是否存在，投资收益是否按照国家统一的会计制度规定进行确认和计量；
（四）房屋建筑物、机器设备、运输工具等各项固定资产的实存数量与账面数量是否一致；
（五）在建工程的实际发生额与账面记录是否一致；
（六）需要清查、核实的其他内容。

企业通过前款规定的清查、核实，查明财产物资的实存数量与账面数量是否一致、各项结算款项的拖欠情况及其原因、材料物资的实际储备情况、各项投资是否达到预期目的、固定资产的使用情况及其完好程度等。企业清查、核实后，应当将清查、核实的结果及其处理办法向企业的董事会或者相应机构报告，并根据国家统一的会计制度的规定进行相应的会计处理。

企业应当在年度中间根据具体情况，对各项财产物资和结算款项进行重点抽查、轮流清查或者定期清查。

第二十一条 企业在编制财务会计报告前，除应当全面清查资产、核实债务外，还应当完成下列工作：

（一）核对各会计账簿记录与会计凭证的内容、金额等是否一致，记账方向是否相符；

（二）依照本条例规定的结账日进行结账，结出有关会计账簿的余额和发生额，并核对各会计账簿之间的余额；

（三）检查相关的会计核算是否按照国家统一的会计制度的规定进行；

（四）对于国家统一的会计制度没有规定统一核算方法的交易、事项，检查其是否按照会计核算的一般原则进行确认和计量以及相关账务处理是否合理；

（五）检查是否存在因会计差错、会计政策变更等原因需要调整前期或者本期相关项目。

在前款规定工作中发现问题的，应当按照国家统一的会计制度的规定进行处理。

第二十二条 企业编制年度和半年度财务会计报告时，对经查实后的资产、负债有变动的，应当按照资产、负债的确认和计量标准进行确认和计量，并按照国家统一的会计制度的规定进行相应的会计处理。

第二十三条 企业应当按照国家统一的会计制度规定的会计报表格式和内容，根据登记完整、核对无误的会计账簿记录和其他有关资料编制会计报表，做到内容完整、数字真实、计算准确，不得漏报或者任意取舍。

第二十四条 会计报表之间、会计报表各项目之间，凡有对应关系的数字，应当相互一致；会计报表中本期与上期的有关数字应当相互衔接。

第二十五条 会计报表附注和财务情况说明书应当按照本条例和国家统一的会计制度的规定，对会计报表中需要说明的事项作出真实、完整、清楚的说明。

第二十六条 企业发生合并、分立情形的，应当按照国家统一的会计制度的规定编制相应的财务会计报告。

第二十七条 企业终止营业的，应当在终止营业时按照编制年度财务会计报告的要求全面清查资产、核实债务、进行结账，并编制财务会计报告；在清算期间，应当按照国家统一的会计制度的规定编制清算期间的财务会计报告。

第二十八条 按照国家统一的会计制度的规定，需要编制合并会计报表的企业集团，母公司除编制其个别会计报表外，还应当编制企业集团的合并会计报表。

企业集团合并会计报表，是指反映企业集团整体财务状况、经营成果和现金流量的会计报表。

第四章 财务会计报告的对外提供

第二十九条 对外提供的财务会计报告反映的会计信息应当真实、完整。

第三十条 企业应当依照法律、行政法规和国家统一的会计制度有关财务会计报告提供期限的规定，及时对外提供财务会计报告。

第三十一条 企业对外提供的财务会计报告应当依次编定页数，加具封面，装订成册，加盖公章。封面上应当注明：企业名称、企业统一代码、组织形式、地址、报表所属年度或者月份、报出日期，并由企业负责人和主管会计工作的负责人、会计机构负责人（会计主管人员）签名并盖章；设置总会计师的企业，还应当由总会计师签名并盖章。

第三十二条 企业应当依照企业章程的规定，向投资者提供财务会计报告。

国务院派出监事会的国有重点大型企业、国有重点金融机构和省、自治区、直辖市人民政府派出监事会的国有企业，应当依法定期向监事会提供财务会计报告。

第三十三条 有关部门或者机构依照法律、行政法规或者国务院的规定，要求企业提供部分或者全部财务会计报告及其有关数据的，应当向企业出示依据，并不得要求企业改变财务会计报告有关数据的会计口径。

第三十四条 非依照法律、行政法规或者国务院的规定,任何组织或者个人不得要求企业提供部分或者全部财务会计报告及其有关数据。

违反本条例规定,要求企业提供部分或者全部财务会计报告及其有关数据的,企业有权拒绝。

第三十五条 国有企业、国有控股的或者占主导地位的企业,应当至少每年一次向本企业的职工代表大会公布财务会计报告,并重点说明下列事项:

(一)反映与职工利益密切相关的信息,包括:管理费用的构成情况,企业管理人员工资、福利和职工工资、福利费用的发放、使用和结余情况,公益金的提取及使用情况,利润分配的情况以及其他与职工利益相关的信息;

(二)内部审计发现的问题及纠正情况;

(三)注册会计师审计的情况;

(四)国家审计机关发现的问题及纠正情况;

(五)重大的投资、融资和资产处置决策及其原因的说明;

(六)需要说明的其他重要事项。

第三十六条 企业依照本条例规定向有关各方提供的财务会计报告,其编制基础、编制依据、编制原则和方法应当一致,不得提供编制基础、编制依据、编制原则和方法不同的财务会计报告。

第三十七条 财务会计报告须经注册会计师审计的,企业应当将注册会计师及其会计师事务所出具的审计报告随同财务会计报告一并对外提供。

第三十八条 接受企业财务会计报告的组织或者个人,在企业财务会计报告未正式对外披露前,应当对其内容保密。

第五章 法 律 责 任

第三十九条 违反本条例规定,有下列行为之一的,由县级以上人民政府财政部门责令限期改正,对企业可以处3000元以上5万元以下的罚款;对直接负责的主管人员和其他直接责任人员,可以处2000元以上2万元以下的罚款;属于国家工作人员的,并依法给予行政处分或者纪律处分:

(一)随意改变会计要素的确认和计量标准的;

(二)随意改变财务会计报告的编制基础、编制依据、编制原则和方法的;

(三)提前或者延迟结账日结账的;

(四)在编制年度财务会计报告前,未按照本条例规定全面清查资产、核实债务的;

(五)拒绝财政部门和其他有关部门对财务会计报告依法进行的监督检查,或者不如实提供有关情况的。

会计人员有前款所列行为之一,情节严重的,由县级以上人民政府财政部门吊销会计从业资格证书。

第四十条 企业编制、对外提供虚假的或者隐瞒重要事实的财务会计报告,构成犯罪的,依法追究刑事责任。

有前款行为,尚不构成犯罪的,由县级以上人民政府财政部门予以通报,对企业可以处5000元以上10万元以下的罚款;对直接负责的主管人员和其他直接责任人员,可以处3000元以上5万元以下的罚款;属于国家工作人员的,并依法给予撤职直至开除的行政处分或者纪律处分;对其中的会计人员,情节严重的,并由县级以上人民政府财政部门吊销会计从业资格证书。

第四十一条 授意、指使、强令会计机构、会计人员及其他人员编制、对外提供虚假的或者隐瞒重要事实的财务会计报告,或者隐匿、故意销毁依法应当保存的财务会计报告,构成犯罪的,依法追究刑事责任;尚不构成犯罪的,可以处5000元以上5万元以下的罚款;属于国家工作人员的,并依法给予降级、撤职、开除的行政处分或者纪律处分。

第四十二条 违反本条例的规定,要求企业向其提供部分或者全部财务会计报告及其有关数据的,由县级以上人民政府责令改正。

第四十三条 违反本条例规定，同时违反其他法律、行政法规规定的，由有关部门在各自的职权范围内依法给予处罚。

第六章 附 则

第四十四条 国务院财政部门可以根据本条例的规定，制定财务会计报告的具体编报办法。

第四十五条 不对外筹集资金、经营规模较小的企业编制和对外提供财务会计报告的办法，由国务院财政部门根据本条例的原则另行规定。

第四十六条 本条例自2001年1月1日起施行。

关于修订印发2019年度一般企业财务报表格式的通知

（2019年4月30日 财政部 财会〔2019〕6号）

国务院有关部委、有关直属机构，各省、自治区、直辖市、计划单列市财政厅（局），新疆生产建设兵团财政局，财政部各地监管局，有关中央管理企业：

为解决执行企业会计准则的企业在财务报告编制中的实际问题，规范企业财务报表列报，提高会计信息质量，针对2019年1月1日起分阶段实施的《企业会计准则第21号——租赁》（财会〔2018〕35号，以下称新租赁准则），以及企业会计准则实施中的有关情况，我部对一般企业财务报表格式进行了修订，现予印发。本通知适用于执行企业会计准则的非金融企业2019年度中期财务报表和年度财务报表及以后期间的财务报表。

我部于2017年印发了《企业会计准则第22号——金融工具确认和计量》（财会〔2017〕7号）、《企业会计准则第23号——金融资产转移》（财会〔2017〕8号）、《企业会计准则第24号——套期会计》（财会〔2017〕9号）、《企业会计准则第37号——金融工具列报》（财会〔2017〕14号）（以下称新金融准则）、《企业会计准则第14号——收入》（财会〔2017〕22号，以下称新收入准则），自2018年1月1日起分阶段实施。执行企业会计准则的非金融企业中，未执行新金融准则、新收入准则和新租赁准则的企业应当按照企业会计准则和本通知附件1的要求编制财务报表；已执行新金融准则、新收入准则和新租赁准则的企业应当按照企业会计准则和本通知附件2的要求编制财务报表；已执行新金融准则但未执行新收入准则和新租赁准则的企业，或已执行新金融准则和新收入准则但未执行新租赁准则的企业，应当结合本通知附件1和附件2的要求对财务报表项目进行相应调整。企业对不存在相应业务的报表项目可结合本企业的实际情况进行必要删减，企业根据重要性原则并结合本企业的实际情况可以对确需单独列示的内容增加报表项目。执行企业会计准则的金融企业应当按照《财政部关于修订印发2018年度金融企业财务报表格式的通知》（财会〔2018〕36号）的要求编制财务报表，结合本通知的格式对金融企业专用项目之外的相关财务报表项目进行相应调整。我部于2018年6月15日发布的《财政部关于修订印发2018年度一般企业财务报表格式的通知》（财会〔2018〕15号）同时废止。

执行中有何问题，请及时反馈我部。

附件：1. 一般企业财务报表格式（适用于未执行新金融准则、新收入准则和新租赁准则的企业）
　　　2. 一般企业财务报表格式（适用于已执行新金融准则、新收入准则和新租赁准则的企业）

附件1：

一般企业财务报表格式（适用于未执行新金融准则、新收入准则和新租赁准则的企业）

一、关于比较信息的列报

按照《企业会计准则第30号——财务报表列报》的相关规定，当期财务报表的列报，至少应当提供所有列报项目上一个可比会计期间的比较数据。财务报表的列报项目名称和内容发生变更的，应当对可比期间的比较数据按照当期的列报要求进行调整，相关准则有特殊规定的除外。

二、关于资产负债表

资产负债表

会企01表

编制单位： ___年__月__日 单位：元

资产	期末余额	上年年末余额	负债和所有者权益（或股东权益）	期末余额	上年年末余额
流动资产：			流动负债：		
货币资金			短期借款		
以公允价值计量且其变动计入当期损益的金融资产			以公允价值计量且其变动计入当期损益的金融负债		
衍生金融资产			衍生金融负债		
应收票据			应付票据		
应收账款			应付账款		
预付款项			预收款项		
其他应收款			应付职工薪酬		
存货			应交税费		
持有待售资产			其他应付款		
一年内到期的非流动资产			持有待售负债		
其他流动资产			一年内到期的非流动负债		
流动资产合计			其他流动负债		
非流动资产：			流动负债合计		
可供出售金融资产			非流动负债：		
持有至到期投资			长期借款		
长期应收款			应付债券		
长期股权投资			其中：优先股		
投资性房地产			永续债		
固定资产			长期应付款		
在建工程			预计负债		
生产性生物资产			递延收益		

一、会计法律制度部分

续表

资产	期末余额	上年年末余额	负债和所有者权益（或股东权益）	期末余额	上年年末余额
油气资产			递延所得税负债		
无形资产			其他非流动负债		
开发支出			非流动负债合计		
商誉			负债合计		
长期待摊费用			所有者权益（或股东权益）：		
递延所得税资产			实收资本（或股本）		
其他非流动资产			其他权益工具		
非流动资产合计			其中：优先股		
			永续债		
			资本公积		
			减：库存股		
			其他综合收益		
			专项储备		
			盈余公积		
			未分配利润		
			所有者权益（或股东权益）合计		
资产总计			负债和所有者权益（或股东权益）总计		

有关项目说明：

1. "应收票据"项目，反映资产负债表日以摊余成本计量的、企业因销售商品、提供服务等收到的商业汇票，包括银行承兑汇票和商业承兑汇票。该项目应根据"应收票据"科目的期末余额，减去"坏账准备"科目中相关坏账准备期末余额后的金额填列。

2. "应收账款"项目，反映资产负债表日以摊余成本计量的、企业因销售商品、提供服务等经营活动应收取的款项。该项目应根据"应收账款"科目的期末余额，减去"坏账准备"科目中相关坏账准备期末余额后的金额填列。

3. "其他应收款"项目，应根据"应收利息""应收股利"和"其他应收款"科目的期末余额合计数，减去"坏账准备"科目中相关坏账准备期末余额后的金额填列。

4. "持有待售资产"项目，反映资产负债表日划分为持有待售类别的非流动资产及划分为持有待售类别的处置组中的流动资产和非流动资产的期末账面价值。该项目应根据"持有待售资产"科目的期末余额，减去"持有待售资产减值准备"科目的期末余额后的金额填列。

5. "固定资产"项目，反映资产负债表日企业固定资产的期末账面价值和企业尚未清理完毕的固定资产清理净损益。该项目应根据"固定资产"科目的期末余额，减去"累计折旧"和"固定资产减值准备"科目的期末余额后的金额，以及"固定资产清理"科目的期末余额填列。

6. "在建工程"项目，反映资产负债表日企业尚未达到预定可使用状态的在建工程的期末账面价值和企业为在建工程准备的各种物资的期末账面价值。该项目应根据"在建工程"科目的期末余额，减去"在建工程减值准备"科目的期末余额后的金额，以及"工程物资"科目的期末余额，减去"工程物资减值准备"科目的期末余额后的金额填列。

7. "一年内到期的非流动资产"项目，通常反映预计自资产负债表日起一年内变现的非流动资产。对于按照相关会计准则采用折旧（或摊销、折耗）方法进行后续计量的固定资产、无形资产和长期待摊费用等非流动资产，折旧（或摊销、折耗）年限（或期限）只剩一年或不足一年的，或预计在一年内（含一年）进行折旧（或摊销、折耗）的部分，不得归类为流动资产，仍在各该非流动资产项目中填列，不转入"一年内到期的非流动资产"项目。

8. "应付票据"项目，反映资产负债表日以摊余成本计量的、企业因购买材料、商品和接受服务等开出、承兑的商业汇票，包括银行承兑汇票和商业承兑汇票。该项目应根据"应付票据"科目的期末余额填列。

9. "应付账款"项目，反映资产负债表日以摊余成本计量的、企业因购买材料、商品和接受服务等经营活动应支付的款项。该项目应根据"应付账款"和"预付账款"科目所属的相关明细科目的期末贷方余额合计数填列。

10. "其他应付款"项目，应根据"应付利息""应付股利"和"其他应付款"科目的期末余额合计数填列。

11. "持有待售负债"项目，反映资产负债表日处置组中与划分为持有待售类别的资产直接相关的负债的期末账面价值。该项目应根据"持有待售负债"科目的期末余额填列。

12. "长期应付款"项目，反映资产负债表日企业除长期借款和应付债券以外的其他各种长期应付款项的期末账面价值。该项目应根据"长期应付款"科目的期末余额，减去相关的"未确认融资费用"科目的期末余额后的金额，以及"专项应付款"科目的期末余额填列。

13. "递延收益"项目中摊销期限只剩一年或不足一年的，或预计在一年内（含一年）进行摊销的部分，不得归类为流动负债，仍在该项目中填列，不转入"一年内到期的非流动负债"项目。

14. "其他权益工具"项目，反映资产负债表日企业发行在外的除普通股以外分类为权益工具的金融工具的期末账面价值。对于资产负债表日企业发行的金融工具，分类为金融负债的，应在"应付债券"项目填列，对于优先股和永续债，还应在"应付债券"项目下的"优先股"项目和"永续债"项目分别填列；分类为权益工具的，应在"其他权益工具"项目填列，对于优先股和永续债，还应在"其他权益工具"项目下的"优先股"项目和"永续债"项目分别填列。

15. "专项储备"项目，反映高危行业企业按国家规定提取的安全生产费的期末账面价值。该项目应根据"专项储备"科目的期末余额填列。

三、关于利润表

利润表

会企02表

编制单位： ＿＿＿年＿＿月 单位：元

项　　目	本期金额	上期金额
一、营业收入		
减：营业成本		
税金及附加		
销售费用		
管理费用		
研发费用		
财务费用		
其中：利息费用		
利息收入		

一、会计法律制度部分 161

续表

项　　目	本期金额	上期金额
加：其他收益		
投资收益（损失以"-"号填列）		
其中：对联营企业和合营企业的投资收益		
公允价值变动收益（损失以"-"号填列）		
资产减值损失（损失以"-"号填列）		
资产处置收益（损失以"-"号填列）		
二、营业利润（亏损以"-"号填列）		
加：营业外收入		
减：营业外支出		
三、利润总额（亏损总额以"-"号填列）		
减：所得税费用		
四、净利润（净亏损以"-"号填列）		
（一）持续经营净利润（净亏损以"-"号填列）		
（二）终止经营净利润（净亏损以"-"号填列）		
五、其他综合收益的税后净额		
（一）不能重分类进损益的其他综合收益		
1. 重新计量设定受益计划变动额		
2. 权益法下不能转损益的其他综合收益		
……		
（二）将重分类进损益的其他综合收益		
1. 权益法下可转损益的其他综合收益		
2. 可供出售金融资产公允价值变动损益		
3. 持有至到期投资重分类为可供出售金融资产损益		
4. 现金流量套期损益的有效部分		
5. 外币财务报表折算差额		
……		
六、综合收益总额		
七、每股收益：		
（一）基本每股收益		
（二）稀释每股收益		

有关项目说明：

1. "研发费用"项目，反映企业进行研究与开发过程中发生的费用化支出，以及计入管理费用的自行开发无形资产的摊销。该项目应根据"管理费用"科目下的"研究费用"明细科目的发生额，以及"管理费用"科目下的"无形资产摊销"明细科目的发生额分析填列。

2. "财务费用"项目下的"利息费用"项目，反映企业为筹集生产经营所需资金等而发生的应予费用化的利息支出。该项目应根据"财务费用"科目的相关明细科目的发生额分析填列。该项目作为"财务费用"项目的其中项,以正数填列。

3."财务费用"项目下的"利息收入"项目,反映企业按照相关会计准则确认的应冲减财务费用的利息收入。该项目应根据"财务费用"科目的相关明细科目的发生额分析填列。该项目作为"财务费用"项目的其中项,以正数填列。

4."其他收益"项目,反映计入其他收益的政府补助,以及其他与日常活动相关且计入其他收益的项目。该项目应根据"其他收益"科目的发生额分析填列。企业作为个人所得税的扣缴义务人,根据《中华人民共和国个人所得税法》收到的扣缴税款手续费,应作为其他与日常活动相关的收益在该项目中填列。

5."资产处置收益"项目,反映企业出售划分为持有待售的非流动资产(金融工具、长期股权投资和投资性房地产除外)或处置组(子公司和业务除外)时确认的处置利得或损失,以及处置未划分为持有待售的固定资产、在建工程、生产性生物资产及无形资产而产生的处置利得或损失。债务重组中因处置非流动资产(金融工具、长期股权投资和投资性房地产除外)产生的利得或损失和非货币性资产交换中换出非流动资产(金融工具、长期股权投资和投资性房地产除外)产生的利得或损失也包括在本项目内。该项目应根据"资产处置损益"科目的发生额分析填列;如为处置损失,以"-"号填列。

6."营业外收入"项目,反映企业发生的除营业利润以外的收益,主要包括与企业日常活动无关的政府补助、盘盈利得、捐赠利得(企业接受股东或股东的子公司直接或间接的捐赠,经济实质属于股东对企业的资本性投入的除外)等。该项目应根据"营业外收入"科目的发生额分析填列。

7."营业外支出"项目,反映企业发生的除营业利润以外的支出,主要包括公益性捐赠支出、非常损失、盘亏损失、非流动资产毁损报废损失等。该项目应根据"营业外支出"科目的发生额分析填列。"非流动资产毁损报废损失"通常包括因自然灾害发生毁损、已丧失使用功能等原因而报废清理产生的损失。企业在不同交易中形成的非流动资产毁损报废利得和损失不得相互抵销,应分别在"营业外收入"项目和"营业外支出"项目进行填列。

8."(一)持续经营净利润"和"(二)终止经营净利润"项目,分别反映净利润中与持续经营相关的净利润和与终止经营相关的净利润;如为净亏损,以"-"号填列。该两个项目应按照《企业会计准则第42号——持有待售的非流动资产、处置组和终止经营》的相关规定分别列报。

四、关于现金流量表

现金流量表

编制单位:　　　　　　　　　　__年__月　　　　　　　　　　会企03表
　　　　　　　　　　　　　　　　　　　　　　　　　　　　　　单位:元

项　　目	本期金额	上期金额
一、经营活动产生的现金流量:		
销售商品、提供劳务收到的现金		
收到的税费返还		
收到其他与经营活动有关的现金		
经营活动现金流入小计		
购买商品、接受劳务支付的现金		
支付给职工以及为职工支付的现金		
支付的各项税费		
支付其他与经营活动有关的现金		

续表

项　　目	本期金额	上期金额
经营活动现金流出小计		
经营活动产生的现金流量净额		
二、投资活动产生的现金流量：		
收回投资收到的现金		
取得投资收益收到的现金		
处置固定资产、无形资产和其他长期资产收回的现金净额		
处置子公司及其他营业单位收到的现金净额		
收到其他与投资活动有关的现金		
投资活动现金流入小计		
购建固定资产、无形资产和其他长期资产支付的现金		
投资支付的现金		
取得子公司及其他营业单位支付的现金净额		
支付其他与投资活动有关的现金		
投资活动现金流出小计		
投资活动产生的现金流量净额		
三、筹资活动产生的现金流量：		
吸收投资收到的现金		
取得借款收到的现金		
收到其他与筹资活动有关的现金		
筹资活动现金流入小计		
偿还债务支付的现金		
分配股利、利润或偿付利息支付的现金		
支付其他与筹资活动有关的现金		
筹资活动现金流出小计		
筹资活动产生的现金流量净额		
四、汇率变动对现金及现金等价物的影响		
五、现金及现金等价物净增加额		
加：期初现金及现金等价物余额		
六、期末现金及现金等价物余额		

有关项目说明：

企业实际收到的政府补助，无论是与资产相关还是与收益相关，均在"收到其他与经营活动有关的现金"项目填列。

五、关于所有者权益变动表

所有者权益变动表

编制单位：_____ 年度　　　　　　　　　　　　　　　　　　　　　　　　　　　　　　　会企04表
单位：元

项目	本年金额									上年金额								
	实收资本（或股本）	其他权益工具			资本公积	减：库存股	其他综合收益	专项储备	盈余公积	未分配利润	所有者权益合计	实收资本（或股本）	其他权益工具			资本公积	减：库存股	其他综合收益	专项储备	盈余公积	未分配利润	所有者权益合计
		优先股	永续债	其他									优先股	永续债	其他							
一、上年年末余额																						
加：会计政策变更																						
前期差错更正																						
其他																						
二、本年年初余额																						
三、本年增减变动金额（减少以"–"号填列）																						
（一）综合收益总额																						
（二）所有者投入和减少资本																						
1. 所有者投入的普通股																						
2. 其他权益工具持有者投入资本																						
3. 股份支付计入所有者权益的金额																						
4. 其他																						

续表

项目	本年金额									上年金额								
	实收资本（或股本）	其他权益工具		资本公积	减：库存股	其他综合收益	专项储备	盈余公积	未分配利润	所有者权益合计	实收资本（或股本）	其他权益工具		资本公积	减：库存股	其他综合收益	专项储备	盈余公积	未分配利润	所有者权益合计
		优先股	永续债 其他									优先股	永续债 其他							
（三）利润分配																			
1. 提取盈余公积																			
2. 对所有者（或股东）的分配																			
3. 其他																			
（四）所有者权益内部结转																			
1. 资本公积转增资本（或股本）																			
2. 盈余公积转增资本（或股本）																			
3. 盈余公积弥补亏损																			
4. 设定受益计划变动额结转留存收益																			
5. 其他																			
四、本年年末余额																			

有关项目说明：

"其他权益工具持有者投入资本"项目，反映企业发行的除普通股以外分类为权益工具的持有者投入资本的金额。该项目应根据金融工具类科目的相关明细科目的发生额分析填列。

附件2：

一般企业财务报表格式（适用于已执行新金融准则、新收入准则和新租赁准则的企业）

一、关于比较信息的列报

按照《企业会计准则第28号——会计政策、会计估计变更和差错更正》和《企业会计准则第30号——财务报表列报》的规定，企业变更会计政策或发生重要的前期差错更正，采用追溯调整法的，应当对可比会计期间的比较数据进行相应调整。企业首次执行新金融准则、新收入准则或新租赁准则，按照衔接规定，对因会计政策变更产生的累积影响数调整首次执行当年年初留存收益及财务报表其他相关项目金额，不调整可比期间信息的，应当对首次执行当期的财务报表的本期数或期末数按照本附件的报表项目列报，对可比会计期间未调整的比较数据按照附件1的报表项目列报。

为了提高信息在会计期间的可比性，向报表使用者提供与理解当期财务报表更加相关的比较数据，企业可以增加列报首次执行各项新准则当年年初的资产负债表。企业无论是否增加列报首次执行当年年初的资产负债表，均应当按照相关规定，在附注中分别披露首次执行各项新准则对当年年初财务报表相关项目的影响金额及调整信息。

二、关于资产负债表

资产负债表

会企01表

编制单位：　　　　　　　　　　年　月　日　　　　　　　　　　单位：元

资产	期末余额	上年年末余额	负债和所有者权益（或股东权益）	期末余额	上年年末余额
流动资产：			流动负债：		
货币资金			短期借款		
交易性金融资产			交易性金融负债		
衍生金融资产			衍生金融负债		
应收票据			应付票据		
应收账款			应付账款		
应收款项融资			预收款项		
预付款项			合同负债		
其他应收款			应付职工薪酬		
存货			应交税费		
合同资产			其他应付款		
持有待售资产			持有待售负债		
一年内到期的非流动资产			一年内到期的非流动负债		

续表

资产	期末余额	上年年末余额	负债和所有者权益（或股东权益）	期末余额	上年年末余额
其他流动资产			其他流动负债		
流动资产合计			流动负债合计		
非流动资产：			非流动负债：		
债权投资			长期借款		
其他债权投资			应付债券		
长期应收款			其中：优先股		
长期股权投资			永续债		
其他权益工具投资			租赁负债		
其他非流动金融资产			长期应付款		
投资性房地产			预计负债		
固定资产			递延收益		
在建工程			递延所得税负债		
生产性生物资产			其他非流动负债		
油气资产			非流动负债合计		
使用权资产			负债合计		
无形资产			所有者权益（或股东权益）：		
开发支出			实收资本（或股本）		
商誉			其他权益工具		
长期待摊费用			其中：优先股		
递延所得税资产			永续债		
其他非流动资产			资本公积		
非流动资产合计			减：库存股		
			其他综合收益		
			专项储备		
			盈余公积		
			未分配利润		
			所有者权益（或股东权益）合计		
资产总计			负债和所有者权益（或股东权益）总计		

有关项目说明：

1. "交易性金融资产"项目，反映资产负债表日企业分类为以公允价值计量且其变动计入当期损益的金融资产，以及企业持有的指定为以公允价值计量且其变动计入当期损益的金融资产的期末账面价值。该项目应根据"交易性金融资产"科目的相关明细科目的期末余额分析填列。自资产负债表日起超过一年到期且预期持有超过一年的以公允价值计量且其变动计入当期损益的非流动金融资产的期末账面价值,在"其他非流动金融资产"项目反映。

2."应收票据"项目,反映资产负债表日以摊余成本计量的、企业因销售商品、提供服务等收到的商业汇票,包括银行承兑汇票和商业承兑汇票。该项目应根据"应收票据"科目的期末余额,减去"坏账准备"科目中相关坏账准备期末余额后的金额分析填列。

3."应收账款"项目,反映资产负债表日以摊余成本计量的、企业因销售商品、提供服务等经营活动应收取的款项。该项目应根据"应收账款"科目的期末余额,减去"坏账准备"科目中相关坏账准备期末余额后的金额分析填列。

4."应收款项融资"项目,反映资产负债表日以公允价值计量且其变动计入其他综合收益的应收票据和应收账款等。

5."其他应收款"项目,应根据"应收利息""应收股利"和"其他应收款"科目的期末余额合计数,减去"坏账准备"科目中相关坏账准备期末余额后的金额填列。其中的"应收利息"仅反映相关金融工具已到期可收取但于资产负债表日尚未收到的利息。基于实际利率法计提的金融工具的利息应包含在相应金融工具的账面余额中。

6."持有待售资产"项目,反映资产负债表日划分为持有待售类别的非流动资产及划分为持有待售类别的处置组中的流动资产和非流动资产的期末账面价值。该项目应根据"持有待售资产"科目的期末余额,减去"持有待售资产减值准备"科目的期末余额后的金额填列。

7."债权投资"项目,反映资产负债表日企业以摊余成本计量的长期债权投资的期末账面价值。该项目应根据"债权投资"科目的相关明细科目期末余额,减去"债权投资减值准备"科目中相关减值准备的期末余额后的金额分析填列。自资产负债表日起一年内到期的长期债权投资的期末账面价值,在"一年内到期的非流动资产"项目反映。企业购入的以摊余成本计量的一年内到期的债权投资的期末账面价值,在"其他流动资产"项目反映。

8."其他债权投资"项目,反映资产负债表日企业分类为以公允价值计量且其变动计入其他综合收益的长期债权投资的期末账面价值。该项目应根据"其他债权投资"科目的相关明细科目的期末余额分析填列。自资产负债表日起一年内到期的长期债权投资的期末账面价值,在"一年内到期的非流动资产"项目反映。企业购入的以公允价值计量且其变动计入其他综合收益的一年内到期的债权投资的期末账面价值,在"其他流动资产"项目反映。

9."其他权益工具投资"项目,反映资产负债表日企业指定为以公允价值计量且其变动计入其他综合收益的非交易性权益工具投资的期末账面价值。该项目应根据"其他权益工具投资"科目的期末余额填列。

10."固定资产"项目,反映资产负债表日企业固定资产的期末账面价值和企业尚未清理完毕的固定资产清理净损益。该项目应根据"固定资产"科目的期末余额,减去"累计折旧"和"固定资产减值准备"科目的期末余额后的金额,以及"固定资产清理"科目的期末余额填列。

11."在建工程"项目,反映资产负债表日企业尚未达到预定可使用状态的在建工程的期末账面价值和企业为在建工程准备的各种物资的期末账面价值。该项目应根据"在建工程"科目的期末余额,减去"在建工程减值准备"科目的期末余额后的金额,以及"工程物资"科目的期末余额,减去"工程物资减值准备"科目的期末余额后的金额填列。

12."使用权资产"项目,反映资产负债表日承租人企业持有的使用权资产的期末账面价值。该项目应根据"使用权资产"科目的期末余额,减去"使用权资产累计折旧"和"使用权资产减值准备"科目的期末余额后的金额填列。

13."一年内到期的非流动资产"项目,通常反映预计自资产负债表日起一年内变现的非流动资产。对于按照相关会计准则采用折旧(或摊销、折耗)方法进行后续计量的固定资产、使用权资产、无形资产和长期待摊费用等非流动资产,折旧(或摊销、折耗)年限(或期限)只剩一年或不足一年的,或预计在一年内(含一年)进行折旧(或摊销、折耗)的部分,不得归类为流动资产,仍在各该非流动资产项目中填列,不转入"一年内到期的非流动资产"项目。

14. "交易性金融负债"项目,反映资产负债表日企业承担的交易性金融负债,以及企业持有的指定为以公允价值计量且其变动计入当期损益的金融负债的期末账面价值。该项目应根据"交易性金融负债"科目的相关明细科目的期末余额填列。

15. "应付票据"项目,反映资产负债表日以摊余成本计量的、企业因购买材料、商品和接受服务等开出、承兑的商业汇票,包括银行承兑汇票和商业承兑汇票。该项目应根据"应付票据"科目的期末余额填列。

16. "应付账款"项目,反映资产负债表日以摊余成本计量的、企业因购买材料、商品和接受服务等经营活动应支付的款项。该项目应根据"应付账款"和"预付账款"科目所属的相关明细科目的期末贷方余额合计数填列。

17. "其他应付款"项目,应根据"应付利息""应付股利"和"其他应付款"科目的期末余额合计数填列。其中的"应付利息"仅反映相关金融工具已到期应支付但于资产负债表日尚未支付的利息。基于实际利率法计提的金融工具的利息应包含在相应金融工具的账面余额中。

18. "持有待售负债"项目,反映资产负债表日处置组中与划分为持有待售类别的资产直接相关的负债的期末账面价值。该项目应根据"持有待售负债"科目的期末余额填列。

19. "租赁负债"项目,反映资产负债表日承租人企业尚未支付的租赁付款额的期末账面价值。该项目应根据"租赁负债"科目的期末余额填列。自资产负债表日起一年内到期应予以清偿的租赁负债的期末账面价值,在"一年内到期的非流动负债"项目反映。

20. "长期应付款"项目,反映资产负债表日企业除长期借款和应付债券以外的其他各种长期应付款项的期末账面价值。该项目应根据"长期应付款"科目的期末余额,减去相关的"未确认融资费用"科目的期末余额后的金额,以及"专项应付款"科目的期末余额填列。

21. "递延收益"项目中摊销期限只剩一年或不足一年的,或预计在一年内(含一年)进行摊销的部分,不得归类为流动负债,仍在该项目中填列,不转入"一年内到期的非流动负债"项目。

22. "合同资产"和"合同负债"项目。企业应按照《企业会计准则第14号——收入》(财会〔2017〕22号)的相关规定根据本企业履行履约义务与客户付款之间的关系在资产负债表中列示合同资产或合同负债。"合同资产"项目、"合同负债"项目,应分别根据"合同资产"科目、"合同负债"科目的相关明细科目的期末余额分析填列,同一合同下的合同资产和合同负债应当以净额列示,其中净额为借方余额的,应当根据其流动性在"合同资产"或"其他非流动资产"项目中填列,已计提减值准备的,还应减去"合同资产减值准备"科目中相关的期末余额后的金额填列;其中净额为贷方余额的,应当根据其流动性在"合同负债"或"其他非流动负债"项目中填列。

由于同一合同下的合同资产和合同负债应当以净额列示,企业也可以设置"合同结算"科目(或其他类似科目),以核算同一合同下属于在某一时段内履行履约义务涉及与客户结算对价的合同资产或合同负债,并在此科目下设置"合同结算——价款结算"科目反映定期与客户进行结算的金额,设置"合同结算——收入结转"科目反映按履约进度结转的收入金额。资产负债表日,"合同结算"科目的期末余额在借方的,根据其流动性在"合同资产"或"其他非流动资产"项目中填列;期末余额在贷方的,根据其流动性在"合同负债"或"其他非流动负债"项目中填列。

23. 按照《企业会计准则第14号——收入》(财会〔2017〕22号)的相关规定确认为资产的合同取得成本,应当根据"合同取得成本"科目的明细科目初始确认时摊销期限是否超过一年或一个正常营业周期,在"其他流动资产"或"其他非流动资产"项目中填列,已计提减值准备的,还应减去"合同取得成本减值准备"科目中相关的期末余额后的金额填列。

24. 按照《企业会计准则第14号——收入》(财会〔2017〕22号)的相关规定确认为资产的合同履约成本,应当根据"合同履约成本"科目的明细科目初始确认时摊销期限是否超过一年或一个正常营业周期,在"存货"或"其他非流动资产"项目中填列,已计提减值准备的,还应减去"合同履约成本减值准备"科目中相关的期末余额后的金额填列。

25. 按照《企业会计准则第14号——收入》（财会〔2017〕22号）的相关规定确认为资产的应收退货成本，应当根据"应收退货成本"科目是否在一年或一个正常营业周期内出售，在"其他流动资产"或"其他非流动资产"项目中填列。

26. 按照《企业会计准则第14号——收入》（财会〔2017〕22号）的相关规定确认为预计负债的应付退货款，应当根据"预计负债"科目下的"应付退货款"明细科目是否在一年或一个正常营业周期内清偿，在"其他流动负债"或"预计负债"项目中填列。

27. 企业按照《企业会计准则第22号——金融工具确认和计量》（财会〔2017〕7号）的相关规定对贷款承诺、财务担保合同等项目计提的损失准备，应当在"预计负债"项目中填列。

28. "其他权益工具"项目，反映资产负债表日企业发行在外的除普通股以外分类为权益工具的金融工具的期末账面价值。对于资产负债表日企业发行的金融工具，分类为金融负债的，应在"应付债券"项目填列，对于优先股和永续债，还应在"应付债券"项目下的"优先股"项目和"永续债"项目分别填列；分类为权益工具的，应在"其他权益工具"项目填列，对于优先股和永续债，还应在"其他权益工具"项目下的"优先股"项目和"永续债"项目分别填列。

29. "专项储备"项目，反映高危行业企业按国家规定提取的安全生产费的期末账面价值。该项目应根据"专项储备"科目的期末余额填列。

三、关于利润表

利润表

编制单位：　　　　　　　　　　　___年__月　　　　　　　　　　　会企02表
单位：元

项　　目	本期金额	上期金额
一、营业收入		
减：营业成本		
税金及附加		
销售费用		
管理费用		
研发费用		
财务费用		
其中：利息费用		
利息收入		
加：其他收益		
投资收益（损失以"－"号填列）		
其中：对联营企业和合营企业的投资收益		
以摊余成本计量的金融资产终止确认收益（损失以"－"号填列）		
净敞口套期收益（损失以"－"号填列）		
公允价值变动收益（损失以"－"号填列）		
信用减值损失（损失以"－"号填列）		

续表

项 目	本期金额	上期金额
资产减值损失（损失以"-"号填列）		
资产处置收益（损失以"-"号填列）		
二、营业利润（亏损以"-"号填列）		
加：营业外收入		
减：营业外支出		
三、利润总额（亏损总额以"-"号填列）		
减：所得税费用		
四、净利润（净亏损以"-"号填列）		
（一）持续经营净利润（净亏损以"-"号填列）		
（二）终止经营净利润（净亏损以"-"号填列）		
五、其他综合收益的税后净额		
（一）不能重分类进损益的其他综合收益		
1. 重新计量设定受益计划变动额		
2. 权益法下不能转损益的其他综合收益		
3. 其他权益工具投资公允价值变动		
4. 企业自身信用风险公允价值变动		
……		
（二）将重分类进损益的其他综合收益		
1. 权益法下可转损益的其他综合收益		
2. 其他债权投资公允价值变动		
3. 金融资产重分类计入其他综合收益的金额		
4. 其他债权投资信用减值准备		
5. 现金流量套期储备		
6. 外币财务报表折算差额		
……		
六、综合收益总额		
七、每股收益：		
（一）基本每股收益		
（二）稀释每股收益		

有关项目说明：

1. "研发费用"项目，反映企业进行研究与开发过程中发生的费用化支出，以及计入管理费用的自行开发无形资产的摊销。该项目应根据"管理费用"科目下的"研究费用"明细科目的发生额，以及"管理费用"科目下的"无形资产摊销"明细科目的发生额分析填列。

2. "财务费用"项目下的"利息费用"项目，反映企业为筹集生产经营所需资金等而发生的应予费用化的利息支出。该项目应根据"财务费用"科目的相关明细科目的发生额分析填列。该项目作为"财务费用"项目的其中项，以正数填列。

3. "财务费用"项目下的"利息收入"项目，反映企业按照相关会计准则确认的应冲减财务费用的利息收入。该项目应根据"财务费用"科目的相关明细科目的发生额分析填列。该项目作为"财务费用"项目的其中项，以正数填列。

4. "其他收益"项目，反映计入其他收益的政府补助，以及其他与日常活动相关且计入其他收益的项目。该项目应根据"其他收益"科目的发生额分析填列。企业作为个人所得税的扣缴义务人，根据《中华人民共和国个人所得税法》收到的扣缴税款手续费，应作为其他与日常活动相关的收益在该项目中填列。

5. "以摊余成本计量的金融资产终止确认收益"项目，反映企业因转让等情形导致终止确认以摊余成本计量的金融资产而产生的利得或损失。该项目应根据"投资收益"科目的相关明细科目的发生额分析填列；如为损失，以"－"号填列。

6. "净敞口套期收益"项目，反映净敞口套期下被套期项目累计公允价值变动转入当期损益的金额或现金流量套期储备转入当期损益的金额。该项目应根据"净敞口套期损益"科目的发生额分析填列；如为套期损失，以"－"号填列。

7. "信用减值损失"项目，反映企业按照《企业会计准则第22号——金融工具确认和计量》（财会〔2017〕7号）的要求计提的各项金融工具信用减值准备所确认的信用损失。该项目应根据"信用减值损失"科目的发生额分析填列。

8. "资产处置收益"项目，反映企业出售划分为持有待售的非流动资产（金融工具、长期股权投资和投资性房地产除外）或处置组（子公司和业务除外）时确认的处置利得或损失，以及处置未划分为持有待售的固定资产、在建工程、生产性生物资产及无形资产而产生的处置利得或损失。债务重组中因处置非流动资产（金融工具、长期股权投资和投资性房地产除外）产生的利得或损失和非货币性资产交换中换出非流动资产（金融工具、长期股权投资和投资性房地产除外）产生的利得或损失也包括在本项目内。该项目应根据"资产处置损益"科目的发生额分析填列；如为处置损失，以"－"号填列。

9. "营业外收入"项目，反映企业发生的除营业利润以外的收益，主要包括与企业日常活动无关的政府补助、盘盈利得、捐赠利得（企业接受股东或股东的子公司直接或间接的捐赠，经济实质属于股东对企业的资本性投入的除外）等。该项目应根据"营业外收入"科目的发生额分析填列。

10. "营业外支出"项目，反映企业发生的除营业利润以外的支出，主要包括公益性捐赠支出、非常损失、盘亏损失、非流动资产毁损报废损失等。该项目应根据"营业外支出"科目的发生额分析填列。"非流动资产毁损报废损失"通常包括因自然灾害发生毁损、已丧失使用功能等原因而报废清理产生的损失。企业在不同交易中形成的非流动资产毁损报废利得和损失不得相互抵销，应分别在"营业外收入"项目和"营业外支出"项目进行填列。

11. "（一）持续经营净利润"和"（二）终止经营净利润"项目，分别反映净利润中与持续经营相关的净利润和与终止经营相关的净利润；如为净亏损，以"－"号填列。该两个项目应按照《企业会计准则第42号——持有待售的非流动资产、处置组和终止经营》的相关规定分别列报。

12. "其他权益工具投资公允价值变动"项目，反映企业指定为以公允价值计量且其变动计入其他综合收益的非交易性权益工具投资发生的公允价值变动。该项目应根据"其他综合收益"科目的相关明细科目的发生额分析填列。

一、会计法律制度部分

13."企业自身信用风险公允价值变动"项目,反映企业指定为以公允价值计量且其变动计入当期损益的金融负债,由企业自身信用风险变动引起的公允价值变动而计入其他综合收益的金额。该项目应根据"其他综合收益"科目的相关明细科目的发生额分析填列。

14."其他债权投资公允价值变动"项目,反映企业分类为以公允价值计量且其变动计入其他综合收益的债权投资发生的公允价值变动。企业将一项以公允价值计量且其变动计入其他综合收益的金融资产重分类为以摊余成本计量的金融资产,或重分类为以公允价值计量且其变动计入当期损益的金融资产时,之前计入其他综合收益的累计利得或损失从其他综合收益中转出的金额作为该项目的减项。该项目应根据"其他综合收益"科目下的相关明细科目的发生额分析填列。

15."金融资产重分类计入其他综合收益的金额"项目,反映企业将一项以摊余成本计量的金融资产重分类为以公允价值计量且其变动计入其他综合收益的金融资产时,计入其他综合收益的原账面价值与公允价值之间的差额。该项目应根据"其他综合收益"科目下的相关明细科目的发生额分析填列。

16."其他债权投资信用减值准备"项目,反映企业按照《企业会计准则第22号——金融工具确认和计量》(财会〔2017〕7号)第十八条分类为以公允价值计量且其变动计入其他综合收益的金融资产的损失准备。该项目应根据"其他综合收益"科目下的"信用减值准备"明细科目的发生额分析填列。

17."现金流量套期储备"项目,反映企业套期工具产生的利得或损失中属于套期有效的部分。该项目应根据"其他综合收益"科目下的"套期储备"明细科目的发生额分析填列。

四、关于现金流量表

现金流量表

编制单位: ___年__月　　　　　　　　　　　　　　　会企03表　　单位:元

项　　目	本期金额	上期金额
一、经营活动产生的现金流量:		
销售商品、提供劳务收到的现金		
收到的税费返还		
收到其他与经营活动有关的现金		
经营活动现金流入小计		
购买商品、接受劳务支付的现金		
支付给职工以及为职工支付的现金		
支付的各项税费		
支付其他与经营活动有关的现金		
经营活动现金流出小计		
经营活动产生的现金流量净额		
二、投资活动产生的现金流量:		
收回投资收到的现金		
取得投资收益收到的现金		
处置固定资产、无形资产和其他长期资产收回的现金净额		

续表

项 目	本期金额	上期金额
处置子公司及其他营业单位收到的现金净额		
收到其他与投资活动有关的现金		
投资活动现金流入小计		
购建固定资产、无形资产和其他长期资产支付的现金		
投资支付的现金		
取得子公司及其他营业单位支付的现金净额		
支付其他与投资活动有关的现金		
投资活动现金流出小计		
投资活动产生的现金流量净额		
三、筹资活动产生的现金流量：		
吸收投资收到的现金		
取得借款收到的现金		
收到其他与筹资活动有关的现金		
筹资活动现金流入小计		
偿还债务支付的现金		
分配股利、利润或偿付利息支付的现金		
支付其他与筹资活动有关的现金		
筹资活动现金流出小计		
筹资活动产生的现金流量净额		
四、汇率变动对现金及现金等价物的影响		
五、现金及现金等价物净增加额		
加：期初现金及现金等价物余额		
六、期末现金及现金等价物余额		

有关项目说明：

企业实际收到的政府补助，无论是与资产相关还是与收益相关，均在"收到其他与经营活动有关的现金"项目填列。

五、关于所有者权益变动表

所有者权益变动表

编制单位：　　　　　　　　　　　　　　　　　年度　　　　　　　　　　　　　　　　　会企04表
单位：元

项目	本年金额										上年金额									
	实收资本（或股本）	其他权益工具		资本公积	减：库存股	其他综合收益	专项储备	盈余公积	未分配利润	所有者权益合计	实收资本（或股本）	其他权益工具		资本公积	减：库存股	其他综合收益	专项储备	盈余公积	未分配利润	所有者权益合计
		优先股	永续债 其他									优先股	永续债 其他							
一、上年年末余额																				
加：会计政策变更																				
前期差错更正																				
其他																				
二、本年年初余额																				
三、本年增减变动金额（减少以"-"号填列）																				
（一）综合收益总额																				
（二）所有者投入和减少资本																				
1. 所有者投入的普通股																				
2. 其他权益工具持有者投入资本																				
3. 股份支付计入所有者权益的金额																				
4. 其他																				

续表

项目	本年金额									上年金额								
	实收资本（或股本）	其他权益工具		资本公积	减：库存股	其他综合收益	专项储备	盈余公积	未分配利润	所有者权益合计	实收资本（或股本）	其他权益工具		资本公积	减：库存股	其他综合收益	专项储备	盈余公积	未分配利润	所有者权益合计
		优先股	永续债 其他									优先股	永续债 其他							
（三）利润分配																			
1. 提取盈余公积																			
2. 对所有者（或股东）的分配																			
3. 其他																			
（四）所有者权益内部结转																			
1. 资本公积转增资本（或股本）																			
2. 盈余公积转增资本（或股本）																			
3. 盈余公积弥补亏损																			
4. 设定受益计划变动额结转留存收益																			
5. 其他综合收益结转留存收益																			
6. 其他																			
四、本年年末余额																			

有关项目说明：

1. "其他权益工具持有者投入资本"项目，反映企业发行的除普通股以外分类为权益工具的金融工具的持有者投入资本的金额。该项目应根据金融工具类科目的相关明细科目的发生额分析填列。

2. "其他综合收益结转留存收益"项目，主要反映：(1) 企业指定为以公允价值计量且其变动计入其他综合收益的非交易性权益工具投资终止确认时，之前计入其他综合收益的累计利得或损失从其他综合收益中转入留存收益的金额；(2) 企业指定为以公允价值计量且其变动计入当期损益的金融负债终止确认时，之前由企业自身信用风险变动引起而计入其他综合收益的累计利得或损失从其他综合收益中转入留存收益的金额等。该项目应根据"其他综合收益"科目的相关明细科目的发生额分析填列。

政府会计准则——基本准则

(2015 年 10 月 23 日　财政部令第 78 号)

第一章　总　则

第一条　为了规范政府的会计核算，保证会计信息质量，根据《中华人民共和国会计法》、《中华人民共和国预算法》和其他有关法律、行政法规，制定本准则。

第二条　本准则适用于各级政府、各部门、各单位（以下统称政府会计主体）。

前款所称各部门、各单位是指与本级政府财政部门直接或者间接发生预算拨款关系的国家机关、军队、政党组织、社会团体、事业单位和其他单位。

军队、已纳入企业财务管理体系的单位和执行《民间非营利组织会计制度》的社会团体，不适用本准则。

第三条　政府会计由预算会计和财务会计构成。

预算会计实行收付实现制，国务院另有规定的，依照其规定。

财务会计实行权责发生制。

第四条　政府会计具体准则及其应用指南、政府会计制度等，应当由财政部遵循本准则制定。

第五条　政府会计主体应当编制决算报告和财务报告。

决算报告的目标是向决算报告使用者提供与政府预算执行情况有关的信息，综合反映政府会计主体预算收支的年度执行结果，有助于决算报告使用者进行监督和管理，并为编制后续年度预算提供参考和依据。政府决算报告使用者包括各级人民代表大会及其常务委员会、各级政府及其有关部门、政府会计主体自身、社会公众和其他利益相关者。

财务报告的目标是向财务报告使用者提供与政府的财务状况、运行情况（含运行成本，下同）和现金流量等有关信息，反映政府会计主体公共受托责任履行情况，有助于财务报告使用者作出决策或者进行监督和管理。政府财务报告使用者包括各级人民代表大会常务委员会、债权人、各级政府及其有关部门、政府会计主体自身和其他利益相关者。

第六条　政府会计主体应当对其自身发生的经济业务或者事项进行会计核算。

第七条　政府会计核算应当以政府会计主体持续运行为前提。

第八条　政府会计核算应当划分会计期间，分期结算账目，按规定编制决算报告和财务报告。

会计期间至少分为年度和月度。会计年度、月度等会计期间的起讫日期采用公历日期。

第九条　政府会计核算应当以人民币作为记账本位币。发生外币业务时，应当将有关外币金额折算为人民币金额计量，同时登记外币金额。

第十条　政府会计核算应当采用借贷记账法记账。

第二章　政府会计信息质量要求

第十一条　政府会计主体应当以实际发生的经济业务或者事项为依据进行会计核算,如实反映各项会计要素的情况和结果,保证会计信息真实可靠。

第十二条　政府会计主体应当将发生的各项经济业务或者事项统一纳入会计核算,确保会计信息能够全面反映政府会计主体预算执行情况和财务状况、运行情况、现金流量等。

第十三条　政府会计主体提供的会计信息,应当与反映政府会计主体公共受托责任履行情况以及报告使用者决策或者监督、管理的需要相关,有助于报告使用者对政府会计主体过去、现在或者未来的情况作出评价或者预测。

第十四条　政府会计主体对已经发生的经济业务或者事项,应当及时进行会计核算,不得提前或者延后。

第十五条　政府会计主体提供的会计信息应当具有可比性。

同一政府会计主体不同时期发生的相同或者相似的经济业务或者事项,应当采用一致的会计政策,不得随意变更。确需变更的,应当将变更的内容、理由及其影响在附注中予以说明。

不同政府会计主体发生的相同或者相似的经济业务或者事项,应当采用一致的会计政策,确保政府会计信息口径一致,相互可比。

第十六条　政府会计主体提供的会计信息应当清晰明了,便于报告使用者理解和使用。

第十七条　政府会计主体应当按照经济业务或者事项的经济实质进行会计核算,不限于以经济业务或者事项的法律形式为依据。

第三章　政府预算会计要素

第十八条　政府预算会计要素包括预算收入、预算支出与预算结余。

第十九条　预算收入是指政府会计主体在预算年度内依法取得的并纳入预算管理的现金流入。

第二十条　预算收入一般在实际收到时予以确认,以实际收到的金额计量。

第二十一条　预算支出是指政府会计主体在预算年度内依法发生并纳入预算管理的现金流出。

第二十二条　预算支出一般在实际支付时予以确认,以实际支付的金额计量。

第二十三条　预算结余是指政府会计主体预算年度内预算收入扣除预算支出后的资金余额,以及历年滚存的资金余额。

第二十四条　预算结余包括结余资金和结转资金。

结余资金是指年度预算执行终了,预算收入实际完成数扣除预算支出和结转资金后剩余的资金。

结转资金是指预算安排项目的支出年终尚未执行完毕或者因故未执行,且下年需要按原用途继续使用的资金。

第二十五条　符合预算收入、预算支出和预算结余定义及其确认条件的项目应当列入政府决算报表。

第四章　政府财务会计要素

第二十六条　政府财务会计要素包括资产、负债、净资产、收入和费用。

第一节　资产

第二十七条　资产是指政府会计主体过去的经济业务或者事项形成的,由政府会计主体控制的,预期能够产生服务潜力或者带来经济利益流入的经济资源。

服务潜力是指政府会计主体利用资产提供公共产品和服务以履行政府职能的潜在能力。

经济利益流入表现为现金及现金等价物的流入,或者现金及现金等价物流出的减少。

第二十八条　政府会计主体的资产按照流动性,分为流动资产和非流动资产。

流动资产是指预计在 1 年内（含 1 年）耗用或者可以变现的资产，包括货币资金、短期投资、应收及预付款项、存货等。

非流动资产是指流动资产以外的资产，包括固定资产、在建工程、无形资产、长期投资、公共基础设施、政府储备资产、文物文化资产、保障性住房和自然资源资产等。

第二十九条 符合本准则第二十七条规定的资产定义的经济资源，在同时满足以下条件时，确认为资产：

（一）与该经济资源相关的服务潜力很可能实现或者经济利益很可能流入政府会计主体；

（二）该经济资源的成本或者价值能够可靠地计量。

第三十条 资产的计量属性主要包括历史成本、重置成本、现值、公允价值和名义金额。

在历史成本计量下，资产按照取得时支付的现金金额或者支付对价的公允价值计量。

在重置成本计量下，资产按照现在购买相同或者相似资产所需支付的现金金额计量。

在现值计量下，资产按照预计从其持续使用和最终处置中所产生的未来净现金流入量的折现金额计量。

在公允价值计量下，资产按照市场参与者在计量日发生的有序交易中，出售资产所能收到的价格计量。

无法采用上述计量属性的，采用名义金额（即人民币 1 元）计量。

第三十一条 政府会计主体在对资产进行计量时，一般应当采用历史成本。

采用重置成本、现值、公允价值计量的，应当保证所确定的资产金额能够持续、可靠计量。

第三十二条 符合资产定义和资产确认条件的项目，应当列入资产负债表。

第二节 负债

第三十三条 负债是指政府会计主体过去的经济业务或者事项形成的，预期会导致经济资源流出政府会计主体的现时义务。

现时义务是指政府会计主体在现行条件下已承担的义务。未来发生的经济业务或者事项形成的义务不属于现时义务，不应当确认为负债。

第三十四条 政府会计主体的负债按照流动性，分为流动负债和非流动负债。

流动负债是指预计在 1 年内（含 1 年）偿还的负债，包括应付及预收款项、应付职工薪酬、应缴款项等。

非流动负债是指流动负债以外的负债，包括长期应付款、应付政府债券和政府依法担保形成的债务等。

第三十五条 符合本准则第三十三条规定的负债定义的义务，在同时满足以下条件时，确认为负债：

（一）履行该义务很可能导致含有服务潜力或者经济利益的经济资源流出政府会计主体；

（二）该义务的金额能够可靠地计量。

第三十六条 负债的计量属性主要包括历史成本、现值和公允价值。

在历史成本计量下，负债按照因承担现时义务而实际收到的款项或者资产的金额，或者承担现时义务的合同金额，或者按照为偿还负债预期需要支付的现金计量。

在现值计量下，负债按照预计期限内需要偿还的未来净现金流出量的折现金额计量。

在公允价值计量下，负债按照市场参与者在计量日发生的有序交易中，转移负债所需支付的价格计量。

第三十七条 政府会计主体在对负债进行计量时，一般应当采用历史成本。

采用现值、公允价值计量的，应当保证所确定的负债金额能够持续、可靠计量。

第三十八条 符合负债定义和负债确认条件的项目，应当列入资产负债表。

第三节 净资产

第三十九条 净资产是指政府会计主体资产扣除负债后的净额。

第四十条 净资产金额取决于资产和负债的计量。

第四十一条 净资产项目应当列入资产负债表。

第四节 收入

第四十二条 收入是指报告期内导致政府会计主体净资产增加的、含有服务潜力或者经济利益的经济资源的流入。

第四十三条 收入的确认应当同时满足以下条件：

（一）与收入相关的含有服务潜力或者经济利益的经济资源很可能流入政府会计主体；

（二）含有服务潜力或者经济利益的经济资源流入会导致政府会计主体资产增加或者负债减少；

（三）流入金额能够可靠地计量。

第四十四条 符合收入定义和收入确认条件的项目，应当列入收入费用表。

第五节 费用

第四十五条 费用是指报告期内导致政府会计主体净资产减少的、含有服务潜力或者经济利益的经济资源的流出。

第四十六条 费用的确认应当同时满足以下条件：

（一）与费用相关的含有服务潜力或者经济利益的经济资源很可能流出政府会计主体；

（二）含有服务潜力或者经济利益的经济资源流出会导致政府会计主体资产减少或者负债增加；

（三）流出金额能够可靠地计量。

第四十七条 符合费用定义和费用确认条件的项目，应当列入收入费用表。

第五章 政府决算报告和财务报告

第四十八条 政府决算报告是综合反映政府会计主体年度预算收支执行结果的文件。

政府决算报告应当包括决算报表和其他应当在决算报告中反映的相关信息和资料。

政府决算报告的具体内容及编制要求等，由财政部另行规定。

第四十九条 政府财务报告是反映政府会计主体某一特定日期的财务状况和某一会计期间的运行情况和现金流量等信息的文件。

政府财务报告应当包括财务报表和其他应当在财务报告中披露的相关信息和资料。

第五十条 政府财务报告包括政府综合财务报告和政府部门财务报告。

政府综合财务报告是指由政府财政部门编制的、反映各级政府整体财务状况、运行情况和财政中长期可持续性的报告。

政府部门财务报告是指政府各部门、各单位按规定编制的财务报告。

第五十一条 财务报表是对政府会计主体财务状况、运行情况和现金流量等信息的结构性表述。

财务报表包括会计报表和附注。

会计报表至少应当包括资产负债表、收入费用表和现金流量表。

政府会计主体应当根据相关规定编制合并财务报表。

第五十二条 资产负债表是反映政府会计主体在某一特定日期的财务状况的报表。

第五十三条 收入费用表是反映政府会计主体在一定会计期间运行情况的报表。

第五十四条 现金流量表是反映政府会计主体在一定会计期间现金及现金等价物流入和流出情况的报表。

第五十五条 附注是对在资产负债表、收入费用表、现金流量表等报表中列示项目所作的进一步说明，以及对未能在这些报表中列示项目的说明。

第五十六条 政府决算报告的编制主要以收付实现制为基础，以预算会计核算生成的数据为准。

政府财务报告的编制主要以权责发生制为基础，以财务会计核算生成的数据为准。

第六章 附　则

第五十七条 本准则所称会计核算，包括会计确认、计量、记录和报告各个环节，涵盖填制会计凭证、登记会计账簿、编制报告全过程。

第五十八条 本准则所称预算会计，是指以收付实现制为基础对政府会计主体预算执行过程中发生的全部收入和全部支出进行会计核算，主要反映和监督预算收支执行情况的会计。

第五十九条 本准则所称财务会计，是指以权责发生制为基础对政府会计主体发生的各项经济业务或者事项进行会计核算，主要反映和监督政府会计主体财务状况、运行情况和现金流量等的会计。

第六十条 本准则所称收付实现制，是指以现金的实际收付为标志来确定本期收入和支出的会计核算基础。凡在当期实际收到的现金收入和支出，均应作为当期的收入和支出；凡是不属于当期的现金收入和支出，均不应当作为当期的收入和支出。

第六十一条 本准则所称权责发生制，是指以取得收取款项的权利或支付款项的义务为标志来确定本期收入和费用的会计核算基础。凡是当期已经实现的收入和已经发生的或应当负担的费用，不论款项是否收付，都应当作为当期的收入和费用；凡是不属于当期的收入和费用，即使款项已在当期收付，也不应当作为当期的收入和费用。

第六十二条 本准则自2017年1月1日起施行。

关于印发《政府会计制度——行政事业单位会计科目和报表》的通知

(2017年10月24日 财政部 财会〔2017〕25号)

党中央有关部门，国务院各部委、各直属机构，全国人大常委会办公厅，全国政协办公厅，高法院，高检院，各民主党派中央，有关人民团体，各省、自治区、直辖市、计划单列市财政厅（局），新疆生产建设兵团财务局：

为了适应权责发生制政府综合财务报告制度改革需要，规范行政事业单位会计核算，提高会计信息质量，根据《中华人民共和国会计法》、《中华人民共和国预算法》、《政府会计准则——基本准则》等法律、行政法规和规章，我部制定了《政府会计制度——行政事业单位会计科目和报表》，现予印发，自2019年1月1日起施行。鼓励行政事业单位提前执行。

执行本制度的单位，不再执行《行政单位会计制度》、《事业单位会计准则》、《事业单位会计制度》、《医院会计制度》、《基层医疗卫生机构会计制度》、《高等学校会计制度》、《中小学校会计制度》、《科学事业单位会计制度》、《彩票机构会计制度》、《地质勘查单位会计制度》、《测绘事业单位会计制度》、《国有林场与苗圃会计制度（暂行）》、《国有建设单位会计制度》等制度。

执行中有何问题，请及时反馈我部。

附件：政府会计制度——行政事业单位会计科目和报表

目 录

第一部分 总说明

第二部分 会计科目名称和编号

第三部分 会计科目使用说明（略）

第四部分 报表格式

第五部分 报表编制说明（略）

附录：主要业务和事项账务处理举例（略）

第一部分 总说明

一、为了规范行政事业单位的会计核算，保证会计信息质量，根据《中华人民共和国会计法》、《中华人民共和国预算法》、《政府会计准则——基本准则》等法律、行政法规和规章，制定本制度。

二、本制度适用于各级各类行政单位和事业单位（以下统称单位，特别说明的除外）。

纳入企业财务管理体系执行企业会计准则或小企业会计准则的单位，不执行本制度。

本制度尚未规范的有关行政事业单位的特殊经济业务或事项的会计处理，由财政部另行规定。

三、单位应当根据政府会计准则（包括基本准则和具体准则）规定的原则和本制度的要求，对其发生的各项经济业务或事项进行会计核算。

四、单位对基本建设投资应当按照本制度规定统一进行会计核算，不再单独建账，但是应当按项目单独核算，并保证项目资料完整。

五、单位会计核算应当具备财务会计与预算会计双重功能，实现财务会计与预算会计适度分离并相互衔接，全面、清晰反映单位财务信息和预算执行信息。

单位财务会计核算实行权责发生制；单位预算会计核算实行收付实现制，国务院另有规定的，依照其规定。

单位对于纳入部门预算管理的现金收支业务，在采用财务会计核算的同时应当进行预算会计核算；对于其他业务，仅需进行财务会计核算。

六、单位会计要素包括财务会计要素和预算会计要素。

财务会计要素包括资产、负债、净资产、收入和费用。

预算会计要素包括预算收入、预算支出和预算结余。

七、单位应当按照下列规定运用会计科目：

（一）单位应当按照本制度的规定设置和使用会计科目。在不影响会计处理和编制报表的前提下，单位可以根据实际情况自行增设或减少某些会计科目。

（二）单位应当执行本制度统一规定的会计科目编号，以便于填制会计凭证、登记账簿、查阅账目，实行会计信息化管理。

（三）单位在填制会计凭证、登记会计账簿时，应当填列会计科目的名称，或者同时填列会计科目的名称和编号，不得只填列会计科目编号、不填列会计科目名称。

（四）单位设置明细科目或进行明细核算，除遵循本制度规定外，还应当满足权责发生制政府部门财务报告和政府综合财务报告编制的其他需要。

八、单位应当按照下列规定编制财务报表和预算会计报表：

（一）财务报表的编制主要以权责发生制为基础，以单位财务会计核算生成的数据为准；预算会计报表的编制主要以收付实现制为基础，以单位预算会计核算生成的数据为准。

（二）财务报表由会计报表及其附注构成。会计报表一般包括资产负债表、收入费用表和净资产变动表。单位可根据实际情况自行选择编制现金流量表。

（三）预算会计报表至少包括预算收入支出表、预算结转结余变动表和财政拨款预算收入支出表。

（四）单位应当至少按照年度编制财务报表和预算会计报表。

（五）单位应当根据本制度规定编制真实、完整的财务报表和预算会计报表，不得违反本制度规定随意改变财务报表和预算会计报表的编制基础、编制依据、编制原则和方法，不得随意改变本制度规定的财务报表和预算会计报表有关数据的会计口径。

（六）财务报表和预算会计报表应当根据登记完整、核对无误的账簿记录和其他有关资料编制，做到数字真实、计算准确、内容完整、编报及时。

（七）财务报表和预算会计报表应当由单位负责人和主管会计工作的负责人、会计机构负责人（会计主管人员）签名并盖章。

九、单位应当重视并不断推进会计信息化的应用。

单位开展会计信息化工作,应当符合财政部制定的相关会计信息化工作规范和标准,确保利用现代信息技术手段开展会计核算及生成的会计信息符合政府会计准则和本制度的规定。

十、本制度自 2019 年 1 月 1 日起施行。

第二部分　会计科目名称和编号

序号	科目编号	科目名称
一、财务会计科目		
(一)资产类		
1	1001	库存现金
2	1002	银行存款
3	1011	零余额账户用款额度
4	1021	其他货币资金
5	1101	短期投资
6	1201	财政应返还额度
7	1211	应收票据
8	1212	应收账款
9	1214	预付账款
10	1215	应收股利
11	1216	应收利息
12	1218	其他应收款
13	1219	坏账准备
14	1301	在途物品
15	1302	库存物品
16	1303	加工物品
17	1401	待摊费用
18	1501	长期股权投资
19	1502	长期债券投资
20	1601	固定资产
21	1602	固定资产累计折旧
22	1611	工程物资
23	1613	在建工程
24	1701	无形资产
25	1702	无形资产累计摊销
26	1703	研发支出
27	1801	公共基础设施
28	1802	公共基础设施累计折旧(摊销)

续表

序号	科目编号	科目名称
29	1811	政府储备物资
30	1821	文物文化资产
31	1831	保障性住房
32	1832	保障性住房累计折旧
33	1891	受托代理资产
34	1901	长期待摊费用
35	1902	待处理财产损溢
(二) 负债类		
36	2001	短期借款
37	2101	应交增值税
38	2102	其他应交税费
39	2103	应缴财政款
40	2201	应付职工薪酬
41	2301	应付票据
42	2302	应付账款
43	2303	应付政府补贴款
44	2304	应付利息
45	2305	预收账款
46	2307	其他应付款
47	2401	预提费用
48	2501	长期借款
49	2502	长期应付款
50	2601	预计负债
51	2901	受托代理负债
(三) 净资产类		
52	3001	累计盈余
53	3101	专用基金
54	3201	权益法调整
55	3301	本期盈余
56	3302	本年盈余分配
57	3401	无偿调拨净资产

续表

序号	科目编号	科目名称
58	3501	以前年度盈余调整
（四）收入类		
59	4001	财政拨款收入
60	4101	事业收入
61	4201	上级补助收入
62	4301	附属单位上缴收入
63	4401	经营收入
64	4601	非同级财政拨款收入
65	4602	投资收益
66	4603	捐赠收入
67	4604	利息收入
68	4605	租金收入
69	4609	其他收入
（五）费用类		
70	5001	业务活动费用
71	5101	单位管理费用
72	5201	经营费用
73	5301	资产处置费用
74	5401	上缴上级费用
75	5501	对附属单位补助费用
76	5801	所得税费用
77	5901	其他费用
二、预算会计科目		
（一）预算收入类		
1	6001	财政拨款预算收入
2	6101	事业预算收入
3	6201	上级补助预算收入
4	6301	附属单位上缴预算收入
5	6401	经营预算收入
6	6501	债务预算收入
7	6601	非同级财政拨款预算收入
8	6602	投资预算收益
9	6609	其他预算收入

续表

序号	科目编号	科目名称
(二) 预算支出类		
10	7101	行政支出
11	7201	事业支出
12	7301	经营支出
13	7401	上缴上级支出
14	7501	对附属单位补助支出
15	7601	投资支出
16	7701	债务还本支出
17	7901	其他支出
(三) 预算结余类		
18	8001	资金结存
19	8101	财政拨款结转
20	8102	财政拨款结余
21	8201	非财政拨款结转
22	8202	非财政拨款结余
23	8301	专用结余
24	8401	经营结余
25	8501	其他结余
26	8701	非财政拨款结余分配

第三部分　会计科目使用说明（略）

第四部分　报表格式

编号	报表名称	编制期
财务报表		
会政财 01 表	资产负债表	月度、年度
会政财 02 表	收入费用表	月度、年度
会政财 03 表	净资产变动表	年度
会政财 04 表	现金流量表	年度
	附注	年度
预算会计报表		
会政预 01 表	预算收入支出表	年度
会政预 02 表	预算结转结余变动表	年度
会政预 03 表	财政拨款预算收入支出表	年度

资产负债表

会政财 01 表

编制单位：_____ ___年__月__日 单位：元

资产	期末余额	年初余额	负债和净资产	期末余额	年初余额
流动资产：			流动负债：		
货币资金			短期借款		
短期投资			应交增值税		
财政应返还额度			其他应交税费		
应收票据			应缴财政款		
应收账款净额			应付职工薪酬		
预付账款			应付票据		
应收股利			应付账款		
应收利息			应付政府补贴款		
其他应收款净额			应付利息		
存货			预收账款		
待摊费用			其他应付款		
一年内到期的非流动资产			预提费用		
其他流动资产			一年内到期的非流动负债		
流动资产合计			其他流动负债		
非流动资产：			流动负债合计		
长期股权投资			非流动负债：		
长期债券投资			长期借款		
固定资产原值			长期应付款		
减：固定资产累计折旧			预计负债		
固定资产净值			其他非流动负债		
工程物资			非流动负债合计		
在建工程			受托代理负债		
无形资产原值			负债合计		
减：无形资产累计摊销					
无形资产净值					
研发支出					
公共基础设施原值					
减：公共基础设施累计折旧（摊销）					
公共基础设施净值					
政府储备物资					

续表

资产	期末余额	年初余额	负债和净资产	期末余额	年初余额
文物文化资产					
保障性住房原值					
减：保障性住房累计折旧			净资产：		
保障性住房净值			累计盈余		
长期待摊费用			专用基金		
待处理财产损溢			权益法调整		
其他非流动资产			无偿调拨净资产*		—
非流动资产合计			本期盈余*		—
受托代理资产			净资产合计		
资产总计			负债和净资产总计		

注："*"标识项目为月报项目，年报中不需列示。

收入费用表

会政财02表

编制单位：_____　　　　　___年__月　　　　　单位：元

项 目	本月数	本年累计数
一、本期收入		
（一）财政拨款收入		
其中：政府性基金收入		
（二）事业收入		
（三）上级补助收入		
（四）附属单位上缴收入		
（五）经营收入		
（六）非同级财政拨款收入		
（七）投资收益		
（八）捐赠收入		
（九）利息收入		
（十）租金收入		
（十一）其他收入		
二、本期费用		
（一）业务活动费用		
（二）单位管理费用		
（三）经营费用		
（四）资产处置费用		

续表

项　　目	本月数	本年累计数
（五）上缴上级费用		
（六）对附属单位补助费用		
（七）所得税费用		
（八）其他费用		
三、本期盈余		

净资产变动表

会政财03表

编制单位：_____　　　　　____年　　　　　单位：元

项　目	本年数				上年数			
	累计盈余	专用基金	权益法调整	净资产合计	累计盈余	专用基金	权益法调整	净资产合计
一、上年年末余额		—	—			—	—	
二、以前年度盈余调整（减少以"-"号填列）								
三、本年年初余额								
四、本年变动金额（减少以"-"号填列）								
（一）本年盈余								
（二）无偿调拨净资产								
（三）归集调整预算结转结余								
（四）提取或设置专用基金								
其中：从预算收入中提取	—		—		—		—	
从预算结余中提取								
设置的专用基金	—		—		—		—	
（五）使用专用基金			—				—	
（六）权益法调整	—	—			—	—		
五、本年年末余额								

注："—"标识单元格不需填列。

现金流量表

会政财04表

编制单位：_____　　　　　____年　　　　　单位：元

项　　目	本年金额	上年金额
一、日常活动产生的现金流量：		
财政基本支出拨款收到的现金		
财政非资本性项目拨款收到的现金		
事业活动收到的除财政拨款以外的现金		

续表

项　　目	本年金额	上年金额
收到的其他与日常活动有关的现金		
日常活动的现金流入小计		
购买商品、接受劳务支付的现金		
支付给职工以及为职工支付的现金		
支付的各项税费		
支付的其他与日常活动有关的现金		
日常活动的现金流出小计		
日常活动产生的现金流量净额		
二、投资活动产生的现金流量：		
收回投资收到的现金		
取得投资收益收到的现金		
处置固定资产、无形资产、公共基础设施等收回的现金净额		
收到的其他与投资活动有关的现金		
投资活动的现金流入小计		
购建固定资产、无形资产、公共基础设施等支付的现金		
对外投资支付的现金		
上缴处置固定资产、无形资产、公共基础设施等净收入支付的现金		
支付的其他与投资活动有关的现金		
投资活动的现金流出小计		
投资活动产生的现金流量净额		
三、筹资活动产生的现金流量：		
财政资本性项目拨款收到的现金		
取得借款收到的现金		
收到的其他与筹资活动有关的现金		
筹资活动的现金流入小计		
偿还借款支付的现金		
偿还利息支付的现金		
支付的其他与筹资活动有关的现金		
筹资活动的现金流出小计		
筹资活动产生的现金流量净额		
四、汇率变动对现金的影响额		
五、现金净增加额		

预算收入支出表

会政预 01 表

编制单位：_____　　　____年　　　单位：元

项　目	本年数	上年数
一、本年预算收入		
（一）财政拨款预算收入		
其中：政府性基金收入		
（二）事业预算收入		
（三）上级补助预算收入		
（四）附属单位上缴预算收入		
（五）经营预算收入		
（六）债务预算收入		
（七）非同级财政拨款预算收入		
（八）投资预算收益		
（九）其他预算收入		
其中：利息预算收入		
捐赠预算收入		
租金预算收入		
二、本年预算支出		
（一）行政支出		
（二）事业支出		
（三）经营支出		
（四）上缴上级支出		
（五）对附属单位补助支出		
（六）投资支出		
（七）债务还本支出		
（八）其他支出		
其中：利息支出		
捐赠支出		
三、本年预算收支差额		

预算结转结余变动表

会政预 02 表

编制单位：_____　　　____年　　　单位：元

项　目	本年数	上年数
一、年初预算结转结余		
（一）财政拨款结转结余		
（二）其他资金结转结余		

续表

项　　目	本年数	上年数
二、年初余额调整（减少以"-"号填列）		
（一）财政拨款结转结余		
（二）其他资金结转结余		
三、本年变动金额（减少以"-"号填列）		
（一）财政拨款结转结余		
1. 本年收支差额		
2. 归集调入		
3. 归集上缴或调出		
（二）其他资金结转结余		
1. 本年收支差额		
2. 缴回资金		
3. 使用专用结余		
4. 支付所得税		
四、年末预算结转结余		
（一）财政拨款结转结余		
1. 财政拨款结转		
2. 财政拨款结余		
（二）其他资金结转结余		
1. 非财政拨款结转		
2. 非财政拨款结余		
3. 专用结余		
4. 经营结余（如有余额，以"-"号填列）		

财政拨款预算收入支出表

会政预03表

编制单位：＿＿＿＿＿　　　　　　　＿＿＿年　　　　　　　　　　单位：元

项　　目	年初财政拨款结转结余		调整年初财政拨款结转结余	本年归集调入	本年归集上缴或调出	单位内部调剂		本年财政拨款收入	本年财政拨款支出	年末财政拨款结转结余	
	结转	结余				结转	结余			结转	结余
一、一般公共预算财政拨款											
（一）基本支出											
1. 人员经费											
2. 日常公用经费											
（二）项目支出											

项目	年初财政拨款结转结余		调整年初财政拨款结转结余	本年归集调入	本年归集上缴或调出	单位内部调剂		本年财政拨款收入	本年财政拨款支出	年末财政拨款结转结余	
	结转	结余				结转	结余			结转	结余
1.××项目											
2.××项目											
……											
二、政府性基金预算财政拨款											
（一）基本支出											
1.人员经费											
2.日常公用经费											
（二）项目支出											
1.××项目											
2.××项目											
……											
总计											

第五部分　报表编制说明（略）

附录：主要业务和事项账务处理举例（略）

企业内部控制基本规范

（2008年5月22日　财政部　证监会　审计署　银监会　保监会　财会〔2008〕7号）

本规范对加强和规范企业内部控制，提高企业经营管理水平和风险防范能力，促进企业可持续发展，维护社会主义市场经济秩序和社会公众利益起到指导作用。

第一章　总　　则

第一条　为了加强和规范企业内部控制，提高企业经营管理水平和风险防范能力，促进企业可持续发展，维护社会主义市场经济秩序和社会公众利益，根据《中华人民共和国公司法》、《中华人民共和国证券法》、《中华人民共和国会计法》和其他有关法律法规，制定本规范。

第二条　本规范适用于中华人民共和国境内设立的大中型企业。

小企业和其他单位可以参照本规范建立与实施内部控制。

大中型企业和小企业的划分标准根据国家有关规定执行。

第三条　本规范所称内部控制，是由企业董事会、监事会、经理层和全体员工实施的、旨在实现控制目标的过程。

内部控制的目标是合理保证企业经营管理合法合规、资产安全、财务报告及相关信息真实完整，提高经营效率和效果，促进企业实现发展战略。

第四条 企业建立与实施内部控制，应当遵循下列原则：

（一）全面性原则。内部控制应当贯穿决策、执行和监督全过程，覆盖企业及其所属单位的各种业务和事项。

（二）重要性原则。内部控制应当在全面控制的基础上，关注重要业务事项和高风险领域。

（三）制衡性原则。内部控制应当在治理结构、机构设置及权责分配、业务流程等方面形成相互制约、相互监督，同时兼顾运营效率。

（四）适应性原则。内部控制应当与企业经营规模、业务范围、竞争状况和风险水平等相适应，并随着情况的变化及时加以调整。

（五）成本效益原则。内部控制应当权衡实施成本与预期效益，以适当的成本实现有效控制。

第五条 企业建立与实施有效的内部控制，应当包括下列要素：

（一）内部环境。内部环境是企业实施内部控制的基础，一般包括治理结构、机构设置及权责分配、内部审计、人力资源政策、企业文化等。

（二）风险评估。风险评估是企业及时识别、系统分析经营活动中与实现内部控制目标相关的风险，合理确定风险应对策略。

（三）控制活动。控制活动是企业根据风险评估结果，采用相应的控制措施，将风险控制在可承受度之内。

（四）信息与沟通。信息与沟通是企业及时、准确地收集、传递与内部控制相关的信息，确保信息在企业内部、企业与外部之间进行有效沟通。

（五）内部监督。内部监督是企业对内部控制建立与实施情况进行监督检查，评价内部控制的有效性，发现内部控制缺陷，应当及时加以改进。

第六条 企业应当根据有关法律法规、本规范及其配套办法，制定本企业的内部控制制度并组织实施。

第七条 企业应当运用信息技术加强内部控制，建立与经营管理相适应的信息系统，促进内部控制流程与信息系统的有机结合，实现对业务和事项的自动控制，减少或消除人为操纵因素。

第八条 企业应当建立内部控制实施的激励约束机制，将各责任单位和全体员工实施内部控制的情况纳入绩效考评体系，促进内部控制的有效实施。

第九条 国务院有关部门可以根据法律法规、本规范及其配套办法，明确贯彻实施本规范的具体要求，对企业建立与实施内部控制的情况进行监督检查。

第十条 接受企业委托从事内部控制审计的会计师事务所，应当根据本规范及其配套办法和相关执业准则，对企业内部控制的有效性进行审计，出具审计报告。会计师事务所及其签字的从业人员应当对发表的内部控制审计意见负责。

为企业内部控制提供咨询的会计师事务所，不得同时为同一企业提供内部控制审计服务。

第二章 内部环境

第十一条 企业应当根据国家有关法律法规和企业章程，建立规范的公司治理结构和议事规则，明确决策、执行、监督等方面的职责权限，形成科学有效的职责分工和制衡机制。

股东（大）会享有法律法规和企业章程规定的合法权利，依法行使企业经营方针、筹资、投资、利润分配等重大事项的表决权。

董事会对股东（大）会负责，依法行使企业的经营决策权。

监事会对股东（大）会负责，监督企业董事、经理和其他高级管理人员依法履行职责。

经理层负责组织实施股东（大）会、董事会决议事项，主持企业的生产经营管理工作。

第十二条 董事会负责内部控制的建立健全和有效实施。监事会对董事会建立与实施内部控制进行监督。经理层负责组织领导企业内部控制的日常运行。

企业应当成立专门机构或者指定适当的机构具体负责组织协调内部控制的建立实施及日常工作。

第十三条 企业应当在董事会下设立审计委员会。审计委员会负责审查企业内部控制,监督内部控制的有效实施和内部控制自我评价情况,协调内部控制审计及其他相关事宜等。

审计委员会负责人应当具备相应的独立性、良好的职业操守和专业胜任能力。

第十四条 企业应当结合业务特点和内部控制要求设置内部机构,明确职责权限,将权利与责任落实到各责任单位。

企业应当通过编制内部管理手册,使全体员工掌握内部机构设置、岗位职责、业务流程等情况,明确权责分配,正确行使职权。

第十五条 企业应当加强内部审计工作,保证内部审计机构设置、人员配备和工作的独立性。

内部审计机构应当结合内部审计监督,对内部控制的有效性进行监督检查。内部审计机构对监督检查中发现的内部控制缺陷,应当按照企业内部审计工作程序进行报告;对监督检查中发现的内部控制重大缺陷,有权直接向董事会及其审计委员会、监事会报告。

第十六条 企业应当制定和实施有利于企业可持续发展的人力资源政策。人力资源政策应当包括下列内容:

(一)员工的聘用、培训、辞退与辞职。

(二)员工的薪酬、考核、晋升与奖惩。

(三)关键岗位员工的强制休假制度和定期岗位轮换制度。

(四)掌握国家秘密或重要商业秘密的员工离岗的限制性规定。

(五)有关人力资源管理的其他政策。

第十七条 企业应当将职业道德修养和专业胜任能力作为选拔和聘用员工的重要标准,切实加强员工培训和继续教育,不断提升员工素质。

第十八条 企业应当加强文化建设,培育积极向上的价值观和社会责任感,倡导诚实守信、爱岗敬业、开拓创新和团队协作精神,树立现代管理理念,强化风险意识。

董事、监事、经理及其他高级管理人员应当在企业文化建设中发挥主导作用。

企业员工应当遵守员工行为守则,认真履行岗位职责。

第十九条 企业应当加强法制教育,增强董事、监事、经理及其他高级管理人员和员工的法制观念,严格依法决策、依法办事、依法监督,建立健全法律顾问制度和重大法律纠纷案件备案制度。

第三章 风险评估

第二十条 企业应当根据设定的控制目标,全面系统持续地收集相关信息,结合实际情况,及时进行风险评估。

第二十一条 企业开展风险评估,应当准确识别与实现控制目标相关的内部风险和外部风险,确定相应的风险承受度。

风险承受度是企业能够承担的风险限度,包括整体风险承受能力和业务层面的可接受风险水平。

第二十二条 企业识别内部风险,应当关注下列因素:

(一)董事、监事、经理及其他高级管理人员的职业操守、员工专业胜任能力等人力资源因素。

(二)组织机构、经营方式、资产管理、业务流程等管理因素。

(三)研究开发、技术投入、信息技术运用等自主创新因素。

(四)财务状况、经营成果、现金流量等财务因素。

(五)营运安全、员工健康、环境保护等安全环保因素。

(六)其他有关内部风险因素。

第二十三条 企业识别外部风险,应当关注下列因素:

(一)经济形势、产业政策、融资环境、市场竞争、资源供给等经济因素。

(二)法律法规、监管要求等法律因素。

（三）安全稳定、文化传统、社会信用、教育水平、消费者行为等社会因素。
（四）技术进步、工艺改进等科学技术因素。
（五）自然灾害、环境状况等自然环境因素。
（六）其他有关外部风险因素。

第二十四条 企业应当采用定性与定量相结合的方法，按照风险发生的可能性及其影响程度等，对识别的风险进行分析和排序，确定关注重点和优先控制的风险。

企业进行风险分析，应当充分吸收专业人员，组成风险分析团队，按照严格规范的程序开展工作，确保风险分析结果的准确性。

第二十五条 企业应当根据风险分析的结果，结合风险承受度，权衡风险与收益，确定风险应对策略。

企业应当合理分析、准确掌握董事、经理及其他高级管理人员、关键岗位员工的风险偏好，采取适当的控制措施，避免因个人风险偏好给企业经营带来重大损失。

第二十六条 企业应当综合运用风险规避、风险降低、风险分担和风险承受等风险应对策略，实现对风险的有效控制。

风险规避是企业对超出风险承受度的风险，通过放弃或者停止与该风险相关的业务活动以避免和减轻损失的策略。

风险降低是企业在权衡成本效益之后，准备采取适当的控制措施降低风险或者减轻损失，将风险控制在风险承受度之内的策略。

风险分担是企业准备借助他人力量，采取业务分包、购买保险等方式和适当的控制措施，将风险控制在风险承受度之内的策略。

风险承受是企业对风险承受度之内的风险，在权衡成本效益之后，不准备采取控制措施降低风险或者减轻损失的策略。

第二十七条 企业应当结合不同发展阶段和业务拓展情况，持续收集与风险变化相关的信息，进行风险识别和风险分析，及时调整风险应对策略。

第四章 控制活动

第二十八条 企业应当结合风险评估结果，通过手工控制与自动控制、预防性控制与发现性控制相结合的方法，运用相应的控制措施，将风险控制在可承受度之内。

控制措施一般包括：不相容职务分离控制、授权审批控制、会计系统控制、财产保护控制、预算控制、运营分析控制和绩效考评控制等。

第二十九条 不相容职务分离控制要求企业全面系统地分析、梳理业务流程中所涉及的不相容职务，实施相应的分离措施，形成各司其职、各负其责、相互制约的工作机制。

第三十条 授权审批控制要求企业根据常规授权和特别授权的规定，明确各岗位办理业务和事项的权限范围、审批程序和相应责任。

企业应当编制常规授权的权限指引，规范特别授权的范围、权限、程序和责任，严格控制特别授权。常规授权是指企业在日常经营管理活动中按照既定的职责和程序进行的授权。特别授权是指企业在特殊情况、特定条件下进行的授权。

企业各级管理人员应当在授权范围内行使职权和承担责任。

企业对于重大的业务和事项，应当实行集体决策审批或者联签制度，任何个人不得单独进行决策或者擅自改变集体决策。

第三十一条 会计系统控制要求企业严格执行国家统一的会计准则制度，加强会计基础工作，明确会计凭证、会计账簿和财务会计报告的处理程序，保证会计资料真实完整。

企业应当依法设置会计机构，配备会计从业人员。从事会计工作的人员，必须取得会计从业资格证书。会计机构负责人应当具备会计师以上专业技术职务资格。

大中型企业应当设置总会计师。设置总会计师的企业，不得设置与其职权重叠的副职。

第三十二条 财产保护控制要求企业建立财产日常管理制度和定期清查制度，采取财产记录、实物保管、定期盘点、账实核对等措施，确保财产安全。

企业应当严格限制未经授权的人员接触和处置财产。

第三十三条 预算控制要求企业实施全面预算管理制度，明确各责任单位在预算管理中的职责权限，规范预算的编制、审定、下达和执行程序，强化预算约束。

第三十四条 运营分析控制要求企业建立运营情况分析制度，经理层应当综合运用生产、购销、投资、筹资、财务等方面的信息，通过因素分析、对比分析、趋势分析等方法，定期开展运营情况分析，发现存在的问题，及时查明原因并加以改进。

第三十五条 绩效考评控制要求企业建立和实施绩效考评制度，科学设置考核指标体系，对企业内部各责任单位和全体员工的业绩进行定期考核和客观评价，将考评结果作为确定员工薪酬以及职务晋升、评优、降级、调岗、辞退等的依据。

第三十六条 企业应当根据内部控制目标，结合风险应对策略，综合运用控制措施，对各种业务和事项实施有效控制。

第三十七条 企业应当建立重大风险预警机制和突发事件应急处理机制，明确风险预警标准，对可能发生的重大风险或突发事件，制定应急预案、明确责任人员、规范处置程序，确保突发事件得到及时妥善处理。

第五章　信息与沟通

第三十八条 企业应当建立信息与沟通制度，明确内部控制相关信息的收集、处理和传递程序，确保信息及时沟通，促进内部控制有效运行。

第三十九条 企业应当对收集的各种内部信息和外部信息进行合理筛选、核对、整合，提高信息的有用性。

企业可以通过财务会计资料、经营管理资料、调研报告、专项信息、内部刊物、办公网络等渠道，获取内部信息。

企业可以通过行业协会组织、社会中介机构、业务往来单位、市场调查、来信来访、网络媒体以及有关监管部门等渠道，获取外部信息。

第四十条 企业应当将内部控制相关信息在企业内部各管理级次、责任单位、业务环节之间，以及企业与外部投资者、债权人、客户、供应商、中介机构和监管部门等有关方面之间进行沟通和反馈。信息沟通过程中发现的问题，应当及时报告并加以解决。

重要信息应当及时传递给董事会、监事会和经理层。

第四十一条 企业应当利用信息技术促进信息的集成与共享，充分发挥信息技术在信息与沟通中的作用。

企业应当加强对信息系统开发与维护、访问与变更、数据输入与输出、文件储存与保管、网络安全等方面的控制，保证信息系统安全稳定运行。

第四十二条 企业应当建立反舞弊机制，坚持惩防并举、重在预防的原则，明确反舞弊工作的重点领域、关键环节和有关机构在反舞弊工作中的职责权限，规范舞弊案件的举报、调查、处理、报告和补救程序。

企业至少应当将下列情形作为反舞弊工作的重点：

（一）未经授权或者采取其他不法方式侵占、挪用企业资产，牟取不当利益。

（二）在财务会计报告和信息披露等方面存在的虚假记载、误导性陈述或者重大遗漏等。

（三）董事、监事、经理及其他高级管理人员滥用职权。

（四）相关机构或人员串通舞弊。

第四十三条 企业应当建立举报投诉制度和举报人保护制度，设置举报专线，明确举报投诉处理程序、办理时限和办结要求,确保举报、投诉成为企业有效掌握信息的重要途径。

举报投诉制度和举报人保护制度应当及时传达至全体员工。

第六章 内 部 监 督

第四十四条 企业应当根据本规范及其配套办法,制定内部控制监督制度,明确内部审计机构(或经授权的其他监督机构)和其他内部机构在内部监督中的职责权限,规范内部监督的程序、方法和要求。

内部监督分为日常监督和专项监督。日常监督是指企业对建立与实施内部控制的情况进行常规、持续的监督检查;专项监督是指在企业发展战略、组织结构、经营活动、业务流程、关键岗位员工等发生较大调整或变化的情况下,对内部控制的某一或者某些方面进行有针对性的监督检查。

专项监督的范围和频率应当根据风险评估结果以及日常监督的有效性等予以确定。

第四十五条 企业应当制定内部控制缺陷认定标准,对监督过程中发现的内部控制缺陷,应当分析缺陷的性质和产生的原因,提出整改方案,采取适当的形式及时向董事会、监事会或者经理层报告。

内部控制缺陷包括设计缺陷和运行缺陷。企业应当跟踪内部控制缺陷整改情况,并就内部监督中发现的重大缺陷,追究相关责任单位或者责任人的责任。

第四十六条 企业应当结合内部监督情况,定期对内部控制的有效性进行自我评价,出具内部控制自我评价报告。

内部控制自我评价的方式、范围、程序和频率,由企业根据经营业务调整、经营环境变化、业务发展状况、实际风险水平等自行确定。国家有关法律法规另有规定的,从其规定。

第四十七条 企业应当以书面或者其他适当的形式,妥善保存内部控制建立与实施过程中的相关记录或者资料,确保内部控制建立与实施过程的可验证性。

第七章 附 则

第四十八条 本规范由财政部会同国务院其他有关部门解释。

第四十九条 本规范的配套办法由财政部会同国务院其他有关部门另行制定。

第五十条 本规范自2009年7月1日起实施。

行政事业单位内部控制规范(试行)

(2012年11月29日 财政部 财会〔2012〕21号)

第一章 总 则

第一条 为了进一步提高行政事业单位内部管理水平,规范内部控制,加强廉政风险防控机制建设,根据《中华人民共和国会计法》、《中华人民共和国预算法》等法律法规和相关规定,制定本规范。

第二条 本规范适用于各级党的机关、人大机关、行政机关、政协机关、审判机关、检察机关、各民主党派机关、人民团体和事业单位(以下统称单位)经济活动的内部控制。

第三条 本规范所称内部控制,是指单位为实现控制目标,通过制定制度、实施措施和执行程序,对经济活动的风险进行防范和管控。

第四条 单位内部控制的目标主要包括:合理保证单位经济活动合法合规、资产安全和使用有效、财务信息真实完整,有效防范舞弊和预防腐败,提高公共服务的效率和效果。

第五条 单位建立与实施内部控制,应当遵循下列原则:

（一）全面性原则。内部控制应当贯穿单位经济活动的决策、执行和监督全过程，实现对经济活动的全面控制。

（二）重要性原则。在全面控制的基础上，内部控制应当关注单位重要经济活动和经济活动的重大风险。

（三）制衡性原则。内部控制应当在单位内部的部门管理、职责分工、业务流程等方面形成相互制约和相互监督。

（四）适应性原则。内部控制应当符合国家有关规定和单位的实际情况，并随着外部环境的变化、单位经济活动的调整和管理要求的提高，不断修订和完善。

第六条 单位负责人对本单位内部控制的建立健全和有效实施负责。

第七条 单位应当根据本规范建立适合本单位实际情况的内部控制体系，并组织实施。具体工作包括梳理单位各类经济活动的业务流程，明确业务环节，系统分析经济活动风险，确定风险点，选择风险应对策略，在此基础上根据国家有关规定建立健全单位各项内部管理制度并督促相关工作人员认真执行。

第二章 风险评估和控制方法

第八条 单位应当建立经济活动风险定期评估机制，对经济活动存在的风险进行全面、系统和客观评估。

经济活动风险评估至少每年进行一次；外部环境、经济活动或管理要求等发生重大变化的，应及时对经济活动风险进行重估。

第九条 单位开展经济活动风险评估应当成立风险评估工作小组，单位领导担任组长。

经济活动风险评估结果应当形成书面报告并及时提交单位领导班子，作为完善内部控制的依据。

第十条 单位进行单位层面的风险评估时，应当重点关注以下方面：

（一）内部控制工作的组织情况。包括是否确定内部控制职能部门或牵头部门；是否建立单位各部门在内部控制中的沟通协调和联动机制。

（二）内部控制机制的建设情况。包括经济活动的决策、执行、监督是否实现有效分离；权责是否对等；是否建立健全议事决策机制、岗位责任制、内部监督等机制。

（三）内部管理制度的完善情况。包括内部管理制度是否健全；执行是否有效。

（四）内部控制关键岗位工作人员的管理情况。包括是否建立工作人员的培训、评价、轮岗等机制；工作人员是否具备相应的资格和能力。

（五）财务信息的编报情况。包括是否按照国家统一的会计制度对经济业务事项进行账务处理；是否按照国家统一的会计制度编制财务会计报告。

（六）其他情况。

第十一条 单位进行经济活动业务层面的风险评估时，应当重点关注以下方面：

（一）预算管理情况。包括在预算编制过程中单位内部各部门间沟通协调是否充分，预算编制与资产配置是否相结合、与具体工作是否相对应；是否按照批复的额度和开支范围执行预算，进度是否合理，是否存在无预算、超预算支出等问题；决算编报是否真实、完整、准确、及时。

（二）收支管理情况。包括收入是否实现归口管理，是否按照规定及时向财会部门提供收入的有关凭据，是否按照规定保管和使用印章和票据等；发生支出事项时是否按照规定审核各类凭据的真实性、合法性，是否存在使用虚假票据套取资金的情形。

（三）政府采购管理情况。包括是否按照预算和计划组织政府采购业务；是否按照规定组织政府采购活动和执行验收程序；是否按照规定保存政府采购业务相关档案。

（四）资产管理情况。包括是否实现资产归口管理并明确使用责任；是否定期对资产进行清查盘点，对账实不符的情况及时进行处理；是否按照规定处置资产。

（五）建设项目管理情况。包括是否按照概算投资；是否严格履行审核审批程序；是否建立有效的招投标控制机制；是否存在截留、挤占、挪用、套取建设项目资金的情形；是否按照规定保存建设项目相关档案并及时办理移交手续。

（六）合同管理情况。包括是否实现合同归口管理；是否明确应签订合同的经济活动范围和条件；是否有效监控合同履行情况，是否建立合同纠纷协调机制。

（七）其他情况。

第十二条 单位内部控制的控制方法一般包括：

（一）不相容岗位相互分离。合理设置内部控制关键岗位，明确划分职责权限，实施相应的分离措施，形成相互制约、相互监督的工作机制。

（二）内部授权审批控制。明确各岗位办理业务和事项的权限范围、审批程序和相关责任，建立重大事项集体决策和会签制度。相关工作人员应当在授权范围内行使职权、办理业务。

（三）归口管理。根据本单位实际情况，按照权责对等的原则，采取成立联合工作小组并确定牵头部门或牵头人员等方式，对有关经济活动实行统一管理。

（四）预算控制。强化对经济活动的预算约束，使预算管理贯穿于单位经济活动的全过程。

（五）财产保护控制。建立资产日常管理制度和定期清查机制，采取资产记录、实物保管、定期盘点、账实核对等措施，确保资产安全完整。

（六）会计控制。建立健全本单位财会管理制度，加强会计机构建设，提高会计人员业务水平，强化会计人员岗位责任制，规范会计基础工作，加强会计档案管理，明确会计凭证、会计账簿和财务会计报告处理程序。

（七）单据控制。要求单位根据国家有关规定和单位的经济活动业务流程，在内部管理制度中明确界定各项经济活动所涉及的表单和票据，要求相关工作人员按照规定填制、审核、归档、保管单据。

（八）信息内部公开。建立健全经济活动相关信息内部公开制度，根据国家有关规定和单位的实际情况，确定信息内部公开的内容、范围、方式和程序。

第三章 单位层面内部控制

第十三条 单位应当单独设置内部控制职能部门或者确定内部控制牵头部门，负责组织协调内部控制工作。同时，应当充分发挥财会、内部审计、纪检监察、政府采购、基建、资产管理等部门或岗位在内部控制中的作用。

第十四条 单位经济活动的决策、执行和监督应当相互分离。

单位应当建立健全集体研究、专家论证和技术咨询相结合的议事决策机制。

重大经济事项的内部决策，应当由单位领导班子集体研究决定。重大经济事项的认定标准应当根据有关规定和本单位实际情况确定，一经确定，不得随意变更。

第十五条 单位应当建立健全内部控制关键岗位责任制，明确岗位职责及分工，确保不相容岗位相互分离、相互制约和相互监督。

单位应当实行内部控制关键岗位工作人员的轮岗制度，明确轮岗周期。不具备轮岗条件的单位应当采取专项审计等控制措施。

内部控制关键岗位主要包括预算业务管理、收支业务管理、政府采购业务管理、资产管理、建设项目管理、合同管理以及内部监督等经济活动的关键岗位。

第十六条 内部控制关键岗位工作人员应当具备与其工作岗位相适应的资格和能力。

单位应当加强内部控制关键岗位工作人员业务培训和职业道德教育，不断提升其业务水平和综合素质。

第十七条 单位应当根据《中华人民共和国会计法》的规定建立会计机构，配备具有相应资格和能力的会计人员。

单位应当根据实际发生的经济业务事项按照国家统一的会计制度及时进行账务处理、编制财务会计报告,确保财务信息真实、完整。

第十八条 单位应当充分运用现代科学技术手段加强内部控制。对信息系统建设实施归口管理,将经济活动及其内部控制流程嵌入单位信息系统中,减少或消除人为操纵因素,保护信息安全。

第四章 业务层面内部控制

第一节 预算业务控制

第十九条 单位应当建立健全预算编制、审批、执行、决算与评价等预算内部管理制度。

单位应当合理设置岗位,明确相关岗位的职责权限,确保预算编制、审批、执行、评价等不相容岗位相互分离。

第二十条 单位的预算编制应当做到程序规范、方法科学、编制及时、内容完整、项目细化、数据准确。

(一)单位应当正确把握预算编制有关政策,确保预算编制相关人员及时全面掌握相关规定。

(二)单位应当建立内部预算编制、预算执行、资产管理、基建管理、人事管理等部门或岗位的沟通协调机制,按照规定进行项目评审,确保预算编制部门及时取得和有效运用与预算编制相关的信息,根据工作计划细化预算编制,提高预算编制的科学性。

第二十一条 单位应当根据内设部门的职责和分工,对按照法定程序批复的预算在单位内部进行指标分解、审批下达,规范内部预算追加调整程序,发挥预算对经济活动的管控作用。

第二十二条 单位应当根据批复的预算安排各项收支,确保预算严格有效执行。

单位应当建立预算执行分析机制。定期通报各部门预算执行情况,召开预算执行分析会议,研究解决预算执行中存在的问题,提出改进措施,提高预算执行的有效性。

第二十三条 单位应当加强决算管理,确保决算真实、完整、准确、及时,加强决算分析工作,强化决算分析结果运用,建立健全单位预算与决算相互反映、相互促进的机制。

第二十四条 单位应当加强预算绩效管理,建立"预算编制有目标、预算执行有监控、预算完成有评价、评价结果有反馈、反馈结果有应用"的全过程预算绩效管理机制。

第二节 收支业务控制

第二十五条 单位应当建立健全收入内部管理制度。

单位应当合理设置岗位,明确相关岗位的职责权限,确保收款、会计核算等不相容岗位相互分离。

第二十六条 单位的各项收入应当由财会部门归口管理并进行会计核算,严禁设立账外账。

业务部门应当在涉及收入的合同协议签订后及时将合同等有关材料提交财会部门作为账务处理依据,确保各项收入应收尽收,及时入账。财会部门应当定期检查收入金额是否与合同约定相符;对应收未收项目应当查明情况,明确责任主体,落实催收责任。

第二十七条 有政府非税收入收缴职能的单位,应当按照规定项目和标准征收政府非税收入,按照规定开具财政票据,做到收缴分离、票款一致,并及时、足额上缴国库或财政专户,不得以任何形式截留、挪用或者私分。

第二十八条 单位应当建立健全票据管理制度。财政票据、发票等各类票据的申领、启用、核销、销毁均应履行规定手续。单位应当按照规定设置票据专管员,建立票据台账,做好票据的保管和序时登记工作。票据应当按照顺序号使用,不得拆本使用,做好废旧票据管理。负责保管票据的人员要配置单独的保险柜等保管设备,并做到人走柜锁。

单位不得违反规定转让、出借、代开、买卖财政票据、发票等票据,不得擅自扩大票据适用范围。

第二十九条 单位应当建立健全支出内部管理制度,确定单位经济活动的各项支出标准,明确支出报销流程,按照规定办理支出事项。

单位应当合理设置岗位,明确相关岗位的职责权限,确保支出申请和内部审批、付款审批和付款执行、业务经办和会计核算等不相容岗位相互分离。

第三十条 单位应当按照支出业务的类型，明确内部审批、审核、支付、核算和归档等支出各关键岗位的职责权限。实行国库集中支付的，应当严格按照财政国库管理制度有关规定执行。

（一）加强支出审批控制。明确支出的内部审批权限、程序、责任和相关控制措施。审批人应当在授权范围内审批，不得越权审批。

（二）加强支出审核控制。全面审核各类单据。重点审核单据来源是否合法，内容是否真实、完整，使用是否准确，是否符合预算，审批手续是否齐全。

支出凭证应当附反映支出明细内容的原始单据，并由经办人员签字或盖章，超出规定标准的支出事项应由经办人员说明原因并附审批依据，确保与经济业务事项相符。

（三）加强支付控制。明确报销业务流程，按照规定办理资金支付手续。签发的支付凭证应当进行登记。使用公务卡结算的，应当按照公务卡使用和管理有关规定办理业务。

（四）加强支出的核算和归档控制。由财会部门根据支出凭证及时准确登记账簿；与支出业务相关的合同等材料应当提交财会部门作为账务处理的依据。

第三十一条 根据国家规定可以举借债务的单位应当建立健全债务内部管理制度，明确债务管理岗位的职责权限，不得由一人办理债务业务的全过程。大额债务的举借和偿还属于重大经济事项，应当进行充分论证，并由单位领导班子集体研究决定。

单位应当做好债务的会计核算和档案保管工作。加强债务的对账和检查控制，定期与债权人核对债务余额，进行债务清理，防范和控制财务风险。

第三节　政府采购业务控制

第三十二条 单位应当建立健全政府采购预算与计划管理、政府采购活动管理、验收管理等政府采购内部管理制度。

第三十三条 单位应当明确相关岗位的职责权限，确保政府采购需求制定与内部审批、招标文件准备与复核、合同签订与验收、验收与保管等不相容岗位相互分离。

第三十四条 单位应当加强对政府采购业务预算与计划的管理。建立预算编制、政府采购和资产管理等部门或岗位之间的沟通协调机制。根据本单位实际需求和相关标准编制政府采购预算，按照已批复的预算安排政府采购计划。

第三十五条 单位应当加强对政府采购活动的管理。对政府采购活动实施归口管理，在政府采购活动中建立政府采购、资产管理、财会、内部审计、纪检监察等部门或岗位相互协调、相互制约的机制。

单位应当加强对政府采购申请的内部审核，按照规定选择政府采购方式、发布政府采购信息。对政府采购进口产品、变更政府采购方式等事项应当加强内部审核，严格履行审批手续。

第三十六条 单位应当加强对政府采购项目验收的管理。根据规定的验收制度和政府采购文件，由指定部门或专人对所购物品的品种、规格、数量、质量和其他相关内容进行验收，并出具验收证明。

第三十七条 单位应当加强对政府采购业务质疑投诉答复的管理。指定牵头部门负责、相关部门参加，按照国家有关规定做好政府采购业务质疑投诉答复工作。

第三十八条 单位应当加强对政府采购业务的记录控制。妥善保管政府采购预算与计划、各类批复文件、招标文件、投标文件、评标文件、合同文本、验收证明等政府采购业务相关资料。定期对政府采购业务信息进行分类统计，并在内部进行通报。

第三十九条 单位应当加强对涉密政府采购项目安全保密的管理。对于涉密政府采购项目，单位应当与相关供应商或采购中介机构签订保密协议或者在合同中设定保密条款。

第四节　资产控制

第四十条 单位应当对资产实行分类管理，建立健全资产内部管理制度。

单位应当合理设置岗位，明确相关岗位的职责权限，确保资产安全和有效使用。

第四十一条 单位应当建立健全货币资金管理岗位责任制，合理设置岗位，不得由一人办理货币资金业务的全过程，确保不相容岗位相互分离。

（一）出纳不得兼管稽核、会计档案保管和收入、支出、债权、债务账目的登记工作。

（二）严禁一人保管收付款项所需的全部印章。财务专用章应当由专人保管，个人名章应当由本人或其授权人员保管。负责保管印章的人员要配置单独的保管设备，并做到人走柜锁。

（三）按照规定应当由有关负责人签字或盖章的，应当严格履行签字或盖章手续。

第四十二条 单位应当加强对银行账户的管理，严格按照规定的审批权限和程序开立、变更和撤销银行账户。

第四十三条 单位应当加强货币资金的核查控制。指定不办理货币资金业务的会计人员定期和不定期抽查盘点库存现金，核对银行存款余额，抽查银行对账单、银行日记账及银行存款余额调节表，核对是否账实相符、账账相符。对调节不符、可能存在重大问题的未达账项应当及时查明原因，并按照相关规定处理。

第四十四条 单位应当加强对实物资产和无形资产的管理，明确相关部门和岗位的职责权限，强化对配置、使用和处置等关键环节的管控。

（一）对资产实施归口管理。明确资产使用和保管责任人，落实资产使用人在资产管理中的责任。贵重资产、危险资产、有保密等特殊要求的资产，应当指定专人保管、专人使用，并规定严格的接触限制条件和审批程序。

（二）按照国有资产管理相关规定，明确资产的调剂、租借、对外投资、处置的程序、审批权限和责任。

（三）建立资产台账，加强资产的实物管理。单位应当定期清查盘点资产，确保账实相符。财会、资产管理、资产使用等部门或岗位应当定期对账，发现不符的，应当及时查明原因，并按照相关规定处理。

（四）建立资产信息管理系统，做好资产的统计、报告、分析工作，实现对资产的动态管理。

第四十五条 单位应当根据国家有关规定加强对对外投资的管理。

（一）合理设置岗位，明确相关岗位的职责权限，确保对外投资的可行性研究与评估、对外投资决策与执行、对外投资处置的审批与执行等不相容岗位相互分离。

（二）单位对外投资，应当由单位领导班子集体研究决定。

（三）加强对投资项目的追踪管理，及时、全面、准确地记录对外投资的价值变动和投资收益情况。

（四）建立责任追究制度。对在对外投资中出现重大决策失误、未履行集体决策程序和不按规定执行对外投资业务的部门及人员，应当追究相应的责任。

第五节 建设项目控制

第四十六条 单位应当建立健全建设项目内部管理制度。

单位应当合理设置岗位，明确内部相关部门和岗位的职责权限，确保项目建议和可行性研究与项目决策、概预算编制与审核、项目实施与价款支付、竣工决算与竣工审计等不相容岗位相互分离。

第四十七条 单位应当建立与建设项目相关的议事决策机制，严禁任何个人单独决策或者擅自改变集体决策意见。决策过程及各方面意见应当形成书面文件，与相关资料一同妥善归档保管。

第四十八条 单位应当建立与建设项目相关的审核机制。项目建议书、可行性研究报告、概预算、竣工决算报告等应当由单位内部的规划、技术、财会、法律等相关工作人员或者根据国家有关规定委托具有相应资质的中介机构进行审核，出具评审意见。

第四十九条 单位应当依据国家有关规定组织建设项目招标工作，并接受有关部门的监督。

单位应当采取签订保密协议、限制接触等必要措施，确保标底编制、评标等工作在严格保密的情况下进行。

第五十条 单位应当按照审批单位下达的投资计划和预算对建设项目资金实行专款专用，严禁截留、挪用和超批复内容使用资金。

财会部门应当加强与建设项目承建单位的沟通，准确掌握建设进度，加强价款支付审核，按照规定办理价款结算。实行国库集中支付的建设项目，单位应当按照财政国库管理制度相关规定支付资金。

第五十一条 单位应当加强对建设项目档案的管理。做好相关文件、材料的收集、整理、归档和保管工作。

第五十二条 经批准的投资概算是工程投资的最高限额，如有调整，应当按照国家有关规定报经批准。

单位建设项目工程洽商和设计变更应当按照有关规定履行相应的审批程序。

第五十三条 建设项目竣工后，单位应当按照规定的时限及时办理竣工决算，组织竣工决算审计，并根据批复的竣工决算和有关规定办理建设项目档案和资产移交等工作。

建设项目已实际投入使用但超时限未办理竣工决算的，单位应当根据对建设项目的实际投资暂估入账，转作相关资产管理。

第六节 合同控制

第五十四条 单位应当建立健全合同内部管理制度。

单位应当合理设置岗位，明确合同的授权审批和签署权限，妥善保管和使用合同专用章，严禁未经授权擅自以单位名义对外签订合同，严禁违规签订担保、投资和借贷合同。

单位应当对合同实施归口管理，建立财会部门与合同归口管理部门的沟通协调机制，实现合同管理与预算管理、收支管理相结合。

第五十五条 单位应当加强对合同订立的管理，明确合同订立的范围和条件。对于影响重大、涉及较高专业技术或法律关系复杂的合同，应当组织法律、技术、财会等工作人员参与谈判，必要时可聘请外部专家参与相关工作。谈判过程中的重要事项和参与谈判人员的主要意见，应当予以记录并妥善保管。

第五十六条 单位应当对合同履行情况实施有效监控。合同履行过程中，因对方或单位自身原因导致可能无法按时履行的，应当及时采取应对措施。

单位应当建立合同履行监督审查制度。对合同履行中签订补充合同，或变更、解除合同等应当按照国家有关规定进行审查。

第五十七条 财会部门应当根据合同履行情况办理价款结算和进行账务处理。未按照合同条款履约的，财会部门应当在付款之前向单位有关负责人报告。

第五十八条 合同归口管理部门应当加强对合同登记的管理，定期对合同进行统计、分类和归档，详细登记合同的订立、履行和变更情况，实行对合同的全过程管理。与单位经济活动相关的合同应当同时提交财会部门作为账务处理的依据。

单位应当加强合同信息安全保密工作，未经批准，不得以任何形式泄露合同订立与履行过程中涉及的国家秘密、工作秘密或商业秘密。

第五十九条 单位应当加强对合同纠纷的管理。合同发生纠纷的，单位应当在规定时效内与对方协商谈判。合同纠纷协商一致的，双方应当签订书面协议；合同纠纷经协商无法解决的，经办人员应向单位有关负责人报告，并根据合同约定选择仲裁或诉讼方式解决。

第五章 评价与监督

第六十条 单位应当建立健全内部监督制度，明确各相关部门或岗位在内部监督中的职责权限，规定内部监督的程序和要求，对内部控制建立与实施情况进行内部监督检查和自我评价。

内部监督应当与内部控制的建立和实施保持相对独立。

第六十一条 内部审计部门或岗位应当定期或不定期检查单位内部管理制度和机制的建立与执行情况，以及内部控制关键岗位及人员的设置情况等，及时发现内部控制存在的问题并提出改进建议。

第六十二条 单位应当根据本单位实际情况确定内部监督检查的方法、范围和频率。

第六十三条 单位负责人应当指定专门部门或专人负责对单位内部控制的有效性进行评价并出具单位内部控制自我评价报告。

第六十四条 国务院财政部门及其派出机构和县级以上地方各级人民政府财政部门应当对单位内部控制的建立和实施情况进行监督检查，有针对性地提出检查意见和建议，并督促单位进行整改。

国务院审计机关及其派出机构和县级以上地方各级人民政府审计机关对单位进行审计时，应当调查了解单位内部控制建立和实施的有效性，揭示相关内部控制的缺陷，有针对性地提出审计处理意见和建议，并督促单位进行整改。

第六章 附 则

第六十五条 本规范自2014年1月1日起施行。

小企业内部控制规范（试行）

（2017年6月29日 财政部 财会〔2017〕21号）

第一章 总 则

第一条 为了指导小企业建立和有效实施内部控制，提高经营管理水平和风险防范能力，促进小企业健康可持续发展，根据《中华人民共和国会计法》《中华人民共和国公司法》等法律法规及《企业内部控制基本规范》，制定本规范。

第二条 本规范适用于在中华人民共和国境内依法设立的、尚不具备执行《企业内部控制基本规范》及其配套指引条件的小企业。

小企业的划分标准按照《中小企业划型标准规定》执行。

执行《企业内部控制基本规范》及其配套指引的企业集团，其集团内属于小企业的母公司和子公司，也应当执行《企业内部控制基本规范》及其配套指引。

企业集团、母公司和子公司的定义与《企业会计准则》的规定相同。

第三条 本规范所称内部控制，是指由小企业负责人及全体员工共同实施的、旨在实现控制目标的过程。

第四条 小企业内部控制的目标是合理保证小企业经营管理合法合规、资金资产安全和财务报告信息真实完整可靠。

第五条 小企业建立与实施内部控制，应当遵循下列原则：

（一）风险导向原则。内部控制应当以防范风险为出发点，重点关注对实现内部控制目标造成重大影响的风险领域。

（二）适应性原则。内部控制应当与企业发展阶段、经营规模、管理水平等相适应，并随着情况的变化及时加以调整。

（三）实质重于形式原则。内部控制应当注重实际效果，而不局限于特定的表现形式和实现手段。

（四）成本效益原则。内部控制应当权衡实施成本与预期效益，以合理的成本实现有效控制。

第六条 小企业建立与实施内部控制应当遵循下列总体要求：

（一）树立依法经营、诚实守信的意识，制定并实施长远发展目标和战略规划，为内部控制的持续有效运行提供良好环境。

（二）及时识别、评估与实现控制目标相关的内外部风险，并合理确定风险应对策略。

（三）根据风险评估结果，开展相应的控制活动，将风险控制在可承受范围之内。

（四）及时、准确地收集、传递与内部控制相关的信息，并确保其在企业内部、企业与外部之间的有效沟通。

（五）对内部控制的建立与实施情况进行监督检查，识别内部控制存在的问题并及时督促改进。

（六）形成建立、实施、监督及改进内部控制的管理闭环，并使其持续有效运行。

第七条 小企业主要负责人对本企业内部控制的建立健全和有效实施负责。

小企业可以指定适当的部门（岗位），具体负责组织协调和推动内部控制的建立与实施工作。

第二章 内部控制建立与实施

第八条 小企业应当围绕控制目标，以风险为导向确定内部控制建设的领域，设计科学合理的控制活动或对现有控制活动进行梳理、完善和优化，确保内部控制体系能够持续有效运行。

第九条 小企业应当依据所设定的内部控制目标和内部控制建设工作规划，有针对性地选择评估对象开展风险评估。

风险评估对象可以是整个企业或某个部门，也可以是某个业务领域、某个产品或某个具体事项。

第十条 小企业应当恰当识别与控制目标相关的内外部风险，如合规性风险、资金资产安全风险、信息安全风险、合同风险等。

第十一条 小企业应当采用适当的风险评估方法，综合考虑风险发生的可能性、风险发生后可能造成的影响程度以及可能持续的时间，对识别的风险进行分析和排序，确定重点关注和优先控制的风险。

常用的风险评估方法包括问卷调查、集体讨论、专家咨询、管理层访谈、行业标杆比较等。

第十二条 小企业开展风险评估既可以结合经营管理活动进行，也可以专门组织开展。

小企业应当定期开展系统全面的风险评估。在发生重大变化以及需要对重大事项进行决策时，小企业可以相应增加风险评估的频率。

第十三条 小企业开展风险评估，可以考虑聘请外部专家提供技术支持。

第十四条 小企业应当根据风险评估的结果，制定相应的风险应对策略，对相关风险进行管理。

风险应对策略一般包括接受、规避、降低、分担等四种策略。

小企业应当将内部控制作为降低风险的主要手段，在权衡成本效益之后，采取适当的控制措施将风险控制在本企业可承受范围之内。

第十五条 小企业建立与实施内部控制应当重点关注下列管理领域：

（一）资金管理；

（二）重要资产管理（包括核心技术）；

（三）债务与担保业务管理；

（四）税费管理；

（五）成本费用管理；

（六）合同管理；

（七）重要客户和供应商管理；

（八）关键岗位人员管理；

（九）信息技术管理；

（十）其他需要关注的领域。

第十六条 小企业在建立内部控制时，应当根据控制目标，按照风险评估的结果，结合自身实际情况，制定有效的内部控制措施。

内部控制措施一般包括不相容岗位相分离控制、内部授权审批控制、会计控制、财产保护控制、单据控制等。

第十七条 不相容岗位相分离控制要求小企业根据国家有关法律法规的要求及自身实际情况，合理设置不相容岗位，确保不相容岗位由不同的人员担任，并合理划分业务和事项的申请、内部审核审批、业务执行、信息记录、内部监督等方面的责任。

因资源限制等原因无法实现不相容岗位相分离的，小企业应当采取抽查交易文档、定期资产盘点等替代性控制措施。

第十八条　内部授权审批控制要求小企业根据常规授权和特别授权的规定，明确各部门、各岗位办理业务和事项的权限范围、审批程序和相关责任。常规授权是指小企业在日常经营管理活动中按照既定的职责和程序进行的授权。特别授权是指小企业在特殊情况、特定条件下进行的授权。小企业应当严格控制特别授权。

小企业各级管理人员应当在授权范围内行使职权、办理业务。

第十九条　会计控制要求小企业严格执行国家统一的会计准则制度，加强会计基础工作，明确会计凭证、会计账簿和财务会计报告的处理程序，加强会计档案管理，保证会计资料真实完整。

小企业应当根据会计业务的需要，设置会计机构；或者在有关机构中设置会计人员并指定会计主管人员；或者委托经批准设立从事会计代理记账业务的中介机构代理记账。

小企业应当选择使用符合《中华人民共和国会计法》和国家统一的会计制度规定的会计信息系统（电算化软件）。

第二十条　财产保护控制要求小企业建立财产日常管理和定期清查制度，采取财产记录、实物保管、定期盘点、账实核对等措施，确保财产安全完整。

第二十一条　单据控制要求小企业明确各种业务和事项所涉及的表单和票据，并按照规定填制、审核、归档和保管各类单据。

第二十二条　小企业应当根据内部控制目标，综合运用上述内部控制措施，对企业面临的各类内外部风险实施有效控制。

第二十三条　小企业在采取内部控制措施时，应当对实施控制的责任人、频率、方式、文档记录等内容作出明确规定。

有条件的小企业可以采用内部控制手册等书面形式来明确内部控制措施。

第二十四条　小企业可以利用现有的管理基础，将内部控制要求与企业管理体系进行融合，提高内部控制建立与实施工作的实效性。

第二十五条　小企业在实施内部控制的过程中，可以采用灵活适当的信息沟通方式，以实现小企业内部各管理层级、业务部门之间，以及与外部投资者、债权人、客户和供应商等有关方面之间的信息畅通。

内外部信息沟通方式主要包括发函、面谈、专题会议、电话等。

第二十六条　小企业应当通过加强人员培训等方式，提高实施内部控制的责任人的胜任能力，确保内部控制得到有效实施。

第二十七条　在发生下列情形时，小企业应当评估现行的内部控制措施是否仍然适用，并对不适用的部分及时进行更新优化：

（一）企业战略方向、业务范围、经营管理模式、股权结构发生重大变化；

（二）企业面临的风险发生重大变化；

（三）关键岗位人员胜任能力不足；

（四）其他可能对企业产生重大影响的事项。

第三章　内部控制监督

第二十八条　小企业应当结合自身实际情况和管理需要建立适当的内部控制监督机制，对内部控制的建立与实施情况进行日常监督和定期评价。

第二十九条　小企业应当选用具备胜任能力的人员实施内部控制监督。

实施内部控制的责任人开展自我检查不能替代监督。

具备条件的小企业，可以设立内部审计部门（岗位）或通过内部审计业务外包来提高内部控制监督的独立性和质量。

第三十条 小企业开展内部控制日常监督应当重点关注下列情形：
（一）因资源限制而无法实现不相容岗位相分离；
（二）业务流程发生重大变化；
（三）开展新业务、采用新技术、设立新岗位；
（四）关键岗位人员胜任能力不足或关键岗位出现人才流失；
（五）可能违反有关法律法规；
（六）其他应通过风险评估识别的重大风险。

第三十一条 小企业对于日常监督中发现的问题，应当分析其产生的原因以及影响程度，制定整改措施，及时进行整改。

第三十二条 小企业应当至少每年开展一次全面系统的内部控制评价工作，并可以根据自身实际需要开展不定期专项评价。

第三十三条 小企业应当根据年度评价结果，结合内部控制日常监督情况，编制年度内部控制报告，并提交小企业主要负责人审阅。

内部控制报告至少应当包括内部控制评价的范围、内部控制中存在的问题、整改措施、整改责任人、整改时间表及上一年度发现问题的整改落实情况等内容。

第三十四条 有条件的小企业可以委托会计师事务所对内部控制的有效性进行审计。

第三十五条 小企业可以将内部控制监督的结果纳入绩效考核的范围，促进内部控制的有效实施。

第四章 附 则

第三十六条 符合《中小企业划型标准规定》所规定的微型企业标准的企业参照执行本规范。

第三十七条 对于本规范中未规定的业务活动的内部控制，小企业可以参照执行《企业内部控制基本规范》及其配套指引。

第三十八条 鼓励有条件的小企业执行《企业内部控制基本规范》及其配套指引。

第三十九条 本规范由财政部负责解释。

第四十条 本规范自2018年1月1日起施行。

会计基础工作规范

（2019年3月14日 财政部令第98号）

第一章 总 则

第一条 为了加强会计基础工作，建立规范的会计工作秩序，提高会计工作水平，根据《中华人民共和国会计法》的有关规定，制定本规范。

第二条 国家机关、社会团体、企业、事业单位、个体工商户和其他组织的会计基础工作，应当符合本规范的规定。

第三条 各单位应当依据有关法律、法规和本规范的规定，加强会计基础工作，严格执行会计法规制度，保证会计工作依法有序地进行。

第四条 单位领导人对本单位的会计基础工作负有领导责任。

第五条 各省、自治区、直辖市财政厅（局）要加强对会计基础工作的管理和指导，通过政策引导、经验交流、监督检查等措施，促进基层单位加强会计基础工作，不断提高会计工作水平。

国务院各业务主管部门根据职责权限管理本部门的会计基础工作。

第二章　会计机构和会计人员

第一节　会计机构设置和会计人员配备

第六条　各单位应当根据会计业务的需要设置会计机构；不具备单独设置会计机构条件的，应当在有关机构中配备专职会计人员。

事业行政单位会计机构的设置和会计人员的配备，应当符合国家统一事业行政单位会计制度的规定。

设置会计机构，应当配备会计机构负责人；在有关机构中配备专职会计人员，应当在专职会计人员中指定会计主管人员。

会计机构负责人、会计主管人员的任免，应当符合《中华人民共和国会计法》和有关法律的规定。

第七条　会计机构负责人、会计主管人员应当具备下列基本条件：

（一）坚持原则，廉洁奉公；

（二）具备会计师以上专业技术职务资格或者从事会计工作不少于三年；

（三）熟悉国家财经法律、法规、规章和方针、政策，掌握本行业业务管理的有关知识；

（四）有较强的组织能力；

（五）身体状况能够适应本职工作的要求。

第八条　没有设置会计机构或者配备会计人员的单位，应当根据《代理记账管理办法》的规定，委托会计师事务所或者持有代理记账许可证书的代理记账机构进行代理记账。

第九条　大、中型企业、事业单位、业务主管部门应当根据法律和国家有关规定设置总会计师。总会计师由具有会计师以上专业技术资格的人员担任。

总会计师行使《总会计师条例》规定的职责、权限。

总会计师的任命（聘任）、免职（解聘）依照《总会计师条例》和有关法律的规定办理。

第十条　各单位应当根据会计业务需要配备会计人员，督促其遵守职业道德和国家统一的会计制度。

第十一条　各单位应当根据会计业务需要设置会计工作岗位。

会计工作岗位一般可分为：会计机构负责人或者会计主管人员，出纳，财产物资核算，工资核算，成本费用核算，财务成果核算，资金核算，往来结算，总账报表，稽核，档案管理等。开展会计电算化和管理会计的单位，可以根据需要设置相应工作岗位，也可以与其他工作岗位相结合。

第十二条　会计工作岗位，可以一人一岗、一人多岗或者一岗多人。但出纳人员不得兼管稽核、会计档案保管和收入、费用、债权债务账目的登记工作。

第十三条　会计人员的工作岗位应当有计划地进行轮换。

第十四条　会计人员应当具备必要的专业知识和专业技能，熟悉国家有关法律、法规、规章和国家统一会计制度，遵守职业道德。

会计人员应当按照国家有关规定参加会计业务的培训。各单位应当合理安排会计人员的培训，保证会计人员每年有一定时间用于学习和参加培训。

第十五条　各单位领导人应当支持会计机构、会计人员依法行使职权；对忠于职守，坚持原则，做出显著成绩的会计机构、会计人员，应当给予精神的和物质的奖励。

第十六条　国家机关、国有企业、事业单位任用会计人员应当实行回避制度。

单位领导人的直系亲属不得担任本单位的会计机构负责人、会计主管人员。会计机构负责人、会计主管人员的直系亲属不得在本单位会计机构中担任出纳工作。

需要回避的直系亲属为：夫妻关系、直系血亲关系、三代以内旁系血亲以及配偶亲关系。

第二节 会计人员职业道德

第十七条 会计人员在会计工作中应当遵守职业道德，树立良好的职业品质、严谨的工作作风，严守工作纪律，努力提高工作效率和工作质量。

第十八条 会计人员应当热爱本职工作，努力钻研业务，使自己的知识和技能适应所从事工作的要求。

第十九条 会计人员应当熟悉财经法律、法规、规章和国家统一会计制度，并结合会计工作进行广泛宣传。

第二十条 会计人员应当按照会计法律、法规和国家统一会计制度规定的程序和要求进行会计工作，保证所提供的会计信息合法、真实、准确、及时、完整。

第二十一条 会计人员办理会计事务应当实事求是、客观公正。

第二十二条 会计人员应当熟悉本单位的生产经营和业务管理情况，运用掌握的会计信息和会计方法，为改善单位内部管理、提高经济效益服务。

第二十三条 会计人员应当保守本单位的商业秘密。除法律规定和单位领导人同意外，不能私自向外界提供或者泄露单位的会计信息。

第二十四条 财政部门、业务主管部门和各单位应当定期检查会计人员遵守职业道德的情况，并作为会计人员晋升、晋级、聘任专业职务、表彰奖励的重要考核依据。

会计人员违反职业道德的，由所在单位进行处理。

第三节 会计工作交接

第二十五条 会计人员工作调动或者因故离职，必须将本人所经管的会计工作全部移交给接替人员。没有办清交接手续的，不得调动或者离职。

第二十六条 接替人员应当认真接管移交工作，并继续办理移交的未了事项。

第二十七条 会计人员办理移交手续前，必须及时做好以下工作：

（一）已经受理的经济业务尚未填制会计凭证的，应当填制完毕。

（二）尚未登记的账目，应当登记完毕，并在最后一笔余额后加盖经办人员印章。

（三）整理应该移交的各项资料，对未了事项写出书面材料。

（四）编制移交清册，列明应当移交的会计凭证、会计账簿、会计报表、印章、现金、有价证券、支票簿、发票、文件、其他会计资料和物品等内容；实行会计电算化的单位，从事该项工作的移交人员还应当在移交清册中列明会计软件及密码、会计软件数据磁盘（磁带等）及有关资料、实物等内容。

第二十八条 会计人员办理交接手续，必须有监交人负责监交。一般会计人员交接，由单位会计机构负责人、会计主管人员负责监交；会计机构负责人、会计主管人员交接，由单位领导人负责监交，必要时可由上级主管部门派人会同监交。

第二十九条 移交人员在办理移交时，要按移交清册逐项移交；接替人员要逐项核对点收。

（一）现金、有价证券要根据会计账簿有关记录进行点交。库存现金、有价证券必须与会计账簿记录保持一致。不一致时，移交人员必须限期查清。

（二）会计凭证、会计账簿、会计报表和其他会计资料必须完整无缺。如有短缺，必须查清原因，并在移交清册中注明，由移交人员负责。

（三）银行存款账户余额要与银行对账单核对，如不一致，应当编制银行存款余额调节表调节相符，各种财产物资和债权债务的明细账户余额要与总账有关账户余额核对相符；必要时，要抽查个别账户的余额，与实物核对相符，或者与往来单位、个人核对清楚。

（四）移交人员经管的票据、印章和其他实物等，必须交接清楚；移交人员从事会计电算化工作的，要对有关电子数据在实际操作状态下进行交接。

第三十条 会计机构负责人、会计主管人员移交时，还必须将全部财务会计工作、重大财务收支和会计人员的情况等，向接替人员详细介绍。对需要移交的遗留问题，应当写出书面材料。

第三十一条 交接完毕后，交接双方和监交人员要在移交清册上签名或者盖章。并应在移交清册上注明：单位名称、交接日期、交接双方和监交人员的职务、姓名，移交清册页数以及需要说明的问题和意见等。

移交清册一般应当填制一式三份，交接双方各执一份，存档一份。

第三十二条 接替人员应当继续使用移交的会计账簿，不得自行另立新账，以保持会计记录的连续性。

第三十三条 会计人员临时离职或者因病不能工作且需要接替或者代理的，会计机构负责人、会计主管人员或者单位领导人必须指定有关人员接替或者代理，并办理交接手续。

临时离职或者因病不能工作的会计人员恢复工作的，应当与接替或者代理人员办理交接手续。

移交人员因病或者其他特殊原因不能亲自办理移交的，经单位领导人批准，可由移交人员委托他人代办移交，但委托人应当承担本规范第三十五条规定的责任。

第三十四条 单位撤销时，必须留有必要的会计人员，会同有关人员办理清理工作，编制决算。未移交前，不得离职。接收单位和移交日期由主管部门确定。

单位合并、分立的，其会计工作交接手续比照上述有关规定办理。

第三十五条 移交人员对所移交的会计凭证、会计账簿、会计报表和其他有关资料的合法性、真实性承担法律责任。

第三章 会计核算

第一节 会计核算一般要求

第三十六条 各单位应当按照《中华人民共和国会计法》和国家统一会计制度的规定建立会计账册，进行会计核算，及时提供合法、真实、准确、完整的会计信息。

第三十七条 各单位发生的下列事项，应当及时办理会计手续、进行会计核算：

（一）款项和有价证券的收付；

（二）财物的收发、增减和使用；

（三）债权债务的发生和结算；

（四）资本、基金的增减；

（五）收入、支出、费用、成本的计算；

（六）财务成果的计算和处理；

（七）其他需要办理会计手续、进行会计核算的事项。

第三十八条 各单位的会计核算应当以实际发生的经济业务为依据，按照规定的会计处理方法进行，保证会计指标的口径一致、相互可比和会计处理方法的前后各期相一致。

第三十九条 会计年度自公历1月1日起至12月31日止。

第四十条 会计核算以人民币为记账本位币。

收支业务以外国货币为主的单位，也可以选定某种外国货币作为记账本位币，但是编制的会计报表应当折算为人民币反映。

境外单位向国内有关部门编报的会计报表，应当折算为人民币反映。

第四十一条 各单位根据国家统一会计制度的要求，在不影响会计核算要求、会计报表指标汇总和对外统一会计报表的前提下，可以根据实际情况自行设置和使用会计科目。

事业行政单位会计科目的设置和使用，应当符合国家统一事业行政单位会计制度的规定。

第四十二条 会计凭证、会计账簿、会计报表和其他会计资料的内容和要求必须符合国家统一会计制度的规定，不得伪造、变造会计凭证和会计账簿，不得设置账外账，不得报送虚假会计报表。

第四十三条 各单位对外报送的会计报表格式由财政部统一规定。

第四十四条 实行会计电算化的单位，对使用的会计软件及其生成的会计凭证、会计账簿、会计报表和其他会计资料的要求，应当符合财政部关于会计电算化的有关规定。

第四十五条 各单位的会计凭证、会计账簿、会计报表和其他会计资料,应当建立档案,妥善保管。会计档案建档要求、保管期限、销毁办法等依据《会计档案管理办法》的规定进行。

实行会计电算化的单位,有关电子数据、会计软件资料等应当作为会计档案进行管理。

第四十六条 会计记录的文字应当使用中文,少数民族自治地区可以同时使用少数民族文字。中国境内的外商投资企业、外国企业和其他外国经济组织也可以同时使用某种外国文字。

第二节 填制会计凭证

第四十七条 各单位办理本规范第三十七条规定的事项,必须取得或者填制原始凭证,并及时送交会计机构。

第四十八条 原始凭证的基本要求是:

(一)原始凭证的内容必须具备:凭证的名称;填制凭证的日期;填制凭证单位名称或者填制人姓名;经办人员的签名或者盖章;接受凭证单位名称;经济业务内容;数量、单价和金额。

(二)从外单位取得的原始凭证,必须盖有填制单位的公章;从个人取得的原始凭证,必须有填制人员的签名或者盖章。自制原始凭证必须有经办单位领导人或者其指定的人员签名或者盖章。对外开出的原始凭证,必须加盖本单位公章。

(三)凡填有大写和小写金额的原始凭证,大写与小写金额必须相符。购买实物的原始凭证,必须有验收证明。支付款项的原始凭证,必须有收款单位和收款人的收款证明。

(四)一式几联的原始凭证,应当注明各联的用途,只能以一联作为报销凭证。

一式几联的发票和收据,必须用双面复写纸(发票和收据本身具备复写纸功能的除外)套写,并连续编号。作废时应当加盖"作废"戳记,连同存根一起保存,不得撕毁。

(五)发生销货退回的,除填制退货发票外,还必须有退货验收证明;退款时,必须取得对方的收款收据或者汇款银行的凭证,不得以退货发票代替收据。

(六)职工公出借款凭据,必须附在记账凭证之后。收回借款时,应当另开收据或者退还借据副本,不得退还原借款收据。

(七)经上级有关部门批准的经济业务,应当将批准文件作为原始凭证附件。如果批准文件需要单独归档的,应当在凭证上注明批准机关名称、日期和文件字号。

第四十九条 原始凭证不得涂改、挖补。发现原始凭证有错误的,应当由开出单位重开或者更正,更正处应当加盖开出单位的公章。

第五十条 会计机构、会计人员要根据审核无误的原始凭证填制记账凭证。

记账凭证可以分为收款凭证、付款凭证和转账凭证,也可以使用通用记账凭证。

第五十一条 记账凭证的基本要求是:

(一)记账凭证的内容必须具备:填制凭证的日期;凭证编号;经济业务摘要;会计科目;金额;所附原始凭证张数;填制凭证人员、稽核人员、记账人员、会计机构负责人、会计主管人员签名或者盖章。收款和付款记账凭证还应当由出纳人员签名或者盖章。

以自制的原始凭证或者原始凭证汇总表代替记账凭证的,也必须具备记账凭证应有的项目。

(二)填制记账凭证时,应当对记账凭证进行连续编号。一笔经济业务需要填制两张以上记账凭证的,可以采用分数编号法编号。

(三)记账凭证可以根据每一张原始凭证填制,或者根据若干张同类原始凭证汇总填制,也可以根据原始凭证汇总表填制。但不得将不同内容和类别的原始凭证汇总填制在一张记账凭证上。

(四)除结账和更正错误的记账凭证可以不附原始凭证外,其他记账凭证必须附有原始凭证。如果一张原始凭证涉及几张记账凭证,可以把原始凭证附在一张主要的记账凭证后面,并在其他记账凭证上注明附有该原始凭证的记账凭证的编号或者附原始凭证复印件。

一张原始凭证所列支出需要几个单位共同负担的,应当将其他单位负担的部分,开给对方原始凭证分割单,进行结算。原始凭证分割单必须具备原始凭证的基本内容:凭证名称、填制凭证日期、填制凭证单位名称或者填制人姓名、经办人的签名或者盖章、接受凭证单位名称、经济业务内容、数量、单价、金额和费用分摊情况等。

（五）如果在填制记账凭证时发生错误，应当重新填制。

已经登记入账的记账凭证，在当年内发现填写错误时，可以用红字填写一张与原内容相同的记账凭证，在摘要栏注明"注销某月某日某号凭证"字样，同时再用蓝字重新填制一张正确的记账凭证，注明"订正某月某日某号凭证"字样。如果会计科目没有错误，只是金额错误，也可以将正确数字与错误数字之间的差额，另编一张调整的记账凭证，调增金额用蓝字，调减金额用红字。发现以前年度记账凭证有错误的，应当用蓝字填制一张更正的记账凭证。

（六）记账凭证填制完经济业务事项后，如有空行，应当自金额栏最后一笔金额数字下的空行处至合计数上的空行处划线注销。

第五十二条 填制会计凭证，字迹必须清晰、工整，并符合下列要求：

（一）阿拉伯数字应当一个一个地写，不得连笔写。阿拉伯金额数字前面应当书写货币币种符号或者货币名称简写和币种符号。币种符号与阿拉伯金额数字之间不得留有空白。凡阿拉伯数字前写有币种符号的，数字后面不再写货币单位。

（二）所有以元为单位（其他货币种类为货币基本单位，下同）的阿拉伯数字，除表示单价等情况外，一律填写到角分；无角分的，角位和分位可写"00"，或者符号"—"；有角无分的，分位应当写"0"，不得用符号"—"代替。

（三）汉字大写数字金额如零、壹、贰、叁、肆、伍、陆、柒、捌、玖、拾、佰、仟、万、亿等，一律用正楷或者行书体书写，不得用0、一、二、三、四、五、六、七、八、九、十等简化字代替，不得任意自造简化字。大写金额数字到元或者角为止的，在"元"或者"角"字之后应当写"整"字或者"正"字；大写金额数字有分的，分字后面不写"整"或者"正"字。

（四）大写金额数字前未印有货币名称的，应当加填货币名称，货币名称与金额数字之间不得留有空白。

（五）阿拉伯金额数字中间有"0"时，汉字大写金额要写"零"字；阿拉伯数字金额中间连续有几个"0"时，汉字大写金额中可以只写一个"零"字；阿拉伯金额数字元位是"0"，或者数字中间连续有几个"0"、元位也是"0"但角位不是"0"时，汉字大写金额可以只写一个"零"字，也可以不写"零"字。

第五十三条 实行会计电算化的单位，对于机制记账凭证，要认真审核，做到会计科目使用正确，数字准确无误。打印出的机制记账凭证要加盖制单人员、审核人员、记账人员及会计机构负责人、会计主管人员印章或者签字。

第五十四条 各单位会计凭证的传递程序应当科学、合理，具体办法由各单位根据会计业务需要自行规定。

第五十五条 会计机构、会计人员要妥善保管会计凭证。

（一）会计凭证应当及时传递，不得积压。

（二）会计凭证登记完毕后，应当按照分类和编号顺序保管，不得散乱丢失。

（三）记账凭证应当连同所附的原始凭证或者原始凭证汇总表，按照编号顺序，折叠整齐，按期装订成册，并加具封面，注明单位名称、年度、月份和起讫日期、凭证种类、起讫号码，由装订人在装订线封签外签名或者盖章。

对于数量过多的原始凭证，可以单独装订保管，在封面上注明记账凭证日期、编号、种类，同时在记账凭证上注明"附件另订"和原始凭证名称及编号。

各种经济合同、存出保证金收据以及涉外文件等重要原始凭证，应当另编目录，单独登记保管，并在有关的记账凭证和原始凭证上相互注明日期和编号。

（四）原始凭证不得外借，其他单位如因特殊原因需要使用原始凭证时，经本单位会计机构负责人、会计主管人员批准，可以复制。向外单位提供的原始凭证复制件，应当在专设的登记簿上登记，并由提供人员和收取人员共同签名或者盖章。

（五）从外单位取得的原始凭证如有遗失，应当取得原开出单位盖有公章的证明，并注明原来凭证的号码、金额和内容等，由经办单位会计机构负责人、会计主管人员和单位领导人批准后，才能代作原始凭证。如果确实无法取得证明的，如火车、轮船、飞机票等凭证，由当事人写出详细情况，由经办单位会计机构负责人、会计主管人员和单位领导人批准后，代作原始凭证。

第三节　登记会计账簿

第五十六条　各单位应当按照国家统一会计制度的规定和会计业务的需要设置会计账簿。会计账簿包括总账、明细账、日记账和其他辅助性账簿。

第五十七条　现金日记账和银行存款日记账必须采用订本式账簿。不得用银行对账单或者其他方法代替日记账。

第五十八条　实行会计电算化的单位，用计算机打印的会计账簿必须连续编号，经审核无误后装订成册，并由记账人员和会计机构负责人、会计主管人员签字或者盖章。

第五十九条　启用会计账簿时，应当在账簿封面上写明单位名称和账簿名称。在账簿扉页上应当附启用表，内容包括：启用日期、账簿页数、记账人员和会计机构负责人、会计主管人员姓名，并加盖名章和单位公章。记账人员或者会计机构负责人、会计主管人员调动工作时，应当注明交接日期、接办人员或者监交人员姓名，并由交接双方人员签名或者盖章。

启用订本式账簿，应当从第一页到最后一页顺序编定页数，不得跳页、缺号。使用活页式账页，应当按账户顺序编号，并须定期装订成册。装订后再按实际使用的账页顺序编定页码。另加目录，记明每个账户的名称和页次。

第六十条　会计人员应当根据审核无误的会计凭证登记会计账簿。登记账簿的基本要求是：

（一）登记会计账簿时，应当将会计凭证日期、编号、业务内容摘要、金额和其他有关资料逐项记入账内，做到数字准确、摘要清楚、登记及时、字迹工整。

（二）登记完毕后，要在记账凭证上签名或者盖章，并注明已经登账的符号，表示已经记账。

（三）账簿中书写的文字和数字上面要留有适当空格，不要写满格；一般应占格距的二分之一。

（四）登记账簿要用蓝黑墨水或者碳素墨水书写，不得使用圆珠笔（银行的复写账簿除外）或者铅笔书写。

（五）下列情况，可以用红色墨水记账：

1. 按照红字冲账的记账凭证，冲销错误记录；
2. 在不设借贷等栏的多栏式账页中，登记减少数；
3. 在三栏式账户的余额栏前，如未印明余额方向的，在余额栏内登记负数余额；
4. 根据国家统一会计制度的规定可以用红字登记的其他会计记录。

（六）各种账簿按页次顺序连续登记，不得跳行、隔页。如果发生跳行、隔页，应当将空行、空页划线注销，或者注明"此行空白"、"此页空白"字样，并由记账人员签名或者盖章。

（七）凡需要结出余额的账户，结出余额后，应当在"借或贷"等栏内写明"借"或者"贷"等字样。没有余额的账户，应当在"借或贷"等栏内写"平"字，并在余额栏内用"θ"表示。

现金日记账和银行存款日记账必须逐日结出余额。

（八）每一账页登记完毕结转下页时，应当结出本页合计数及余额，写在本页最后一行和下页第一行有关栏内，并在摘要栏内注明"过次页"和"承前页"字样；也可以将本页合计数及金额只写在下页第一行有关栏内，并在摘要栏内注明"承前页"字样。

对需要结计本月发生额的账户，结计"过次页"的本页合计数应当为自本月初起至本页末止的发生额合计数；对需要结计本年累计发生额的账户，结计"过次页"的本页合计数应当为自年初起至本页末止的累计数；对既不需要结计本月发生额也不需要结计本年累计发生额的账户，可以只将每页末的余额结转次页。

第六十一条　账簿记录发生错误，不准涂改、挖补、刮擦或者用药水消除字迹，不准重新抄写，必须按照下列方法进行更正：

（一）登记账簿时发生错误，应当将错误的文字或者数字划红线注销，但必须使原有字迹仍可辨认；然后在划线上方填写正确的文字或者数字，并由记账人员在更正处盖章。对于错误的数字，应当全部划红线更正，不得只更正其中的错误数字。对于文字错误，可只划去错误的部分。

（二）由于记账凭证错误而使账簿记录发生错误，应当按更正的记账凭证登记账簿。

第六十二条 各单位应当定期对会计账簿记录的有关数字与库存实物、货币资金、有价证券、往来单位或者个人等进行相互核对，保证账证相符、账账相符、账实相符。对账工作每年至少进行一次。

（一）账证核对。核对会计账簿记录与原始凭证、记账凭证的时间、凭证字号、内容、金额是否一致，记账方向是否相符。

（二）账账核对。核对不同会计账簿之间的账簿记录是否相符，包括：总账有关账户的余额核对，总账与明细账核对，总账与日记账核对，会计部门的财产物资明细账与财产物资保管和使用部门的有关明细账核对等。

（三）账实核对。核对会计账簿记录与财产等实有数额是否相符。包括：现金日记账账面余额与现金实际库存数相核对；银行存款日记账账面余额定期与银行对账单相核对；各种财物明细账账面余额与财物实存数额相核对；各种应收、应付款明细账账面余额与有关债务、债权单位或者个人核对等。

第六十三条 各单位应当按照规定定期结账。

（一）结账前，必须将本期内所发生的各项经济业务全部登记入账。

（二）结账时，应当结出每个账户的期末余额。需要结出当月发生额的，应当在摘要栏内注明"本月合计"字样，并在下面通栏划单红线。需要结出本年累计发生额的，应当在摘要栏内注明"本年累计"字样，并在下面通栏划单红线；12月末的"本年累计"就是全年累计发生额。全年累计发生额下面应当通栏划双红线。年度终了结账时，所有总账账户都应当结出全年发生额和年末余额。

（三）年度终了，要把各账户的余额结转到下一会计年度，并在摘要栏注明"结转下年"字样；在下一会计年度新建有关会计账簿的第一行余额栏内填写上年结转的余额，并在摘要栏注明"上年结转"字样。

第四节 编制财务报告

第六十四条 各单位必须按照国家统一会计制度的规定，定期编制财务报告。

财务报告包括会计报表及其说明。会计报表包括会计报表主表、会计报表附表、会计报表附注。

第六十五条 各单位对外报送的财务报告应当根据国家统一会计制度规定的格式和要求编制。

单位内部使用的财务报告，其格式和要求由各单位自行规定。

第六十六条 会计报表应当根据登记完整、核对无误的会计账簿记录和其他有关资料编制，做到数字真实、计算准确、内容完整、说明清楚。

任何人不得篡改或者授意、指使、强令他人篡改会计报表的有关数字。

第六十七条 会计报表之间、会计报表各项目之间，凡有对应关系的数字，应当相互一致。本期会计报表与上期会计报表之间有关的数字应当相互衔接。如果不同会计年度会计报表中各项目的内容和核算方法有变更的，应当在年度会计报表中加以说明。

第六十八条 各单位应当按照国家统一会计制度的规定认真编写会计报表附注及其说明，做到项目齐全，内容完整。

第六十九条 各单位应当按照国家规定的期限对外报送财务报告。

对外报送的财务报告，应当依次编写页码，加具封面，装订成册，加盖公章。封面上应当注明：单位名称，单位地址，财务报告所属年度、季度、月度，送出日期，并由单位领导人、总会计师、会计机构负责人、会计主管人员签名或者盖章。

单位领导人对财务报告的合法性、真实性负法律责任。

第七十条 根据法律和国家有关规定应当对财务报告进行审计的，财务报告编制单位应当先行委托注册会计师进行审计，并将注册会计师出具的审计报告随同财务报告按照规定的期限报送有关部门。

第七十一条 如果发现对外报送的财务报告有错误，应当及时办理更正手续。除更正本单位留存的财务报告外，并应同时通知接受财务报告的单位更正。错误较多的，应当重新编报。

第四章 会计监督

第七十二条 各单位的会计机构、会计人员对本单位的经济活动进行会计监督。

第七十三条 会计机构、会计人员进行会计监督的依据是：

（一）财经法律、法规、规章；

（二）会计法律、法规和国家统一会计制度；

（三）各省、自治区、直辖市财政厅（局）和国务院业务主管部门根据《中华人民共和国会计法》和国家统一会计制度制定的具体实施办法或者补充规定；

（四）各单位根据《中华人民共和国会计法》和国家统一会计制度制定的单位内部会计管理制度；

（五）各单位内部的预算、财务计划、经济计划、业务计划等。

第七十四条 会计机构、会计人员应当对原始凭证进行审核和监督。

对不真实、不合法的原始凭证，不予受理。对弄虚作假、严重违法的原始凭证，在不予受理的同时，应当予以扣留，并及时向单位领导人报告，请求查明原因，追究当事人的责任。

对记载不准确、不完整的原始凭证，予以退回，要求经办人员更正、补充。

第七十五条 会计机构、会计人员对伪造、变造、故意毁灭会计账簿或者账外设账行为，应当制止和纠正；制止和纠正无效的，应当向上级主管单位报告，请求作出处理。

第七十六条 会计机构、会计人员应当对实物、款项进行监督，督促建立并严格执行财产清查制度。发现账簿记录与实物、款项不符时，应当按照国家有关规定进行处理。超出会计机构、会计人员职权范围的，应立即向本单位领导报告，请求查明原因，作出处理。

第七十七条 会计机构、会计人员对指使、强令编造、篡改财务报告行为，应当制止和纠正；制止和纠正无效的，应当向上级主管单位报告，请求处理。

第七十八条 会计机构、会计人员应当对财务收支进行监督。

（一）对审批手续不全的财务收支，应当退回，要求补充、更正。

（二）对违反规定不纳入单位统一会计核算的财务收支，应当制止和纠正。

（三）对违反国家统一的财政、财务、会计制度规定的财务收支，不予办理。

（四）对认为是违反国家统一的财政、财务、会计制度规定的财务收支，应当制止和纠正；制止和纠正无效的，应当向单位领导人提出书面意见请求处理。

单位领导人应当在接到书面意见起十日内作出书面决定，并对决定承担责任。

（五）对违反国家统一的财政、财务、会计制度规定的财务收支，不予制止和纠正，又不向单位领导人提出书面意见的，也应当承担责任。

（六）对严重违反国家利益和社会公众利益的财务收支，应当向主管单位或者财政、审计、税务机关报告。

第七十九条 会计机构、会计人员对违反单位内部会计管理制度的经济活动，应当制止和纠正；制止和纠正无效的，向单位领导人报告，请求处理。

第八十条 会计机构、会计人员应当对单位制定的预算、财务计划、经济计划、业务计划的执行情况进行监督。

第八十一条 各单位必须依照法律和国家有关规定接受财政、审计、税务等机关的监督，如实提供会计凭证、会计账簿、会计报表和其他会计资料以及有关情况，不得拒绝、隐匿、谎报。

第八十二条 按照法律规定应当委托注册会计师进行审计的单位，应当委托注册会计师进行审计，并配合注册会计师的工作，如实提供会计凭证、会计账簿、会计报表和其他会计资料以及有关情况，不得拒绝、隐匿、谎报，不得示意注册会计师出具不当的审计报告。

第五章 内部会计管理制度

第八十三条 各单位应当根据《中华人民共和国会计法》和国家统一会计制度的规定，结合单位类型和内容管理的需要，建立健全相应的内部会计管理制度。

第八十四条 各单位制定内部会计管理制度应当遵循下列原则：

（一）应当执行法律、法规和国家统一的财务会计制度。

（二）应当体现本单位的生产经营、业务管理的特点和要求。

（三）应当全面规范本单位的各项会计工作，建立健全会计基础，保证会计工作的有序进行。

（四）应当科学、合理，便于操作和执行。

（五）应当定期检查执行情况。

（六）应当根据管理需要和执行中的问题不断完善。

第八十五条 各单位应当建立内部会计管理体系。主要内容包括：单位领导人、总会计师对会计工作的领导职责；会计部门及其会计机构负责人、会计主管人员的职责、权限；会计部门与其他职能部门的关系；会计核算的组织形式等。

第八十六条 各单位应当建立会计人员岗位责任制度。主要内容包括：会计人员的工作岗位设置；各会计工作岗位的职责和标准；各会计工作岗位的人员和具体分工；会计工作岗位轮换办法；对各会计工作岗位的考核办法。

第八十七条 各单位应当建立账务处理程序制度。主要内容包括：会计科目及其明细科目的设置和使用；会计凭证的格式、审核要求和传递程序；会计核算方法；会计账簿的设置；编制会计报表的种类和要求；单位会计指标体系。

第八十八条 各单位应当建立内部牵制制度。主要内容包括：内部牵制制度的原则；组织分工；出纳岗位的职责和限制条件；有关岗位的职责和权限。

第八十九条 各单位应当建立稽核制度。主要内容包括：稽核工作的组织形式和具体分工；稽核工作的职责、权限；审核会计凭证和复核会计账簿、会计报表的方法。

第九十条 各单位应当建立原始记录管理制度。主要内容包括：原始记录的内容和填制方法；原始记录的格式；原始记录的审核；原始记录填制人的责任；原始记录签署、传递、汇集要求。

第九十一条 各单位应当建立定额管理制度。主要内容包括：定额管理的范围；制定和修订定额的依据、程序和方法；定额的执行；定额考核和奖惩办法等。

第九十二条 各单位应当建立计量验收制度。主要内容包括：计量检测手段和方法；计量验收管理的要求；计量验收人员的责任和奖惩办法。

第九十三条 各单位应当建立财产清查制度。主要内容包括：财产清查的范围；财产清查的组织；财产清查的期限和方法；对财产清查中发现问题的处理办法；对财产管理人员的奖惩办法。

第九十四条 各单位应当建立财务收支审批制度。主要内容包括：财务收支审批人员和审批权限；财务收支审批程序；财务收支审批人员的责任。

第九十五条 实行成本核算的单位应当建立成本核算制度。主要内容包括：成本核算的对象；成本核算的方法和程序；成本分析等。

第九十六条 各单位应当建立财务会计分析制度。主要内容包括：财务会计分析的主要内容；财务会计分析的基本要求和组织程序；财务会计分析的具体方法；财务会计分析报告的编写要求等。

第六章 附 则

第九十七条 本规范所称国家统一会计制度，是指由财政部制定、或者财政部与国务院有关部门联合制定、或者经财政部审核批准的在全国范围内统一执行的会计规章、准则、办法等规范性文件。

本规范所称会计主管人员，是指不设置会计机构、只在其他机构中设置专职会计人员的单位行使会计机构负责人职权的人员。

本规范第三章第二节和第三节关于填制会计凭证、登记会计账簿的规定，除特别指出外，一般适用于手工记账。实行会计电算化的单位，填制会计凭证和登记会计账簿的有关要求，应当符合财政部关于会计电算化的有关规定。

第九十八条 各省、自治区、直辖市财政厅（局）、国务院各业务主管部门可以根据本规范的原则，结合本地区、本部门的具体情况，制定具体实施办法，报财政部备案。

第九十九条 本规范由财政部负责解释、修改。

第一百条 本规范自公布之日起实施。1984年4月24日财政部发布的《会计人员工作规则》同时废止。

会计档案管理办法

（2015年12月11日 财政部 国家档案局令第79号）

第一条 为了加强会计档案管理，有效保护和利用会计档案，根据《中华人民共和国会计法》、《中华人民共和国档案法》等有关法律和行政法规，制定本办法。

第二条 国家机关、社会团体、企业、事业单位和其他组织（以下统称单位）管理会计档案适用本办法。

第三条 本办法所称会计档案是指单位在进行会计核算等过程中接收或形成的，记录和反映单位经济业务事项的，具有保存价值的文字、图表等各种形式的会计资料，包括通过计算机等电子设备形成、传输和存储的电子会计档案。

第四条 财政部和国家档案局主管全国会计档案工作，共同制定全国统一的会计档案工作制度，对全国会计档案工作实行监督和指导。

县级以上地方人民政府财政部门和档案行政管理部门管理本行政区域内的会计档案工作，并对本行政区域内会计档案工作实行监督和指导。

第五条 单位应当加强会计档案管理工作，建立和完善会计档案的收集、整理、保管、利用和鉴定销毁等管理制度，采取可靠的安全防护技术和措施，保证会计档案的真实、完整、可用、安全。

单位的档案机构或者档案工作人员所属机构（以下统称单位档案管理机构）负责管理本单位的会计档案。单位也可以委托具备档案管理条件的机构代为管理会计档案。

第六条 下列会计资料应当进行归档：

（一）会计凭证，包括原始凭证、记账凭证；

（二）会计账簿，包括总账、明细账、日记账、固定资产卡片及其他辅助性账簿；

（三）财务会计报告，包括月度、季度、半年度、年度财务会计报告；

（四）其他会计资料，包括银行存款余额调节表、银行对账单、纳税申报表、会计档案移交清册、会计档案保管清册、会计档案销毁清册、会计档案鉴定意见书及其他具有保存价值的会计资料。

第七条 单位可以利用计算机、网络通信等信息技术手段管理会计档案。

第八条 同时满足下列条件的，单位内部形成的属于归档范围的电子会计资料可仅以电子形式保存，形成电子会计档案：

（一）形成的电子会计资料来源真实有效，由计算机等电子设备形成和传输；

（二）使用的会计核算系统能够准确、完整、有效接收和读取电子会计资料，能够输出符合国家标准归档格式的会计凭证、会计账簿、财务会计报表等会计资料，设定了经办、审核、审批等必要的审签程序；

（三）使用的电子档案管理系统能够有效接收、管理、利用电子会计档案，符合电子档案的长期保管要求，并建立了电子会计档案与相关联的其他纸质会计档案的检索关系；

（四）采取有效措施，防止电子会计档案被篡改；

（五）建立电子会计档案备份制度，能够有效防范自然灾害、意外事故和人为破坏的影响；

（六）形成的电子会计资料不属于具有永久保存价值或者其他重要保存价值的会计档案。

第九条 满足本办法第八条规定条件，单位从外部接收的电子会计资料附有符合《中华人民共和国电子签名法》规定的电子签名的，可仅以电子形式归档保存，形成电子会计档案。

第十条 单位的会计机构或会计人员所属机构（以下统称单位会计管理机构）按照归档范围和归档要求，负责定期将应当归档的会计资料整理立卷，编制会计档案保管清册。

第十一条 当年形成的会计档案，在会计年度终了后，可由单位会计管理机构临时保管一年，再移交单位档案管理机构保管。因工作需要确需推迟移交的，应当经单位档案管理机构同意。

单位会计管理机构临时保管会计档案最长不超过三年。临时保管期间，会计档案的保管应当符合国家档案管理的有关规定，且出纳人员不得兼管会计档案。

第十二条 单位会计管理机构在办理会计档案移交时，应当编制会计档案移交清册，并按照国家档案管理的有关规定办理移交手续。

纸质会计档案移交时应当保持原卷的封装。电子会计档案移交时应当将电子会计档案及其元数据一并移交，且文件格式应当符合国家档案管理的有关规定。特殊格式的电子会计档案应当与其读取平台一并移交。

单位档案管理机构接收电子会计档案时，应当对电子会计档案的准确性、完整性、可用性、安全性进行检测，符合要求的才能接收。

第十三条 单位应当严格按照相关制度利用会计档案，在进行会计档案查阅、复制、借出时履行登记手续，严禁篡改和损坏。

单位保存的会计档案一般不得对外借出。确因工作需要且根据国家有关规定必须借出的，应当严格按照规定办理相关手续。

会计档案借用单位应当妥善保管和利用借入的会计档案，确保借入会计档案的安全完整，并在规定时间内归还。

第十四条 会计档案的保管期限分为永久、定期两类。定期保管期限一般分为10年和30年。

会计档案的保管期限，从会计年度终了后的第一天算起。

第十五条 各类会计档案的保管期限原则上应当按照本办法附表执行，本办法规定的会计档案保管期限为最低保管期限。

单位会计档案的具体名称如同本办法附表所列档案名称不相符的，应当比照类似档案的保管期限办理。

第十六条 单位应当定期对已到保管期限的会计档案进行鉴定，并形成会计档案鉴定意见书。经鉴定，仍需继续保存的会计档案，应当重新划定保管期限；对保管期满、确无保存价值的会计档案，可以销毁。

第十七条 会计档案鉴定工作应当由单位档案管理机构牵头，组织单位会计、审计、纪检监察等机构或人员共同进行。

第十八条 经鉴定可以销毁的会计档案，应当按照以下程序销毁：

（一）单位档案管理机构编制会计档案销毁清册，列明拟销毁会计档案的名称、卷号、册数、起止年度、档案编号、应保管期限、已保管期限和销毁时间等内容。

（二）单位负责人、档案管理机构负责人、会计管理机构负责人、档案管理机构经办人、会计管理机构经办人在会计档案销毁清册上签署意见。

（三）单位档案管理机构负责组织会计档案销毁工作，并与会计管理机构共同派员监销。监销人在会计档案销毁前，应当按照会计档案销毁清册所列内容进行清点核对；在会计档案销毁后，应当在会计档案销毁清册上签名或盖章。

电子会计档案的销毁还应当符合国家有关电子档案的规定，并由单位档案管理机构、会计管理机构和信息系统管理机构共同派员监销。

第十九条 保管期满但未结清的债权债务会计凭证和涉及其他未了事项的会计凭证不得销毁，纸质会计档案应当单独抽出立卷，电子会计档案单独转存，保管到未了事项完结时为止。

单独抽出立卷或转存的会计档案,应当在会计档案鉴定意见书、会计档案销毁清册和会计档案保管清册中列明。

第二十条 单位因撤销、解散、破产或其他原因而终止的,在终止或办理注销登记手续之前形成的会计档案,按照国家档案管理的有关规定处置。

第二十一条 单位分立后原单位存续的,其会计档案应当由分立后的存续方统一保管,其他方可以查阅、复制与其业务相关的会计档案。

单位分立后原单位解散的,其会计档案应当经各方协商后由其中一方代管或按照国家档案管理的有关规定处置,各方可以查阅、复制与其业务相关的会计档案。

单位分立中未结清的会计事项所涉及的会计凭证,应当单独抽出由业务相关方保存,并按照规定办理交接手续。

单位因业务移交其他单位办理所涉及的会计档案,应当由原单位保管,承接业务单位可以查阅、复制与其业务相关的会计档案。对其中未结清的会计事项所涉及的会计凭证,应当单独抽出由承接业务单位保存,并按照规定办理交接手续。

第二十二条 单位合并后原各单位解散或者一方存续其他方解散的,原各单位的会计档案应当由合并后的单位统一保管。单位合并后原各单位仍存续的,其会计档案仍应当由原各单位保管。

第二十三条 建设单位在项目建设期间形成的会计档案,需要移交给建设项目接受单位的,应当在办理竣工财务决算后及时移交,并按照规定办理交接手续。

第二十四条 单位之间交接会计档案时,交接双方应当办理会计档案交接手续。

移交会计档案的单位,应当编制会计档案移交清册,列明应当移交的会计档案名称、卷号、册数、起止年度、档案编号、应保管期限和已保管期限等内容。

交接会计档案时,交接双方应当按照会计档案移交清册所列内容逐项交接,并由交接双方的单位有关负责人负责监督。交接完毕后,交接双方经办人和监督人应当在会计档案移交清册上签名或盖章。

电子会计档案应当与其元数据一并移交,特殊格式的电子会计档案应当与其读取平台一并移交。档案接受单位应当对保存电子会计档案的载体及其技术环境进行检验,确保所接收电子会计档案的准确、完整、可用和安全。

第二十五条 单位的会计档案及其复制件需要携带、寄运或者传输至境外的,应当按照国家有关规定执行。

第二十六条 单位委托中介机构代理记账的,应当在签订的书面委托合同中,明确会计档案的管理要求及相应责任。

第二十七条 违反本办法规定的单位和个人,由县级以上人民政府财政部门、档案行政管理部门依据《中华人民共和国会计法》《中华人民共和国档案法》等法律法规处理处罚。

第二十八条 预算、计划、制度等文件材料,应当执行文书档案管理规定,不适用本办法。

第二十九条 不具备设立档案机构或配备档案工作人员条件的单位和依法建账的个体工商户,其会计档案的收集、整理、保管、利用和鉴定销毁等参照本办法执行。

第三十条 各省、自治区、直辖市、计划单列市人民政府财政部门、档案行政管理部门,新疆生产建设兵团财务局、档案局,国务院各业务主管部门,中国人民解放军总后勤部,可以根据本办法制定具体实施办法。

第三十一条 本办法由财政部、国家档案局负责解释,自2016年1月1日起施行。1998年8月21日财政部、国家档案局发布的《会计档案管理办法》(财会字〔1998〕32号)同时废止。

附表:1. 企业和其他组织会计档案保管期限表
     2. 财政总预算、行政单位、事业单位和税收会计档案保管期限表附表1：

企业和其他组织会计档案保管期限表

序号	档案名称	保管期限	备注
一	**会计凭证**		
1	原始凭证	30年	
2	记账凭证	30年	
二	**会计账簿**		
3	总账	30年	
4	明细账	30年	
5	日记账	30年	
6	固定资产卡片		固定资产报废清理后保管5年
7	其他辅助性账簿	30年	
三	**财务会计报告**		
8	月度、季度、半年度财务会计报告	10年	
9	年度财务会计报告	永久	
四	**其他会计资料**		
10	银行存款余额调节表	10年	
11	银行对账单	10年	
12	纳税申报表	10年	
13	会计档案移交清册	30年	
14	会计档案保管清册	永久	
15	会计档案销毁清册	永久	
16	会计档案鉴定意见书	永久	

附表2：

财政总预算、行政单位、事业单位和税收会计档案保管期限表

序号	档案名称	保管期限 财政总预算	保管期限 行政单位 事业单位	保管期限 税收会计	备注
一	**会计凭证**				
1	国家金库编送的各种报表及缴库退库凭证	10年		10年	
2	各收入机关编送的报表	10年			

续表

序号	档案名称	保管期限 财政总预算	保管期限 行政单位事业单位	保管期限 税收会计	备注
3	行政单位和事业单位的各种会计凭证		30 年		包括：原始凭证、记账凭证和传票汇总表
4	财政总预算拨款凭证和其他会计凭证	30 年			包括：拨款凭证和其他会计凭证
二	会计账簿				
5	日记账		30 年	30 年	
6	总账	30 年	30 年	30 年	
7	税收日记账（总账）			30 年	
8	明细分类、分户账或登记簿	30 年	30 年	30 年	
9	行政单位和事业单位固定资产卡片				固定资产报废清理后保管 5 年
三	财务会计报告				
10	政府综合财务报告	永久			下级财政、本级部门和单位报送的保管 2 年
11	部门财务报告		永久		所属单位报送的保管 2 年
12	财政总决算	永久			下级财政、本级部门和单位报送的保管 2 年
13	部门决算		永久		所属单位报送的保管 2 年
14	税收年报（决算）			永久	
15	国家金库年报（决算）	10 年			
16	基本建设拨、贷款年报（决算）	10 年			
17	行政单位和事业单位会计月、季度报表		10 年		所属单位报送的保管 2 年
18	税收会计报表			10 年	所属税务机关报送的保管 2 年
四	其他会计资料				
19	银行存款余额调节表	10 年	10 年		
20	银行对账单	10 年	10 年	10 年	
21	会计档案移交清册	30 年	30 年	30 年	
22	会计档案保管清册	永久	永久	永久	
23	会计档案销毁清册	永久	永久	永久	
24	会计档案鉴定意见书	永久	永久	永久	

注：税务机关的税务经费会计档案保管期限，按行政单位会计档案保管期限规定办理。

会计人员管理办法

(2018年12月6日 财政部 财会〔2018〕33号)

第一条 为加强会计人员管理，规范会计人员行为，根据《中华人民共和国会计法》及相关法律法规的规定，制定本办法。

第二条 会计人员，是指根据《中华人民共和国会计法》的规定，在国家机关、社会团体、企业、事业单位和其他组织（以下统称单位）中从事会计核算、实行会计监督等会计工作的人员。

会计人员包括从事下列具体会计工作的人员：

（一）出纳；
（二）稽核；
（三）资产、负债和所有者权益（净资产）的核算；
（四）收入、费用（支出）的核算；
（五）财务成果（政府预算执行结果）的核算；
（六）财务会计报告（决算报告）编制；
（七）会计监督；
（八）会计机构内会计档案管理；
（九）其他会计工作。

担任单位会计机构负责人（会计主管人员）、总会计师的人员，属于会计人员。

第三条 会计人员从事会计工作，应当符合下列要求：

（一）遵守《中华人民共和国会计法》和国家统一的会计制度等法律法规；
（二）具备良好的职业道德；
（三）按照国家有关规定参加继续教育；
（四）具备从事会计工作所需要的专业能力。

第四条 会计人员具有会计类专业知识，基本掌握会计基础知识和业务技能，能够独立处理基本会计业务，表明具备从事会计工作所需要的专业能力。

单位应当根据国家有关法律法规和本办法有关规定，判断会计人员是否具备从事会计工作所需要的专业能力。

第五条 单位应当根据《中华人民共和国会计法》等法律法规和本办法有关规定，结合会计工作需要，自主任用（聘用）会计人员。

单位任用（聘用）的会计机构负责人（会计主管人员）、总会计师，应当符合《中华人民共和国会计法》《总会计师条例》等法律法规和本办法有关规定。

单位应当对任用（聘用）的会计人员及其从业行为加强监督和管理。

第六条 因发生与会计职务有关的违法行为被依法追究刑事责任的人员，单位不得任用（聘用）其从事会计工作。

因违反《中华人民共和国会计法》有关规定受到行政处罚五年内不得从事会计工作的人员，处罚期届满前，单位不得任用（聘用）其从事会计工作。

本条第一款和第二款规定的违法人员行业禁入期限，自其违法行为被认定之日起计算。

第七条 单位应当根据有关法律法规、内部控制制度要求和会计业务需要设置会计岗位，明确会计人员职责权限。

第八条 县级以上地方人民政府财政部门、新疆生产建设兵团财政局、中央军委后勤保障部、中共中央直属机关事务管理局、国家机关事务管理局应当采用随机抽取检查对象、随机选派执法检查人员的方式，依法对单位任用（聘用）会计人员及其从业情况进行管理和监督检查，并将监督检查情况及结果及时向社会公开。

第九条 依法成立的会计人员自律组织，应当依据有关法律法规和其章程规定，指导督促会员依法从事会计工作，对违反有关法律法规、会计职业道德和其章程的会员进行惩戒。

第十条 各省、自治区、直辖市、计划单列市财政厅（局），新疆生产建设兵团财政局，中央军委后勤保障部、中共中央直属机关事务管理局、国家机关事务管理局可以根据本办法制定具体实施办法，报财政部备案。

第十一条 本办法自2019年1月1日起施行。

会计专业技术人员继续教育规定

（2018年5月19日 财政部 人力资源社会保障部 财会〔2018〕10号）

第一章 总 则

第一条 为了规范会计专业技术人员继续教育，保障会计专业技术人员合法权益，不断提高会计专业技术人员素质，根据《中华人民共和国会计法》和《专业技术人员继续教育规定》（人力资源和社会保障部令第25号），制定本规定。

第二条 国家机关、企业、事业单位以及社会团体等组织（以下称单位）具有会计专业技术资格的人员，或不具有会计专业技术资格但从事会计工作的人员（以下简称会计专业技术人员）继续教育，适用本规定。

第三条 会计专业技术人员继续教育应当紧密结合经济社会和会计行业发展要求，以能力建设为核心，突出针对性、实用性，兼顾系统性、前瞻性，为经济社会和会计行业发展提供人才保证和智力支持。

第四条 会计专业技术人员继续教育工作应当遵循下列基本原则：

（一）以人为本，按需施教。会计专业技术人员继续教育面向会计专业技术人员，引导会计专业技术人员更新知识、拓展技能，完善知识结构、全面提高素质。

（二）突出重点，提高能力。把握会计行业发展趋势和会计专业技术人员从业基本要求，引导会计专业技术人员树立诚信理念、提高职业道德和业务素质，全面提升专业胜任能力。

（三）加强指导，创新机制。统筹教育资源，引导社会力量参与继续教育，不断丰富继续教育内容，创新继续教育方式，提高继续教育质量，形成政府部门规划指导、社会力量积极参与、用人单位支持配合的会计专业技术人员继续教育新格局。

第五条 用人单位应当保障本单位会计专业技术人员参加继续教育的权利。

会计专业技术人员享有参加继续教育的权利和接受继续教育的义务。

第六条 具有会计专业技术资格的人员应当自取得会计专业技术资格的次年开始参加继续教育，并在规定时间内取得规定学分。

不具有会计专业技术资格但从事会计工作的人员应当自从事会计工作的次年开始参加继续教育，并在规定时间内取得规定学分。

第二章 管理体制

第七条 财政部负责制定全国会计专业技术人员继续教育政策，会同人力资源和社会保障部监督指导全国会计专业技术人员继续教育工作的组织实施，人力资源和社会保障部负责对全国会计专业技术人员继续教育工作进行综合管理和统筹协调。

除本规定另有规定外，县级以上地方人民政府财政部门、人力资源和社会保障部门共同负责本地区会计专业技术人员继续教育工作。

第八条 新疆生产建设兵团按照财政部、人力资源和社会保障部有关规定，负责所属单位的会计专业技术人员继续教育工作。中共中央直属机关事务管理局、国家机关事务管理局（以下统称中央主管单位）按照财政部、人力资源和社会保障部有关规定，分别负责中央在京单位的会计专业技术人员继续教育工作。

第三章 内容与形式

第九条 会计专业技术人员继续教育内容包括公需科目和专业科目。

公需科目包括专业技术人员应当普遍掌握的法律法规、政策理论、职业道德、技术信息等基本知识，专业科目包括会计专业技术人员从事会计工作应当掌握的财务会计、管理会计、财务管理、内部控制与风险管理、会计信息化、会计职业道德、财税金融、会计法律法规等相关专业知识。

财政部会同人力资源和社会保障部根据会计专业技术人员能力框架，定期发布继续教育公需科目指南、专业科目指南，对会计专业技术人员继续教育内容进行指导。

第十条 会计专业技术人员可以自愿选择参加继续教育的形式。会计专业技术人员继续教育的形式有：

（一）参加县级以上地方人民政府财政部门、人力资源社会保障部门，新疆生产建设兵团财政局、人力资源社会保障局，中共中央直属机关事务管理局、国家机关事务管理局（以下统称继续教育管理部门）组织的会计专业技术人员继续教育培训、高端会计人才培训、全国会计专业技术资格考试等会计相关考试、会计类专业会议等；

（二）参加会计继续教育机构或用人单位组织的会计专业技术人员继续教育培训；

（三）参加国家教育行政主管部门承认的中专以上（含中专，下同）会计类专业学历（学位）教育；承担继续教育管理部门或行业组织（团体）的会计类研究课题，或在有国内统一刊号（CN）的经济、管理类报纸、期刊上发表会计类论文；公开出版会计类书籍；参加注册会计师、资产评估师、税务师等继续教育培训；

（四）继续教育管理部门认可的其他形式。

第十一条 会计专业技术人员继续教育采用的课程、教学方法，应当适应会计工作要求和特点。同时，积极推广网络教育等方式，提高继续教育教学和管理的信息化水平。

第四章 学分管理

第十二条 会计专业技术人员参加继续教育实行学分制管理，每年参加继续教育取得的学分不少于90学分。其中，专业科目一般不少于总学分的2/3。

会计专业技术人员参加继续教育取得的学分，在全国范围内当年度有效，不得结转以后年度。

第十三条 参加本规定第十条规定形式的继续教育，其学分计量标准如下：

（一）参加全国会计专业技术资格考试等会计相关考试，每通过一科考试或被录取的，折算为90学分；

（二）参加会计类专业会议，每天折算为10学分；

（三）参加国家教育行政主管部门承认的中专以上会计类专业学历（学位）教育，通过当年度一门学习课程考试或考核的，折算为90学分；

（四）独立承担继续教育管理部门或行业组织（团体）的会计类研究课题，课题结项的，每项研究课题折算为90学分；与他人合作完成的，每项研究课题的课题主持人折算为90学分，其他参与人每人折算为60学分；

（五）独立在有国内统一刊号（CN）的经济、管理类报纸、期刊上发表会计类论文的，每篇论文折算为30学分；与他人合作发表的，每篇论文的第一作者折算为30学分，其他作者每人折算为10学分；

（六）独立公开出版会计类书籍的，每本会计类书籍折算为90学分；与他人合作出版的，每本会计类书籍的第一作者折算为90学分，其他作者每人折算为60学分；

（七）参加其他形式的继续教育，学分计量标准由各省、自治区、直辖市、计划单列市财政厅（局）（以下称省级财政部门）、新疆生产建设兵团财政局会同本地区人力资源社会保障部门、中央主管单位制定。

第十四条 对会计专业技术人员参加继续教育情况实行登记管理。

用人单位应当对会计专业技术人员参加继续教育的种类、内容、时间和考试考核结果等情况进行记录，并在培训结束后及时按照要求将有关情况报送所在地县级以上地方人民政府财政部门、新疆生产建设兵团财政局或中央主管单位。

省级财政部门、新疆生产建设兵团财政局、中央主管单位应当建立会计专业技术人员继续教育信息管理系统，对会计专业技术人员参加继续教育取得的学分进行登记，如实记载会计专业技术人员接受继续教育情况。

继续教育登记可以采用以下方式：

（一）会计专业技术人员参加继续教育管理部门组织的继续教育和会计相关考试，县级以上地方人民政府财政部门、新疆生产建设兵团财政局或中央主管单位应当直接为会计专业技术人员办理继续教育事项登记；

（二）会计专业技术人员参加会计继续教育机构或用人单位组织的继续教育，县级以上地方人民政府财政部门、新疆生产建设兵团财政局或中央主管单位应当根据会计继续教育机构或用人单位报送的会计专业技术人员继续教育信息，为会计专业技术人员办理继续教育事项登记；

（三）会计专业技术人员参加继续教育采取上述（一）、（二）以外其他形式的，应当在年度内登录所属县级以上地方人民政府财政部门、新疆生产建设兵团财政局或中央主管单位指定网站，按要求上传相关证明材料，申请办理继续教育事项登记；也可持相关证明材料向所属继续教育管理部门申请办理继续教育事项登记。

第五章　会计继续教育机构管理

第十五条 会计继续教育机构必须同时符合下列条件：

（一）具备承担继续教育相适应的教学设施，面授教育机构还应有相应的教学场所；

（二）拥有与承担继续教育相适应的师资队伍和管理力量；

（三）制定完善的教学计划、管理制度和其他相关制度；

（四）能够完成所承担的继续教育任务，保证教学质量；

（五）符合有关法律法规的规定。

应当充分发挥国家会计学院、会计行业组织（团体）、各类继续教育培训基地（中心）等在开展会计专业技术人员继续教育方面的主渠道作用，鼓励、引导高等院校、科研院所等单位参与会计专业技术人员继续教育工作。

第十六条 会计继续教育机构应当认真实施继续教育教学计划，向社会公开继续教育的范围、内容、收费项目及标准等情况。

第十七条 会计继续教育机构应当按照专兼职结合的原则，聘请具有丰富实践经验、较高理论水平的业务骨干和专家学者，建立继续教育师资库。

第十八条 会计继续教育机构应当建立健全继续教育培训档案，根据考试或考核结果如实出具会计专业技术人员参加继续教育的证明，并在培训结束后及时按照要求将有关情况报送所在地县级以上地方人民政府财政部门、新疆生产建设兵团财政局或中央主管单位。

第十九条 会计继续教育机构不得有下列行为：

（一）采取虚假、欺诈等不正当手段招揽生源；

（二）以会计专业技术人员继续教育名义组织旅游或者进行其他高消费活动；

（三）以会计专业技术人员继续教育名义乱收费或者只收费不培训。

第六章 考核与评价

第二十条 用人单位应当建立本单位会计专业技术人员继续教育与使用、晋升相衔接的激励机制，将参加继续教育情况作为会计专业技术人员考核评价、岗位聘用的重要依据。

会计专业技术人员参加继续教育情况，应当作为聘任会计专业技术职务或者申报评定上一级资格的重要条件。

第二十一条 继续教育管理部门应当加强对会计专业技术人员参加继续教育情况的考核与评价，并将考核、评价结果作为参加会计专业技术资格考试或评审、先进会计工作者评选、高端会计人才选拔等的依据之一，并纳入其信用信息档案。

对未按规定参加继续教育或者参加继续教育未取得规定学分的会计专业技术人员，继续教育管理部门应当责令其限期改正。

第二十二条 继续教育管理部门应当依法对会计继续教育机构、用人单位执行本规定的情况进行监督。

第二十三条 继续教育管理部门应当定期组织或者委托第三方评估机构对所在地会计继续教育机构进行教学质量评估，评估结果作为承担下年度继续教育任务的重要参考。

第二十四条 会计继续教育机构发生本规定第十九条行为，继续教育管理部门应当责令其限期改正，并依法依规进行处理。

第七章 附 则

第二十五条 中央军委后勤保障部会计专业技术人员继续教育工作，参照本规定执行。

第二十六条 省级财政部门、新疆生产建设兵团财政局可会同本地区人力资源社会保障部门根据本规定制定具体实施办法，报财政部、人力资源社会保障部备案。

中央主管单位可根据本规定制定具体实施办法，报财政部、人力资源社会保障部备案。

第二十七条 本规定自 2018 年 7 月 1 日起施行。财政部 2013 年 8 月 27 日印发的《会计人员继续教育规定》（财会〔2013〕18 号）同时废止。

关于加强会计人员诚信建设的指导意见

（2018 年 4 月 19 日 财政部 财会〔2018〕9 号）

各省、自治区、直辖市、计划单列市财政厅（局），新疆生产建设兵团财政局，中共中央直属机关事务管理局，国家机关事务管理局财务管理司，中央军委后勤保障部财务局，有关会计行业组织：

为加强会计诚信建设，建立健全会计人员守信联合激励和失信联合惩戒机制，推动会计行业进一步提高诚信水平，根据《中华人民共和国会计法》规定和《国务院关于印发社会信用体系建设规划纲要（2014—2020 年）的通知》（国发〔2014〕21 号）、《国务院办公厅关于加强个人诚信体系建设的指导意见》（国办发〔2016〕98 号）、《国务院关于建立完善守信联合激励和失信联合惩戒制度加快推进社会诚信建设的指导意见》（国发〔2016〕33 号）等精神，现就加强会计人员诚信建设提出如下指导意见。

一、总体要求

（一）指导思想。

全面贯彻党的十九大精神，以习近平新时代中国特色社会主义思想为指导，认真落实党中央、国务院决策部署，以培育和践行社会主义核心价值观为根本，完善会计职业道德规范，加强会计诚信教育，建立严重失信会计人员"黑名单"，健全会计人员守信联合激励和失信联合惩戒机制，积极营造"守信光荣、失信可耻"的良好社会氛围。

（二）基本原则。

——政府推动，社会参与。充分发挥财政部门和中央主管单位在会计人员诚信建设中的组织管理和监督指导作用，加强与相关执法部门统筹协调，建立联动机制，引导包括用人单位在内的社会力量广泛参与，充分发挥会计行业组织作用，共同推动会计人员诚信建设。

——健全机制，有序推进。建立健全加强会计人员诚信建设的体制机制，有序推进会计人员信用档案建设，规范会计人员信用信息采集和应用，稳步推进会计人员信用状况与其选聘任职、评选表彰等挂钩，逐步建立会计人员守信联合激励和失信联合惩戒机制。

——加强教育，奖惩结合。把教育引导作为提升会计人员诚信意识的重要环节，加大守信联合激励与失信联合惩戒实施力度，发挥行为规范的约束作用，使会计诚信内化于心，外化于行，成为广大会计人员的自觉行动。

二、增强会计人员诚信意识

（一）强化会计职业道德约束。针对会计工作特点，进一步完善会计职业道德规范，引导会计人员自觉遵纪守法、勤勉尽责、参与管理、强化服务，不断提高专业胜任能力；督促会计人员坚持客观公正、诚实守信、廉洁自律、不做假账，不断提高职业操守。

（二）加强会计诚信教育。财政部门、中央主管单位和会计行业组织要采取多种形式，广泛开展会计诚信教育，将会计职业道德作为会计人员继续教育的必修内容，大力弘扬会计诚信理念，不断提升会计人员诚信素养。要充分发挥新闻媒体对会计诚信建设的宣传教育、舆论监督等作用，大力发掘、宣传会计诚信模范等会计诚信典型，深入剖析违反会计诚信的典型案例。引导财会类专业教育开设会计职业道德课程，努力提高会计后备人员的诚信意识。鼓励用人单位建立会计人员信用管理制度，将会计人员遵守会计职业道德情况作为考核评价、岗位聘用的重要依据，强化会计人员诚信责任。

三、加强会计人员信用档案建设

（一）建立严重失信会计人员"黑名单"制度。将有提供虚假财务会计报告，做假账，隐匿或者故意销毁会计凭证、会计账簿、财务会计报告，贪污，挪用公款，职务侵占等与会计职务有关违法行为的会计人员，作为严重失信会计人员列入"黑名单"，纳入全国信用信息共享平台，依法通过"信用中国"网站等途径，向社会公开披露相关信息。

（二）建立会计人员信用信息管理制度。研究制定会计人员信用信息管理办法，规范会计人员信用评价、信用信息采集、信用信息综合利用、激励惩戒措施等，探索建立会计人员信息纠错、信用修复、分级管理等制度，建立健全会计人员信用信息体系。

（三）完善会计人员信用信息管理系统。以会计专业技术资格管理为抓手，有序采集会计人员信息，记录会计人员从业情况和信用情况，建立和完善会计人员信用档案。省级财政部门和中央主管单位要有效利用信息化技术手段，组织升级改造本地区（部门）现有的会计人员信息管理系统，构建完善本地区（部门）的会计人员信用信息管理系统，财政部在此基础上将构建全国统一的会计人员信用信息平台。

四、健全会计人员守信联合激励和失信联合惩戒机制

（一）为守信会计人员提供更多机会和便利。将会计人员信用信息作为先进会计工作者评选、会计职称考试或评审、高端会计人才选拔等资格资质审查的重要依据。鼓励用人单位依法使用会计人员信用信息，优先聘用、培养、晋升具有良好信用记录的会计人员。

（二）对严重失信会计人员实施约束和惩戒。在先进会计工作者评选、会计职称考试或评审、高端会计人才选拔等资格资质审查过程中，对严重失信会计人员实行"一票否决制"。对于严重失信会计人员，依法取消其已经取得的会计专业技术资格；被依法追究刑事责任的，不得再从事会计工作。支持用人单位根据会计人员失信的具体情况，对其进行降职撤职或解聘。

（三）建立失信会计人员联合惩戒机制。财政部门和中央主管单位应当将发现的会计人员失信行为，以及相关执法部门发现的会计人员失信行为，记入会计人员信用档案。支持会计行业组织依据法律和章程，对会员信用情况进行管理。加强与有关部门合作，建立失信会计人员联合惩戒机制，实现信息的互换、互通和共享。

五、强化组织实施

（一）加强组织领导。财政部门和中央主管单位要高度重视会计人员诚信建设工作，根据本地区（部门）关于社会信用体系建设的统一工作部署，统筹安排，稳步推进。要重视政策研究，完善配套制度建设，科学指导会计人员诚信建设工作。要重视监督检查，发现问题及时解决，确保会计人员诚信建设工作政策措施落地生根。要重视沟通协调，争取相关部门支持形成合力，探索建立联席制度，共同推动会计人员诚信建设工作有效开展。

（二）积极探索推动。财政部门和中央主管单位要紧密结合本地区（部门）实际，抓紧制定具体工作方案，推动会计人员诚信建设。要探索建设会计人员信用档案、建立严重失信会计人员"黑名单"等制度，及时总结经验做法；对存在的问题，要及时研究解决。

（三）广泛宣传动员。财政部门、中央主管单位和会计行业组织要充分利用报纸、广播、电视、网络等渠道，加大对会计人员诚信建设工作的宣传力度，教育引导会计人员和会计后备人员不断提升会计诚信意识。要积极引导社会各方依法依规利用会计人员信用信息，褒扬会计诚信，惩戒会计失信，扩大会计人员信用信息的影响力和警示力，使全社会形成崇尚会计诚信、践行会计诚信的社会风尚。

代理记账管理办法

(2019年3月14日 财政部令第98号)

第一条 为了加强代理记账资格管理，规范代理记账活动，促进代理记账行业健康发展，根据《中华人民共和国会计法》等法律、行政法规，制定本办法。

第二条 代理记账资格的申请、取得和管理，以及代理记账机构从事代理记账业务，适用本办法。

本办法所称代理记账机构是指依法取得代理记账资格，从事代理记账业务的机构。

本办法所称代理记账是指代理记账机构接受委托办理会计业务。

第三条 除会计师事务所以外的机构从事代理记账业务，应当经县级以上地方人民政府财政部门（以下简称审批机关）批准，领取由财政部统一规定样式的代理记账许可证书。具体审批机关由省、自治区、直辖市、计划单列市人民政府财政部门确定。

会计师事务所及其分所可以依法从事代理记账业务。

第四条 申请代理记账资格的机构应当同时具备以下条件：

（一）为依法设立的企业；

（二）专职从业人员不少于3名；

（三）主管代理记账业务的负责人具有会计师以上专业技术职务资格或者从事会计工作不少于三年，且为专职从业人员；

（四）有健全的代理记账业务内部规范。

代理记账机构从业人员应当具有会计类专业基础知识和业务技能，能够独立处理基本会计业务，并由代理记账机构自主评价认定。

本条第一款所称专职从业人员是指仅在一个代理记账机构从事代理记账业务的人员。

第五条 申请代理记账资格的机构，应当向所在地的审批机关提交申请及下列材料，并对提交材料的真实性负责：

（一）统一社会信用代码；

（二）主管代理记账业务的负责人具备会计师以上专业技术职务资格或者从事会计工作不少于三年的书面承诺；

（三）专职从业人员在本机构专职从业的书面承诺；

（四）代理记账业务内部规范。

第六条 审批机关审批代理记账资格应当按照下列程序办理：

（一）申请人提交的申请材料不齐全或不符合规定形式的，应当在 5 日内一次告知申请人需要补正的全部内容，逾期不告知的，自收到申请材料之日起即视为受理；申请人提交的申请材料齐全、符合规定形式的，或者申请人按照要求提交全部补正申请材料的，应当受理申请。

（二）受理申请后应当按照规定对申请材料进行审核，并自受理申请之日起 10 日内作出批准或者不予批准的决定。10 日内不能作出决定的，经本审批机关负责人批准可延长 10 日，并应当将延长期限的理由告知申请人。

（三）作出批准决定的，应当自作出决定之日起 10 日内向申请人发放代理记账许可证书，并向社会公示。审批机关进行全覆盖例行检查，发现实际情况与承诺内容不符的，依法撤销审批并给予处罚。

（四）作出不予批准决定的，应当自作出决定之日起 10 日内书面通知申请人。书面通知应当说明不予批准的理由，并告知申请人享有依法申请行政复议或者提起行政诉讼的权利。

第七条 申请人应当自取得代理记账许可证书之日起 20 日内通过企业信用信息公示系统向社会公示。

第八条 代理记账机构名称、主管代理记账业务的负责人发生变更，设立或撤销分支机构，跨原审批机关管辖地迁移办公地点的，应当自作出变更决定或变更之日起 30 日内依法向审批机关办理变更登记，并应当自变更登记完成之日起 20 日内通过企业信用信息公示系统向社会公示。

代理记账机构变更名称的，应当向审批机关领取新的代理记账许可证书，并同时交回原代理记账许可证书。

代理记账机构跨原审批机关管辖地迁移办公地点的，迁出地审批机关应当及时将代理记账机构的相关信息及材料移交迁入地审批机关。

第九条 代理记账机构设立分支机构的，分支机构应当及时向其所在地的审批机关办理备案登记。

分支机构名称、主管代理记账业务的负责人发生变更的，分支机构应当按照要求向其所在地的审批机关办理变更登记。

代理记账机构应当在人事、财务、业务、技术标准、信息管理等方面对其设立的分支机构进行实质性的统一管理，并对分支机构的业务活动、执业质量和债务承担法律责任。

第十条 未设置会计机构或配备会计人员的单位，应当委托代理记账机构办理会计业务。

第十一条 代理记账机构可以接受委托办理下列业务：

（一）根据委托人提供的原始凭证和其他相关资料，按照国家统一的会计制度的规定进行会计核算，包括审核原始凭证、填制记账凭证、登记会计账簿、编制财务会计报告等；

（二）对外提供财务会计报告；

（三）向税务机关提供税务资料；

（四）委托人委托的其他会计业务。

第十二条 委托人委托代理记账机构代理记账，应当在相互协商的基础上，订立书面委托合同。委托合同除应具备法律规定的基本条款外，应当明确下列内容：

（一）双方对会计资料真实性、完整性各自应当承担的责任；

（二）会计资料传递程序和签收手续；

（三）编制和提供财务会计报告的要求；

（四）会计档案的保管要求及相应的责任；

（五）终止委托合同应当办理的会计业务交接事宜。

第十三条 委托人应当履行下列义务:
(一) 对本单位发生的经济业务事项,应当填制或者取得符合国家统一的会计制度规定的原始凭证;
(二) 应当配备专人负责日常货币收支和保管;
(三) 及时向代理记账机构提供真实、完整的原始凭证和其他相关资料;
(四) 对于代理记账机构退回的,要求按照国家统一的会计制度的规定进行更正、补充的原始凭证,应当及时予以更正、补充。

第十四条 代理记账机构及其从业人员应当履行下列义务:
(一) 遵守有关法律、法规和国家统一的会计制度的规定,按照委托合同办理代理记账业务;
(二) 对在执行业务中知悉的商业秘密予以保密;
(三) 对委托人要求其作出不当的会计处理,提供不实的会计资料,以及其他不符合法律、法规和国家统一的会计制度行为的,予以拒绝;
(四) 对委托人提出的有关会计处理相关问题予以解释。

第十五条 代理记账机构为委托人编制的财务会计报告,经代理记账机构负责人和委托人负责人签名并盖章后,按照有关法律、法规和国家统一的会计制度的规定对外提供。

第十六条 代理记账机构应当于每年4月30日之前,向审批机关报送下列材料:
(一) 代理记账机构基本情况表(附表);
(二) 专职从业人员变动情况。
代理记账机构设立分支机构的,分支机构应当于每年4月30日之前向其所在地的审批机关报送上述材料。

第十七条 县级以上人民政府财政部门对代理记账机构及其从事代理记账业务情况实施监督,随机抽取检查对象、随机选派执法检查人员,并将抽查情况及查处结果依法及时向社会公开。
对委托代理记账的企业因违反财税法律、法规受到处理处罚的,县级以上人民政府财政部门应当将其委托的代理记账机构列入重点检查对象。
对其他部门移交的代理记账违法行为线索,县级以上人民政府财政部门应当及时予以查处。

第十八条 公民、法人或者其他组织发现有违反本办法规定的代理记账行为,可以依法向县级以上人民政府财政部门进行举报,县级以上人民政府财政部门应当依法进行处理。

第十九条 代理记账机构采取欺骗、贿赂等不正当手段取得代理记账资格的,由审批机关撤销其资格,并对代理记账机构及其负责人给予警告,记入会计领域违法失信记录,根据有关规定实施联合惩戒,并向社会公告。

第二十条 代理记账机构在经营期间达不到本办法规定的资格条件的,审批机关发现后,应当责令其在60日内整改;逾期仍达不到规定条件的,由审批机关撤销其代理记账资格。

第二十一条 代理记账机构有下列情形之一的,审批机关应当办理注销手续,收回代理记账许可证书并予以公告:
(一) 代理记账机构依法终止的;
(二) 代理记账资格被依法撤销或撤回的;
(三) 法律、法规规定的应当注销的其他情形。

第二十二条 代理记账机构违反本办法第七条、第八条、第九条、第十四条、第十六条规定,由县级以上人民政府财政部门责令其限期改正,拒不改正的,将代理记账机构及其负责人列入重点关注名单,并向社会公示,提醒其履行有关义务;情节严重的,由县级以上人民政府财政部门按照有关法律、法规给予行政处罚,并向社会公示。

第二十三条 代理记账机构及其负责人、主管代理记账业务负责人及其从业人员违反规定出具虚假申请材料或者备案材料的,由县级以上人民政府财政部门给予警告,记入会计领域违法失信记录,根据有关规定实施联合惩戒,并向社会公告。

第二十四条 代理记账机构从业人员在办理业务中违反会计法律、法规和国家统一的会计制度的规定，造成委托人会计核算混乱、损害国家和委托人利益的，由县级以上人民政府财政部门依据《中华人民共和国会计法》等有关法律、法规的规定处理。

代理记账机构有前款行为的，县级以上人民政府财政部门应当责令其限期改正，并给予警告；有违法所得的，可以处违法所得3倍以下罚款，但最高不得超过3万元；没有违法所得的，可以处1万元以下罚款。

第二十五条 委托人向代理记账机构隐瞒真实情况或者委托人会同代理记账机构共同提供虚假会计资料的，应当承担相应法律责任。

第二十六条 未经批准从事代理记账业务的单位或者个人，由县级以上人民政府财政部门按照《中华人民共和国行政许可法》及有关规定予以查处。

第二十七条 县级以上人民政府财政部门及其工作人员在代理记账资格管理过程中，滥用职权、玩忽职守、徇私舞弊的，依法给予行政处分；涉嫌犯罪的，移送司法机关处理。

第二十八条 代理记账机构依法成立的行业组织，应当维护会员合法权益，建立会员诚信档案，规范会员代理记账行为，推动代理记账信息化建设。

代理记账行业组织应当接受县级以上人民政府财政部门的指导和监督。

第二十九条 本办法规定的"5日"、"10日"、"20日"、"30日"均指工作日。

第三十条 省级人民政府财政部门可以根据本办法制定具体实施办法，报财政部备案。

第三十一条 外商投资企业申请代理记账资格，从事代理记账业务按照本办法和其他有关规定办理。

第三十二条 本办法自2016年5月1日起施行，财政部2005年1月22日发布的《代理记账管理办法》（财政部令第27号）同时废止。

附表：

代理记账机构基本情况表

年度

代理记账机构（分支机构）基本信息			
代理记账许可证书编号		发证日期	
机构名称		组织形式	
注册号/统一社会信用代码		成立日期	
注册资本/出资总额（万元）		企业类型	
办公地址（与注册地不一致时填写实际办公地址）		邮政编码	
机构负责人姓名		机构负责人身份证号	
股东/合伙人数量		机构人员数量	
联系人姓名		联系电话	
传真号码		电子邮箱	
本年度业务总收入（万元）		其中：代理记账业务收入（万元）	
代理客户数量		分支机构数量	

一、会计法律制度部分

续表

专职从业人员信息			
代理记账业务负责人姓名	身份证号	会计专业技术资格证书管理号	会计专业技术资格等级
		是否具有三年以上从事会计工作的经历 □是 □否	备注 需附书面承诺书
其他专职从业人员姓名	身份证号	备注	
		需附书面承诺书	

我机构保证本表所填内容全部属实

代理记账机构负责人签名（或签章）：
代理记账机构盖章
年 月 日

注：1. "组织形式"栏根据以下选择填写：有限责任公司、股份有限公司、分公司、非公司企业法人、企业非法人分支机构、个人独资企业、普通合伙企业、特殊普通合伙企业、有限合伙企业。
2. "企业类型"栏根据以下选择填写：内资企业、外商投资企业、港澳商投资企业、台商投资企业。
3. 分支机构填写时，代理记账许可证书编号及发证日期填写总部机构的证书信息；表中部分栏目对分支机构不适用的，分支机构可不用填写。

财政部门监督办法

(2012年3月2日　财政部令第69号)

第一章　总　则

第一条　为了规范财政部门监督行为，加强财政管理，保障财政资金安全规范有效使用，维护国家财经秩序，根据国家有关财政管理法律法规，制定本办法。

第二条　县级以上人民政府财政部门（以下简称财政部门）依法对单位和个人（以下统称监督对象）涉及财政、财务、会计等事项实施监督适用本办法。

省级以上人民政府财政部门派出机构在规定职权范围内依法实施监督。

第三条　财政部门应当按照财政管理体制、财务隶属关系对财政、财务等事项实施监督；按照行政区域对会计事项实施监督。

上级财政部门应当加强对下级财政部门监督工作的指导；下级财政部门应当及时将监督中发现的重大问题向本级人民政府和上级财政部门报告。

第四条　财政部门实施监督应当坚持事前、事中和事后监督相结合，建立覆盖所有政府性资金和财政运行全过程的监督机制。

第五条　财政部门实施监督应当与财政管理相结合，将监督结果作为预算安排的重要参考依据；根据监督结果完善相关政策、加强财政管理。

第六条　财政部门应当加强绩效监督，提高财政资金使用效益。

第七条　财政部门应当加强信息化建设，充分运用现代技术手段实施监督，提高监督效率。

第二章　监督机构和人员

第八条　财政部门的监督职责由本部门专职监督机构和业务管理机构共同履行；由专职监督机构实行统一归口管理、统一组织实施、统一规范程序、统一行政处罚。

第九条　专职监督机构应当履行下列监督职责：
（一）制定本部门监督工作规划；
（二）参与拟订涉及监督职责的财税政策及法律制度；
（三）牵头拟订本部门年度监督计划；
（四）组织实施涉及重大事项的专项监督；
（五）向业务管理机构反馈监督结果及意见；
（六）组织实施本部门内部监督检查。

第十条　业务管理机构应当履行下列监督职责：
（一）在履行财政、财务、会计等管理职责过程中加强日常监督；
（二）配合专职监督机构进行专项监督；
（三）根据监督结果完善相关财政政策；
（四）向专职监督机构反馈意见采纳情况。

第十一条　专职监督机构和业务管理机构实施监督，应当协调配合、信息共享。

第十二条　实施监督的财政部门工作人员（以下简称监督人员）应当具备与财政监督工作相适应的专业知识和业务能力。

监督人员应当廉洁自律，秉公执法，保守秘密。

第十三条　监督人员与监督对象有利害关系的应当回避。

监督对象有权申请有利害关系的监督人员回避。

监督人员的回避，由财政部门负责人决定。

第十四条　监督人员依法履行监督职责受法律保护。

对财政部门依法实施的监督，监督对象应当予以配合、如实反映情况；不得拒绝、阻挠、拖延；不得对监督人员打击报复。

第十五条　财政部门可以根据需要，聘请有关专业机构或者专业人员协助监督工作。

财政部门应当加强对所聘机构和人员的统一管理。

第三章　监督范围和权限

第十六条　财政部门依法对下列事项实施监督：
（一）财税法规、政策的执行情况；
（二）预算编制、执行、调整和决算情况；
（三）税收收入、政府非税收入等政府性资金的征收、管理情况；
（四）国库集中收付、预算单位银行账户的管理使用情况；
（五）政府采购法规、政策的执行情况；
（六）行政、事业单位国有资产，金融类、文化企业等国有资产的管理情况；
（七）财务会计制度的执行情况；
（八）外国政府、国际金融组织贷款和赠款的管理情况；
（九）法律法规规定的其他事项。

对会计师事务所和资产评估机构设立及执业情况的监督，由省级以上人民政府财政部门依法实施。

第十七条　财政部门实施监督，可以依法采取下列措施：

（一）要求监督对象按照要求提供与监督事项有关的资料；

（二）调取、查阅、复制监督对象有关预算编制、执行、调整和决算资料，会计凭证和账簿、财务会计报告、审计报告、账户信息、电子信息管理系统情况，以及其他有关资料；

（三）经县级以上人民政府财政部门负责人批准，向与被监督单位有经济业务往来的单位查询有关情况，向金融机构查询被监督单位的存款；

（四）在证据可能灭失或者以后难以取得的情况下，经县级以上人民政府财政部门负责人批准，先行登记保存证据，并在 7 日内及时作出处理决定；

（五）对正在进行的财政违法行为，责令停止；拒不执行的，暂停财政拨款或者停止拨付与财政违法行为直接有关的款项；已经拨付的，责令暂停使用；

（六）法律法规规定的其他措施。

第十八条 财政部门实施监督过程中，发现监督对象制定或者执行的规定与国家相关规定相抵触的，可以根据职权予以纠正或者建议有权机关予以纠正。

第十九条 对监督对象财政违法行为作出的处理、处罚决定及其执行情况，除涉及国家秘密、商业秘密、个人隐私外，财政部门可以公开。

第二十条 对有关财政违法行为的举报，财政部门应当按照规定处理，并为举报人保密。

第四章 监督方式和程序

第二十一条 财政部门实施监督，可以采取监控、督促、调查、核查、审查、检查、评价等方法。

第二十二条 财政部门实施监督，可以采取专项监督和日常监督相结合的方式。

专项监督应当结合年度监督计划，按照规定程序组织实施。

日常监督应当结合履行财政、财务、会计等管理职责，按照规定程序组织实施。

第二十三条 财政部门实施监督，应当依法对财政违法行为作出处理处罚；对不属于本部门职权范围的事项，应当按照规定程序移送有权机关处理。

第二十四条 财政部门实施监督，应当加强与监察、审计等有关机关的沟通和协作。有关机关已经作出的调查、检查、审计结论能够满足本部门履行职责需要的，应当加以利用。

财政部门履行监督职责，可以提请有关机关予以协助。

第五章 法律责任

第二十五条 监督对象有下列情形之一的，由县级以上人民政府财政部门责令限期改正，并给予警告；直接负责的主管人员和其他直接责任人员属于国家工作人员的，建议有关主管部门依法给予处分；涉嫌犯罪的，依法移送司法机关：

（一）拒绝、阻挠、拖延财政部门依法实施的监督的；

（二）不如实提供有关资料的；

（三）对监督人员进行打击报复的。

第二十六条 监督人员实施监督过程中玩忽职守、滥用职权、徇私舞弊或者泄露国家秘密、商业秘密的，依法给予行政处分；涉嫌犯罪的，依法移送司法机关。

第二十七条 监督对象对处理、处罚决定不服的，可以依法申请行政复议或者提起行政诉讼。

国家工作人员对处分不服的，可以依照有关规定申请复核或者提出申诉。

第六章 附 则

第二十八条 乡镇财政机构在规定职权范围内，或者受上级政府财政部门委托，依法实施监督工作，参照本办法执行。

第二十九条 本办法自 2012 年 5 月 1 日起施行。

二、税收法律制度部分

中华人民共和国增值税暂行条例

（1993年12月13日国务院令第134号 2008年11月10日国务院令第538号修订 2016年2月6日国务院令第666号第一次修正 2017年11月19日国务院令第691号第二次修正）

第一条 在中华人民共和国境内销售货物或者加工、修理修配劳务（以下简称劳务），销售服务、无形资产、不动产以及进口货物的单位和个人，为增值税的纳税人，应当依照本条例缴纳增值税。

第二条 增值税税率：

（一）纳税人销售货物、劳务、有形动产租赁服务或者进口货物，除本条第二项、第四项、第五项另有规定外，税率为17%。

（二）纳税人销售交通运输、邮政、基础电信、建筑、不动产租赁服务，销售不动产，转让土地使用权，销售或者进口下列货物，税率为11%：

1. 粮食等农产品、食用植物油、食用盐；
2. 自来水、暖气、冷气、热水、煤气、石油液化气、天然气、二甲醚、沼气、居民用煤炭制品；
3. 图书、报纸、杂志、音像制品、电子出版物；
4. 饲料、化肥、农药、农机、农膜；
5. 国务院规定的其他货物。

（三）纳税人销售服务、无形资产，除本条第一项、第二项、第五项另有规定外，税率为6%。

（四）纳税人出口货物，税率为零；但是，国务院另有规定的除外。

（五）境内单位和个人跨境销售国务院规定范围内的服务、无形资产，税率为零。

税率的调整，由国务院决定。

第三条 纳税人兼营不同税率的项目，应当分别核算不同税率项目的销售额；未分别核算销售额的，从高适用税率。

第四条 除本条例第十一条规定外，纳税人销售货物、劳务、服务、无形资产、不动产（以下统称应税销售行为），应纳税额为当期销项税额抵扣当期进项税额后的余额。应纳税额计算公式：

应纳税额＝当期销项税额－当期进项税额

当期销项税额小于当期进项税额不足抵扣时，其不足部分可以结转下期继续抵扣。

第五条 纳税人发生应税销售行为，按照销售额和本条例第二条规定的税率计算收取的增值税额，为销项税额。销项税额计算公式：

销项税额＝销售额×税率

第六条 销售额为纳税人发生应税销售行为收取的全部价款和价外费用，但是不包括收取的销项税额。

销售额以人民币计算。纳税人以人民币以外的货币结算销售额的，应当折合成人民币计算。

第七条 纳税人发生应税销售行为的价格明显偏低并无正当理由的，由主管税务机关核定其销售额。

第八条 纳税人购进货物、劳务、服务、无形资产、不动产支付或者负担的增值税额，为进项税额。

下列进项税额准予从销项税额中抵扣：

（一）从销售方取得的增值税专用发票上注明的增值税额。

（二）从海关取得的海关进口增值税专用缴款书上注明的增值税额。

（三）购进农产品，除取得增值税专用发票或者海关进口增值税专用缴款书外，按照农产品收购发票或者销售发票上注明的农产品买价和11%的扣除率计算的进项税额，国务院另有规定的除外。进项税额计算公式：

进项税额 = 买价 × 扣除率

（四）自境外单位或者个人购进劳务、服务、无形资产或者境内的不动产，从税务机关或者扣缴义务人取得的代扣代缴税款的完税凭证上注明的增值税额。

准予抵扣的项目和扣除率的调整，由国务院决定。

第九条 纳税人购进货物、劳务、服务、无形资产、不动产，取得的增值税扣税凭证不符合法律、行政法规或者国务院税务主管部门有关规定的，其进项税额不得从销项税额中抵扣。

第十条 下列项目的进项税额不得从销项税额中抵扣：

（一）用于简易计税方法计税项目、免征增值税项目、集体福利或者个人消费的购进货物、劳务、服务、无形资产和不动产；

（二）非正常损失的购进货物，以及相关的劳务和交通运输服务；

（三）非正常损失的在产品、产成品所耗用的购进货物（不包括固定资产）、劳务和交通运输服务；

（四）国务院规定的其他项目。

第十一条 小规模纳税人发生应税销售行为，实行按照销售额和征收率计算应纳税额的简易办法，并不得抵扣进项税额。应纳税额计算公式：

应纳税额 = 销售额 × 征收率

小规模纳税人的标准由国务院财政、税务主管部门规定。

第十二条 小规模纳税人增值税征收率为3%，国务院另有规定的除外。

第十三条 小规模纳税人以外的纳税人应当向主管税务机关办理登记。具体登记办法由国务院税务主管部门制定。

小规模纳税人会计核算健全，能够提供准确税务资料的，可以向主管税务机关办理登记，不作为小规模纳税人，依照本条例有关规定计算应纳税额。

第十四条 纳税人进口货物，按照组成计税价格和本条例第二条规定的税率计算应纳税额。组成计税价格和应纳税额计算公式：

组成计税价格 = 关税完税价格 + 关税 + 消费税

应纳税额 = 组成计税价格 × 税率

第十五条 下列项目免征增值税：

（一）农业生产者销售的自产农产品；

（二）避孕药品和用具；

（三）古旧图书；

（四）直接用于科学研究、科学试验和教学的进口仪器、设备；

（五）外国政府、国际组织无偿援助的进口物资和设备；

（六）由残疾人的组织直接进口供残疾人专用的物品；

（七）销售的自己使用过的物品。

除前款规定外，增值税的免税、减税项目由国务院规定。任何地区、部门均不得规定免税、减税项目。

第十六条 纳税人兼营免税、减税项目的，应当分别核算免税、减税项目的销售额；未分别核算销售额的，不得免税、减税。

第十七条 纳税人销售额未达到国务院财政、税务主管部门规定的增值税起征点的，免征增值税；达到起征点的，依照本条例规定全额计算缴纳增值税。

第十八条 中华人民共和国境外的单位或者个人在境内销售劳务,在境内未设有经营机构的,以其境内代理人为扣缴义务人;在境内没有代理人的,以购买方为扣缴义务人。

第十九条 增值税纳税义务发生时间:

(一)发生应税销售行为,为收讫销售款项或者取得索取销售款项凭据的当天;先开具发票的,为开具发票的当天。

(二)进口货物,为报关进口的当天。

增值税扣缴义务发生时间为纳税人增值税纳税义务发生的当天。

第二十条 增值税由税务机关征收,进口货物的增值税由海关代征。

个人携带或者邮寄进境自用物品的增值税,连同关税一并计征。具体办法由国务院关税税则委员会会同有关部门制定。

第二十一条 纳税人发生应税销售行为,应当向索取增值税专用发票的购买方开具增值税专用发票,并在增值税专用发票上分别注明销售额和销项税额。

属于下列情形之一的,不得开具增值税专用发票:

(一)应税销售行为的购买方为消费者个人的;

(二)发生应税销售行为适用免税规定的。

第二十二条 增值税纳税地点:

(一)固定业户应当向其机构所在地的主管税务机关申报纳税。总机构和分支机构不在同一县(市)的,应当分别向各自所在地的主管税务机关申报纳税;经国务院财政、税务主管部门或者其授权的财政、税务机关批准,可以由总机构汇总向总机构所在地的主管税务机关申报纳税。

(二)固定业户到外县(市)销售货物或者劳务,应当向其机构所在地的主管税务机关报告外出经营事项,并向其机构所在地的主管税务机关申报纳税;未报告的,应当向销售地或者劳务发生地的主管税务机关申报纳税;未向销售地或者劳务发生地的主管税务机关申报纳税的,由其机构所在地的主管税务机关补征税款。

(三)非固定业户销售货物或者劳务,应当向销售地或者劳务发生地的主管税务机关申报纳税;未向销售地或者劳务发生地的主管税务机关申报纳税的,由其机构所在地或者居住地的主管税务机关补征税款。

(四)进口货物,应当向报关地海关申报纳税。

扣缴义务人应当向其机构所在地或者居住地的主管税务机关申报缴纳其扣缴的税款。

第二十三条 增值税的纳税期限分别为1日、3日、5日、10日、15日、1个月或者1个季度。纳税人的具体纳税期限,由主管税务机关根据纳税人应纳税额的大小分别核定;不能按照固定期限纳税的,可以按次纳税。

纳税人以1个月或者1个季度为1个纳税期的,自期满之日起15日内申报纳税;以1日、3日、5日、10日或者15日为1个纳税期的,自期满之日起5日内预缴税款,于次月1日起15日内申报纳税并结清上月应纳税款。

扣缴义务人解缴税款的期限,依照前两款规定执行。

第二十四条 纳税人进口货物,应当自海关填发海关进口增值税专用缴款书之日起15日内缴纳税款。

第二十五条 纳税人出口货物适用退(免)税规定的,应当向海关办理出口手续,凭出口报关单等有关凭证,在规定的出口退(免)税申报期内按月向主管税务机关申报办理该项出口货物的退(免)税;境内单位和个人跨境销售服务和无形资产适用退(免)税规定的,应当按期向主管税务机关申报办理退(免)税。具体办法由国务院财政、税务主管部门制定。

出口货物办理退税后发生退货或者退关的,纳税人应当依法补缴已退的税款。

第二十六条 增值税的征收管理,依照《中华人民共和国税收征收管理法》及本条例有关规定执行。

第二十七条 纳税人缴纳增值税的有关事项,国务院或者国务院财政、税务主管部门经国务院同意另有规定的,依照其规定。

第二十八条 本条例自2009年1月1日起施行。

中华人民共和国增值税暂行条例实施细则

(2008年12月18日 财政部 国家税务总局令第50号
2011年10月28日 财政部 国家税务总局令第65号修正)

第一条 根据《中华人民共和国增值税暂行条例》(以下简称条例),制定本细则。

第二条 条例第一条所称货物,是指有形动产,包括电力、热力、气体在内。

条例第一条所称加工,是指受托加工货物,即委托方提供原料及主要材料,受托方按照委托方的要求,制造货物并收取加工费的业务。

条例第一条所称修理修配,是指受托对损伤和丧失功能的货物进行修复,使其恢复原状和功能的业务。

第三条 条例第一条所称销售货物,是指有偿转让货物的所有权。

条例第一条所称提供加工、修理修配劳务(以下称应税劳务),是指有偿提供加工、修理修配劳务。单位或者个体工商户聘用的员工为本单位或者雇主提供加工、修理修配劳务,不包括在内。

本细则所称有偿,是指从购买方取得货币、货物或者其他经济利益。

第四条 单位或者个体工商户的下列行为,视同销售货物:

(一)将货物交付其他单位或者个人代销;

(二)销售代销货物;

(三)设有两个以上机构并实行统一核算的纳税人,将货物从一个机构移送其他机构用于销售,但相关机构设在同一县(市)的除外;

(四)将自产或者委托加工的货物用于非增值税应税项目;

(五)将自产、委托加工的货物用于集体福利或者个人消费;

(六)将自产、委托加工或者购进的货物作为投资,提供给其他单位或者个体工商户;

(七)将自产、委托加工或者购进的货物分配给股东或者投资者;

(八)将自产、委托加工或者购进的货物无偿赠送其他单位或者个人。

第五条 一项销售行为如果既涉及货物又涉及非增值税应税劳务,为混合销售行为。除本细则第六条的规定外,从事货物的生产、批发或者零售的企业、企业性单位和个体工商户的混合销售行为,视为销售货物,应当缴纳增值税;其他单位和个人的混合销售行为,视为销售非增值税应税劳务,不缴纳增值税。

本条第一款所称非增值税应税劳务,是指属于应缴营业税的交通运输业、建筑业、金融保险业、邮电通信业、文化体育业、娱乐业、服务业税目征收范围的劳务。

本条第一款所称从事货物的生产、批发或者零售的企业、企业性单位和个体工商户,包括以从事货物的生产、批发或者零售为主,并兼营非增值税应税劳务的单位和个体工商户在内。

第六条 纳税人的下列混合销售行为,应当分别核算货物的销售额和非增值税应税劳务的营业额,并根据其销售货物的销售额计算缴纳增值税,非增值税应税劳务的营业额不缴纳增值税;未分别核算的,由主管税务机关核定其货物的销售额:

(一)销售自产货物并同时提供建筑业劳务的行为;

(二)财政部、国家税务总局规定的其他情形。

第七条 纳税人兼营非增值税应税项目的,应分别核算货物或者应税劳务的销售额和非增值税应税项目的营业额;未分别核算的,由主管税务机关核定货物或者应税劳务的销售额。

第八条 条例第一条所称在中华人民共和国境内(以下简称境内)销售货物或者提供加工、修理修配劳务,是指:

(一)销售货物的起运地或者所在地在境内;

(二)提供的应税劳务发生在境内。

第九条 条例第一条所称单位,是指企业、行政单位、事业单位、军事单位、社会团体及其他单位。

条例第一条所称个人,是指个体工商户和其他个人。

第十条 单位租赁或者承包给其他单位或者个人经营的,以承租人或者承包人为纳税人。

第十一条 小规模纳税人以外的纳税人(以下称一般纳税人)因销售货物退回或者折让而退还给购买方的增值税额,应从发生销售货物退回或者折让当期的销项税额中扣减;因购进货物退出或者折让而收回的增值税额,应从发生购进货物退出或者折让当期的进项税额中扣减。

一般纳税人销售货物或者应税劳务,开具增值税专用发票后,发生销售货物退回或者折让、开票有误等情形,应按国家税务总局的规定开具红字增值税专用发票。未按规定开具红字增值税专用发票的,增值税额不得从销项税额中扣减。

第十二条 条例第六条第一款所称价外费用,包括价外向购买方收取的手续费、补贴、基金、集资费、返还利润、奖励费、违约金、滞纳金、延期付款利息、赔偿金、代收款项、代垫款项、包装费、包装物租金、储备费、优质费、运输装卸费以及其他各种性质的价外收费。但下列项目不包括在内:

(一)受托加工应征消费税的消费品所代收代缴的消费税。

(二)同时符合以下条件的代垫运输费用:

1. 承运部门的运输费用发票开具给购买方的;

2. 纳税人将该项发票转交给购买方的。

(三)同时符合以下条件代为收取的政府性基金或者行政事业性收费:

1. 由国务院或者财政部批准设立的政府性基金,由国务院或者省级人民政府及其财政、价格主管部门批准设立的行政事业性收费;

2. 收取时开具省级以上财政部门印制的财政票据;

3. 所收款项全额上缴财政。

(四)销售货物的同时代办保险等而向购买方收取的保险费,以及向购买方收取的代购买方缴纳的车辆购置税、车辆牌照费。

第十三条 混合销售行为依照本细则第五条规定应当缴纳增值税的,其销售额为货物的销售额与非增值税应税劳务营业额的合计。

第十四条 一般纳税人销售货物或者应税劳务,采用销售额和销项税额合并定价方法的,按下列公式计算销售额:

销售额 = 含税销售额 ÷ (1 + 税率)

第十五条 纳税人按人民币以外的货币结算销售额的,其销售额的人民币折合率可以选择销售额发生的当天或者当月1日的人民币汇率中间价。纳税人应在事先确定采用何种折合率,确定后1年内不得变更。

第十六条 纳税人有条例第七条所称价格明显偏低并无正当理由或者有本细则第四条所列视同销售货物行为而无销售额者,按下列顺序确定销售额:

(一)按纳税人最近时期同类货物的平均销售价格确定。

(二)按其他纳税人最近时期同类货物的平均销售价格确定。

(三)按组成计税价格确定。组成计税价格的公式为:

组成计税价格 = 成本 × (1 + 成本利润率)

属于应征消费税的货物，其组成计税价格中应加计消费税额。

公式中的成本是指：销售自产货物的为实际生产成本，销售外购货物的为实际采购成本。公式中的成本利润率由国家税务总局确定。

第十七条 条例第八条第二款第（三）项所称买价，包括纳税人购进农产品在农产品收购发票或者销售发票上注明的价款和按规定缴纳的烟叶税。

第十八条 条例第八条第二款第（四）项所称运输费用金额，是指运输费用结算单据上注明的运输费用（包括铁路临管线及铁路专线运输费用）、建设基金，不包括装卸费、保险费等其他杂费。

第十九条 条例第九条所称增值税扣税凭证，是指增值税专用发票、海关进口增值税专用缴款书、农产品收购发票和农产品销售发票以及运输费用结算单据。

第二十条 混合销售行为依照本细则第五条规定应当缴纳增值税的，该混合销售行为所涉及的非增值税应税劳务所用购进货物的进项税额，符合条例第八条规定的，准予从销项税额中抵扣。

第二十一条 条例第十条第（一）项所称购进货物，不包括既用于增值税应税项目（不含免征增值税项目）也用于非增值税应税项目、免征增值税（以下简称免税）项目、集体福利或者个人消费的固定资产。

前款所称固定资产，是指使用期限超过12个月的机器、机械、运输工具以及其他与生产经营有关的设备、工具、器具等。

第二十二条 条例第十条第（一）项所称个人消费包括纳税人的交际应酬消费。

第二十三条 条例第十条第（一）项和本细则所称非增值税应税项目，是指提供非增值税应税劳务、转让无形资产、销售不动产和不动产在建工程。

前款所称不动产是指不能移动或者移动后会引起性质、形状改变的财产，包括建筑物、构筑物和其他土地附着物。

纳税人新建、改建、扩建、修缮、装饰不动产，均属于不动产在建工程。

第二十四条 条例第十条第（二）项所称非正常损失，是指因管理不善造成被盗、丢失、霉烂变质的损失。

第二十五条 纳税人自用的应征消费税的摩托车、汽车、游艇，其进项税额不得从销项税额中抵扣。

第二十六条 一般纳税人兼营免税项目或者非增值税应税劳务而无法划分不得抵扣的进项税额的，按下列公式计算不得抵扣的进项税额：

不得抵扣的进项税额＝当月无法划分的全部进项税额×当月免税项目销售额、非增值税应税劳务营业额合计÷当月全部销售额、营业额合计

第二十七条 已抵扣进项税额的购进货物或者应税劳务，发生条例第十条规定的情形的（免税项目、非增值税应税劳务除外），应当将该项购进货物或者应税劳务的进项税额从当期的进项税额中扣减；无法确定该项进项税额的，按当期实际成本计算应扣减的进项税额。

第二十八条 条例第十一条所称小规模纳税人的标准为：

（一）从事货物生产或者提供应税劳务的纳税人，以及以从事货物生产或者提供应税劳务为主，并兼营货物批发或者零售的纳税人，年应征增值税销售额（以下简称应税销售额）在50万元以下（含本数，下同）的；

（二）除本条第一款第（一）项规定以外的纳税人，年应税销售额在80万元以下的。

本条第一款所称以从事货物生产或者提供应税劳务为主，是指纳税人的年货物生产或者提供应税劳务的销售额占年应税销售额的比重在50%以上。

第二十九条 年应税销售额超过小规模纳税人标准的其他个人按小规模纳税人纳税；非企业性单位、不经常发生应税行为的企业可选择按小规模纳税人纳税。

第三十条 小规模纳税人的销售额不包括其应纳税额。

小规模纳税人销售货物或者应税劳务采用销售额和应纳税额合并定价方法的，按下列公式计算销

售额:

销售额 = 含税销售额÷(1+征收率)

第三十一条 小规模纳税人因销售货物退回或者折让退还给购买方的销售额,应从发生销售货物退回或者折让当期的销售额中扣减。

第三十二条 条例第十三条和本细则所称会计核算健全,是指能够按照国家统一的会计制度规定设置账簿,根据合法、有效凭证核算。

第三十三条 除国家税务总局另有规定外,纳税人一经认定为一般纳税人后,不得转为小规模纳税人。

第三十四条 有下列情形之一者,应按销售额依照增值税税率计算应纳税额,不得抵扣进项税额,也不得使用增值税专用发票:

(一) 一般纳税人会计核算不健全,或者不能够提供准确税务资料的;

(二) 除本细则第二十九条规定外,纳税人销售额超过小规模纳税人标准,未申请办理一般纳税人认定手续的。

第三十五条 条例第十五条规定的部分免税项目的范围,限定如下:

(一) 第一款第(一)项所称农业,是指种植业、养殖业、林业、牧业、水产业。

农业生产者,包括从事农业生产的单位和个人。

农产品,是指初级农产品,具体范围由财政部、国家税务总局确定。

(二) 第一款第(三)项所称古旧图书,是指向社会收购的古书和旧书。

(三) 第一款第(七)项所称自己使用过的物品,是指其他个人自己使用过的物品。

第三十六条 纳税人销售货物或者应税劳务适用免税规定的,可以放弃免税,依照条例的规定缴纳增值税。放弃免税后,36个月内不得再申请免税。

第三十七条 增值税起征点的适用范围限于个人。

增值税起征点的幅度规定如下:

(一) 销售货物的,为月销售额5000—20000元;

(二) 销售应税劳务的,为月销售额5000—20000元;

(三) 按次纳税的,为每次(日)销售额300—500元。

前款所称销售额,是指本细则第三十条第一款所称小规模纳税人的销售额。

省、自治区、直辖市财政厅(局)和国家税务局应在规定的幅度内,根据实际情况确定本地区适用的起征点,并报财政部、国家税务总局备案。

第三十八条 条例第十九条第一款第(一)项规定的收讫销售款项或者取得索取销售款项凭据的当天,按销售结算方式的不同,具体为:

(一) 采取直接收款方式销售货物,不论货物是否发出,均为收到销售款或者取得索取销售款凭据的当天。

(二) 采取托收承付和委托银行收款方式销售货物,为发出货物并办妥托收手续的当天。

(三) 采取赊销和分期收款方式销售货物,为书面合同约定的收款日期的当天,无书面合同的或者书面合同没有约定收款日期的,为货物发出的当天。

(四) 采取预收货款方式销售货物,为货物发出的当天,但生产销售生产工期超过12个月的大型机械设备、船舶、飞机等货物,为收到预收款或者书面合同约定的收款日期的当天。

(五) 委托其他纳税人代销货物,为收到代销单位的代销清单或者收到全部或者部分货款的当天。未收到代销清单及货款的,为发出代销货物满180天的当天。

(六) 销售应税劳务,为提供劳务同时收讫销售款或者取得索取销售款的凭据的当天。

(七) 纳税人发生本细则第四条第(三)项至第(八)项所列视同销售货物行为,为货物移送的当天。

第三十九条 条例第二十三条以1个季度为纳税期限的规定仅适用于小规模纳税人。小规模纳税人的具体纳税期限，由主管税务机关根据其应纳税额的大小分别核定。

第四十条 本细则自2009年1月1日起施行。

中华人民共和国消费税暂行条例

(1993年12月13日国务院令第135号 2008年11月10日国务院令第539号修订)

第一条 在中华人民共和国境内生产、委托加工和进口本条例规定的消费品的单位和个人，以及国务院确定的销售本条例规定的消费品的其他单位和个人，为消费税的纳税人，应当依照本条例缴纳消费税。

第二条 消费税的税目、税率，依照本条例所附的《消费税税目税率表》执行。

消费税税目、税率的调整，由国务院决定。

第三条 纳税人兼营不同税率的应当缴纳消费税的消费品（以下简称应税消费品），应当分别核算不同税率应税消费品的销售额、销售数量；未分别核算销售额、销售数量，或者将不同税率的应税消费品组成成套消费品销售的，从高适用税率。

第四条 纳税人生产的应税消费品，于纳税人销售时纳税。纳税人自产自用的应税消费品，用于连续生产应税消费品的，不纳税；用于其他方面的，于移送使用时纳税。

委托加工的应税消费品，除受托方为个人外，由受托方在向委托方交货时代收代缴税款。委托加工的应税消费品，委托方用于连续生产应税消费品的，所纳税款准予按规定抵扣。

进口的应税消费品，于报关进口时纳税。

第五条 消费税实行从价定率、从量定额，或者从价定率和从量定额复合计税（以下简称复合计税）的办法计算应纳税额。应纳税额计算公式：

实行从价定率办法计算的应纳税额＝销售额×比例税率

实行从量定额办法计算的应纳税额＝销售数量×定额税率

实行复合计税办法计算的应纳税额＝销售额×比例税率＋销售数量×定额税率

纳税人销售的应税消费品，以人民币计算销售额。纳税人以人民币以外的货币结算销售额的，应当折合成人民币计算。

第六条 销售额为纳税人销售应税消费品向购买方收取的全部价款和价外费用。

第七条 纳税人自产自用的应税消费品，按照纳税人生产的同类消费品的销售价格计算纳税；没有同类消费品销售价格的，按照组成计税价格计算纳税。

实行从价定率办法计算纳税的组成计税价格计算公式：

组成计税价格＝(成本＋利润)÷(1－比例税率)

实行复合计税办法计算纳税的组成计税价格计算公式：

组成计税价格＝(成本＋利润＋自产自用数量×定额税率)÷(1－比例税率)

第八条 委托加工的应税消费品，按照受托方的同类消费品的销售价格计算纳税；没有同类消费品销售价格的，按照组成计税价格计算纳税。

实行从价定率办法计算纳税的组成计税价格计算公式：

组成计税价格＝(材料成本＋加工费)÷(1－比例税率)

实行复合计税办法计算纳税的组成计税价格计算公式：

组成计税价格＝(材料成本＋加工费＋委托加工数量×定额税率)÷(1－比例税率)

第九条 进口的应税消费品，按照组成计税价格计算纳税。

实行从价定率办法计算纳税的组成计税价格计算公式：

组成计税价格＝(关税完税价格＋关税)÷(1－消费税比例税率)

实行复合计税办法计算纳税的组成计税价格计算公式：

组成计税价格=（关税完税价格+关税+进口数量×消费税定额税率）÷（1－消费税比例税率）

第十条 纳税人应税消费品的计税价格明显偏低并无正当理由的，由主管税务机关核定其计税价格。

第十一条 对纳税人出口应税消费品，免征消费税；国务院另有规定的除外。出口应税消费品的免税办法，由国务院财政、税务主管部门规定。

第十二条 消费税由税务机关征收，进口的应税消费品的消费税由海关代征。

个人携带或者邮寄进境的应税消费品的消费税，连同关税一并计征。具体办法由国务院关税税则委员会会同有关部门制定。

第十三条 纳税人销售的应税消费品，以及自产自用的应税消费品，除国务院财政、税务主管部门另有规定外，应当向纳税人机构所在地或者居住地的主管税务机关申报纳税。

委托加工的应税消费品，除受托方为个人外，由受托方向机构所在地或者居住地的主管税务机关解缴消费税税款。

进口的应税消费品，应当向报关地海关申报纳税。

第十四条 消费税的纳税期限分别为1日、3日、5日、10日、15日、1个月或者1个季度。纳税人的具体纳税期限，由主管税务机关根据纳税人应纳税额的大小分别核定；不能按照固定期限纳税的，可以按次纳税。

纳税人以1个月或者1个季度为1个纳税期的，自期满之日起15日内申报纳税；以1日、3日、5日、10日或者15日为1个纳税期的，自期满之日起5日内预缴税款，于次月1日起15日内申报纳税并结清上月应纳税款。

第十五条 纳税人进口应税消费品，应当自海关填发海关进口消费税专用缴款书之日起15日内缴纳税款。

第十六条 消费税的征收管理，依照《中华人民共和国税收征收管理法》及本条例有关规定执行。

第十七条 本条例自2009年1月1日起施行。

中华人民共和国消费税暂行条例实施细则

（2008年12月15日 财政部 国家税务总局令第51号）

第一条 根据《中华人民共和国消费税暂行条例》（以下简称条例），制定本细则。

第二条 条例第一条所称单位，是指企业、行政单位、事业单位、军事单位、社会团体及其他单位。

条例第一条所称个人，是指个体工商户及其他个人。

条例第一条所称在中华人民共和国境内，是指生产、委托加工和进口属于应当缴纳消费税的消费品的起运地或者所在地在境内。

第三条 条例所附《消费税税目税率表》中所列应税消费品的具体征税范围，由财政部、国家税务总局确定。

第四条 条例第三条所称纳税人兼营不同税率的应当缴纳消费税的消费品，是指纳税人生产销售两种税率以上的应税消费品。

第五条 条例第四条第一款所称销售，是指有偿转让应税消费品的所有权。

前款所称有偿，是指从购买方取得货币、货物或者其他经济利益。

第六条 条例第四条第一款所称用于连续生产应税消费品，是指纳税人将自产自用的应税消费品作为直接材料生产最终应税消费品,自产自用应税消费品构成最终应税消费品的实体。

条例第四条第一款所称用于其他方面,是指纳税人将自产自用应税消费品用于生产非应税消费品、在建工程、管理部门、非生产机构、提供劳务、馈赠、赞助、集资、广告、样品、职工福利、奖励等方面。

第七条 条例第四条第二款所称委托加工的应税消费品,是指由委托方提供原料和主要材料,受托方只收取加工费和代垫部分辅助材料加工的应税消费品。对于由受托方提供原材料生产的应税消费品,或者受托方先将原材料卖给委托方,然后再接受加工的应税消费品,以及由受托方以委托方名义购进原材料生产的应税消费品,不论在财务上是否作销售处理,都不得作为委托加工应税消费品,而应当按照销售自制应税消费品缴纳消费税。

委托加工的应税消费品直接出售的,不再缴纳消费税。

委托个人加工的应税消费品,由委托方收回后缴纳消费税。

第八条 消费税纳税义务发生时间,根据条例第四条的规定,分列如下:

(一) 纳税人销售应税消费品的,按不同的销售结算方式分别为:

1. 采取赊销和分期收款结算方式的,为书面合同约定的收款日期的当天,书面合同没有约定收款日期或者无书面合同的,为发出应税消费品的当天;

2. 采取预收货款结算方式的,为发出应税消费品的当天;

3. 采取托收承付和委托银行收款方式的,为发出应税消费品并办妥托收手续的当天;

4. 采取其他结算方式的,为收讫销售款或者取得索取销售款凭据的当天。

(二) 纳税人自产自用应税消费品的,为移送使用的当天。

(三) 纳税人委托加工应税消费品的,为纳税人提货的当天。

(四) 纳税人进口应税消费品的,为报关进口的当天。

第九条 条例第五条第一款所称销售数量,是指应税消费品的数量。具体为:

(一) 销售应税消费品的,为应税消费品的销售数量;

(二) 自产自用应税消费品的,为应税消费品的移送使用数量;

(三) 委托加工应税消费品的,为纳税人收回的应税消费品数量;

(四) 进口应税消费品的,为海关核定的应税消费品进口征税数量。

第十条 实行从量定额办法计算应纳税额的应税消费品,计量单位的换算标准如下:

(一) 黄酒　1吨=962升

(二) 啤酒　1吨=988升

(三) 汽油　1吨=1388升

(四) 柴油　1吨=1176升

(五) 航空煤油　1吨=1246升

(六) 石脑油　1吨=1385升

(七) 溶剂油　1吨=1282升

(八) 润滑油　1吨=1126升

(九) 燃料油　1吨=1015升

第十一条 纳税人销售的应税消费品,以人民币以外的货币结算销售额的,其销售额的人民币折合率可以选择销售额发生的当天或者当月1日的人民币汇率中间价。纳税人应在事先确定采用何种折合率,确定后1年内不得变更。

第十二条 条例第六条所称销售额,不包括应向购货方收取的增值税税款。如果纳税人应税消费品的销售额中未扣除增值税税款或者因不得开具增值税专用发票而发生价款和增值税税款合并收取的,在计算消费税时,应当换算为不含增值税税款的销售额。其换算公式为:

应税消费品的销售额=含增值税的销售额÷(1+增值税税率或者征收率)

第十三条 应税消费品连同包装物销售的,无论包装物是否单独计价以及在会计上如何核算,均应并入应税消费品的销售额中缴纳消费税。如果包装物不作价随同产品销售,而是收取押金,此项押金则不应并入应税消费品的销售额中征税。但对因逾期未收回的包装物不再退还的或者已收取的时间超过 12 个月的押金,应并入应税消费品的销售额,按照应税消费品的适用税率缴纳消费税。

对既作价随同应税消费品销售,又另外收取押金的包装物的押金,凡纳税人在规定的期限内没有退还的,均应并入应税消费品的销售额,按照应税消费品的适用税率缴纳消费税。

第十四条 条例第六条所称价外费用,是指价外向购买方收取的手续费、补贴、基金、集资费、返还利润、奖励费、违约金、滞纳金、延期付款利息、赔偿金、代收款项、代垫款项、包装费、包装物租金、储备费、优质费、运输装卸费以及其他各种性质的价外收费。但下列项目不包括在内:

(一) 同时符合以下条件的代垫运输费用:

1. 承运部门的运输费用发票开具给购买方的;

2. 纳税人将该项发票转交给购买方的。

(二) 同时符合以下条件代为收取的政府性基金或者行政事业性收费:

1. 由国务院或者财政部批准设立的政府性基金,由国务院或者省级人民政府及其财政、价格主管部门批准设立的行政事业性收费;

2. 收取时开具省级以上财政部门印制的财政票据;

3. 所收款项全额上缴财政。

第十五条 条例第七条第一款所称纳税人自产自用的应税消费品,是指依照条例第四条第一款规定于移送使用时纳税的应税消费品。

条例第七条第一款、第八条第一款所称同类消费品的销售价格,是指纳税人或者代收代缴义务人当月销售的同类消费品的销售价格,如果当月同类消费品各期销售价格高低不同,应按销售数量加权平均计算。但销售的应税消费品有下列情况之一的,不得列入加权平均计算:

(一) 销售价格明显偏低并无正当理由的;

(二) 无销售价格的。

如果当月无销售或者当月未完结,应按照同类消费品上月或者最近月份的销售价格计算纳税。

第十六条 条例第七条所称成本,是指应税消费品的产品生产成本。

第十七条 条例第七条所称利润,是指根据应税消费品的全国平均成本利润率计算的利润。应税消费品全国平均成本利润率由国家税务总局确定。

第十八条 条例第八条所称材料成本,是指委托方所提供加工材料的实际成本。

委托加工应税消费品的纳税人,必须在委托加工合同上如实注明(或者以其他方式提供)材料成本,凡未提供材料成本的,受托方主管税务机关有权核定其材料成本。

第十九条 条例第八条所称加工费,是指受托方加工应税消费品向委托方所收取的全部费用(包括代垫辅助材料的实际成本)。

第二十条 条例第九条所称关税完税价格,是指海关核定的关税计税价格。

第二十一条 条例第十条所称应税消费品的计税价格的核定权限规定如下:

(一) 卷烟、白酒和小汽车的计税价格由国家税务总局核定,送财政部备案;

(二) 其他应税消费品的计税价格由省、自治区和直辖市国家税务局核定;

(三) 进口的应税消费品的计税价格由海关核定。

第二十二条 出口的应税消费品办理退税后,发生退关,或者国外退货进口时予以免税的,报关出口者必须及时向其机构所在地或者居住地主管税务机关申报补缴已退的消费税税款。

纳税人直接出口的应税消费品办理免税后,发生退关或者国外退货,进口时已予以免税的,经机构所在地或者居住地主管税务机关批准,可暂不办理补税,待其转为国内销售时,再申报补缴消费税。

第二十三条 纳税人销售的应税消费品,如因质量等原因由购买者退回时,经机构所在地或者居住地主管税务机关审核批准后,可退还已缴纳的消费税税款。

第二十四条 纳税人到外县（市）销售或者委托外县（市）代销自产应税消费品的，于应税消费品销售后，向机构所在地或者居住地主管税务机关申报纳税。

纳税人的总机构与分支机构不在同一县（市）的，应当分别向各自机构所在地的主管税务机关申报纳税；经财政部、国家税务总局或者其授权的财政、税务机关批准，可以由总机构汇总向总机构所在地的主管税务机关申报纳税。

委托个人加工的应税消费品，由委托方向其机构所在地或者居住地主管税务机关申报纳税。

进口的应税消费品，由进口人或者其代理人向报关地海关申报纳税。

第二十五条 本细则自 2009 年 1 月 1 日起施行。

中华人民共和国企业所得税法

（2007 年 3 月 16 日第十届全国人民代表大会第五次会议通过　2017 年 2 月 24 日第十二届全国人民代表大会常务委员会第二十六次会议第一次修正　2018 年 12 月 29 日第十三届全国人民代表大会常务委员会第七次会议第二次修正）

第一章　总　　则

第一条 在中华人民共和国境内，企业和其他取得收入的组织（以下统称企业）为企业所得税的纳税人，依照本法的规定缴纳企业所得税。

个人独资企业、合伙企业不适用本法。

第二条 企业分为居民企业和非居民企业。

本法所称居民企业，是指依法在中国境内成立，或者依照外国（地区）法律成立但实际管理机构在中国境内的企业。

本法所称非居民企业，是指依照外国（地区）法律成立且实际管理机构不在中国境内，但在中国境内设立机构、场所的，或者在中国境内未设立机构、场所，但有来源于中国境内所得的企业。

第三条 居民企业应当就其来源于中国境内、境外的所得缴纳企业所得税。

非居民企业在中国境内设立机构、场所的，应当就其所设机构、场所取得的来源于中国境内的所得，以及发生在中国境外但与其所设机构、场所有实际联系的所得，缴纳企业所得税。

非居民企业在中国境内未设立机构、场所的，或者虽设立机构、场所但取得的所得与其所设机构、场所没有实际联系的，应当就其来源于中国境内的所得缴纳企业所得税。

第四条 企业所得税的税率为 25%。

非居民企业取得本法第三条第三款规定的所得，适用税率为 20%。

第二章　应纳税所得额

第五条 企业每一纳税年度的收入总额，减除不征税收入、免税收入、各项扣除以及允许弥补的以前年度亏损后的余额，为应纳税所得额。

第六条 企业以货币形式和非货币形式从各种来源取得的收入，为收入总额。包括：

（一）销售货物收入；

（二）提供劳务收入；

（三）转让财产收入；

（四）股息、红利等权益性投资收益；

（五）利息收入；

（六）租金收入；

（七）特许权使用费收入；
（八）接受捐赠收入；
（九）其他收入。

第七条　收入总额中的下列收入为不征税收入：
（一）财政拨款；
（二）依法收取并纳入财政管理的行政事业性收费、政府性基金；
（三）国务院规定的其他不征税收入。

第八条　企业实际发生的与取得收入有关的、合理的支出，包括成本、费用、税金、损失和其他支出，准予在计算应纳税所得额时扣除。

第九条　企业发生的公益性捐赠支出，在年度利润总额12%以内的部分，准予在计算应纳税所得额时扣除；超过年度利润总额12%的部分，准予结转以后三年内在计算应纳税所得额时扣除。

第十条　在计算应纳税所得额时，下列支出不得扣除：
（一）向投资者支付的股息、红利等权益性投资收益款项；
（二）企业所得税税款；
（三）税收滞纳金；
（四）罚金、罚款和被没收财物的损失；
（五）本法第九条规定以外的捐赠支出；
（六）赞助支出；
（七）未经核定的准备金支出；
（八）与取得收入无关的其他支出。

第十一条　在计算应纳税所得额时，企业按照规定计算的固定资产折旧，准予扣除。
下列固定资产不得计算折旧扣除：
（一）房屋、建筑物以外未投入使用的固定资产；
（二）以经营租赁方式租入的固定资产；
（三）以融资租赁方式租出的固定资产；
（四）已足额提取折旧仍继续使用的固定资产；
（五）与经营活动无关的固定资产；
（六）单独估价作为固定资产入账的土地；
（七）其他不得计算折旧扣除的固定资产。

第十二条　在计算应纳税所得额时，企业按照规定计算的无形资产摊销费用，准予扣除。
下列无形资产不得计算摊销费用扣除：
（一）自行开发的支出已在计算应纳税所得额时扣除的无形资产；
（二）自创商誉；
（三）与经营活动无关的无形资产；
（四）其他不得计算摊销费用扣除的无形资产。

第十三条　在计算应纳税所得额时，企业发生的下列支出作为长期待摊费用，按照规定摊销的，准予扣除：
（一）已足额提取折旧的固定资产的改建支出；
（二）租入固定资产的改建支出；
（三）固定资产的大修理支出；
（四）其他应当作为长期待摊费用的支出。

第十四条　企业对外投资期间，投资资产的成本在计算应纳税所得额时不得扣除。

第十五条　企业使用或者销售存货，按照规定计算的存货成本，准予在计算应纳税所得额时扣除。

第十六条　企业转让资产，该项资产的净值，准予在计算应纳税所得额时扣除。

第十七条 企业在汇总计算缴纳企业所得税时,其境外营业机构的亏损不得抵减境内营业机构的盈利。

第十八条 企业纳税年度发生的亏损,准予向以后年度结转,用以后年度的所得弥补,但结转年限最长不得超过五年。

第十九条 非居民企业取得本法第三条第三款规定的所得,按照下列方法计算其应纳税所得额:

(一)股息、红利等权益性投资收益和利息、租金、特许权使用费所得,以收入全额为应纳税所得额;

(二)转让财产所得,以收入全额减除财产净值后的余额为应纳税所得额;

(三)其他所得,参照前两项规定的方法计算应纳税所得额。

第二十条 本章规定的收入、扣除的具体范围、标准和资产的税务处理的具体办法,由国务院财政、税务主管部门规定。

第二十一条 在计算应纳税所得额时,企业财务、会计处理办法与税收法律、行政法规的规定不一致的,应当依照税收法律、行政法规的规定计算。

第三章 应纳税额

第二十二条 企业的应纳税所得额乘以适用税率,减除依照本法关于税收优惠的规定减免和抵免的税额后的余额,为应纳税额。

第二十三条 企业取得的下列所得已在境外缴纳的所得税税额,可以从其当期应纳税额中抵免,抵免限额为该项所得依照本法规定计算的应纳税额;超过抵免限额的部分,可以在以后五个年度内,用每年度抵免限额抵免当年应抵税额后的余额进行抵补:

(一)居民企业来源于中国境外的应税所得;

(二)非居民企业在中国境内设立机构、场所,取得发生在中国境外但与该机构、场所有实际联系的应税所得。

第二十四条 居民企业从其直接或者间接控制的外国企业分得的来源于中国境外的股息、红利等权益性投资收益,外国企业在境外实际缴纳的所得税税额中属于该项所得负担的部分,可以作为该居民企业的可抵免境外所得税税额,在本法第二十三条规定的抵免限额内抵免。

第四章 税收优惠

第二十五条 国家对重点扶持和鼓励发展的产业和项目,给予企业所得税优惠。

第二十六条 企业的下列收入为免税收入:

(一)国债利息收入;

(二)符合条件的居民企业之间的股息、红利等权益性投资收益;

(三)在中国境内设立机构、场所的非居民企业从居民企业取得与该机构、场所有实际联系的股息、红利等权益性投资收益;

(四)符合条件的非营利组织的收入。

第二十七条 企业的下列所得,可以免征、减征企业所得税:

(一)从事农、林、牧、渔业项目的所得;

(二)从事国家重点扶持的公共基础设施项目投资经营的所得;

(三)从事符合条件的环境保护、节能节水项目的所得;

(四)符合条件的技术转让所得;

(五)本法第三条第三款规定的所得。

第二十八条 符合条件的小型微利企业,减按20%的税率征收企业所得税。

国家需要重点扶持的高新技术企业,减按15%的税率征收企业所得税。

第二十九条 民族自治地方的自治机关对本民族自治地方的企业应缴纳的企业所得税中属于地方

分享的部分，可以决定减征或者免征。自治州、自治县决定减征或者免征的，须报省、自治区、直辖市人民政府批准。

第三十条　企业的下列支出，可以在计算应纳税所得额时加计扣除：

（一）开发新技术、新产品、新工艺发生的研究开发费用；

（二）安置残疾人员及国家鼓励安置的其他就业人员所支付的工资。

第三十一条　创业投资企业从事国家需要重点扶持和鼓励的创业投资，可以按投资额的一定比例抵扣应纳税所得额。

第三十二条　企业的固定资产由于技术进步等原因，确需加速折旧的，可以缩短折旧年限或者采取加速折旧的方法。

第三十三条　企业综合利用资源，生产符合国家产业政策规定的产品所取得的收入，可以在计算应纳税所得额时减计收入。

第三十四条　企业购置用于环境保护、节能节水、安全生产等专用设备的投资额，可以按一定比例实行税额抵免。

第三十五条　本法规定的税收优惠的具体办法，由国务院规定。

第三十六条　根据国民经济和社会发展的需要，或者由于突发事件等原因对企业经营活动产生重大影响的，国务院可以制定企业所得税专项优惠政策，报全国人民代表大会常务委员会备案。

第五章　源泉扣缴

第三十七条　对非居民企业取得本法第三条第三款规定的所得应缴纳的所得税，实行源泉扣缴，以支付人为扣缴义务人。税款由扣缴义务人在每次支付或者到期应支付时，从支付或者到期应支付的款项中扣缴。

第三十八条　对非居民企业在中国境内取得工程作业和劳务所得应缴纳的所得税，税务机关可以指定工程价款或者劳务费的支付人为扣缴义务人。

第三十九条　依照本法第三十七条、第三十八条规定应当扣缴的所得税，扣缴义务人未依法扣缴或者无法履行扣缴义务的，由纳税人在所得发生地缴纳。纳税人未依法缴纳的，税务机关可以从该纳税人在中国境内其他收入项目的支付人应付的款项中，追缴该纳税人的应纳税款。

第四十条　扣缴义务人每次代扣的税款，应当自代扣之日起七日内缴入国库，并向所在地的税务机关报送扣缴企业所得税报告表。

第六章　特别纳税调整

第四十一条　企业与其关联方之间的业务往来，不符合独立交易原则而减少企业或者其关联方应纳税收入或者所得额的，税务机关有权按照合理方法调整。

企业与其关联方共同开发、受让无形资产，或者共同提供、接受劳务发生的成本，在计算应纳税所得额时应当按照独立交易原则进行分摊。

第四十二条　企业可以向税务机关提出与其关联方之间业务往来的定价原则和计算方法，税务机关与企业协商、确认后，达成预约定价安排。

第四十三条　企业向税务机关报送年度企业所得税纳税申报表时，应当就其与关联方之间的业务往来，附送年度关联业务往来报告表。

税务机关在进行关联业务调查时，企业及其关联方，以及与关联业务调查有关的其他企业，应当按照规定提供相关资料。

第四十四条　企业不提供与其关联方之间业务往来资料，或者提供虚假、不完整资料，未能真实反映其关联业务往来情况的，税务机关有权依法核定其应纳税所得额。

第四十五条　由居民企业，或者由居民企业和中国居民控制的设立在实际税负明显低于本法第四条第一款规定税率水平的国家（地区）的企业，并非由于合理的经营需要而对利润不作分配或者减少分配的，上述利润中应归属于该居民企业的部分，应当计入该居民企业的当期收入。

第四十六条 企业从其关联方接受的债权性投资与权益性投资的比例超过规定标准而发生的利息支出，不得在计算应纳税所得额时扣除。

第四十七条 企业实施其他不具有合理商业目的的安排而减少其应纳税收入或者所得额的，税务机关有权按照合理方法调整。

第四十八条 税务机关依照本章规定作出纳税调整，需要补征税款的，应当补征税款，并按照国务院规定加收利息。

第七章 征收管理

第四十九条 企业所得税的征收管理除本法规定外，依照《中华人民共和国税收征收管理法》的规定执行。

第五十条 除税收法律、行政法规另有规定外，居民企业以企业登记注册地为纳税地点；但登记注册地在境外的，以实际管理机构所在地为纳税地点。

居民企业在中国境内设立不具有法人资格的营业机构的，应当汇总计算并缴纳企业所得税。

第五十一条 非居民企业取得本法第三条第二款规定的所得，以机构、场所所在地为纳税地点。非居民企业在中国境内设立两个或者两个以上机构、场所，符合国务院税务主管部门规定条件的，可以选择由其主要机构、场所汇总缴纳企业所得税。

非居民企业取得本法第三条第三款规定的所得，以扣缴义务人所在地为纳税地点。

第五十二条 除国务院另有规定外，企业之间不得合并缴纳企业所得税。

第五十三条 企业所得税按纳税年度计算。纳税年度自公历1月1日起至12月31日止。

企业在一个纳税年度中间开业，或者终止经营活动，使该纳税年度的实际经营期不足十二个月的，应当以其实际经营期为一个纳税年度。

企业依法清算时，应当以清算期间作为一个纳税年度。

第五十四条 企业所得税分月或者分季预缴。

企业应当自月份或者季度终了之日起十五日内，向税务机关报送预缴企业所得税纳税申报表，预缴税款。

企业应当自年度终了之日起五个月内，向税务机关报送年度企业所得税纳税申报表，并汇算清缴，结清应缴应退税款。

企业在报送企业所得税纳税申报表时，应当按照规定附送财务会计报告和其他有关资料。

第五十五条 企业在年度中间终止经营活动的，应当自实际经营终止之日起六十日内，向税务机关办理当期企业所得税汇算清缴。

企业应当在办理注销登记前，就其清算所得向税务机关申报并依法缴纳企业所得税。

第五十六条 依照本法缴纳的企业所得税，以人民币计算。所得以人民币以外的货币计算的，应当折合成人民币计算并缴纳税款。

第八章 附 则

第五十七条 本法公布前已经批准设立的企业，依照当时的税收法律、行政法规规定，享受低税率优惠的，按照国务院规定，可以在本法施行后五年内，逐步过渡到本法规定的税率；享受定期减免税优惠的，按照国务院规定，可以在本法施行后继续享受到期满为止，但因未获利而尚未享受优惠的，优惠期限从本法施行年度起计算。

法律设置的发展对外经济合作和技术交流的特定地区内，以及国务院已规定执行上述地区特殊政策的地区内新设立的国家需要重点扶持的高新技术企业，可以享受过渡性税收优惠，具体办法由国务院规定。

国家已确定的其他鼓励类企业，可以按照国务院规定享受减免税优惠。

第五十八条 中华人民共和国政府同外国政府订立的有关税收的协定与本法有不同规定的,依照协定的规定办理。

第五十九条 国务院根据本法制定实施条例。

第六十条 本法自2008年1月1日起施行。1991年4月9日第七届全国人民代表大会第四次会议通过的《中华人民共和国外商投资企业和外国企业所得税法》和1993年12月13日国务院发布的《中华人民共和国企业所得税暂行条例》同时废止。

中华人民共和国企业所得税法实施条例

(2007年12月6日国务院令第512号 2019年4月23日国务院令第714号修正)

第一章 总 则

第一条 根据《中华人民共和国企业所得税法》(以下简称企业所得税法)的规定,制定本条例。

第二条 企业所得税法第一条所称个人独资企业、合伙企业,是指依照中国法律、行政法规成立的个人独资企业、合伙企业。

第三条 企业所得税法第二条所称依法在中国境内成立的企业,包括依照中国法律、行政法规在中国境内成立的企业、事业单位、社会团体以及其他取得收入的组织。

企业所得税法第二条所称依照外国(地区)法律成立的企业,包括依照外国(地区)法律成立的企业和其他取得收入的组织。

第四条 企业所得税法第二条所称实际管理机构,是指对企业的生产经营、人员、账务、财产等实施实质性全面管理和控制的机构。

第五条 企业所得税法第二条第三款所称机构、场所,是指在中国境内从事生产经营活动的机构、场所,包括:

(一)管理机构、营业机构、办事机构;

(二)工厂、农场、开采自然资源的场所;

(三)提供劳务的场所;

(四)从事建筑、安装、装配、修理、勘探等工程作业的场所;

(五)其他从事生产经营活动的机构、场所。

非居民企业委托营业代理人在中国境内从事生产经营活动的,包括委托单位或者个人经常代其签订合同,或者储存、交付货物等,该营业代理人视为非居民企业在中国境内设立的机构、场所。

第六条 企业所得税法第三条所称所得,包括销售货物所得、提供劳务所得、转让财产所得、股息红利等权益性投资所得、利息所得、租金所得、特许权使用费所得、接受捐赠所得和其他所得。

第七条 企业所得税法第三条所称来源于中国境内、境外的所得,按照以下原则确定:

(一)销售货物所得,按照交易活动发生地确定;

(二)提供劳务所得,按照劳务发生地确定;

(三)转让财产所得,不动产转让所得按照不动产所在地确定,动产转让所得按照转让动产的企业或者机构、场所所在地确定,权益性投资资产转让所得按照被投资企业所在地确定;

(四)股息、红利等权益性投资所得,按照分配所得的企业所在地确定;

(五)利息所得、租金所得、特许权使用费所得,按照负担、支付所得的企业或者机构、场所所在地确定,或者按照负担、支付所得的个人的住所地确定;

(六)其他所得,由国务院财政、税务主管部门确定。

第八条 企业所得税法第三条所称实际联系，是指非居民企业在中国境内设立的机构、场所拥有据以取得所得的股权、债权，以及拥有、管理、控制据以取得所得的财产等。

第二章 应纳税所得额

第一节 一般规定

第九条 企业应纳税所得额的计算，以权责发生制为原则，属于当期的收入和费用，不论款项是否收付，均作为当期的收入和费用；不属于当期的收入和费用，即使款项已经在当期收付，均不作为当期的收入和费用。本条例和国务院财政、税务主管部门另有规定的除外。

第十条 企业所得税法第五条所称亏损，是指企业依照企业所得税法和本条例的规定将每一纳税年度的收入总额减除不征税收入、免税收入和各项扣除后小于零的数额。

第十一条 企业所得税法第五十五条所称清算所得，是指企业的全部资产可变现价值或者交易价格减除资产净值、清算费用以及相关税费等后的余额。

投资方企业从被清算企业分得的剩余资产，其中相当于从被清算企业累计未分配利润和累计盈余公积中应当分得的部分，应当确认为股息所得；剩余资产减除上述股息所得后的余额，超过或者低于投资成本的部分，应当确认为投资资产转让所得或者损失。

第二节 收入

第十二条 企业所得税法第六条所称企业取得收入的货币形式，包括现金、存款、应收账款、应收票据、准备持有至到期的债券投资以及债务的豁免等。

企业所得税法第六条所称企业取得收入的非货币形式，包括固定资产、生物资产、无形资产、股权投资、存货、不准备持有至到期的债券投资、劳务以及有关权益等。

第十三条 企业所得税法第六条所称企业以非货币形式取得的收入，应当按照公允价值确定收入额。

前款所称公允价值，是指按照市场价格确定的价值。

第十四条 企业所得税法第六条第（一）项所称销售货物收入，是指企业销售商品、产品、原材料、包装物、低值易耗品以及其他存货取得的收入。

第十五条 企业所得税法第六条第（二）项所称提供劳务收入，是指企业从事建筑安装、修理修配、交通运输、仓储租赁、金融保险、邮电通信、咨询经纪、文化体育、科学研究、技术服务、教育培训、餐饮住宿、中介代理、卫生保健、社区服务、旅游、娱乐、加工以及其他劳务服务活动取得的收入。

第十六条 企业所得税法第六条第（三）项所称转让财产收入，是指企业转让固定资产、生物资产、无形资产、股权、债权等财产取得的收入。

第十七条 企业所得税法第六条第（四）项所称股息、红利等权益性投资收益，是指企业因权益性投资从被投资方取得的收入。

股息、红利等权益性投资收益，除国务院财政、税务主管部门另有规定外，按照被投资方作出利润分配决定的日期确认收入的实现。

第十八条 企业所得税法第六条第（五）项所称利息收入，是指企业将资金提供他人使用但不构成权益性投资，或者因他人占用本企业资金取得的收入，包括存款利息、贷款利息、债券利息、欠款利息等收入。

利息收入，按照合同约定的债务人应付利息的日期确认收入的实现。

第十九条 企业所得税法第六条第（六）项所称租金收入，是指企业提供固定资产、包装物或者其他有形资产的使用权取得的收入。

租金收入，按照合同约定的承租人应付租金的日期确认收入的实现。

第二十条 企业所得税法第六条第（七）项所称特许权使用费收入，是指企业提供专利权、非专利技术、商标权、著作权以及其他特许权的使用权取得的收入。

特许权使用费收入，按照合同约定的特许权使用人应付特许权使用费的日期确认收入的实现。

第二十一条 企业所得税法第六条第（八）项所称接受捐赠收入，是指企业接受的来自其他企业、组织或者个人无偿给予的货币性资产、非货币性资产。

接受捐赠收入，按照实际收到捐赠资产的日期确认收入的实现。

第二十二条 企业所得税法第六条第（九）项所称其他收入，是指企业取得的除企业所得税法第六条第（一）项至第（八）项规定的收入外的其他收入，包括企业资产溢余收入、逾期未退包装物押金收入、确实无法偿付的应付款项、已作坏账损失处理后又收回的应收款项、债务重组收入、补贴收入、违约金收入、汇兑收益等。

第二十三条 企业的下列生产经营业务可以分期确认收入的实现：

（一）以分期收款方式销售货物的，按照合同约定的收款日期确认收入的实现；

（二）企业受托加工制造大型机械设备、船舶、飞机，以及从事建筑、安装、装配工程业务或者提供其他劳务等，持续时间超过12个月的，按照纳税年度内完工进度或者完成的工作量确认收入的实现。

第二十四条 采取产品分成方式取得收入的，按照企业分得产品的日期确认收入的实现，其收入额按照产品的公允价值确定。

第二十五条 企业发生非货币性资产交换，以及将货物、财产、劳务用于捐赠、偿债、赞助、集资、广告、样品、职工福利或者利润分配等用途的，应当视同销售货物、转让财产或者提供劳务，但国务院财政、税务主管部门另有规定的除外。

第二十六条 企业所得税法第七条第（一）项所称财政拨款，是指各级人民政府对纳入预算管理的事业单位、社会团体等组织拨付的财政资金，但国务院和国务院财政、税务主管部门另有规定的除外。

企业所得税法第七条第（二）项所称行政事业性收费，是指依照法律法规等有关规定，按照国务院规定程序批准，在实施社会公共管理，以及在向公民、法人或者其他组织提供特定公共服务过程中，向特定对象收取并纳入财政管理的费用。

企业所得税法第七条第（二）项所称政府性基金，是指企业依照法律、行政法规等有关规定，代政府收取的具有专项用途的财政资金。

企业所得税法第七条第（三）项所称国务院规定的其他不征税收入，是指企业取得的，由国务院财政、税务主管部门规定专项用途并经国务院批准的财政性资金。

第三节　扣除

第二十七条 企业所得税法第八条所称有关的支出，是指与取得收入直接相关的支出。

企业所得税法第八条所称合理的支出，是指符合生产经营活动常规，应当计入当期损益或者有关资产成本的必要和正常的支出。

第二十八条 企业发生的支出应当区分收益性支出和资本性支出。收益性支出在发生当期直接扣除；资本性支出应当分期扣除或者计入有关资产成本，不得在发生当期直接扣除。

企业的不征税收入用于支出所形成的费用或者财产，不得扣除或者计算对应的折旧、摊销扣除。

除企业所得税法和本条例另有规定外，企业实际发生的成本、费用、税金、损失和其他支出，不得重复扣除。

第二十九条 企业所得税法第八条所称成本，是指企业在生产经营活动中发生的销售成本、销货成本、业务支出以及其他耗费。

第三十条 企业所得税法第八条所称费用，是指企业在生产经营活动中发生的销售费用、管理费用和财务费用，已经计入成本的有关费用除外。

第三十一条 企业所得税法第八条所称税金，是指企业发生的除企业所得税和允许抵扣的增值税以外的各项税金及其附加。

第三十二条 企业所得税法第八条所称损失，是指企业在生产经营活动中发生的固定资产和存货的盘亏、毁损、报废损失，转让财产损失，呆账损失，坏账损失，自然灾害等不可抗力因素造成的损失以及其他损失。

企业发生的损失，减除责任人赔偿和保险赔款后的余额，依照国务院财政、税务主管部门的规定扣除。

企业已经作为损失处理的资产，在以后纳税年度又全部收回或者部分收回时，应当计入当期收入。

第三十三条 企业所得税法第八条所称其他支出，是指除成本、费用、税金、损失外，企业在生产经营活动中发生的与生产经营活动有关的、合理的支出。

第三十四条 企业发生的合理的工资、薪金支出，准予扣除。

前款所称工资、薪金，是指企业每一纳税年度支付给在本企业任职或者受雇的员工的所有现金形式或者非现金形式的劳动报酬，包括基本工资、奖金、津贴、补贴、年终加薪、加班工资，以及与员工任职或者受雇有关的其他支出。

第三十五条 企业依照国务院有关主管部门或者省级人民政府规定的范围和标准为职工缴纳的基本养老保险费、基本医疗保险费、失业保险费、工伤保险费、生育保险费等基本社会保险费和住房公积金，准予扣除。

企业为投资者或者职工支付的补充养老保险费、补充医疗保险费，在国务院财政、税务主管部门规定的范围和标准内，准予扣除。

第三十六条 除企业依照国家有关规定为特殊工种职工支付的人身安全保险费和国务院财政、税务主管部门规定可以扣除的其他商业保险费外，企业为投资者或者职工支付的商业保险费，不得扣除。

第三十七条 企业在生产经营活动中发生的合理的不需要资本化的借款费用，准予扣除。

企业为购置、建造固定资产、无形资产和经过12个月以上的建造才能达到预定可销售状态的存货发生借款的，在有关资产购置、建造期间发生的合理的借款费用，应当作为资本性支出计入有关资产的成本，并依照本条例的规定扣除。

第三十八条 企业在生产经营活动中发生的下列利息支出，准予扣除：

（一）非金融企业向金融企业借款的利息支出、金融企业的各项存款利息支出和同业拆借利息支出、企业经批准发行债券的利息支出；

（二）非金融企业向非金融企业借款的利息支出，不超过按照金融企业同期同类贷款利率计算的数额的部分。

第三十九条 企业在货币交易中，以及纳税年度终了时将人民币以外的货币性资产、负债按照期末即期人民币汇率中间价折算为人民币时产生的汇兑损失，除已经计入有关资产成本以及与向所有者进行利润分配相关的部分外，准予扣除。

第四十条 企业发生的职工福利费支出，不超过工资、薪金总额14%的部分，准予扣除。

第四十一条 企业拨缴的工会经费，不超过工资、薪金总额2%的部分，准予扣除。

第四十二条 除国务院财政、税务主管部门另有规定外，企业发生的职工教育经费支出，不超过工资、薪金总额2.5%的部分，准予扣除；超过部分，准予在以后纳税年度结转扣除。

第四十三条 企业发生的与生产经营活动有关的业务招待费支出，按照发生额的60%扣除，但最高不得超过当年销售（营业）收入的5‰。

第四十四条 企业发生的符合条件的广告费和业务宣传费支出，除国务院财政、税务主管部门另有规定外，不超过当年销售（营业）收入15%的部分，准予扣除；超过部分，准予在以后纳税年度结转扣除。

第四十五条 企业依照法律、行政法规有关规定提取的用于环境保护、生态恢复等方面的专项资金，准予扣除。上述专项资金提取后改变用途的，不得扣除。

第四十六条 企业参加财产保险，按照规定缴纳的保险费，准予扣除。

第四十七条 企业根据生产经营活动的需要租入固定资产支付的租赁费，按照以下方法扣除：

（一）以经营租赁方式租入固定资产发生的租赁费支出，按照租赁期限均匀扣除；

（二）以融资租赁方式租入固定资产发生的租赁费支出，按照规定构成融资租入固定资产价值的部分应当提取折旧费用，分期扣除。

第四十八条 企业发生的合理的劳动保护支出，准予扣除。

第四十九条 企业之间支付的管理费、企业内营业机构之间支付的租金和特许权使用费，以及非银行企业内营业机构之间支付的利息，不得扣除。

第五十条 非居民企业在中国境内设立的机构、场所，就其中国境外总机构发生的与该机构、场所生产经营有关的费用，能够提供总机构出具的费用汇集范围、定额、分配依据和方法等证明文件，并合理分摊的，准予扣除。

第五十一条 企业所得税法第九条所称公益性捐赠，是指企业通过公益性社会组织或者县级以上人民政府及其部门，用于符合法律规定的慈善活动、公益事业的捐赠。

第五十二条 本条例第五十一条所称公益性社会组织，是指同时符合下列条件的慈善组织以及其他社会组织：

（一）依法登记，具有法人资格；

（二）以发展公益事业为宗旨，且不以营利为目的；

（三）全部资产及其增值为该法人所有；

（四）收益和营运结余主要用于符合该法人设立目的的事业；

（五）终止后的剩余财产不归属任何个人或者营利组织；

（六）不经营与其设立目的无关的业务；

（七）有健全的财务会计制度；

（八）捐赠者不以任何形式参与该法人财产的分配；

（九）国务院财政、税务主管部门会同国务院民政部门等登记管理部门规定的其他条件。

第五十三条 企业当年发生以及以前年度结转的公益性捐赠支出，不超过年度利润总额12%的部分，准予扣除。

年度利润总额，是指企业依照国家统一会计制度的规定计算的年度会计利润。

第五十四条 企业所得税法第十条第（六）项所称赞助支出，是指企业发生的与生产经营活动无关的各种非广告性质支出。

第五十五条 企业所得税法第十条第（七）项所称未经核定的准备金支出，是指不符合国务院财政、税务主管部门规定的各项资产减值准备、风险准备等准备金支出。

第四节　资产的税务处理

第五十六条 企业的各项资产，包括固定资产、生物资产、无形资产、长期待摊费用、投资资产、存货等，以历史成本为计税基础。

前款所称历史成本，是指企业取得该项资产时实际发生的支出。

企业持有各项资产期间资产增值或者减值，除国务院财政、税务主管部门规定可以确认损益外，不得调整该资产的计税基础。

第五十七条 企业所得税法第十一条所称固定资产，是指企业为生产产品、提供劳务、出租或者经营管理而持有的、使用时间超过12个月的非货币性资产，包括房屋、建筑物、机器、机械、运输工具以及其他与生产经营活动有关的设备、器具、工具等。

第五十八条 固定资产按照以下方法确定计税基础：

（一）外购的固定资产，以购买价款和支付的相关税费以及直接归属于使该资产达到预定用途发生的其他支出为计税基础；

（二）自行建造的固定资产，以竣工结算前发生的支出为计税基础；

（三）融资租入的固定资产，以租赁合同约定的付款总额和承租人在签订租赁合同过程中发生的相关费用为计税基础，租赁合同未约定付款总额的，以该资产的公允价值和承租人在签订租赁合同过程中发生的相关费用为计税基础；

（四）盘盈的固定资产，以同类固定资产的重置完全价值为计税基础；

（五）通过捐赠、投资、非货币性资产交换、债务重组等方式取得的固定资产，以该资产的公允价值和支付的相关税费为计税基础；

（六）改建的固定资产，除企业所得税法第十三条第（一）项和第（二）项规定的支出外，以改建过程中发生的改建支出增加计税基础。

第五十九条 固定资产按照直线法计算的折旧，准予扣除。

企业应当自固定资产投入使用月份的次月起计算折旧；停止使用的固定资产，应当自停止使用月份的次月起停止计算折旧。

企业应当根据固定资产的性质和使用情况，合理确定固定资产的预计净残值。固定资产的预计净残值一经确定，不得变更。

第六十条 除国务院财政、税务主管部门另有规定外，固定资产计算折旧的最低年限如下：

（一）房屋、建筑物，为20年；

（二）飞机、火车、轮船、机器、机械和其他生产设备，为10年；

（三）与生产经营活动有关的器具、工具、家具等，为5年；

（四）飞机、火车、轮船以外的运输工具，为4年；

（五）电子设备，为3年。

第六十一条 从事开采石油、天然气等矿产资源的企业，在开始商业性生产前发生的费用和有关固定资产的折耗、折旧方法，由国务院财政、税务主管部门另行规定。

第六十二条 生产性生物资产按照以下方法确定计税基础：

（一）外购的生产性生物资产，以购买价款和支付的相关税费为计税基础；

（二）通过捐赠、投资、非货币性资产交换、债务重组等方式取得的生产性生物资产，以该资产的公允价值和支付的相关税费为计税基础。

前款所称生产性生物资产，是指企业为生产农产品、提供劳务或者出租等而持有的生物资产，包括经济林、薪炭林、产畜和役畜等。

第六十三条 生产性生物资产按照直线法计算的折旧，准予扣除。

企业应当自生产性生物资产投入使用月份的次月起计算折旧；停止使用的生产性生物资产，应当自停止使用月份的次月起停止计算折旧。

企业应当根据生产性生物资产的性质和使用情况，合理确定生产性生物资产的预计净残值。生产性生物资产的预计净残值一经确定，不得变更。

第六十四条 生产性生物资产计算折旧的最低年限如下：

（一）林木类生产性生物资产，为10年；

（二）畜类生产性生物资产，为3年。

第六十五条 企业所得税法第十二条所称无形资产，是指企业为生产产品、提供劳务、出租或者经营管理而持有的、没有实物形态的非货币性长期资产，包括专利权、商标权、著作权、土地使用权、非专利技术、商誉等。

第六十六条 无形资产按照以下方法确定计税基础：

（一）外购的无形资产，以购买价款和支付的相关税费以及直接归属于使该资产达到预定用途发生的其他支出为计税基础；

（二）自行开发的无形资产，以开发过程中该资产符合资本化条件后至达到预定用途前发生的支出为计税基础；

（三）通过捐赠、投资、非货币性资产交换、债务重组等方式取得的无形资产，以该资产的公允价值和支付的相关税费为计税基础。

第六十七条 无形资产按照直线法计算的摊销费用，准予扣除。

无形资产的摊销年限不得低于 10 年。

作为投资或者受让的无形资产，有关法律规定或者合同约定了使用年限的，可以按照规定或者约定的使用年限分期摊销。

外购商誉的支出，在企业整体转让或者清算时，准予扣除。

第六十八条 企业所得税法第十三条第（一）项和第（二）项所称固定资产的改建支出，是指改变房屋或者建筑物结构、延长使用年限等发生的支出。

企业所得税法第十三条第（一）项规定的支出，按照固定资产预计尚可使用年限分期摊销；第（二）项规定的支出，按照合同约定的剩余租赁期限分期摊销。

改建的固定资产延长使用年限的，除企业所得税法第十三条第（一）项和第（二）项规定外，应当适当延长折旧年限。

第六十九条 企业所得税法第十三条第（三）项所称固定资产的大修理支出，是指同时符合下列条件的支出：

（一）修理支出达到取得固定资产时的计税基础 50% 以上；

（二）修理后固定资产的使用年限延长 2 年以上。

企业所得税法第十三条第（三）项规定的支出，按照固定资产尚可使用年限分期摊销。

第七十条 企业所得税法第十三条第（四）项所称其他应当作为长期待摊费用的支出，自支出发生月份的次月起，分期摊销，摊销年限不得低于 3 年。

第七十一条 企业所得税法第十四条所称投资资产，是指企业对外进行权益性投资和债权性投资形成的资产。

企业在转让或者处置投资资产时，投资资产的成本，准予扣除。

投资资产按照以下方法确定成本：

（一）通过支付现金方式取得的投资资产，以购买价款为成本；

（二）通过支付现金以外的方式取得的投资资产，以该资产的公允价值和支付的相关税费为成本。

第七十二条 企业所得税法第十五条所称存货，是指企业持有以备出售的产品或者商品、处在生产过程中的在产品、在生产或者提供劳务过程中耗用的材料和物料等。

存货按照以下方法确定成本：

（一）通过支付现金方式取得的存货，以购买价款和支付的相关税费为成本；

（二）通过支付现金以外的方式取得的存货，以该存货的公允价值和支付的相关税费为成本；

（三）生产性生物资产收获的农产品，以产出或者采收过程中发生的材料费、人工费和分摊的间接费用等必要支出为成本。

第七十三条 企业使用或者销售的存货的成本计算方法，可以在先进先出法、加权平均法、个别计价法中选用一种。计价方法一经选用，不得随意变更。

第七十四条 企业所得税法第十六条所称资产的净值和第十九条所称财产净值，是指有关资产、财产的计税基础减除已经按照规定扣除的折旧、折耗、摊销、准备金等后的余额。

第七十五条 除国务院财政、税务主管部门另有规定外，企业在重组过程中，应当在交易发生时确认有关资产的转让所得或者损失，相关资产应当按照交易价格重新确定计税基础。

第三章 应 纳 税 额

第七十六条 企业所得税法第二十二条规定的应纳税额的计算公式为：

应纳税额 = 应纳税所得额 × 适用税率 − 减免税额 − 抵免税额

公式中的减免税额和抵免税额，是指依照企业所得税法和国务院的税收优惠规定减征、免征和抵免的应纳税额。

第七十七条 企业所得税法第二十三条所称已在境外缴纳的所得税税额，是指企业来源于中国境外的所得依照中国境外税收法律以及相关规定应当缴纳并已经实际缴纳的企业所得税性质的税款。

第七十八条 企业所得税法第二十三条所称抵免限额，是指企业来源于中国境外的所得，依照企业所得税法和本条例的规定计算的应纳税额。除国务院财政、税务主管部门另有规定外，该抵免限额应当分国（地区）不分项计算，计算公式如下：

抵免限额＝中国境内、境外所得依照企业所得税法和本条例的规定计算的应纳税总额×来源于某国（地区）的应纳税所得额÷中国境内、境外应纳税所得总额

第七十九条 企业所得税法第二十三条所称5个年度，是指从企业取得的来源于中国境外的所得，已经在中国境外缴纳的企业所得税性质的税额超过抵免限额的当年的次年起连续5个纳税年度。

第八十条 企业所得税法第二十四条所称直接控制，是指居民企业直接持有外国企业20%以上股份。

企业所得税法第二十四条所称间接控制，是指居民企业以间接持股方式持有外国企业20%以上股份，具体认定办法由国务院财政、税务主管部门另行制定。

第八十一条 企业依照企业所得税法第二十三条、第二十四条的规定抵免企业所得税税额时，应当提供中国境外税务机关出具的税款所属年度的有关纳税凭证。

第四章 税收优惠

第八十二条 企业所得税法第二十六条第（一）项所称国债利息收入，是指企业持有国务院财政部门发行的国债取得的利息收入。

第八十三条 企业所得税法第二十六条第（二）项所称符合条件的居民企业之间的股息、红利等权益性投资收益，是指居民企业直接投资于其他居民企业取得的投资收益。企业所得税法第二十六条第（二）项和第（三）项所称股息、红利等权益性投资收益，不包括连续持有居民企业公开发行并上市流通的股票不足12个月取得的投资收益。

第八十四条 企业所得税法第二十六条第（四）项所称符合条件的非营利组织，是指同时符合下列条件的组织：

（一）依法履行非营利组织登记手续；

（二）从事公益性或者非营利性活动；

（三）取得的收入除用于与该组织有关的、合理的支出外，全部用于登记核定或者章程规定的公益性或者非营利性事业；

（四）财产及其孳息不用于分配；

（五）按照登记核定或者章程规定，该组织注销后的剩余财产用于公益性或者非营利性目的，或者由登记管理机关转赠给与该组织性质、宗旨相同的组织，并向社会公告；

（六）投入人对投入该组织的财产不保留或者享有任何财产权利；

（七）工作人员工资福利开支控制在规定的比例内，不变相分配该组织的财产。

前款规定的非营利组织的认定管理办法由国务院财政、税务主管部门会同国务院有关部门制定。

第八十五条 企业所得税法第二十六条第（四）项所称符合条件的非营利组织的收入，不包括非营利组织从事营利性活动取得的收入，但国务院财政、税务主管部门另有规定的除外。

第八十六条 企业所得税法第二十七条第（一）项规定的企业从事农、林、牧、渔业项目的所得，可以免征、减征企业所得税，是指：

（一）企业从事下列项目的所得，免征企业所得税：

1. 蔬菜、谷物、薯类、油料、豆类、棉花、麻类、糖料、水果、坚果的种植；

2. 农作物新品种的选育；

3. 中药材的种植；

4. 林木的培育和种植；

5. 牲畜、家禽的饲养；

6. 林产品的采集；
7. 灌溉、农产品初加工、兽医、农技推广、农机作业和维修等农、林、牧、渔服务业项目；
8. 远洋捕捞。

（二）企业从事下列项目的所得，减半征收企业所得税：
1. 花卉、茶以及其他饮料作物和香料作物的种植；
2. 海水养殖、内陆养殖。

企业从事国家限制和禁止发展的项目，不得享受本条规定的企业所得税优惠。

第八十七条 企业所得税法第二十七条第（二）项所称国家重点扶持的公共基础设施项目，是指《公共基础设施项目企业所得税优惠目录》规定的港口码头、机场、铁路、公路、城市公共交通、电力、水利等项目。

企业从事前款规定的国家重点扶持的公共基础设施项目的投资经营的所得，自项目取得第一笔生产经营收入所属纳税年度起，第一年至第三年免征企业所得税，第四年至第六年减半征收企业所得税。

企业承包经营、承包建设和内部自建自用本条规定的项目，不得享受本条规定的企业所得税优惠。

第八十八条 企业所得税法第二十七条第（三）项所称符合条件的环境保护、节能节水项目，包括公共污水处理、公共垃圾处理、沼气综合开发利用、节能减排技术改造、海水淡化等。项目的具体条件和范围由国务院财政、税务主管部门商国务院有关部门制定，报国务院批准后公布施行。

企业从事前款规定的符合条件的环境保护、节能节水项目的所得，自项目取得第一笔生产经营收入所属纳税年度起，第一年至第三年免征企业所得税，第四年至第六年减半征收企业所得税。

第八十九条 依照本条例第八十七条和第八十八条规定享受减免税优惠的项目，在减免税期限内转让的，受让方自受让之日起，可以在剩余期限内享受规定的减免税优惠；减免税期限届满后转让的，受让方不得就该项目重复享受减免税优惠。

第九十条 企业所得税法第二十七条第（四）项所称符合条件的技术转让所得免征、减征企业所得税，是指一个纳税年度内，居民企业技术转让所得不超过500万元的部分，免征企业所得税；超过500万元的部分，减半征收企业所得税。

第九十一条 非居民企业取得企业所得税法第二十七条第（五）项规定的所得，减按10%的税率征收企业所得税。

下列所得可以免征企业所得税：
（一）外国政府向中国政府提供贷款取得的利息所得；
（二）国际金融组织向中国政府和居民企业提供优惠贷款取得的利息所得；
（三）经国务院批准的其他所得。

第九十二条 企业所得税法第二十八条第一款所称符合条件的小型微利企业，是指从事国家非限制和禁止行业，并符合下列条件的企业：
（一）工业企业，年度应纳税所得额不超过30万元，从业人数不超过100人，资产总额不超过3000万元；
（二）其他企业，年度应纳税所得额不超过30万元，从业人数不超过80人，资产总额不超过1000万元。

第九十三条 企业所得税法第二十八条第二款所称国家需要重点扶持的高新技术企业，是指拥有核心自主知识产权，并同时符合下列条件的企业：
（一）产品（服务）属于《国家重点支持的高新技术领域》规定的范围；
（二）研究开发费用占销售收入的比例不低于规定比例；
（三）高新技术产品（服务）收入占企业总收入的比例不低于规定比例；
（四）科技人员占企业职工总数的比例不低于规定比例；

（五）高新技术企业认定管理办法规定的其他条件。

《国家重点支持的高新技术领域》和高新技术企业认定管理办法由国务院科技、财政、税务主管部门商国务院有关部门制定，报国务院批准后公布施行。

第九十四条 企业所得税法第二十九条所称民族自治地方，是指依照《中华人民共和国民族区域自治法》的规定，实行民族区域自治的自治区、自治州、自治县。

对民族自治地方内国家限制和禁止行业的企业，不得减征或者免征企业所得税。

第九十五条 企业所得税法第三十条第（一）项所称研究开发费用的加计扣除，是指企业为开发新技术、新产品、新工艺发生的研究开发费用，未形成无形资产计入当期损益的，在按照规定据实扣除的基础上，按照研究开发费用的50%加计扣除；形成无形资产的，按照无形资产成本的150%摊销。

第九十六条 企业所得税法第三十条第（二）项所称企业安置残疾人员所支付的工资的加计扣除，是指企业安置残疾人员的，在按照支付给残疾职工工资据实扣除的基础上，按照支付给残疾职工工资的100%加计扣除。残疾人员的范围适用《中华人民共和国残疾人保障法》的有关规定。

企业所得税法第三十条第（二）项所称企业安置国家鼓励安置的其他就业人员所支付的工资的加计扣除办法，由国务院另行规定。

第九十七条 企业所得税法第三十一条所称抵扣应纳税所得额，是指创业投资企业采取股权投资方式投资于未上市的中小高新技术企业2年以上的，可以按照其投资额的70%在股权持有满2年的当年抵扣该创业投资企业的应纳税所得额；当年不足抵扣的，可以在以后纳税年度结转抵扣。

第九十八条 企业所得税法第三十二条所称可以采取缩短折旧年限或者采取加速折旧的方法的固定资产，包括：

（一）由于技术进步，产品更新换代较快的固定资产；

（二）常年处于强震动、高腐蚀状态的固定资产。

采取缩短折旧年限方法的，最低折旧年限不得低于本条例第六十条规定折旧年限的60%；采取加速折旧方法的，可以采取双倍余额递减法或者年数总和法。

第九十九条 企业所得税法第三十三条所称减计收入，是指企业以《资源综合利用企业所得税优惠目录》规定的资源作为主要原材料，生产国家非限制和禁止并符合国家和行业相关标准的产品取得的收入，减按90%计入收入总额。

前款所称原材料占生产产品材料的比例不得低于《资源综合利用企业所得税优惠目录》规定的标准。

第一百条 企业所得税法第三十四条所称税额抵免，是指企业购置并实际使用《环境保护专用设备企业所得税优惠目录》、《节能节水专用设备企业所得税优惠目录》和《安全生产专用设备企业所得税优惠目录》规定的环境保护、节能节水、安全生产等专用设备的，该专用设备的投资额的10%可以从企业当年的应纳税额中抵免；当年不足抵免的，可以在以后5个纳税年度结转抵免。

享受前款规定的企业所得税优惠的企业，应当实际购置并自身实际投入使用前款规定的专用设备；企业购置上述专用设备在5年内转让、出租的，应当停止享受企业所得税优惠，并补缴已经抵免的企业所得税款。

第一百零一条 本章第八十七条、第九十九条、第一百条规定的企业所得税优惠目录，由国务院财政、税务主管部门商国务院有关部门制定，报国务院批准后公布施行。

第一百零二条 企业同时从事适用不同企业所得税待遇的项目的，其优惠项目应当单独计算所得，并合理分摊企业的期间费用；没有单独计算的，不得享受企业所得税优惠。

第五章 源泉扣缴

第一百零三条 依照企业所得税法对非居民企业应当缴纳的企业所得税实行源泉扣缴的，应当依照企业所得税法第十九条的规定计算应纳税所得额。

企业所得税法第十九条所称收入全额，是指非居民企业向支付人收取的全部价款和价外费用。

第一百零四条 企业所得税法第三十七条所称支付人，是指依照有关法律规定或者合同约定对非居民企业直接负有支付相关款项义务的单位或者个人。

第一百零五条 企业所得税法第三十七条所称支付，包括现金支付、汇拨支付、转账支付和权益兑价支付等货币支付和非货币支付。

企业所得税法第三十七条所称到期应支付的款项，是指支付人按照权责发生制原则应当计入相关成本、费用的应付款项。

第一百零六条 企业所得税法第三十八条规定的可以指定扣缴义务人的情形，包括：

（一）预计工程作业或者提供劳务期限不足一个纳税年度，且有证据表明不履行纳税义务的；

（二）没有办理税务登记或者临时税务登记，且未委托中国境内的代理人履行纳税义务的；

（三）未按照规定期限办理企业所得税纳税申报或者预缴申报的。

前款规定的扣缴义务人，由县级以上税务机关指定，并同时告知扣缴义务人所扣税款的计算依据、计算方法、扣缴期限和扣缴方式。

第一百零七条 企业所得税法第三十九条所称所得发生地，是指依照本条例第七条规定的原则确定的所得发生地。在中国境内存在多处所得发生地的，由纳税人选择其中之一申报缴纳企业所得税。

第一百零八条 企业所得税法第三十九条所称该纳税人在中国境内其他收入，是指该纳税人在中国境内取得的其他各种来源的收入。

税务机关在追缴该纳税人应纳税款时，应当将追缴理由、追缴数额、缴纳期限和缴纳方式等告知该纳税人。

第六章 特别纳税调整

第一百零九条 企业所得税法第四十一条所称关联方，是指与企业有下列关联关系之一的企业、其他组织或者个人：

（一）在资金、经营、购销等方面存在直接或者间接的控制关系；

（二）直接或者间接地同为第三者控制；

（三）在利益上具有相关联的其他关系。

第一百一十条 企业所得税法第四十一条所称独立交易原则，是指没有关联关系的交易各方，按照公平成交价格和营业常规进行业务往来遵循的原则。

第一百一十一条 企业所得税法第四十一条所称合理方法，包括：

（一）可比非受控价格法，是指按照没有关联关系的交易各方进行相同或者类似业务往来的价格进行定价的方法；

（二）再销售价格法，是指按照从关联方购进商品再销售给没有关联关系的交易方的价格，减除相同或者类似业务的销售毛利进行定价的方法；

（三）成本加成法，是指按照成本加合理的费用和利润进行定价的方法；

（四）交易净利润法，是指按照没有关联关系的交易各方进行相同或者类似业务往来取得的净利润水平确定利润的方法；

（五）利润分割法，是指将企业与其关联方的合并利润或者亏损在各方之间采用合理标准进行分配的方法；

（六）其他符合独立交易原则的方法。

第一百一十二条 企业可以依照企业所得税法第四十一条第二款的规定，按照独立交易原则与其关联方分摊共同发生的成本，达成成本分摊协议。

企业与其关联方分摊成本时，应当按照成本与预期收益相配比的原则进行分摊，并在税务机关规定的期限内，按照税务机关的要求报送有关资料。

企业与其关联方分摊成本时违反本条第一款、第二款规定的，其自行分摊的成本不得在计算应纳税所得额时扣除。

第一百一十三条 企业所得税法第四十二条所称预约定价安排，是指企业就其未来年度关联交易的定价原则和计算方法，向税务机关提出申请，与税务机关按照独立交易原则协商、确认后达成的协议。

第一百一十四条 企业所得税法第四十三条所称相关资料，包括：

（一）与关联业务往来有关的价格、费用的制定标准、计算方法和说明等同期资料；

（二）关联业务往来所涉及的财产、财产使用权、劳务等的再销售（转让）价格或者最终销售（转让）价格的相关资料；

（三）与关联业务调查有关的其他企业应当提供的与被调查企业可比的产品价格、定价方式以及利润水平等资料；

（四）其他与关联业务往来有关的资料。

企业所得税法第四十三条所称与关联业务调查有关的其他企业，是指与被调查企业在生产经营内容和方式上相类似的企业。

企业应当在税务机关规定的期限内提供与关联业务往来有关的价格、费用的制定标准、计算方法和说明等资料。关联方以及与关联业务调查有关的其他企业应当在税务机关与其约定的期限内提供相关资料。

第一百一十五条 税务机关依照企业所得税法第四十四条的规定核定企业的应纳税所得额时，可以采用下列方法：

（一）参照同类或者类似企业的利润率水平核定；

（二）按照企业成本加合理的费用和利润的方法核定；

（三）按照关联企业集团整体利润的合理比例核定；

（四）按照其他合理方法核定。

企业对税务机关按照前款规定的方法核定的应纳税所得额有异议的，应当提供相关证据，经税务机关认定后，调整核定的应纳税所得额。

第一百一十六条 企业所得税法第四十五条所称中国居民，是指根据《中华人民共和国个人所得税法》的规定，就其从中国境内、境外取得的所得在中国缴纳个人所得税的个人。

第一百一十七条 企业所得税法第四十五条所称控制，包括：

（一）居民企业或者中国居民直接或者间接单一持有外国企业10%以上有表决权股份，且由其共同持有该外国企业50%以上股份；

（二）居民企业，或者居民企业和中国居民持股比例没有达到第（一）项规定的标准，但在股份、资金、经营、购销等方面对该外国企业构成实质控制。

第一百一十八条 企业所得税法第四十五条所称实际税负明显低于企业所得税法第四条第一款规定税率水平，是指低于企业所得税法第四条第一款规定税率的50%。

第一百一十九条 企业所得税法第四十六条所称债权性投资，是指企业直接或者间接从关联方获得的，需要偿还本金和支付利息或者需要以其他具有支付利息性质的方式予以补偿的融资。

企业间接从关联方获得的债权性投资，包括：

（一）关联方通过无关联第三方提供的债权性投资；

（二）无关联第三方提供的、由关联方担保且负有连带责任的债权性投资；

（三）其他间接从关联方获得的具有负债实质的债权性投资。

企业所得税法第四十六条所称权益性投资，是指企业接受的不需要偿还本金和支付利息，投资人对企业净资产拥有所有权的投资。

企业所得税法第四十六条所称标准，由国务院财政、税务主管部门另行规定。

第一百二十条 企业所得税法第四十七条所称不具有合理商业目的，是指以减少、免除或者推迟缴纳税款为主要目的。

第一百二十一条　税务机关根据税收法律、行政法规的规定，对企业作出特别纳税调整的，应当对补征的税款，自税款所属纳税年度的次年 6 月 1 日起至补缴税款之日止的期间，按日加收利息。

前款规定加收的利息，不得在计算应纳税所得额时扣除。

第一百二十二条　企业所得税法第四十八条所称利息，应当按照税款所属纳税年度中国人民银行公布的与补税期间同期的人民币贷款基准利率加 5 个百分点计算。

企业依照企业所得税法第四十三条和本条例的规定提供有关资料的，可以只按前款规定的人民币贷款基准利率计算利息。

第一百二十三条　企业与其关联方之间的业务往来，不符合独立交易原则，或者企业实施其他不具有合理商业目的安排的，税务机关有权在该业务发生的纳税年度起 10 年内，进行纳税调整。

第七章　征收管理

第一百二十四条　企业所得税法第五十条所称企业登记注册地，是指企业依照国家有关规定登记注册的住所地。

第一百二十五条　企业汇总计算并缴纳企业所得税时，应当统一核算应纳税所得额，具体办法由国务院财政、税务主管部门另行制定。

第一百二十六条　企业所得税法第五十一条所称主要机构、场所，应当同时符合下列条件：

（一）对其他各机构、场所的生产经营活动负有监督管理责任；

（二）设有完整的账簿、凭证，能够准确反映各机构、场所的收入、成本、费用和盈亏情况。

第一百二十七条　企业所得税分月或者分季预缴，由税务机关具体核定。

企业根据企业所得税法第五十四条规定分月或者分季预缴企业所得税时，应当按照月度或者季度的实际利润额预缴；按照月度或者季度的实际利润额预缴有困难的，可以按照上一纳税年度应纳税所得额的月度或者季度平均额预缴，或者按照经税务机关认可的其他方法预缴。预缴方法一经确定，该纳税年度内不得随意变更。

第一百二十八条　企业在纳税年度内无论盈利或者亏损，都应当依照企业所得税法第五十四条规定的期限，向税务机关报送预缴企业所得税纳税申报表、年度企业所得税纳税申报表、财务会计报告和税务机关规定应当报送的其他有关资料。

第一百二十九条　企业所得以人民币以外的货币计算的，预缴企业所得税时，应当按照月度或者季度最后一日的人民币汇率中间价，折合成人民币计算应纳税所得额。年度终了汇算清缴时，对已经按照月度或者季度预缴税款的，不再重新折合计算，只就该纳税年度内未缴纳企业所得税的部分，按照纳税年度最后一日的人民币汇率中间价，折合成人民币计算应纳税所得额。

经税务机关检查确认，企业少计或者多计前款规定的所得的，应当按照检查确认补税或者退税时的上一个月最后一日的人民币汇率中间价，将少计或者多计的所得折合成人民币计算应纳税所得额，再计算应补缴或者应退的税款。

第八章　附　则

第一百三十条　企业所得税法第五十七条第一款所称本法公布前已经批准设立的企业，是指企业所得税法公布前已经完成登记注册的企业。

第一百三十一条　在香港特别行政区、澳门特别行政区和台湾地区成立的企业，参照适用企业所得税法第二条第二款、第三款的有关规定。

第一百三十二条　本条例自 2008 年 1 月 1 日起施行。1991 年 6 月 30 日国务院发布的《中华人民共和国外商投资企业和外国企业所得税法实施细则》和 1994 年 2 月 4 日财政部发布的《中华人民共和国企业所得税暂行条例实施细则》同时废止。

中华人民共和国个人所得税法

（1980年9月10日第五届全国人民代表大会第三次会议通过　1993年10月31日第八届全国人民代表大会常务委员会第四次会议第一次修正　1999年8月30日第九届全国人民代表大会常务委员会第十一次会议第二次修正　2005年10月27日第十届全国人民代表大会常务委员会第十八次会议第三次修正　2007年6月29日第十届全国人民代表大会常务委员会第二十八次会议第四次修正　2007年12月29日第十届全国人民代表大会常务委员会第三十一次会议第五次修正　2011年6月30日第十一届全国人民代表大会常务委员会第二十一次会议第六次修正　2018年8月31日第十三届全国人民代表大会常务委员会第五次会议第七次修正）

第一条　在中国境内有住所，或者无住所而一个纳税年度内在中国境内居住累计满一百八十三天的个人，为居民个人。居民个人从中国境内和境外取得的所得，依照本法规定缴纳个人所得税。

在中国境内无住所又不居住，或者无住所而一个纳税年度内在中国境内居住累计不满一百八十三天的个人，为非居民个人。非居民个人从中国境内取得的所得，依照本法规定缴纳个人所得税。

纳税年度，自公历一月一日起至十二月三十一日止。

第二条　下列各项个人所得，应当缴纳个人所得税：

（一）工资、薪金所得；

（二）劳务报酬所得；

（三）稿酬所得；

（四）特许权使用费所得；

（五）经营所得；

（六）利息、股息、红利所得；

（七）财产租赁所得；

（八）财产转让所得；

（九）偶然所得。

居民个人取得前款第（一）项至第（四）项所得（以下称综合所得），按纳税年度合并计算个人所得税；非居民个人取得前款第（一）项至第（四）项所得，按月或者按次分项计算个人所得税。纳税人取得前款第（五）项至第（九）项所得，依照本法规定分别计算个人所得税。

第三条　个人所得税的税率：

（一）综合所得，适用百分之三至百分之四十五的超额累进税率（税率表附后）；

（二）经营所得，适用百分之五至百分之三十五的超额累进税率（税率表附后）；

（三）利息、股息、红利所得，财产租赁所得，财产转让所得和偶然所得，适用比例税率，税率为百分之二十。

第四条　下列各项个人所得，免征个人所得税：

（一）省级人民政府、国务院部委和中国人民解放军军以上单位，以及外国组织、国际组织颁发的科学、教育、技术、文化、卫生、体育、环境保护等方面的奖金；

（二）国债和国家发行的金融债券利息；

（三）按照国家统一规定发给的补贴、津贴；

（四）福利费、抚恤金、救济金；

（五）保险赔款；

（六）军人的转业费、复员费、退役金；

（七）按照国家统一规定发给干部、职工的安家费、退职费、基本养老金或者退休费、离休费、离休生活补助费；

（八）依照有关法律规定应予免税的各国驻华使馆、领事馆的外交代表、领事官员和其他人员的所得；

（九）中国政府参加的国际公约、签订的协议中规定免税的所得；

（十）国务院规定的其他免税所得。

前款第（十）项免税规定，由国务院报全国人民代表大会常务委员会备案。

第五条 有下列情形之一的，可以减征个人所得税，具体幅度和期限，由省、自治区、直辖市人民政府规定，并报同级人民代表大会常务委员会备案：

（一）残疾、孤老人员和烈属的所得；

（二）因自然灾害遭受重大损失的。

国务院可以规定其他减税情形，报全国人民代表大会常务委员会备案。

第六条 应纳税所得额的计算：

（一）居民个人的综合所得，以每一纳税年度的收入额减除费用六万元以及专项扣除、专项附加扣除和依法确定的其他扣除后的余额，为应纳税所得额。

（二）非居民个人的工资、薪金所得，以每月收入额减除费用五千元后的余额为应纳税所得额；劳务报酬所得、稿酬所得、特许权使用费所得，以每次收入额为应纳税所得额。

（三）经营所得，以每一纳税年度的收入总额减除成本、费用以及损失后的余额，为应纳税所得额。

（四）财产租赁所得，每次收入不超过四千元的，减除费用八百元；四千元以上的，减除百分之二十的费用，其余额为应纳税所得额。

（五）财产转让所得，以转让财产的收入额减除财产原值和合理费用后的余额，为应纳税所得额。

（六）利息、股息、红利所得和偶然所得，以每次收入额为应纳税所得额。

劳务报酬所得、稿酬所得、特许权使用费所得以收入减除百分之二十的费用后的余额为收入额。稿酬所得的收入额减按百分之七十计算。

个人将其所得对教育、扶贫、济困等公益慈善事业进行捐赠，捐赠额未超过纳税人申报的应纳税所得额百分之三十的部分，可以从其应纳税所得额中扣除；国务院规定对公益慈善事业捐赠实行全额税前扣除的，从其规定。

本条第一款第（一）项规定的专项扣除，包括居民个人按照国家规定的范围和标准缴纳的基本养老保险、基本医疗保险、失业保险等社会保险费和住房公积金等；专项附加扣除，包括子女教育、继续教育、大病医疗、住房贷款利息或者住房租金、赡养老人等支出，具体范围、标准和实施步骤由国务院确定，并报全国人民代表大会常务委员会备案。

第七条 居民个人从中国境外取得的所得，可以从其应纳税额中抵免已在境外缴纳的个人所得税额，但抵免额不得超过该纳税人境外所得依照本法规定计算的应纳税额。

第八条 有下列情形之一的，税务机关有权按照合理方法进行纳税调整：

（一）个人与其关联方之间的业务往来不符合独立交易原则而减少本人或者其关联方应纳税额，且无正当理由；

（二）居民个人控制的，或者居民个人和居民企业共同控制的设立在实际税负明显偏低的国家（地区）的企业，无合理经营需要，对应当归属于居民个人的利润不作分配或者减少分配；

（三）个人实施其他不具有合理商业目的的安排而获取不当税收利益。

税务机关依照前款规定作出纳税调整，需要补征税款的，应当补征税款，并依法加收利息。

第九条 个人所得税以所得人为纳税人，以支付所得的单位或者个人为扣缴义务人。

纳税人有中国公民身份号码的，以中国公民身份号码为纳税人识别号；纳税人没有中国公民身份号码的，由税务机关赋予其纳税人识别号。扣缴义务人扣缴税款时，纳税人应当向扣缴义务人提供纳税人识别号。

第十条 有下列情形之一的，纳税人应当依法办理纳税申报：

（一）取得综合所得需要办理汇算清缴；

（二）取得应税所得没有扣缴义务人；

（三）取得应税所得，扣缴义务人未扣缴税款；

（四）取得境外所得；

（五）因移居境外注销中国户籍；

（六）非居民个人在中国境内从两处以上取得工资、薪金所得；

（七）国务院规定的其他情形。

扣缴义务人应当按照国家规定办理全员全额扣缴申报，并向纳税人提供其个人所得和已扣缴税款等信息。

第十一条 居民个人取得综合所得，按年计算个人所得税；有扣缴义务人的，由扣缴义务人按月或者按次预扣预缴税款；需要办理汇算清缴的，应当在取得所得的次年三月一日至六月三十日内办理汇算清缴。预扣预缴办法由国务院税务主管部门制定。

居民个人向扣缴义务人提供专项附加扣除信息的，扣缴义务人按月预扣预缴税款时应当按照规定予以扣除，不得拒绝。

非居民个人取得工资、薪金所得，劳务报酬所得，稿酬所得和特许权使用费所得，有扣缴义务人的，由扣缴义务人按月或者按次代扣代缴税款，不办理汇算清缴。

第十二条 纳税人取得经营所得，按年计算个人所得税，由纳税人在月度或者季度终了后十五日内向税务机关报送纳税申报表，并预缴税款；在取得所得的次年三月三十一日前办理汇算清缴。

纳税人取得利息、股息、红利所得，财产租赁所得，财产转让所得和偶然所得，按月或者按次计算个人所得税，有扣缴义务人的，由扣缴义务人按月或者按次代扣代缴税款。

第十三条 纳税人取得应税所得没有扣缴义务人的，应当在取得所得的次月十五日内向税务机关报送纳税申报表，并缴纳税款。

纳税人取得应税所得，扣缴义务人未扣缴税款的，纳税人应当在取得所得的次年六月三十日前，缴纳税款；税务机关通知限期缴纳的，纳税人应当按照期限缴纳税款。

居民个人从中国境外取得所得的，应当在取得所得的次年三月一日至六月三十日内申报纳税。

非居民个人在中国境内从两处以上取得工资、薪金所得的，应当在取得所得的次月十五日内申报纳税。

纳税人因移居境外注销中国户籍的，应当在注销中国户籍前办理税款清算。

第十四条 扣缴义务人每月或者每次预扣、代扣的税款，应当在次月十五日内缴入国库，并向税务机关报送扣缴个人所得税申报表。

纳税人办理汇算清缴退税或者扣缴义务人为纳税人办理汇算清缴退税的，税务机关审核后，按照国库管理的有关规定办理退税。

第十五条 公安、人民银行、金融监督管理等相关部门应当协助税务机关确认纳税人的身份、金融账户信息。教育、卫生、医疗保障、民政、人力资源和社会保障、住房城乡建设、公安、人民银行、金融监督管理等相关部门应当向税务机关提供纳税人子女教育、继续教育、大病医疗、住房贷款利息、住房租金、赡养老人等专项附加扣除信息。

个人转让不动产的，税务机关应当根据不动产登记等相关信息核验应缴的个人所得税，登记机构办理转移登记时，应当查验与该不动产转让相关的个人所得税的完税凭证。个人转让股权办理变更登记的，市场主体登记机关应当查验与该股权交易相关的个人所得税的完税凭证。

有关部门依法将纳税人、扣缴义务人遵守本法的情况纳入信用信息系统，并实施联合激励或者惩戒。

第十六条 各项所得的计算，以人民币为单位。所得为人民币以外的货币的，按照人民币汇率中间价折合成人民币缴纳税款。

第十七条 对扣缴义务人按照所扣缴的税款，付给百分之二的手续费。

第十八条 对储蓄存款利息所得开征、减征、停征个人所得税及其具体办法，由国务院规定，并报全国人民代表大会常务委员会备案。

第十九条 纳税人、扣缴义务人和税务机关及其工作人员违反本法规定的，依照《中华人民共和国税收征收管理法》和有关法律法规的规定追究法律责任。

第二十条 个人所得税的征收管理，依照本法和《中华人民共和国税收征收管理法》的规定执行。

第二十一条 国务院根据本法制定实施条例。

第二十二条 本法自公布之日起施行。

个人所得税税率表一
（综合所得适用）

级数	全年应纳税所得额	税率（%）
1	不超过36000元的	3
2	超过36000元至144000元的部分	10
3	超过144000元至300000元的部分	20
4	超过300000元至420000元的部分	25
5	超过420000元至660000元的部分	30
6	超过660000元至960000元的部分	35
7	超过960000元的部分	45

注1：本表所称全年应纳税所得额是指依照本法第六条的规定，居民个人取得综合所得以每一纳税年度收入额减除费用六万元以及专项扣除、专项附加扣除和依法确定的其他扣除后的余额。

注2：非居民个人取得工资、薪金所得，劳务报酬所得，稿酬所得和特许权使用费所得，依照本表按月换算后计算应纳税额。

个人所得税税率表二
（经营所得适用）

级数	全年应纳税所得额	税率（%）
1	不超过30000元的	5
2	超过30000元至90000元的部分	10
3	超过90000元至300000元的部分	20
4	超过300000元至500000元的部分	30
5	超过500000元的部分	35

注：本表所称全年应纳税所得额是指依照本法第六条的规定，以每一纳税年度的收入总额减除成本、费用以及损失后的余额。

中华人民共和国个人所得税法实施条例

(1994年1月28日国务院令第142号　2005年12月19日国务院令第452号第一次修正　2008年2月18日国务院令第519号第二次修正　2011年7月19日国务院令第600号第三次修正　2018年12月18日国务院令第707号修订)

第一条　根据《中华人民共和国个人所得税法》(以下简称个人所得税法),制定本条例。

第二条　个人所得税法所称在中国境内有住所,是指因户籍、家庭、经济利益关系而在中国境内习惯性居住;所称从中国境内和境外取得的所得,分别是指来源于中国境内的所得和来源于中国境外的所得。

第三条　除国务院财政、税务主管部门另有规定外,下列所得,不论支付地点是否在中国境内,均为来源于中国境内的所得:

(一)因任职、受雇、履约等在中国境内提供劳务取得的所得;

(二)将财产出租给承租人在中国境内使用而取得的所得;

(三)许可各种特许权在中国境内使用而取得的所得;

(四)转让中国境内的不动产等财产或者在中国境内转让其他财产取得的所得;

(五)从中国境内企业、事业单位、其他组织以及居民个人取得的利息、股息、红利所得。

第四条　在中国境内无住所的个人,在中国境内居住累计满183天的年度连续不满六年的,经向主管税务机关备案,其来源于中国境外且由境外单位或者个人支付的所得,免予缴纳个人所得税;在中国境内居住累计满183天的任一年度中有一次离境超过30天的,其在中国境内居住累计满183天的年度的连续年限重新起算。

第五条　在中国境内无住所的个人,在一个纳税年度内在中国境内居住累计不超过90天的,其来源于中国境内的所得,由境外雇主支付并且不由该雇主在中国境内的机构、场所负担的部分,免予缴纳个人所得税。

第六条　个人所得税法规定的各项个人所得的范围:

(一)工资、薪金所得,是指个人因任职或者受雇取得的工资、薪金、奖金、年终加薪、劳动分红、津贴、补贴以及与任职或者受雇有关的其他所得。

(二)劳务报酬所得,是指个人从事劳务取得的所得,包括从事设计、装潢、安装、制图、化验、测试、医疗、法律、会计、咨询、讲学、翻译、审稿、书画、雕刻、影视、录音、录像、演出、表演、广告、展览、技术服务、介绍服务、经纪服务、代办服务以及其他劳务取得的所得。

(三)稿酬所得,是指个人因其作品以图书、报刊等形式出版、发表而取得的所得。

(四)特许权使用费所得,是指个人提供专利权、商标权、著作权、非专利技术以及其他特许权的使用权取得的所得;提供著作权的使用权取得的所得,不包括稿酬所得。

(五)经营所得,是指:

1. 个体工商户从事生产、经营活动取得的所得,个人独资企业投资人、合伙企业的个人合伙人来源于境内注册的个人独资企业、合伙企业生产、经营的所得;

2. 个人依法从事办学、医疗、咨询以及其他有偿服务活动取得的所得;

3. 个人对企业、事业单位承包经营、承租经营以及转包、转租取得的所得;

4. 个人从事其他生产、经营活动取得的所得。

(六)利息、股息、红利所得,是指个人拥有债权、股权等而取得的利息、股息、红利所得。

(七)财产租赁所得,是指个人出租不动产、机器设备、车船以及其他财产取得的所得。

(八)财产转让所得,是指个人转让有价证券、股权、合伙企业中的财产份额、不动产、机器设备、车船以及其他财产取得的所得。

（九）偶然所得，是指个人得奖、中奖、中彩以及其他偶然性质的所得。

个人取得的所得，难以界定应纳税所得项目的，由国务院税务主管部门确定。

第七条 对股票转让所得征收个人所得税的办法，由国务院另行规定，并报全国人民代表大会常务委员会备案。

第八条 个人所得的形式，包括现金、实物、有价证券和其他形式的经济利益；所得为实物的，应当按照取得的凭证上所注明的价格计算应纳税所得额，无凭证的实物或者凭证上所注明的价格明显偏低的，参照市场价格核定应纳税所得额；所得为有价证券的，根据票面价格和市场价格核定应纳税所得额；所得为其他形式的经济利益的，参照市场价格核定应纳税所得额。

第九条 个人所得税法第四条第一款第二项所称国债利息，是指个人持有中华人民共和国财政部发行的债券而取得的利息；所称国家发行的金融债券利息，是指个人持有经国务院批准发行的金融债券而取得的利息。

第十条 个人所得税法第四条第一款第三项所称按照国家统一规定发给的补贴、津贴，是指按照国务院规定发给的政府特殊津贴、院士津贴，以及国务院规定免予缴纳个人所得税的其他补贴、津贴。

第十一条 个人所得税法第四条第一款第四项所称福利费，是指根据国家有关规定，从企业、事业单位、国家机关、社会组织提留的福利费或者工会经费中支付给个人的生活补助费；所称救济金，是指各级人民政府民政部门支付给个人的生活困难补助费。

第十二条 个人所得税法第四条第一款第八项所称依照有关法律规定应予免税的各国驻华使馆、领事馆的外交代表、领事官员和其他人员的所得，是指依照《中华人民共和国外交特权与豁免条例》和《中华人民共和国领事特权与豁免条例》规定免税的所得。

第十三条 个人所得税法第六条第一款第一项所称依法确定的其他扣除，包括个人缴付符合国家规定的企业年金、职业年金，个人购买符合国家规定的商业健康保险、税收递延型商业养老保险的支出，以及国务院规定可以扣除的其他项目。

专项扣除、专项附加扣除和依法确定的其他扣除，以居民个人一个纳税年度的应纳税所得额为限额；一个纳税年度扣除不完的，不结转以后年度扣除。

第十四条 个人所得税法第六条第一款第二项、第四项、第六项所称每次，分别按照下列方法确定：

（一）劳务报酬所得、稿酬所得、特许权使用费所得，属于一次性收入的，以取得该项收入为一次；属于同一项目连续性收入的，以一个月内取得的收入为一次。

（二）财产租赁所得，以一个月内取得的收入为一次。

（三）利息、股息、红利所得，以支付利息、股息、红利时取得的收入为一次。

（四）偶然所得，以每次取得该项收入为一次。

第十五条 个人所得税法第六条第一款第三项所称成本、费用，是指生产、经营活动中发生的各项直接支出和分配计入成本的间接费用以及销售费用、管理费用、财务费用；所称损失，是指生产、经营活动中发生的固定资产和存货的盘亏、毁损、报废损失，转让财产损失，坏账损失，自然灾害等不可抗力因素造成的损失以及其他损失。

取得经营所得的个人，没有综合所得的，计算其每一纳税年度的应纳税所得额时，应当减除费用6万元、专项扣除、专项附加扣除以及依法确定的其他扣除。专项附加扣除在办理汇算清缴时减除。

从事生产、经营活动，未提供完整、准确的纳税资料，不能正确计算应纳税所得额的，由主管税务机关核定应纳税所得额或者应纳税额。

第十六条 个人所得税法第六条第一款第五项规定的财产原值，按照下列方法确定：

（一）有价证券，为买入价以及买入时按照规定交纳的有关费用；

（二）建筑物，为建造费或者购进价格以及其他有关费用；

（三）土地使用权，为取得土地使用权所支付的金额、开发土地的费用以及其他有关费用；

（四）机器设备、车船，为购进价格、运输费、安装费以及其他有关费用。

其他财产，参照前款规定的方法确定财产原值。

纳税人未提供完整、准确的财产原值凭证，不能按照本条第一款规定的方法确定财产原值的，由主管税务机关核定财产原值。

个人所得税法第六条第一款第五项所称合理费用，是指卖出财产时按照规定支付的有关税费。

第十七条 财产转让所得，按照一次转让财产的收入额减除财产原值和合理费用后的余额计算纳税。

第十八条 两个以上的个人共同取得同一项目收入的，应当对每个人取得的收入分别按照个人所得税法的规定计算纳税。

第十九条 个人所得税法第六条第三款所称个人将其所得对教育、扶贫、济困等公益慈善事业进行捐赠，是指个人将其所得通过中国境内的公益性社会组织、国家机关向教育、扶贫、济困等公益慈善事业的捐赠；所称应纳税所得额，是指计算扣除捐赠额之前的应纳税所得额。

第二十条 居民个人从中国境内和境外取得的综合所得、经营所得，应当分别合并计算应纳税额；从中国境内和境外取得的其他所得，应当分别单独计算应纳税额。

第二十一条 个人所得税法第七条所称已在境外缴纳的个人所得税税额，是指居民个人来源于中国境外的所得，依照该所得来源国家（地区）的法律应当缴纳并且实际已经缴纳的所得税税额。

个人所得税法第七条所称纳税人境外所得依照本法规定计算的应纳税额，是居民个人抵免已在境外缴纳的综合所得、经营所得以及其他所得的所得税税额的限额（以下简称抵免限额）。除国务院财政、税务主管部门另有规定外，来源于中国境外一个国家（地区）的综合所得抵免限额、经营所得抵免限额以及其他所得抵免限额之和，为来源于该国家（地区）所得的抵免限额。

居民个人在中国境外一个国家（地区）实际已经缴纳的个人所得税税额，低于依照前款规定计算出的来源于该国家（地区）所得的抵免限额的，应当在中国缴纳差额部分的税款；超过来源于该国家（地区）所得的抵免限额的，其超过部分不得在本纳税年度的应纳税额中抵免，但是可以在以后纳税年度来源于该国家（地区）所得的抵免限额的余额中补扣。补扣期限最长不得超过五年。

第二十二条 居民个人申请抵免已在境外缴纳的个人所得税税额，应当提供境外税务机关出具的税款所属年度的有关纳税凭证。

第二十三条 个人所得税法第八条第二款规定的利息，应当按照税款所属纳税申报期最后一日中国人民银行公布的与补税期间同期的人民币贷款基准利率计算，自税款纳税申报期满次日起至补缴税款期限届满之日止按日加收。纳税人在补缴税款期限届满前补缴税款的，利息加收至补缴税款之日。

第二十四条 扣缴义务人向个人支付应税款项时，应当依照个人所得税法规定预扣或者代扣税款，按时缴库，并专项记载备查。

前款所称支付，包括现金支付、汇拨支付、转账支付和以有价证券、实物以及其他形式的支付。

第二十五条 取得综合所得需要办理汇算清缴的情形包括：

（一）从两处以上取得综合所得，且综合所得年收入额减除专项扣除的余额超过6万元；

（二）取得劳务报酬所得、稿酬所得、特许权使用费所得中一项或者多项所得，且综合所得年收入额减除专项扣除的余额超过6万元；

（三）纳税年度内预缴税额低于应纳税额；

（四）纳税人申请退税。

纳税人申请退税，应当提供其在中国境内开设的银行账户，并在汇算清缴地就地办理税款退库。

汇算清缴的具体办法由国务院税务主管部门制定。

第二十六条 个人所得税法第十条第二款所称全员全额扣缴申报，是指扣缴义务人在代扣税款的次月十五日内，向主管税务机关报送其支付所得的所有个人的有关信息、支付所得数额、扣除事项和数额、扣缴税款的具体数额和总额以及其他相关涉税信息资料。

第二十七条 纳税人办理纳税申报的地点以及其他有关事项的具体办法，由国务院税务主管部门制定。

第二十八条 居民个人取得工资、薪金所得时,可以向扣缴义务人提供专项附加扣除有关信息,由扣缴义务人扣缴税款时减除专项附加扣除。纳税人同时从两处以上取得工资、薪金所得,并由扣缴义务人减除专项附加扣除的,对同一专项附加扣除项目,在一个纳税年度内只能选择从一处取得的所得中减除。

居民个人取得劳务报酬所得、稿酬所得、特许权使用费所得,应当在汇算清缴时向税务机关提供有关信息,减除专项附加扣除。

第二十九条 纳税人可以委托扣缴义务人或者其他单位和个人办理汇算清缴。

第三十条 扣缴义务人应当按照纳税人提供的信息计算办理扣缴申报,不得擅自更改纳税人提供的信息。

纳税人发现扣缴义务人提供或者扣缴申报的个人信息、所得、扣缴税款等与实际情况不符的,有权要求扣缴义务人修改。扣缴义务人拒绝修改的,纳税人应当报告税务机关,税务机关应当及时处理。

纳税人、扣缴义务人应当按照规定保存与专项附加扣除相关的资料。税务机关可以对纳税人提供的专项附加扣除信息进行抽查,具体办法由国务院税务主管部门另行规定。税务机关发现纳税人提供虚假信息的,应当责令改正并通知扣缴义务人;情节严重的,有关部门应当依法予以处理,纳入信用信息系统并实施联合惩戒。

第三十一条 纳税人申请退税时提供的汇算清缴信息有错误的,税务机关应当告知其更正;纳税人更正的,税务机关应当及时办理退税。

扣缴义务人未将扣缴的税款解缴入库的,不影响纳税人按照规定申请退税,税务机关应当凭纳税人提供的有关资料办理退税。

第三十二条 所得为人民币以外货币的,按照办理纳税申报或者扣缴申报的上一月最后一日人民币汇率中间价,折合成人民币计算应纳税所得额。年度终了后办理汇算清缴的,对已经按月、按季或者按次预缴税款的人民币以外货币所得,不再重新折算;对应当补缴税款的所得部分,按照上一纳税年度最后一日人民币汇率中间价,折合成人民币计算应纳税所得额。

第三十三条 税务机关按照个人所得税法第十七条的规定付给扣缴义务人手续费,应当填开退还书;扣缴义务人凭退还书,按照国库管理有关规定办理退库手续。

第三十四条 个人所得税纳税申报表、扣缴个人所得税报告表和个人所得税完税凭证式样,由国务院税务主管部门统一制定。

第三十五条 军队人员个人所得税征收事宜,按照有关规定执行。

第三十六条 本条例自 2019 年 1 月 1 日起施行。

关于全面实施新个人所得税法若干征管衔接问题的公告

(2018 年 12 月 19 日 国家税务总局公告 2018 年第 56 号)

为贯彻落实新修改的《中华人民共和国个人所得税法》(以下简称"新个人所得税法"),现就全面实施新个人所得税法后扣缴义务人对居民个人工资、薪金所得,劳务报酬所得,稿酬所得,特许权使用费所得预扣预缴个人所得税的计算方法,对非居民个人上述四项所得扣缴个人所得税的计算方法,公告如下:

一、居民个人预扣预缴方法

扣缴义务人向居民个人支付工资、薪金所得,劳务报酬所得,稿酬所得,特许权使用费所得时,按以下方法预扣预缴个人所得税,并向主管税务机关报送《个人所得税扣缴申报表》。年度预扣预缴税额与年度应纳税额不一致的,由居民个人于次年3月1日至6月30日向主管税务机关办理综合所得年度汇算清缴,税款多退少补。

(一)扣缴义务人向居民个人支付工资、薪金所得时,应当按照累计预扣法计算预扣税款,并按月办理全员全额扣缴申报。具体计算公式如下:

本期应预扣预缴税额=(累计预扣预缴应纳税所得额×预扣率-速算扣除数)-累计减免税额-累计已预扣预缴税额

累计预扣预缴应纳税所得额=累计收入-累计免税收入-累计减除费用-累计专项扣除-累计专项附加扣除-累计依法确定的其他扣除

其中:累计减除费用,按照5000元/月乘以纳税人当年截至本月在本单位的任职受雇月份数计算。

上述公式中,计算居民个人工资、薪金所得预扣预缴税额的预扣率、速算扣除数,按《个人所得税预扣率表一》执行。

(二)扣缴义务人向居民个人支付劳务报酬所得、稿酬所得、特许权使用费所得,按次或者按月预扣预缴个人所得税。具体预扣预缴方法如下:

劳务报酬所得、稿酬所得、特许权使用费所得以收入减除费用后的余额为收入额。其中,稿酬所得的收入额减按百分之七十计算。

减除费用:劳务报酬所得、稿酬所得、特许权使用费所得每次收入不超过四千元的,减除费用按八百元计算;每次收入四千元以上的,减除费用按百分之二十计算。

应纳税所得额:劳务报酬所得、稿酬所得、特许权使用费所得,以每次收入额为预扣预缴应纳税所得额。劳务报酬所得适用百分之二十至百分之四十的超额累进预扣率(《个人所得税预扣率表二》),稿酬所得、特许权使用费所得适用百分之二十的比例预扣率。

劳务报酬所得应预扣预缴税额=预扣预缴应纳税所得额×预扣率-速算扣除数

稿酬所得、特许权使用费所得应预扣预缴税额=预扣预缴应纳税所得额×20%

二、非居民个人扣缴方法

扣缴义务人向非居民个人支付工资、薪金所得,劳务报酬所得,稿酬所得和特许权使用费所得时,应当按以下方法按月或者按次代扣代缴个人所得税:

非居民个人的工资、薪金所得,以每月收入额减除费用五千元后的余额为应纳税所得额;劳务报酬所得、稿酬所得、特许权使用费所得,以每次收入额为应纳税所得额,适用按月换算后的非居民个人月度税率表(《个人所得税税率表三》)计算应纳税额。其中,劳务报酬所得、稿酬所得、特许权使用费所得以收入减除百分之二十的费用后的余额为收入额。稿酬所得的收入额减按百分之七十计算。

非居民个人工资、薪金所得,劳务报酬所得,稿酬所得,特许权使用费所得应纳税额=应纳税所得额×税率-速算扣除数

本公告自2019年1月1日起施行。

特此公告。

关于个人取得有关收入适用个人所得税
应税所得项目的公告

(2019年6月13日 财政部 国家税务总局公告2019年第74号)

为贯彻落实修改后的《中华人民共和国个人所得税法》,做好政策衔接工作,现将个人取得的有关收入适用个人所得税应税所得项目的事项公告如下:

一、个人为单位或他人提供担保获得收入，按照"偶然所得"项目计算缴纳个人所得税。

二、房屋产权所有人将房屋产权无偿赠与他人的，受赠人因无偿受赠房屋取得的受赠收入，按照"偶然所得"项目计算缴纳个人所得税。按照《财政部 国家税务总局关于个人无偿受赠房屋有关个人所得税问题的通知》（财税〔2009〕78号）第一条规定，符合以下情形的，对当事双方不征收个人所得税：

（一）房屋产权所有人将房屋产权无偿赠与配偶、父母、子女、祖父母、外祖父母、孙子女、外孙子女、兄弟姐妹；

（二）房屋产权所有人将房屋产权无偿赠与对其承担直接抚养或者赡养义务的抚养人或者赡养人；

（三）房屋产权所有人死亡，依法取得房屋产权的法定继承人、遗嘱继承人或者受遗赠人。

前款所称受赠收入的应纳税所得额按照《财政部 国家税务总局关于个人无偿受赠房屋有关个人所得税问题的通知》（财税〔2009〕78号）第四条规定计算。

三、企业在业务宣传、广告等活动中，随机向本单位以外的个人赠送礼品（包括网络红包，下同），以及企业在年会、座谈会、庆典以及其他活动中向本单位以外的个人赠送礼品，个人取得的礼品收入，按照"偶然所得"项目计算缴纳个人所得税，但企业赠送的具有价格折扣或折让性质的消费券、代金券、抵用券、优惠券等礼品除外。

前款所称礼品收入的应纳税所得额按照《财政部 国家税务总局关于企业促销展业赠送礼品有关个人所得税问题的通知》（财税〔2011〕50号）第三条规定计算。

四、个人按照《财政部 税务总局 人力资源社会保障部 中国银行保险监督管理委员会 证监会关于开展个人税收递延型商业养老保险试点的通知》（财税〔2018〕22号）的规定，领取的税收递延型商业养老保险的养老金收入，其中25%部分予以免税，其余75%部分按照10%的比例税率计算缴纳个人所得税，税款计入"工资、薪金所得"项目，由保险机构代扣代缴后，在个人购买税延养老保险的机构所在地办理全员全额扣缴申报。

五、本公告自2019年1月1日起执行。下列文件或文件条款同时废止：

（一）《财政部 国家税务总局关于银行部门以超过国家利率支付给储户的揽储奖金征收个人所得税问题的批复》（财税字〔1995〕64号）；

（二）《国家税务总局对中国科学院院士荣誉奖金征收个人所得税问题的复函》（国税函〔1995〕351号）；

（三）《国家税务总局关于未分配的投资者收益和个人人寿保险收入征收个人所得税问题的批复》（国税函〔1998〕546号）第二条；

（四）《国家税务总局关于个人所得税有关政策问题的通知》（国税发〔1999〕58号）第三条；

（五）《国家税务总局关于股民从证券公司取得的回扣收入征收个人所得税问题的批复》（国税函〔1999〕627号）；

（六）《财政部 国家税务总局关于个人所得税有关问题的批复》（财税〔2005〕94号）第二条；

（七）《国家税务总局关于个人取得解除商品房买卖合同违约金征收个人所得税问题的批复》（国税函〔2006〕865号）；

（八）《财政部 国家税务总局关于个人无偿受赠房屋有关个人所得税问题的通知》（财税〔2009〕78号）第三条；

（九）《财政部 国家税务总局关于企业促销展业赠送礼品有关个人所得税问题的通知》（财税〔2011〕50号）第二条第1项、第2项；

（十）《财政部 税务总局 人力资源社会保障部 中国银行保险监督管理委员会 证监会关于开展个人税收递延型商业养老保险试点的通知》（财税〔2018〕22号）第一条第（二）项第3点第二段；

（十一）《国家税务总局关于开展个人税收递延型商业养老保险试点有关征管问题的公告》（国家税务总局公告2018年第21号）第二条。

特此公告。

个人所得税专项附加扣除暂行办法

(2018 年 12 月 13 日 国务院 国发〔2018〕41 号)

第一章 总 则

第一条 根据《中华人民共和国个人所得税法》(以下简称个人所得税法) 规定, 制定本办法。

第二条 本办法所称个人所得税专项附加扣除, 是指个人所得税法规定的子女教育、继续教育、大病医疗、住房贷款利息或者住房租金、赡养老人等 6 项专项附加扣除。

第三条 个人所得税专项附加扣除遵循公平合理、利于民生、简便易行的原则。

第四条 根据教育、医疗、住房、养老等民生支出变化情况, 适时调整专项附加扣除范围和标准。

第二章 子女教育

第五条 纳税人的子女接受全日制学历教育的相关支出, 按照每个子女每月 1000 元的标准定额扣除。

学历教育包括义务教育(小学、初中教育)、高中阶段教育(普通高中、中等职业、技工教育)、高等教育(大学专科、大学本科、硕士研究生、博士研究生教育)。

年满 3 岁至小学入学前处于学前教育阶段的子女, 按本条第一款规定执行。

第六条 父母可以选择由其中一方按扣除标准的 100% 扣除, 也可以选择由双方分别按扣除标准的 50% 扣除, 具体扣除方式在一个纳税年度内不能变更。

第七条 纳税人子女在中国境外接受教育的, 纳税人应当留存境外学校录取通知书、留学签证等相关教育的证明资料备查。

第三章 继续教育

第八条 纳税人在中国境内接受学历(学位)继续教育的支出, 在学历(学位)教育期间按照每月 400 元定额扣除。同一学历(学位)继续教育的扣除期限不能超过 48 个月。纳税人接受技能人员职业资格继续教育、专业技术人员职业资格继续教育的支出, 在取得相关证书的当年, 按照 3600 元定额扣除。

第九条 个人接受本科及以下学历(学位)继续教育, 符合本办法规定扣除条件的, 可以选择由其父母扣除, 也可以选择由本人扣除。

第十条 纳税人接受技能人员职业资格继续教育、专业技术人员职业资格继续教育的, 应当留存相关证书等资料备查。

第四章 大病医疗

第十一条 在一个纳税年度内, 纳税人发生的与基本医保相关的医药费用支出, 扣除医保报销后个人负担(指医保目录范围内的自付部分)累计超过 15000 元的部分, 由纳税人在办理年度汇算清缴时, 在 80000 元限额内据实扣除。

第十二条 纳税人发生的医药费用支出可以选择由本人或者其配偶扣除; 未成年子女发生的医药费用支出可以选择由其父母一方扣除。

纳税人及其配偶、未成年子女发生的医药费用支出, 按本办法第十一条规定分别计算扣除额。

第十三条 纳税人应当留存医药服务收费及医保报销相关票据原件(或者复印件)等资料备查。医疗保障部门应当向患者提供在医疗保障信息系统记录的本人年度医药费用信息查询服务。

第五章 住房贷款利息

第十四条 纳税人本人或者配偶单独或者共同使用商业银行或者住房公积金个人住房贷款为本人或者其配偶购买中国境内住房，发生的首套住房贷款利息支出，在实际发生贷款利息的年度，按照每月1000元的标准定额扣除，扣除期限最长不超过240个月。纳税人只能享受一次首套住房贷款的利息扣除。

本办法所称首套住房贷款是指购买住房享受首套住房贷款利率的住房贷款。

第十五条 经夫妻双方约定，可以选择由其中一方扣除，具体扣除方式在一个纳税年度内不能变更。

夫妻双方婚前分别购买住房发生的首套住房贷款，其贷款利息支出，婚后可以选择其中一套购买的住房，由购买方按扣除标准的100%扣除，也可以由夫妻双方对各自购买的住房分别按扣除标准的50%扣除，具体扣除方式在一个纳税年度内不能变更。

第十六条 纳税人应当留存住房贷款合同、贷款还款支出凭证备查。

第六章 住房租金

第十七条 纳税人在主要工作城市没有自有住房而发生的住房租金支出，可以按照以下标准定额扣除：

（一）直辖市、省会（首府）城市、计划单列市以及国务院确定的其他城市，扣除标准为每月1500元；

（二）除第（一）项所列城市以外，市辖区户籍人口超过100万的城市，扣除标准为每月1100元；市辖区户籍人口不超过100万的城市，扣除标准为每月800元。

纳税人的配偶在纳税人的主要工作城市有自有住房的，视同纳税人在主要工作城市有自有住房。

市辖区户籍人口，以国家统计局公布的数据为准。

第十八条 本办法所称主要工作城市是指纳税人任职受雇的直辖市、计划单列市、副省级城市、地级市（地区、州、盟）全部行政区域范围；纳税人无任职受雇单位的，为受理其综合所得汇算清缴的税务机关所在城市。

夫妻双方主要工作城市相同的，只能由一方扣除住房租金支出。

第十九条 住房租金支出由签订租赁住房合同的承租人扣除。

第二十条 纳税人及其配偶在一个纳税年度内不能同时分别享受住房贷款利息和住房租金专项附加扣除。

第二十一条 纳税人应当留存住房租赁合同、协议等有关资料备查。

第七章 赡养老人

第二十二条 纳税人赡养一位及以上被赡养人的赡养支出，统一按照以下标准定额扣除：

（一）纳税人为独生子女的，按照每月2000元的标准定额扣除；

（二）纳税人为非独生子女的，由其与兄弟姐妹分摊每月2000元的扣除额度，每人分摊的额度不能超过每月1000元。可以由赡养人均摊或者约定分摊，也可以由被赡养人指定分摊。约定或者指定分摊的须签订书面分摊协议，指定分摊优先于约定分摊。具体分摊方式和额度在一个纳税年度内不能变更。

第二十三条 本办法所称被赡养人是指年满60岁的父母，以及子女均已去世的年满60岁的祖父母、外祖父母。

第八章 保障措施

第二十四条 纳税人向收款单位索取发票、财政票据、支出凭证，收款单位不能拒绝提供。

第二十五条 纳税人首次享受专项附加扣除，应当将专项附加扣除相关信息提交扣缴义务人或者税务机关，扣缴义务人应当及时将相关信息报送税务机关，纳税人对所提交信息的真实性、准确性、完整性负责。专项附加扣除信息发生变化的,纳税人应当及时向扣缴义务人或者税务机关提供相关信息。

前款所称专项附加扣除相关信息,包括纳税人本人、配偶、子女、被赡养人等个人身份信息,以及国务院税务主管部门规定的其他与专项附加扣除相关的信息。

本办法规定纳税人需要留存备查的相关资料应当留存五年。

第二十六条 有关部门和单位有责任和义务向税务部门提供或者协助核实以下与专项附加扣除有关的信息:

(一)公安部门有关户籍人口基本信息、户成员关系信息、出入境证件信息、相关出国人员信息、户籍人口死亡标识等信息;

(二)卫生健康部门有关出生医学证明信息、独生子女信息;

(三)民政部门、外交部门、法院有关婚姻状况信息;

(四)教育部门有关学生学籍信息(包括学历继续教育学生学籍、考籍信息)、在相关部门备案的境外教育机构资质信息;

(五)人力资源社会保障等部门有关技工院校学生学籍信息、技能人员职业资格继续教育信息、专业技术人员职业资格继续教育信息;

(六)住房城乡建设部门有关房屋(含公租房)租赁信息、住房公积金管理机构有关住房公积金贷款还款支出信息;

(七)自然资源部门有关不动产登记信息;

(八)人民银行、金融监督管理部门有关住房商业贷款还款支出信息;

(九)医疗保障部门有关在医疗保障信息系统记录的个人负担的医药费用信息;

(十)国务院税务主管部门确定需要提供的其他涉税信息。

上述数据信息的格式、标准、共享方式,由国务院税务主管部门及各省、自治区、直辖市和计划单列市税务局商有关部门确定。

有关部门和单位拥有专项附加扣除涉税信息,但未按规定要求向税务部门提供的,拥有涉税信息的部门或者单位的主要负责人及相关人员承担相应责任。

第二十七条 扣缴义务人发现纳税人提供的信息与实际情况不符的,可以要求纳税人修改。纳税人拒绝修改的,扣缴义务人应当报告税务机关,税务机关应当及时处理。

第二十八条 税务机关核查专项附加扣除情况时,纳税人任职受雇单位所在地、经常居住地、户籍所在地的公安派出所、居民委员会或者村民委员会等有关单位和个人应当协助核查。

第九章 附 则

第二十九条 本办法所称父母,是指生父母、继父母、养父母。本办法所称子女,是指婚生子女、非婚生子女、继子女、养子女。父母之外的其他人担任未成年人的监护人的,比照本办法规定执行。

第三十条 个人所得税专项附加扣除额一个纳税年度扣除不完的,不能结转以后年度扣除。

第三十一条 个人所得税专项附加扣除具体操作办法,由国务院税务主管部门另行制定。

第三十二条 本办法自2019年1月1日起施行。

中华人民共和国房产税暂行条例

(1986年9月15日 国务院 国发〔1986〕90号 2011年1月8日国务院令第588号修正)

第一条 房产税在城市、县城、建制镇和工矿区征收。

第二条 房产税由产权所有人缴纳。产权属于全民所有的,由经营管理的单位缴纳。产权出典的,由承典人缴纳。产权所有人、承典人不在房产所在地的,或者产权未确定及租典纠纷未解决的,由房产代管人或者使用人缴纳。

前款列举的产权所有人、经营管理单位、承典人、房产代管人或者使用人,统称为纳税义务人(以下简称纳税人)。

第三条 房产税依照房产原值一次减除10%至30%后的余值计算缴纳。具体减除幅度,由省、自治区、直辖市人民政府规定。

没有房产原值作为依据的,由房产所在地税务机关参考同类房产核定。

房产出租的,以房产租金收入为房产税的计税依据。

第四条 房产税的税率,依照房产余值计算缴纳的,税率为1.2%;依照房产租金收入计算缴纳的,税率为12%。

第五条 下列房产免纳房产税:

一、国家机关、人民团体、军队自用的房产;

二、由国家财政部门拨付事业经费的单位自用的房产;

三、宗教寺庙、公园、名胜古迹自用的房产;

四、个人所有非营业用的房产;

五、经财政部批准免税的其他房产。

第六条 除本条例第五条规定者外,纳税人纳税确有困难的,可由省、自治区、直辖市人民政府确定,定期减征或者免征房产税。

第七条 房产税按年征收、分期缴纳。纳税期限由省、自治区、直辖市人民政府规定。

第八条 房产税的征收管理,依照《中华人民共和国税收征收管理法》的规定办理。

第九条 房产税由房产所在地的税务机关征收。

第十条 本条例由财政部负责解释;施行细则由省、自治区、直辖市人民政府制定,抄送财政部备案。

第十一条 本条例自1986年10月1日起施行。

中华人民共和国契税暂行条例

(1997年7月7日　国务院令第224号)

第一条 在中华人民共和国境内转移土地、房屋权属,承受的单位和个人为契税的纳税人,应当依照本条例的规定缴纳契税。

第二条 本条例所称转移土地、房屋权属是指下列行为:

(一)国有土地使用权出让;

(二)土地使用权转让,包括出售、赠与和交换;

(三)房屋买卖;

(四)房屋赠与;

(五)房屋交换。

前款第(二)项土地使用权转让,不包括农村集体土地承包经营权的转移。

第三条 契税税率为3%—5%。

契税的适用税率,由省、自治区、直辖市人民政府在前款规定的幅度内按照本地区的实际情况确定,并报财政部和国家税务总局备案。

第四条 契税的计税依据:

（一）国有土地使用权出让、土地使用权出售、房屋买卖，为成交价格；
（二）土地使用权赠与、房屋赠与，由征收机关参照土地使用权出售、房屋买卖的市场价格核定；
（三）土地使用权交换、房屋交换，为所交换的土地使用权、房屋的价格的差额。

前款成交价格明显低于市场价格并且无正当理由的，或者所交换土地使用权、房屋的价格的差额明显不合理并且无正当理由的，由征收机关参照市场价格核定。

第五条 契税应纳税额，依照本条例第三条规定的税率和第四条规定的计税依据计算征收。应纳税额计算公式：

应纳税额 = 计税依据 × 税率

应纳税额以人民币计算。转移土地、房屋权属以外汇结算的，按照纳税义务发生之日中国人民银行公布的人民币市场汇率中间价折合成人民币计算。

第六条 有下列情形之一的，减征或者免征契税：
（一）国家机关、事业单位、社会团体、军事单位承受土地、房屋用于办公、教学、医疗、科研和军事设施的，免征；
（二）城镇职工按规定第一次购买公有住房的，免征；
（三）因不可抗力灭失住房而重新购买住房的，酌情准予减征或者免征；
（四）财政部规定的其他减征、免征契税的项目。

第七条 经批准减征、免征契税的纳税人改变有关土地、房屋的用途，不再属于本条例第六条规定的减征、免征契税范围的，应当补缴已经减征、免征的税款。

第八条 契税的纳税义务发生时间，为纳税人签订土地、房屋权属转移合同的当天，或者纳税人取得其他具有土地、房屋权属转移合同性质凭证的当天。

第九条 纳税人应当自纳税义务发生之日起10日内，向土地、房屋所在地的契税征收机关办理纳税申报，并在契税征收机关核定的期限内缴纳税款。

第十条 纳税人办理纳税事宜后，契税征收机关应当向纳税人开具契税完税凭证。

第十一条 纳税人应当持契税完税凭证和其他规定的文件材料，依法向土地管理部门、房产管理部门办理有关土地、房屋的权属变更登记手续。

纳税人未出具契税完税凭证的，土地管理部门、房产管理部门不予办理有关土地、房屋的权属变更登记手续。

第十二条 契税征收机关为土地、房屋所在地的财政机关或者地方税务机关。具体征收机关由省、自治区、直辖市人民政府确定。

土地管理部门、房产管理部门应当向契税征收机关提供有关资料，并协助契税征收机关依法征收契税。

第十三条 契税的征收管理，依照本条例和有关法律、行政法规的规定执行。

第十四条 财政部根据本条例制定细则。

第十五条 本条例自1997年10月1日起施行。

中华人民共和国土地增值税暂行条例

（1993年12月13日国务院令第138号 2011年1月8日国务院令第588号修正）

第一条 为了规范土地、房地产市场交易秩序，合理调节土地增值收益，维护国家权益，制定本条例。

第二条 转让国有土地使用权、地上的建筑物及其附着物（以下简称转让房地产）并取得收入的单位和个人，为土地增值税的纳税义务人（以下简称纳税人），应当依照本条例缴纳土地增值税。

第三条 土地增值税按照纳税人转让房地产所取得的增值额和本条例第七条规定的税率计算征收。

第四条 纳税人转让房地产所取得的收入减除本条例第六条规定扣除项目金额后的余额，为增值额。

第五条 纳税人转让房地产所取得的收入，包括货币收入、实物收入和其他收入。

第六条 计算增值额的扣除项目：

（一）取得土地使用权所支付的金额；

（二）开发土地的成本、费用；

（三）新建房及配套设施的成本、费用，或者旧房及建筑物的评估价格；

（四）与转让房地产有关的税金；

（五）财政部规定的其他扣除项目。

第七条 土地增值税实行四级超率累进税率：

增值额未超过扣除项目金额50%的部分，税率为30%。

增值额超过扣除项目金额50%、未超过扣除项目金额100%的部分，税率为40%。

增值额超过扣除项目金额100%、未超过扣除项目金额200%的部分，税率为50%。

增值额超过扣除项目金额200%的部分，税率为60%。

第八条 有下列情形之一的，免征土地增值税：

（一）纳税人建造普通标准住宅出售，增值额未超过扣除项目金额20%的；

（二）因国家建设需要依法征收、收回的房地产。

第九条 纳税人有下列情形之一的，按照房地产评估价格计算征收：

（一）隐瞒、虚报房地产成交价格的；

（二）提供扣除项目金额不实的；

（三）转让房地产的成交价格低于房地产评估价格，又无正当理由的。

第十条 纳税人应当自转让房地产合同签订之日起7日内向房地产所在地主管税务机关办理纳税申报，并在税务机关核定的期限内缴纳土地增值税。

第十一条 土地增值税由税务机关征收。土地管理部门、房产管理部门应当向税务机关提供有关资料，并协助税务机关依法征收土地增值税。

第十二条 纳税人未按照本条例缴纳土地增值税的，土地管理部门、房产管理部门不得办理有关的权属变更手续。

第十三条 土地增值税的征收管理，依据《中华人民共和国税收征收管理法》及本条例有关规定执行。

第十四条 本条例由财政部负责解释，实施细则由财政部制定。

第十五条 本条例自1994年1月1日起施行。各地区的土地增值费征收办法，与本条例相抵触的，同时停止执行。

中华人民共和国城镇土地使用税暂行条例

（1988年9月27日国务院令第17号 2006年12月31日国务院令第483号第一次修正 2011年1月8日国务院令第588号第二次修正 2013年12月7日国务院令第645号第三次修正）

第一条 为了合理利用城镇土地，调节土地级差收入，提高土地使用效益，加强土地管理，制定本条例。

第二条 在城市、县城、建制镇、工矿区范围内使用土地的单位和个人，为城镇土地使用税（以下简称土地使用税）的纳税人，应当依照本条例的规定缴纳土地使用税。

前款所称单位，包括国有企业、集体企业、私营企业、股份制企业、外商投资企业、外国企业以及其他企业和事业单位、社会团体、国家机关、军队以及其他单位；所称个人，包括个体工商户以及其他个人。

第三条 土地使用税以纳税人实际占用的土地面积为计税依据，依照规定税额计算征收。

前款土地占用面积的组织测量工作，由省、自治区、直辖市人民政府根据实际情况确定。

第四条 土地使用税每平方米年税额如下：

（一）大城市 1.5 元至 30 元；

（二）中等城市 1.2 元至 24 元；

（三）小城市 0.9 元至 18 元；

（四）县城、建制镇、工矿区 0.6 元至 12 元。

第五条 省、自治区、直辖市人民政府，应当在本条例第四条规定的税额幅度内，根据市政建设状况、经济繁荣程度等条件，确定所辖地区的适用税额幅度。

市、县人民政府应当根据实际情况，将本地区土地划分为若干等级，在省、自治区、直辖市人民政府确定的税额幅度内，制定相应的适用税额标准，报省、自治区、直辖市人民政府批准执行。

经省、自治区、直辖市人民政府批准，经济落后地区土地使用税的适用税额标准可以适当降低，但降低额不得超过本条例第四条规定最低税额的 30%。经济发达地区土地使用税的适用税额标准可以适当提高，但须报经财政部批准。

第六条 下列土地免缴土地使用税：

（一）国家机关、人民团体、军队自用的土地；

（二）由国家财政部门拨付事业经费的单位自用的土地；

（三）宗教寺庙、公园、名胜古迹自用的土地；

（四）市政街道、广场、绿化地带等公共用地；

（五）直接用于农、林、牧、渔业的生产用地；

（六）经批准开山填海整治的土地和改造的废弃土地，从使用的月份起免缴土地使用税 5 年至 10 年；

（七）由财政部另行规定免税的能源、交通、水利设施用地和其他用地。

第七条 除本条例第六条规定外，纳税人缴纳土地使用税确有困难需要定期减免的，由县以上地方税务机关批准。

第八条 土地使用税按年计算、分期缴纳。缴纳期限由省、自治区、直辖市人民政府确定。

第九条 新征收的土地，依照下列规定缴纳土地使用税：

（一）征收的耕地，自批准征收之日起满 1 年时开始缴纳土地使用税；

（二）征收的非耕地，自批准征收次月起缴纳土地使用税。

第十条 土地使用税由土地所在地的税务机关征收。土地管理机关应当向土地所在地的税务机关提供土地使用权属资料。

第十一条 土地使用税的征收管理，依照《中华人民共和国税收征收管理法》及本条例的规定执行。

第十二条 土地使用税收入纳入财政预算管理。

第十三条 本条例的实施办法由省、自治区、直辖市人民政府制定。

第十四条 本条例自 1988 年 11 月 1 日起施行，各地制定的土地使用费办法同时停止执行。

中华人民共和国车船税法

(2011 年 2 月 25 日第十一届全国人民代表大会常务委员会第十九次会议通过 2019 年 4 月 23 日第十三届全国人民代表大会常务委员会第十次会议修正)

第一条 在中华人民共和国境内属于本法所附《车船税税目税额表》规定的车辆、船舶（以下简称车船）的所有人或者管理人，为车船税的纳税人，应当依照本法缴纳车船税。

第二条 车船的适用税额依照本法所附《车船税税目税额表》执行。

车辆的具体适用税额由省、自治区、直辖市人民政府依照本法所附《车船税税目税额表》规定的税额幅度和国务院的规定确定。

船舶的具体适用税额由国务院在本法所附《车船税税目税额表》规定的税额幅度内确定。

第三条 下列车船免征车船税：

（一）捕捞、养殖渔船；

（二）军队、武装警察部队专用的车船；

（三）警用车船；

（四）悬挂应急救援专用号牌的国家综合性消防救援车辆和国家综合性消防救援专用船舶；

（五）依照法律规定应当予以免税的外国驻华使领馆、国际组织驻华代表机构及其有关人员的车船。

第四条 对节约能源、使用新能源的车船可以减征或者免征车船税；对受严重自然灾害影响纳税困难以及有其他特殊原因确需减税、免税的，可以减征或者免征车船税。具体办法由国务院规定，并报全国人民代表大会常务委员会备案。

第五条 省、自治区、直辖市人民政府根据当地实际情况，可以对公共交通车船，农村居民拥有并主要在农村地区使用的摩托车、三轮汽车和低速载货汽车定期减征或者免征车船税。

第六条 从事机动车第三者责任强制保险业务的保险机构为机动车车船税的扣缴义务人，应当在收取保险费时依法代收车船税，并出具代收税款凭证。

第七条 车船税的纳税地点为车船的登记地或者车船税扣缴义务人所在地。依法不需要办理登记的车船，车船税的纳税地点为车船的所有人或者管理人所在地。

第八条 车船税纳税义务发生时间为取得车船所有权或者管理权的当月。

第九条 车船税按年申报缴纳。具体申报纳税期限由省、自治区、直辖市人民政府规定。

第十条 公安、交通运输、农业、渔业等车船登记管理部门、船舶检验机构和车船税扣缴义务人的行业主管部门应当在提供车船有关信息等方面，协助税务机关加强车船税的征收管理。

车辆所有人或者管理人在申请办理车辆相关登记、定期检验手续时，应当向公安机关交通管理部门提交依法纳税或者免税证明。公安机关交通管理部门核查后办理相关手续。

第十一条 车船税的征收管理，依照本法和《中华人民共和国税收征收管理法》的规定执行。

第十二条 国务院根据本法制定实施条例。

第十三条 本法自 2012 年 1 月 1 日起施行。2006 年 12 月 29 日国务院公布的《中华人民共和国车船税暂行条例》同时废止。

附件：

车船税税目税额表

税目		计税单位	年基准税额	备注
乘用车［按发动机汽缸容量（排气量）分档］	1.0升（含）以下的	每辆	60元至360元	核定载客人数9人（含）以下
	1.0升以上至1.6升（含）的		300元至540元	
	1.6升以上至2.0升（含）的		360元至660元	
	2.0升以上至2.5升（含）的		660元至1200元	
	2.5升以上至3.0升（含）的		1200元至2400元	
	3.0升以上至4.0升（含）的		2400元至3600元	
	4.0升以上的		3600元至5400元	
商用车	客车	每辆	480元至1440元	核定载客人数9人以上，包括电车
	货车	整备质量每吨	16元至120元	包括半挂牵引车、三轮汽车和低速载货汽车等
挂车		整备质量每吨	按照货车税额的50%计算	
其他车辆	专用作业车	整备质量每吨	16元至120元	不包括拖拉机
	轮式专用机械车		16元至120元	
摩托车		每辆	36元至180元	
船舶	机动船舶	净吨位每吨	3元至6元	拖船、非机动驳船分别按照机动船舶税额的50%计算
	游艇	艇身长度每米	600元至2000元	

中华人民共和国印花税暂行条例

(1988年8月6日国务院令第11号 2011年1月8日国务院令第588号修正)

第一条 在中华人民共和国境内书立、领受本条例所列举凭证的单位和个人，都是印花税的纳税义务人（以下简称纳税人），应当按照本条例规定缴纳印花税。

第二条 下列凭证为应纳税凭证：

（一）购销、加工承揽、建设工程承包、财产租赁、货物运输、仓储保管、借款、财产保险、技术合同或者具有合同性质的凭证；

（二）产权转移书据；

（三）营业账簿；

（四）权利、许可证照；

（五）经财政部确定征税的其他凭证。

第三条 纳税人根据应纳税凭证的性质，分别按比例税率或者按件定额计算应纳税额。具体税率、税额的确定，依照本条例所附《印花税税目税率表》执行。

应纳税额不足1角的，免纳印花税。

应纳税额在1角以上的，其税额尾数不满5分的不计，满5分的按1角计算缴纳。

第四条 下列凭证免纳印花税：

（一）已缴纳印花税的凭证的副本或者抄本；

（二）财产所有人将财产赠给政府、社会福利单位、学校所立的书据；

（三）经财政部批准免税的其他凭证。

第五条 印花税实行由纳税人根据规定自行计算应纳税额，购买并一次贴足印花税票（以下简称贴花）的缴纳办法。

为简化贴花手续，应纳税额较大或者贴花次数频繁的，纳税人可向税务机关提出申请，采取以缴款书代替贴花或者按期汇总缴纳的办法。

第六条 印花税票应当粘贴在应纳税凭证上，并由纳税人在每枚税票的骑缝处盖戳注销或者画销。

已贴用的印花税票不得重用。

第七条 应纳税凭证应当于书立或者领受时贴花。

第八条 同一凭证，由两方或者两方以上当事人签订并各执一份的，应当由各方就所执的一份各自全额贴花。

第九条 已贴花的凭证，修改后所载金额增加的，其增加部分应当补贴印花税票。

第十条 印花税由税务机关负责征收管理。

第十一条 印花税票由国家税务局监制。票面金额以人民币为单位。

第十二条 发放或者办理应纳税凭证的单位，负有监督纳税人依法纳税的义务。

第十三条 纳税人有下列行为之一的，由税务机关根据情节轻重，予以处罚：

（一）在应纳税凭证上未贴或者少贴印花税票的，税务机关除责令其补贴印花税票外，可处以应补贴印花税票金额20倍以下的罚款；

（二）违反本条例第六条第一款规定的，税务机关可处以未注销或者画销印花税票金额10倍以下的罚款；

（三）违反本条例第六条第二款规定的，税务机关可处以重用印花税票金额30倍以下的罚款。

伪造印花税票的，由税务机关提请司法机关依法追究刑事责任。

第十四条 印花税的征收管理，除本条例规定者外，依照《中华人民共和国税收征收管理法》的有关规定执行。

第十五条 本条例由财政部负责解释；施行细则由财政部制定。

第十六条 本条例自1988年10月1日起施行。

附件：

印花税税目税率表

	税目	范围	税率	纳税义务人	说明
1	购销合同	包括供应、预购、采购、购销结合及协作、调剂、补偿、易货等合同	按购销金额万分之三贴花	立合同人	
2	加工承揽合同	包括加工、定作、修缮、修理、印刷、广告、测绘、测试等合同	按加工或承揽收入万分之五贴花	立合同人	
3	建设工程勘察设计合同	包括勘察、设计合同	按收取费用万分之五贴花	立合同人	
4	建筑安装工程承包合同	包括建筑、安装工程承包合同	按承包金额万分之三贴花	立合同人	
5	财产租赁合同	包括租赁房屋、船舶、飞机、机动车辆、机械、器具、设备等合同	按租赁金额千分之一贴花。税额不足1元的按1元贴花	立合同人	
6	货物运输合同	包括民用航空、铁路运输、海上运输、内河运输、公路运输和联运合同	按运输费用万分之五贴花	立合同人	单据作为合同使用的，按合同贴花
7	仓储保管合同	包括仓储、保管合同	按仓储保管费用千分之一贴花	立合同人	仓单或栈单作为合同使用的，按合同贴花
8	借款合同	银行及其他金融组织和借款人（不包括银行同业拆借）所签订的借款合同	按借款金额万分之零点五贴花	立合同人	单据作为合同使用的，按合同贴花
9	财产保险合同	包括财产、责任、保证、信用等保险合同	按投保金额万分之零点三贴花	立合同人	单据作为合同使用的，按合同贴花
10	技术合同	包括技术开发、转让、咨询、服务等合同	按所载金额万分之三贴花	立合同人	
11	产权转移书据	包括财产所有权和版权、商标专用权、专利权、专有技术使用权等转移书据	按所载金额万分之五贴花	立据人	
12	营业账簿	生产经营用账册	记载资金的账簿，按固定资产原值与自有流动资金总额万分之五贴花。其他账簿按件贴花5元	立账簿人	
13	权利、许可证照	包括政府部门发给的房屋产权证、工商营业执照、商标注册证、专利证、土地使用证	按件贴花5元	领受人	

中华人民共和国资源税暂行条例

(1993年12月25日国务院令第139号 2011年9月30日国务院令第605号修正)

第一条 在中华人民共和国领域及管辖海域开采本条例规定的矿产品或者生产盐（以下称开采或者生产应税产品）的单位和个人，为资源税的纳税人，应当依照本条例缴纳资源税。

第二条 资源税的税目、税率，依照本条例所附《资源税税目税率表》及财政部的有关规定执行。

税目、税率的部分调整，由国务院决定。

第三条 纳税人具体适用的税率，在本条例所附《资源税税目税率表》规定的税率幅度内，根据纳税人所开采或者生产应税产品的资源品位、开采条件等情况，由财政部商国务院有关部门确定；财政部未列举名称且未确定具体适用税率的其他非金属矿原矿和有色金属矿原矿，由省、自治区、直辖市人民政府根据实际情况确定，报财政部和国家税务总局备案。

第四条 资源税的应纳税额，按照从价定率或者从量定额的办法，分别以应税产品的销售额乘以纳税人具体适用的比例税率或者以应税产品的销售数量乘以纳税人具体适用的定额税率计算。

第五条 纳税人开采或者生产不同税目应税产品的，应当分别核算不同税目应税产品的销售额或者销售数量；未分别核算或者不能准确提供不同税目应税产品的销售额或者销售数量的，从高适用税率。

第六条 纳税人开采或者生产应税产品，自用于连续生产应税产品的，不缴纳资源税；自用于其他方面的，视同销售，依照本条例缴纳资源税。

第七条 有下列情形之一的，减征或者免征资源税：

（一）开采原油过程中用于加热、修井的原油，免税。

（二）纳税人开采或者生产应税产品过程中，因意外事故或者自然灾害等原因遭受重大损失的，由省、自治区、直辖市人民政府酌情决定减税或者免税。

（三）国务院规定的其他减税、免税项目。

第八条 纳税人的减税、免税项目，应当单独核算销售额或者销售数量；未单独核算或者不能准确提供销售额或者销售数量的，不予减税或者免税。

第九条 纳税人销售应税产品，纳税义务发生时间为收讫销售款或者取得索取销售款凭据的当天；自产自用应税产品，纳税义务发生时间为移送使用的当天。

第十条 资源税由税务机关征收。

第十一条 收购未税矿产品的单位为资源税的扣缴义务人。

第十二条 纳税人应纳的资源税，应当向应税产品的开采或者生产所在地主管税务机关缴纳。纳税人在本省、自治区、直辖市范围内开采或者生产应税产品，其纳税地点需要调整的，由省、自治区、直辖市税务机关决定。

第十三条 纳税人的纳税期限为1日、3日、5日、10日、15日或者1个月，由主管税务机关根据实际情况具体核定。不能按固定期限计算纳税的，可以按次计算纳税。

纳税人以1个月为一期纳税的，自期满之日起10日内申报纳税；以1日、3日、5日、10日或者15日为一期纳税的，自期满之日起5日内预缴税款，于次月1日起10日内申报纳税并结清上月税款。

扣缴义务人的解缴税款期限，比照前两款的规定执行。

第十四条 资源税的征收管理，依照《中华人民共和国税收征收管理法》及本条例有关规定执行。

第十五条 本条例实施办法由财政部和国家税务总局制定。

第十六条 本条例自1994年1月1日起施行。1984年9月18日国务院发布的《中华人民共和国资源税条例（草案）》、《中华人民共和国盐税条例（草案）》同时废止。

附件：

资源税税目税率表

税目		税率
一、原油		销售额的5%—10%
二、天然气		销售额的5%—10%
三、煤炭	焦煤	每吨8—20元
	其他煤炭	每吨0.3—5元
四、其他非金属矿原矿	普通非金属矿原矿	每吨或者每立方米0.5—20元
	贵重非金属矿原矿	每千克或者每克拉0.5—20元
五、黑色金属矿原矿		每吨2—30元
六、有色金属矿原矿	稀土矿	每吨0.4—60元
	其他有色金属矿原矿	每吨0.4—30元
七、盐	固体盐	每吨10—60元
	液体盐	每吨2—10元

中华人民共和国进出口关税条例

（2003年11月23日国务院令第392号　2011年1月8日国务院令第588号第一次修正　2013年12月7日国务院令第645号第二次修正　2016年2月6日国务院令第666号第三次修正　2017年3月1日国务院令第676号第四次修正）

第一章　总　则

第一条　为了贯彻对外开放政策，促进对外经济贸易和国民经济的发展，根据《中华人民共和国海关法》（以下简称《海关法》）的有关规定，制定本条例。

第二条　中华人民共和国准许进出口的货物、进境物品，除法律、行政法规另有规定外，海关依照本条例规定征收进出口关税。

第三条　国务院制定《中华人民共和国进出口税则》（以下简称《税则》）、《中华人民共和国进境物品进口税税率表》（以下简称《进境物品进口税税率表》），规定关税的税目、税则号列和税率，作为本条例的组成部分。

第四条　国务院设立关税税则委员会，负责《税则》和《进境物品进口税税率表》的税目、税则号列和税率的调整和解释，报国务院批准后执行；决定实行暂定税率的货物、税率和期限；决定关税配额税率；决定征收反倾销税、反补贴税、保障措施关税、报复性关税以及决定实施其他关税措施；决定特殊情况下税率的适用，以及履行国务院规定的其他职责。

第五条 进口货物的收货人、出口货物的发货人、进境物品的所有人，是关税的纳税义务人。

第六条 海关及其工作人员应当依照法定职权和法定程序履行关税征管职责，维护国家利益，保护纳税人合法权益，依法接受监督。

第七条 纳税义务人有权要求海关对其商业秘密予以保密，海关应当依法为纳税义务人保密。

第八条 海关对检举或者协助查获违反本条例行为的单位和个人，应当按照规定给予奖励，并负责保密。

第二章 进出口货物关税税率的设置和适用

第九条 进口关税设置最惠国税率、协定税率、特惠税率、普通税率、关税配额税率等税率。对进口货物在一定期限内可以实行暂定税率。

出口关税设置出口税率。对出口货物在一定期限内可以实行暂定税率。

第十条 原产于共同适用最惠国待遇条款的世界贸易组织成员的进口货物，原产于与中华人民共和国签订含有相互给予最惠国待遇条款的双边贸易协定的国家或者地区的进口货物，以及原产于中华人民共和国境内的进口货物，适用最惠国税率。

原产于与中华人民共和国签订含有关税优惠条款的区域性贸易协定的国家或者地区的进口货物，适用协定税率。

原产于与中华人民共和国签订含有特殊关税优惠条款的贸易协定的国家或者地区的进口货物，适用特惠税率。

原产于本条第一款、第二款和第三款所列以外国家或者地区的进口货物，以及原产地不明的进口货物，适用普通税率。

第十一条 适用最惠国税率的进口货物有暂定税率的，应当适用暂定税率；适用协定税率、特惠税率的进口货物有暂定税率的，应当从低适用税率；适用普通税率的进口货物，不适用暂定税率。

适用出口税率的出口货物有暂定税率的，应当适用暂定税率。

第十二条 按照国家规定实行关税配额管理的进口货物，关税配额内的，适用关税配额税率；关税配额外的，其税率的适用按照本条例第十条、第十一条的规定执行。

第十三条 按照有关法律、行政法规的规定对进口货物采取反倾销、反补贴、保障措施的，其税率的适用按照《中华人民共和国反倾销条例》、《中华人民共和国反补贴条例》和《中华人民共和国保障措施条例》的有关规定执行。

第十四条 任何国家或者地区违反与中华人民共和国签订或者共同参加的贸易协定及相关协定，对中华人民共和国在贸易方面采取禁止、限制、加征关税或者其他影响正常贸易的措施的，对原产于该国家或者地区的进口货物可以征收报复性关税，适用报复性关税税率。

征收报复性关税的货物、适用国别、税率、期限和征收办法，由国务院关税税则委员会决定并公布。

第十五条 进出口货物，应当适用海关接受该货物申报进口或者出口之日实施的税率。

进口货物到达前，经海关核准先行申报的，应当适用装载该货物的运输工具申报进境之日实施的税率。

转关运输货物税率的适用日期，由海关总署另行规定。

第十六条 有下列情形之一，需缴纳税款的，应当适用海关接受申报办理纳税手续之日实施的税率：

（一）保税货物经批准不复运出境的；

（二）减免税货物经批准转让或者移作他用的；

（三）暂时进境货物经批准不复运出境，以及暂准出境货物经批准不复运进境的；

（四）租赁进口货物，分期缴纳税款的。

第十七条 补征和退还进出口货物关税,应当按照本条例第十五条或者第十六条的规定确定适用的税率。

因纳税义务人违反规定需要追征税款的,应当适用该行为发生之日实施的税率;行为发生之日不能确定的,适用海关发现该行为之日实施的税率。

第三章 进出口货物完税价格的确定

第十八条 进口货物的完税价格由海关以符合本条第三款所列条件的成交价格以及该货物运抵中华人民共和国境内输入地点起卸前的运输及其相关费用、保险费为基础审查确定。

进口货物的成交价格,是指卖方向中华人民共和国境内销售该货物时买方为进口该货物向卖方实付、应付的,并按照本条例第十九条、第二十条规定调整后的价款总额,包括直接支付的价款和间接支付的价款。

进口货物的成交价格应当符合下列条件:

(一)对买方处置或者使用该货物不予限制,但法律、行政法规规定实施的限制、对货物转售地域的限制和对货物价格无实质性影响的限制除外;

(二)该货物的成交价格没有因搭售或者其他因素的影响而无法确定;

(三)卖方不得从买方直接或间接获得因该货物进口后转售、处置或者使用而产生的任何收益,或者虽有收益但能够按照本条例第十九条、第二十条的规定进行调整;

(四)买卖双方没有特殊关系,或者虽有特殊关系但未对成交价格产生影响。

第十九条 进口货物的下列费用应当计入完税价格:

(一)由买方负担的购货佣金以外的佣金和经纪费;

(二)由买方负担的在审查确定完税价格时与该货物视为一体的容器的费用;

(三)由买方负担的包装材料费用和包装劳务费用;

(四)与该货物的生产和向中华人民共和国境内销售有关的,由买方以免费或者以低于成本的方式提供并可以按适当比例分摊的料件、工具、模具、消耗材料及类似货物的价款,以及在境外开发、设计等相关服务的费用;

(五)作为该货物向中华人民共和国境内销售的条件,买方必须支付的、与该货物有关的特许权使用费;

(六)卖方直接或者间接从买方获得的该货物进口后转售、处置或者使用的收益。

第二十条 进口时在货物的价款中列明的下列税收、费用,不计入该货物的完税价格:

(一)厂房、机械、设备等货物进口后进行建设、安装、装配、维修和技术服务的费用;

(二)进口货物运抵境内输入地点起卸后的运输及其相关费用、保险费;

(三)进口关税及国内税收。

第二十一条 进口货物的成交价格不符合本条例第十八条第三款规定条件的,或者成交价格不能确定的,海关经了解有关情况,并与纳税义务人进行价格磋商后,依次以下列价格估定该货物的完税价格:

(一)与该货物同时或者大约同时向中华人民共和国境内销售的相同货物的成交价格;

(二)与该货物同时或者大约同时向中华人民共和国境内销售的类似货物的成交价格;

(三)与该货物进口的同时或者大约同时,将该进口货物、相同或者类似进口货物在第一级销售环节销售给无特殊关系买方最大销售总量的单位价格,但应当扣除本条例第二十二条规定的项目;

(四)按照下列各项总和计算的价格:生产该货物所使用的料件成本和加工费用,向中华人民共和国境内销售同等级或者同种类货物通常的利润和一般费用,该货物运抵境内输入地点起卸前的运输及其相关费用、保险费;

(五)以合理方法估定的价格。

纳税义务人向海关提供有关资料后,可以提出申请,颠倒前款第(三)项和第(四)项的适用次序。

第二十二条 按照本条例第二十一条第一款第（三）项规定估定完税价格，应当扣除的项目是指：

（一）同等级或者同种类货物在中华人民共和国境内第一级销售环节销售时通常的利润和一般费用以及通常支付的佣金；

（二）进口货物运抵境内输入地点起卸后的运输及其相关费用、保险费；

（三）进口关税及国内税收。

第二十三条 以租赁方式进口的货物，以海关审查确定的该货物的租金作为完税价格。

纳税义务人要求一次性缴纳税款的，纳税义务人可以选择按照本条例第二十一条的规定估定完税价格，或者按照海关审查确定的租金总额作为完税价格。

第二十四条 运往境外加工的货物，出境时已向海关报明并在海关规定的期限内复运进境的，应当以境外加工费和料件费以及复运进境的运输及其相关费用和保险费审查确定完税价格。

第二十五条 运往境外修理的机械器具、运输工具或者其他货物，出境时已向海关报明并在海关规定的期限内复运进境的，应当以境外修理费和料件费审查确定完税价格。

第二十六条 出口货物的完税价格由海关以该货物的成交价格以及该货物运至中华人民共和国境内输出地点装载前的运输及其相关费用、保险费为基础审查确定。

出口货物的成交价格，是指该货物出口时卖方为出口该货物应当向买方直接收取和间接收取的价款总额。

出口关税不计入完税价格。

第二十七条 出口货物的成交价格不能确定的，海关经了解有关情况，并与纳税义务人进行价格磋商后，依次以下列价格估定该货物的完税价格：

（一）与该货物同时或者大约同时向同一国家或者地区出口的相同货物的成交价格；

（二）与该货物同时或者大约同时向同一国家或者地区出口的类似货物的成交价格；

（三）按照下列各项总和计算的价格：境内生产相同或者类似货物的料件成本、加工费用，通常的利润和一般费用，境内发生的运输及其相关费用、保险费；

（四）以合理方法估定的价格。

第二十八条 按照本条例规定计入或者不计入完税价格的成本、费用、税收，应当以客观、可量化的数据为依据。

第四章 进出口货物关税的征收

第二十九条 进口货物的纳税义务人应当自运输工具申报进境之日起 14 日内，出口货物的纳税义务人除海关特准的外，应当在货物运抵海关监管区后、装货的 24 小时以前，向货物的进出境地海关申报。进出口货物转关运输的，按照海关总署的规定执行。

进口货物到达前，纳税义务人经海关核准可以先行申报。具体办法由海关总署另行规定。

第三十条 纳税义务人应当依法如实向海关申报，并按照海关的规定提供有关确定完税价格、进行商品归类、确定原产地以及采取反倾销、反补贴或者保障措施等所需的资料；必要时，海关可以要求纳税义务人补充申报。

第三十一条 纳税义务人应当按照《税则》规定的目录条文和归类总规则、类注、章注、子目注释以及其他归类注释，对其申报的进出口货物进行商品归类，并归入相应的税则号列；海关应当依法审核确定该货物的商品归类。

第三十二条 海关可以要求纳税义务人提供确定商品归类所需的有关资料；必要时，海关可以组织化验、检验，并将海关认定的化验、检验结果作为商品归类的依据。

第三十三条 海关为审查申报价格的真实性和准确性，可以查阅、复制与进出口货物有关的合同、发票、账册、结付汇凭证、单据、业务函电、录音录像制品和其他反映买卖双方关系及交易活动的资料。

海关对纳税义务人申报的价格有怀疑并且所涉关税数额较大的，经直属海关关长或者其授权的隶属海关关长批准，凭海关总署统一格式的协助查询账户通知书及有关工作人员的工作证件，可以查询纳税义务人在银行或者其他金融机构开立的单位账户的资金往来情况，并向银行业监督管理机构通报有关情况。

第三十四条 海关对纳税义务人申报的价格有怀疑的，应当将怀疑的理由书面告知纳税义务人，要求其在规定的期限内书面作出说明、提供有关资料。

纳税义务人在规定的期限内未作说明、未提供有关资料的，或者海关仍有理由怀疑申报价格的真实性和准确性的，海关可以不接受纳税义务人申报的价格，并按照本条例第三章的规定估定完税价格。

第三十五条 海关审查确定进出口货物的完税价格后，纳税义务人可以以书面形式要求海关就如何确定其进出口货物的完税价格作出书面说明，海关应当向纳税义务人作出书面说明。

第三十六条 进出口货物关税，以从价计征、从量计征或者国家规定的其他方式征收。

从价计征的计算公式为：应纳税额＝完税价格×关税税率

从量计征的计算公式为：应纳税额＝货物数量×单位税额

第三十七条 纳税义务人应当自海关填发税款缴款书之日起 15 日内向指定银行缴纳税款。纳税义务人未按期缴纳税款的，从滞纳税款之日起，按日加收滞纳税款万分之五的滞纳金。

海关可以对纳税义务人欠缴税款的情况予以公告。

海关征收关税、滞纳金等，应当制发缴款凭证，缴款凭证格式由海关总署规定。

第三十八条 海关征收关税、滞纳金等，应当按人民币计征。

进出口货物的成交价格以及有关费用以外币计价的，以中国人民银行公布的基准汇率折合为人民币计算完税价格；以基准汇率币种以外的外币计价的，按照国家有关规定套算为人民币计算完税价格。适用汇率的日期由海关总署规定。

第三十九条 纳税义务人因不可抗力或者在国家税收政策调整的情形下，不能按期缴纳税款的，经依法提供税款担保后，可以延期缴纳税款，但是最长不得超过 6 个月。

第四十条 进出口货物的纳税义务人在规定的纳税期限内有明显的转移、藏匿其应税货物以及其他财产迹象的，海关可以责令纳税义务人提供担保；纳税义务人不能提供担保的，海关可以按照《海关法》第六十一条的规定采取税收保全措施。

纳税义务人、担保人自缴纳税款期限届满之日起超过 3 个月仍未缴纳税款的，海关可以按照《海关法》第六十条的规定采取强制措施。

第四十一条 加工贸易的进口料件按照国家规定保税进口的，其制成品或者进口料件未在规定的期限内出口的，海关按照规定征收进口关税。

加工贸易的进口料件进境时按照国家规定征收进口关税的，其制成品或者进口料件在规定的期限内出口的，海关按照有关规定退还进境时已征收的关税税款。

第四十二条 暂时进境或者暂时出境的下列货物，在进境或者出境时纳税义务人向海关缴纳相当于应纳税款的保证金或者提供其他担保的，可以暂不缴纳关税，并应当自进境或者出境之日起 6 个月内复运出境或者复运进境；需要延长复运出境或者复运进境期限的，纳税义务人应当根据海关总署的规定向海关办理延期手续：

（一）在展览会、交易会、会议及类似活动中展示或者使用的货物；

（二）文化、体育交流活动中使用的表演、比赛用品；

（三）进行新闻报道或者摄制电影、电视节目使用的仪器、设备及用品；

（四）开展科研、教学、医疗活动使用的仪器、设备及用品；

（五）在本款第（一）项至第（四）项所列活动中使用的交通工具及特种车辆；

（六）货样；

（七）供安装、调试、检测设备时使用的仪器、工具；
（八）盛装货物的容器；
（九）其他用于非商业目的的货物。

第一款所列暂时进境货物在规定的期限内未复运出境的，或者暂时出境货物在规定的期限内未复运进境的，海关应当依法征收关税。

第一款所列可以暂时免征关税范围以外的其他暂时进境货物，应当按照该货物的完税价格和其在境内滞留时间与折旧时间的比例计算征收进口关税。具体办法由海关总署规定。

第四十三条 因品质或者规格原因，出口货物自出口之日起1年内原状复运进境的，不征收进口关税。

因品质或者规格原因，进口货物自进口之日起1年内原状复运出境的，不征收出口关税。

第四十四条 因残损、短少、品质不良或者规格不符原因，由进出口货物的发货人、承运人或者保险公司免费补偿或者更换的相同货物，进出口时不征收关税。被免费更换的原进口货物不退运出境或者原出口货物不退运进境的，海关应当对原进出口货物重新按照规定征收关税。

第四十五条 下列进出口货物，免征关税：
（一）关税税额在人民币50元以下的一票货物；
（二）无商业价值的广告品和货样；
（三）外国政府、国际组织无偿赠送的物资；
（四）在海关放行前损失的货物；
（五）进出境运输工具装载的途中必需的燃料、物料和饮食用品。

在海关放行前遭受损坏的货物，可以根据海关认定的受损程度减征关税。

法律规定的其他免征或者减征关税的货物，海关根据规定予以免征或者减征。

第四十六条 特定地区、特定企业或者有特定用途的进出口货物减征或者免征关税，以及临时减征或者免征关税，按照国务院的有关规定执行。

第四十七条 进口货物减征或者免征进口环节海关代征税，按照有关法律、行政法规的规定执行。

第四十八条 纳税义务人进出口减免税货物的，除另有规定外，应当在进出口该货物之前，按照规定持有关文件向海关办理减免税审批手续。经海关审查符合规定的，予以减征或者免征关税。

第四十九条 需由海关监管使用的减免税进口货物，在监管年限内转让或者移作他用需要补税的，海关应当根据该货物进口时间折旧估价，补征进口关税。

特定减免税进口货物的监管年限由海关总署规定。

第五十条 有下列情形之一的，纳税义务人自缴纳税款之日起1年内，可以申请退还关税，并应当以书面形式向海关说明理由，提供原缴款凭证及相关资料：
（一）已征进口关税的货物，因品质或者规格原因，原状退货复运出境的；
（二）已征出口关税的货物，因品质或者规格原因，原状退货复运进境，并已重新缴纳因出口而退还的国内环节有关税收的；
（三）已征出口关税的货物，因故未装运出口，申报退关的。

海关应当自受理退税申请之日起30日内查实并通知纳税义务人办理退还手续。纳税义务人应当自收到通知之日起3个月内办理有关退税手续。

按照其他有关法律、行政法规规定应当退还关税的，海关应当按照有关法律、行政法规的规定退税。

第五十一条 进出口货物放行后，海关发现少征或者漏征税款的，应当自缴纳税款或者货物放行之日起1年内，向纳税义务人补征税款。但因纳税义务人违反规定造成少征或者漏征税款的，海关可以自缴纳税款或者货物放行之日起3年内追征税款，并从缴纳税款或者货物放行之日起按日加收少征或者漏征税款万分之五的滞纳金。

海关发现海关监管货物因纳税义务人违反规定造成少征或者漏征税款的，应当自纳税义务人应缴纳税款之日起3年内追征税款，并从缴纳税款之日起按日加收少征或者漏征税款万分之五的滞纳金。

第五十二条 海关发现多征税款的，应当立即通知纳税义务人办理退还手续。

纳税义务人发现多缴税款的，自缴纳税款之日起1年内，可以以书面形式要求海关退还多缴的税款并加算银行同期活期存款利息；海关应当自受理退税申请之日起30日内查实并通知纳税义务人办理退还手续。

纳税义务人应当自收到通知之日起3个月内办理有关退税手续。

第五十三条 按照本条例第五十条、第五十二条的规定退还税款、利息涉及从国库中退库的，按照法律、行政法规有关国库管理的规定执行。

第五十四条 报关企业接受纳税义务人的委托，以纳税义务人的名义办理报关纳税手续，因报关企业违反规定而造成海关少征、漏征税款的，报关企业对少征或者漏征的税款、滞纳金与纳税义务人承担纳税的连带责任。

报关企业接受纳税义务人的委托，以报关企业的名义办理报关纳税手续的，报关企业与纳税义务人承担纳税的连带责任。

除不可抗力外，在保管海关监管货物期间，海关监管货物损毁或者灭失的，对海关监管货物负有保管义务的人应当承担相应的纳税责任。

第五十五条 欠税的纳税义务人，有合并、分立情形的，在合并、分立前，应当向海关报告，依法缴清税款。纳税义务人合并时未缴清税款的，由合并后的法人或者其他组织继续履行未履行的纳税义务；纳税义务人分立时未缴清税款的，分立后的法人或者其他组织对未履行的纳税义务承担连带责任。

纳税义务人在减免税货物、保税货物监管期间，有合并、分立或者其他资产重组情形的，应当向海关报告。按照规定需要缴税的，应当依法缴清税款；按照规定可以继续享受减免税、保税待遇的，应当到海关办理变更纳税义务人的手续。

纳税义务人欠税或者在减免税货物、保税货物监管期间，有撤销、解散、破产或者其他依法终止经营情形的，应当在清算前向海关报告。海关应当依法对纳税义务人的应缴税款予以清缴。

第五章　进境物品进口税的征收

第五十六条 进境物品的关税以及进口环节海关代征税合并为进口税，由海关依法征收。

第五十七条 海关总署规定数额以内的个人自用进境物品，免征进口税。

超过海关总署规定数额但仍在合理数量以内的个人自用进境物品，由进境物品的纳税义务人在进境物品放行前按照规定缴纳进口税。

超过合理、自用数量的进境物品应当按照进口货物依法办理相关手续。

国务院关税税则委员会规定按货物征税的进境物品，按照本条例第二章至第四章的规定征收关税。

第五十八条 进境物品的纳税义务人是指，携带物品进境的入境人员、进境邮递物品的收件人以及以其他方式进口物品的收件人。

第五十九条 进境物品的纳税义务人可以自行办理纳税手续，也可以委托他人办理纳税手续。接受委托的人应当遵守本章对纳税义务人的各项规定。

第六十条 进口税从价计征。

进口税的计算公式为：进口税税额＝完税价格×进口税税率

第六十一条 海关应当按照《进境物品进口税税率表》及海关总署制定的《中华人民共和国进境物品归类表》、《中华人民共和国进境物品完税价格表》对进境物品进行归类、确定完税价格和确定适用税率。

第六十二条 进境物品，适用海关填发税款缴款书之日实施的税率和完税价格。

第六十三条 进口税的减征、免征、补征、追征、退还以及对暂准进境物品征收进口税参照本条例对货物征收进口关税的有关规定执行。

第六章 附 则

第六十四条 纳税义务人、担保人对海关确定纳税义务人、确定完税价格、商品归类、确定原产地、适用税率或者汇率、减征或者免征税款、补税、退税、征收滞纳金、确定计征方式以及确定纳税地点有异议的，应当缴纳税款，并可以依法向上一级海关申请复议。对复议决定不服的，可以依法向人民法院提起诉讼。

第六十五条 进口环节海关代征税的征收管理，适用关税征收管理的规定。

第六十六条 有违反本条例规定行为的，按照《海关法》、《中华人民共和国海关行政处罚实施条例》和其他有关法律、行政法规的规定处罚。

第六十七条 本条例自 2004 年 1 月 1 日起施行。1992 年 3 月 18 日国务院修订发布的《中华人民共和国进出口关税条例》同时废止。

中华人民共和国环境保护税法

(2016 年 12 月 25 日第十二届全国人民代表大会常务委员会第二十五次会议通过
2018 年 10 月 26 日第十三届全国人民代表大会常务委员会第六次会议修正)

第一章 总 则

第一条 为了保护和改善环境，减少污染物排放，推进生态文明建设，制定本法。

第二条 在中华人民共和国领域和中华人民共和国管辖的其他海域，直接向环境排放应税污染物的企业事业单位和其他生产经营者为环境保护税的纳税人，应当依照本法规定缴纳环境保护税。

第三条 本法所称应税污染物，是指本法所附《环境保护税税目税额表》、《应税污染物和当量值表》规定的大气污染物、水污染物、固体废物和噪声。

第四条 有下列情形之一的，不属于直接向环境排放污染物，不缴纳相应污染物的环境保护税：

（一）企业事业单位和其他生产经营者向依法设立的污水集中处理、生活垃圾集中处理场所排放应税污染物的；

（二）企业事业单位和其他生产经营者在符合国家和地方环境保护标准的设施、场所贮存或者处置固体废物的。

第五条 依法设立的城乡污水集中处理、生活垃圾集中处理场所超过国家和地方规定的排放标准向环境排放应税污染物的，应当缴纳环境保护税。

企业事业单位和其他生产经营者贮存或者处置固体废物不符合国家和地方环境保护标准的，应当缴纳环境保护税。

第六条 环境保护税的税目、税额，依照本法所附《环境保护税税目税额表》执行。

应税大气污染物和水污染物的具体适用税额的确定和调整，由省、自治区、直辖市人民政府统筹考虑本地区环境承载能力、污染物排放现状和经济社会生态发展目标要求，在本法所附《环境保护税税目税额表》规定的税额幅度内提出，报同级人民代表大会常务委员会决定，并报全国人民代表大会常务委员会和国务院备案。

第二章 计税依据和应纳税额

第七条 应税污染物的计税依据，按照下列方法确定：

（一）应税大气污染物按照污染物排放量折合的污染当量数确定；

（二）应税水污染物按照污染物排放量折合的污染当量数确定；
（三）应税固体废物按照固体废物的排放量确定；
（四）应税噪声按照超过国家规定标准的分贝数确定。

第八条 应税大气污染物、水污染物的污染当量数，以该污染物的排放量除以该污染物的污染当量值计算。每种应税大气污染物、水污染物的具体污染当量值，依照本法所附《应税污染物和当量值表》执行。

第九条 每一排放口或者没有排放口的应税大气污染物，按照污染当量数从大到小排序，对前三项污染物征收环境保护税。

每一排放口的应税水污染物，按照本法所附《应税污染物和当量值表》，区分第一类水污染物和其他类水污染物，按照污染当量数从大到小排序，对第一类水污染物按照前五项征收环境保护税，对其他类水污染物按照前三项征收环境保护税。

省、自治区、直辖市人民政府根据本地区污染物减排的特殊需要，可以增加同一排放口征收环境保护税的应税污染物项目数，报同级人民代表大会常务委员会决定，并报全国人民代表大会常务委员会和国务院备案。

第十条 应税大气污染物、水污染物、固体废物的排放量和噪声的分贝数，按照下列方法和顺序计算：

（一）纳税人安装使用符合国家规定和监测规范的污染物自动监测设备的，按照污染物自动监测数据计算；

（二）纳税人未安装使用污染物自动监测设备的，按照监测机构出具的符合国家有关规定和监测规范的监测数据计算；

（三）因排放污染物种类多等原因不具备监测条件的，按照国务院生态环境主管部门规定的排污系数、物料衡算方法计算；

（四）不能按照本条第（一）项至第（三）项规定的方法计算的，按照省、自治区、直辖市人民政府生态环境主管部门规定的抽样测算的方法核定计算。

第十一条 环境保护税应纳税额按照下列方法计算：
（一）应税大气污染物的应纳税额为污染当量数乘以具体适用税额；
（二）应税水污染物的应纳税额为污染当量数乘以具体适用税额；
（三）应税固体废物的应纳税额为固体废物排放量乘以具体适用税额；
（四）应税噪声的应纳税额为超过国家规定标准的分贝数对应的具体适用税额。

第三章 税 收 减 免

第十二条 下列情形，暂予免征环境保护税：
（一）农业生产（不包括规模化养殖）排放应税污染物的；
（二）机动车、铁路机车、非道路移动机械、船舶和航空器等流动污染源排放应税污染物的；
（三）依法设立的城乡污水集中处理、生活垃圾集中处理场所排放相应应税污染物，不超过国家和地方规定的排放标准的；
（四）纳税人综合利用的固体废物，符合国家和地方环境保护标准的；
（五）国务院批准免税的其他情形。

前款第（五）项免税规定，由国务院报全国人民代表大会常务委员会备案。

第十三条 纳税人排放应税大气污染物或者水污染物的浓度值低于国家和地方规定的污染物排放标准百分之三十的，减按百分之七十五征收环境保护税。纳税人排放应税大气污染物或者水污染物的浓度值低于国家和地方规定的污染物排放标准百分之五十的，减按百分之五十征收环境保护税。

第四章 征 收 管 理

第十四条 环境保护税由税务机关依照《中华人民共和国税收征收管理法》和本法的有关规定

征收管理。

生态环境主管部门依照本法和有关环境保护法律法规的规定负责对污染物的监测管理。

县级以上地方人民政府应当建立税务机关、生态环境主管部门和其他相关单位分工协作工作机制，加强环境保护税征收管理，保障税款及时足额入库。

第十五条 生态环境主管部门和税务机关应当建立涉税信息共享平台和工作配合机制。

生态环境主管部门应当将排污单位的排污许可、污染物排放数据、环境违法和受行政处罚情况等环境保护相关信息，定期交送税务机关。

税务机关应当将纳税人的纳税申报、税款入库、减免税额、欠缴税款以及风险疑点等环境保护税涉税信息，定期交送生态环境主管部门。

第十六条 纳税义务发生时间为纳税人排放应税污染物的当日。

第十七条 纳税人应当向应税污染物排放地的税务机关申报缴纳环境保护税。

第十八条 环境保护税按月计算，按季申报缴纳。不能按固定期限计算缴纳的，可以按次申报缴纳。

纳税人申报缴纳时，应当向税务机关报送所排放应税污染物的种类、数量，大气污染物、水污染物的浓度值，以及税务机关根据实际需要要求纳税人报送的其他纳税资料。

第十九条 纳税人按季申报缴纳的，应当自季度终了之日起十五日内，向税务机关办理纳税申报并缴纳税款。纳税人按次申报缴纳的，应当自纳税义务发生之日起十五日内，向税务机关办理纳税申报并缴纳税款。

纳税人应当依法如实办理纳税申报，对申报的真实性和完整性承担责任。

第二十条 税务机关应当将纳税人的纳税申报数据资料与生态环境主管部门交送的相关数据资料进行比对。

税务机关发现纳税人的纳税申报数据资料异常或者纳税人未按照规定期限办理纳税申报的，可以提请生态环境主管部门进行复核，生态环境主管部门应当自收到税务机关的数据资料之日起十五日内向税务机关出具复核意见。税务机关应当按照生态环境主管部门复核的数据资料调整纳税人的应纳税额。

第二十一条 依照本法第十条第四项的规定核定计算污染物排放量的，由税务机关会同生态环境主管部门核定污染物排放种类、数量和应纳税额。

第二十二条 纳税人从事海洋工程向中华人民共和国管辖海域排放应税大气污染物、水污染物或者固体废物，申报缴纳环境保护税的具体办法，由国务院税务主管部门会同国务院生态环境主管部门规定。

第二十三条 纳税人和税务机关、生态环境主管部门及其工作人员违反本法规定的，依照《中华人民共和国税收征收管理法》《中华人民共和国环境保护法》和有关法律法规的规定追究法律责任。

第二十四条 各级人民政府应当鼓励纳税人加大环境保护建设投入，对纳税人用于污染物自动监测设备的投资予以资金和政策支持。

第五章 附 则

第二十五条 本法下列用语的含义：

（一）污染当量，是指根据污染物或者污染排放活动对环境的有害程度以及处理的技术经济性，衡量不同污染物对环境污染的综合性指标或者计量单位。同一介质相同污染当量的不同污染物，其污染程度基本相当。

（二）排污系数，是指在正常技术经济和管理条件下，生产单位产品所应排放的污染物量的统计平均值。

（三）物料衡算，是指根据物质质量守恒原理对生产过程中使用的原料、生产的产品和产生的废物等进行测算的一种方法。

第二十六条 直接向环境排放应税污染物的企业事业单位和其他生产经营者，除依照本法规定缴纳环境保护税外，应当对所造成的损害依法承担责任。

第二十七条 自本法施行之日起，依照本法规定征收环境保护税，不再征收排污费。

第二十八条 本法自2018年1月1日起施行。

中华人民共和国车辆购置税法

(2018年12月29日第十三届全国人民代表大会常务委员会第七次会议通过)

第一条 在中华人民共和国境内购置汽车、有轨电车、汽车挂车、排气量超过一百五十毫升的摩托车（以下统称应税车辆）的单位和个人，为车辆购置税的纳税人，应当依照本法规定缴纳车辆购置税。

第二条 本法所称购置，是指以购买、进口、自产、受赠、获奖或者其他方式取得并自用应税车辆的行为。

第三条 车辆购置税实行一次性征收。购置已征车辆购置税的车辆，不再征收车辆购置税。

第四条 车辆购置税的税率为百分之十。

第五条 车辆购置税的应纳税额按照应税车辆的计税价格乘以税率计算。

第六条 应税车辆的计税价格，按照下列规定确定：

（一）纳税人购买自用应税车辆的计税价格，为纳税人实际支付给销售者的全部价款，不包括增值税税款；

（二）纳税人进口自用应税车辆的计税价格，为关税完税价格加上关税和消费税；

（三）纳税人自产自用应税车辆的计税价格，按照纳税人生产的同类应税车辆的销售价格确定，不包括增值税税款；

（四）纳税人以受赠、获奖或者其他方式取得自用应税车辆的计税价格，按照购置应税车辆时相关凭证载明的价格确定，不包括增值税税款。

第七条 纳税人申报的应税车辆计税价格明显偏低，又无正当理由的，由税务机关依照《中华人民共和国税收征收管理法》的规定核定其应纳税额。

第八条 纳税人以外汇结算应税车辆价款的，按照申报纳税之日的人民币汇率中间价折合成人民币计算缴纳税款。

第九条 下列车辆免征车辆购置税：

（一）依照法律规定应当予以免税的外国驻华使馆、领事馆和国际组织驻华机构及其有关人员自用的车辆；

（二）中国人民解放军和中国人民武装警察部队列入装备订货计划的车辆；

（三）悬挂应急救援专用号牌的国家综合性消防救援车辆；

（四）设有固定装置的非运输专用作业车辆；

（五）城市公交企业购置的公共汽电车辆。

根据国民经济和社会发展的需要，国务院可以规定减征或者其他免征车辆购置税的情形，报全国人民代表大会常务委员会备案。

第十条 车辆购置税由税务机关负责征收。

第十一条 纳税人购置应税车辆，应当向车辆登记地的主管税务机关申报缴纳车辆购置税；购置不需要办理车辆登记的应税车辆的，应当向纳税人所在地的主管税务机关申报缴纳车辆购置税。

第十二条 车辆购置税的纳税义务发生时间为纳税人购置应税车辆的当日。纳税人应当自纳税义务发生之日起六十日内申报缴纳车辆购置税。

第十三条 纳税人应当在向公安机关交通管理部门办理车辆注册登记前,缴纳车辆购置税。

公安机关交通管理部门办理车辆注册登记,应当根据税务机关提供的应税车辆完税或者免税电子信息对纳税人申请登记的车辆信息进行核对,核对无误后依法办理车辆注册登记。

第十四条 免税、减税车辆因转让、改变用途等原因不再属于免税、减税范围的,纳税人应当在办理车辆转移登记或者变更登记前缴纳车辆购置税。计税价格以免税、减税车辆初次办理纳税申报时确定的计税价格为基准,每满一年扣减百分之十。

第十五条 纳税人将已征车辆购置税的车辆退回车辆生产企业或者销售企业的,可以向主管税务机关申请退还车辆购置税。退税额以已缴税款为基准,自缴纳税款之日至申请退税之日,每满一年扣减百分之十。

第十六条 税务机关和公安、商务、海关、工业和信息化等部门应当建立应税车辆信息共享和工作配合机制,及时交换应税车辆和纳税信息资料。

第十七条 车辆购置税的征收管理,依照本法和《中华人民共和国税收征收管理法》的规定执行。

第十八条 纳税人、税务机关及其工作人员违反本法规定的,依照《中华人民共和国税收征收管理法》和有关法律法规的规定追究法律责任。

第十九条 本法自2019年7月1日起施行。2000年10月22日国务院公布的《中华人民共和国车辆购置税暂行条例》同时废止。

中华人民共和国耕地占用税法

(2018年12月29日第十三届全国人民代表大会常务委员会第七次会议通过)

第一条 为了合理利用土地资源,加强土地管理,保护耕地,制定本法。

第二条 在中华人民共和国境内占用耕地建设建筑物、构筑物或者从事非农业建设的单位和个人,为耕地占用税的纳税人,应当依照本法规定缴纳耕地占用税。

占用耕地建设农田水利设施的,不缴纳耕地占用税。

本法所称耕地,是指用于种植农作物的土地。

第三条 耕地占用税以纳税人实际占用的耕地面积为计税依据,按照规定的适用税额一次性征收,应纳税额为纳税人实际占用的耕地面积(平方米)乘以适用税额。

第四条 耕地占用税的税额如下:

(一)人均耕地不超过一亩的地区(以县、自治县、不设区的市、市辖区为单位,下同),每平方米为十元至五十元;

(二)人均耕地超过一亩但不超过二亩的地区,每平方米为八元至四十元;

(三)人均耕地超过二亩但不超过三亩的地区,每平方米为六元至三十元;

(四)人均耕地超过三亩的地区,每平方米为五元至二十五元。

各地区耕地占用税的适用税额,由省、自治区、直辖市人民政府根据人均耕地面积和经济发展等情况,在前款规定的税额幅度内提出,报同级人民代表大会常务委员会决定,并报全国人民代表大会常务委员会和国务院备案。各省、自治区、直辖市耕地占用税适用税额的平均水平,不得低于本法所附《各省、自治区、直辖市耕地占用税平均税额表》规定的平均税额。

第五条 在人均耕地低于零点五亩的地区,省、自治区、直辖市可以根据当地经济发展情况,适当提高耕地占用税的适用税额,但提高的部分不得超过本法第四条第二款确定的适用税额的百分之五十。具体适用税额按照本法第四条第二款规定的程序确定。

第六条 占用基本农田的,应当按照本法第四条第二款或者第五条确定的当地适用税额,加按百分之一百五十征收。

第七条 军事设施、学校、幼儿园、社会福利机构、医疗机构占用耕地，免征耕地占用税。

铁路线路、公路线路、飞机场跑道、停机坪、港口、航道、水利工程占用耕地，减按每平方米二元的税额征收耕地占用税。

农村居民在规定用地标准以内占用耕地新建自用住宅，按照当地适用税额减半征收耕地占用税；其中农村居民经批准搬迁，新建自用住宅占用耕地不超过原宅基地面积的部分，免征耕地占用税。

农村烈士遗属、因公牺牲军人遗属、残疾军人以及符合农村最低生活保障条件的农村居民，在规定用地标准以内新建自用住宅，免征耕地占用税。

根据国民经济和社会发展的需要，国务院可以规定免征或者减征耕地占用税的其他情形，报全国人民代表大会常务委员会备案。

第八条 依照本法第七条第一款、第二款规定免征或者减征耕地占用税后，纳税人改变原占地用途，不再属于免征或者减征耕地占用税情形的，应当按照当地适用税额补缴耕地占用税。

第九条 耕地占用税由税务机关负责征收。

第十条 耕地占用税的纳税义务发生时间为纳税人收到自然资源主管部门办理占用耕地手续的书面通知的当日。纳税人应当自纳税义务发生之日起三十日内申报缴纳耕地占用税。

自然资源主管部门凭耕地占用税完税凭证或者免税凭证和其他有关文件发放建设用地批准书。

第十一条 纳税人因建设项目施工或者地质勘查临时占用耕地，应当依照本法的规定缴纳耕地占用税。纳税人在批准临时占用耕地期满之日起一年内依法复垦，恢复种植条件的，全额退还已经缴纳的耕地占用税。

第十二条 占用园地、林地、草地、农田水利用地、养殖水面、渔业水域滩涂以及其他农用地建设建筑物、构筑物或者从事非农业建设的，依照本法的规定缴纳耕地占用税。

占用前款规定的农用地的，适用税额可以适当低于本地区按照本法第四条第二款确定的适用税额，但降低的部分不得超过百分之五十。具体适用税额由省、自治区、直辖市人民政府提出，报同级人民代表大会常务委员会决定，并报全国人民代表大会常务委员会和国务院备案。

占用本条第一款规定的农用地建设直接为农业生产服务的生产设施的，不缴纳耕地占用税。

第十三条 税务机关应当与相关部门建立耕地占用税涉税信息共享机制和工作配合机制。县级以上地方人民政府自然资源、农业农村、水利等相关部门应当定期向税务机关提供农用地转用、临时占地等信息，协助税务机关加强耕地占用税征收管理。

税务机关发现纳税人的纳税申报数据资料异常或者纳税人未按照规定期限申报纳税的，可以提请相关部门进行复核，相关部门应当自收到税务机关复核申请之日起三十日内向税务机关出具复核意见。

第十四条 耕地占用税的征收管理，依照本法和《中华人民共和国税收征收管理法》的规定执行。

第十五条 纳税人、税务机关及其工作人员违反本法规定的，依照《中华人民共和国税收征收管理法》和有关法律法规的规定追究法律责任。

第十六条 本法自2019年9月1日起施行。2007年12月1日国务院公布的《中华人民共和国耕地占用税暂行条例》同时废止。

中华人民共和国烟叶税法

(2017年12月27日第十二届全国人民代表大会常务委员会第三十一次会议通过)

第一条 在中华人民共和国境内，依照《中华人民共和国烟草专卖法》的规定收购烟叶的单位为烟叶税的纳税人。纳税人应当依照本法规定缴纳烟叶税。

第二条 本法所称烟叶，是指烤烟叶、晾晒烟叶。

第三条 烟叶税的计税依据为纳税人收购烟叶实际支付的价款总额。

第四条 烟叶税的税率为百分之二十。

第五条 烟叶税的应纳税额按照纳税人收购烟叶实际支付的价款总额乘以税率计算。

第六条 烟叶税由税务机关依照本法和《中华人民共和国税收征收管理法》的有关规定征收管理。

第七条 纳税人应当向烟叶收购地的主管税务机关申报缴纳烟叶税。

第八条 烟叶税的纳税义务发生时间为纳税人收购烟叶的当日。

第九条 烟叶税按月计征，纳税人应当于纳税义务发生月终了之日起十五日内申报并缴纳税款。

第十条 本法自 2018 年 7 月 1 日起施行。2006 年 4 月 28 日国务院公布的《中华人民共和国烟叶税暂行条例》同时废止。

中华人民共和国船舶吨税法

(2017 年 12 月 27 日第十二届全国人民代表大会常务委员会第三十一次会议通过)

第一条 自中华人民共和国境外港口进入境内港口的船舶（以下称应税船舶），应当依照本法缴纳船舶吨税（以下简称吨税）。

第二条 吨税的税目、税率依照本法所附的《吨税税目税率表》执行。

第三条 吨税设置优惠税率和普通税率。

中华人民共和国籍的应税船舶，船籍国（地区）与中华人民共和国签订含有相互给予船舶税费最惠国待遇条款的条约或者协定的应税船舶，适用优惠税率。

其他应税船舶，适用普通税率。

第四条 吨税按照船舶净吨位和吨税执照期限征收。

应税船舶负责人在每次申报纳税时，可以按照《吨税税目税率表》选择申领一种期限的吨税执照。

第五条 吨税的应纳税额按照船舶净吨位乘以适用税率计算。

第六条 吨税由海关负责征收。海关征收吨税应当制发缴款凭证。

应税船舶负责人缴纳吨税或者提供担保后，海关按照其申领的执照期限填发吨税执照。

第七条 应税船舶在进入港口办理入境手续时，应当向海关申报纳税领取吨税执照，或者交验吨税执照（或者申请核验吨税执照电子信息）。应税船舶在离开港口办理出境手续时，应当交验吨税执照（或者申请核验吨税执照电子信息）。

应税船舶负责人申领吨税执照时，应当向海关提供下列文件：

（一）船舶国籍证书或者海事部门签发的船舶国籍证书收存证明；

（二）船舶吨位证明。

应税船舶因不可抗力在未设立海关地点停泊的，船舶负责人应当立即向附近海关报告，并在不可抗力原因消除后，依照本法规定向海关申报纳税。

第八条 吨税纳税义务发生时间为应税船舶进入港口的当日。

应税船舶在吨税执照期满后尚未离开港口的，应当申领新的吨税执照，自上一次执照期满的次日起续缴吨税。

第九条 下列船舶免征吨税：

（一）应纳税额在人民币五十元以下的船舶；

（二）自境外以购买、受赠、继承等方式取得船舶所有权的初次进口到港的空载船舶；

（三）吨税执照期满后二十四小时内不上下客货的船舶；
（四）非机动船舶（不包括非机动驳船）；
（五）捕捞、养殖渔船；
（六）避难、防疫隔离、修理、改造、终止运营或者拆解，并不上下客货的船舶；
（七）军队、武装警察部队专用或者征用的船舶；
（八）警用船舶；
（九）依照法律规定应当予以免税的外国驻华使领馆、国际组织驻华代表机构及其有关人员的船舶；
（十）国务院规定的其他船舶。

前款第（十）项免税规定，由国务院报全国人民代表大会常务委员会备案。

第十条 在吨税执照期限内，应税船舶发生下列情形之一的，海关按照实际发生的天数批注延长吨税执照期限：
（一）避难、防疫隔离、修理、改造，并不上下客货；
（二）军队、武装警察部队征用。

第十一条 符合本法第九条第一款第（五）项至第（九）项、第十条规定的船舶，应当提供海事部门、渔业船舶管理部门或者出入境检验检疫部门等部门、机构出具的具有法律效力的证明文件或者使用关系证明文件，申明免税或者延长吨税执照期限的依据和理由。

第十二条 应税船舶负责人应当自海关填发吨税缴款凭证之日起十五日内缴清税款。未按期缴清税款的，自滞纳税款之日至缴清税款之日止，按日加收滞纳税款万分之五的税款滞纳金。

第十三条 应税船舶到达港口前，经海关核准先行申报并办结出入境手续的，应税船舶负责人应当向海关提供与其依法履行吨税缴纳义务相适应的担保；应税船舶到达港口后，依照本法规定向海关申报纳税。

下列财产、权利可以用于担保：
（一）人民币、可自由兑换货币；
（二）汇票、本票、支票、债券、存单；
（三）银行、非银行金融机构的保函；
（四）海关依法认可的其他财产、权利。

第十四条 应税船舶在吨税执照期限内，因修理、改造导致净吨位变化的，吨税执照继续有效。应税船舶办理出入境手续时，应当提供船舶经过修理、改造的证明文件。

第十五条 应税船舶在吨税执照期限内，因税目税率调整或者船籍改变而导致适用税率变化的，吨税执照继续有效。

因船籍改变而导致适用税率变化的，应税船舶在办理出入境手续时，应当提供船籍改变的证明文件。

第十六条 吨税执照在期满前毁损或者遗失的，应当向原发照海关书面申请核发吨税执照副本，不再补税。

第十七条 海关发现少征或者漏征税款的，应当自应税船舶应当缴纳税款之日起一年内，补征税款。但因应税船舶违反规定造成少征或者漏征税款的，海关可以自应当缴纳税款之日起三年内追征税款，并自应当缴纳税款之日起按日加征少征或者漏征税款万分之五的税款滞纳金。

海关发现多征税款的，应当在二十四小时内通知应税船舶办理退还手续，并加算银行同期活期存款利息。

应税船舶发现多缴税款的，可以自缴纳税款之日起三年内以书面形式要求海关退还多缴的税款并加算银行同期活期存款利息；海关应当自受理退税申请之日起三十日内查实并通知应税船舶办理退还手续。

应税船舶应当自收到本条第二款、第三款规定的通知之日起三个月内办理有关退还手续。

第十八条 应税船舶有下列行为之一的,由海关责令限期改正,处二千元以上三万元以下的罚款;不缴或者少缴应纳税款的,处不缴或者少缴税款百分之五十以上五倍以下的罚款,但罚款不得低于二千元:

(一) 未按照规定申报纳税、领取吨税执照;

(二) 未按照规定交验吨税执照(或者申请核验吨税执照电子信息)以及提供其他证明文件。

第十九条 吨税税款、税款滞纳金、罚款以人民币计算。

第二十条 吨税的征收,本法未作规定的,依照有关税收征收管理的法律、行政法规的规定执行。

第二十一条 本法及所附《吨税税目税率表》下列用语的含义:

净吨位,是指由船籍国(地区)政府签发或者授权签发的船舶吨位证明书上标明的净吨位。

非机动船舶,是指自身没有动力装置,依靠外力驱动的船舶。

非机动驳船,是指在船舶登记机关登记为驳船的非机动船舶。

捕捞、养殖渔船,是指在中华人民共和国渔业船舶管理部门登记为捕捞船或者养殖船的船舶。

拖船,是指专门用于拖(推)动运输船舶的专业作业船舶。

吨税执照期限,是指按照公历年、日计算的期间。

第二十二条 本法自2018年7月1日起施行。2011年12月5日国务院公布的《中华人民共和国船舶吨税暂行条例》同时废止。

附件:

吨税税目税率表

税目 (按船舶净吨位划分)	税率(元/净吨)						备注
	普通税率 (按执照期限划分)			优惠税率 (按执照期限划分)			
	1年	90日	30日	1年	90日	30日	
不超过2000净吨	12.6	4.2	2.1	9.0	3.0	1.5	1. 拖船按照发动机功率每千瓦折合净吨位0.67吨。 2. 无法提供净吨位证明文件的游艇,按照发动机功率每千瓦折合净吨位0.05吨。 3. 拖船和非机动驳船分别按相同净吨位船舶税率的50%计征税款
超过2000净吨,但不超过10000净吨	24.0	8.0	4.0	17.4	5.8	2.9	
超过10000净吨,但不超过50000净吨	27.6	9.2	4.6	19.8	6.6	3.3	
超过50000净吨	31.8	10.6	5.3	22.8	7.6	3.8	

关于全面推开营业税改征增值税试点的通知

(2016年3月23日 财政部 国家税务总局 财税〔2016〕36号)

各省、自治区、直辖市、计划单列市财政厅(局)、国家税务局、地方税务局,新疆生产建设兵团财务局:

经国务院批准,自2016年5月1日起,在全国范围内全面推开营业税改征增值税(以下称营改增）试点，建筑业、房地产业、金融业、生活服务业等全部营业税纳税人，纳入试点范围，由缴纳营业税改为缴纳增值税。现将《营业税改征增值税试点实施办法》、《营业税改征增值税试点有关事项的规定》、《营业税改征增值税试点过渡政策的规定》和《跨境应税行为适用增值税零税率和免税政策的规定》印发给你们，请遵照执行。

本通知附件规定的内容，除另有规定执行时间外，自2016年5月1日起执行。《财政部 国家税务总局关于将铁路运输和邮政业纳入营业税改征增值税试点的通知》（财税〔2013〕106号）、《财政部 国家税务总局关于铁路运输和邮政业营业税改征增值税试点有关政策的补充通知》（财税〔2013〕121号）、《财政部 国家税务总局关于将电信业纳入营业税改征增值税试点的通知》（财税〔2014〕43号）、《财政部 国家税务总局关于国际水路运输增值税零税率政策的补充通知》（财税〔2014〕50号）和《财政部 国家税务总局关于影视等出口服务适用增值税零税率政策的通知》（财税〔2015〕118号），除另有规定的条款外，相应废止。

各地要高度重视营改增试点工作，切实加强试点工作的组织领导，周密安排，明确责任，采取各种有效措施，做好试点前的各项准备以及试点过程中的监测分析和宣传解释等工作，确保改革的平稳、有序、顺利进行。遇到问题请及时向财政部和国家税务总局反映。

附件：1. 营业税改征增值税试点实施办法
   2. 营业税改征增值税试点有关事项的规定
   3. 营业税改征增值税试点过渡政策的规定
   4. 跨境应税行为适用增值税零税率和免税政策的规定

附件1：

营业税改征增值税试点实施办法

第一章 纳税人和扣缴义务人

第一条 在中华人民共和国境内（以下称境内）销售服务、无形资产或者不动产（以下称应税行为）的单位和个人，为增值税纳税人，应当按照本办法缴纳增值税，不缴纳营业税。

单位，是指企业、行政单位、事业单位、军事单位、社会团体及其他单位。

个人，是指个体工商户和其他个人。

第二条 单位以承包、承租、挂靠方式经营的，承包人、承租人、挂靠人（以下统称承包人）以发包人、出租人、被挂靠人（以下统称发包人）名义对外经营并由发包人承担相关法律责任的，以该发包人为纳税人。否则，以承包人为纳税人。

第三条 纳税人分为一般纳税人和小规模纳税人。

应税行为的年应征增值税销售额（以下称应税销售额）超过财政部和国家税务总局规定标准的纳税人为一般纳税人，未超过规定标准的纳税人为小规模纳税人。

年应税销售额超过规定标准的其他个人不属于一般纳税人。年应税销售额超过规定标准但不经常发生应税行为的单位和个体工商户可选择按照小规模纳税人纳税。

第四条 年应税销售额未超过规定标准的纳税人，会计核算健全，能够提供准确税务资料的，可以向主管税务机关办理一般纳税人资格登记，成为一般纳税人。

会计核算健全，是指能够按照国家统一的会计制度规定设置账簿，根据合法、有效凭证核算。

第五条 符合一般纳税人条件的纳税人应当向主管税务机关办理一般纳税人资格登记。具体登记办法由国家税务总局制定。

除国家税务总局另有规定外，一经登记为一般纳税人后，不得转为小规模纳税人。

第六条 中华人民共和国境外（以下称境外）单位或者个人在境内发生应税行为，在境内未设有经营机构的,以购买方为增值税扣缴义务人。财政部和国家税务总局另有规定的除外。

第七条 两个或者两个以上的纳税人,经财政部和国家税务总局批准可以视为一个纳税人合并纳税。具体办法由财政部和国家税务总局另行制定。(自2017年7月1日起废止)

第八条 纳税人应当按照国家统一的会计制度进行增值税会计核算。

第二章 征税范围

第九条 应税行为的具体范围,按照本办法所附的《销售服务、无形资产、不动产注释》执行。

第十条 销售服务、无形资产或者不动产,是指有偿提供服务、有偿转让无形资产或者不动产,但属于下列非经营活动的情形除外:

(一)行政单位收取的同时满足以下条件的政府性基金或者行政事业性收费。

1. 由国务院或者财政部批准设立的政府性基金,由国务院或者省级人民政府及其财政、价格主管部门批准设立的行政事业性收费;

2. 收取时开具省级以上(含省级)财政部门监(印)制的财政票据;

3. 所收款项全额上缴财政。

(二)单位或者个体工商户聘用的员工为本单位或者雇主提供取得工资的服务。

(三)单位或者个体工商户为聘用的员工提供服务。

(四)财政部和国家税务总局规定的其他情形。

第十一条 有偿,是指取得货币、货物或者其他经济利益。

第十二条 在境内销售服务、无形资产或者不动产,是指:

(一)服务(租赁不动产除外)或者无形资产(自然资源使用权除外)的销售方或者购买方在境内;

(二)所销售或者租赁的不动产在境内;

(三)所销售自然资源使用权的自然资源在境内;

(四)财政部和国家税务总局规定的其他情形。

第十三条 下列情形不属于在境内销售服务或者无形资产:

(一)境外单位或者个人向境内单位或者个人销售完全在境外发生的服务。

(二)境外单位或者个人向境内单位或者个人销售完全在境外使用的无形资产。

(三)境外单位或者个人向境内单位或者个人出租完全在境外使用的有形动产。

(四)财政部和国家税务总局规定的其他情形。

第十四条 下列情形视同销售服务、无形资产或者不动产:

(一)单位或者个体工商户向其他单位或者个人无偿提供服务,但用于公益事业或者以社会公众为对象的除外。

(二)单位或者个人向其他单位或者个人无偿转让无形资产或者不动产,但用于公益事业或者以社会公众为对象的除外。

(三)财政部和国家税务总局规定的其他情形。

第三章 税率和征收率

第十五条 增值税税率:

(一)纳税人发生应税行为,除本条第(二)项、第(三)项、第(四)项规定外,税率为6%。

(二)提供交通运输、邮政、基础电信、建筑、不动产租赁服务,销售不动产,转让土地使用权,税率为11%。

(三)提供有形动产租赁服务,税率为17%。

(四)境内单位和个人发生的跨境应税行为,税率为零。具体范围由财政部和国家税务总局另行规定。

第十六条 增值税征收率为3%，财政部和国家税务总局另有规定的除外。

第四章 应纳税额的计算

第一节 一般性规定

第十七条 增值税的计税方法，包括一般计税方法和简易计税方法。

第十八条 一般纳税人发生应税行为适用一般计税方法计税。

一般纳税人发生财政部和国家税务总局规定的特定应税行为，可以选择适用简易计税方法计税，但一经选择，36个月内不得变更。

第十九条 小规模纳税人发生应税行为适用简易计税方法计税。

第二十条 境外单位或者个人在境内发生应税行为，在境内未设有经营机构的，扣缴义务人按照下列公式计算应扣缴税额：

应扣缴税额 = 购买方支付的价款 ÷ (1 + 税率) × 税率

第二节 一般计税方法

第二十一条 一般计税方法的应纳税额，是指当期销项税额抵扣当期进项税额后的余额。应纳税额计算公式：

应纳税额 = 当期销项税额 − 当期进项税额

当期销项税额小于当期进项税额不足抵扣时，其不足部分可以结转下期继续抵扣。

第二十二条 销项税额，是指纳税人发生应税行为按照销售额和增值税税率计算并收取的增值税额。销项税额计算公式：

销项税额 = 销售额 × 税率

第二十三条 一般计税方法的销售额不包括销项税额，纳税人采用销售额和销项税额合并定价方法的，按照下列公式计算销售额：

销售额 = 含税销售额 ÷ (1 + 税率)

第二十四条 进项税额，是指纳税人购进货物、加工修理修配劳务、服务、无形资产或者不动产，支付或者负担的增值税额。

第二十五条 下列进项税额准予从销项税额中抵扣：

（一）从销售方取得的增值税专用发票（含税控机动车销售统一发票，下同）上注明的增值税额。

（二）从海关取得的海关进口增值税专用缴款书上注明的增值税额。

（三）购进农产品，除取得增值税专用发票或者海关进口增值税专用缴款书外，按照农产品收购发票或者销售发票上注明的农产品买价和13%的扣除率计算的进项税额。计算公式为：

进项税额 = 买价 × 扣除率

买价，是指纳税人购进农产品在农产品收购发票或者销售发票上注明的价款和按照规定缴纳的烟叶税。

购进农产品，按照《农产品增值税进项税额核定扣除试点实施办法》抵扣进项税额的除外。

（四）从境外单位或者个人购进服务、无形资产或者不动产，自税务机关或者扣缴义务人取得的解缴税款的完税凭证上注明的增值税额。

第二十六条 纳税人取得的增值税扣税凭证不符合法律、行政法规或者国家税务总局有关规定的，其进项税额不得从销项税额中抵扣。

增值税扣税凭证，是指增值税专用发票、海关进口增值税专用缴款书、农产品收购发票、农产品销售发票和完税凭证。

纳税人凭完税凭证抵扣进项税额的，应当具备书面合同、付款证明和境外单位的对账单或者发票。资料不全的，其进项税额不得从销项税额中抵扣。

第二十七条 下列项目的进项税额不得从销项税额中抵扣：

（一）用于简易计税方法计税项目、免征增值税项目、集体福利或者个人消费的购进货物、加工修理修配劳务、服务、无形资产和不动产。其中涉及的固定资产、无形资产、不动产，仅指专用于上述项目的固定资产、无形资产（不包括其他权益性无形资产）、不动产。

纳税人的交际应酬消费属于个人消费。

（二）非正常损失的购进货物，以及相关的加工修理修配劳务和交通运输服务。

（三）非正常损失的在产品、产成品所耗用的购进货物（不包括固定资产）、加工修理修配劳务和交通运输服务。

（四）非正常损失的不动产，以及该不动产所耗用的购进货物、设计服务和建筑服务。

（五）非正常损失的不动产在建工程所耗用的购进货物、设计服务和建筑服务。

纳税人新建、改建、扩建、修缮、装饰不动产，均属于不动产在建工程。

（六）购进的旅客运输服务、贷款服务、餐饮服务、居民日常服务和娱乐服务。

（七）财政部和国家税务总局规定的其他情形。

本条第（四）项、第（五）项所称货物，是指构成不动产实体的材料和设备，包括建筑装饰材料和给排水、采暖、卫生、通风、照明、通信、煤气、消防、中央空调、电梯、电气、智能化楼宇设备及配套设施。

第二十八条 不动产、无形资产的具体范围，按照本办法所附的《销售服务、无形资产或者不动产注释》执行。

固定资产，是指使用期限超过12个月的机器、机械、运输工具以及其他与生产经营有关的设备、工具、器具等有形动产。

非正常损失，是指因管理不善造成货物被盗、丢失、霉烂变质，以及因违反法律法规造成货物或者不动产被依法没收、销毁、拆除的情形。

第二十九条 适用一般计税方法的纳税人，兼营简易计税方法计税项目、免征增值税项目而无法划分不得抵扣的进项税额，按照下列公式计算不得抵扣的进项税额：

不得抵扣的进项税额＝当期无法划分的全部进项税额×（当期简易计税方法计税项目销售额＋免征增值税项目销售额）÷当期全部销售额

主管税务机关可以按照上述公式依据年度数据对不得抵扣的进项税额进行清算。

第三十条 已抵扣进项税额的购进货物（不含固定资产）、劳务、服务，发生本办法第二十七条规定情形（简易计税方法计税项目、免征增值税项目除外）的，应当将该进项税额从当期进项税额中扣减；无法确定该进项税额的，按照当期实际成本计算应扣减的进项税额。

第三十一条 已抵扣进项税额的固定资产、无形资产或者不动产，发生本办法第二十七条规定情形的，按照下列公式计算不得抵扣的进项税额：

不得抵扣的进项税额＝固定资产、无形资产或者不动产净值×适用税率

固定资产、无形资产或者不动产净值，是指纳税人根据财务会计制度计提折旧或摊销后的余额。

第三十二条 纳税人适用一般计税方法计税的，因销售折让、中止或者退回而退还给购买方的增值税额，应当从当期的销项税额中扣减；因销售折让、中止或者退回而收回的增值税额，应当从当期的进项税额中扣减。

第三十三条 有下列情形之一者，应当按照销售额和增值税税率计算应纳税额，不得抵扣进项税额，也不得使用增值税专用发票：

（一）一般纳税人会计核算不健全，或者不能够提供准确税务资料的。

（二）应当办理一般纳税人资格登记而未办理的。

第三节 简易计税方法

第三十四条 简易计税方法的应纳税额，是指按照销售额和增值税征收率计算的增值税额，不得抵扣进项税额。应纳税额计算公式：

应纳税额＝销售额×征收率

第三十五条 简易计税方法的销售额不包括其应纳税额，纳税人采用销售额和应纳税额合并定价方法的，按照下列公式计算销售额：

销售额＝含税销售额÷(1＋征收率)

第三十六条 纳税人适用简易计税方法计税的，因销售折让、中止或者退回而退还给购买方的销售额，应当从当期销售额中扣减。扣减当期销售额后仍有余额造成多缴的税款，可以从以后的应纳税额中扣减。

第四节 销售额的确定

第三十七条 销售额，是指纳税人发生应税行为取得的全部价款和价外费用，财政部和国家税务总局另有规定的除外。

价外费用，是指价外收取的各种性质的收费，但不包括以下项目：

（一）代为收取并符合本办法第十条规定的政府性基金或者行政事业性收费。

（二）以委托方名义开具发票代委托方收取的款项。

第三十八条 销售额以人民币计算。

纳税人按照人民币以外的货币结算销售额的，应当折合成人民币计算，折合率可以选择销售额发生的当天或者当月1日的人民币汇率中间价。纳税人应当在事先确定采用何种折合率，确定后12个月内不得变更。

第三十九条 纳税人兼营销售货物、劳务、服务、无形资产或者不动产，适用不同税率或者征收率的，应当分别核算适用不同税率或者征收率的销售额；未分别核算的，从高适用税率。

第四十条 一项销售行为如果既涉及服务又涉及货物，为混合销售。从事货物的生产、批发或者零售的单位和个体工商户的混合销售行为，按照销售货物缴纳增值税；其他单位和个体工商户的混合销售行为，按照销售服务缴纳增值税。

本条所称从事货物的生产、批发或者零售的单位和个体工商户，包括以从事货物的生产、批发或者零售为主，并兼营销售服务的单位和个体工商户在内。

第四十一条 纳税人兼营免税、减税项目的，应当分别核算免税、减税项目的销售额；未分别核算的，不得免税、减税。

第四十二条 纳税人发生应税行为，开具增值税专用发票后，发生开票有误或者销售折让、中止、退回等情形的，应当按照国家税务总局的规定开具红字增值税专用发票；未按照规定开具红字增值税专用发票的，不得按本办法第三十二条和第三十六条的规定扣减销项税额或者销售额。

第四十三条 纳税人发生应税行为，将价款和折扣额在同一张发票上分别注明的，以折扣后的价款为销售额；未在同一张发票上分别注明的，以价款为销售额，不得扣减折扣额。

第四十四条 纳税人发生应税行为价格明显偏低或者偏高且不具有合理商业目的的，或者发生本办法第十四条所列行为而无销售额的，主管税务机关有权按照下列顺序确定销售额：

（一）按照纳税人最近时期销售同类服务、无形资产或者不动产的平均价格确定。

（二）按照其他纳税人最近时期销售同类服务、无形资产或者不动产的平均价格确定。

（三）按照组成计税价格确定。组成计税价格的公式为：

组成计税价格＝成本×(1＋成本利润率)

成本利润率由国家税务总局确定。

不具有合理商业目的的，是指以谋取税收利益为主要目的，通过人为安排，减少、免除、推迟缴纳增值税税款，或者增加退还增值税税款。

第五章 纳税义务、扣缴义务发生时间和纳税地点

第四十五条 增值税纳税义务、扣缴义务发生时间为：

（一）纳税人发生应税行为并收讫销售款项或者取得索取销售款项凭据的当天；先开具发票的，

为开具发票的当天。

收讫销售款项,是指纳税人销售服务、无形资产、不动产过程中或者完成后收到款项。

取得索取销售款项凭据的当天,是指书面合同确定的付款日期;未签订书面合同或者书面合同未确定付款日期的,为服务、无形资产转让完成的当天或者不动产权属变更的当天。

(二)纳税人提供建筑服务、租赁服务采取预收款方式的,其纳税义务发生时间为收到预收款的当天。

(三)纳税人从事金融商品转让的,为金融商品所有权转移的当天。

(四)纳税人发生本办法第十四条规定情形的,其纳税义务发生时间为服务、无形资产转让完成的当天或者不动产权属变更的当天。

(五)增值税扣缴义务发生时间为纳税人增值税纳税义务发生的当天。

第四十六条 增值税纳税地点为:

(一)固定业户应当向其机构所在地或者居住地主管税务机关申报纳税。总机构和分支机构不在同一县(市)的,应当分别向各自所在地的主管税务机关申报纳税;经财政部和国家税务总局或者其授权的财政和税务机关批准,可以由总机构汇总向总机构所在地的主管税务机关申报纳税。

(二)非固定业户应当向应税行为发生地主管税务机关申报纳税;未申报纳税的,由其机构所在地或者居住地主管税务机关补征税款。

(三)其他个人提供建筑服务,销售或者租赁不动产,转让自然资源使用权,应向建筑服务发生地、不动产所在地、自然资源所在地主管税务机关申报纳税。

(四)扣缴义务人应当向其机构所在地或者居住地主管税务机关申报缴纳扣缴的税款。

第四十七条 增值税的纳税期限分别为 1 日、3 日、5 日、10 日、15 日、1 个月或者 1 个季度。纳税人的具体纳税期限,由主管税务机关根据纳税人应纳税额的大小分别核定。以 1 个季度为纳税期限的规定适用于小规模纳税人、银行、财务公司、信托投资公司、信用社,以及财政部和国家税务总局规定的其他纳税人。不能按照固定期限纳税的,可以按次纳税。

纳税人以 1 个月或者 1 个季度为 1 个纳税期的,自期满之日起 15 日内申报纳税;以 1 日、3 日、5 日、10 日或者 15 日为 1 个纳税期的,自期满之日起 5 日内预缴税款,于次月 1 日起 15 日内申报纳税并结清上月应纳税款。

扣缴义务人解缴税款的期限,按照前两款规定执行。

第六章 税收减免的处理

第四十八条 纳税人发生应税行为适用免税、减税规定的,可以放弃免税、减税,依照本办法的规定缴纳增值税。放弃免税、减税后,36 个月内不得再申请免税、减税。

纳税人发生应税行为同时适用免税和零税率规定的,纳税人可以选择适用免税或者零税率。

第四十九条 个人发生应税行为的销售额未达到增值税起征点的,免征增值税;达到起征点的,全额计算缴纳增值税。

增值税起征点不适用于登记为一般纳税人的个体工商户。

第五十条 增值税起征点幅度如下:

(一)按期纳税的,为月销售额 5000—20000 元(含本数)。

(二)按次纳税的,为每次(日)销售额 300—500 元(含本数)。

起征点的调整由财政部和国家税务总局规定。省、自治区、直辖市财政厅(局)和国家税务局应当在规定的幅度内,根据实际情况确定本地区适用的起征点,并报财政部和国家税务总局备案。

对增值税小规模纳税人中月销售额未达到 2 万元的企业或非企业性单位,免征增值税。2017 年 12 月 31 日前,对月销售额 2 万元(含本数)至 3 万元的增值税小规模纳税人,免征增值税。

第七章 征收管理

第五十一条 营业税改征的增值税,由国家税务局负责征收。纳税人销售取得的不动产和其他个人出租不动产的增值税，国家税务局暂委托地方税务局代为征收。

第五十二条 纳税人发生适用零税率的应税行为，应当按期向主管税务机关申报办理退（免）税，具体办法由财政部和国家税务总局制定。

第五十三条 纳税人发生应税行为，应当向索取增值税专用发票的购买方开具增值税专用发票，并在增值税专用发票上分别注明销售额和销项税额。

属于下列情形之一的，不得开具增值税专用发票：

（一）向消费者个人销售服务、无形资产或者不动产。

（二）适用免征增值税规定的应税行为。

第五十四条 小规模纳税人发生应税行为，购买方索取增值税专用发票的，可以向主管税务机关申请代开。

第五十五条 纳税人增值税的征收管理，按照本办法和《中华人民共和国税收征收管理法》及现行增值税征收管理有关规定执行。

附：销售服务、无形资产、不动产注释

附：

销售服务、无形资产、不动产注释

一、销售服务

销售服务，是指提供交通运输服务、邮政服务、电信服务、建筑服务、金融服务、现代服务、生活服务。

（一）交通运输服务。

交通运输服务，是指利用运输工具将货物或者旅客送达目的地，使其空间位置得到转移的业务活动。包括陆路运输服务、水路运输服务、航空运输服务和管道运输服务。

1. 陆路运输服务。

陆路运输服务，是指通过陆路（地上或者地下）运送货物或者旅客的运输业务活动，包括铁路运输服务和其他陆路运输服务。

（1）铁路运输服务，是指通过铁路运送货物或者旅客的运输业务活动。

（2）其他陆路运输服务，是指铁路运输以外的陆路运输业务活动。包括公路运输、缆车运输、索道运输、地铁运输、城市轻轨运输等。

出租车公司向使用本公司自有出租车的出租车司机收取的管理费用，按照陆路运输服务缴纳增值税。

2. 水路运输服务。

水路运输服务，是指通过江、河、湖、川等天然、人工水道或者海洋航道运送货物或者旅客的运输业务活动。

水路运输的程租、期租业务，属于水路运输服务。

程租业务，是指运输企业为租船人完成某一特定航次的运输任务并收取租赁费的业务。

期租业务，是指运输企业将配备有操作人员的船舶承租给他人使用一定期限，承租期内听候承租方调遣，不论是否经营，均按天向承租方收取租赁费，发生的固定费用均由船东负担的业务。

3. 航空运输服务。

航空运输服务，是指通过空中航线运送货物或者旅客的运输业务活动。

航空运输的湿租业务，属于航空运输服务。

湿租业务，是指航空运输企业将配备有机组人员的飞机承租给他人使用一定期限，承租期内听候承租方调遣，不论是否经营，均按一定标准向承租方收取租赁费，发生的固定费用均由承租方承担的业务。

航天运输服务，按照航空运输服务缴纳增值税。

航天运输服务,是指利用火箭等载体将卫星、空间探测器等空间飞行器发射到空间轨道的业务活动。

4. 管道运输服务。

管道运输服务,是指通过管道设施输送气体、液体、固体物质的运输业务活动。

无运输工具承运业务,按照交通运输服务缴纳增值税。

无运输工具承运业务,是指经营者以承运人身份与托运人签订运输服务合同,收取运费并承担承运人责任,然后委托实际承运人完成运输服务的经营活动。

(二)邮政服务。

邮政服务,是指中国邮政集团公司及其所属邮政企业提供邮件寄递、邮政汇兑和机要通信等邮政基本服务的业务活动。包括邮政普遍服务、邮政特殊服务和其他邮政服务。

1. 邮政普遍服务。

邮政普遍服务,是指函件、包裹等邮件寄递,以及邮票发行、报刊发行和邮政汇兑等业务活动。

函件,是指信函、印刷品、邮资封片卡、无名址函件和邮政小包等。

包裹,是指按照封装上的名址递送给特定个人或者单位的独立封装的物品,其重量不超过五十千克,任何一边的尺寸不超过一百五十厘米,长、宽、高合计不超过三百厘米。

2. 邮政特殊服务。

邮政特殊服务,是指义务兵平常信函、机要通信、盲人读物和革命烈士遗物的寄递等业务活动。

3. 其他邮政服务。

其他邮政服务,是指邮册等邮品销售、邮政代理等业务活动。

(三)电信服务。

电信服务,是指利用有线、无线的电磁系统或者光电系统等各种通信网络资源,提供语音通话服务,传送、发射、接收或者应用图像、短信等电子数据和信息的业务活动。包括基础电信服务和增值电信服务。

1. 基础电信服务。

基础电信服务,是指利用固网、移动网、卫星、互联网,提供语音通话服务的业务活动,以及出租或者出售带宽、波长等网络元素的业务活动。

2. 增值电信服务。

增值电信服务,是指利用固网、移动网、卫星、互联网、有线电视网络,提供短信和彩信服务、电子数据和信息的传输及应用服务、互联网接入服务等业务活动。

卫星电视信号落地转接服务,按照增值电信服务缴纳增值税。

(四)建筑服务。

建筑服务,是指各类建筑物、构筑物及其附属设施的建造、修缮、装饰,线路、管道、设备、设施等的安装以及其他工程作业的业务活动。包括工程服务、安装服务、修缮服务、装饰服务和其他建筑服务。

1. 工程服务。

工程服务,是指新建、改建各种建筑物、构筑物的工程作业,包括与建筑物相连的各种设备或者支柱、操作平台的安装或者装设工程作业,以及各种窑炉和金属结构工程作业。

2. 安装服务。

安装服务,是指生产设备、动力设备、起重设备、运输设备、传动设备、医疗实验设备以及其他各种设备、设施的装配、安置工程作业,包括与被安装设备相连的工作台、梯子、栏杆的装设工程作业,以及被安装设备的绝缘、防腐、保温、油漆等工程作业。

固定电话、有线电视、宽带、水、电、燃气、暖气等经营者向用户收取的安装费、初装费、开户费、扩容费以及类似收费,按照安装服务缴纳增值税。

3. 修缮服务。

修缮服务,是指对建筑物、构筑物进行修补、加固、养护、改善,使之恢复原来的使用价值或者延长其使用期限的工程作业。

4. 装饰服务。

装饰服务,是指对建筑物、构筑物进行修饰装修,使之美观或者具有特定用途的工程作业。

5. 其他建筑服务。

其他建筑服务,是指上列工程作业之外的各种工程作业服务,如钻井(打井)、拆除建筑物或者构筑物、平整土地、园林绿化、疏浚(不包括航道疏浚)、建筑物平移、搭脚手架、爆破、矿山穿孔、表面附着物(包括岩层、土层、沙层等)剥离和清理等工程作业。

(五)金融服务。

金融服务,是指经营金融保险的业务活动。包括贷款服务、直接收费金融服务、保险服务和金融商品转让。

1. 贷款服务。

贷款,是指将资金贷与他人使用而取得利息收入的业务活动。

各种占用、拆借资金取得的收入,包括金融商品持有期间(含到期)利息(保本收益、报酬、资金占用费、补偿金等)收入、信用卡透支利息收入、买入返售金融商品利息收入、融资融券收取的利息收入,以及融资性售后回租、押汇、罚息、票据贴现、转贷等业务取得的利息及利息性质的收入,按照贷款服务缴纳增值税。

融资性售后回租,是指承租方以融资为目的,将资产出售给从事融资性售后回租业务的企业后,从事融资性售后回租业务的企业将该资产出租给承租方的业务活动。

以货币资金投资收取的固定利润或者保底利润,按照贷款服务缴纳增值税。

2. 直接收费金融服务。

直接收费金融服务,是指为货币资金融通及其他金融业务提供相关服务并且收取费用的业务活动。包括提供货币兑换、账户管理、电子银行、信用卡、信用证、财务担保、资产管理、信托管理、基金管理、金融交易场所(平台)管理、资金结算、资金清算、金融支付等服务。

3. 保险服务。

保险服务,是指投保人根据合同约定,向保险人支付保险费,保险人对于合同约定的可能发生的事故因其发生所造成的财产损失承担赔偿保险金责任,或者当被保险人死亡、伤残、疾病或者达到合同约定的年龄、期限等条件时承担给付保险金责任的商业保险行为。包括人身保险服务和财产保险服务。

人身保险服务,是指以人的寿命和身体为保险标的的保险业务活动。

财产保险服务,是指以财产及其有关利益为保险标的的保险业务活动。

4. 金融商品转让。

金融商品转让,是指转让外汇、有价证券、非货物期货和其他金融商品所有权的业务活动。

其他金融商品转让包括基金、信托、理财产品等各类资产管理产品和各种金融衍生品的转让。

(六)现代服务。

现代服务,是指围绕制造业、文化产业、现代物流产业等提供技术性、知识性服务的业务活动。包括研发和技术服务、信息技术服务、文化创意服务、物流辅助服务、租赁服务、鉴证咨询服务、广播影视服务、商务辅助服务和其他现代服务。

1. 研发和技术服务。

研发和技术服务,包括研发服务、合同能源管理服务、工程勘察勘探服务、专业技术服务。

(1)研发服务,也称技术开发服务,是指就新技术、新产品、新工艺或者新材料及其系统进行研究与试验开发的业务活动。

(2)合同能源管理服务,是指节能服务公司与用能单位以契约形式约定节能目标,节能服务公司提供必要的服务,用能单位以节能效果支付节能服务公司投入及其合理报酬的业务活动。

(3)工程勘察勘探服务,是指在采矿、工程施工前后,对地形、地质构造、地下资源蕴藏情况进行实地调查的业务活动。

（4）专业技术服务，是指气象服务、地震服务、海洋服务、测绘服务、城市规划、环境与生态监测服务等专项技术服务。

2. 信息技术服务。

信息技术服务，是指利用计算机、通信网络等技术对信息进行生产、收集、处理、加工、存储、运输、检索和利用，并提供信息服务的业务活动。包括软件服务、电路设计及测试服务、信息系统服务、业务流程管理服务和信息系统增值服务。

（1）软件服务，是指提供软件开发服务、软件维护服务、软件测试服务的业务活动。

（2）电路设计及测试服务，是指提供集成电路和电子电路产品设计、测试及相关技术支持服务的业务活动。

（3）信息系统服务，是指提供信息系统集成、网络管理、网站内容维护、桌面管理与维护、信息系统应用、基础信息技术管理平台整合、信息技术基础设施管理、数据中心、托管中心、信息安全服务、在线杀毒、虚拟主机等业务活动。包括网站对非自有的网络游戏提供的网络运营服务。

（4）业务流程管理服务，是指依托信息技术提供的人力资源管理、财务经济管理、审计管理、税务管理、物流信息管理、经营信息管理和呼叫中心等服务的活动。

（5）信息系统增值服务，是指利用信息系统资源为用户附加提供的信息技术服务。包括数据处理、分析和整合、数据库管理、数据备份、数据存储、容灾服务、电子商务平台等。

3. 文化创意服务。

文化创意服务，包括设计服务、知识产权服务、广告服务和会议展览服务。

（1）设计服务，是指把计划、规划、设想通过文字、语言、图画、声音、视觉等形式传递出来的业务活动。包括工业设计、内部管理设计、业务运作设计、供应链设计、造型设计、服装设计、环境设计、平面设计、包装设计、动漫设计、网游设计、展示设计、网站设计、机械设计、工程设计、广告设计、创意策划、文印晒图等。

（2）知识产权服务，是指处理知识产权事务的业务活动。包括对专利、商标、著作权、软件、集成电路布图设计的登记、鉴定、评估、认证、检索服务。

（3）广告服务，是指利用图书、报纸、杂志、广播、电视、电影、幻灯、路牌、招贴、橱窗、霓虹灯、灯箱、互联网等各种形式为客户的商品、经营服务项目、文体节目或者通告、声明等委托事项进行宣传和提供相关服务的业务活动。包括广告代理和广告的发布、播映、宣传、展示等。

（4）会议展览服务，是指为商品流通、促销、展示、经贸洽谈、民间交流、企业沟通、国际往来等举办或者组织安排的各类展览和会议的业务活动。

4. 物流辅助服务。

物流辅助服务，包括航空服务、港口码头服务、货运客运场站服务、打捞救助服务、装卸搬运服务、仓储服务和收派服务。

（1）航空服务，包括航空地面服务和通用航空服务。

航空地面服务，是指航空公司、飞机场、民航管理局、航站等向在境内航行或者在境内机场停留的境内外飞机或者其他飞行器提供的导航等劳务性地面服务的业务活动。包括旅客安全检查服务、停机坪管理服务、机场候机厅管理服务、飞机清洗消毒服务、空中飞行管理服务、飞机起降服务、飞行通信服务、地面信号服务、飞机安全服务、飞机跑道管理服务、空中交通管理服务等。

通用航空服务，是指为专业工作提供飞行服务的业务活动，包括航空摄影、航空培训、航空测量、航空勘探、航空护林、航空吊挂播洒、航空降雨、航空气象探测、航空海洋监测、航空科学实验等。

（2）港口码头服务，是指港务船舶调度服务、船舶通信服务、航道管理服务、航道疏浚服务、灯塔管理服务、航标管理服务、船舶引航服务、理货服务、系解缆服务、停泊和移泊服务、海上船舶溢油清除服务、水上交通管理服务、船只专业清洗消毒检测服务和防止船只漏油服务等为船只提供服务的业务活动。

港口设施经营人收取的港口设施保安费按照港口码头服务缴纳增值税。

（3）货运客运场站服务，是指货运客运场站提供货物配载服务、运输组织服务、中转换乘服务、车辆调度服务、票务服务、货物打包整理、铁路线路使用服务、加挂铁路客车服务、铁路行包专列发送服务、铁路到达和中转服务、铁路车辆编解服务、车辆挂运服务、铁路接触网服务、铁路机车牵引服务等业务活动。

（4）打捞救助服务，是指提供船舶人员救助、船舶财产救助、水上救助和沉船沉物打捞服务的业务活动。

（5）装卸搬运服务，是指使用装卸搬运工具或者人力、畜力将货物在运输工具之间、装卸现场之间或者运输工具与装卸现场之间进行装卸和搬运的业务活动。

（6）仓储服务，是指利用仓库、货场或者其他场所代客贮放、保管货物的业务活动。

（7）收派服务，是指接受寄件人委托，在承诺的时限内完成函件和包裹的收件、分拣、派送服务的业务活动。

收件服务，是指从寄件人收取函件和包裹，并运送到服务提供方同城的集散中心的业务活动。

分拣服务，是指服务提供方在其集散中心对函件和包裹进行归类、分发的业务活动。

派送服务，是指服务提供方从其集散中心将函件和包裹送达同城的收件人的业务活动。

5. 租赁服务。

租赁服务，包括融资租赁服务和经营租赁服务。

（1）融资租赁服务，是指具有融资性质和所有权转移特点的租赁活动。即出租人根据承租人所要求的规格、型号、性能等条件购入有形动产或者不动产租赁给承租人，合同期内租赁物所有权属于出租人，承租人只拥有使用权，合同期满付清租金后，承租人有权按照残值购入租赁物，以拥有其所有权。不论出租人是否将租赁物销售给承租人，均属于融资租赁。

按照标的物的不同，融资租赁服务可分为有形动产融资租赁服务和不动产融资租赁服务。

融资性售后回租不按照本税目缴纳增值税。

（2）经营租赁服务，是指在约定时间内将有形动产或者不动产转让他人使用且租赁物所有权不变更的业务活动。

按照标的物的不同，经营租赁服务可分为有形动产经营租赁服务和不动产经营租赁服务。

将建筑物、构筑物等不动产或者飞机、车辆等有形动产的广告位出租给其他单位或者个人用于发布广告，按照经营租赁服务缴纳增值税。

车辆停放服务、道路通行服务（包括过路费、过桥费、过闸费等）等按照不动产经营租赁服务缴纳增值税。

水路运输的光租业务、航空运输的干租业务，属于经营租赁。

光租业务，是指运输企业将船舶在约定的时间内出租给他人使用，不配备操作人员，不承担运输过程中发生的各项费用，只收取固定租费的业务活动。

干租业务，是指航空运输企业将飞机在约定的时间内出租他人使用，不配备机组人员，不承担运输过程中发生的各项费用，只收取固定租赁费的业务活动。

6. 鉴证咨询服务。

鉴证咨询服务，包括认证服务、鉴证服务和咨询服务。

（1）认证服务，是指具有专业资质的单位利用检测、检验、计量等技术，证明产品、服务、管理体系符合相关技术规范、相关技术规范的强制性要求或者标准的业务活动。

（2）鉴证服务，是指具有专业资质的单位受托对相关事项进行鉴证，发表具有证明力的意见的业务活动。包括会计鉴证、税务鉴证、法律鉴证、职业技能鉴定、工程造价鉴证、工程监理、资产评估、环境评估、房地产土地评估、建筑图纸审核、医疗事故鉴定等。

（3）咨询服务，是指提供信息、建议、策划、顾问等服务的活动。包括金融、软件、技术、财务、税收、法律、内部管理、业务运作、流程管理、健康等方面的咨询。

翻译服务和市场调查服务按照咨询服务缴纳增值税。

7. 广播影视服务。

广播影视服务，包括广播影视节目（作品）的制作服务、发行服务和播映（含放映，下同）服务。

（1）广播影视节目（作品）制作服务，是指进行专题（特别节目）、专栏、综艺、体育、动画片、广播剧、电视剧、电影等广播影视节目和作品制作的服务。具体包括与广播影视节目和作品相关的策划、采编、拍摄、录音、音视频文字图片素材制作、场景布置、后期的剪辑、翻译（编译）、字幕制作、片头、片尾、片花制作、特效制作、影片修复、编目和确权等业务活动。

（2）广播影视节目（作品）发行服务，是指以分账、买断、委托等方式，向影院、电台、电视台、网站等单位和个人发行广播影视节目（作品）以及转让体育赛事等活动的报道及播映权的业务活动。

（3）广播影视节目（作品）播映服务，是指在影院、剧院、录像厅及其他场所播映广播影视节目（作品），以及通过电台、电视台、卫星通信、互联网、有线电视等无线或者有线装置播映广播影视节目（作品）的业务活动。

8. 商务辅助服务。

商务辅助服务，包括企业管理服务、经纪代理服务、人力资源服务、安全保护服务。

（1）企业管理服务，是指提供总部管理、投资与资产管理、市场管理、物业管理、日常综合管理等服务的业务活动。

（2）经纪代理服务，是指各类经纪、中介、代理服务。包括金融代理、知识产权代理、货物运输代理、代理报关、法律代理、房地产中介、职业中介、婚姻中介、代理记账、拍卖等。

货物运输代理服务，是指接受货物收货人、发货人、船舶所有人、船舶承租人或者船舶经营人的委托，以委托人的名义，为委托人办理货物运输、装卸、仓储和船舶进出港口、引航、靠泊等相关手续的业务活动。

代理报关服务，是指接受进出口货物的收、发货人委托，代为办理报关手续的业务活动。

（3）人力资源服务，是指提供公共就业、劳务派遣、人才委托招聘、劳动力外包等服务的业务活动。

（4）安全保护服务，是指提供保护人身安全和财产安全，维护社会治安等的业务活动。包括场所住宅保安、特种保安、安全系统监控以及其他安保服务。

9. 其他现代服务。

其他现代服务，是指除研发和技术服务、信息技术服务、文化创意服务、物流辅助服务、租赁服务、鉴证咨询服务、广播影视服务和商务辅助服务以外的现代服务。

（七）生活服务。

生活服务，是指为满足城乡居民日常生活需求提供的各类服务活动。包括文化体育服务、教育医疗服务、旅游娱乐服务、餐饮住宿服务、居民日常服务和其他生活服务。

1. 文化体育服务。

文化体育服务，包括文化服务和体育服务。

（1）文化服务，是指为满足社会公众文化生活需求提供的各种服务。包括：文艺创作、文艺表演、文化比赛，图书馆的图书和资料借阅，档案馆的档案管理，文物及非物质遗产保护，组织举办宗教活动、科技活动、文化活动，提供游览场所。

（2）体育服务，是指组织举办体育比赛、体育表演、体育活动，以及提供体育训练、体育指导、体育管理的业务活动。

2. 教育医疗服务。

教育医疗服务，包括教育服务和医疗服务。

（1）教育服务，是指提供学历教育服务、非学历教育服务、教育辅助服务的业务活动。

学历教育服务，是指根据教育行政管理部门确定或者认可的招生和教学计划组织教学，并颁发相应学历证书的业务活动。包括初等教育、初级中等教育、高级中等教育、高等教育等。

非学历教育服务,包括学前教育、各类培训、演讲、讲座、报告会等。

教育辅助服务,包括教育测评、考试、招生等服务。

(2)医疗服务,是指提供医学检查、诊断、治疗、康复、预防、保健、接生、计划生育、防疫服务等方面的服务,以及与这些服务有关的提供药品、医用材料器具、救护车、病房住宿和伙食的业务。

3. 旅游娱乐服务。

旅游娱乐服务,包括旅游服务和娱乐服务。

(1)旅游服务,是指根据旅游者的要求,组织安排交通、游览、住宿、餐饮、购物、文娱、商务等服务的业务活动。

(2)娱乐服务,是指为娱乐活动同时提供场所和服务的业务。

具体包括:歌厅、舞厅、夜总会、酒吧、台球、高尔夫球、保龄球、游艺(包括射击、狩猎、跑马、游戏机、蹦极、卡丁车、热气球、动力伞、射箭、飞镖)。

4. 餐饮住宿服务。

餐饮住宿服务,包括餐饮服务和住宿服务。

(1)餐饮服务,是指通过同时提供饮食和饮食场所的方式为消费者提供饮食消费服务的业务活动。

(2)住宿服务,是指提供住宿场所及配套服务等的活动。包括宾馆、旅馆、旅社、度假村和其他经营性住宿场所提供的住宿服务。

5. 居民日常服务。

居民日常服务,是指主要为满足居民个人及其家庭日常生活需求提供的服务,包括市容市政管理、家政、婚庆、养老、殡葬、照料和护理、救助救济、美容美发、按摩、桑拿、氧吧、足疗、沐浴、洗染、摄影扩印等服务。

6. 其他生活服务。

其他生活服务,是指除文化体育服务、教育医疗服务、旅游娱乐服务、餐饮住宿服务和居民日常服务之外的生活服务。

二、销售无形资产

销售无形资产,是指转让无形资产所有权或者使用权的业务活动。无形资产,是指不具实物形态,但能带来经济利益的资产,包括技术、商标、著作权、商誉、自然资源使用权和其他权益性无形资产。

技术,包括专利技术和非专利技术。

自然资源使用权,包括土地使用权、海域使用权、探矿权、采矿权、取水权和其他自然资源使用权。

其他权益性无形资产,包括基础设施资产经营权、公共事业特许权、配额、经营权(包括特许经营权、连锁经营权、其他经营权)、经销权、分销权、代理权、会员权、席位权、网络游戏虚拟道具、域名、名称权、肖像权、冠名权、转会费等。

三、销售不动产

销售不动产,是指转让不动产所有权的业务活动。不动产,是指不能移动或者移动后会引起性质、形状改变的财产,包括建筑物、构筑物等。

建筑物,包括住宅、商业营业用房、办公楼等可供居住、工作或者进行其他活动的建造物。

构筑物,包括道路、桥梁、隧道、水坝等建造物。

转让建筑物有限产权或者永久使用权的,转让在建的建筑物或者构筑物所有权的,以及在转让建筑物或者构筑物时一并转让其所占土地的使用权的,按照销售不动产缴纳增值税。

附件2：

营业税改征增值税试点有关事项的规定

一、营改增试点期间，试点纳税人〔指按照《营业税改征增值税试点实施办法》（以下称《试点实施办法》）缴纳增值税的纳税人〕有关政策

（一）兼营。

试点纳税人销售货物、加工修理修配劳务、服务、无形资产或者不动产适用不同税率或者征收率的，应当分别核算适用不同税率或者征收率的销售额，未分别核算销售额的，按照以下方法适用税率或者征收率：

1. 兼有不同税率的销售货物、加工修理修配劳务、服务、无形资产或者不动产，从高适用税率。

2. 兼有不同征收率的销售货物、加工修理修配劳务、服务、无形资产或者不动产，从高适用征收率。

3. 兼有不同税率和征收率的销售货物、加工修理修配劳务、服务、无形资产或者不动产，从高适用税率。

（二）不征收增值税项目。

1. 根据国家指令无偿提供的铁路运输服务、航空运输服务，属于《试点实施办法》第十四条规定的用于公益事业的服务。

2. 存款利息。

3. 被保险人获得的保险赔付。

4. 房地产主管部门或者其指定机构、公积金管理中心、开发企业以及物业管理单位代收的住宅专项维修资金。

5. 在资产重组过程中，通过合并、分立、出售、置换等方式，将全部或者部分实物资产以及与其相关联的债权、负债和劳动力一并转让给其他单位和个人，其中涉及的不动产、土地使用权转让行为。

（三）销售额。

1. 贷款服务，以提供贷款服务取得的全部利息及利息性质的收入为销售额。

2. 直接收费金融服务，以提供直接收费金融服务收取的手续费、佣金、酬金、管理费、服务费、经手费、开户费、过户费、结算费、转托管费等各类费用为销售额。

3. 金融商品转让，按照卖出价扣除买入价后的余额为销售额。

转让金融商品出现的正负差，按盈亏相抵后的余额为销售额。若相抵后出现负差，可结转下一纳税期与下期转让金融商品销售额相抵，但年末时仍出现负差的，不得转入下一个会计年度。

金融商品的买入价，可以选择按照加权平均法或者移动加权平均法进行核算，选择后36个月内不得变更。

金融商品转让，不得开具增值税专用发票。

4. 经纪代理服务，以取得的全部价款和价外费用，扣除向委托方收取并代为支付的政府性基金或者行政事业性收费后的余额为销售额。向委托方收取的政府性基金或者行政事业性收费，不得开具增值税专用发票。

5. 融资租赁和融资性售后回租业务。

（1）经人民银行、银监会或者商务部批准从事融资租赁业务的试点纳税人，提供融资租赁服务，以取得的全部价款和价外费用，扣除支付的借款利息（包括外汇借款和人民币借款利息）、发行债券利息和车辆购置税后的余额为销售额。

（2）经人民银行、银监会或者商务部批准从事融资租赁业务的试点纳税人，提供融资性售后回租服务，以取得的全部价款和价外费用（不含本金），扣除对外支付的借款利息（包括外汇借款和人

民币借款利息)、发行债券利息后的余额作为销售额。

(3) 试点纳税人根据2016年4月30日前签订的有形动产融资性售后回租合同,在合同到期前提供的有形动产融资性售后回租服务,可继续按照有形动产融资租赁服务缴纳增值税。

继续按照有形动产融资租赁服务缴纳增值税的试点纳税人,经人民银行、银监会或者商务部批准从事融资租赁业务的,根据2016年4月30日前签订的有形动产融资性售后回租合同,在合同到期前提供的有形动产融资性售后回租服务,可以选择以下方法之一计算销售额:

①以向承租方收取的全部价款和价外费用,扣除向承租方收取的价款本金,以及对外支付的借款利息(包括外汇借款和人民币借款利息)、发行债券利息后的余额为销售额。

纳税人提供有形动产融资性售后回租服务,计算当期销售额时可以扣除的价款本金,为书面合同约定的当期应当收取的本金。无书面合同或者书面合同没有约定的,为当期实际收取的本金。

试点纳税人提供有形动产融资性售后回租服务,向承租方收取的有形动产价款本金,不得开具增值税专用发票,可以开具普通发票。

②以向承租方收取的全部价款和价外费用,扣除支付的借款利息(包括外汇借款和人民币借款利息)、发行债券利息后的余额为销售额。

(4) 经商务部授权的省级商务主管部门和国家经济技术开发区批准的从事融资租赁业务的试点纳税人,2016年5月1日后实收资本达到1.7亿元的,从达到标准的当月起按照上述第(1)、(2)、(3)点规定执行;2016年5月1日后实收资本未达到1.7亿元但注册资本达到1.7亿元的,在2016年7月31日前仍可按照上述第(1)、(2)、(3)点规定执行,2016年8月1日后开展的融资租赁业务和融资性售后回租业务不得按照上述第(1)、(2)、(3)点规定执行。

6. 航空运输企业的销售额,不包括代收的机场建设费和代售其他航空运输企业客票而代收转付的价款。

7. 试点纳税人中的一般纳税人(以下称一般纳税人)提供客运场站服务,以其取得的全部价款和价外费用,扣除支付给承运方运费后的余额为销售额。

8. 试点纳税人提供旅游服务,可以选择以取得的全部价款和价外费用,扣除向旅游服务购买方收取并支付给其他单位或者个人的住宿费、餐饮费、交通费、签证费、门票费和支付给其他接团旅游企业的旅游费用后的余额为销售额。

选择上述办法计算销售额的试点纳税人,向旅游服务购买方收取并支付的上述费用,不得开具增值税专用发票,可以开具普通发票。

9. 试点纳税人提供建筑服务适用简易计税方法的,以取得的全部价款和价外费用扣除支付的分包款后的余额为销售额。

10. 房地产开发企业中的一般纳税人销售其开发的房地产项目(选择简易计税方法的房地产老项目除外),以取得的全部价款和价外费用,扣除受让土地时向政府部门支付的土地价款后的余额为销售额。

房地产老项目,是指《建筑工程施工许可证》注明的合同开工日期在2016年4月30日前的房地产项目。

11. 试点纳税人按照上述4-10款的规定从全部价款和价外费用中扣除的价款,应当取得符合法律、行政法规和国家税务总局规定的有效凭证。否则,不得扣除。

上述凭证是指:

(1) 支付给境内单位或者个人的款项,以发票为合法有效凭证。

(2) 支付给境外单位或者个人的款项,以该单位或者个人的签收单据为合法有效凭证,税务机关对签收单据有疑义的,可以要求其提供境外公证机构的确认证明。

(3) 缴纳的税款,以完税凭证为合法有效凭证。

(4) 扣除的政府性基金、行政事业性收费或者向政府支付的土地价款,以省级以上(含省级)财政部门监(印)制的财政票据为合法有效凭证。

(5) 国家税务总局规定的其他凭证。

纳税人取得的上述凭证属于增值税扣税凭证的,其进项税额不得从销项税额中抵扣。

(四) 进项税额。

1. 适用一般计税方法的试点纳税人,2016 年 5 月 1 日后取得并在会计制度上按固定资产核算的不动产或者 2016 年 5 月 1 日后取得的不动产在建工程,其进项税额应自取得之日起分 2 年从销项税额中抵扣,第一年抵扣比例为 60%,第二年抵扣比例为 40%。

取得不动产,包括以直接购买、接受捐赠、接受投资入股、自建以及抵债等各种形式取得不动产,不包括房地产开发企业自行开发的房地产项目。

融资租入的不动产以及在施工现场修建的临时建筑物、构筑物,其进项税额不适用上述分 2 年抵扣的规定。

2. 按照《试点实施办法》第二十七条第 (一) 项规定不得抵扣且未抵扣进项税额的固定资产、无形资产、不动产,发生用途改变,用于允许抵扣进项税额的应税项目,可在用途改变的次月按照下列公式计算可以抵扣的进项税额:

可以抵扣的进项税额 = 固定资产、无形资产、不动产净值/(1 + 适用税率) × 适用税率

上述可以抵扣的进项税额应取得合法有效的增值税扣税凭证。

3. 纳税人接受贷款服务向贷款方支付的与该笔贷款直接相关的投融资顾问费、手续费、咨询费等费用,其进项税额不得从销项税额中抵扣。

(五) 一般纳税人资格登记。

《试点实施办法》第三条规定的年应税销售额标准为 500 万元 (含本数)。财政部和国家税务总局可以对年应税销售额标准进行调整。

(六) 计税方法。

一般纳税人发生下列应税行为可以选择适用简易计税方法计税:

1. 公共交通运输服务。

公共交通运输服务,包括轮客渡、公交客运、地铁、城市轻轨、出租车、长途客运、班车。

班车,是指按固定路线、固定时间运营并在固定站点停靠的运送旅客的陆路运输服务。

2. 经认定的动漫企业为开发动漫产品提供的动漫脚本编撰、形象设计、背景设计、动画设计、分镜、动画制作、摄制、描线、上色、画面合成、配音、配乐、音效合成、剪辑、字幕制作、压缩转码 (面向网络动漫、手机动漫格式适配) 服务,以及在境内转让动漫版权 (包括动漫品牌、形象或者内容的授权及再授权)。

动漫企业和自主开发、生产动漫产品的认定标准和认定程序,按照《文化部 财政部 国家税务总局关于印发〈动漫企业认定管理办法 (试行)〉的通知》(文市发〔2008〕51 号) 的规定执行。

3. 电影放映服务、仓储服务、装卸搬运服务、收派服务和文化体育服务。

4. 以纳入营改增试点之日前取得的有形动产为标的物提供的经营租赁服务。

5. 在纳入营改增试点之日前签订的尚未执行完毕的有形动产租赁合同。

(七) 建筑服务。

1. 一般纳税人以清包工方式提供的建筑服务,可以选择适用简易计税方法计税。

以清包工方式提供建筑服务,是指施工方不采购建筑工程所需的材料或只采购辅助材料,并收取人工费、管理费或者其他费用的建筑服务。

2. 一般纳税人为甲供工程提供的建筑服务,可以选择适用简易计税方法计税。

甲供工程,是指全部或部分设备、材料、动力由工程发包方自行采购的建筑工程。

3. 一般纳税人为建筑工程老项目提供的建筑服务,可以选择适用简易计税方法计税。

建筑工程老项目,是指:

(1)《建筑工程施工许可证》注明的合同开工日期在 2016 年 4 月 30 日前的建筑工程项目;

(2) 未取得《建筑工程施工许可证》的,建筑工程承包合同注明的开工日期在 2016 年 4 月 30

日前的建筑工程项目。

4. 一般纳税人跨县（市）提供建筑服务，适用一般计税方法计税的，应以取得的全部价款和价外费用为销售额计算应纳税额。纳税人应以取得的全部价款和价外费用扣除支付的分包款后的余额，按照2%的预征率在建筑服务发生地预缴税款后，向机构所在地主管税务机关进行纳税申报。

5. 一般纳税人跨县（市）提供建筑服务，选择适用简易计税方法计税的，应以取得的全部价款和价外费用扣除支付的分包款后的余额为销售额，按照3%的征收率计算应纳税额。纳税人应按照上述计税方法在建筑服务发生地预缴税款后，向机构所在地主管税务机关进行纳税申报。

6. 试点纳税人中的小规模纳税人（以下称小规模纳税人）跨县（市）提供建筑服务，应以取得的全部价款和价外费用扣除支付的分包款后的余额为销售额，按照3%的征收率计算应纳税额。纳税人应按照上述计税方法在建筑服务发生地预缴税款后，向机构所在地主管税务机关进行纳税申报。

（八）销售不动产。

1. 一般纳税人销售其2016年4月30日前取得（不含自建）的不动产，可以选择适用简易计税方法，以取得的全部价款和价外费用减去该项不动产购置原价或者取得不动产时的作价后的余额为销售额，按照5%的征收率计算应纳税额。纳税人应按照上述计税方法在不动产所在地预缴税款后，向机构所在地主管税务机关进行纳税申报。

2. 一般纳税人销售其2016年4月30日前自建的不动产，可以选择适用简易计税方法，以取得的全部价款和价外费用为销售额，按照5%的征收率计算应纳税额。纳税人应按照上述计税方法在不动产所在地预缴税款后，向机构所在地主管税务机关进行纳税申报。

3. 一般纳税人销售其2016年5月1日后取得（不含自建）的不动产，应适用一般计税方法，以取得的全部价款和价外费用为销售额计算应纳税额。纳税人应以取得的全部价款和价外费用减去该项不动产购置原价或者取得不动产时的作价后的余额，按照5%的预征率在不动产所在地预缴税款后，向机构所在地主管税务机关进行纳税申报。

4. 一般纳税人销售其2016年5月1日后自建的不动产，应适用一般计税方法，以取得的全部价款和价外费用为销售额计算应纳税额。纳税人应以取得的全部价款和价外费用，按照5%的预征率在不动产所在地预缴税款后，向机构所在地主管税务机关进行纳税申报。

5. 小规模纳税人销售其取得（不含自建）的不动产（不含个体工商户销售购买的住房和其他个人销售不动产），应以取得的全部价款和价外费用减去该项不动产购置原价或者取得不动产时的作价后的余额为销售额，按照5%的征收率计算应纳税额。纳税人应按照上述计税方法在不动产所在地预缴税款后，向机构所在地主管税务机关进行纳税申报。

6. 小规模纳税人销售其自建的不动产，应以取得的全部价款和价外费用为销售额，按照5%的征收率计算应纳税额。纳税人应按照上述计税方法在不动产所在地预缴税款后，向机构所在地主管税务机关进行纳税申报。

7. 房地产开发企业中的一般纳税人，销售自行开发的房地产老项目，可以选择适用简易计税方法按照5%的征收率计税。

8. 房地产开发企业中的小规模纳税人，销售自行开发的房地产项目，按照5%的征收率计税。

9. 房地产开发企业采取预收款方式销售所开发的房地产项目，在收到预收款时按照3%的预征率预缴增值税。

10. 个体工商户销售购买的住房，应按照附件3《营业税改征增值税试点过渡政策的规定》第五条的规定征免增值税。纳税人应按照上述计税方法在不动产所在地预缴税款后，向机构所在地主管税务机关进行纳税申报。

11. 其他个人销售其取得（不含自建）的不动产（不含其购买的住房），应以取得的全部价款和价外费用减去该项不动产购置原价或者取得不动产时的作价后的余额为销售额，按照5%的征收率计算应纳税额。

（九）不动产经营租赁服务。

1. 一般纳税人出租其2016年4月30日前取得的不动产，可以选择适用简易计税方法，按照5%的征收率计算应纳税额。纳税人出租其2016年4月30日前取得的与机构所在地不在同一县（市）的不动产，应按照上述计税方法在不动产所在地预缴税款后，向机构所在地主管税务机关进行纳税申报。

2. 公路经营企业中的一般纳税人收取试点前开工的高速公路的车辆通行费，可以选择适用简易计税方法，减按3%的征收率计算应纳税额。

试点前开工的高速公路，是指相关施工许可证明上注明的合同开工日期在2016年4月30日前的高速公路。

3. 一般纳税人出租其2016年5月1日后取得的、与机构所在地不在同一县（市）的不动产，应按照3%的预征率在不动产所在地预缴税款后，向机构所在地主管税务机关进行纳税申报。

4. 小规模纳税人出租其取得的不动产（不含个人出租住房），应按照5%的征收率计算应纳税额。纳税人出租与机构所在地不在同一县（市）的不动产，应按照上述计税方法在不动产所在地预缴税款后，向机构所在地主管税务机关进行纳税申报。

5. 其他个人出租其取得的不动产（不含住房），应按照5%的征收率计算应纳税额。

6. 个人出租住房，应按照5%的征收率减按1.5%计算应纳税额。

（十）一般纳税人销售其2016年4月30日前取得的不动产（不含自建），适用一般计税方法计税的，以取得的全部价款和价外费用为销售额计算应纳税额。上述纳税人应以取得的全部价款和价外费用减去该项不动产购置原价或者取得不动产时的作价后的余额，按照5%的预征率在不动产所在地预缴税款后，向机构所在地主管税务机关进行纳税申报。

房地产开发企业中的一般纳税人销售房地产老项目，以及一般纳税人出租其2016年4月30日前取得的不动产，适用一般计税方法计税的，应以取得的全部价款和价外费用，按照3%的预征率在不动产所在地预缴税款后，向机构所在地主管税务机关进行纳税申报。

一般纳税人销售其2016年4月30日前自建的不动产，适用一般计税方法计税的，应以取得的全部价款和价外费用为销售额计算应纳税额。纳税人应以取得的全部价款和价外费用，按照5%的预征率在不动产所在地预缴税款后，向机构所在地主管税务机关进行纳税申报。

（十一）一般纳税人跨省（自治区、直辖市或者计划单列市）提供建筑服务或者销售、出租取得的与机构所在地不在同一省（自治区、直辖市或者计划单列市）的不动产，在机构所在地申报纳税时，计算的应纳税额小于已预缴税额，且差额较大的，由国家税务总局通知建筑服务发生地或者不动产所在地省级税务机关，在一定时期内暂停预缴增值税。

（十二）纳税地点。

属于固定业户的试点纳税人，总分支机构不在同一县（市），但在同一省（自治区、直辖市、计划单列市）范围内的，经省（自治区、直辖市、计划单列市）财政厅（局）和国家税务局批准，可以由总机构汇总向总机构所在地的主管税务机关申报缴纳增值税。

（十三）试点前发生的业务。

1. 试点纳税人发生应税行为，按照国家有关营业税政策规定差额征收营业税的，因取得的全部价款和价外费用不足以抵减允许扣除项目金额，截至纳入营改增试点之日前尚未扣除的部分，不得在计算试点纳税人增值税应税销售额时抵减，应当向原主管地税机关申请退还营业税。

2. 试点纳税人发生应税行为，在纳入营改增试点之日前已缴纳营业税，营改增试点后因发生退款减除营业额的，应当向原主管地税机关申请退还已缴纳的营业税。

3. 试点纳税人纳入营改增试点之日前发生的应税行为，因税收检查等原因需要补缴税款的，应按照营业税政策规定补缴营业税。

（十四）销售使用过的固定资产。

一般纳税人销售自己使用过的、纳入营改增试点之日前取得的固定资产，按照现行旧货相关增值税政策执行。

使用过的固定资产,是指纳税人符合《试点实施办法》第二十八条规定并根据财务会计制度已经计提折旧的固定资产。

(十五)扣缴增值税适用税率。

境内的购买方为境外单位和个人扣缴增值税的,按照适用税率扣缴增值税。

(十六)其他规定。

1. 试点纳税人销售电信服务时,附带赠送用户识别卡、电信终端等货物或者电信服务的,应将其取得的全部价款和价外费用进行分别核算,按各自适用的税率计算缴纳增值税。

2. 油气田企业发生应税行为,适用《试点实施办法》规定的增值税税率,不再适用《财政部 国家税务总局关于印发〈油气田企业增值税管理办法〉的通知》(财税〔2009〕8号)规定的增值税税率。

二、原增值税纳税人〔指按照《中华人民共和国增值税暂行条例》(国务院令第538号)(以下称《增值税暂行条例》)缴纳增值税的纳税人〕有关政策

(一)进项税额。

1. 原增值税一般纳税人购进服务、无形资产或者不动产,取得的增值税专用发票上注明的增值税额为进项税额,准予从销项税额中抵扣。

2016年5月1日后取得并在会计制度上按固定资产核算的不动产或者2016年5月1日后取得的不动产在建工程,其进项税额应自取得之日起分2年从销项税额中抵扣,第一年抵扣比例为60%,第二年抵扣比例为40%。

融资租入的不动产以及在施工现场修建的临时建筑物、构筑物,其进项税额不适用上述分2年抵扣的规定。

2. 原增值税一般纳税人自用的应征消费税的摩托车、汽车、游艇,其进项税额准予从销项税额中抵扣。

3. 原增值税一般纳税人从境外单位或者个人购进服务、无形资产或者不动产,按照规定应当扣缴增值税的,准予从销项税额中抵扣的进项税额为自税务机关或者扣缴义务人取得的解缴税款的完税凭证上注明的增值税额。

纳税人凭完税凭证抵扣进项税额的,应当具备书面合同、付款证明和境外单位的对账单或者发票。资料不全的,其进项税额不得从销项税额中抵扣。

4. 原增值税一般纳税人购进货物或者接受加工修理修配劳务,用于《销售服务、无形资产或者不动产注释》所列项目的,不属于《增值税暂行条例》第十条所称的用于非增值税应税项目,其进项税额准予从销项税额中抵扣。

5. 原增值税一般纳税人购进服务、无形资产或者不动产,下列项目的进项税额不得从销项税额中抵扣:

(1)用于简易计税方法计税项目、免征增值税项目、集体福利或者个人消费。其中涉及的无形资产、不动产,仅指专用于上述项目的无形资产(不包括其他权益性无形资产)、不动产。

纳税人的交际应酬消费属于个人消费。

(2)非正常损失的购进货物,以及相关的加工修理修配劳务和交通运输服务。

(3)非正常损失的在产品、产成品所耗用的购进货物(不包括固定资产)、加工修理修配劳务和交通运输服务。

(4)非正常损失的不动产,以及该不动产所耗用的购进货物、设计服务和建筑服务。

(5)非正常损失的不动产在建工程所耗用的购进货物、设计服务和建筑服务。

纳税人新建、改建、扩建、修缮、装饰不动产,均属于不动产在建工程。

(6)购进的旅客运输服务、贷款服务、餐饮服务、居民日常服务和娱乐服务。

(7)财政部和国家税务总局规定的其他情形。

上述第(4)、(5)点所称货物,是指构成不动产实体的材料和设备,包括建筑装饰材料和给排

水、采暖、卫生、通风、照明、通信、煤气、消防、中央空调、电梯、电气、智能化楼宇设备及配套设施。

纳税人接受贷款服务向贷款方支付的与该笔贷款直接相关的投融资顾问费、手续费、咨询费等费用，其进项税额不得从销项税额中抵扣。

6. 已抵扣进项税额的购进服务，发生上述第 5 点规定情形（简易计税方法计税项目、免征增值税项目除外）的，应当将该进项税额从当期进项税额中扣减；无法确定该进项税额的，按照当期实际成本计算应扣减的进项税额。

7. 已抵扣进项税额的无形资产或者不动产，发生上述第 5 点规定情形的，按照下列公式计算不得抵扣的进项税额：

不得抵扣的进项税额 = 无形资产或者不动产净值 × 适用税率

8. 按照《增值税暂行条例》第十条和上述第 5 点不得抵扣且未抵扣进项税额的固定资产、无形资产、不动产，发生用途改变，用于允许抵扣进项税额的应税项目，可在用途改变的次月按照下列公式，依据合法有效的增值税扣税凭证，计算可以抵扣的进项税额：

可以抵扣的进项税额 = 固定资产、无形资产、不动产净值 ÷ (1 + 适用税率) × 适用税率

上述可以抵扣的进项税额应取得合法有效的增值税扣税凭证。

（二）增值税期末留抵税额。

原增值税一般纳税人兼有销售服务、无形资产或者不动产的，截止到纳入营改增试点之日前的增值税期末留抵税额，不得从销售服务、无形资产或者不动产的销项税额中抵扣。

（三）混合销售。

一项销售行为如果既涉及货物又涉及服务，为混合销售。从事货物的生产、批发或者零售的单位和个体工商户的混合销售行为，按照销售货物缴纳增值税；其他单位和个体工商户的混合销售行为，按照销售服务缴纳增值税。

上述从事货物的生产、批发或者零售的单位和个体工商户，包括以从事货物的生产、批发或者零售为主，并兼营销售服务的单位和个体工商户在内。

附件 3：

营业税改征增值税试点过渡政策的规定

一、下列项目免征增值税

（一）托儿所、幼儿园提供的保育和教育服务。

托儿所、幼儿园，是指经县级以上教育部门审批成立、取得办园许可证的实施 0—6 岁学前教育的机构，包括公办和民办的托儿所、幼儿园、学前班、幼儿班、保育院、幼儿院。

公办托儿所、幼儿园免征增值税的收入是指，在省级财政部门和价格主管部门审核报省级人民政府批准的收费标准以内收取的教育费、保育费。

民办托儿所、幼儿园免征增值税的收入是指，在报经当地有关部门备案并公示的收费标准范围内收取的教育费、保育费。

超过规定收费标准的收费，以开办实验班、特色班和兴趣班等为由另外收取的费用以及与幼儿入园挂钩的赞助费、支教费等超过规定范围的收入，不属于免征增值税的收入。

（二）养老机构提供的养老服务。

养老机构，是指依照民政部《养老机构设立许可办法》（民政部令第 48 号）设立并依法办理登记的为老年人提供集中居住和照料服务的各类养老机构；养老服务，是指上述养老机构按照民政部《养老机构管理办法》（民政部令第 49 号）的规定，为收住的老年人提供的生活照料、康复护理、精神慰藉、文化娱乐等服务。

（三）残疾人福利机构提供的育养服务。

（四）婚姻介绍服务。

（五）殡葬服务。

殡葬服务，是指收费标准由各地价格主管部门会同有关部门核定，或者实行政府指导价管理的遗体接运（含抬尸、消毒）、遗体整容、遗体防腐、存放（含冷藏）、火化、骨灰寄存、吊唁设施设备租赁、墓穴租赁及管理等服务。

（六）残疾人员本人为社会提供的服务。

（七）医疗机构提供的医疗服务。

医疗机构，是指依据国务院《医疗机构管理条例》（国务院令第149号）及卫生部《医疗机构管理条例实施细则》（卫生部令第35号）的规定，经登记取得《医疗机构执业许可证》的机构，以及军队、武警部队各级各类医疗机构。具体包括：各级各类医院、门诊部（所）、社区卫生服务中心（站）、急救中心（站）、城乡卫生院、护理院（所）、疗养院、临床检验中心，各级政府及有关部门举办的卫生防疫站（疾病控制中心）、各种专科疾病防治站（所），各级政府举办的妇幼保健所（站）、母婴保健机构、儿童保健机构，各级政府举办的血站（血液中心）等医疗机构。

本项所称的医疗服务，是指医疗机构按照不高于地（市）级以上价格主管部门会同同级卫生主管部门及其他相关部门制定的医疗服务指导价格（包括政府指导价和按规定由供需双方协商确定的价格等）为就医者提供《全国医疗服务价格项目规范》所列的各项服务，以及医疗机构向社会提供卫生防疫、卫生检疫的服务。

（八）从事学历教育的学校提供的教育服务。

1. 学历教育，是指受教育者经过国家教育考试或者国家规定的其他入学方式，进入国家有关部门批准的学校或者其他教育机构学习，获得国家承认的学历证书的教育形式。具体包括：

（1）初等教育：普通小学、成人小学。

（2）初级中等教育：普通初中、职业初中、成人初中。

（3）高级中等教育：普通高中、成人高中和中等职业学校（包括普通中专、成人中专、职业高中、技工学校）。

（4）高等教育：普通本专科、成人本专科、网络本专科、研究生（博士、硕士）、高等教育自学考试、高等教育学历文凭考试。

2. 从事学历教育的学校，是指：

（1）普通学校。

（2）经地（市）级以上人民政府或者同级政府的教育行政部门批准成立、国家承认其学员学历的各类学校。

（3）经省级及以上人力资源社会保障行政部门批准成立的技工学校、高级技工学校。

（4）经省级人民政府批准成立的技师学院。

上述学校均包括符合规定的从事学历教育的民办学校，但不包括职业培训机构等国家不承认学历的教育机构。

3. 提供教育服务免征增值税的收入，是指对列入规定招生计划的在籍学生提供学历教育服务取得的收入，具体包括：经有关部门审核批准并按规定标准收取的学费、住宿费、课本费、作业本费、考试报名费收入，以及学校食堂提供餐饮服务取得的伙食费收入。除此之外的收入，包括学校以各种名义收取的赞助费、择校费等，不属于免征增值税的范围。

学校食堂是指依照《学校食堂与学生集体用餐卫生管理规定》（教育部令第14号）管理的学校食堂。

（九）学生勤工俭学提供的服务。

（十）农业机耕、排灌、病虫害防治、植物保护、农牧保险以及相关技术培训业务，家禽、牲畜、水生动物的配种和疾病防治。

农业机耕，是指在农业、林业、牧业中使用农业机械进行耕作（包括耕耘、种植、收割、脱粒、植物保护等）的业务；排灌，是指对农田进行灌溉或者排涝的业务；病虫害防治，是指从事农业、林业、牧业、渔业的病虫害测报和防治的业务；农牧保险，是指为种植业、养殖业、牧业种植和饲养的动植物提供保险的业务；相关技术培训，是指与农业机耕、排灌、病虫害防治、植物保护业务相关以及为使农民获得农牧保险知识的技术培训业务；家禽、牲畜、水生动物的配种和疾病防治业务的免税范围，包括与该项服务有关的提供药品和医疗用具的业务。

（十一）纪念馆、博物馆、文化馆、文物保护单位管理机构、美术馆、展览馆、书画院、图书馆在自己的场所提供文化体育服务取得的第一道门票收入。

（十二）寺院、宫观、清真寺和教堂举办文化、宗教活动的门票收入。

（十三）行政单位之外的其他单位收取的符合《试点实施办法》第十条规定条件的政府性基金和行政事业性收费。

（十四）个人转让著作权。

（十五）个人销售自建自用住房。

（十六）2018年12月31日前，公共租赁住房经营管理单位出租公共租赁住房。

公共租赁住房，是指纳入省、自治区、直辖市、计划单列市人民政府及新疆生产建设兵团批准的公共租赁住房发展规划和年度计划，并按照《关于加快发展公共租赁住房的指导意见》（建保〔2010〕87号）和市、县人民政府制定的具体管理办法进行管理的公共租赁住房。

（十七）台湾航运公司、航空公司从事海峡两岸海上直航、空中直航业务在大陆取得的运输收入。

台湾航运公司，是指取得交通运输部颁发的"台湾海峡两岸间水路运输许可证"且该许可证上注明的公司登记地址在台湾的航运公司。

台湾航空公司，是指取得中国民用航空局颁发的"经营许可"或者依据《海峡两岸空运协议》和《海峡两岸空运补充协议》规定，批准经营两岸旅客、货物和邮件不定期（包机）运输业务，且公司登记地址在台湾的航空公司。

（十八）纳税人提供的直接或者间接国际货物运输代理服务。

1. 纳税人提供直接或间接国际货物运输代理服务，向委托方收取的全部国际货物运输代理服务收入，以及向国际运输承运人支付的国际运输费用，必须通过金融机构进行结算。

2. 纳税人为大陆与香港、澳门、台湾地区之间的货物运输提供的货物运输代理服务参照国际货物运输代理服务有关规定执行。

3. 委托方索取发票的，纳税人应当就国际货物运输代理服务收入向委托方全额开具增值税普通发票。

（十九）以下利息收入。

1. 2016年12月31日前，金融机构农户小额贷款。

小额贷款，是指单笔且该农户贷款余额总额在10万元（含本数）以下的贷款。

所称农户，是指长期（一年以上）居住在乡镇（不包括城关镇）行政管理区域内的住户，还包括长期居住在城关镇所辖行政村范围内的住户和户口不在本地而在本地居住一年以上的住户，国有农场的职工和农村个体工商户。位于乡镇（不包括城关镇）行政管理区域内和在城关镇所辖行政村范围内的国有经济的机关、团体、学校、企事业单位的集体户；有本地户口，但举家外出谋生一年以上的住户，无论是否保留承包耕地均不属于农户。农户以户为统计单位，既可以从事农业生产经营，也可以从事非农业生产经营。农户贷款的判定应以贷款发放时的承贷主体是否属于农户为准。

2. 国家助学贷款。

3. 国债、地方政府债。

4. 人民银行对金融机构的贷款。

5. 住房公积金管理中心用住房公积金在指定的委托银行发放的个人住房贷款。

6. 外汇管理部门在从事国家外汇储备经营过程中，委托金融机构发放的外汇贷款。

7. 统借统还业务中，企业集团或企业集团中的核心企业以及集团所属财务公司按不高于支付给金融机构的借款利率水平或者支付的债券票面利率水平，向企业集团或者集团内下属单位收取的利息。

统借方向资金使用单位收取的利息，高于支付给金融机构借款利率水平或者支付的债券票面利率水平的，应全额缴纳增值税。

统借统还业务，是指：

（1）企业集团或者企业集团中的核心企业向金融机构借款或对外发行债券取得资金后，将所借资金分拨给下属单位（包括独立核算单位和非独立核算单位，下同），并向下属单位收取用于归还金融机构或债券购买方本息的业务。

（2）企业集团向金融机构借款或对外发行债券取得资金后，由集团所属财务公司与企业集团或者集团内下属单位签订统借还贷款合同并分拨资金，并向企业集团或者集团内下属单位收取本息，再转付企业集团，由企业集团统一归还金融机构或债券购买方的业务。

（二十）被撤销金融机构以货物、不动产、无形资产、有价证券、票据等财产清偿债务。

被撤销金融机构，是指经人民银行、银监会依法决定撤销的金融机构及其分设于各地的分支机构，包括被依法撤销的商业银行、信托投资公司、财务公司、金融租赁公司、城市信用社和农村信用社。除另有规定外，被撤销金融机构所属、附属企业，不享受被撤销金融机构增值税免税政策。

（二十一）保险公司开办的一年期以上人身保险产品取得的保费收入。

一年期以上人身保险，是指保险期间为一年期及以上返还本利的人寿保险、养老年金保险，以及保险期间为一年期及以上的健康保险。

人寿保险，是指以人的寿命为保险标的的人身保险。

养老年金保险，是指以养老保障为目的，以被保险人生存为给付保险金条件，并按约定的时间间隔分期给付生存保险金的人身保险。养老年金保险应当同时符合下列条件：

1. 保险合同约定给付被保险人生存保险金的年龄不得小于国家规定的退休年龄。

2. 相邻两次给付的时间间隔不得超过一年。

健康保险，是指以因健康原因导致损失为给付保险金条件的人身保险。

上述免税政策实行备案管理，具体备案管理办法按照《国家税务总局关于一年期以上返还性人身保险产品免征营业税审批事项取消后有关管理问题的公告》（国家税务总局公告2015年第65号）规定执行。

（二十二）下列金融商品转让收入。

1. 合格境外投资者（QFII）委托境内公司在我国从事证券买卖业务。

2. 香港市场投资者（包括单位和个人）通过沪港通买卖上海证券交易所上市A股。

3. 对香港市场投资者（包括单位和个人）通过基金互认买卖内地基金份额。

4. 证券投资基金（封闭式证券投资基金，开放式证券投资基金）管理人运用基金买卖股票、债券。

5. 个人从事金融商品转让业务。

（二十三）金融同业往来利息收入。

1. 金融机构与人民银行所发生的资金往来业务。包括人民银行对一般金融机构贷款，以及人民银行对商业银行的再贴现等。

2. 银行联行往来业务。同一银行系统内部不同行、处之间所发生的资金账务往来业务。

3. 金融机构间的资金往来业务。是指经人民银行批准，进入全国银行间同业拆借市场的金融机构之间通过全国统一的同业拆借网络进行的短期（一年以下含一年）无担保资金融通行为。

4. 金融机构之间开展的转贴现业务。（自2018年1月1日起废止）

金融机构是指：

（1）银行：包括人民银行、商业银行、政策性银行。

（2）信用合作社。

(3) 证券公司。
(4) 金融租赁公司、证券基金管理公司、财务公司、信托投资公司、证券投资基金。
(5) 保险公司。
(6) 其他经人民银行、银保监会、证监会、批准成立且经营金融保险业务的机构等。

(二十四) 同时符合下列条件的担保机构从事中小企业信用担保或者再担保业务取得的收入（不含信用评级、咨询、培训等收入）3年内免征增值税：

1. 已取得监管部门颁发的融资性担保机构经营许可证，依法登记注册为企（事）业法人，实收资本超过2000万元。

2. 平均年担保费率不超过银行同期贷款基准利率的50%。平均年担保费率=本期担保费收入÷（期初担保余额+本期增加担保金额）×100%。

3. 连续合规经营2年以上，资金主要用于担保业务，具备健全的内部管理制度和为中小企业提供担保的能力，经营业绩突出，对受保项目具有完善的事前评估、事中监控、事后追偿与处置机制。

4. 为中小企业提供的累计担保贷款额占其两年累计担保业务总额的80%以上，单笔800万元以下的累计担保贷款额占其累计担保业务总额的50%以上。

5. 对单个受保企业提供的担保余额不超过担保机构实收资本总额的10%，且平均单笔担保责任金额最多不超过3000万元人民币。

6. 担保责任余额不低于其净资产的3倍，且代偿率不超过2%。

担保机构免征增值税政策采取备案管理方式。符合条件的担保机构应到所在地县（市）主管税务机关和同级中小企业管理部门履行规定的备案手续，自完成备案手续之日起，享受3年免征增值税政策。3年免税期满后，符合条件的担保机构可按规定程序办理备案手续后继续享受该项政策。

具体备案管理办法按照《国家税务总局关于中小企业信用担保机构免征营业税审批事项取消后有关管理问题的公告》（国家税务总局公告2015年第69号）规定执行，其中税务机关的备案管理部门统一调整为县（市）级国家税务局。

(二十五) 国家商品储备管理单位及其直属企业承担商品储备任务，从中央或者地方财政取得的利息补贴收入和价差补贴收入。

国家商品储备管理单位及其直属企业，是指接受中央、省、市、县四级政府有关部门（或者政府指定管理单位）委托，承担粮（含大豆）、食用油、棉、糖、肉、盐（限于中央储备）等6种商品储备任务，并按有关政策收储、销售上述6种储备商品，取得财政储备经费或者补贴的商品储备企业。利息补贴收入，是指国家商品储备管理单位及其直属企业因承担上述商品储备任务从金融机构贷款，并从中央或者地方财政取得的用于偿还贷款利息的贴息收入。价差补贴收入包括销售价差补贴收入和轮换价差补贴收入。销售价差补贴收入，是指按照中央或者地方政府指令销售上述储备商品时，由于销售收入小于库存成本而从中央或者地方财政获得的全额价差补贴收入。轮换价差补贴收入，是指根据要求定期组织政策性储备商品轮换而从中央或者地方财政取得的商品新陈品质价差补贴收入。

(二十六) 纳税人提供技术转让、技术开发和与之相关的技术咨询、技术服务。

1. 技术转让、技术开发，是指《销售服务、无形资产、不动产注释》中"转让技术"、"研发服务"范围内的业务活动。技术咨询，是指就特定技术项目提供可行性论证、技术预测、专题技术调查、分析评价报告等业务活动。

与技术转让、技术开发相关的技术咨询、技术服务，是指转让方（或者受托方）根据技术转让或者开发合同的规定，为帮助受让方（或者委托方）掌握所转让（或者委托开发）的技术，而提供的技术咨询、技术服务业务，且这部分技术咨询、技术服务的价款与技术转让或者技术开发的价款应当在同一张发票上开具。

2. 备案程序。试点纳税人申请免征增值税时，须持技术转让、开发的书面合同，到纳税人所在地省级科技主管部门进行认定，并持有关的书面合同和科技主管部门审核意见证明文件报主管税务机关备查。

（二十七）同时符合下列条件的合同能源管理服务：

1. 节能服务公司实施合同能源管理项目相关技术，应当符合国家质量监督检验检疫总局和国家标准化管理委员会发布的《合同能源管理技术通则》（GB/T24915—2010）规定的技术要求。

2. 节能服务公司与用能企业签订节能效益分享型合同，其合同格式和内容，符合《中华人民共和国合同法》和《合同能源管理技术通则》（GB/T24915—2010）等规定。

（二十八）2017年12月31日前，科普单位的门票收入，以及县级及以上党政部门和科协开展科普活动的门票收入。

科普单位，是指科技馆、自然博物馆，对公众开放的天文馆（站、台）、气象台（站）、地震台（站），以及高等院校、科研机构对公众开放的科普基地。

科普活动，是指利用各种传媒以浅显的、让公众易于理解、接受和参与的方式，向普通大众介绍自然科学和社会科学知识，推广科学技术的应用，倡导科学方法，传播科学思想，弘扬科学精神的活动。

（二十九）政府举办的从事学历教育的高等、中等和初等学校（不含下属单位），举办进修班、培训班取得的全部归该学校所有的收入。

全部归该学校所有，是指举办进修班、培训班取得的全部收入进入该学校统一账户，并纳入预算全额上缴财政专户管理，同时由该学校对有关票据进行统一管理和开具。

举办进修班、培训班取得的收入进入该学校下属部门自行开设账户的，不予免征增值税。

（三十）政府举办的职业学校设立的主要为在校学生提供实习场所、并由学校出资自办、由学校负责经营管理、经营收入归学校所有的企业，从事《销售服务、无形资产或者不动产注释》中"现代服务"（不含融资租赁服务、广告服务和其他现代服务）、"生活服务"（不含文化体育服务、其他生活服务和桑拿、氧吧）业务活动取得的收入。

（三十一）家政服务企业由员工制家政服务员提供家政服务取得的收入。

家政服务企业，是指在企业营业执照的规定经营范围中包括家政服务内容的企业。

员工制家政服务员，是指同时符合下列3个条件的家政服务员：

1. 依法与家政服务企业签订半年及半年以上的劳动合同或者服务协议，且在该企业实际上岗工作。

2. 家政服务企业为其按月足额缴纳了企业所在地人民政府根据国家政策规定的基本养老保险、基本医疗保险、工伤保险、失业保险等社会保险。对已享受新型农村养老保险和新型农村合作医疗等社会保险或者下岗职工原单位继续为其缴纳社会保险的家政服务员，如果本人书面提出不再缴纳企业所在地人民政府根据国家政策规定的相应的社会保险，并出具其所在乡镇或者原单位开具的已缴纳相关保险的证明，可视同家政服务企业已为其按月足额缴纳了相应的社会保险。

3. 家政服务企业通过金融机构向其实际支付不低于企业所在地适用的经省级人民政府批准的最低工资标准的工资。

（三十二）福利彩票、体育彩票的发行收入。

（三十三）军队空余房产租赁收入。

（三十四）为了配合国家住房制度改革，企业、行政事业单位按房改成本价、标准价出售住房取得的收入。

（三十五）将土地使用权转让给农业生产者用于农业生产。

（三十六）涉及家庭财产分割的个人无偿转让不动产、土地使用权。

家庭财产分割，包括下列情形：离婚财产分割；无偿赠与配偶、父母、子女、祖父母、外祖父母、孙子女、外孙子女、兄弟姐妹；无偿赠与对其承担直接抚养或者赡养义务的抚养人或者赡养人；房屋产权所有人死亡，法定继承人、遗嘱继承人或者受遗赠人依法取得房产权。

（三十七）土地所有者出让土地使用权和土地使用者将土地使用权归还给土地所有者。

（三十八）县级以上地方人民政府或自然资源行政主管部门出让、转让或收回自然资源使用权

（不含土地使用权）。

（三十九）随军家属就业。

1. 为安置随军家属就业而新开办的企业，自领取税务登记证之日起，其提供的应税服务 3 年内免征增值税。

享受税收优惠政策的企业，随军家属必须占企业总人数的 60%（含）以上，并有军（含）以上政治和后勤机关出具的证明。

2. 从事个体经营的随军家属，自办理税务登记事项之日起，其提供的应税服务 3 年内免征增值税。随军家属必须有师以上政治机关出具的可以表明其身份的证明。

按照上述规定，每一名随军家属可以享受一次免税政策。

（四十）军队转业干部就业。

1. 从事个体经营的军队转业干部，自领取税务登记证之日起，其提供的应税服务 3 年内免征增值税。

2. 为安置自主择业的军队转业干部就业而新开办的企业，凡安置自主择业的军队转业干部占企业总人数 60%（含）以上的，自领取税务登记证之日起，其提供的应税服务 3 年内免征增值税。

享受上述优惠政策的自主择业的军队转业干部必须持有师以上部队颁发的转业证件。

二、增值税即征即退

（一）一般纳税人提供管道运输服务，对其增值税实际税负超过 3% 的部分实行增值税即征即退政策。

（二）经人民银行、银监会或者商务部批准从事融资租赁业务的试点纳税人中的一般纳税人，提供有形动产融资租赁服务和有形动产融资性售后回租服务，对其增值税实际税负超过 3% 的部分实行增值税即征即退政策。商务部授权的省级商务主管部门和国家经济技术开发区批准的从事融资租赁业务和融资性售后回租业务的试点纳税人中的一般纳税人，2016 年 5 月 1 日后实收资本达到 1.7 亿元的，从达到标准的当月起按照上述规定执行；2016 年 5 月 1 日后实收资本未达到 1.7 亿元但注册资本达到 1.7 亿元的，在 2016 年 7 月 31 日前仍可按照上述规定执行，2016 年 8 月 1 日后开展的有形动产融资租赁业务和有形动产融资性售后回租业务不得按照上述规定执行。

（三）本规定所称增值税实际税负，是指纳税人当期提供应税服务实际缴纳的增值税额占纳税人当期提供应税服务取得的全部价款和价外费用的比例。

三、扣减增值税规定

（一）退役士兵创业就业。

1. 对自主就业退役士兵从事个体经营的，在 3 年内按每户每年 8000 元为限额依次扣减其当年实际应缴纳的增值税、城市维护建设税、教育费附加、地方教育附加和个人所得税。限额标准最高可上浮 20%，各省、自治区、直辖市人民政府可根据本地区实际情况在此幅度内确定具体限额标准，并报财政部和国家税务总局备案。

纳税人年度应缴纳税款小于上述扣减限额的，以其实际缴纳的税款为限；大于上述扣减限额的，应以上述扣减限额为限。纳税人的实际经营期不足一年的，应当以实际月份换算其减免税额。换算公式为：减免税限额 = 年度减免税限额 ÷ 12 × 实际经营月数。

纳税人在享受税收优惠政策的当月，持《中国人民解放军义务兵退出现役证》或《中国人民解放军士官退出现役证》以及税务机关要求的相关材料向主管税务机关备案。

2. 对商贸企业、服务型企业、劳动就业服务企业中的加工型企业和街道社区具有加工性质的小型企业实体，在新增加的岗位中，当年新招用自主就业退役士兵，与其签订 1 年以上期限劳动合同并依法缴纳社会保险费的，在 3 年内按实际招用人数予以定额依次扣减增值税、城市维护建设税、教育费附加、地方教育附加和企业所得税优惠。定额标准为每人每年 4000 元，最高可上浮 50%，各省、自治区、直辖市人民政府可根据本地区实际情况在此幅度内确定具体定额标准，并报财政部和国家税务总局备案。

本条所称服务型企业是指从事《销售服务、无形资产、不动产注释》中"不动产租赁服务"、"商务辅助服务"（不含货物运输代理和代理报关服务）、"生活服务"（不含文化体育服务）范围内业务活动的企业以及按照《民办非企业单位登记管理暂行条例》（国务院令第251号）登记成立的民办非企业单位。

纳税人按企业招用人数和签订的劳动合同时间核定企业减免税总额，在核定减免税总额内每月依次扣减增值税、城市维护建设税、教育费附加和地方教育附加。纳税人实际应缴纳的增值税、城市维护建设税、教育费附加和地方教育附加小于核定减免税总额的，以实际应缴纳的增值税、城市维护建设税、教育费附加和地方教育附加为限；实际应缴纳的增值税、城市维护建设税、教育费附加和地方教育附加大于核定减免税总额的，以核定减免税总额为限。

纳税年度终了，如果企业实际减免的增值税、城市维护建设税、教育费附加和地方教育附加小于核定的减免税总额，企业在企业所得税汇算清缴时扣减企业所得税。当年扣减不足的，不再结转以后年度扣减。

计算公式为：企业减免税总额 = Σ 每名自主就业退役士兵本年度在本企业工作月份 ÷ 12 × 定额标准。

企业自招用自主就业退役士兵的次月起享受税收优惠政策，并于享受税收优惠政策的当月，持下列材料向主管税务机关备案：

（1）新招用自主就业退役士兵的《中国人民解放军义务兵退出现役证》或《中国人民解放军士官退出现役证》。

（2）企业与新招用自主就业退役士兵签订的劳动合同（副本），企业为职工缴纳的社会保险费记录。

（3）自主就业退役士兵本年度在企业工作时间表。

（4）主管税务机关要求的其他相关材料。

3. 上述所称自主就业退役士兵是指依照《退役士兵安置条例》（国务院、中央军委令第608号）的规定退出现役并按自主就业方式安置的退役士兵。

4. 上述税收优惠政策的执行期限为2016年5月1日至2016年12月31日，纳税人在2016年12月31日未享受满3年的，可继续享受至3年期满为止。

按照《财政部 国家税务总局 民政部关于调整完善扶持自主就业退役士兵创业就业有关税收政策的通知》（财税〔2014〕42号）规定享受营业税优惠政策的纳税人，自2016年5月1日起按照上述规定享受增值税优惠政策，在2016年12月31日未享受满3年的，可继续享受至3年期满为止。

《财政部 国家税务总局关于将铁路运输和邮政业纳入营业税改征增值税试点的通知》（财税〔2013〕106号）附件3第一条第（十二）项城镇退役士兵就业免征增值税政策，自2014年7月1日起停止执行。在2014年6月30日未享受满3年的，可继续享受至3年期满为止。

（二）重点群体创业就业。

1. 对持《就业创业证》（注明"自主创业税收政策"或"毕业年度内自主创业税收政策"）或2015年1月27日前取得的《就业失业登记证》（注明"自主创业税收政策"或附着《高校毕业生自主创业证》）的人员从事个体经营的，在3年内按每户每年8000元为限额依次扣减其当年实际应缴纳的增值税、城市维护建设税、教育费附加、地方教育附加和个人所得税。限额标准最高可上浮20%，各省、自治区、直辖市人民政府可根据本地区实际情况在此幅度内确定具体限额标准，并报财政部和国家税务总局备案。

纳税人年度应缴纳税款小于上述扣减限额的，以其实际缴纳的税款为限；大于上述扣减限额的，应以上述扣减限额为限。

上述人员是指：

（1）在人力资源社会保障部门公共就业服务机构登记失业半年以上的人员。

（2）零就业家庭、享受城市居民最低生活保障家庭劳动年龄内的登记失业人员。

（3）毕业年度内高校毕业生。高校毕业生是指实施高等学历教育的普通高等学校、成人高等学校毕业的学生；毕业年度是指毕业所在自然年，即1月1日至12月31日。

2. 对商贸企业、服务型企业、劳动就业服务企业中的加工型企业和街道社区具有加工性质的小型企业实体，在新增加的岗位中，当年新招用在人力资源社会保障部门公共就业服务机构登记失业半年以上且持《就业创业证》或2015年1月27日前取得的《就业失业登记证》（注明"企业吸纳税收政策"）人员，与其签订1年以上期限劳动合同并依法缴纳社会保险费的，在3年内按实际招用人数予以定额依次扣减增值税、城市维护建设税、教育费附加、地方教育附加和企业所得税优惠。定额标准为每人每年4000元，最高可上浮30%，各省、自治区、直辖市人民政府可根据本地区实际情况在此幅度内确定具体定额标准，并报财政部和国家税务总局备案。

按上述标准计算的税收扣减额应在企业当年实际应缴纳的增值税、城市维护建设税、教育费附加、地方教育附加和企业所得税税额中扣减，当年扣减不足的，不得结转下年使用。

本条所称服务型企业是指从事《销售服务、无形资产、不动产注释》中"不动产租赁服务"、"商务辅助服务"（不含货物运输代理和代理报关服务）、"生活服务"（不含文化体育服务）范围内业务活动的企业以及按照《民办非企业单位登记管理暂行条例》（国务院令第251号）登记成立的民办非企业单位。

3. 享受上述优惠政策的人员按以下规定申领《就业创业证》：

（1）按照《就业服务与就业管理规定》（劳动和社会保障部令第28号）第六十三条的规定，在法定劳动年龄内，有劳动能力，有就业要求，处于无业状态的城镇常住人员，在公共就业服务机构进行失业登记，申领《就业创业证》。其中，农村进城务工人员和其他非本地户籍人员在常住地稳定就业满6个月的，失业后可以在常住地登记。

（2）零就业家庭凭社区出具的证明，城镇低保家庭凭低保证明，在公共就业服务机构登记失业，申领《就业创业证》。

（3）毕业年度内高校毕业生在校期间凭学生证向公共就业服务机构按规定申领《就业创业证》，或委托所在高校就业指导中心向公共就业服务机构按规定代为其申领《就业创业证》；毕业年度内高校毕业生离校后直接向公共就业服务机构按规定申领《就业创业证》。

（4）上述人员申领相关凭证后，由就业和创业地人力资源社会保障部门对人员范围、就业失业状态、已享受政策情况进行核实，在《就业创业证》上注明"自主创业税收政策"、"毕业年度内自主创业税收政策"或"企业吸纳税收政策"字样，同时符合自主创业和企业吸纳税收政策条件的，可同时加注；主管税务机关在《就业创业证》上加盖戳记，注明减免税所属时间。

4. 上述税收优惠政策的执行期限为2016年5月1日至2016年12月31日，纳税人在2016年12月31日未享受满3年的，可继续享受至3年期满为止。

按照《财政部 国家税务总局 人力资源和社会保障部关于继续实施支持和促进重点群体创业就业有关税收政策的通知》（财税〔2014〕39号）规定享受营业税优惠政策的纳税人，自2016年5月1日起按照上述规定享受增值税优惠政策，在2016年12月31日未享受满3年的，可继续享受至3年期满为止。

《财政部 国家税务总局关于将铁路运输和邮政业纳入营业税改征增值税试点的通知》（财税〔2013〕106号）附件3第一条第（十三）项失业人员就业增值税优惠政策，自2014年1月1日起停止执行。在2013年12月31日未享受满3年的，可继续享受至3年期满为止。

四、金融企业发放贷款后，自结息日起90天内发生的应收未收利息按现行规定缴纳增值税，自结息日起90天后发生的应收未收利息暂不缴纳增值税，待实际收到利息时按规定缴纳增值税。

上述所称金融企业，是指银行（包括国有、集体、股份制、合资、外资银行以及其他所有制形式的银行）、城市信用社、农村信用社、信托投资公司、财务公司。

五、个人将购买不足2年的住房对外销售的，按照5%的征收率全额缴纳增值税；个人将购买2年以上（含2年）的住房对外销售的，免征增值税。上述政策适用于北京市、上海市、广州市和深圳市之外的地区。

个人将购买不足 2 年的住房对外销售的，按照 5% 的征收率全额缴纳增值税；个人将购买 2 年以上（含 2 年）的非普通住房对外销售的，以销售收入减去购买住房价款后的差额按照 5% 的征收率缴纳增值税；个人将购买 2 年以上（含 2 年）的普通住房对外销售的，免征增值税。上述政策仅适用于北京市、上海市、广州市和深圳市。

办理免税的具体程序、购买房屋的时间、开具发票、非购买形式取得住房行为及其他相关税收管理规定，按照《国务院办公厅转发建设部等部门关于做好稳定住房价格工作意见的通知》（国办发〔2005〕26号）、《国家税务总局 财政部 建设部关于加强房地产税收管理的通知》（国税发〔2005〕89号）和《国家税务总局关于房地产税收政策执行中几个具体问题的通知》（国税发〔2005〕172号）的有关规定执行。

六、上述增值税优惠政策除已规定期限的项目和第五条政策外，其他均在营改增试点期间执行。如果试点纳税人在纳入营改增试点之日前已经按照有关政策规定享受了营业税税收优惠，在剩余税收优惠政策期限内，按照本规定享受有关增值税优惠。

附件4：

跨境应税行为适用增值税零税率和免税政策的规定

一、中华人民共和国境内（以下称境内）的单位和个人销售的下列服务和无形资产，适用增值税零税率：

（一）国际运输服务。

国际运输服务，是指：

1. 在境内载运旅客或者货物出境。
2. 在境外载运旅客或者货物入境。
3. 在境外载运旅客或者货物。

（二）航天运输服务。

（三）向境外单位提供的完全在境外消费的下列服务：

1. 研发服务。
2. 合同能源管理服务。
3. 设计服务。
4. 广播影视节目（作品）的制作和发行服务。
5. 软件服务。
6. 电路设计及测试服务。
7. 信息系统服务。
8. 业务流程管理服务。
9. 离岸服务外包业务。

离岸服务外包业务，包括信息技术外包服务（ITO）、技术性业务流程外包服务（BPO）、技术性知识流程外包服务（KPO），其所涉及的具体业务活动，按照《销售服务、无形资产、不动产注释》相对应的业务活动执行。

10. 转让技术。

（四）财政部和国家税务总局规定的其他服务。

二、境内的单位和个人销售的下列服务和无形资产免征增值税，但财政部和国家税务总局规定适用增值税零税率的除外：

（一）下列服务：

1. 工程项目在境外的建筑服务。
2. 工程项目在境外的工程监理服务。
3. 工程、矿产资源在境外的工程勘察勘探服务。
4. 会议展览地点在境外的会议展览服务。
5. 存储地点在境外的仓储服务。
6. 标的物在境外使用的有形动产租赁服务。
7. 在境外提供的广播影视节目（作品）的播映服务。
8. 在境外提供的文化体育服务、教育医疗服务、旅游服务。

（二）为出口货物提供的邮政服务、收派服务、保险服务。

为出口货物提供的保险服务，包括出口货物保险和出口信用保险。

（三）向境外单位提供的完全在境外消费的下列服务和无形资产：

1. 电信服务。
2. 知识产权服务。
3. 物流辅助服务（仓储服务、收派服务除外）。
4. 鉴证咨询服务。
5. 专业技术服务。
6. 商务辅助服务。
7. 广告投放地在境外的广告服务。
8. 无形资产。

（四）以无运输工具承运方式提供的国际运输服务。

（五）为境外单位之间的货币资金融通及其他金融业务提供的直接收费金融服务，且该服务与境内的货物、无形资产和不动产无关。

（六）财政部和国家税务总局规定的其他服务。

三、按照国家有关规定应取得相关资质的国际运输服务项目，纳税人取得相关资质的，适用增值税零税率政策，未取得的，适用增值税免税政策。

境内的单位或个人提供程租服务，如果租赁的交通工具用于国际运输服务和港澳台运输服务，由出租方按规定申请适用增值税零税率。

境内的单位和个人向境内单位或个人提供期租、湿租服务，如果承租方利用租赁的交通工具向其他单位或个人提供国际运输服务和港澳台运输服务，由承租方适用增值税零税率。境内的单位或个人向境外单位或个人提供期租、湿租服务，由出租方适用增值税零税率。

境内单位和个人以无运输工具承运方式提供的国际运输服务，由境内实际承运人适用增值税零税率；无运输工具承运业务的经营者适用增值税免税政策。

四、境内的单位和个人提供适用增值税零税率的服务或者无形资产，如果属于适用简易计税方法的，实行免征增值税办法。如果属于适用增值税一般计税方法的，生产企业实行免抵退税办法，外贸企业外购服务或者无形资产出口实行免退税办法，外贸企业直接将服务或自行研发的无形资产出口，视同生产企业连同其出口货物统一实行免抵退税办法。

服务和无形资产的退税率为其按照《试点实施办法》第十五条第（一）至（三）项规定适用的增值税税率。实行退（免）税办法的服务和无形资产，如果主管税务机关认定出口价格偏高的，有权按照核定的出口价格计算退（免）税，核定的出口价格低于外贸企业购进价格的，低于部分对应的进项税额不予退税，转入成本。

五、境内的单位和个人销售适用增值税零税率的服务或无形资产的，可以放弃适用增值税零税率，选择免税或按规定缴纳增值税。放弃适用增值税零税率后，36个月内不得再申请适用增值税零税率。

六、境内的单位和个人销售适用增值税零税率的服务或无形资产，按月向主管退税的税务机关申报办理增值税退（免）税手续。具体管理办法由国家税务总局商财政部另行制定。

七、本规定所称完全在境外消费，是指：

（一）服务的实际接受方在境外，且与境内的货物和不动产无关。

（二）无形资产完全在境外使用，且与境内的货物和不动产无关。

（三）财政部和国家税务总局规定的其他情形。

八、境内单位和个人发生的与香港、澳门、台湾有关的应税行为，除本文另有规定外，参照上述规定执行。

九、2016年4月30日前签订的合同，符合《财政部 国家税务总局关于将铁路运输和邮政业纳入营业税改征增值税试点的通知》（财税〔2013〕106号）附件4和《财政部 国家税务总局关于影视等出口服务适用增值税零税率政策的通知》（财税〔2015〕118号）规定的零税率或者免税政策条件的，在合同到期前可以继续享受零税率或者免税政策。

关于简并增值税税率有关政策的通知

（2017年4月28日 财政部 国家税务总局 财税〔2017〕37号）

各省、自治区、直辖市、计划单列市财政厅（局）、国家税务局、地方税务局，新疆生产建设兵团财务局：

自2017年7月1日起，简并增值税税率结构，取消13%的增值税税率。现将有关政策通知如下：

一、纳税人销售或者进口下列货物，税率为11%：

农产品（含粮食）、自来水、暖气、石油液化气、天然气、食用植物油、冷气、热水、煤气、居民用煤炭制品、食用盐、农机、饲料、农药、农膜、化肥、沼气、二甲醚、图书、报纸、杂志、音像制品、电子出版物。

上述货物的具体范围见本通知附件1。

二、纳税人购进农产品，按下列规定抵扣进项税额：

（一）除本条第（二）项规定外，纳税人购进农产品，取得一般纳税人开具的增值税专用发票或海关进口增值税专用缴款书的，以增值税专用发票或海关进口增值税专用缴款书上注明的增值税额为进项税额；从按照简易计税方法依照3%征收率计算缴纳增值税的小规模纳税人取得增值税专用发票的，以增值税专用发票上注明的金额和11%的扣除率计算进项税额；取得（开具）农产品销售发票或收购发票的，以农产品销售发票或收购发票上注明的农产品买价和11%的扣除率计算进项税额。

（二）营业税改征增值税试点期间，纳税人购进用于生产销售或委托受托加工17%税率货物的农产品维持原扣除力度不变。

（三）继续推进农产品增值税进项税额核定扣除试点，纳税人购进农产品进项税额已实行核定扣除的，仍按照《财政部 国家税务总局关于在部分行业试行农产品增值税进项税额核定扣除办法的通知》（财税〔2012〕38号）、《财政部 国家税务总局关于扩大农产品增值税进项税额核定扣除试点行业范围的通知》（财税〔2013〕57号）执行。其中，《农产品增值税进项税额核定扣除试点实施办法》（财税〔2012〕38号）第四条第（二）项规定的扣除率调整为11%；第（三）项规定的扣除率调整为按本条第（一）项、第（二）项规定执行。

（四）纳税人从批发、零售环节购进适用免征增值税政策的蔬菜、部分鲜活肉蛋而取得的普通发票，不得作为计算抵扣进项税额的凭证。

（五）纳税人购进农产品既用于生产销售或委托受托加工17%税率货物又用于生产销售其他货物服务的，应当分别核算用于生产销售或委托受托加工17%税率货物和其他货物服务的农产品进项税额。未分别核算的，统一以增值税专用发票或海关进口增值税专用缴款书上注明的增值税额为进项税额，或以农产品收购发票或销售发票上注明的农产品买价和11%的扣除率计算进项税额。

（六）《中华人民共和国增值税暂行条例》第八条第二款第（三）项和本通知所称销售发票，是指农业生产者销售自产农产品适用免征增值税政策而开具的普通发票。

三、本通知附件2所列货物的出口退税率调整为11%。出口货物适用的出口退税率，以出口货物报关单上注明的出口日期界定。

外贸企业2017年8月31日前出口本通知附件2所列货物，购进时已按13%税率征收增值税的，执行13%出口退税率；购进时已按11%税率征收增值税的，执行11%出口退税率。生产企业2017年8月31日前出口本通知附件2所列货物，执行13%出口退税率。出口货物的时间，按照出口货物报关单上注明的出口日期执行。

四、本通知自2017年7月1日起执行。此前有关规定与本通知规定的增值税税率、扣除率、相关货物具体范围不一致的，以本通知为准。《财政部 国家税务总局关于免征部分鲜活肉蛋产品流通环节增值税政策的通知》（财税〔2012〕75号）第三条同时废止。

五、各地要高度重视简并增值税税率工作，切实加强组织领导，周密安排，明确责任。做好实施前的各项准备以及实施过程中的监测分析、宣传解释等工作，确保简并增值税税率平稳、有序推进。遇到问题请及时向财政部和国家税务总局反映。

附件：1. 适用11%增值税税率货物范围注释
　　　2. 出口退税率调整产品清单（略）

附件1：

适用11%增值税税率货物范围注释

一、农产品

农产品，是指种植业、养殖业、林业、牧业、水产业生产的各种植物、动物的初级产品。具体征税范围暂继续按照《财政部 国家税务总局关于印发〈农业产品征税范围注释〉的通知》（财税字〔1995〕52号）及现行相关规定执行，并包括挂面、干姜、姜黄、玉米胚芽、动物骨粒，按照《食品安全国家标准——巴氏杀菌乳》（GB19645—2010）生产的巴氏杀菌乳，按照《食品安全国家标准——灭菌乳》（GB25190—2010）生产的灭菌乳。

二、食用植物油、自来水、暖气、冷气、热水、煤气、石油液化气、天然气、沼气、居民用煤炭制品、图书、报纸、杂志、化肥、农药、农机、农膜

上述货物的具体征税范围暂继续按照《国家税务总局关于印发〈增值税部分货物征税范围注释〉的通知》（国税发〔1993〕151号）及现行相关规定执行，并包括棕榈油、棉籽油、茴油、毛椰子油、核桃油、橄榄油、花椒油、杏仁油、葡萄籽油、牡丹籽油、由石油伴生气加工压缩而成的石油液化气、西气东输项目上游中外合作开采天然气、中小学课本配套产品（包括各种纸制品或图片）、国内印刷企业承印的经新闻出版主管部门批准印刷且采用国际标准书号编序的境外图书、农用水泵、农用柴油机、不带动力的手扶拖拉机、三轮农用运输车、密集型烤房设备、频振式杀虫灯、自动虫情测报灯、粘虫板、卷帘机、农用挖掘机、养鸡设备系列、养猪设备系列产品、动物尸体降解处理机、蔬菜清洗机。

三、饲料

饲料，是指用于动物饲养的产品或其加工品。具体征税范围按照《国家税务总局关于修订"饲料"注释及加强饲料征免增值税管理问题的通知》（国税发〔1999〕39号）执行，并包括豆粕、宠物饲料、饲用鱼油、矿物质微量元素舔砖、饲料级磷酸二氢钙产品。

四、音像制品

音像制品，是指正式出版的录有内容的录音带、录像带、唱片、激光唱盘和激光视盘。

五、电子出版物

电子出版物，是指以数字代码方式，使用计算机应用程序，将图文声像等内容信息编辑加工后存储在具有确定的物理形态的磁、光、电等介质上，通过内嵌在计算机、手机、电子阅读设备、电子显示设备、数字音/视频播放设备、电子游戏机、导航仪以及其他具有类似功能的设备上读取使用，具有交互功能，用以表达思想、普及知识和积累文化的大众传播媒体。载体形态和格式主要包括只读光盘（CD 只读光盘 CD—ROM、交互式光盘 CD—I、照片光盘 Photo—CD、高密度只读光盘 DVD—ROM、蓝光只读光盘 HD—DVD ROM 和 BD ROM）、一次写入式光盘（一次写入 CD 光盘 CD—R、一次写入高密度光盘 DVD—R、一次写入蓝光光盘 HD—DVD/R，BD—R）、可擦写光盘（可擦写 CD 光盘 CD—RW、可擦写高密度光盘 DVD—RW、可擦写蓝光光盘 HDDVD—RW 和 BD—RW、磁光盘 MO）、软磁盘（FD）、硬磁盘（HD）、集成电路卡（CF 卡、MD 卡、SM 卡、MMC 卡、RR—MMC 卡、MS 卡、SD 卡、XD 卡、T—Flash 卡、记忆棒）和各种存储芯片。

六、二甲醚

二甲醚，是指化学分子式为 CH_3OCH_3，常温常压下为具有轻微醚香味、易燃、无毒、无腐蚀性的气体。

七、食用盐

食用盐，是指符合《食用盐》（GB/T 5461—2016）和《食用盐卫生标准》（GB2721—2003）两项国家标准的食用盐。

关于调整增值税税率的通知

(2018 年 4 月 4 日　财政部　国家税务总局　财税〔2018〕32 号)

各省、自治区、直辖市、计划单列市财政厅（局）、国家税务局、地方税务局，新疆生产建设兵团财政局：

为完善增值税制度，现将调整增值税税率有关政策通知如下：

一、纳税人发生增值税应税销售行为或者进口货物，原适用 17% 和 11% 税率的，税率分别调整为 16%、10%。

二、纳税人购进农产品，原适用 11% 扣除率的，扣除率调整为 10%。

三、纳税人购进用于生产销售或委托加工 16% 税率货物的农产品，按照 12% 的扣除率计算进项税额。

四、原适用 17% 税率且出口退税率为 17% 的出口货物，出口退税率调整至 16%。原适用 11% 税率且出口退税率为 11% 的出口货物、跨境应税行为，出口退税率调整至 10%。

五、外贸企业 2018 年 7 月 31 日前出口的第四条所涉货物、销售的第四条所涉跨境应税行为，购进时已按调整前税率征收增值税的，执行调整前的出口退税率；购进时已按调整后税率征收增值税的，执行调整后的出口退税率。生产企业 2018 年 7 月 31 日前出口的第四条所涉货物、销售的第四条所涉跨境应税行为，执行调整前的出口退税率。

调整出口货物退税率的执行时间及出口货物的时间，以出口货物报关单上注明的出口日期为准，调整跨境应税行为退税率的执行时间及销售跨境应税行为的时间，以出口发票的开具日期为准。

六、本通知自 2018 年 5 月 1 日起执行。此前有关规定与本通知规定的增值税税率、扣除率、出口退税率不一致的，以本通知为准。

七、各地要高度重视增值税税率调整工作，做好实施前的各项准备以及实施过程中的监测分析、宣传解释等工作，确保增值税税率调整工作平稳、有序推进。如遇问题，请及时上报财政部和国家税务总局。

关于深化增值税改革有关政策的公告

(2019年3月20日 财政部 国家税务总局 海关总署公告2019年第39号)

为贯彻落实党中央、国务院决策部署，推进增值税实质性减税，现将2019年增值税改革有关事项公告如下：

一、增值税一般纳税人（以下称纳税人）发生增值税应税销售行为或者进口货物，原适用16%税率的，税率调整为13%；原适用10%税率的，税率调整为9%。

二、纳税人购进农产品，原适用10%扣除率的，扣除率调整为9%。纳税人购进用于生产或者委托加工13%税率货物的农产品，按照10%的扣除率计算进项税额。

三、原适用16%税率且出口退税率为16%的出口货物劳务，出口退税率调整为13%；原适用10%税率且出口退税率为10%的出口货物、跨境应税行为，出口退税率调整为9%。

2019年6月30日前（含2019年4月1日前），纳税人出口前款所涉货物劳务、发生前款所涉跨境应税行为，适用增值税免退税办法的，购进时已按调整前税率征收增值税的，执行调整前的出口退税率，购进时已按调整后税率征收增值税的，执行调整后的出口退税率；适用增值税免抵退税办法的，执行调整前的出口退税率，在计算免抵退税时，适用税率低于出口退税率的，适用税率与出口退税率之差视为零参与免抵退税计算。

出口退税率的执行时间及出口货物劳务、发生跨境应税行为的时间，按照以下规定执行：报关出口的货物劳务（保税区及经保税区出口除外），以海关出口报关单上注明的出口日期为准；非报关出口的货物劳务、跨境应税行为，以出口发票或普通发票的开具时间为准；保税区及经保税区出口的货物，以货物离境时海关出具的出境货物备案清单上注明的出口日期为准。

四、适用13%税率的境外旅客购物离境退税物品，退税率为11%；适用9%税率的境外旅客购物离境退税物品，退税率为8%。

2019年6月30日前，按调整前税率征收增值税的，执行调整前的退税率；按调整后税率征收增值税的，执行调整后的退税率。

退税率的执行时间，以退税物品增值税普通发票的开具日期为准。

五、自2019年4月1日起，《营业税改征增值税试点有关事项的规定》（财税〔2016〕36号印发）第一条第（四）项第1点、第二条第（一）项第1点停止执行，纳税人取得不动产或者不动产在建工程的进项税额不再分2年抵扣。此前按照上述规定尚未抵扣完毕的待抵扣进项税额，可自2019年4月税款所属期起从销项税额中抵扣。

六、纳税人购进国内旅客运输服务，其进项税额允许从销项税额中抵扣。

（一）纳税人未取得增值税专用发票的，暂按照以下规定确定进项税额：

1. 取得增值税电子普通发票的，为发票上注明的税额；

2. 取得注明旅客身份信息的航空运输电子客票行程单的，为按照下列公式计算进项税额：

航空旅客运输进项税额＝（票价＋燃油附加费）÷（1＋9%）×9%

3. 取得注明旅客身份信息的铁路车票的，为按照下列公式计算的进项税额：

铁路旅客运输进项税额＝票面金额÷（1＋9%）×9%

4. 取得注明旅客身份信息的公路、水路等其他客票的，按照下列公式计算进项税额：

公路、水路等其他旅客运输进项税额＝票面金额÷（1＋3%）×3%

（二）《营业税改征增值税试点实施办法》（财税〔2016〕36号印发）第二十七条第（六）项和《营业税改征增值税试点有关事项的规定》（财税〔2016〕36号印发）第二条第（一）项第5点中"购进的旅客运输服务、贷款服务、餐饮服务、居民日常服务和娱乐服务"修改为"购进的贷款服务、餐饮服务、居民日常服务和娱乐服务"。

七、自2019年4月1日至2021年12月31日，允许生产、生活性服务业纳税人按照当期可抵扣进项税额加计10%，抵减应纳税额（以下称加计抵减政策）。

（一）本公告所称生产、生活性服务业纳税人，是指提供邮政服务、电信服务、现代服务、生活服务（以下称四项服务）取得的销售额占全部销售额的比重超过50%的纳税人。四项服务的具体范围按照《销售服务、无形资产、不动产注释》（财税〔2016〕36号印发）执行。

2019年3月31日前设立的纳税人，自2018年4月至2019年3月期间的销售额（经营期不满12个月的，按照实际经营期的销售额）符合上述规定条件的，自2019年4月1日起适用加计抵减政策。

2019年4月1日后设立的纳税人，自设立之日起3个月的销售额符合上述规定条件的，自登记为一般纳税人之日起适用加计抵减政策。

纳税人确定适用加计抵减政策后，当年内不再调整，以后年度是否适用，根据上年度销售额计算确定。

纳税人可计提但未计提的加计抵减额，可在确定适用加计抵减政策当期一并计提。

（二）纳税人应按照当期可抵扣进项税额的10%计提当期加计抵减额。按照现行规定不得从销项税额中抵扣的进项税额，不得计提加计抵减额；已计提加计抵减额的进项税额，按规定作进项税额转出的，应在进项税额转出当期，相应调减加计抵减额。计算公式如下：

当期计提加计抵减额 = 当期可抵扣进项税额 × 10%

当期可抵减加计抵减额 = 上期末加计抵减额余额 + 当期计提加计抵减额 − 当期调减加计抵减额

（三）纳税人应按照现行规定计算一般计税方法下的应纳税额（以下称抵减前的应纳税额）后，区分以下情形加计抵减：

1. 抵减前的应纳税额等于零的，当期可抵减加计抵减额全部结转下期抵减；

2. 抵减前的应纳税额大于零，且大于当期可抵减加计抵减额的，当期可抵减加计抵减额全额从抵减前的应纳税额中抵减；

3. 抵减前的应纳税额大于零，且小于或等于当期可抵减加计抵减额的，以当期可抵减加计抵减额抵减应纳税额至零。未抵减完的当期可抵减加计抵减额，结转下期继续抵减。

（四）纳税人出口货物劳务、发生跨境应税行为不适用加计抵减政策，其对应的进项税额不得计提加计抵减额。

纳税人兼营出口货物劳务、发生跨境应税行为且无法划分不得计提加计抵减额的进项税额，按照以下公式计算：

不得计提加计抵减额的进项税额 = 当期无法划分的全部进项税额 × 当期出口货物劳务和发生跨境应税行为的销售额 ÷ 当期全部销售额

（五）纳税人应单独核算加计抵减额的计提、抵减、调减、结余等变动情况。骗取适用加计抵减政策或虚增加计抵减额的，按照《中华人民共和国税收征收管理法》等有关规定处理。

（六）加计抵减政策执行到期后，纳税人不再计提加计抵减额，结余的加计抵减额停止抵减。

八、自2019年4月1日起，试行增值税期末留抵税额退税制度。

（一）同时符合以下条件的纳税人，可以向主管税务机关申请退还增量留抵税额：

1. 自2019年4月税款所属期起，连续六个月（按季纳税的，连续两个季度）增量留抵税额均大于零，且第六个月增量留抵税额不低于50万元；

2. 纳税信用等级为A级或者B级；

3. 申请退税前36个月未发生骗取留抵退税、出口退税或虚开增值税专用发票情形的；

4. 申请退税前36个月未因偷税被税务机关处罚两次及以上的；

5. 自2019年4月1日起未享受即征即退、先征后返（退）政策的。

（二）本公告所称增量留抵税额，是指与2019年3月底相比新增加的期末留抵税额。

（三）纳税人当期允许退还的增量留抵税额，按照以下公式计算：

允许退还的增量留抵税额＝增量留抵税额×进项构成比例×60％

进项构成比例，为2019年4月至申请退税前一税款所属期内已抵扣的增值税专用发票（含税控机动车销售统一发票）、海关进口增值税专用缴款书、解缴税款完税凭证注明的增值税额占同期全部已抵扣进项税额的比重。

（四）纳税人应在增值税纳税申报期内，向主管税务机关申请退还留抵税额。

（五）纳税人出口货物劳务、发生跨境应税行为，适用免抵退税办法的，办理免抵退税后，仍符合本公告规定条件的，可以申请退还留抵税额；适用免退税办法的，相关进项税额不得用于退还留抵税额。

（六）纳税人取得退还的留抵税额后，应相应调减当期留抵税额。按照本条规定再次满足退税条件的，可以继续向主管税务机关申请退还留抵税额，但本条第（一）项第1点规定的连续期间，不得重复计算。

（七）以虚增进项、虚假申报或其他欺骗手段，骗取留抵退税款的，由税务机关追缴其骗取的退税款，并按照《中华人民共和国税收征收管理法》等有关规定处理。

（八）退还的增量留抵税额中央、地方分担机制另行通知。

九、本公告自2019年4月1日起执行。

特此公告。

增值税一般纳税人登记管理办法

（2017年12月29日　国家税务总局令第43号）

第一条　为了做好增值税一般纳税人（以下简称一般纳税人）登记管理，根据《中华人民共和国增值税暂行条例》及其实施细则有关规定，制定本办法。

第二条　增值税纳税人（以下简称纳税人），年应税销售额超过财政部、国家税务总局规定的小规模纳税人标准（以下简称规定标准）的，除本办法第四条规定外，应当向主管税务机关办理一般纳税人登记。

本办法所称年应税销售额，是指纳税人在连续不超过12个月或四个季度的经营期内累计应征增值税销售额，包括纳税申报销售额、稽查查补销售额、纳税评估调整销售额。

销售服务、无形资产或者不动产（以下简称应税行为）有扣除项目的纳税人，其应税行为年应税销售额按未扣除之前的销售额计算。纳税人偶然发生的销售无形资产、转让不动产的销售额，不计入应税行为年应税销售额。

第三条　年应税销售额未超过规定标准的纳税人，会计核算健全，能够提供准确税务资料的，可以向主管税务机关办理一般纳税人登记。

本办法所称会计核算健全，是指能够按照国家统一的会计制度规定设置账簿，根据合法、有效凭证进行核算。

第四条　下列纳税人不办理一般纳税人登记：

（一）按照政策规定，选择按照小规模纳税人纳税的；

（二）年应税销售额超过规定标准的其他个人。

第五条　纳税人应当向其机构所在地主管税务机关办理一般纳税人登记手续。

第六条　纳税人办理一般纳税人登记的程序如下：

（一）纳税人向主管税务机关填报《增值税一般纳税人登记表》（附件1），如实填写固定生产经营场所等信息，并提供税务登记证件；

（二）纳税人填报内容与税务登记信息一致的，主管税务机关当场登记；

（三）纳税人填报内容与税务登记信息不一致，或者不符合填列要求的，税务机关应当场告知纳税人需要补正的内容。

第七条 年应税销售额超过规定标准的纳税人符合本办法第四条第（一）项规定的，应当向主管税务机关提交书面说明（附件2）。

第八条 纳税人在年应税销售额超过规定标准的月份（或季度）的所属申报期结束后15日内按照本办法第六条或者第七条的规定办理相关手续；未按规定时限办理的，主管税务机关应当在规定时限结束后5日内制作《税务事项通知书》，告知纳税人应当在5日内向主管税务机关办理相关手续；逾期仍不办理的，次月起按销售额依照增值税税率计算应纳税额，不得抵扣进项税额，直至纳税人办理相关手续为止。

第九条 纳税人自一般纳税人生效之日起，按照增值税一般计税方法计算应纳税额，并可以按照规定领用增值税专用发票，财政部、国家税务总局另有规定的除外。

本办法所称的生效之日，是指纳税人办理登记的当月1日或者次月1日，由纳税人在办理登记手续时自行选择。

第十条 纳税人登记为一般纳税人后，不得转为小规模纳税人，国家税务总局另有规定的除外。

第十一条 主管税务机关应当加强对税收风险的管理。对税收遵从度低的一般纳税人，主管税务机关可以实行纳税辅导期管理，具体办法由国家税务总局另行制定。

第十二条 本办法自2018年2月1日起施行，《增值税一般纳税人资格认定管理办法》（国家税务总局令第22号公布）同时废止。

关于统一增值税小规模纳税人标准的通知

（2018年4月4日　财政部　国家税务总局　财税〔2018〕33号）

各省、自治区、直辖市、计划单列市财政厅（局）、国家税务局、地方税务局，新疆生产建设兵团财政局：

为完善增值税制度，进一步支持中小微企业发展，现将统一增值税小规模纳税人标准有关事项通知如下：

一、增值税小规模纳税人标准为年应征增值税销售额500万元及以下。

二、按照《中华人民共和国增值税暂行条例实施细则》第二十八条规定已登记为增值税一般纳税人的单位和个人，在2018年12月31日前，可转登记为小规模纳税人，其未抵扣的进项税额作转出处理。

三、本通知自2018年5月1日起执行。

关于增值税普通发票管理有关事项的公告

（2017年12月5日　国家税务总局2017年第44号）

为进一步规范增值税发票管理，优化纳税服务，满足纳税人发票使用需要，现将增值税发票管理有关事项公告如下：

一、调整增值税普通发票（折叠票）发票代码

增值税普通发票（折叠票）的发票代码调整为12位，编码规则：第1位为0，第2—5位代表省、自治区、直辖市和计划单列市，第6—7位代表年度，第8—10位代表批次，第11—12位代表票种和联次，其中04代表二联增值税普通发票（折叠票）、05代表五联增值税普通发票（折叠票）。

税务机关库存和纳税人尚未使用的发票代码为10位的增值税普通发票（折叠票）可以继续使用。

二、印有本单位名称的增值税普通发票（折叠票）

（一）纳税人可按照《中华人民共和国发票管理办法》及其实施细则规定，书面向国税机关要求使用印有本单位名称的增值税普通发票（折叠票），国税机关按规定确认印有该单位名称发票的种类和数量。纳税人通过增值税发票管理新系统开具印有本单位名称的增值税普通发票（折叠票）。

（二）印有本单位名称的增值税普通发票（折叠票），由税务总局统一招标采购的增值税普通发票（折叠票）中标厂商印制，其式样、规格、联次和防伪措施等与税务机关统一印制的增值税普通发票（折叠票）一致，并加印企业发票专用章。

（三）印有本单位名称的增值税普通发票（折叠票）的发票代码按照本公告第一条规定的编码规则编制。发票代码的第8—10位代表批次，由省国税机关在501—999范围内统一编制。

（四）使用印有本单位名称的增值税普通发票（折叠票）的企业，按照《国家税务总局 财政部关于冠名发票印制费结算问题的通知》（税总发〔2013〕53号）规定，与发票印制企业直接结算印制费用。

本公告自2018年1月1日起施行，《国家税务总局关于启用增值税普通发票有关问题的通知》（国税发明电〔2005〕34号）第一条第二款、《国家税务总局关于启用新版增值税发票有关问题的公告》（国家税务总局公告2014年第43号）第一条同时废止。

特此公告。

关于增值税发票管理若干事项的公告

(2017年12月18日　国家税务总局公告2017年第45号)

为了贯彻落实党中央、国务院关于优化营商环境和推进"放管服"改革的系列部署，提升增值税发票服务水平，营造更加规范公平的税收环境，现将增值税发票管理若干事项公告如下：

一、推行商品和服务税收分类编码简称

自2018年1月1日起，纳税人通过增值税发票管理新系统开具增值税发票（包括：增值税专用发票、增值税普通发票、增值税电子普通发票）时，商品和服务税收分类编码对应的简称会自动显示并打印在发票票面"货物或应税劳务、服务名称"或"项目"栏次中。包含简称的《商品和服务税收分类编码表》见附件。

二、扩大增值税小规模纳税人自行开具增值税专用发票试点范围

自2018年2月1日起，月销售额超过3万元（或季销售额超过9万元）的工业以及信息传输、软件和信息技术服务业增值税小规模纳税人（以下简称试点纳税人）发生增值税应税行为，需要开具增值税专用发票的，可以通过增值税发票管理新系统自行开具。

试点纳税人销售其取得的不动产，需要开具增值税专用发票的，应当按照有关规定向地税机关申请代开。

试点纳税人应当在规定的纳税申报期内将所开具的增值税专用发票所涉及的税款，向主管税务机关申报缴纳。在填写增值税纳税申报表时，应当将当期开具增值税专用发票的销售额，按照3%和5%的征收率，分别填写在《增值税纳税申报表》（小规模纳税人适用）第2栏和第5栏"税务机关代开的增值税专用发票不含税销售额"的"本期数"相应栏次中。

三、将二手车销售统一发票纳入增值税发票管理新系统

自2018年4月1日起，二手车交易市场、二手车经销企业、经纪机构和拍卖企业应当通过增值税发票管理新系统开具二手车销售统一发票。

二手车销售统一发票"车价合计"栏次仅注明车辆价款。二手车交易市场、二手车经销企业、经纪机构和拍卖企业在办理过户手续过程中收取的其他费用,应当单独开具增值税发票。

通过增值税发票管理新系统开具的二手车销售统一发票与现行二手车销售统一发票票样保持一致。发票代码编码规则调整为:第1位为0,第2—5位代表省、自治区、直辖市和计划单列市,第6—7位代表年度,第8—10位代表批次,第11—12位为17。发票号码为8位,按年度、分批次编制。

单位和个人可以登录全国增值税发票查验平台(https://inv-veri.chinatax.gov.cn),对增值税发票管理新系统开具的二手车销售统一发票信息进行查验。

《国家税务总局关于全面推开营业税改征增值税试点有关税收征收管理事项的公告》(国家税务总局公告2016年第23号)的附件《商品和服务税收分类与编码(试行)》自2018年1月1日起废止。《国家税务总局关于统一二手车销售发票式样问题的通知》(国税函〔2005〕693号)第六条、第八条、第七条中的"各地地税局印制的涉及二手车交易的服务业发票按上述时间同时启用"自2018年4月1日起废止。

特此公告。

关于租入固定资产进项税额抵扣等增值税政策的通知

(2017年12月25日 财政部 国家税务总局 财税〔2017〕90号)

各省、自治区、直辖市、计划单列市财政厅(局)、国家税务局、地方税务局,新疆生产建设兵团财务局:

现将租入固定资产进项税额抵扣等增值税政策通知如下:

一、自2018年1月1日起,纳税人租入固定资产、不动产,既用于一般计税方法计税项目,又用于简易计税方法计税项目、免征增值税项目、集体福利或者个人消费的,其进项税额准予从销项税额中全额抵扣。

二、自2018年1月1日起,纳税人已售票但客户逾期未消费取得的运输逾期票证收入,按照"交通运输服务"缴纳增值税。纳税人为客户办理退票而向客户收取的退票费、手续费等收入,按照"其他现代服务"缴纳增值税。

三、自2018年1月1日起,航空运输销售代理企业提供境外航段机票代理服务,以取得的全部价款和价外费用,扣除向客户收取并支付给其他单位或者个人的境外航段机票结算款和相关费用后的余额为销售额。其中,支付给境内单位或者个人的款项,以发票或行程单为合法有效凭证;支付给境外单位或者个人的款项,以签收单据为合法有效凭证,税务机关对签收单据有疑义的,可以要求其提供境外公证机构的确认证明。

航空运输销售代理企业,是指根据《航空运输销售代理资质认可办法》取得中国航空运输协会颁发的"航空运输销售代理业务资质认可证书",接受中国航空运输企业或通航中国的外国航空运输企业委托,依照双方签订的委托销售代理合同提供代理服务的企业。

四、自2016年5月1日至2017年6月30日,纳税人采取转包、出租、互换、转让、入股等方式将承包地流转给农业生产者用于农业生产,免征增值税。本通知下发前已征的增值税,可抵减以后月份应缴纳的增值税,或办理退税。

五、根据《财政部 国家税务总局关于资管产品增值税有关问题的通知》(财税〔2017〕56号)有关规定,自2018年1月1日起,资管产品管理人运营资管产品提供的贷款服务、发生的部分金融商品转让业务,按照下列规定确定销售额:

(一)提供贷款服务,以2018年1月1日起产生的利息及利息性质的收入为销售额;

（二）转让2017年12月31日前取得的股票（不包括限售股）、债券、基金、非货物期货，可以选择按照实际买入价计算销售额，或者以2017年最后一个交易日的股票收盘价（2017年最后一个交易日处于停牌期间的股票，为停牌前最后一个交易日收盘价）、债券估值（中债金融估值中心有限公司或中证指数有限公司提供的债券估值）、基金份额净值、非货物期货结算价格作为买入价计算销售额。

六、自2018年1月1日至2019年12月31日，纳税人为农户、小型企业、微型企业及个体工商户借款、发行债券提供融资担保取得的担保费收入，以及为上述融资担保（以下称原担保）提供再担保取得的再担保费收入，免征增值税。再担保合同对应多个原担保合同的，原担保合同应全部适用免征增值税政策。否则，再担保合同应按规定缴纳增值税。

纳税人应将相关免税证明材料留存备查，单独核算符合免税条件的融资担保费和再担保费收入，按现行规定向主管税务机关办理纳税申报；未单独核算的，不得免征增值税。

农户，是指长期（一年以上）居住在乡镇（不包括城关镇）行政管理区域内的住户，还包括长期居住在城关镇所辖行政村范围内的住户和户口不在本地而在本地居住一年以上的住户，国有农场的职工。位于乡镇（不包括城关镇）行政管理区域内和在城关镇所辖行政村范围内的国有经济的机关、团体、学校、企事业单位的集体户；有本地户口，但举家外出谋生一年以上的住户，无论是否保留承包耕地均不属于农户。农户以户为统计单位，既可以从事农业生产经营，也可以从事非农业生产经营。农户担保、再担保的判定应以原担保生效时的被担保人是否属于农户为准。

小型企业、微型企业，是指符合《中小企业划型标准规定》（工信部联企业〔2011〕300号）的小型企业和微型企业。其中，资产总额和从业人员指标均以原担保生效时的实际状态确定；营业收入指标以原担保生效前12个自然月的累计数确定，不满12个自然月的，按照以下公式计算：

营业收入（年）＝企业实际存续期间营业收入÷企业实际存续月数×12

《财政部 国家税务总局关于全面推开营业税改征增值税试点的通知》（财税〔2016〕36号）附件3《营业税改征增值税试点过渡政策的规定》第一条第（二十四）款规定的中小企业信用担保增值税免税政策自2018年1月1日起停止执行。纳税人享受中小企业信用担保增值税免税政策在2017年12月31日前未满3年的，可以继续享受至3年期满为止。

七、自2018年1月1日起，纳税人支付的道路、桥、闸通行费，按照以下规定抵扣进项税额：

（一）纳税人支付的道路通行费，按照收费公路通行费增值税电子普通发票上注明的增值税额抵扣进项税额。

2018年1月1日至6月30日，纳税人支付的高速公路通行费，如暂未能取得收费公路通行费增值税电子普通发票，可凭取得的通行费发票（不含财政票据，下同）上注明的收费金额按照下列公式计算可抵扣的进项税额：

高速公路通行费可抵扣进项税额＝高速公路通行费发票上注明的金额÷（1＋3%）×3%

2018年1月1日至12月31日，纳税人支付的一级、二级公路通行费，如暂未能取得收费公路通行费增值税电子普通发票，可凭取得的通行费发票上注明的收费金额按照下列公式计算可抵扣进项税额：

一级、二级公路通行费可抵扣进项税额＝一级、二级公路通行费发票上注明的金额÷（1＋5%）×5%

（二）纳税人支付的桥、闸通行费，暂凭取得的通行费发票上注明的收费金额按照下列公式计算可抵扣的进项税额：

桥、闸通行费可抵扣进项税额＝桥、闸通行费发票上注明的金额÷（1＋5%）×5%

（三）本通知所称通行费，是指有关单位依法或者依规设立并收取的过路、过桥和过闸费用。

《财政部 国家税务总局关于收费公路通行费增值税抵扣有关问题的通知》（财税〔2016〕86号）自2018年1月1日起停止执行。

八、自2016年5月1日起，社会团体收取的会费，免征增值税。本通知下发前已征的增值税，可抵减以后月份应缴纳的增值税，或办理退税。

社会团体，是指依照国家有关法律法规设立或登记并取得《社会团体法人登记证书》的非营利法人。会费，是指社会团体在国家法律法规、政策许可的范围内，依照社团章程的规定，收取的个人会员、单位会员和团体会员的会费。

社会团体开展经营服务性活动取得的其他收入，一律照章缴纳增值税。

关于进一步加强代扣代收代征税款手续费管理的通知

（2019年2月2日　财政部　国家税务总局　中国人民银行　财行〔2019〕11号）

各省、自治区、直辖市、计划单列市财政厅（局），国家税务总局各省、自治区、直辖市、计划单列市税务局，中国人民银行上海总部，各分行、营业管理部，各省会（首府）城市中心支行，各副省级城市中心支行：

为进一步规范和加强代扣代缴、代收代缴和委托代征（以下简称"三代"）税款手续费的管理，根据《中华人民共和国预算法》和《中华人民共和国税收征收管理法》及其他有关法律、行政法规的规定，就进一步加强"三代"税款手续费管理通知如下：

一、"三代"范围

（一）代扣代缴是指税收法律、行政法规已经明确规定负有扣缴义务的单位和个人在支付款项时，代税务机关从支付给负有纳税义务的单位和个人的收入中扣留并向税务机关解缴的行为。

（二）代收代缴是指税收法律、行政法规已经明确规定负有扣缴义务的单位和个人在收取款项时，代税务机关向负有纳税义务的单位和个人收取并向税务机关缴纳的行为。

（三）委托代征是指税务机关根据《中华人民共和国税收征收管理法》及其实施细则关于有利于税收控管和方便纳税的要求，按照双方自愿、简便征收、强化管理、依法委托的原则和国家有关规定，委托有关单位和人员代征零星、分散和异地缴纳的税收的行为。

二、"三代"的管理

税务机关应严格按照《中华人民共和国税收征收管理法》及其实施细则有关规定和"放管服"改革有关要求开展"三代"工作。税务机关应按照法律、行政法规，以及国家税务总局有关规定确定"三代"单位或个人，不得自行扩大"三代"范围和提高"三代"税款手续费支付比例。

（一）税务机关应依据国家税务总局有关规定，对负有代扣代缴、代收代缴的扣缴义务人办理登记。

对法律、行政法规没有规定负有代扣代缴、代收代缴税款义务的单位和个人，税务机关不得要求履行代扣代缴、代收代缴税款义务。

（二）税务机关应严格按照法律、行政法规，以及国家税务总局委托代征相关规定确定委托代征范围，不得将法律、行政法规已确定的代扣代缴、代收代缴税款，委托他人代征。

（三）对于需按比例支付"三代"税款手续费的，税务机关在确定"三代"单位或个人的手续费比例时，应从降低税收成本的角度，充分考虑"三代"单位或个人的业务量、工作成本等因素，确定合理的手续费支付比例，可根据需要在相应规定的支付比例范围内设置手续费支付限额。

三、"三代"税款手续费支付比例和限额

（一）法律、行政法规规定的代扣代缴税款，税务机关按不超过代扣税款的2%支付手续费，且支付给单个扣缴义务人年度最高限额70万元，超过限额部分不予支付。对于法律、行政法规明确规定手续费比例的，按规定比例执行。

（二）法律、行政法规规定的代收代缴车辆车船税，税务机关按不超过代收税款的3%支付手续费。

（三）法律、行政法规规定的代收代缴委托加工消费税，税务机关按不超过代收税款的2%支付手续费。委托受托双方存在关联关系的，不得支付代收手续费。关联关系依据《中华人民共和国企业所得税法》及其实施条例有关规定确定。

（四）法律、行政法规规定的代收代缴其他税款，税务机关按不超过代收税款的2%支付手续费。

（五）税务机关委托交通运输部门海事管理机构代征船舶车船税，税务机关按不超过代征税款的5%支付手续费。

（六）税务机关委托代征人代征车辆购置税，税务机关按每辆车支付15元手续费。

（七）税务机关委托证券交易所或证券登记结算机构代征证券交易印花税，税务机关按不超过代征税款的0.03%支付代征手续费，且支付给单个代征人年度最高限额1000万元，超过限额部分不予支付。委托有关单位代售印花税票按不超过代售金额的5%支付手续费。

（八）税务机关委托邮政部门代征税款，税务机关按不超过代征税款的3%支付手续费。

（九）税务机关委托代征人代征农贸市场、专业市场等税收以及委托代征人代征其他零星分散、异地缴纳的税收，税务机关按不超过代征税款的5%支付手续费。

四、手续费管理

（一）预算管理。

1. "三代"税款手续费纳入预算管理，由财政通过预算支出统一安排。法律、行政法规另有规定的，按法律、行政法规的规定执行。

2. "三代"税款手续费按年据实清算。代扣、代收扣缴义务人和代征人应于每年3月30日前，向税务机关提交上一年度"三代"税款手续费申请相关资料，因"三代"单位或个人自身原因，未及时提交申请的，视为自动放弃上一年度"三代"税款手续费。各级税务机关应严格审核"三代"税款手续费申请情况，并以此作为编制下一年度部门预算的依据。

3. 代扣、代收扣缴义务人和代征人在年度内扣缴义务终止或代征关系终止的，应在终止后3个月内向税务机关提交手续费申请资料，由税务机关办理手续费清算。

4. 各级税务机关应按照《中华人民共和国预算法》《国务院关于深化预算管理制度改革的决定》和财政部部门预算编制的有关程序和要求，将"三代"税款手续费申请情况据实编入下一年度部门预算。教育费附加的手续费预算，按代扣、代收、代征所划缴正税的手续费比例编制。各级税务机关要积极配合财政部驻各地财政监察专员办事处开展部门预算监管工作。

5. 财政部根据批复的"三代"税款手续费预算，及时核批用款计划。各级税务机关应主动、及时支付"三代"税款手续费。

6. "三代"税款手续费当年预算不足部分，在下年预算中弥补；结转部分，留待下年继续使用；结余部分，按规定上缴中央财政。

7. 各级税务机关应强化"三代"税款手续费预算绩效管理，科学设置绩效目标，完善绩效评价方法，提高绩效评价质量，加强绩效评价结果应用。

（二）核算管理。

1. 各级税务机关应按照行政事业单位会计核算有关管理规定，及时、全面、完整核算"三代"税款手续费。

2. 各级税务机关应根据财政部部门决算编报和审核有关要求，真实、准确、全面、及时编报"三代"税款手续费决算，并做好决算审核相关工作。

（三）支付管理。

1. 税务机关应按照国库集中支付制度和本通知规定支付"三代"税款手续费。

2. 税务机关对单位和个人未按照法律、行政法规或者委托代征协议规定履行代扣、代收、代征义务的，不得支付"三代"税款手续费。

3. 税务机关之间委托代征税款，不得支付手续费。

4. "三代"单位所取得的手续费收入应单独核算，计入本单位收入，用于与"三代"业务直接相关的办公设备、人员成本、信息化建设、耗材、交通费等管理支出。上述支出内容，国家已有相关支出标准的，严格执行有关规定；没有支出标准的，参照当地物价水平及市场价格，按需支出。单位取得的"三代"税款手续费以及手续费的使用，应按照法律、法规有关规定执行。

（四）监督管理。

1. 各级财政、税务部门及其工作人员在"三代"税款手续费预算编制、调剂、决算等审批工作中，存在违规编报、批复预决算，违规管理"三代"税款手续费项目资金等行为的，以及其他滥用职权、玩忽职守、徇私舞弊等违法违纪行为的，按照《中华人民共和国预算法》《中华人民共和国公务员法》《中华人民共和国监察法》《财政违法行为处罚处分条例》等国家有关规定追究相应责任；涉嫌犯罪的，移送司法机关处理。对于发现存在上述违法、违规行为的税务机关，财政部、上级税务机关可按照有关规定扣减下一年度经费预算。

2. 税务总局应加强对各级税务机关经费使用和管理情况的检查、审计，并接受审计署等有关部门的监督检查。

3. 除法律、行政法规另有规定外，各级税务机关均不得从税款中直接提取手续费或办理退库，各级国库不得办理"三代"税款手续费退库。

本通知自印发之日起执行。《财政部　国家税务总局　中国人民银行关于进一步加强代扣代收代征税款手续费管理的通知》（财行〔2005〕365号）和《财政部　国家税务总局关于明确保险机构代收代缴车船税手续费有关问题的通知》（财行〔2007〕659号）相应废止。

关于个人所得税法修改后有关优惠政策衔接问题的通知

（2018年12月27日　财政部　国家税务总局　财税〔2018〕164号）

各省、自治区、直辖市、计划单列市财政厅（局），国家税务总局各省、自治区、直辖市、计划单列市税务局，新疆生产建设兵团财政局：

为贯彻落实修改后的《中华人民共和国个人所得税法》，现将个人所得税优惠政策衔接有关事项通知如下：

一、关于全年一次性奖金、中央企业负责人年度绩效薪金延期兑现收入和任期奖励的政策

（一）居民个人取得全年一次性奖金，符合《国家税务总局关于调整个人取得全年一次性奖金等计算征收个人所得税方法问题的通知》（国税发〔2005〕9号）规定的，在2021年12月31日前，不并入当年综合所得，以全年一次性奖金收入除以12个月得到的数额，按照本通知所附按月换算后的综合所得税率表（以下简称月度税率表），确定适用税率和速算扣除数，单独计算纳税。计算公式为：

应纳税额＝全年一次性奖金收入×适用税率－速算扣除数

居民个人取得全年一次性奖金，也可以选择并入当年综合所得计算纳税。

自2022年1月1日起，居民个人取得全年一次性奖金，应并入当年综合所得计算缴纳个人所得税。

（二）中央企业负责人取得年度绩效薪金延期兑现收入和任期奖励，符合《国家税务总局关于中央企业负责人年度绩效薪金延期兑现收入和任期奖励征收个人所得税问题的通知》（国税发〔2007〕118号）规定的，在2021年12月31日前，参照本通知第一条第（一）项执行；2022年1月1日之后的政策另行明确。

二、关于上市公司股权激励的政策

（一）居民个人取得股票期权、股票增值权、限制性股票、股权奖励等股权激励（以下简称股权激励），符合《财政部　国家税务总局关于个人股票期权所得征收个人所得税问题的通知》（财税〔2005〕35号）、《财政部　国家税务总局关于股票增值权所得和限制性股票所得征收个人所得税有关问题的通知》（财税〔2009〕5号）、《财政部　国家税务总局关于将国家自主创新示范区有关税收试点政策推广到全国范围实施的通知》（财税〔2015〕116号）第四条、《财政部　国家税务总局关于完善股权激励和技术入股有关所得税政策的通知》（财税〔2016〕101号）第四条第（一）项规定的

相关条件的，在 2021 年 12 月 31 日前，不并入当年综合所得，全额单独适用综合所得税率表，计算纳税。计算公式为：

应纳税额 = 股权激励收入 × 适用税率 − 速算扣除数

（二）居民个人一个纳税年度内取得两次以上（含两次）股权激励的，应合并按本通知第二条第（一）项规定计算纳税。

（三）2022 年 1 月 1 日之后的股权激励政策另行明确。

三、关于保险营销员、证券经纪人佣金收入的政策

保险营销员、证券经纪人取得的佣金收入，属于劳务报酬所得，以不含增值税的收入减除 20% 的费用后的余额为收入额，收入额减去展业成本以及附加税费后，并入当年综合所得，计算缴纳个人所得税。保险营销员、证券经纪人展业成本按照收入额的 25% 计算。

扣缴义务人向保险营销员、证券经纪人支付佣金收入时，应按照《个人所得税扣缴申报管理办法（试行）》（国家税务总局公告 2018 年第 61 号）规定的累计预扣法计算预扣税款。

四、关于个人领取企业年金、职业年金的政策

个人达到国家规定的退休年龄，领取的企业年金、职业年金，符合《财政部 人力资源社会保障部 国家税务总局关于企业年金、职业年金个人所得税有关问题的通知》（财税〔2013〕103 号）规定的，不并综合所得，全额单独计算应纳税款。其中按月领取的，适用月度税率表计算纳税；按季领取的，平均分摊计入各月，按每月领取额适用月度税率表计算纳税；按年领取的，适用综合所得税率表计算纳税。

个人因出境定居而一次性领取的年金个人账户资金，或个人死亡后，其指定的受益人或法定继承人一次性领取的年金个人账户余额，适用综合所得税率表计算纳税。对个人除上述特殊原因外一次性领取年金个人账户资金或余额的，适用月度税率表计算纳税。

五、关于解除劳动关系、提前退休、内部退养的一次性补偿收入的政策

（一）个人与用人单位解除劳动关系取得一次性补偿收入（包括用人单位发放的经济补偿金、生活补助费和其他补助费），在当地上年职工平均工资 3 倍数额以内的部分，免征个人所得税；超过 3 倍数额的部分，不并入当年综合所得，单独适用综合所得税率表，计算纳税。

（二）个人办理提前退休手续而取得的一次性补贴收入，应按照办理提前退休手续至法定离退休年龄之间实际年度数平均分摊，确定适用税率和速算扣除数，单独适用综合所得税率表，计算纳税。计算公式：

应纳税额 = {[（一次性补贴收入 ÷ 办理提前退休手续至法定退休年龄的实际年度数）− 费用扣除标准] × 适用税率 − 速算扣除数} × 办理提前退休手续至法定退休年龄的实际年度数

（三）个人办理内部退养手续而取得的一次性补贴收入，按照《国家税务总局关于个人所得税有关政策问题的通知》（国税发〔1999〕58 号）规定计算纳税。

六、关于单位低价向职工售房的政策

单位按低于购置或建造成本价格出售住房给职工，职工因此而少支出的差价部分，符合《财政部 国家税务总局关于单位低价向职工售房有关个人所得税问题的通知》（财税〔2007〕13 号）第二条规定的，不并入当年综合所得，以差价收入除以 12 个月得到的数额，按照月度税率表确定适用税率和速算扣除数，单独计算纳税。计算公式为：

应纳税额 = 职工实际支付的购房价款低于该房屋的购置或建造成本价格的差额 × 适用税率 − 速算扣除数

七、关于外籍个人有关津补贴的政策

（一）2019 年 1 月 1 日至 2021 年 12 月 31 日期间，外籍个人符合居民个人条件的，可以选择享受个人所得税专项附加扣除，也可以选择按照《财政部 国家税务总局关于个人所得税若干政策问题的通知》（财税〔1994〕20 号）、《国家税务总局关于外籍个人取得有关补贴征免个人所得税执行问题的通知》（国税发〔1997〕54 号）和《财政部 国家税务总局关于外籍个人取得港澳地区住房等

补贴征免个人所得税的通知》(财税〔2004〕29号)规定,享受住房补贴、语言训练费、子女教育费等津补贴免税优惠政策,但不得同时享受。外籍个人一经选择,在一个纳税年度内不得变更。

(二)自2022年1月1日起,外籍个人不再享受住房补贴、语言训练费、子女教育费津补贴免税优惠政策,应按规定享受专项附加扣除。

八、除上述衔接事项外,其他个人所得税优惠政策继续按照原文件规定执行。

九、本通知自2019年1月1日起执行。下列文件或文件条款同时废止:

(一)《财政部 国家税务总局关于个人与用人单位解除劳动关系取得的一次性补偿收入征免个人所得税问题的通知》(财税〔2001〕157号)第一条;

(二)《财政部 国家税务总局关于个人股票期权所得征收个人所得税问题的通知》(财税〔2005〕35号)第四条第(一)项;

(三)《财政部 国家税务总局关于单位低价向职工售房有关个人所得税问题的通知》(财税〔2007〕13号)第三条;

(四)《财政部 人力资源社会保障部 国家税务总局关于企业年金、职业年金个人所得税有关问题的通知》(财税〔2013〕103号)第三条第(一)项和第(三)项;

(五)《国家税务总局关于个人认购股票等有价证券而从雇主取得折扣或补贴收入有关征收个人所得税问题的通知》(国税发〔1998〕9号);

(六)《国家税务总局关于保险企业营销员(非雇员)取得的收入计征个人所得税问题的通知》(国税发〔1998〕13号);

(七)《国家税务总局关于个人因解除劳动合同取得经济补偿金征收个人所得税问题的通知》(国税发〔1999〕178号);

(八)《国家税务总局关于国有企业职工因解除劳动合同取得一次性补偿收入征免个人所得税问题的通知》(国税发〔2000〕77号);

(九)《国家税务总局关于调整个人取得全年一次性奖金等计算征收个人所得税方法问题的通知》(国税发〔2005〕9号)第二条;

(十)《国家税务总局关于保险营销员取得佣金收入征免个人所得税问题的通知》(国税函〔2006〕454号);

(十一)《国家税务总局关于个人股票期权所得缴纳个人所得税有关问题的补充通知》(国税函〔2006〕902号)第七条、第八条;

(十二)《国家税务总局关于中央企业负责人年度绩效薪金延期兑现收入和任期奖励征收个人所得税问题的通知》(国税发〔2007〕118号)第一条;

(十三)《国家税务总局关于个人提前退休取得补贴收入个人所得税问题的公告》(国家税务总局公告2011年第6号)第二条;

(十四)《国家税务总局关于证券经纪人佣金收入征收个人所得税问题的公告》(国家税务总局公告2012年第45号)。

附件:按月换算后的综合所得税率表

附件:

按月换算后的综合所得税率表

级数	全月应纳税所得额	税率(%)	速算扣除数
1	不超过3000元的	3	0
2	超过3000元至12000元的部分	10	210

续表

级数	全月应纳税所得额	税率（%）	速算扣除数
3	超过12000元至25000元的部分	20	1410
4	超过25000元至35000元的部分	25	2660
5	超过35000元至55000元的部分	30	4410
6	超过55000元至80000元的部分	35	7160
7	超过80000元的部分	45	15160

关于实施小微企业普惠性税收减免政策的通知

(2019年1月17日　财政部　国家税务总局　财税〔2019〕13号)

各省、自治区、直辖市、计划单列市财政厅（局），新疆生产建设兵团财政局，国家税务总局各省、自治区、直辖市和计划单列市税务局：

为贯彻落实党中央、国务院决策部署，进一步支持小微企业发展，现就实施小微企业普惠性税收减免政策有关事项通知如下：

一、对月销售额10万元以下（含本数）的增值税小规模纳税人，免征增值税。

二、对小型微利企业年应纳税所得额不超过100万元的部分，减按25%计入应纳税所得额，按20%的税率缴纳企业所得税；对年应纳税所得额超过100万元但不超过300万元的部分，减按50%计入应纳税所得额，按20%的税率缴纳企业所得税。

上述小型微利企业是指从事国家非限制和禁止行业，且同时符合年度应纳税所得额不超过300万元、从业人数不超过300人、资产总额不超过5000万元等三个条件的企业。

从业人数，包括与企业建立劳动关系的职工人数和企业接受的劳务派遣用工人数。所称从业人数和资产总额指标，应按企业全年的季度平均值确定。具体计算公式如下：

季度平均值=（季初值+季末值）÷2

全年季度平均值=全年各季度平均值之和÷4

年度中间开业或者终止经营活动的，以其实际经营期作为一个纳税年度确定上述相关指标。

三、由省、自治区、直辖市人民政府根据本地区实际情况，以及宏观调控需要确定，对增值税小规模纳税人可以在50%的税额幅度内减征资源税、城市维护建设税、房产税、城镇土地使用税、印花税（不含证券交易印花税）、耕地占用税和教育费附加、地方教育附加。

四、增值税小规模纳税人已依法享受资源税、城市维护建设税、房产税、城镇土地使用税、印花税、耕地占用税、教育费附加、地方教育附加其他优惠政策的，可叠加享受本通知第三条规定的优惠政策。

五、《财政部　国家税务总局关于创业投资企业和天使投资个人有关税收政策的通知》（财税〔2018〕55号）第二条第（一）项关于初创科技型企业条件中的"从业人数不超过200人"调整为"从业人数不超过300人"，"资产总额和年销售收入均不超过3000万元"调整为"资产总额和年销售收入均不超过5000万元"。

2019年1月1日至2021年12月31日期间发生的投资，投资满2年且符合本通知规定和财税〔2018〕55号文件规定的其他条件的，可以适用财税〔2018〕55号文件规定的税收政策。

2019年1月1日前2年内发生的投资，自2019年1月1日起投资满2年且符合本通知规定和财税〔2018〕55号文件规定的其他条件的，可以适用财税〔2018〕55号文件规定的税收政策。

六、本通知执行期限为2019年1月1日至2021年12月31日。《财政部 国家税务总局关于延续小微企业增值税政策的通知》（财税〔2017〕76号）、《财政部 国家税务总局关于进一步扩大小型微利企业所得税优惠政策范围的通知》（财税〔2018〕77号）同时废止。

七、各级财税部门要切实提高政治站位，深入贯彻落实党中央、国务院减税降费的决策部署，充分认识小微企业普惠性税收减免的重要意义，切实承担起抓落实的主体责任，将其作为一项重大任务，加强组织领导，精心筹划部署，不折不扣落实到位。要加大力度、创新方式，强化宣传辅导，优化纳税服务，增进办税便利，确保纳税人和缴费人实打实享受到减税降费的政策红利。要密切跟踪政策执行情况，加强调查研究，对政策执行中各方反映的突出问题和意见建议，要及时向财政部和税务总局反馈。

关于营改增后契税 房产税 土地增值税 个人所得税计税依据问题的通知

（2016年4月25日 财政部 国家税务总局 财税〔2016〕43号）

各省、自治区、直辖市、计划单列市财政厅（局）、地方税务局，西藏、宁夏、青海省（自治区）国家税务局，新疆生产建设兵团财务局：

经研究，现将营业税改征增值税后契税、房产税、土地增值税、个人所得税计税依据有关问题明确如下：

一、计征契税的成交价格不含增值税。

二、房产出租的，计征房产税的租金收入不含增值税。

三、土地增值税纳税人转让房地产取得的收入为不含增值税收入。

《中华人民共和国土地增值税暂行条例》等规定的土地增值税扣除项目涉及的增值税进项税额，允许在销项税额中计算抵扣的，不计入扣除项目，不允许在销项税额中计算抵扣的，可以计入扣除项目。

四、个人转让房屋的个人所得税应税收入不含增值税，其取得房屋时所支付价款中包含的增值税计入财产原值，计算转让所得时可扣除的税费不包括本次转让缴纳的增值税。

个人出租房屋的个人所得税应税收入不含增值税，计算房屋出租所得可扣除的税费不包括本次出租缴纳的增值税。个人转租房屋的，其向房屋出租方支付的租金及增值税额，在计算转租所得时予以扣除。

五、免征增值税的，确定计税依据时，成交价格、租金收入、转让房地产取得的收入不扣减增值税额。

六、在计征上述税种时，税务机关核定的计税价格或收入不含增值税。

本通知自2016年5月1日起执行。

关于防范税收风险若干增值税政策的通知

（2013年12月27日 财政部 国家税务总局 财税〔2013〕112号）

各省、自治区、直辖市、计划单列市财政厅（局）、国家税务局，新疆生产建设兵团财务局：

为进一步堵塞税收漏洞，防范打击虚开增值税专用发票和骗取出口退税违法行为，现将有关增值税政策通知如下：

一、增值税纳税人发生虚开增值税专用发票或者其他增值税扣税凭证、骗取国家出口退税款行为（以下简称增值税违法行为），被税务机关行政处罚或审判机关刑事处罚的，其销售的货物、提供的应税劳务和营业税改征增值税应税服务（以下统称货物劳务服务）执行以下政策：

（一）享受增值税即征即退或者先征后退优惠政策的纳税人，自税务机关行政处罚决定或审判机关判决或裁定生效的次月起36个月内，暂停其享受上述增值税优惠政策。纳税人自恢复享受增值税优惠政策之月起36个月内再次发生增值税违法行为的，自税务机关行政处罚决定或审判机关判决或裁定生效的次月起停止其享受增值税即征即退或者先征后退优惠政策。

（二）出口企业或其他单位发生增值税违法行为对应的出口货物劳务服务，视同内销，按规定征收增值税（骗取出口退税的按查处骗税的规定处理）。出口企业或其他单位在本通知生效后发生2次增值税违法行为的，自税务机关行政处罚决定或审判机关判决或裁定生效之日的次日起，其出口的所有适用出口退（免）税政策的货物劳务服务，一律改为适用增值税免税政策。纳税人如果已被停止出口退税权的，适用增值税免税政策的起始时间为停止出口退税权期满后的次日。

（三）以农产品为原料生产销售货物的纳税人发生增值税违法行为的，自税务机关行政处罚决定生效的次月起，按50%的比例抵扣农产品进项税额；违法情形严重的，不得抵扣农产品进项税额。具体办法由国家税务总局商财政部另行制定。

（四）本通知所称虚开增值税专用发票或其他增值税扣税凭证，是指有为他人虚开、为自己虚开、让他人为自己虚开、介绍他人虚开增值税专用发票或其他增值税扣税凭证行为之一的，但纳税人善意取得虚开增值税专用发票或其他增值税扣税凭证的除外。

二、出口企业购进货物的供货纳税人有属于办理税务登记2年内被税务机关认定为非正常户或被认定为增值税一般纳税人2年内注销税务登记，且符合下列情形之一的，自主管其出口退税的税务机关书面通知之日起，在24个月内出口的适用增值税退（免）税政策的货物劳务服务，改为适用增值税免税政策。

（一）外贸企业使用上述供货纳税人开具的增值税专用发票申报出口退税，在连续12个月内达到200万元以上（含本数，下同）的，或使用上述供货纳税人开具的增值税专用发票，连续12个月内申报退税额占该期间全部申报退税额30%以上的；

（二）生产企业在连续12个月内申报出口退税额达到200万元以上，且从上述供货纳税人取得的增值税专用发票税额达到200万元以上或占该期间全部进项税额30%以上的；

（三）外贸企业连续12个月内使用3户以上上述供货纳税人开具的增值税专用发票申报退税，且占该期间全部供货纳税人户数20%以上的；

（四）生产企业连续12个月内有3户以上上述供货纳税人，且占该期间全部供货纳税人户数20%以上的。

本条所称"连续12个月内"，外贸企业自使用上述供货纳税人开具的增值税专用发票申报退税的当月开始计算，生产企业自上述供货纳税人取得的增值税专用发票认证当月开始计算。

本通知生效前已出口的上述供货纳税人的货物，出口企业可联系供货纳税人，由供货纳税人举证其销售的货物真实、纳税正常的证明材料，经供货纳税人的主管税务机关盖章认可，并在2014年7月底前按国家税务总局的函调管理办法回函后，税务机关可按规定办理退（免）税，在此之前，没有提供举证材料或举证材料没有被供货纳税人主管税务机关盖章认可并回函的，实行增值税免税政策。

三、自本通知生效后，有增值税违法行为的企业或税务机关重点监管企业，出口或销售给出口企业出口的货物劳务服务，在出口环节退（免）税或销售环节征税时，除按现行规定管理外，还应实行增值税"税收（出口货物专用）缴款书"管理，增值税税率为17%和13%的货物，税收（出口货物专用）缴款书的预缴率分别按6%和4%执行。有增值税违法行为的企业或税务机关重点监管企业的名单，由国家税务总局根据实际情况进行动态管理，并通过国家税务总局网站等方式向社会公告。具体办法由国家税务总局另行制定。

四、执行本通知第一条、第二条、第三条政策的纳税人，如果变更《税务登记证》纳税人名称或法定代表人担任新成立企业的法定代表人的企业,应继续执行完本通知对应的第一条、第二条、第三条规定;执行本通知第一条政策的纳税人,如果注销税务登记,在原地址有经营原业务的新纳税人,除法定代表人为非注销税务登记纳税人法定代表人的企业外,主管税务机关应在12个月内,对其购进、销售、资金往来、纳税等情况进行重点监管。

被停止出口退税权的纳税人在停止出口退税权期间,如果变更《税务登记证》纳税人名称或法定代表人担任新成立企业的法定代表人的企业,在被停止出口退税权的纳税人停止出口退税权期间出口的货物劳务服务,实行增值税征税政策。

五、出口企业或其他单位出口的适用增值税退(免)税政策的货物劳务服务,如果货物劳务服务的国内收购价格或出口价格明显偏高且无正当理由的,该出口货物劳务服务适用增值税免税政策。主管税务机关按照下列方法确定货物劳务服务价格是否偏高:

(一)按照该企业最近时期购进或出口同类货物劳务服务的平均价格确定。

(二)按照其他企业最近时期购进或出口同类货物劳务服务的平均价格确定。

(三)按照组成计税价格确定。组成计税价格的公式为:

组成计税价格=成本×(1+成本利润率)

成本利润率由国家税务总局统一确定并公布。

六、出口企业或其他单位存在下列情况之一的,其出口适用增值税退(免)税政策的货物劳务服务,一律适用增值税免税政策:

(一)法定代表人不知道本人是法定代表人的;

(二)法定代表人为无民事行为能力人或限制民事行为能力人的。

七、增值税纳税人发生增值税违法行为,被税务机关行政处罚或审判机关刑事处罚后,行政机关或审判机关对上述处罚决定有调整的,按调整后的决定适用政策,调整前已实行的政策可按调整后的适用政策执行。

八、本通知自2014年1月1日起执行。

关于进一步完善固定资产加速折旧企业所得税政策的通知

(2015年9月17日 财政部 国家税务总局 财税〔2015〕106号)

各省、自治区、直辖市、计划单列市财政厅(局)、国家税务局、地方税务局,新疆生产建设兵团财务局:

根据国务院常务会议的有关决定精神,现就有关固定资产加速折旧企业所得税政策问题通知如下:

一、对轻工、纺织、机械、汽车四个领域重点行业(具体范围见附件)的企业2015年1月1日后新购进的固定资产,可由企业选择缩短折旧年限或采取加速折旧的方法。

二、对上述行业的小型微利企业2015年1月1日后新购进的研发和生产经营共用的仪器、设备,单位价值不超过100万元的,允许一次性计入当期成本费用在计算应纳税所得额时扣除,不再分年度计算折旧;单位价值超过100万元的,可由企业选择缩短折旧年限或采取加速折旧的方法。

三、企业按本通知第一条、第二条规定缩短折旧年限的,最低折旧年限不得低于企业所得税法实施条例第六十条规定折旧年限的60%;采取加速折旧方法的,可采取双倍余额递减法或者年数总和法。

按照企业所得税法及其实施条例有关规定,企业根据自身生产经营需要,也可选择不实行加速折旧政策。

四、本通知自 2015 年 1 月 1 日起执行。2015 年前三季度按本通知规定未能计算办理的，统一在 2015 年第四季度预缴申报时享受优惠或 2015 年度汇算清缴时办理。

附件：轻工、纺织、机械、汽车四个领域重点行业范围

附件：

轻工、纺织、机械、汽车四个领域重点行业范围

代码			类别名称	备注
大类	中类	小类		
	268		日用化学产品制造	轻工
		2681	肥皂及合成洗涤剂制造	
		2682	化妆品制造	
		2683	口腔清洁用品制造	
		2684	香料、香精制造	
		2689	其他日用化学产品制造	
27			医药制造业	轻工
	271		化学药品原料药制造	
	272		化学药品制剂制造	
	273		中药饮片加工	
	274		中成药生产	
	275		兽用药品制造	
	277		卫生材料及医药用品制造	
13			农副食品加工业	轻工
	131		谷物磨制	
	132		饲料加工	
	133		植物油加工	
	134		制糖业	
	135		屠宰及肉类加工	
	136		水产品加工	
	137		蔬菜、水果和坚果加工	
	139		其他农副食品加工	
14			食品制造业	轻工
	141		焙烤食品制造	
	142		糖果、巧克力及蜜饯制造	
	143		方便食品制造	
	144		乳制品制造	
	145		罐头食品制造	

续表

代码			类别名称	备注
大类	中类	小类		
	146		调味品、发酵制品制造	
	149		其他食品制造	
17			纺织业	纺织
	171		棉纺织及印染精加工	
	172		毛纺织及染整精加工	
	173		麻纺织及染整精加工	
	174		丝绢纺织及印染精加工	
	175		化纤织造及印染精加工	
	176		针织或钩针编织物及其制品制造	
	177		家用纺织制成品制造	
	178		非家用纺织制成品制造	
18			纺织服装、服饰业	纺织
	181		机织服装制造	
	182		针织或钩针编织服装制造	
	183		服饰制造	
19			皮革、毛皮、羽毛及其制品和制鞋业	轻工
	191		皮革鞣制加工	
	192		皮革制品制造	
	193		毛皮鞣制及制品加工	
	194		羽毛（绒）加工及制品制造	
	195		制鞋业	
20			木材加工和木、竹、藤、棕、草制品业	轻工
	201		木材加工	
	202		人造板制造	
	203		木制品制造	
	204		竹、藤、棕、草等制品制造	
21			家具制造业	轻工
	211		木质家具制造	
	212		竹、藤家具制造	
	213		金属家具制造	
	214		塑料家具制造	
	219		其他家具制造	

续表

| 代码 ||| 类别名称 | 备注 |
大类	中类	小类		
22			造纸和纸制品业	轻工
	221		纸浆制造	
	222		造纸	
	223		纸制品制造	
23			印刷和记录媒介复制业	轻工
	231		印刷	
	232		装订及印刷相关服务	
	233		记录媒介复制	
24			文教、工美、体育和娱乐用品制造业	轻工
	241		文教办公用品制造	
	242		乐器制造	
	243		工艺美术品制造	
	244		体育用品制造	
	245		玩具制造	
28			化学纤维制造业	纺织
	281		纤维素纤维原料及纤维制造	
	282		合成纤维制造	
	292		塑料制品业	轻工
		2921	塑料薄膜制造	
		2922	塑料板、管、型材制造	
		2923	塑料丝、绳及编织品制造	
		2924	泡沫塑料制造	
		2925	塑料人造革、合成革制造	
		2926	塑料包装箱及容器制造	
		2927	日用塑料制品制造	
		2928	塑料零件制造	
		2929	其他塑料制品制造	
33			金属制品业	机械
	331		结构性金属制品制造	
	332		金属工具制造	
	333		集装箱及金属包装容器制造	
	334		金属丝绳及其制品制造	
	335		建筑、安全用金属制品制造	

续表

代码			类别名称	备注
大类	中类	小类		
	336		金属表面处理及热处理加工	
	337		搪瓷制品制造	
	338		金属制日用品制造	
	339		其他金属制品制造	
34			通用设备制造业	机械
	341		锅炉及原动设备制造	
	342		金属加工机械制造	
	343		物料搬运设备制造	
	344		泵、阀门、压缩机及类似机械制造	
	345		轴承、齿轮和传动部件制造	
	346		烘炉、风机、衡器、包装等设备制造	
	347		文化、办公用机械制造	
	348		通用零部件制造	
	349		其他通用设备制造业	
36			汽车制造业	汽车
	361		汽车整车制造	
	362		改装汽车制造	
	363		低速载货汽车制造	
	364		电车制造	
	365		汽车车身、挂车制造	
	366		汽车零部件及配件制造	
38			电气机械和器材制造业	机械
	381		电机制造	
	382		输配电及控制设备制造	
	383		电线、电缆、光缆及电工器材制造	
	384		电池制造	
	385		家用电力器具制造	
	386		非电力家用器具制造	
	387		照明器具制造	
	389		其他电气机械及器材制造	

关于企业职工教育经费税前扣除政策的通知

(2018年5月7日 财政部 国家税务总局 财税〔2018〕51号)

各省、自治区、直辖市、计划单列市财政厅（局）、国家税务局、地方税务局，新疆生产建设兵团财政局：

为鼓励企业加大职工教育投入，现就企业职工教育经费税前扣除政策通知如下：

一、企业发生的职工教育经费支出，不超过工资薪金总额8%的部分，准予在计算企业所得税应纳税所得额时扣除；超过部分，准予在以后纳税年度结转扣除。

二、本通知自2018年1月1日起执行。

关于完善研究开发费用税前加计扣除政策的通知

(2015年11月2日 财政部 国家税务总局 财税〔2015〕119号)

各省、自治区、直辖市、计划单列市财政厅（局）、国家税务局、地方税务局、科技厅（局），新疆生产建设兵团财务局、科技局：

根据《中华人民共和国企业所得税法》及其实施条例有关规定，为进一步贯彻落实《中共中央国务院关于深化体制机制改革加快实施创新驱动发展战略的若干意见》精神，更好地鼓励企业开展研究开发活动（以下简称研发活动）和规范企业研究开发费用（以下简称研发费用）加计扣除优惠政策执行，现就企业研发费用税前加计扣除有关问题通知如下：

一、研发活动及研发费用归集范围

本通知所称研发活动，是指企业为获得科学与技术新知识，创造性运用科学技术新知识，或实质性改进技术、产品（服务）、工艺而持续进行的具有明确目标的系统性活动。

（一）允许加计扣除的研发费用。

企业开展研发活动中实际发生的研发费用，未形成无形资产计入当期损益的，在按规定据实扣除的基础上，按照本年度实际发生额的50%，从本年度应纳税所得额中扣除；形成无形资产的，按照无形资产成本的150%在税前摊销。研发费用的具体范围包括：

1. 人员人工费用。

直接从事研发活动人员的工资薪金、基本养老保险费、基本医疗保险费、失业保险费、工伤保险费、生育保险费和住房公积金，以及外聘研发人员的劳务费用。

2. 直接投入费用。

（1）研发活动直接消耗的材料、燃料和动力费用。

（2）用于中间试验和产品试制的模具、工艺装备开发及制造费，不构成固定资产的样品、样机及一般测试手段购置费，试制产品的检验费。

（3）用于研发活动的仪器、设备的运行维护、调整、检验、维修等费用，以及通过经营租赁方式租入的用于研发活动的仪器、设备租赁费。

3. 折旧费用。

用于研发活动的仪器、设备的折旧费。

4. 无形资产摊销。

用于研发活动的软件、专利权、非专利技术（包括许可证、专有技术、设计和计算方法等）的摊销费用。

5. 新产品设计费、新工艺规程制定费、新药研制的临床试验费、勘探开发技术的现场试验费。

6. 其他相关费用。

与研发活动直接相关的其他费用，如技术图书资料费、资料翻译费、专家咨询费、高新科技研发保险费、研发成果的检索、分析、评价、论证、鉴定、评审、评估、验收费用，知识产权的申请费、注册费、代理费、差旅费、会议费等。此项费用总额不得超过可加计扣除研发费用总额的10%。

7. 财政部和国家税务总局规定的其他费用。

（二）下列活动不适用税前加计扣除政策。

1. 企业产品（服务）的常规性升级。
2. 对某项科研成果的直接应用，如直接采用公开的新工艺、材料、装置、产品、服务或知识等。
3. 企业在商品化后为顾客提供的技术支持活动。
4. 对现存产品、服务、技术、材料或工艺流程进行的重复或简单改变。
5. 市场调查研究、效率调查或管理研究。
6. 作为工业（服务）流程环节或常规的质量控制、测试分析、维修维护。
7. 社会科学、艺术或人文学方面的研究。

二、特别事项的处理

1. 企业委托外部机构或个人进行研发活动所发生的费用，按照费用实际发生额的80%计入委托方研发费用并计算加计扣除，受托方不得再进行加计扣除。委托外部研究开发费用实际发生额应按照独立交易原则确定。

委托方与受托方存在关联关系的，受托方应向委托方提供研发项目费用支出明细情况。

企业委托境外机构或个人进行研发活动所发生的费用，不得加计扣除。

2. 企业共同合作开发的项目，由合作各方就自身实际承担的研发费用分别计算加计扣除。

3. 企业集团根据生产经营和科技开发的实际情况，对技术要求高、投资数额大，需要集中研发的项目，其实际发生的研发费用，可以按照权利和义务相一致、费用支出和收益分享相配比的原则，合理确定研发费用的分摊方法，在受益成员企业间进行分摊，由相关成员企业分别计算加计扣除。

4. 企业为获得创新性、创意性、突破性的产品进行创意设计活动而发生的相关费用，可按照本通知规定进行税前加计扣除。

创意设计活动是指多媒体软件、动漫游戏软件开发，数字动漫、游戏设计制作；房屋建筑工程设计（绿色建筑评价标准为三星）、风景园林工程专项设计；工业设计、多媒体设计、动漫及衍生产品设计、模型设计等。

三、会计核算与管理

1. 企业应按照国家财务会计制度要求，对研发支出进行会计处理；同时，对享受加计扣除的研发费用按研发项目设置辅助账，准确归集核算当年可加计扣除的各项研发费用实际发生额。企业在一个纳税年度内进行多项研发活动的，应按照不同研发项目分别归集可加计扣除的研发费用。

2. 企业应对研发费用和生产经营费用分别核算，准确、合理归集各项费用支出，对划分不清的，不得实行加计扣除。

四、不适用税前加计扣除政策的行业

1. 烟草制造业。
2. 住宿和餐饮业。
3. 批发和零售业。
4. 房地产业。
5. 租赁和商务服务业。
6. 娱乐业。

7. 财政部和国家税务总局规定的其他行业。

上述行业以《国民经济行业分类与代码（GB/4754—2011）》为准，并随之更新。

五、管理事项及征管要求

1. 本通知适用于会计核算健全、实行查账征收并能够准确归集研发费用的居民企业。

2. 企业研发费用各项目的实际发生额归集不准确、汇总额计算不准确的，税务机关有权对其税前扣除额或加计扣除额进行合理调整。

3. 税务机关对企业享受加计扣除优惠的研发项目有异议的，可以转请地市级（含）以上科技行政主管部门出具鉴定意见，科技部门应及时回复意见。企业承担省部级（含）以上科研项目的，以及以前年度已鉴定的跨年度研发项目，不再需要鉴定。

4. 企业符合本通知规定的研发费用加计扣除条件而在2016年1月1日以后未及时享受该项税收优惠的，可以追溯享受并履行备案手续，追溯期限最长为3年。

5. 税务部门应加强研发费用加计扣除优惠政策的后续管理，定期开展核查，年度核查面不得低于20%。

六、执行时间

本通知自2016年1月1日起执行。《国家税务总局关于印发〈企业研究开发费用税前扣除管理办法（试行）〉的通知》（国税发〔2008〕116号）和《财政部 国家税务总局关于研究开发费用税前加计扣除有关政策问题的通知》（财税〔2013〕70号）同时废止。

关于提高研究开发费用税前加计扣除比例的通知

(2018年9月20日　财政部　国家税务总局　科技部　财税〔2018〕99号)

各省、自治区、直辖市、计划单列市财政厅（局）、科技厅（局），国家税务总局各省、自治区、直辖市、计划单列市税务局，新疆生产建设兵团财政局、科技局：

为进一步激励企业加大研发投入，支持科技创新，现就提高企业研究开发费用（以下简称研发费用）税前加计扣除比例有关问题通知如下：

一、企业开展研发活动中实际发生的研发费用，未形成无形资产计入当期损益的，在按规定据实扣除的基础上，在2018年1月1日至2020年12月31日期间，再按照实际发生额的75%在税前加计扣除；形成无形资产的，在上述期间按照无形资产成本的175%在税前摊销。

二、企业享受研发费用税前加计扣除政策的其他政策口径和管理要求按照《财政部 国家税务总局 科技部关于完善研究开发费用税前加计扣除政策的通知》（财税〔2015〕119号）、《财政部 国家税务总局 科技部关于企业委托境外研究开发费用税前加计扣除有关政策问题的通知》（财税〔2018〕64号）、《国家税务总局关于企业研究开发费用税前加计扣除政策有关问题的公告》（国家税务总局公告2015年第97号）等文件规定执行。

关于公益性捐赠支出企业所得税
税前结转扣除有关政策的通知

(2018年2月11日　财政部　国家税务总局　财税〔2018〕15号)

各省、自治区、直辖市、计划单列市财政厅（局）、国家税务局、地方税务局，新疆生产建设兵团财政局：

根据《中华人民共和国企业所得税法》和《中华人民共和国企业所得税法实施条例》的有关规定，现就公益性捐赠支出企业所得税税前结转扣除有关政策通知如下：

一、企业通过公益性社会组织或者县级（含县级）以上人民政府及其组成部门和直属机构，用于慈善活动、公益事业的捐赠支出，在年度利润总额12%以内的部分，准予在计算应纳税所得额时扣除；超过年度利润总额12%的部分，准予结转以后三年内在计算应纳税所得额时扣除。

本条所称公益性社会组织，应当依法取得公益性捐赠税前扣除资格。

本条所称年度利润总额，是指企业依照国家统一会计制度的规定计算的大于零的数额。

二、企业当年发生及以前年度结转的公益性捐赠支出，准予在当年税前扣除的部分，不能超过企业当年年度利润总额的12%。

三、企业发生的公益性捐赠支出未在当年税前扣除的部分，准予向以后年度结转扣除，但结转年限自捐赠发生年度的次年起计算最长不得超过三年。

四、企业在对公益性捐赠支出计算扣除时，应先扣除以前年度结转的捐赠支出，再扣除当年发生的捐赠支出。

五、本通知自2017年1月1日起执行。2016年9月1日至2016年12月31日发生的公益性捐赠支出未在2016年税前扣除的部分，可按本通知执行。

关于全面推进资源税改革的通知

(2016年5月9日　财政部　国家税务总局　财税〔2016〕53号)

各省、自治区、直辖市、计划单列市人民政府，国务院各部委、各直属机构：

根据党中央、国务院决策部署，为深化财税体制改革，促进资源节约集约利用，加快生态文明建设，现就全面推进资源税改革有关事项通知如下：

一、资源税改革的指导思想、基本原则和主要目标

（一）指导思想。

全面贯彻党的十八大和十八届三中、四中、五中全会精神，按照"五位一体"总体布局和"四个全面"战略布局，牢固树立和贯彻落实创新、协调、绿色、开放、共享的发展理念，全面推进资源税改革，有效发挥税收杠杆调节作用，促进资源行业持续健康发展，推动经济结构调整和发展方式转变。

（二）基本原则。

一是清费立税。着力解决当前存在的税费重叠、功能交叉问题，将矿产资源补偿费等收费基金适当并入资源税，取缔违规、越权设立的各项收费基金，进一步理顺税费关系。

二是合理负担。兼顾企业经营的实际情况和承受能力，借鉴煤炭等资源税费改革经验，合理确定资源税计税依据和税率水平，增强税收弹性，总体上不增加企业税费负担。

三是适度分权。结合我国资源分布不均衡、地域差异较大等实际情况，在不影响全国统一市场秩序前提下，赋予地方适当的税政管理权。

四是循序渐进。在煤炭、原油、天然气等已实施从价计征改革基础上，对其他矿产资源全面实施改革。积极创造条件，逐步对水、森林、草场、滩涂等自然资源开征资源税。

（三）主要目标。

通过全面实施清费立税、从价计征改革，理顺资源税费关系，建立规范公平、调控合理、征管高效的资源税制度，有效发挥其组织收入、调控经济、促进资源节约集约利用和生态环境保护的作用。

二、资源税改革的主要内容

（一）扩大资源税征收范围。

1. 开展水资源税改革试点工作。鉴于取用水资源涉及面广、情况复杂，为确保改革平稳有序实

施,先在河北省开展水资源税试点。河北省开征水资源税试点工作,采取水资源费改税方式,将地表水和地下水纳入征税范围,实行从量定额计征,对高耗水行业、超计划用水以及在地下水超采地区取用地下水,适当提高税额标准,正常生产生活用水维持原有负担水平不变。在总结试点经验基础上,财政部、国家税务总局将选择其他地区逐步扩大试点范围,条件成熟后在全国推开。

2. 逐步将其他自然资源纳入征收范围。鉴于森林、草场、滩涂等资源在各地区的市场开发利用情况不尽相同,对其全面开征资源税条件尚不成熟,此次改革不在全国范围统一规定对森林、草场、滩涂等资源征税。各省、自治区、直辖市(以下统称省级)人民政府可以结合本地实际,根据森林、草场、滩涂等资源开发利用情况提出征收资源税的具体方案建议,报国务院批准后实施。

(二)实施矿产资源税从价计征改革。

1. 对《资源税税目税率幅度表》(见附件)中列举名称的 21 种资源品目和未列举名称的其他金属矿实行从价计征,计税依据由原矿销售量调整为原矿、精矿(或原矿加工品)、氯化钠初级产品或金锭的销售额。列举名称的 21 种资源品目包括:铁矿、金矿、铜矿、铝土矿、铅锌矿、镍矿、锡矿、石墨、硅藻土、高岭土、萤石、石灰石、硫铁矿、磷矿、氯化钾、硫酸钾、井矿盐、湖盐、提取地下卤水晒制的盐、煤层(成)气、海盐。

对经营分散、多为现金交易且难以控管的黏土、砂石,按照便利征管原则,仍实行从量定额计征。

2. 对《资源税税目税率幅度表》中未列举名称的其他非金属矿产品,按照从价计征为主、从量计征为辅的原则,由省级人民政府确定计征方式。

(三)全面清理涉及矿产资源的收费基金。

1. 在实施资源税从价计征改革的同时,将全部资源品目矿产资源补偿费费率降为零,停止征收价格调节基金,取缔地方针对矿产资源违规设立的各种收费基金项目。

2. 地方各级财政部门要会同有关部门对涉及矿产资源的收费基金进行全面清理。凡不符合国家规定、地方越权出台的收费基金项目要一律取消。对确需保留的依法合规收费基金项目,要严格按规定的征收范围和标准执行,切实规范征收行为。

(四)合理确定资源税税率水平。

1. 对《资源税税目税率幅度表》中列举名称的资源品目,由省级人民政府在规定的税率幅度内提出具体适用税率建议,报财政部、国家税务总局确定核准。

2. 对未列举名称的其他金属和非金属矿产品,由省级人民政府根据实际情况确定具体税目和适用税率,报财政部、国家税务总局备案。

3. 省级人民政府在提出和确定适用税率时,要结合当前矿产企业实际生产经营情况,遵循改革前后税费平移原则,充分考虑企业负担能力。

(五)加强矿产资源税收优惠政策管理,提高资源综合利用效率。

1. 对符合条件的采用充填开采方式采出的矿产资源,资源税减征 50%;对符合条件的衰竭期矿山开采的矿产资源,资源税减征 30%。具体认定条件由财政部、国家税务总局规定。

2. 对鼓励利用的低品位矿、废石、尾矿、废渣、废水、废气等提取的矿产品,由省级人民政府根据实际情况确定是否减税或免税,并制定具体办法。

(六)关于收入分配体制及经费保障。

1. 按照现行财政管理体制,此次纳入改革的矿产资源税收入全部为地方财政收入。

2. 水资源税仍按水资源费中央与地方 1:9 的分成比例不变。河北省在缴纳南水北调工程基金期间,水资源税收入全部留给该省。

3. 资源税改革实施后,相关部门履行正常工作职责所需经费,由中央和地方财政统筹安排和保障。

(七)关于实施时间。

1. 此次资源税从价计征改革及水资源税改革试点,自 2016 年 7 月 1 日起实施。

2. 已实施从价计征的原油、天然气、煤炭、稀土、钨、钼等 6 个资源品目资源税政策暂不调整,仍按原办法执行。

三、做好资源税改革工作的要求

（一）加强组织领导。各省级人民政府要加强对资源税改革工作的领导，建立由财税部门牵头、相关部门配合的工作机制，及时制定工作方案和配套政策，统筹安排做好各项工作，确保改革积极稳妥推进。对改革中出现的新情况新问题，要采取适当措施妥善加以解决，重大问题及时向财政部、国家税务总局报告。

（二）认真测算和上报资源税税率。各省级财税部门要对本地区资源税税源情况、企业经营和税费负担状况、资源价格水平等进行全面调查，在充分听取企业意见基础上，对《资源税税目税率幅度表》中列举名称的21种实行从价计征的资源品目和黏土、砂石提出资源税税率建议，报经省级人民政府同意后，于2016年5月31日前以正式文件报送财政部、国家税务总局，同时附送税率测算依据和相关数据（包括税费项目及收入规模，应税产品销售量、价格等）。计划单列市资源税税率由所在省份统一测算报送。

（三）确保清费工作落实到位。各地区、各有关部门要严格执行中央统一规定，对涉及矿产资源的收费基金进行全面清理，落实取消或停征收费基金的政策，不得以任何理由拖延或者拒绝执行，不得以其他名目变相继续收费。对不按规定取消或停征有关收费基金、未按要求做好收费基金清理工作的，要予以严肃查处，并追究相关责任人的行政责任。各省级人民政府要组织开展监督检查，确保清理收费基金工作与资源税改革同步实施、落实到位，并于2016年9月30日前将本地区清理收费措施及成效报财政部、国家税务总局。

（四）做好水资源税改革试点工作。河北省人民政府要加强对水资源税改革试点工作的领导，建立试点工作推进机制，及时制定试点实施办法，研究试点重大问题，督促任务落实。河北省财政部门要与相关部门密切配合、形成合力，深入基层加强调查研究，跟踪分析试点运行情况，及时向财政部、国家税务总局等部门报告试点工作进展情况和重大政策问题。

（五）加强宣传引导。各地区和有关部门要广泛深入宣传推进资源税改革的重要意义，加强政策解读，回应社会关切，稳定社会预期，积极营造良好的改革氛围和舆论环境。要加强对纳税人的培训，优化纳税服务，提高纳税人税法遵从度。

全面推进资源税改革涉及面广、企业关注度高、工作任务重，各地区、各有关部门要提高认识，把思想和行动统一到党中央、国务院的决策部署上来，切实增强责任感、紧迫感和大局意识，积极主动作为，扎实推进各项工作，确保改革平稳有序实施。

附件：资源税税目税率幅度表

附件：

资源税税目税率幅度表

序号	税目		征税对象	税率幅度
1	金属矿	铁矿	精矿	1%—6%
2		金矿	金锭	1%—4%
3		铜矿	精矿	2%—8%
4		铝土矿	原矿	3%—9%
5		铅锌矿	精矿	2%—6%
6		镍矿	精矿	2%—6%
7		锡矿	精矿	2%—6%

续表

序号	税目		征税对象	税率幅度
8	金属矿	未列举名称的其他金属矿产品	原矿或精矿	税率不超过20%
9		石墨	精矿	3%—10%
10		硅藻土	精矿	1%—6%
11		高岭土	原矿	1%—6%
12		萤石	精矿	1%—6%
13		石灰石	原矿	1%—6%
14		硫铁矿	精矿	1%—6%
15		磷矿	原矿	3%—8%
16	非金属矿	氯化钾	精矿	3%—8%
17		硫酸钾	精矿	6%—12%
18		井矿盐	氯化钠初级产品	1%—6%
19		湖盐	氯化钠初级产品	1%—6%
20		提取地下卤水晒制的盐	氯化钠初级产品	3%—15%
21		煤层（成）气	原矿	1%—2%
22		黏土、砂石	原矿	每吨或立方米0.1—5元
23		未列举名称的其他非金属矿产品	原矿或精矿	从量税率每吨或立方米不超过30元；从价税率不超过20%
24	海盐		氯化钠初级产品	1%—5%

注：1. 铝土矿包括耐火级矾土、研磨级矾土等高铝黏土。
　　2. 氯化钠初级产品是指井矿盐、湖盐原盐、提取地下卤水晒制的盐和海盐原盐，包括固体和液体形态的初级产品。
　　3. 海盐是指海水晒制的盐，不包括提取地下卤水晒制的盐。

关于资源税改革具体政策问题的通知

(2016年5月9日　财政部　国家税务总局　财税〔2016〕54号)

各省、自治区、直辖市、计划单列市财政厅（局）、地方税务局，西藏、宁夏回族自治区国家税务局，新疆生产建设兵团财务局：

　　根据党中央、国务院决策部署，自2016年7月1日起全面推进资源税改革。为切实做好资源税改革工作，确保《财政部 国家税务总局关于全面推进资源税改革的通知》（财税〔2016〕53号，以下简称《改革通知》）有效实施，现就资源税（不包括水资源税，下同）改革具体政策问题通知如下：

一、关于资源税计税依据的确定

资源税的计税依据为应税产品的销售额或销售量,各税目的征税对象包括原矿、精矿(或原矿加工品,下同)、金锭、氯化钠初级产品,具体按照《改革通知》所附《资源税税目税率幅度表》相关规定执行。对未列举名称的其他矿产品,省级人民政府可对本地区主要矿产品按矿种设定税目,对其余矿产品按类别设定税目,并按其销售的主要形态(如原矿、精矿)确定征税对象。

(一)关于销售额的认定。

销售额是指纳税人销售应税产品向购买方收取的全部价款和价外费用,不包括增值税销项税额和运杂费用。

运杂费用是指应税产品从坑口或洗选(加工)地到车站、码头或购买方指定地点的运输费用、建设基金以及随运销产生的装卸、仓储、港杂费用。运杂费用应与销售额分别核算,凡未取得相应凭据或不能与销售额分别核算的,应当一并计征资源税。

(二)关于原矿销售额与精矿销售额的换算或折算。

为公平原矿与精矿之间的税负,对同一种应税产品,征税对象为精矿的,纳税人销售原矿时,应将原矿销售额换算为精矿销售额缴纳资源税;征税对象为原矿的,纳税人销售自采原矿加工的精矿,应将精矿销售额折算为原矿销售额缴纳资源税。换算比或折算率原则上应通过原矿售价、精矿售价和选矿比计算,也可通过原矿销售额、加工环节平均成本和利润计算。

金矿以标准金锭为征税对象,纳税人销售金原矿、金精矿的,应比照上述规定将其销售额换算为金锭销售额缴纳资源税。

换算比或折算率应按简便可行、公平合理的原则,由省级财税部门确定,并报财政部、国家税务总局备案。

二、关于资源税适用税率的确定

各省级人民政府应当按《改革通知》要求提出或确定本地区资源税适用税率。测算具体适用税率时,要充分考虑本地区资源禀赋、企业承受能力和清理收费基金等因素,按照改革前后税费平移原则,以近几年企业缴纳资源税、矿产资源补偿费金额(铁矿石开采企业缴纳资源税金额按40%税额标准测算)和矿产品市场价格水平为依据确定。一个矿种原则上设定一档税率,少数资源条件差异较大的矿种可按不同资源条件、不同地区设定两档税率。

三、关于资源税优惠政策及管理

(一)对依法在建筑物下、铁路下、水体下通过充填开采方式采出的矿产资源,资源税减征50%。

充填开采是指随着回采工作面的推进,向采空区或离层带等空间充填废石、尾矿、废渣、建筑废料以及专用充填合格材料等采出矿产品的开采方法。

(二)对实际开采年限在15年以上的衰竭期矿山开采的矿产资源,资源税减征30%。

衰竭期矿山是指剩余可采储量下降到原设计可采储量的20%(含)以下或剩余服务年限不超过5年的矿山,以开采企业下属的单个矿山为单位确定。

(三)对鼓励利用的低品位矿、废石、尾矿、废渣、废水、废气等提取的矿产品,由省级人民政府根据实际情况确定是否给予减税或免税。

四、关于共伴生矿产的征免税的处理

为促进共伴生矿的综合利用,纳税人开采销售共伴生矿,共伴生矿与主矿产品销售额分开核算的,对共伴生矿暂不计征资源税;没有分开核算的,共伴生矿按主矿产品的税目和适用税率计征资源税。财政部、国家税务总局另有规定的,从其规定。

五、关于资源税纳税环节和纳税地点

资源税在应税产品的销售或自用环节计算缴纳。以自采原矿加工精矿产品的,在原矿移送使用时不缴纳资源税,在精矿销售或自用时缴纳资源税。

纳税人以自采原矿加工金锭的,在金锭销售或自用时缴纳资源税。纳税人销售自采原矿或者自采原矿加工的金精矿、粗金，在原矿或者金精矿、粗金销售时缴纳资源税，在移送使用时不缴纳资源税。

以应税产品投资、分配、抵债、赠与、以物易物等，视同销售，依照本通知有关规定计算缴纳资源税。

纳税人应当向矿产品的开采地或盐的生产地缴纳资源税。纳税人在本省、自治区、直辖市范围开采或者生产应税产品，其纳税地点需要调整的，由省级地方税务机关决定。

六、其他事项

（一）纳税人用已纳资源税的应税产品进一步加工应税产品销售的，不再缴纳资源税。纳税人以未税产品和已税产品混合销售或者混合加工为应税产品销售的，应当准确核算已税产品的购进金额，在计算加工后的应税产品销售额时，准予扣减已税产品的购进金额；未分别核算的，一并计算缴纳资源税。

（二）纳税人在2016年7月1日前开采原矿或以自采原矿加工精矿，在2016年7月1日后销售的，按本通知规定缴纳资源税；2016年7月1日前签订的销售应税产品的合同，在2016年7月1日后收讫销售款或者取得索取销售款凭据的，按本通知规定缴纳资源税；在2016年7月1日后销售的精矿（或金锭），其所用原矿（或金精矿）如已按从量定额的计征方式缴纳了资源税，并与应税精矿（或金锭）分别核算的，不再缴纳资源税。

（三）对在2016年7月1日前已按原矿销量缴纳过资源税的尾矿、废渣、废水、废石、废气等实行再利用，从中提取的矿产品，不再缴纳资源税。

上述规定，请遵照执行。此前规定与本通知不一致的，一律以本通知为准。

关于广告费和业务宣传费支出税前扣除政策的通知

（2017年5月27日　财政部　国家税务总局　财税〔2017〕41号）

各省、自治区、直辖市、计划单列市财政厅（局）、国家税务局、地方税务局，新疆生产建设兵团财务局：

根据《中华人民共和国企业所得税法实施条例》（国务院令第512号）第四十四条规定，现就有关广告费和业务宣传费支出税前扣除政策通知如下：

一、对化妆品制造或销售、医药制造和饮料制造（不含酒类制造）企业发生的广告费和业务宣传费支出，不超过当年销售（营业）收入30%的部分，准予扣除；超过部分，准予在以后纳税年度结转扣除。

二、对签订广告费和业务宣传费分摊协议（以下简称分摊协议）的关联企业，其中一方发生的不超过当年销售（营业）收入税前扣除限额比例内的广告费和业务宣传费支出可以在本企业扣除，也可以将其中的部分或全部按照分摊协议归集至另一方扣除。另一方在计算本企业广告费和业务宣传费支出企业所得税税前扣除限额时，可将按照上述办法归集至本企业的广告费和业务宣传费不计算在内。

三、烟草企业的烟草广告费和业务宣传费支出，一律不得在计算应纳税所得额时扣除。

四、本通知自2016年1月1日起至2020年12月31日止执行。

中华人民共和国税收征收管理法

(1992年9月4日第七届全国人民代表大会常务委员会第二十七次会议通过 1995年2月28日第八届全国人民代表大会常务委员会第十二次会议第一次修正 2001年4月28日第九届全国人民代表大会常务委员会第二十一次会议修订 2013年6月29日第十二届全国人民代表大会常务委员会第三次会议第二次修正 2015年4月24日第十二届全国人民代表大会常务委员会第十四次会议第三次修正)

第一章 总 则

第一条 为了加强税收征收管理，规范税收征收和缴纳行为，保障国家税收收入，保护纳税人的合法权益，促进经济和社会发展，制定本法。

第二条 凡依法由税务机关征收的各种税收的征收管理，均适用本法。

第三条 税收的开征、停征以及减税、免税、退税、补税，依照法律的规定执行；法律授权国务院规定的，依照国务院制定的行政法规的规定执行。

任何机关、单位和个人不得违反法律、行政法规的规定，擅自作出税收开征、停征以及减税、免税、退税、补税和其他同税收法律、行政法规相抵触的决定。

第四条 法律、行政法规规定负有纳税义务的单位和个人为纳税人。

法律、行政法规规定负有代扣代缴、代收代缴税款义务的单位和个人为扣缴义务人。

纳税人、扣缴义务人必须依照法律、行政法规的规定缴纳税款、代扣代缴、代收代缴税款。

第五条 国务院税务主管部门主管全国税收征收管理工作。各地国家税务局和地方税务局应当按照国务院规定的税收征收管理范围分别进行征收管理。

地方各级人民政府应当依法加强对本行政区域内税收征收管理工作的领导或者协调，支持税务机关依法执行职务，依照法定税率计算税额，依法征收税款。

各有关部门和单位应当支持、协助税务机关依法执行职务。

税务机关依法执行职务，任何单位和个人不得阻挠。

第六条 国家有计划地用现代信息技术装备各级税务机关，加强税收征收管理信息系统的现代化建设，建立健全税务机关与政府其他管理机关的信息共享制度。

纳税人、扣缴义务人和其他有关单位应当按照国家有关规定如实向税务机关提供与纳税和代扣代缴、代收代缴税款有关的信息。

第七条 税务机关应当广泛宣传税收法律、行政法规，普及纳税知识，无偿地为纳税人提供纳税咨询服务。

第八条 纳税人、扣缴义务人有权向税务机关了解国家税收法律、行政法规的规定以及与纳税程序有关的情况。

纳税人、扣缴义务人有权要求税务机关为纳税人、扣缴义务人的情况保密。税务机关应当依法为纳税人、扣缴义务人的情况保密。

纳税人依法享有申请减税、免税、退税的权利。

纳税人、扣缴义务人对税务机关所作出的决定，享有陈述权、申辩权；依法享有申请行政复议、提起行政诉讼、请求国家赔偿等权利。

纳税人、扣缴义务人有权控告和检举税务机关、税务人员的违法违纪行为。

第九条 税务机关应当加强队伍建设，提高税务人员的政治业务素质。

税务机关、税务人员必须秉公执法，忠于职守，清正廉洁，礼貌待人，文明服务，尊重和保护纳税人、扣缴义务人的权利,依法接受监督。

税务人员不得索贿受贿、徇私舞弊、玩忽职守、不征或者少征应征税款;不得滥用职权多征税款或者故意刁难纳税人和扣缴义务人。

第十条 各级税务机关应当建立健全内部制约和监督管理制度。

上级税务机关应当对下级税务机关的执法活动依法进行监督。

各级税务机关应当对其工作人员执行法律、行政法规和廉洁自律准则的情况进行监督检查。

第十一条 税务机关负责征收、管理、稽查、行政复议的人员的职责应当明确,并相互分离、相互制约。

第十二条 税务人员征收税款和查处税收违法案件,与纳税人、扣缴义务人或者税收违法案件有利害关系的,应当回避。

第十三条 任何单位和个人都有权检举违反税收法律、行政法规的行为。收到检举的机关和负责查处的机关应当为检举人保密。税务机关应当按照规定对检举人给予奖励。

第十四条 本法所称税务机关是指各级税务局、税务分局、税务所和按照国务院规定设立的并向社会公告的税务机构。

第二章 税务管理

第一节 税务登记

第十五条 企业,企业在外地设立的分支机构和从事生产、经营的场所,个体工商户和从事生产、经营的事业单位(以下统称从事生产、经营的纳税人)自领取营业执照之日起三十日内,持有关证件,向税务机关申报办理税务登记。税务机关应当于收到申报的当日办理登记并发给税务登记证件。

工商行政管理机关应当将办理登记注册、核发营业执照的情况,定期向税务机关通报。

本条第一款规定以外的纳税人办理税务登记和扣缴义务人办理扣缴税款登记的范围和办法,由国务院规定。

第十六条 从事生产、经营的纳税人,税务登记内容发生变化的,自工商行政管理机关办理变更登记之日起三十日内或者在向工商行政管理机关申请办理注销登记之前,持有关证件向税务机关申报办理变更或者注销税务登记。

第十七条 从事生产、经营的纳税人应当按照国家有关规定,持税务登记证件,在银行或者其他金融机构开立基本存款账户和其他存款账户,并将其全部账号向税务机关报告。

银行和其他金融机构应当在从事生产、经营的纳税人的账户中登录税务登记证件号码,并在税务登记证件中登录从事生产、经营的纳税人的账户账号。

税务机关依法查询从事生产、经营的纳税人开立账户的情况时,有关银行和其他金融机构应当予以协助。

第十八条 纳税人按照国务院税务主管部门的规定使用税务登记证件。税务登记证件不得转借、涂改、损毁、买卖或者伪造。

第二节 账簿、凭证管理

第十九条 纳税人、扣缴义务人按照有关法律、行政法规和国务院财政、税务主管部门的规定设置账簿,根据合法、有效凭证记账,进行核算。

第二十条 从事生产、经营的纳税人的财务、会计制度或者财务、会计处理办法和会计核算软件,应当报送税务机关备案。

纳税人、扣缴义务人的财务、会计制度或者财务、会计处理办法与国务院或者国务院财政、税务主管部门有关税收的规定抵触的,依照国务院或者国务院财政、税务主管部门有关税收的规定计算应纳税款、代扣代缴和代收代缴税款。

第二十一条 税务机关是发票的主管机关,负责发票印制、领购、开具、取得、保管、缴销的管理和监督。

单位、个人在购销商品、提供或者接受经营服务以及从事其他经营活动中，应当按照规定开具、使用、取得发票。

发票的管理办法由国务院规定。

第二十二条 增值税专用发票由国务院税务主管部门指定的企业印制；其他发票，按照国务院税务主管部门的规定，分别由省、自治区、直辖市国家税务局、地方税务局指定企业印制。

未经前款规定的税务机关指定，不得印制发票。

第二十三条 国家根据税收征收管理的需要，积极推广使用税控装置。纳税人应当按照规定安装、使用税控装置，不得损毁或者擅自改动税控装置。

第二十四条 从事生产、经营的纳税人、扣缴义务人必须按照国务院财政、税务主管部门规定的保管期限保管账簿、记账凭证、完税凭证及其他有关资料。

账簿、记账凭证、完税凭证及其他有关资料不得伪造、变造或者擅自损毁。

第三节 纳税申报

第二十五条 纳税人必须依照法律、行政法规规定或者税务机关依照法律、行政法规的规定确定的申报期限、申报内容如实办理纳税申报，报送纳税申报表、财务会计报表以及税务机关根据实际需要要求纳税人报送的其他纳税资料。

扣缴义务人必须依照法律、行政法规规定或者税务机关依照法律、行政法规的规定确定的申报期限、申报内容如实报送代扣代缴、代收代缴税款报告表以及税务机关根据实际需要要求扣缴义务人报送的其他有关资料。

第二十六条 纳税人、扣缴义务人可以直接到税务机关办理纳税申报或者报送代扣代缴、代收代缴税款报告表，也可以按照规定采取邮寄、数据电文或者其他方式办理上述申报、报送事项。

第二十七条 纳税人、扣缴义务人不能按期办理纳税申报或者报送代扣代缴、代收代缴税款报告表的，经税务机关核准，可以延期申报。

经核准延期办理前款规定的申报、报送事项的，应当在纳税期内按照上期实际缴纳的税额或者税务机关核定的税额预缴税款，并在核准的延期内办理税款结算。

第三章 税款征收

第二十八条 税务机关依照法律、行政法规的规定征收税款，不得违反法律、行政法规的规定开征、停征、多征、少征、提前征收、延缓征收或者摊派税款。

农业税应纳税额按照法律、行政法规的规定核定。

第二十九条 除税务机关、税务人员以及经税务机关依照法律、行政法规委托的单位和人员外，任何单位和个人不得进行税款征收活动。

第三十条 扣缴义务人依照法律、行政法规的规定履行代扣、代收税款的义务。对法律、行政法规没有规定负有代扣、代收税款义务的单位和个人，税务机关不得要求其履行代扣、代收税款义务。

扣缴义务人依法履行代扣、代收税款义务时，纳税人不得拒绝。纳税人拒绝的，扣缴义务人应当及时报告税务机关处理。

税务机关按照规定付给扣缴义务人代扣、代收手续费。

第三十一条 纳税人、扣缴义务人按照法律、行政法规规定或者税务机关依照法律、行政法规的规定确定的期限，缴纳或者解缴税款。

纳税人因有特殊困难，不能按期缴纳税款的，经省、自治区、直辖市国家税务局、地方税务局批准，可以延期缴纳税款，但是最长不得超过三个月。

第三十二条 纳税人未按照规定期限缴纳税款的，扣缴义务人未按照规定期限解缴税款的，税务机关除责令限期缴纳外，从滞纳税款之日起，按日加收滞纳税款万分之五的滞纳金。

第三十三条 纳税人依照法律、行政法规的规定办理减税、免税。

地方各级人民政府、各级人民政府主管部门、单位和个人违反法律、行政法规规定，擅自作出的减税、免税决定无效，税务机关不得执行，并向上级税务机关报告。

第三十四条 税务机关征收税款时，必须给纳税人开具完税凭证。扣缴义务人代扣、代收税款时，纳税人要求扣缴义务人开具代扣、代收税款凭证的，扣缴义务人应当开具。

第三十五条 纳税人有下列情形之一的，税务机关有权核定其应纳税额：

（一）依照法律、行政法规的规定可以不设置账簿的；

（二）依照法律、行政法规的规定应当设置账簿但未设置的；

（三）擅自销毁账簿或者拒不提供纳税资料的；

（四）虽设置账簿，但账目混乱或者成本资料、收入凭证、费用凭证残缺不全，难以查账的；

（五）发生纳税义务，未按照规定的期限办理纳税申报，经税务机关责令限期申报，逾期仍不申报的；

（六）纳税人申报的计税依据明显偏低，又无正当理由的。

税务机关核定应纳税额的具体程序和方法由国务院税务主管部门规定。

第三十六条 企业或者外国企业在中国境内设立的从事生产、经营的机构、场所与其关联企业之间的业务往来，应当按照独立企业之间的业务往来收取或者支付价款、费用；不按照独立企业之间的业务往来收取或者支付价款、费用，而减少其应纳税的收入或者所得额的，税务机关有权进行合理调整。

第三十七条 对未按照规定办理税务登记的从事生产、经营的纳税人以及临时从事经营的纳税人，由税务机关核定其应纳税额，责令缴纳；不缴纳的，税务机关可以扣押其价值相当于应纳税款的商品、货物。扣押后缴纳应纳税款的，税务机关必须立即解除扣押，并归还所扣押的商品、货物；扣押后仍不缴纳应纳税款的，经县以上税务局（分局）局长批准，依法拍卖或者变卖所扣押的商品、货物，以拍卖或者变卖所得抵缴税款。

第三十八条 税务机关有根据认为从事生产、经营的纳税人有逃避纳税义务行为的，可以在规定的纳税期之前，责令限期缴纳应纳税款；在限期内发现纳税人有明显的转移、隐匿其应纳税的商品、货物以及其他财产或者应纳税的收入的迹象的，税务机关可以责成纳税人提供纳税担保。如果纳税人不能提供纳税担保，经县以上税务局（分局）局长批准，税务机关可以采取下列税收保全措施：

（一）书面通知纳税人开户银行或者其他金融机构冻结纳税人的金额相当于应纳税款的存款；

（二）扣押、查封纳税人的价值相当于应纳税款的商品、货物或者其他财产。

纳税人在前款规定的限期内缴纳税款的，税务机关必须立即解除税收保全措施；限期期满仍未缴纳税款的，经县以上税务局（分局）局长批准，税务机关可以书面通知纳税人开户银行或者其他金融机构从其冻结的存款中扣缴税款，或者依法拍卖或者变卖所扣押、查封的商品、货物或者其他财产，以拍卖或者变卖所得抵缴税款。

个人及其所扶养家属维持生活必需的住房和用品，不在税收保全措施的范围之内。

第三十九条 纳税人在限期内已缴纳税款，税务机关未立即解除税收保全措施，使纳税人的合法利益遭受损失的，税务机关应当承担赔偿责任。

第四十条 从事生产、经营的纳税人、扣缴义务人未按照规定的期限缴纳或者解缴税款，纳税担保人未按照规定的期限缴纳所担保的税款，由税务机关责令限期缴纳，逾期仍未缴纳的，经县以上税务局（分局）局长批准，税务机关可以采取下列强制执行措施：

（一）书面通知其开户银行或者其他金融机构从其存款中扣缴税款；

（二）扣押、查封、依法拍卖或者变卖其价值相当于应纳税款的商品、货物或者其他财产，以拍卖或者变卖所得抵缴税款。

税务机关采取强制执行措施时，对前款所列纳税人、扣缴义务人、纳税担保人未缴纳的滞纳金同时强制执行。

个人及其所扶养家属维持生活必需的住房和用品，不在强制执行措施的范围之内。

第四十一条 本法第三十七条、第三十八条、第四十条规定的采取税收保全措施、强制执行措施的权力，不得由法定的税务机关以外的单位和个人行使。

第四十二条 税务机关采取税收保全措施和强制执行措施必须依照法定权限和法定程序,不得查封、扣押纳税人个人及其所扶养家属维持生活必需的住房和用品。

第四十三条 税务机关滥用职权违法采取税收保全措施、强制执行措施,或者采取税收保全措施、强制执行措施不当,使纳税人、扣缴义务人或者纳税担保人的合法权益遭受损失的,应当依法承担赔偿责任。

第四十四条 欠缴税款的纳税人或者他的法定代表人需要出境的,应当在出境前向税务机关结清应纳税款、滞纳金或者提供担保。未结清税款、滞纳金,又不提供担保的,税务机关可以通知出境管理机关阻止其出境。

第四十五条 税务机关征收税款,税收优先于无担保债权,法律另有规定的除外;纳税人欠缴的税款发生在纳税人以其财产设定抵押、质押或者纳税人的财产被留置之前的,税收应当先于抵押权、质权、留置权执行。

纳税人欠缴税款,同时又被行政机关决定处以罚款、没收违法所得的,税收优先于罚款、没收违法所得。

税务机关应当对纳税人欠缴税款的情况定期予以公告。

第四十六条 纳税人有欠税情形而以其财产设定抵押、质押的,应当向抵押权人、质权人说明其欠税情况。抵押权人、质权人可以请求税务机关提供有关的欠税情况。

第四十七条 税务机关扣押商品、货物或者其他财产时,必须开付收据;查封商品、货物或者其他财产时,必须开付清单。

第四十八条 纳税人有合并、分立情形的,应当向税务机关报告,并依法缴清税款。纳税人合并时未缴清税款的,应当由合并后的纳税人继续履行未履行的纳税义务;纳税人分立时未缴清税款的,分立后的纳税人对未履行的纳税义务应当承担连带责任。

第四十九条 欠缴税款数额较大的纳税人在处分其不动产或者大额资产之前,应当向税务机关报告。

第五十条 欠缴税款的纳税人因怠于行使到期债权,或者放弃到期债权,或者无偿转让财产,或者以明显不合理的低价转让财产而受让人知道该情形,对国家税收造成损害的,税务机关可以依照合同法第七十三条、第七十四条的规定行使代位权、撤销权。

税务机关依照前款规定行使代位权、撤销权的,不免除欠缴税款的纳税人尚未履行的纳税义务和应承担的法律责任。

第五十一条 纳税人超过应纳税额缴纳的税款,税务机关发现后应当立即退还;纳税人自结算缴纳税款之日起三年内发现的,可以向税务机关要求退还多缴的税款并加算银行同期存款利息,税务机关及时查实后应当立即退还;涉及从国库中退库的,依照法律、行政法规有关国库管理的规定退还。

第五十二条 因税务机关的责任,致使纳税人、扣缴义务人未缴或者少缴税款的,税务机关在三年内可以要求纳税人、扣缴义务人补缴税款,但是不得加收滞纳金。

因纳税人、扣缴义务人计算错误等失误,未缴或者少缴税款的,税务机关在三年内可以追征税款、滞纳金;有特殊情况的,追征期可以延长到五年。

对偷税、抗税、骗税的,税务机关追征其未缴或者少缴的税款、滞纳金或者所骗取的税款,不受前款规定期限的限制。

第五十三条 国家税务局和地方税务局应当按照国家规定的税收征收管理范围和税款入库预算级次,将征收的税款缴入国库。

对审计机关、财政机关依法查出的税收违法行为,税务机关应当根据有关机关的决定、意见书,依法将应收的税款、滞纳金按照税款入库预算级次缴入国库,并将结果及时回复有关机关。

第四章 税务检查

第五十四条 税务机关有权进行下列税务检查:

（一）检查纳税人的账簿、记账凭证、报表和有关资料，检查扣缴义务人代扣代缴、代收代缴税款账簿、记账凭证和有关资料；

（二）到纳税人的生产、经营场所和货物存放地检查纳税人应纳税的商品、货物或者其他财产，检查扣缴义务人与代扣代缴、代收代缴税款有关的经营情况；

（三）责成纳税人、扣缴义务人提供与纳税或者代扣代缴、代收代缴税款有关的文件、证明材料和有关资料；

（四）询问纳税人、扣缴义务人与纳税或者代扣代缴、代收代缴税款有关的问题和情况；

（五）到车站、码头、机场、邮政企业及其分支机构检查纳税人托运、邮寄应纳税商品、货物或者其他财产的有关单据、凭证和有关资料；

（六）经县以上税务局（分局）局长批准，凭全国统一格式的检查存款账户许可证明，查询从事生产、经营的纳税人、扣缴义务人在银行或者其他金融机构的存款账户。税务机关在调查税收违法案件时，经设区的市、自治州以上税务局（分局）局长批准，可以查询案件涉嫌人员的储蓄存款。税务机关查询所获得的资料，不得用于税收以外的用途。

第五十五条 税务机关对从事生产、经营的纳税人以前纳税期的纳税情况依法进行税务检查时，发现纳税人有逃避纳税义务行为，并有明显的转移、隐匿其应纳税的商品、货物以及其他财产或者应纳税的收入的迹象的，可以按照本法规定的批准权限采取税收保全措施或者强制执行措施。

第五十六条 纳税人、扣缴义务人必须接受税务机关依法进行的税务检查，如实反映情况，提供有关资料，不得拒绝、隐瞒。

第五十七条 税务机关依法进行税务检查时，有权向有关单位和个人调查纳税人、扣缴义务人和其他当事人与纳税或者代扣代缴、代收代缴税款有关的情况，有关单位和个人有义务向税务机关如实提供有关资料及证明材料。

第五十八条 税务机关调查税务违法案件时，对与案件有关的情况和资料，可以记录、录音、录像、照相和复制。

第五十九条 税务机关派出的人员进行税务检查时，应当出示税务检查证和税务检查通知书，并有责任为被检查人保守秘密；未出示税务检查证和税务检查通知书的，被检查人有权拒绝检查。

第五章 法律责任

第六十条 纳税人有下列行为之一的，由税务机关责令限期改正，可以处二千元以下的罚款；情节严重的，处二千元以上一万元以下的罚款：

（一）未按照规定的期限申报办理税务登记、变更或者注销登记的；

（二）未按照规定设置、保管账簿或者保管记账凭证和有关资料的；

（三）未按照规定将财务、会计制度或者财务、会计处理办法和会计核算软件报送税务机关备查的；

（四）未按照规定将其全部银行账号向税务机关报告的；

（五）未按照规定安装、使用税控装置，或者损毁或者擅自改动税控装置的。

纳税人不办理税务登记的，由税务机关责令限期改正；逾期不改正的，经税务机关提请，由工商行政管理机关吊销其营业执照。

纳税人未按照规定使用税务登记证件，或者转借、涂改、损毁、买卖、伪造税务登记证件的，处二千元以上一万元以下的罚款；情节严重的，处一万元以上五万元以下的罚款。

第六十一条 扣缴义务人未按照规定设置、保管代扣代缴、代收代缴税款账簿或者保管代扣代缴、代收代缴税款记账凭证及有关资料的，由税务机关责令限期改正，可以处二千元以下的罚款；情节严重的，处二千元以上五千元以下的罚款。

第六十二条 纳税人未按照规定的期限办理纳税申报和报送纳税资料的，或者扣缴义务人未按照规定的期限向税务机关报送代扣代缴、代收代缴税款报告表和有关资料的，由税务机关责令限期改正，可以处二千元以下的罚款；情节严重的，可以处二千元以上一万元以下的罚款。

第六十三条 纳税人伪造、变造、隐匿、擅自销毁账簿、记账凭证，或者在账簿上多列支出或者不列、少列收入，或者经税务机关通知申报而拒不申报或者进行虚假的纳税申报，不缴或者少缴应纳税款的，是偷税。对纳税人偷税的，由税务机关追缴其不缴或者少缴的税款、滞纳金，并处不缴或者少缴的税款百分之五十以上五倍以下的罚款；构成犯罪的，依法追究刑事责任。

扣缴义务人采取前款所列手段，不缴或者少缴已扣、已收税款，由税务机关追缴其不缴或者少缴的税款、滞纳金，并处不缴或者少缴的税款百分之五十以上五倍以下的罚款；构成犯罪的，依法追究刑事责任。

第六十四条 纳税人、扣缴义务人编造虚假计税依据的，由税务机关责令限期改正，并处五万元以下的罚款。

纳税人不进行纳税申报，不缴或者少缴应纳税款的，由税务机关追缴其不缴或者少缴的税款、滞纳金，并处不缴或者少缴的税款百分之五十以上五倍以下的罚款。

第六十五条 纳税人欠缴应纳税款，采取转移或者隐匿财产的手段，妨碍税务机关追缴欠缴的税款的，由税务机关追缴欠缴的税款、滞纳金，并处欠缴税款百分之五十以上五倍以下的罚款；构成犯罪的，依法追究刑事责任。

第六十六条 以假报出口或者其他欺骗手段，骗取国家出口退税款的，由税务机关追缴其骗取的退税款，并处骗取税款一倍以上五倍以下的罚款；构成犯罪的，依法追究刑事责任。

对骗取国家出口退税款的，税务机关可以在规定期间内停止为其办理出口退税。

第六十七条 以暴力、威胁方法拒不缴纳税款的，是抗税，除由税务机关追缴其拒缴的税款、滞纳金外，依法追究刑事责任。情节轻微，未构成犯罪的，由税务机关追缴其拒缴的税款、滞纳金，并处拒缴税款一倍以上五倍以下的罚款。

第六十八条 纳税人、扣缴义务人在规定期限内不缴或者少缴应纳或者应解缴的税款，经税务机关责令限期缴纳，逾期仍未缴纳的，税务机关除依照本法第四十条的规定采取强制执行措施追缴其不缴或者少缴的税款外，可以处不缴或者少缴的税款百分之五十以上五倍以下的罚款。

第六十九条 扣缴义务人应扣未扣、应收而不收税款的，由税务机关向纳税人追缴税款，对扣缴义务人处应扣未扣、应收未收税款百分之五十以上三倍以下的罚款。

第七十条 纳税人、扣缴义务人逃避、拒绝或者以其他方式阻挠税务机关检查的，由税务机关责令改正，可以处一万元以下的罚款；情节严重的，处一万元以上五万元以下的罚款。

第七十一条 违反本法第二十二条规定，非法印制发票的，由税务机关销毁非法印制的发票，没收违法所得和作案工具，并处一万元以上五万元以下的罚款；构成犯罪的，依法追究刑事责任。

第七十二条 从事生产、经营的纳税人、扣缴义务人有本法规定的税收违法行为，拒不接受税务机关处理的，税务机关可以收缴其发票或者停止向其发售发票。

第七十三条 纳税人、扣缴义务人的开户银行或者其他金融机构拒绝接受税务机关依法检查纳税人、扣缴义务人存款账户，或者拒绝执行税务机关作出的冻结存款或者扣缴税款的决定，或者在接到税务机关的书面通知后帮助纳税人、扣缴义务人转移存款，造成税款流失的，由税务机关处十万元以上五十万元以下的罚款，对直接负责的主管人员和其他直接责任人员处一千元以上一万元以下的罚款。

第七十四条 本法规定的行政处罚，罚款额在二千元以下的，可以由税务所决定。

第七十五条 税务机关和司法机关的涉税罚没收入，应当按照税款入库预算级次上缴国库。

第七十六条 税务机关违反规定擅自改变税收征收管理范围和税款入库预算级次的，责令限期改正，对直接负责的主管人员和其他直接责任人员依法给予降级或者撤职的行政处分。

第七十七条 纳税人、扣缴义务人有本法第六十三条、第六十五条、第六十六条、第六十七条、第七十一条规定的行为涉嫌犯罪的，税务机关应当依法移交司法机关追究刑事责任。

税务人员徇私舞弊，对依法应当移交司法机关追究刑事责任的不移交，情节严重的，依法追究刑事责任。

第七十八条 未经税务机关依法委托征收税款的，责令退还收取的财物，依法给予行政处分或者行政处罚；致使他人合法权益受到损失的，依法承担赔偿责任；构成犯罪的，依法追究刑事责任。

第七十九条 税务机关、税务人员查封、扣押纳税人个人及其所扶养家属维持生活必需的住房和用品的，责令退还，依法给予行政处分；构成犯罪的，依法追究刑事责任。

第八十条 税务人员与纳税人、扣缴义务人勾结，唆使或者协助纳税人、扣缴义务人有本法第六十三条、第六十五条、第六十六条规定的行为，构成犯罪的，依法追究刑事责任；尚不构成犯罪的，依法给予行政处分。

第八十一条 税务人员利用职务上的便利，收受或者索取纳税人、扣缴义务人财物或者谋取其他不正当利益，构成犯罪的，依法追究刑事责任；尚不构成犯罪的，依法给予行政处分。

第八十二条 税务人员徇私舞弊或者玩忽职守，不征或者少征应征税款，致使国家税收遭受重大损失，构成犯罪的，依法追究刑事责任；尚不构成犯罪的，依法给予行政处分。

税务人员滥用职权，故意刁难纳税人、扣缴义务人的，调离税收工作岗位，并依法给予行政处分。

税务人员对控告、检举税收违法违纪行为的纳税人、扣缴义务人以及其他检举人进行打击报复的，依法给予行政处分；构成犯罪的，依法追究刑事责任。

税务人员违反法律、行政法规的规定，故意高估或者低估农业税计税产量，致使多征或者少征税款，侵犯农民合法权益或者损害国家利益，构成犯罪的，依法追究刑事责任；尚不构成犯罪的，依法给予行政处分。

第八十三条 违反法律、行政法规的规定提前征收、延缓征收或者摊派税款的，由其上级机关或者行政监察机关责令改正，对直接负责的主管人员和其他直接责任人员依法给予行政处分。

第八十四条 违反法律、行政法规的规定，擅自作出税收的开征、停征或者减税、免税、退税、补税以及其他同税收法律、行政法规相抵触的决定的，除依照本法规定撤销其擅自作出的决定外，补征应征未征税款，退还不应征收而征收的税款，并由上级机关追究直接负责的主管人员和其他直接责任人员的行政责任；构成犯罪的，依法追究刑事责任。

第八十五条 税务人员在征收税款或者查处税收违法案件时，未按照本法规定进行回避的，对直接负责的主管人员和其他直接责任人员，依法给予行政处分。

第八十六条 违反税收法律、行政法规应当给予行政处罚的行为，在五年内未被发现的，不再给予行政处罚。

第八十七条 未按照本法规定为纳税人、扣缴义务人、检举人保密的，对直接负责的主管人员和其他直接责任人员，由所在单位或者有关单位依法给予行政处分。

第八十八条 纳税人、扣缴义务人、纳税担保人同税务机关在纳税上发生争议时，必须先依照税务机关的纳税决定缴纳或者解缴税款及滞纳金或者提供相应的担保，然后可以依法申请行政复议；对行政复议决定不服的，可以依法向人民法院起诉。

当事人对税务机关的处罚决定、强制执行措施或者税收保全措施不服的，可以依法申请行政复议，也可以依法向人民法院起诉。

当事人对税务机关的处罚决定逾期不申请行政复议也不向人民法院起诉又不履行的，作出处罚决定的税务机关可以采取本法第四十条规定的强制执行措施，或者申请人民法院强制执行。

第六章 附 则

第八十九条 纳税人、扣缴义务人可以委托税务代理人代为办理税务事宜。

第九十条 耕地占用税、契税、农业税、牧业税征收管理的具体办法，由国务院另行制定。

关税及海关代征税收的征收管理，依照法律、行政法规的有关规定执行。

第九十一条 中华人民共和国同外国缔结的有关税收的条约、协定同本法有不同规定的，依照条约、协定的规定办理。

第九十二条 本法施行前颁布的税收法律与本法有不同规定的，适用本法规定。

第九十三条 国务院根据本法制定实施细则。

第九十四条 本法自 2001 年 5 月 1 日起施行。

中华人民共和国税收征收管理法实施细则

（2002 年 9 月 7 日国务院令第 362 号　2012 年 11 月 9 日国务院令第 628 号第一次修正　2013 年 7 月 18 日国务院令第 638 号第二次修正　2016 年 2 月 6 日国务院令第 666 号第三次修正）

第一章　总　则

第一条 根据《中华人民共和国税收征收管理法》（以下简称税收征管法）的规定，制定本细则。

第二条 凡依法由税务机关征收的各种税收的征收管理，均适用税收征管法及本细则；税收征管法及本细则没有规定的，依照其他有关税收法律、行政法规的规定执行。

第三条 任何部门、单位和个人作出的与税收法律、行政法规相抵触的决定一律无效，税务机关不得执行，并应当向上级税务机关报告。

纳税人应当依照税收法律、行政法规的规定履行纳税义务；其签订的合同、协议等与税收法律、行政法规相抵触的，一律无效。

第四条 国家税务总局负责制定全国税务系统信息化建设的总体规划、技术标准、技术方案与实施办法；各级税务机关应当按照国家税务总局的总体规划、技术标准、技术方案与实施办法，做好本地区税务系统信息化建设的具体工作。

地方各级人民政府应当积极支持税务系统信息化建设，并组织有关部门实现相关信息的共享。

第五条 税收征管法第八条所称为纳税人、扣缴义务人保密的情况，是指纳税人、扣缴义务人的商业秘密及个人隐私。纳税人、扣缴义务人的税收违法行为不属于保密范围。

第六条 国家税务总局应当制定税务人员行为准则和服务规范。

上级税务机关发现下级税务机关的税收违法行为，应当及时予以纠正；下级税务机关应当按照上级税务机关的决定及时改正。

下级税务机关发现上级税务机关的税收违法行为，应当向上级税务机关或者有关部门报告。

第七条 税务机关根据检举人的贡献大小给予相应的奖励，奖励所需资金列入税务部门年度预算，单项核定。奖励资金具体使用办法以及奖励标准，由国家税务总局会同财政部制定。

第八条 税务人员在核定应纳税额、调整税收定额、进行税务检查、实施税务行政处罚、办理税务行政复议时，与纳税人、扣缴义务人或者其法定代表人、直接责任人有下列关系之一的，应当回避：

（一）夫妻关系；

（二）直系血亲关系；

（三）三代以内旁系血亲关系；

（四）近姻亲关系；

（五）可能影响公正执法的其他利害关系。

第九条 税收征管法第十四条所称按照国务院规定设立的并向社会公告的税务机构，是指省以下税务局的稽查局。稽查局专司偷税、逃避追缴欠税、骗税、抗税案件的查处。

国家税务总局应当明确划分税务局和稽查局的职责，避免职责交叉。

第二章 税务登记

第十条 国家税务局、地方税务局对同一纳税人的税务登记应当采用同一代码,信息共享。

税务登记的具体办法由国家税务总局制定。

第十一条 各级工商行政管理机关应当向同级国家税务局和地方税务局定期通报办理开业、变更、注销登记以及吊销营业执照的情况。

通报的具体办法由国家税务总局和国家工商行政管理总局联合制定。

第十二条 从事生产、经营的纳税人应当自领取营业执照之日起30日内,向生产、经营地或者纳税义务发生地的主管税务机关申报办理税务登记,如实填写税务登记表,并按照税务机关的要求提供有关证件、资料。

前款规定以外的纳税人,除国家机关和个人外,应当自纳税义务发生之日起30日内,持有关证件向所在地的主管税务机关申报办理税务登记。

个人所得税的纳税人办理税务登记的办法由国务院另行规定。

税务登记证件的式样,由国家税务总局制定。

第十三条 扣缴义务人应当自扣缴义务发生之日起30日内,向所在地的主管税务机关申报办理扣缴税款登记,领取扣缴税款登记证件;税务机关对已办理税务登记的扣缴义务人,可以只在其登记证件上登记扣缴税款事项,不再发给扣缴税款登记证件。

第十四条 纳税人税务登记内容发生变化的,应当自工商行政管理机关或者其他机关办理变更登记之日起30日内,持有关证件向原税务登记机关申报办理变更税务登记。

纳税人税务登记内容发生变化,不需要到工商行政管理机关或者其他机关办理变更登记的,应当自发生变化之日起30日内,持有关证件向原税务登记机关申报办理变更税务登记。

第十五条 纳税人发生解散、破产、撤销以及其他情形,依法终止纳税义务的,应当在向工商行政管理机关或者其他机关办理注销登记前,持有关证件向原税务登记机关申报办理注销税务登记;按照规定不需要在工商行政管理机关或者其他机关办理注册登记的,应当自有关机关批准或者宣告终止之日起15日内,持有关证件向原税务登记机关申报办理注销税务登记。

纳税人因住所、经营地点变动,涉及改变税务登记机关的,应当在向工商行政管理机关或者其他机关申请办理变更或者注销登记前或者住所、经营地点变动前,向原税务登记机关申报办理注销税务登记,并在30日内向迁达地税务机关申报办理税务登记。

纳税人被工商行政管理机关吊销营业执照或者被其他机关予以撤销登记的,应当自营业执照被吊销或者被撤销登记之日起15日内,向原税务登记机关申报办理注销税务登记。

第十六条 纳税人在办理注销税务登记前,应当向税务机关结清应纳税款、滞纳金、罚款,缴销发票、税务登记证件和其他税务证件。

第十七条 从事生产、经营的纳税人应当自开立基本存款账户或者其他存款账户之日起15日内,向主管税务机关书面报告其全部账号;发生变化的,应当自变化之日起15日内,向主管税务机关书面报告。

第十八条 除按照规定不需要发给税务登记证件的外,纳税人办理下列事项时,必须持税务登记证件:

(一)开立银行账户;

(二)申请减税、免税、退税;

(三)申请办理延期申报、延期缴纳税款;

(四)领购发票;

(五)申请开具外出经营活动税收管理证明;

(六)办理停业、歇业;

(七)其他有关税务事项。

第十九条　税务机关对税务登记证件实行定期验证和换证制度。纳税人应当在规定的期限内持有关证件到主管税务机关办理验证或者换证手续。

第二十条　纳税人应当将税务登记证件正本在其生产、经营场所或者办公场所公开悬挂，接受税务机关检查。

纳税人遗失税务登记证件的，应当在15日内书面报告主管税务机关，并登报声明作废。

第二十一条　从事生产、经营的纳税人到外县（市）临时从事生产、经营活动的，应当持税务登记证副本和所在地税务机关填开的外出经营活动税收管理证明，向营业地税务机关报验登记，接受税务管理。

从事生产、经营的纳税人外出经营，在同一地累计超过180天的，应当在营业地办理税务登记手续。

第三章　账簿、凭证管理

第二十二条　从事生产、经营的纳税人应当自领取营业执照或者发生纳税义务之日起15日内，按照国家有关规定设置账簿。

前款所称账簿，是指总账、明细账、日记账以及其他辅助性账簿。总账、日记账应当采用订本式。

第二十三条　生产、经营规模小又确无建账能力的纳税人，可以聘请经批准从事会计代理记账业务的专业机构或者财会人员代为建账和办理账务。

第二十四条　从事生产、经营的纳税人应当自领取税务登记证件之日起15日内，将其财务、会计制度或者财务、会计处理办法报送主管税务机关备案。

纳税人使用计算机记账的，应当在使用前将会计电算化系统的会计核算软件、使用说明书及有关资料报送主管税务机关备案。

纳税人建立的会计电算化系统应当符合国家有关规定，并能正确、完整核算其收入或者所得。

第二十五条　扣缴义务人应当自税收法律、行政法规规定的扣缴义务发生之日起10日内，按照所代扣、代收的税种，分别设置代扣代缴、代收代缴税款账簿。

第二十六条　纳税人、扣缴义务人会计制度健全，能够通过计算机正确、完整计算其收入和所得或者代扣代缴、代收代缴税款情况的，其计算机输出的完整的书面会计记录，可视同会计账簿。

纳税人、扣缴义务人会计制度不健全，不能通过计算机正确、完整计算其收入和所得或者代扣代缴、代收代缴税款情况的，应当建立总账及与纳税或者代扣代缴、代收代缴税款有关的其他账簿。

第二十七条　账簿、会计凭证和报表，应当使用中文。民族自治地方可以同时使用当地通用的一种民族文字。外商投资企业和外国企业可以同时使用一种外国文字。

第二十八条　纳税人应当按照税务机关的要求安装、使用税控装置，并按照税务机关的规定报送有关数据和资料。

税控装置推广应用的管理办法由国家税务总局另行制定，报国务院批准后实施。

第二十九条　账簿、记账凭证、报表、完税凭证、发票、出口凭证以及其他有关涉税资料应当合法、真实、完整。

账簿、记账凭证、报表、完税凭证、发票、出口凭证以及其他有关涉税资料应当保存10年；但是，法律、行政法规另有规定的除外。

第四章　纳税申报

第三十条　税务机关应当建立健全纳税人自行申报纳税制度。纳税人、扣缴义务人可以采取邮寄、数据电文方式办理纳税申报或者报送代扣代缴、代收代缴税款报告表。

数据电文方式，是指税务机关确定的电话语音、电子数据交换和网络传输等电子方式。

第三十一条　纳税人采取邮寄方式办理纳税申报的，应当使用统一的纳税申报专用信封，并以邮政部门收据作为申报凭据。邮寄申报以寄出的邮戳日期为实际申报日期。

纳税人采取电子方式办理纳税申报的，应当按照税务机关规定的期限和要求保存有关资料，并定期书面报送主管税务机关。

第三十二条 纳税人在纳税期内没有应纳税款的，也应当按照规定办理纳税申报。

纳税人享受减税、免税待遇的，在减税、免税期间应当按照规定办理纳税申报。

第三十三条 纳税人、扣缴义务人的纳税申报或者代扣代缴、代收代缴税款报告表的主要内容包括：税种、税目、应纳税项目或者应代扣代缴、代收代缴税款项目，计税依据，扣除项目及标准，适用税率或者单位税额，应退税项目及税额、应减免税项目及税额，应纳税额或者应代扣代缴、代收代缴税额，税款所属期限、延期缴纳税款、欠税、滞纳金等。

第三十四条 纳税人办理纳税申报时，应当如实填写纳税申报表，并根据不同的情况相应报送下列有关证件、资料：

（一）财务会计报表及其说明材料；

（二）与纳税有关的合同、协议书及凭证；

（三）税控装置的电子报税资料；

（四）外出经营活动税收管理证明和异地完税凭证；

（五）境内或者境外公证机构出具的有关证明文件；

（六）税务机关规定应当报送的其他有关证件、资料。

第三十五条 扣缴义务人办理代扣代缴、代收代缴税款报告时，应当如实填写代扣代缴、代收代缴税款报告表，并报送代扣代缴、代收代缴税款的合法凭证以及税务机关规定的其他有关证件、资料。

第三十六条 实行定期定额缴纳税款的纳税人，可以实行简易申报、简并征期等申报纳税方式。

第三十七条 纳税人、扣缴义务人按照规定的期限办理纳税申报或者报送代扣代缴、代收代缴税款报告表确有困难，需要延期的，应当在规定的期限内向税务机关提出书面延期申请，经税务机关核准，在核准的期限内办理。

纳税人、扣缴义务人因不可抗力，不能按期办理纳税申报或者报送代扣代缴、代收代缴税款报告表的，可以延期办理；但是，应当在不可抗力情形消除后立即向税务机关报告。税务机关应当查明事实，予以核准。

第五章 税款征收

第三十八条 税务机关应当加强对税款征收的管理，建立健全责任制度。税务机关根据保证国家税款及时足额入库、方便纳税人、降低税收成本的原则，确定税款征收的方式。税务机关应当加强对纳税人出口退税的管理，具体管理办法由国家税务总局会同国务院有关部门制定。

第三十九条 税务机关应当将各种税收的税款、滞纳金、罚款，按照国家规定的预算科目和预算级次及时缴入国库，税务机关不得占压、挪用、截留，不得缴入国库以外或者国家规定的税款账户以外的任何账户。

已缴入国库的税款、滞纳金、罚款，任何单位和个人不得擅自变更预算科目和预算级次。

第四十条 税务机关应当根据方便、快捷、安全的原则，积极推广使用支票、银行卡、电子结算方式缴纳税款。

第四十一条 纳税人有下列情形之一的，属于税收征管法第三十一条所称特殊困难：

（一）因不可抗力，导致纳税人发生较大损失，正常生产经营活动受到较大影响的；

（二）当期货币资金在扣除应付职工工资、社会保险费后，不足以缴纳税款的。

计划单列市国家税务局、地方税务局可以参照税收征管法第三十一条第二款的批准权限，审批纳税人延期缴纳税款。

第四十二条 纳税人需要延期缴纳税款的，应当在缴纳税款期限届满前提出申请，并报送下列材料：申请延期缴纳税款报告，当期货币资金余额情况及所有银行存款账户的对账单、资产负债表、应付职工工资和社会保险费等税务机关要求提供的支出预算。

税务机关应当自收到申请延期缴纳税款报告之日起20日内作出批准或者不予批准的决定；不予批准的，从缴纳税款期限届满之日起加收滞纳金。

第四十三条 享受减税、免税优惠的纳税人，减税、免税期满，应当自期满次日起恢复纳税；减税、免税条件发生变化的，应当在纳税申报时向税务机关报告；不再符合减税、免税条件的，应当依法履行纳税义务；未依法纳税的，税务机关应当予以追缴。

第四十四条 税务机关根据有利于税收控管和方便纳税的原则，可以按照国家有关规定委托有关单位和人员代征零星分散和异地缴纳的税收，并发给委托代征证书。受托单位和人员按照代征证书的要求，以税务机关的名义依法征收税款，纳税人不得拒绝；纳税人拒绝的，受托代征单位和人员应当及时报告税务机关。

第四十五条 税收征管法第三十四条所称完税凭证，是指各种完税证、缴款书、印花税票、扣（收）税凭证以及其他完税证明。

未经税务机关指定，任何单位、个人不得印制完税凭证。完税凭证不得转借、倒卖、变造或者伪造。

完税凭证的式样及管理办法由国家税务总局制定。

第四十六条 税务机关收到税款后，应当向纳税人开具完税凭证。纳税人通过银行缴纳税款的，税务机关可以委托银行开具完税凭证。

第四十七条 纳税人有税收征管法第三十五条或者第三十七条所列情形之一的，税务机关有权采用下列任何一种方法核定其应纳税额：

（一）参照当地同类行业或者类似行业中经营规模和收入水平相近的纳税人的税负水平核定；

（二）按照营业收入或者成本加合理的费用和利润的方法核定；

（三）按照耗用的原材料、燃料、动力等推算或者测算核定；

（四）按照其他合理方法核定。

采用前款所列一种方法不足以正确核定应纳税额时，可以同时采用两种以上的方法核定。

纳税人对税务机关采取本条规定的方法核定的应纳税额有异议的，应当提供相关证据，经税务机关认定后，调整应纳税额。

第四十八条 税务机关负责纳税人纳税信誉等级评定工作。纳税人纳税信誉等级的评定办法由国家税务总局制定。

第四十九条 承包人或者承租人有独立的生产经营权，在财务上独立核算，并定期向发包人或者出租人上缴承包费或者租金的，承包人或者承租人应当就其生产、经营收入和所得纳税，并接受税务管理；但是，法律、行政法规另有规定的除外。

发包人或者出租人应当自发包或者出租之日起30日内将承包人或者承租人的有关情况向主管税务机关报告。发包人或者出租人不报告的，发包人或者出租人与承包人或者承租人承担纳税连带责任。

第五十条 纳税人有解散、撤销、破产情形的，在清算前应当向其主管税务机关报告；未结清税款的，由其主管税务机关参加清算。

第五十一条 税收征管法第三十六条所称关联企业，是指有下列关系之一的公司、企业和其他经济组织：

（一）在资金、经营、购销等方面，存在直接或者间接的拥有或者控制关系；

（二）直接或者间接地同为第三者所拥有或者控制；

（三）在利益上具有相关联的其他关系。

纳税人有义务就其与关联企业之间的业务往来，向当地税务机关提供有关的价格、费用标准等资料。具体办法由国家税务总局制定。

第五十二条 税收征管法第三十六条所称独立企业之间的业务往来，是指没有关联关系的企业之间按照公平成交价格和营业常规所进行的业务往来。

第五十三条 纳税人可以向主管税务机关提出与其关联企业之间业务往来的定价原则和计算方

法，主管税务机关审核、批准后，与纳税人预先约定有关定价事项，监督纳税人执行。

第五十四条 纳税人与其关联企业之间的业务往来有下列情形之一的，税务机关可以调整其应纳税额：

（一）购销业务未按照独立企业之间的业务往来作价；

（二）融通资金所支付或者收取的利息超过或者低于没有关联关系的企业之间所能同意的数额，或者利率超过或者低于同类业务的正常利率；

（三）提供劳务，未按照独立企业之间业务往来收取或者支付劳务费用；

（四）转让财产、提供财产使用权等业务往来，未按照独立企业之间业务往来作价或者收取、支付费用；

（五）未按照独立企业之间业务往来作价的其他情形。

第五十五条 纳税人有本细则第五十四条所列情形之一的，税务机关可以按照下列方法调整计税收入额或者所得额：

（一）按照独立企业之间进行的相同或者类似业务活动的价格；

（二）按照再销售给无关联关系的第三者的价格所应取得的收入和利润水平；

（三）按照成本加合理的费用和利润；

（四）按照其他合理的方法。

第五十六条 纳税人与其关联企业未按照独立企业之间的业务往来支付价款、费用的，税务机关自该业务往来发生的纳税年度起3年内进行调整；有特殊情况的，可以自该业务往来发生的纳税年度起10年内进行调整。

第五十七条 税收征管法第三十七条所称未按照规定办理税务登记从事生产、经营的纳税人，包括到外县（市）从事生产、经营而未向营业地税务机关报验登记的纳税人。

第五十八条 税务机关依照税收征管法第三十七条的规定，扣押纳税人商品、货物的，纳税人应当自扣押之日起15日内缴纳税款。

对扣押的鲜活、易腐烂变质或者易失效的商品、货物，税务机关根据被扣押物品的保质期，可以缩短前款规定的扣押期限。

第五十九条 税收征管法第三十八条、第四十条所称其他财产，包括纳税人的房地产、现金、有价证券等不动产和动产。

机动车辆、金银饰品、古玩字画、豪华住宅或者一处以外的住房不属于税收征管法第三十八条、第四十条、第四十二条所称个人及其所扶养家属维持生活必需的住房和用品。

税务机关对单价5000元以下的其他生活用品，不采取税收保全措施和强制执行措施。

第六十条 税收征管法第三十八条、第四十条、第四十二条所称个人所扶养家属，是指与纳税人共同居住生活的配偶、直系亲属以及无生活来源并由纳税人扶养的其他亲属。

第六十一条 税收征管法第三十八条、第八十八条所称担保，包括经税务机关认可的纳税保证人为纳税人提供的纳税保证，以及纳税人或者第三人以其未设置或者未全部设置担保物权的财产提供的担保。

纳税保证人，是指在中国境内具有纳税担保能力的自然人、法人或者其他经济组织。

法律、行政法规规定的没有担保资格的单位和个人，不得作为纳税担保人。

第六十二条 纳税担保人同意为纳税人提供纳税担保的，应当填写纳税担保书，写明担保对象、担保范围、担保期限和担保责任以及其他有关事项。担保书须经纳税人、纳税担保人签字盖章并经税务机关同意，方为有效。

纳税人或者第三人以其财产提供纳税担保的，应当填写财产清单，并写明财产价值以及其他有关事项。纳税担保财产清单须经纳税人、第三人签字盖章并经税务机关确认，方为有效。

第六十三条 税务机关执行扣押、查封商品、货物或者其他财产时，应当由两名以上税务人员执行，并通知被执行人。被执行人是自然人的，应当通知被执行人本人或者其成年家属到场；被执行人是法人或者其他组织的,应当通知其法定代表人或者主要负责人到场;拒不到场的,不影响执行。

第六十四条 税务机关执行税收征管法第三十七条、第三十八条、第四十条的规定,扣押、查封价值相当于应纳税款的商品、货物或者其他财产时,参照同类商品的市场价、出厂价或者评估价估算。

税务机关按照前款方法确定应扣押、查封的商品、货物或者其他财产的价值时,还应当包括滞纳金和扣押、查封、保管、拍卖、变卖所发生的费用。

第六十五条 对价值超过应纳税额且不可分割的商品、货物或者其他财产,税务机关在纳税人、扣缴义务人或者纳税担保人无其他可供强制执行的财产的情况下,可以整体扣押、查封、拍卖,以拍卖所得抵缴税款、滞纳金、罚款以及扣押、查封、保管、拍卖等费用。

第六十六条 税务机关执行税收征管法第三十七条、第三十八条、第四十条的规定,实施扣押、查封时,对有产权证件的动产或者不动产,税务机关可以责令当事人将产权证件交税务机关保管,同时可以向有关机关发出协助执行通知书,有关机关在扣押、查封期间不再办理该动产或者不动产的过户手续。

第六十七条 对查封的商品、货物或者其他财产,税务机关可以指令被执行人负责保管,保管责任由被执行人承担。

继续使用被查封的财产不会减少其价值的,税务机关可以允许被执行人继续使用;因被执行人保管或者使用的过错造成的损失,由被执行人承担。

第六十八条 纳税人在税务机关采取税收保全措施后,按照税务机关规定的期限缴纳税款的,税务机关应当自收到税款或者银行转回的完税凭证之日起1日内解除税收保全。

第六十九条 税务机关将扣押、查封的商品、货物或者其他财产变价抵缴税款时,应当交由依法成立的拍卖机构拍卖;无法委托拍卖或者不适于拍卖的,可以交由当地商业企业代为销售,也可以责令纳税人限期处理;无法委托商业企业销售,纳税人也无法处理的,可以由税务机关变价处理,具体办法由国家税务总局规定。国家禁止自由买卖的商品,应当交由有关单位按照国家规定的价格收购。

拍卖或者变卖所得抵缴税款、滞纳金、罚款以及扣押、查封、保管、拍卖、变卖等费用后,剩余部分应当在3日内退还被执行人。

第七十条 税收征管法第三十九条、第四十三条所称损失,是指因税务机关的责任,使纳税人、扣缴义务人或者纳税担保人的合法利益遭受的直接损失。

第七十一条 税收征管法所称其他金融机构,是指信托投资公司、信用合作社、邮政储蓄机构以及经中国人民银行、中国证券监督管理委员会等批准设立的其他金融机构。

第七十二条 税收征管法所称存款,包括独资企业投资人、合伙企业合伙人、个体工商户的储蓄存款以及股东资金账户中的资金等。

第七十三条 从事生产、经营的纳税人、扣缴义务人未按照规定的期限缴纳或者解缴税款的,纳税担保人未按照规定的期限缴纳所担保的税款的,由税务机关发出限期缴纳税款通知书,责令缴纳或者解缴税款的最长期限不得超过15日。

第七十四条 欠缴税款的纳税人或者其法定代表人在出境前未按照规定结清应纳税款、滞纳金或者提供纳税担保的,税务机关可以通知出入境管理机关阻止其出境。阻止出境的具体办法,由国家税务总局会同公安部制定。

第七十五条 税收征管法第三十二条规定的加收滞纳金的起止时间,为法律、行政法规规定或者税务机关依照法律、行政法规的规定确定的税款缴纳期限届满次日起至纳税人、扣缴义务人实际缴纳或者解缴税款之日止。

第七十六条 县级以上各级税务机关应当将纳税人的欠税情况,在办税场所或者广播、电视、报纸、期刊、网络等新闻媒体上定期公告。

对纳税人欠缴税款的情况实行定期公告的办法,由国家税务总局制定。

第七十七条 税收征管法第四十九条所称欠缴税款数额较大,是指欠缴税款5万元以上。

第七十八条 税务机关发现纳税人多缴税款的,应当自发现之日起10日内办理退还手续;纳税人发现多缴税款,要求退还的,税务机关应当自接到纳税人退还申请之日起30日内查实并办理退还手续。

税收征管法第五十一条规定的加算银行同期存款利息的多缴税款退税,不包括依法预缴税款形成的结算退税、出口退税和各种减免退税。

退税利息按照税务机关办理退税手续当天中国人民银行规定的活期存款利率计算。

第七十九条 当纳税人既有应退税款又有欠缴税款的,税务机关可以将应退税款和利息先抵扣欠缴税款;抵扣后有余额的,退还纳税人。

第八十条 税收征管法第五十二条所称税务机关的责任,是指税务机关适用税收法律、行政法规不当或者执法行为违法。

第八十一条 税收征管法第五十二条所称纳税人、扣缴义务人计算错误等失误,是指非主观故意的计算公式运用错误以及明显的笔误。

第八十二条 税收征管法第五十二条所称特殊情况,是指纳税人或者扣缴义务人因计算错误等失误,未缴或者少缴、未扣或者少扣、未收或者少收税款,累计数额在10万元以上的。

第八十三条 税收征管法第五十二条规定的补缴和追征税款、滞纳金的期限,自纳税人、扣缴义务人应缴未缴或者少缴税款之日起计算。

第八十四条 审计机关、财政机关依法进行审计、检查时,对税务机关的税收违法行为作出的决定,税务机关应当执行;发现被审计、检查单位有税收违法行为的,向被审计、检查单位下达决定、意见书,责成被审计、检查单位向税务机关缴纳应当缴纳的税款、滞纳金。税务机关应当根据有关机关的决定、意见书,依照税收法律、行政法规的规定,将应收的税款、滞纳金按照国家规定的税收征收管理范围和税款入库预算级次缴入国库。

税务机关应当自收到审计机关、财政机关的决定、意见书之日起30日内将执行情况书面回复审计机关、财政机关。

有关机关不得将其履行职责过程中发现的税款、滞纳金自行征收入库或者以其他款项的名义自行处理、占压。

第六章 税务检查

第八十五条 税务机关应当建立科学的检查制度,统筹安排检查工作,严格控制对纳税人、扣缴义务人的检查次数。

税务机关应当制定合理的税务稽查工作规程,负责选案、检查、审理、执行的人员的职责应当明确,并相互分离、相互制约,规范选案程序和检查行为。

税务检查工作的具体办法,由国家税务总局制定。

第八十六条 税务机关行使税收征管法第五十四条第(一)项职权时,可以在纳税人、扣缴义务人的业务场所进行;必要时,经县以上税务局(分局)局长批准,可以将纳税人、扣缴义务人以前会计年度的账簿、记账凭证、报表和其他有关资料调回税务机关检查,但是税务机关必须向纳税人、扣缴义务人开付清单,并在3个月内完整退还;有特殊情况的,经设区的市、自治州以上税务局局长批准,税务机关可以将纳税人、扣缴义务人当年的账簿、记账凭证、报表和其他有关资料调回检查,但是税务机关必须在30日内退还。

第八十七条 税务机关行使税收征管法第五十四条第(六)项职权时,应当指定专人负责,凭全国统一格式的检查存款账户许可证明进行,并有责任为被检查人保守秘密。

检查存款账户许可证明,由国家税务总局制定。

税务机关查询的内容,包括纳税人存款账户余额和资金往来情况。

第八十八条 依照税收征管法第五十五条规定,税务机关采取税收保全措施的期限一般不得超过6个月;重大案件需要延长的,应当报国家税务总局批准。

第八十九条 税务机关和税务人员应当依照税收征管法及本细则的规定行使税务检查职权。

税务人员进行税务检查时，应当出示税务检查证和税务检查通知书；无税务检查证和税务检查通知书的，纳税人、扣缴义务人及其他当事人有权拒绝检查。税务机关对集贸市场及集中经营业户进行检查时，可以使用统一的税务检查通知书。

税务检查证和税务检查通知书的式样、使用和管理的具体办法，由国家税务总局制定。

第七章　法律责任

第九十条　纳税人未按照规定办理税务登记证件验证或者换证手续的，由税务机关责令限期改正，可以处 2000 元以下的罚款；情节严重的，处 2000 元以上 1 万元以下的罚款。

第九十一条　非法印制、转借、倒卖、变造或者伪造完税凭证的，由税务机关责令改正，处 2000 元以上 1 万元以下的罚款；情节严重的，处 1 万元以上 5 万元以下的罚款；构成犯罪的，依法追究刑事责任。

第九十二条　银行和其他金融机构未依照税收征管法的规定在从事生产、经营的纳税人的账户中登录税务登记证件号码，或者未按规定在税务登记证件中登录从事生产、经营的纳税人的账户账号的，由税务机关责令其限期改正，处 2000 元以上 2 万元以下的罚款；情节严重的，处 2 万元以上 5 万元以下的罚款。

第九十三条　为纳税人、扣缴义务人非法提供银行账户、发票、证明或者其他方便，导致未缴、少缴税款或者骗取国家出口退税款的，税务机关除没收其违法所得外，可以处未缴、少缴或者骗取的税款 1 倍以下的罚款。

第九十四条　纳税人拒绝代扣、代收税款的，扣缴义务人应当向税务机关报告，由税务机关直接向纳税人追缴税款、滞纳金；纳税人拒不缴纳的，依照税收征管法第六十八条的规定执行。

第九十五条　税务机关依照税收征管法第五十四条第（五）项的规定，到车站、码头、机场、邮政企业及其分支机构检查纳税人有关情况时，有关单位拒绝的，由税务机关责令改正，可以处 1 万元以下的罚款；情节严重的，处 1 万元以上 5 万元以下的罚款。

第九十六条　纳税人、扣缴义务人有下列情形之一的，依照税收征管法第七十条的规定处罚：

（一）提供虚假资料，不如实反映情况，或者拒绝提供有关资料的；

（二）拒绝或者阻止税务机关记录、录音、录像、照相和复制与案件有关的情况和资料的；

（三）在检查期间，纳税人、扣缴义务人转移、隐匿、销毁有关资料的；

（四）有不依法接受税务检查的其他情形的。

第九十七条　税务人员私分扣押、查封的商品、货物或者其他财产，情节严重，构成犯罪的，依法追究刑事责任；尚不构成犯罪的，依法给予行政处分。

第九十八条　税务代理人违反税收法律、行政法规，造成纳税人未缴或者少缴税款的，除由纳税人缴纳或者补缴应纳税款、滞纳金外，对税务代理人处纳税人未缴或者少缴税款 50% 以上 3 倍以下的罚款。

第九十九条　税务机关对纳税人、扣缴义务人及其他当事人处以罚款或者没收违法所得时，应当开付罚没凭证；未开付罚没凭证的，纳税人、扣缴义务人以及其他当事人有权拒绝给付。

第一百条　税收征管法第八十八条规定的纳税争议，是指纳税人、扣缴义务人、纳税担保人对税务机关确定纳税主体、征税对象、征税范围、减税、免税及退税、适用税率、计税依据、纳税环节、纳税期限、纳税地点以及税款征收方式等具体行政行为有异议而发生的争议。

第八章　文书送达

第一百零一条　税务机关送达税务文书，应当直接送交受送达人。

受送达人是公民的，应当由本人直接签收；本人不在的，交其同住成年家属签收。

受送达人是法人或者其他组织的，应当由法人的法定代表人、其他组织的主要负责人或者该法人、组织的财务负责人、负责收件的人签收。受送达人有代理人的，可以送交其代理人签收。

第一百零二条 送达税务文书应当有送达回证，并由受送达人或者本细则规定的其他签收人在送达回证上记明收到日期，签名或者盖章，即为送达。

第一百零三条 受送达人或者本细则规定的其他签收人拒绝签收税务文书的，送达人应当在送达回证上记明拒收理由和日期，并由送达人和见证人签名或者盖章，将税务文书留在受送达人处，即视为送达。

第一百零四条 直接送达税务文书有困难的，可以委托其他有关机关或者其他单位代为送达，或者邮寄送达。

第一百零五条 直接或者委托送达税务文书的，以签收人或者见证人在送达回证上的签收或者注明的收件日期为送达日期；邮寄送达的，以挂号函件回执上注明的收件日期为送达日期，并视为已送达。

第一百零六条 有下列情形之一的，税务机关可以公告送达税务文书，自公告之日起满30日，即视为送达：

（一）同一送达事项的受送达人众多；

（二）采用本章规定的其他送达方式无法送达。

第一百零七条 税务文书的格式由国家税务总局制定。本细则所称税务文书，包括：

（一）税务事项通知书；

（二）责令限期改正通知书；

（三）税收保全措施决定书；

（四）税收强制执行决定书；

（五）税务检查通知书；

（六）税务处理决定书；

（七）税务行政处罚决定书；

（八）行政复议决定书；

（九）其他税务文书。

第九章 附 则

第一百零八条 税收征管法及本细则所称"以上"、"以下"、"日内"、"届满"均含本数。

第一百零九条 税收征管法及本细则所规定期限的最后一日是法定休假日的，以休假日期满的次日为期限的最后一日；在期限内有连续3日以上法定休假日的，按休假日天数顺延。

第一百一十条 税收征管法第三十条第三款规定的代扣、代收手续费，纳入预算管理，由税务机关依照法律、行政法规的规定付给扣缴义务人。

第一百一十一条 纳税人、扣缴义务人委托税务代理人代为办理税务事宜的办法，由国家税务总局规定。

第一百一十二条 耕地占用税、契税、农业税、牧业税的征收管理，按照国务院的有关规定执行。

第一百一十三条 本细则自2002年10月15日起施行。1993年8月4日国务院发布的《中华人民共和国税收征收管理法实施细则》同时废止。

中华人民共和国发票管理办法

（1993年12月12日国务院批准 1993年12月23日财政部令第6号 2010年12月20日国务院令第587号修正）

第一章 总 则

第一条 为了加强发票管理和财务监督，保障国家税收收入，维护经济秩序，根据《中华人民共和国税收征收管理法》，制定本办法。

第二条 在中华人民共和国境内印制、领购、开具、取得、保管、缴销发票的单位和个人（以下称印制、使用发票的单位和个人），必须遵守本办法。

第三条 本办法所称发票，是指在购销商品、提供或者接受服务以及从事其他经营活动中，开具、收取的收付款凭证。

第四条 国务院税务主管部门统一负责全国的发票管理工作。省、自治区、直辖市国家税务局和地方税务局（以下统称省、自治区、直辖市税务机关）依据各自的职责，共同做好本行政区域内的发票管理工作。

财政、审计、工商行政管理、公安等有关部门在各自的职责范围内，配合税务机关做好发票管理工作。

第五条 发票的种类、联次、内容以及使用范围由国务院税务主管部门规定。

第六条 对违反发票管理法规的行为，任何单位和个人可以举报。税务机关应当为检举人保密，并酌情给予奖励。

第二章 发票的印制

第七条 增值税专用发票由国务院税务主管部门确定的企业印制；其他发票，按照国务院税务主管部门的规定，由省、自治区、直辖市税务机关确定的企业印制。禁止私自印制、伪造、变造发票。

第八条 印制发票的企业应当具备下列条件：

（一）取得印刷经营许可证和营业执照；

（二）设备、技术水平能够满足印制发票的需要；

（三）有健全的财务制度和严格的质量监督、安全管理、保密制度。

税务机关应当以招标方式确定印制发票的企业，并发给发票准印证。

第九条 印制发票应当使用国务院税务主管部门确定的全国统一的发票防伪专用品。禁止非法制造发票防伪专用品。

第十条 发票应当套印全国统一发票监制章。全国统一发票监制章的式样和发票版面印刷的要求，由国务院税务主管部门规定。发票监制章由省、自治区、直辖市税务机关制作。禁止伪造发票监制章。

发票实行不定期换版制度。

第十一条 印制发票的企业按照税务机关的统一规定，建立发票印制管理制度和保管措施。

发票监制章和发票防伪专用品的使用和管理实行专人负责制度。

第十二条 印制发票的企业必须按照税务机关批准的式样和数量印制发票。

第十三条 发票应当使用中文印制。民族自治地方的发票，可以加印当地一种通用的民族文字。有实际需要的，也可以同时使用中外两种文字印制。

第十四条 各省、自治区、直辖市内的单位和个人使用的发票，除增值税专用发票外，应当在本省、自治区、直辖市内印制；确有必要到外省、自治区、直辖市印制的，应当由省、自治区、直辖市税务机关商印制地省、自治区、直辖市税务机关同意，由印制地省、自治区、直辖市税务机关确定的企业印制。

禁止在境外印制发票。

第三章 发票的领购

第十五条 需要领购发票的单位和个人，应当持税务登记证件、经办人身份证明、按照国务院税务主管部门规定式样制作的发票专用章的印模，向主管税务机关办理发票领购手续。主管税务机关根据领购单位和个人的经营范围和规模，确认领购发票的种类、数量以及领购方式，在 5 个工作日内发给发票领购簿。

单位和个人领购发票时，应当按照税务机关的规定报告发票使用情况，税务机关应当按照规定进行查验。

第十六条 需要临时使用发票的单位和个人，可以凭购销商品、提供或者接受服务以及从事其他经营活动的书面证明、经办人身份证明，直接向经营地税务机关申请代开发票。依照税收法律、行政法规规定应当缴纳税款的，税务机关应当先征收税款，再开具发票。税务机关根据发票管理的需要，可以按照国务院税务主管部门的规定委托其他单位代开发票。

禁止非法代开发票。

第十七条 临时到本省、自治区、直辖市以外从事经营活动的单位或者个人，应当凭所在地税务机关的证明，向经营地税务机关领购经营地的发票。

临时在本省、自治区、直辖市以内跨市、县从事经营活动领购发票的办法，由省、自治区、直辖市税务机关规定。

第十八条 税务机关对外省、自治区、直辖市来本辖区从事临时经营活动的单位和个人领购发票的，可以要求其提供保证人或者根据所领购发票的票面限额以及数量交纳不超过1万元的保证金，并限期缴销发票。

按期缴销发票的，解除保证人的担保义务或者退还保证金；未按期缴销发票的，由保证人或者以保证金承担法律责任。

税务机关收取保证金应当开具资金往来结算票据。

第四章　发票的开具和保管

第十九条 销售商品、提供服务以及从事其他经营活动的单位和个人，对外发生经营业务收取款项，收款方应当向付款方开具发票；特殊情况下，由付款方向收款方开具发票。

第二十条 所有单位和从事生产、经营活动的个人在购买商品、接受服务以及从事其他经营活动支付款项，应当向收款方取得发票。取得发票时，不得要求变更品名和金额。

第二十一条 不符合规定的发票，不得作为财务报销凭证，任何单位和个人有权拒收。

第二十二条 开具发票应当按照规定的时限、顺序、栏目，全部联次一次性如实开具，并加盖发票专用章。

任何单位和个人不得有下列虚开发票行为：

（一）为他人、为自己开具与实际经营业务情况不符的发票；

（二）让他人为自己开具与实际经营业务情况不符的发票；

（三）介绍他人开具与实际经营业务情况不符的发票。

第二十三条 安装税控装置的单位和个人，应当按照规定使用税控装置开具发票，并按期向主管税务机关报送开具发票的数据。

使用非税控电子器具开具发票的，应当将非税控电子器具使用的软件程序说明资料报主管税务机关备案，并按照规定保存、报送开具发票的数据。

国家推广使用网络发票管理系统开具发票，具体管理办法由国务院税务主管部门制定。

第二十四条 任何单位和个人应当按照发票管理规定使用发票，不得有下列行为：

（一）转借、转让、介绍他人转让发票、发票监制章和发票防伪专用品；

（二）知道或者应当知道是私自印制、伪造、变造、非法取得或者废止的发票而受让、开具、存放、携带、邮寄、运输；

（三）拆本使用发票；

（四）扩大发票使用范围；

（五）以其他凭证代替发票使用。

税务机关应当提供查询发票真伪的便捷渠道。

第二十五条 除国务院税务主管部门规定的特殊情形外，发票限于领购单位和个人在本省、自治区、直辖市内开具。

省、自治区、直辖市税务机关可以规定跨市、县开具发票的办法。

第二十六条 除国务院税务主管部门规定的特殊情形外，任何单位和个人不得跨规定的使用区域携带、邮寄、运输空白发票。

禁止携带、邮寄或者运输空白发票出入境。

第二十七条 开具发票的单位和个人应当建立发票使用登记制度，设置发票登记簿，并定期向主管税务机关报告发票使用情况。

第二十八条 开具发票的单位和个人应当在办理变更或者注销税务登记的同时，办理发票和发票领购簿的变更、缴销手续。

第二十九条 开具发票的单位和个人应当按照税务机关的规定存放和保管发票，不得擅自损毁。已经开具的发票存根联和发票登记簿，应当保存5年。保存期满，报经税务机关查验后销毁。

第五章 发票的检查

第三十条 税务机关在发票管理中有权进行下列检查：

（一）检查印制、领购、开具、取得、保管和缴销发票的情况；

（二）调出发票查验；

（三）查阅、复制与发票有关的凭证、资料；

（四）向当事各方询问与发票有关的问题和情况；

（五）在查处发票案件时，对与案件有关的情况和资料，可以记录、录音、录像、照相和复制。

第三十一条 印制、使用发票的单位和个人，必须接受税务机关依法检查，如实反映情况，提供有关资料，不得拒绝、隐瞒。

税务人员进行检查时，应当出示税务检查证。

第三十二条 税务机关需要将已开具的发票调出查验时，应当向被查验的单位和个人开具发票换票证。发票换票证与所调出查验的发票有同等的效力。被调出查验发票的单位和个人不得拒绝接受。

税务机关需要将空白发票调出查验时，应当开具收据；经查无问题的，应当及时返还。

第三十三条 单位和个人从中国境外取得的与纳税有关的发票或者凭证，税务机关在纳税审查时有疑义的，可以要求其提供境外公证机构或者注册会计师的确认证明，经税务机关审核认可后，方可作为记账核算的凭证。

第三十四条 税务机关在发票检查中需要核对发票存根联与发票联填写情况时，可以向持有发票或者发票存根联的单位发出发票填写情况核对卡，有关单位应当如实填写，按期报回。

第六章 罚 则

第三十五条 违反本办法的规定，有下列情形之一的，由税务机关责令改正，可以处1万元以下的罚款；有违法所得的予以没收：

（一）应当开具而未开具发票，或者未按照规定的时限、顺序、栏目，全部联次一次性开具发票，或者未加盖发票专用章的；

（二）使用税控装置开具发票，未按期向主管税务机关报送开具发票的数据的；

（三）使用非税控电子器具开具发票，未将非税控电子器具使用的软件程序说明资料报主管税务机关备案，或者未按照规定保存、报送开具发票的数据的；

（四）拆本使用发票的；

（五）扩大发票使用范围的；

（六）以其他凭证代替发票使用的；

（七）跨规定区域开具发票的；

（八）未按照规定缴销发票的；

（九）未按照规定存放和保管发票的。

第三十六条 跨规定的使用区域携带、邮寄、运输空白发票，以及携带、邮寄或者运输空白发票出入境的，由税务机关责令改正，可以处 1 万元以下的罚款；情节严重的，处 1 万元以上 3 万元以下的罚款；有违法所得的予以没收。

丢失发票或者擅自损毁发票的，依照前款规定处罚。

第三十七条 违反本办法第二十二条第二款的规定虚开发票的，由税务机关没收违法所得；虚开金额在 1 万元以下的，可以并处 5 万元以下的罚款；虚开金额超过 1 万元的，并处 5 万元以上 50 万元以下的罚款；构成犯罪的，依法追究刑事责任。

非法代开发票的，依照前款规定处罚。

第三十八条 私自印制、伪造、变造发票，非法制造发票防伪专用品，伪造发票监制章的，由税务机关没收违法所得，没收、销毁作案工具和非法物品，并处 1 万元以上 5 万元以下的罚款；情节严重的，并处 5 万元以上 50 万元以下的罚款；对印制发票的企业，可以并处吊销发票准印证；构成犯罪的，依法追究刑事责任。

前款规定的处罚，《中华人民共和国税收征收管理法》有规定的，依照其规定执行。

第三十九条 有下列情形之一的，由税务机关处 1 万元以上 5 万元以下的罚款；情节严重的，处 5 万元以上 50 万元以下的罚款；有违法所得的予以没收：

（一）转借、转让、介绍他人转让发票、发票监制章和发票防伪专用品的；

（二）知道或者应当知道是私自印制、伪造、变造、非法取得或者废止的发票而受让、开具、存放、携带、邮寄、运输的。

第四十条 对违反发票管理规定 2 次以上或者情节严重的单位和个人，税务机关可以向社会公告。

第四十一条 违反发票管理法规，导致其他单位或者个人未缴、少缴或者骗取税款的，由税务机关没收违法所得，可以并处未缴、少缴或者骗取的税款 1 倍以下的罚款。

第四十二条 当事人对税务机关的处罚决定不服的，可以依法申请行政复议或者向人民法院提起行政诉讼。

第四十三条 税务人员利用职权之便，故意刁难印制、使用发票的单位和个人，或者有违反发票管理法规行为的，依照国家有关规定给予处分；构成犯罪的，依法追究刑事责任。

第七章 附 则

第四十四条 国务院税务主管部门可以根据有关行业特殊的经营方式和业务需求，会同国务院有关主管部门制定该行业的发票管理办法。

国务院税务主管部门可以根据增值税专用发票管理的特殊需要，制定增值税专用发票的具体管理办法。

第四十五条 本办法自发布之日起施行。财政部 1986 年发布的《全国发票管理暂行办法》和原国家税务局 1991 年发布的《关于对外商投资企业和外国企业发票管理的暂行规定》同时废止。

中华人民共和国发票管理办法实施细则

(2011 年 2 月 14 日 国家税务总局令第 25 号
2014 年 12 月 27 日 国家税务总局令第 37 号修正)

第一章 总 则

第一条 根据《中华人民共和国发票管理办法》（以下简称《办法》）规定，制定本实施细则。

第二条 在全国范围内统一式样的发票,由国家税务总局确定。

在省、自治区、直辖市范围内统一式样的发票,由省、自治区、直辖市国家税务局、地方税务局(以下简称省税务机关)确定。

第三条 发票的基本联次包括存根联、发票联、记账联。存根联由收款方或开票方留存备查;发票联由付款方或受票方作为付款原始凭证;记账联由收款方或开票方作为记账原始凭证。

省以上税务机关可根据发票管理情况以及纳税人经营业务需要,增减除发票联以外的其他联次,并确定其用途。

第四条 发票的基本内容包括:发票的名称、发票代码和号码、联次及用途、客户名称、开户银行及账号、商品名称或经营项目、计量单位、数量、单价、大小写金额、开票人、开票日期、开票单位(个人)名称(章)等。

省以上税务机关可根据经济活动以及发票管理需要,确定发票的具体内容。

第五条 用票单位可以书面向税务机关要求使用印有本单位名称的发票,税务机关依据《办法》第十五条的规定,确认印有该单位名称发票的种类和数量。

第二章 发票的印制

第六条 发票准印证由国家税务总局统一监制,省税务机关核发。

税务机关应当对印制发票企业实施监督管理,对不符合条件的,应当取消其印制发票的资格。

第七条 全国统一的发票防伪措施由国家税务总局确定,省税务机关可以根据需要增加本地区的发票防伪措施,并向国家税务总局备案。

发票防伪专用品应当按照规定专库保管,不得丢失。次品、废品应当在税务机关监督下集中销毁。

第八条 全国统一发票监制章是税务机关管理发票的法定标志,其形状、规格、内容、印色由国家税务总局规定。

第九条 全国范围内发票换版由国家税务总局确定;省、自治区、直辖市范围内发票换版由省税务机关确定。

发票换版时,应当进行公告。

第十条 监制发票的税务机关根据需要下达发票印制通知书,被指定的印制企业必须按照要求印制。

发票印制通知书应当载明印制发票企业名称、用票单位名称、发票名称、发票代码、种类、联次、规格、印色、印制数量、起止号码、交货时间、地点等内容。

第十一条 印制发票企业印制完毕的成品应当按照规定验收后专库保管,不得丢失。废品应当及时销毁。

第三章 发票的领购

第十二条 《办法》第十五条所称经办人身份证明是指经办人的居民身份证、护照或者其他能证明经办人身份的证件。

第十三条 《办法》第十五条所称发票专用章是指用票单位和个人在其开具发票时加盖的有其名称、税务登记号、发票专用章字样的印章。

发票专用章式样由国家税务总局确定。

第十四条 税务机关对领购发票单位和个人提供的发票专用章的印模应当留存备查。

第十五条 《办法》第十五条所称领购方式是指批量供应、交旧购新或者验旧购新等方式。

第十六条 《办法》第十五条所称发票领购簿的内容应当包括用票单位和个人的名称、所属行业、购票方式、核准购票种类、开票限额、发票名称、领购日期、准购数量、起止号码、违章记录、领购人签字(盖章)、核发税务机关(章)等内容。

第十七条　《办法》第十五条所称发票使用情况是指发票领用存情况及相关开票数据。

第十八条　税务机关在发售发票时，应当按照核准的收费标准收取工本管理费，并向购票单位和个人开具收据。发票工本费征缴办法按照国家有关规定执行。

第十九条　《办法》第十六条所称书面证明是指有关业务合同、协议或者税务机关认可的其他资料。

第二十条　税务机关应当与受托代开发票的单位签订协议，明确代开发票的种类、对象、内容和相关责任等内容。

第二十一条　《办法》第十八条所称保证人，是指在中国境内具有担保能力的公民、法人或者其他经济组织。

保证人同意为领购发票的单位和个人提供担保的，应当填写担保书。担保书内容包括：担保对象、范围、期限和责任以及其他有关事项。

担保书须经购票人、保证人和税务机关签字盖章后方为有效。

第二十二条　《办法》第十八条第二款所称由保证人或者以保证金承担法律责任，是指由保证人缴纳罚款或者以保证金缴纳罚款。

第二十三条　提供保证人或者交纳保证金的具体范围由省税务机关规定。

第四章　发票的开具和保管

第二十四条　《办法》第十九条所称特殊情况下，由付款方向收款方开具发票，是指下列情况：

（一）收购单位和扣缴义务人支付个人款项时；

（二）国家税务总局认为其他需要由付款方向收款方开具发票的。

第二十五条　向消费者个人零售小额商品或者提供零星服务的，是否可免于逐笔开具发票，由省税务机关确定。

第二十六条　填开发票的单位和个人必须在发生经营业务确认营业收入时开具发票。未发生经营业务一律不准开具发票。

第二十七条　开具发票后，如发生销货退回需开红字发票的，必须收回原发票并注明"作废"字样或取得对方有效证明。

开具发票后，如发生销售折让的，必须在收回原发票并注明"作废"字样后重新开具销售发票或取得对方有效证明后开具红字发票。

第二十八条　单位和个人在开具发票时，必须做到按照号码顺序填开，填写项目齐全，内容真实，字迹清楚，全部联次一次打印，内容完全一致，并在发票联和抵扣联加盖发票专用章。

第二十九条　开具发票应当使用中文。民族自治地方可以同时使用当地通用的一种民族文字。

第三十条　《办法》第二十六条所称规定的使用区域是指国家税务总局和省税务机关规定的区域。

第三十一条　使用发票的单位和个人应当妥善保管发票。发生发票丢失情形时，应当于发现丢失当日书面报告税务机关，并登报声明作废。

第五章　发票的检查

第三十二条　《办法》第三十二条所称发票换票证仅限于在本县（市）范围内使用。需要调出外县（市）的发票查验时，应当提请该县（市）税务机关调取发票。

第三十三条　用票单位和个人有权申请税务机关对发票的真伪进行鉴别。收到申请的税务机关应当受理并负责鉴别发票的真伪；鉴别有困难的，可以提请发票监制税务机关协助鉴别。

在伪造、变造现场以及买卖地、存放地查获的发票，由当地税务机关鉴别。

第六章　罚　则

第三十四条　税务机关对违反发票管理法规的行为进行处罚，应当将行政处罚决定书面通知当事人；对违反发票管理法规的案件，应当立案查处。

对违反发票管理法规的行政处罚，由县以上税务机关决定；罚款额在2000元以下的，可由税务所决定。

第三十五条 《办法》第四十条所称的公告是指，税务机关应当在办税场所或者广播、电视、报纸、期刊、网络等新闻媒体上公告纳税人发票违法的情况。公告内容包括：纳税人名称、纳税人识别号、经营地点、违反发票管理法规的具体情况。

第三十六条 对违反发票管理法规情节严重构成犯罪的，税务机关应当依法移送司法机关处理。

第七章 附 则

第三十七条 《办法》和本实施细则所称"以上"、"以下"均含本数。

第三十八条 本实施细则自2011年2月1日起施行。

关于加快推进"多证合一"改革的指导意见

(2017年5月5日 国务院办公厅 国办发〔2017〕41号)

各省、自治区、直辖市人民政府，国务院各部委、各直属机构：

"五证合一"、"两证整合"登记制度改革的相继实施有效提升了政府行政服务效率，降低了市场主体创设的制度性交易成本，激发了市场活力和社会创新力，但目前仍然存在各类证照数量过多、"准入不准营"、简政放权措施协同配套不够等问题。为进一步优化营商环境，经国务院同意，现就加快推进"多证合一"改革提出以下意见。

一、统一思想，充分认识推行改革的重要意义

在全面实施企业、农民专业合作社工商营业执照、组织机构代码证、税务登记证、社会保险登记证、统计登记证"五证合一、一照一码"登记制度改革和个体工商户工商营业执照、税务登记证"两证整合"的基础上，将涉及企业（包括个体工商户、农民专业合作社，下同）登记、备案等有关事项和各类证照（以下统称涉企证照事项）进一步整合到营业执照上，实现"多证合一、一照一码"，是贯彻中央关于推进供给侧结构性改革决策部署，推进简政放权、放管结合、优化服务的重要内容，是进一步推动政府职能转变、深化行政审批制度改革的重要途径，是深化商事制度改革、进一步释放改革红利的重要抓手；对于推动市场在资源配置中起决定性作用和更好发挥政府作用，构建"互联网+"环境下政府新型管理方式、营造便利宽松的创业创新环境和公开透明平等竞争的营商环境，建立程序更为便利、内容更为完善、流程更为优化、资源更为集约的市场准入新模式，促进提高劳动生产率具有重要意义。各地区、各部门要高度重视，积极作为，把这项改革的实施工作摆在重要位置，采取切实有力措施，确保"多证合一"改革在2017年10月1日前落到实处、取得实效。

二、认真梳理涉企证照事项，全面实行"多证合一"

坚持"多证合一"和行政审批制度改革相结合，按照市场化改革方向，充分发挥市场在资源配置中的决定性作用。各地区要按照能整合的尽量整合、能简化的尽量简化、该减掉的坚决减掉的原则，全面梳理、分类处理涉企证照事项，将信息采集、记载公示、管理备查类的一般经营项目涉企证照事项，以及企业登记信息能够满足政府部门管理需要的涉企证照事项，进一步整合到营业执照上，被整合证照不再发放，实行"多证合一、一照一码"，使企业在办理营业执照后即能达到预定可生产经营状态，大幅度缩短企业从筹备开办到进入市场的时间。对于市场机制能够有效调节、企业能够自主管理的事项以及可以通过加强事中事后监管达到原设定涉企证照事项目的的，要逐步取消或改为备案管理。对于关系公共安全、经济安全、生态安全、生产安全、意识形态安全的涉企证照事项继续予以保留，要实行准入清单管理。对于没有法律法规依据、非按法定程序设定的涉企证照事项一律取消。

三、深化信息共享和业务协同，简化企业准入手续

坚持互联互通与数据共享相结合，大力推进信息共享，能向社会公开的尽量公开，打通信息孤岛。各地区要依托已有设施资源和政府统一数据共享交换平台，进一步完善省级信用信息共享平台、国家企业信用信息公示系统、部门间的数据接口，在更大范围、更深层次实现部门间企业基础信息和相关信用信息共享、业务协同。各地区要加快制定政府数据资源共享目录体系和管理办法，建立区域内统一标准的市场主体信息库，构建统一高效、互联互通、安全可靠的政府数据资源体系，打破部门和行业信息壁垒。从严控制个性化信息采集，凡是能通过信息共享获取的信息和前序流程已收取的材料，不得要求企业和群众重复提交；凡是能通过网络核验的信息，不得要求其他单位和申请人重复提交；凡是应由行政机关及相关机构调查核实的信息，由部门自行核实，实现相同信息"一次采集、一档管理"，避免让企业重复登记、重复提交材料。

四、完善工作流程，做好改革衔接过渡

各地区要在"五证合一"登记制度改革工作机制及技术方案的基础上，继续全面实行"一套材料、一表登记、一窗受理"的工作模式，申请人办理企业注册登记时只需填写"一张表格"，向"一个窗口"提交"一套材料"。登记部门直接核发加载统一社会信用代码的营业执照，相关信息在国家企业信用信息公示系统公示，并及时归集至全国信用信息共享平台。企业不再另行办理"多证合一"涉及的被整合证照事项，相关部门通过信息共享满足管理需要。已按照"五证合一"登记模式领取加载统一社会信用代码营业执照的企业，不需要重新申请办理"多证合一"登记，由登记机关将相关登记信息通过全国信用信息共享平台共享给被整合证照涉及的相关部门。企业原证照有效期满、申请变更登记或者申请换发营业执照的，由登记机关换发加载统一社会信用代码的营业执照。

五、推进"互联网＋政务服务"，不断提高服务效率

坚持优化政务服务与推进"互联网＋"相结合，优化审批流程，提高审批效率，提升透明度和可预期性。各地区要加快一体化网上政务服务平台建设，打造"互联网＋"模式下方便快捷、公平普惠、优质高效的政务服务体系。推进各类涉企证照事项线上并联审批，优化线上、线下办事流程，简化办事手续，减少办事环节，降低办事成本，实现"一网通办、一窗核发"。要推进涉企证照事项标准化管理，在全面梳理、分类处理的基础上，全面公开涉企证照事项目录和程序，明晰具体受理条件和办理标准，列明审查要求和时限，实现服务事项标准化。

六、加强事中事后监管，促进服务效能提升

坚持便捷准入与严格监管相结合，以有效监管保障便捷准入，防止劣币驱逐良币，提高开办企业积极性。各地区、各部门要切实转变理念，精简事前审批，加强事中事后监管，探索市场监管新模式。要全面推行"双随机、一公开"监管，按照"谁审批、谁监管，谁主管、谁监管"的原则，强化主动监管、认真履职意识，明确监管责任。要建立以信用为核心的新型监管机制，依托全国信用信息共享平台不断完善政府部门之间信息共享与联合惩戒机制，充分发挥国家企业信用信息公示系统和"信用中国"网站的作用，强化企业自我约束功能，降低市场交易风险，减少政府监管成本，提高经济运行效率。

七、推进"一照一码"营业执照广泛应用，推动改革落地

坚持"多证合一"与推进"一照一码"营业执照应用相结合，打通改革成果落地的"最后一公里"。各地"多证合一"改革情况不同，证照整合项目、形式不同，各地区、各部门要加快完善各自相关信息系统，互认"一照一码"营业执照的法律效力，推进"一照一码"营业执照在区域内、行业内的互认和应用。对于被整合证照所涵盖的原有事项信息，不得再要求企业提供额外的证明文件，使"一照一码"营业执照成为企业唯一"身份证"，使统一社会信用代码成为企业唯一身份代码，实现企业"一照一码"走天下。

八、强化中央和地方联动，统筹稳妥推进改革

坚持统筹推进与因地制宜相结合，鼓励地方大胆探索实践，自下而上，上下联动。各省级人民政府要结合实际，鼓励基层探索实践。要及时总结改革经验，巩固改革成果，不断扩大"多证合一"

的覆盖范围。国务院各相关部门要解放思想，锐意进取，主动作为。各地区、各部门要按照职责分工，加强衔接配合，积极推进改革。要做好对改革政策的解读和宣传工作，形成推动改革落地见效的良好氛围，确保"多证合一"改革各项措施顺利推进。

九、完善配套制度和政策，确保改革于法有据

坚持基层先行先试与依法推动相结合，大力推进相关法律法规制修订和改革配套政策联动。各地区、各部门在推进"多证合一"改革时，要充分做好沟通和衔接工作，在全面梳理、分类处理涉企证照事项的基础上，对确需在全国范围内合并的事项中涉及法律、法规、规章和规范性文件修改、完善和清理的，要按照职责分工，依照法定程序开展相关工作，确保改革在法治轨道上推进。

十、加强窗口建设，做好人员、设施、经费保障

坚持内强素质与外提能力相结合，以内挖潜力、充分利用原有设施为重点，做好人员、设施、经费保障工作。"多证合一"改革后，基层登记窗口压力将进一步增大。各地区要通过合理调整、优化机构和人员配置，配足配强窗口人员队伍，确有必要时可以采用政府购买服务等方式，提高窗口服务能力。要加强窗口工作人员培训，提高业务素质。要优化支出结构，加强窗口软硬件设施配备，做好信息化保障。

十一、加强督查考核，完善激励机制

坚持鼓励先进与鞭策落后相结合，充分调动干事创业积极性、主动性。各地区要通过制定任务清单、将落实情况纳入政府工作考核内容等方式，把"多证合一"改革摆进地方经济社会发展大局考虑，加强督查，形成有效激励机制和容错纠错机制。要对接国际营商环境指标，加强对本地区营商环境便利化的评估和排名工作，建立开办企业时间统计通报制度，研究建立新生市场主体统计调查、监测分析制度。相关部门要组织联合督导，对改革进展情况进行监督检查。

三、金融证券法律制度部分

中华人民共和国票据法

（1995年5月10日第八届全国人民代表大会常务委员会第十三次会议通过 2004年8月28日第十届全国人民代表大会常务委员会第十一次会议修正）

第一章 总 则

第一条 为了规范票据行为，保障票据活动中当事人的合法权益，维护社会经济秩序，促进社会主义市场经济的发展，制定本法。

第二条 在中华人民共和国境内的票据活动，适用本法。

本法所称票据，是指汇票、本票和支票。

第三条 票据活动应当遵守法律、行政法规，不得损害社会公共利益。

第四条 票据出票人制作票据，应当按照法定条件在票据上签章，并按照所记载的事项承担票据责任。

持票人行使票据权利，应当按照法定程序在票据上签章，并出示票据。

其他票据债务人在票据上签章的，按照票据所记载的事项承担票据责任。

本法所称票据权利，是指持票人向票据债务人请求支付票据金额的权利，包括付款请求权和追索权。

本法所称票据责任，是指票据债务人向持票人支付票据金额的义务。

第五条 票据当事人可以委托其代理人在票据上签章，并应当在票据上表明其代理关系。

没有代理权而以代理人名义在票据上签章的，应当由签章人承担票据责任；代理人超越代理权限的，应当就其超越权限的部分承担票据责任。

第六条 无民事行为能力人或者限制民事行为能力人在票据上签章的，其签章无效，但是不影响其他签章的效力。

第七条 票据上的签章，为签名、盖章或者签名加盖章。

法人和其他使用票据的单位在票据上的签章，为该法人或者该单位的盖章加其法定代表人或者其授权的代理人的签章。

在票据上的签名，应当为该当事人的本名。

第八条 票据金额以中文大写和数码同时记载，二者必须一致，二者不一致的，票据无效。

第九条 票据上的记载事项必须符合本法的规定。

票据金额、日期、收款人名称不得更改，更改的票据无效。

对票据上的其他记载事项，原记载人可以更改，更改时应当由原记载人签章证明。

第十条 票据的签发、取得和转让，应当遵循诚实信用的原则，具有真实的交易关系和债权债务关系。

票据的取得，必须给付对价，即应当给付票据双方当事人认可的相对应的代价。

第十一条 因税收、继承、赠与可以依法无偿取得票据的，不受给付对价的限制。但是，所享有的票据权利不得优于其前手的权利。

前手是指在票据签章人或者持票人之前签章的其他票据债务人。

第十二条 以欺诈、偷盗或者胁迫等手段取得票据的,或者明知有前列情形,出于恶意取得票据的,不得享有票据权利。

持票人因重大过失取得不符合本法规定的票据的,也不得享有票据权利。

第十三条 票据债务人不得以自己与出票人或者与持票人的前手之间的抗辩事由,对抗持票人。但是,持票人明知存在抗辩事由而取得票据的除外。

票据债务人可以对不履行约定义务的与自己有直接债权债务关系的持票人,进行抗辩。

本法所称抗辩,是指票据债务人根据本法规定对票据债权人拒绝履行义务的行为。

第十四条 票据上的记载事项应当真实,不得伪造、变造。伪造、变造票据上的签章和其他记载事项的,应当承担法律责任。

票据上有伪造、变造的签章的,不影响票据上其他真实签章的效力。

票据上其他记载事项被变造的,在变造之前签章的人,对原记载事项负责;在变造之后签章的人,对变造之后的记载事项负责;不能辨别是在票据被变造之前或者之后签章的,视同在变造之前签章。

第十五条 票据丧失,失票人可以及时通知票据的付款人挂失止付,但是,未记载付款人或者无法确定付款人及其代理付款人的票据除外。

收到挂失止付通知的付款人,应当暂停支付。

失票人应当在通知挂失止付后3日内,也可以在票据丧失后,依法向人民法院申请公示催告,或者向人民法院提起诉讼。

第十六条 持票人对票据债务人行使票据权利,或者保全票据权利,应当在票据当事人的营业场所和营业时间内进行,票据当事人无营业场所的,应当在其住所进行。

第十七条 票据权利在下列期限内不行使而消灭:

(一)持票人对票据的出票人和承兑人的权利,自票据到期日起2年。见票即付的汇票、本票,自出票日起2年;

(二)持票人对支票出票人的权利,自出票日起6个月;

(三)持票人对前手的追索权,自被拒绝承兑或者被拒绝付款之日起6个月;

(四)持票人对前手的再追索权,自清偿日或者被提起诉讼之日起3个月。

票据的出票日、到期日由票据当事人依法确定。

第十八条 持票人因超过票据权利时效或者因票据记载事项欠缺而丧失票据权利的,仍享有民事权利,可以请求出票人或者承兑人返还其与未支付的票据金额相当的利益。

第二章 汇 票

第一节 出 票

第十九条 汇票是出票人签发的,委托付款人在见票时或者在指定日期无条件支付确定的金额给收款人或者持票人的票据。

汇票分为银行汇票和商业汇票。

第二十条 出票是指出票人签发票据并将其交付给收款人的票据行为。

第二十一条 汇票的出票人必须与付款人具有真实的委托付款关系,并且具有支付汇票金额的可靠资金来源。

不得签发无对价的汇票用以骗取银行或者其他票据当事人的资金。

第二十二条 汇票必须记载下列事项:

(一)表明"汇票"的字样;

(二)无条件支付的委托;

(三)确定的金额;

（四）付款人名称；

（五）收款人名称；

（六）出票日期；

（七）出票人签章。

汇票上未记载前款规定事项之一的，汇票无效。

第二十三条 汇票上记载付款日期、付款地、出票地等事项的，应当清楚、明确。

汇票上未记载付款日期的，为见票即付。

汇票上未记载付款地的，付款人的营业场所、住所或者经常居住地为付款地。

汇票上未记载出票地的，出票人的营业场所、住所或者经常居住地为出票地。

第二十四条 汇票上可以记载本法规定事项以外的其他出票事项，但是该记载事项不具有汇票上的效力。

第二十五条 付款日期可以按照下列形式之一记载：

（一）见票即付；

（二）定日付款；

（三）出票后定期付款；

（四）见票后定期付款。

前款规定的付款日期为汇票到期日。

第二十六条 出票人签发汇票后，即承担保证该汇票承兑和付款的责任。出票人在汇票得不到承兑或者付款时，应当向持票人清偿本法第七十条、第七十一条规定的金额和费用。

第二节 背书

第二十七条 持票人可以将汇票权利转让给他人或者将一定的汇票权利授予他人行使。

出票人在汇票上记载"不得转让"字样的，汇票不得转让。

持票人行使第一款规定的权利时，应当背书并交付汇票。

背书是指在票据背面或者粘单上记载有关事项并签章的票据行为。

第二十八条 票据凭证不能满足背书人记载事项的需要，可以加附粘单，粘附于票据凭证上。

粘单上的第一记载人，应当在汇票和粘单的粘接处签章。

第二十九条 背书由背书人签章并记载背书日期。

背书未记载日期的，视为在汇票到期日前背书。

第三十条 汇票以背书转让或者以背书将一定的汇票权利授予他人行使时，必须记载被背书人名称。

第三十一条 以背书转让的汇票，背书应当连续。持票人以背书的连续，证明其汇票权利；非经背书转让，而以其他合法方式取得汇票的，依法举证，证明其汇票权利。

前款所称背书连续，是指在票据转让中，转让汇票的背书人与受让汇票的被背书人在汇票上的签章依次前后衔接。

第三十二条 以背书转让的汇票，后手应当对其直接前手背书的真实性负责。

后手是指在票据签章人之后签章的其他票据债务人。

第三十三条 背书不得附有条件。背书时附有条件的，所附条件不具有汇票上的效力。

将汇票金额的一部分转让的背书或者将汇票金额分别转让给2人以上的背书无效。

第三十四条 背书人在汇票上记载"不得转让"字样，其后手再背书转让的，原背书人对后手的被背书人不承担保证责任。

第三十五条 背书记载"委托收款"字样的，被背书人有权代背书人行使被委托的汇票权利。但是，被背书人不得再以背书转让汇票权利。

汇票可以设定质押；质押时应当以背书记载"质押"字样。被背书人依法实现其质权时，可以行使汇票权利。

第三十六条 汇票被拒绝承兑、被拒绝付款或者超过付款提示期限的，不得背书转让；背书转让的，背书人应当承担汇票责任。

第三十七条 背书人以背书转让汇票后，即承担保证其后手所持汇票承兑和付款的责任。背书人在汇票得不到承兑或者付款时，应当向持票人清偿本法第七十条、第七十一条规定的金额和费用。

第三节 承兑

第三十八条 承兑是指汇票付款人承诺在汇票到期日支付汇票金额的票据行为。

第三十九条 定日付款或者出票后定期付款的汇票，持票人应当在汇票到期日前向付款人提示承兑。

提示承兑是指持票人向付款人出示汇票，并要求付款人承诺付款的行为。

第四十条 见票后定期付款的汇票，持票人应当自出票日起 1 个月内向付款人提示承兑。

汇票未按照规定期限提示承兑的，持票人丧失对其前手的追索权。

见票即付的汇票无须提示承兑。

第四十一条 付款人对向其提示承兑的汇票，应当自收到提示承兑的汇票之日起 3 日内承兑或者拒绝承兑。

付款人收到持票人提示承兑的汇票时，应当向持票人签发收到汇票的回单。回单上应当记明汇票提示承兑日期并签章。

第四十二条 付款人承兑汇票的，应当在汇票正面记载"承兑"字样和承兑日期并签章；见票后定期付款的汇票，应当在承兑时记载付款日期。

汇票上未记载承兑日期的，以前条第一款规定期限的最后一日为承兑日期。

第四十三条 付款人承兑汇票，不得附有条件；承兑附有条件的，视为拒绝承兑。

第四十四条 付款人承兑汇票后，应当承担到期付款的责任。

第四节 保证

第四十五条 汇票的债务可以由保证人承担保证责任。

保证人由汇票债务人以外的他人担当。

第四十六条 保证人必须在汇票或者粘单上记载下列事项：

（一）表明"保证"的字样；

（二）保证人名称和住所；

（三）被保证人的名称；

（四）保证日期；

（五）保证人签章。

第四十七条 保证人在汇票或者粘单上未记载前条第（三）项的，已承兑的汇票，承兑人为被保证人；未承兑的汇票，出票人为被保证人。

保证人在汇票或者粘单上未记载前条第（四）项的，出票日期为保证日期。

第四十八条 保证不得附有条件；附有条件的，不影响对汇票的保证责任。

第四十九条 保证人对合法取得汇票的持票人所享有的汇票权利，承担保证责任。但是，被保证人的债务因汇票记载事项欠缺而无效的除外。

第五十条 被保证的汇票，保证人应当与被保证人对持票人承担连带责任。汇票到期后得不到付款的，持票人有权向保证人请求付款，保证人应当足额付款。

第五十一条 保证人为 2 人以上的，保证人之间承担连带责任。

第五十二条 保证人清偿汇票债务后，可以行使持票人对被保证人及其前手的追索权。

第五节 付款

第五十三条 持票人应当按照下列期限提示付款：

（一）见票即付的汇票，自出票日起 1 个月内向付款人提示付款；

（二）定日付款、出票后定期付款或者见票后定期付款的汇票，自到期日起 10 日内向承兑人提示付款。

持票人未按照前款规定期限提示付款的，在作出说明后，承兑人或者付款人仍应当继续对持票人承担付款责任。

通过委托收款银行或者通过票据交换系统向付款人提示付款的，视同持票人提示付款。

第五十四条 持票人依照前条规定提示付款的，付款人必须在当日足额付款。

第五十五条 持票人获得付款的，应当在汇票上签收，并将汇票交给付款人。持票人委托银行收款的，受委托的银行将代收的汇票金额转账收入持票人账户，视同签收。

第五十六条 持票人委托的收款银行的责任，限于按照汇票上记载事项将汇票金额转入持票人账户。

付款人委托的付款银行的责任，限于按照汇票上记载事项从付款人账户支付汇票金额。

第五十七条 付款人及其代理付款人付款时，应当审查汇票背书的连续，并审查提示付款人的合法身份证明或者有效证件。

付款人及其代理付款人以恶意或者有重大过失付款的，应当自行承担责任。

第五十八条 对定日付款、出票后定期付款或者见票后定期付款的汇票，付款人在到期日前付款的，由付款人自行承担所产生的责任。

第五十九条 汇票金额为外币的，按照付款日的市场汇价，以人民币支付。

汇票当事人对汇票支付的货币种类另有约定的，从其约定。

第六十条 付款人依法足额付款后，全体汇票债务人的责任解除。

第六节 追索权

第六十一条 汇票到期被拒绝付款的，持票人可以对背书人、出票人以及汇票的其他债务人行使追索权。

汇票到期日前，有下列情形之一的，持票人也可以行使追索权：

（一）汇票被拒绝承兑的；

（二）承兑人或者付款人死亡、逃匿的；

（三）承兑人或者付款人被依法宣告破产的或者因违法被责令终止业务活动的。

第六十二条 持票人行使追索权时，应当提供被拒绝承兑或者被拒绝付款的有关证明。

持票人提示承兑或者提示付款被拒绝的，承兑人或者付款人必须出具拒绝证明，或者出具退票理由书。未出具拒绝证明或者退票理由书的，应当承担由此产生的民事责任。

第六十三条 持票人因承兑人或者付款人死亡、逃匿或者其他原因，不能取得拒绝证明的，可以依法取得其他有关证明。

第六十四条 承兑人或者付款人被人民法院依法宣告破产的，人民法院的有关司法文书具有拒绝证明的效力。

承兑人或者付款人因违法被责令终止业务活动的，有关行政主管部门的处罚决定具有拒绝证明的效力。

第六十五条 持票人不能出示拒绝证明、退票理由书或者未按照规定期限提供其他合法证明的，丧失对其前手的追索权。但是，承兑人或者付款人仍应当对持票人承担责任。

第六十六条 持票人应当自收到被拒绝承兑或者被拒绝付款的有关证明之日起 3 日内，将被拒绝事由书面通知其前手；其前手应当自收到通知之日起 3 日内书面通知其再前手。持票人也可以同时向各汇票债务人发出书面通知。

未按照前款规定期限通知的，持票人仍可以行使追索权。因延期通知给其前手或者出票人造成损失的，由没有按照规定期限通知的汇票当事人，承担对该损失的赔偿责任，但是所赔偿的金额以汇票金额为限。

在规定期限内将通知按照法定地址或者约定的地址邮寄的，视为已经发出通知。

第六十七条　依照前条第一款所作的书面通知，应当记明汇票的主要记载事项，并说明该汇票已被退票。

第六十八条　汇票的出票人、背书人、承兑人和保证人对持票人承担连带责任。

持票人可以不按照汇票债务人的先后顺序，对其中任何一人、数人或者全体行使追索权。

持票人对汇票债务人中的一人或者数人已经进行追索的，对其他汇票债务人仍可以行使追索权。被追索人清偿债务后，与持票人享有同一权利。

第六十九条　持票人为出票人的，对其前手无追索权。持票人为背书人的，对其后手无追索权。

第七十条　持票人行使追索权，可以请求被追索人支付下列金额和费用：

（一）被拒绝付款的汇票金额；

（二）汇票金额自到期日或者提示付款日起至清偿日止，按照中国人民银行规定的利率计算的利息；

（三）取得有关拒绝证明和发出通知书的费用。

被追索人清偿债务时，持票人应当交出汇票和有关拒绝证明，并出具所收到利息和费用的收据。

第七十一条　被追索人依照前条规定清偿后，可以向其他汇票债务人行使再追索权，请求其他汇票债务人支付下列金额和费用：

（一）已清偿的全部金额；

（二）前项金额自清偿日起至再追索清偿日止，按照中国人民银行规定的利率计算的利息；

（三）发出通知书的费用。

行使再追索权的被追索人获得清偿时，应当交出汇票和有关拒绝证明，并出具所收到利息和费用的收据。

第七十二条　被追索人依照前两条规定清偿债务后，其责任解除。

第三章　本　票

第七十三条　本票是出票人签发的，承诺自己在见票时无条件支付确定的金额给收款人或者持票人的票据。

本法所称本票，是指银行本票。

第七十四条　本票的出票人必须具有支付本票金额的可靠资金来源，并保证支付。

第七十五条　本票必须记载下列事项：

（一）表明"本票"的字样；

（二）无条件支付的承诺；

（三）确定的金额；

（四）收款人名称；

（五）出票日期；

（六）出票人签章。

本票上未记载前款规定事项之一的，本票无效。

第七十六条　本票上记载付款地、出票地等事项的，应当清楚、明确。

本票上未记载付款地的，出票人的营业场所为付款地。

本票上未记载出票地的，出票人的营业场所为出票地。

第七十七条　本票的出票人在持票人提示见票时，必须承担付款的责任。

第七十八条　本票自出票日起，付款期限最长不得超过2个月。

第七十九条　本票的持票人未按照规定期限提示见票的，丧失对出票人以外的前手的追索权。

第八十条　本票的背书、保证、付款行为和追索权的行使，除本章规定外，适用本法第二章有关汇票的规定。

本票的出票行为，除本章规定外，适用本法第二十四条关于汇票的规定。

第四章 支 票

第八十一条 支票是出票人签发的，委托办理支票存款业务的银行或者其他金融机构在见票时无条件支付确定的金额给收款人或者持票人的票据。

第八十二条 开立支票存款账户，申请人必须使用其本名，并提交证明其身份的合法证件。

开立支票存款账户和领用支票，应当有可靠的资信，并存入一定的资金。

开立支票存款账户，申请人应当预留其本名的签名式样和印鉴。

第八十三条 支票可以支取现金，也可以转账，用于转账时，应当在支票正面注明。

支票中专门用于支取现金的，可以另行制作现金支票，现金支票只能用于支取现金。

支票中专门用于转账的，可以另行制作转账支票，转账支票只能用于转账，不得支取现金。

第八十四条 支票必须记载下列事项：

（一）表明"支票"的字样；

（二）无条件支付的委托；

（三）确定的金额；

（四）付款人名称；

（五）出票日期；

（六）出票人签章。

支票上未记载前款规定事项之一的，支票无效。

第八十五条 支票上的金额可以由出票人授权补记，未补记前的支票，不得使用。

第八十六条 支票上未记载收款人名称的，经出票人授权，可以补记。

支票上未记载付款地的，付款人的营业场所为付款地。

支票上未记载出票地的，出票人的营业场所、住所或者经常居住地为出票地。

出票人可以在支票上记载自己为收款人。

第八十七条 支票的出票人所签发的支票金额不得超过其付款时在付款人处实有的存款金额。

出票人签发的支票金额超过其付款时在付款人处实有的存款金额的，为空头支票。禁止签发空头支票。

第八十八条 支票的出票人不得签发与其预留本名的签名式样或者印鉴不符的支票。

第八十九条 出票人必须按照签发的支票金额承担保证向该持票人付款的责任。

出票人在付款人处的存款足以支付支票金额时，付款人应当在当日足额付款。

第九十条 支票限于见票即付，不得另行记载付款日期。另行记载付款日期的，该记载无效。

第九十一条 支票的持票人应当自出票日起10日内提示付款；异地使用的支票，其提示付款的期限由中国人民银行另行规定。

超过提示付款期限的，付款人可以不予付款；付款人不予付款的，出票人仍应当对持票人承担票据责任。

第九十二条 付款人依法支付支票金额的，对出票人不再承担受委托付款的责任，对持票人不再承担付款的责任。但是，付款人以恶意或者有重大过失付款的除外。

第九十三条 支票的背书、付款行为和追索权的行使，除本章规定外，适用本法第二章有关汇票的规定。

支票的出票行为，除本章规定外，适用本法第二十四条、第二十六条关于汇票的规定。

第五章 涉外票据的法律适用

第九十四条 涉外票据的法律适用，依照本章的规定确定。

前款所称涉外票据，是指出票、背书、承兑、保证、付款等行为中，既有发生在中华人民共和国境内又有发生在中华人民共和国境外的票据。

第九十五条 中华人民共和国缔结或者参加的国际条约同本法有不同规定的,适用国际条约的规定。但是,中华人民共和国声明保留的条款除外。

本法和中华人民共和国缔结或者参加的国际条约没有规定的,可以适用国际惯例。

第九十六条 票据债务人的民事行为能力,适用其本国法律。

票据债务人的民事行为能力,依照其本国法律为无民事行为能力或者为限制民事行为能力而依照行为地法律为完全民事行为能力的,适用行为地法律。

第九十七条 汇票、本票出票时的记载事项,适用出票地法律。

支票出票时的记载事项,适用出票地法律,经当事人协议,也可以适用付款地法律。

第九十八条 票据的背书、承兑、付款和保证行为,适用行为地法律。

第九十九条 票据追索权的行使期限,适用出票地法律。

第一百条 票据的提示期限、有关拒绝证明的方式、出具拒绝证明的期限,适用付款地法律。

第一百零一条 票据丧失时,失票人请求保全票据权利的程序,适用付款地法律。

第六章 法律责任

第一百零二条 有下列票据欺诈行为之一的,依法追究刑事责任:

(一)伪造、变造票据的;

(二)故意使用伪造、变造的票据的;

(三)签发空头支票或者故意签发与其预留的本名签名式样或者印鉴不符的支票,骗取财物的;

(四)签发无可靠资金来源的汇票、本票,骗取资金的;

(五)汇票、本票的出票人在出票时作虚假记载,骗取财物的;

(六)冒用他人的票据,或者故意使用过期或者作废的票据,骗取财物的;

(七)付款人同出票人、持票人恶意串通,实施前六项所列行为之一的。

第一百零三条 有前条所列行为之一,情节轻微,不构成犯罪的,依照国家有关规定给予行政处罚。

第一百零四条 金融机构工作人员在票据业务中玩忽职守,对违反本法规定的票据予以承兑、付款或者保证的,给予处分;造成重大损失,构成犯罪的,依法追究刑事责任。

由于金融机构工作人员因前款行为给当事人造成损失的,由该金融机构和直接责任人员依法承担赔偿责任。

第一百零五条 票据的付款人对见票即付或者到期的票据,故意压票,拖延支付的,由金融行政管理部门处以罚款,对直接责任人员给予处分。

票据的付款人故意压票,拖延支付,给持票人造成损失的,依法承担赔偿责任。

第一百零六条 依照本法规定承担赔偿责任以外的其他违反本法规定的行为,给他人造成损失的,应当依法承担民事责任。

第七章 附 则

第一百零七条 本法规定的各项期限的计算,适用民法通则关于计算期间的规定。

按月计算期限的,按到期月的对日计算;无对日的,月末日为到期日。

第一百零八条 汇票、本票、支票的格式应当统一。

票据凭证的格式和印制管理办法,由中国人民银行规定。

第一百零九条 票据管理的具体实施办法,由中国人民银行依照本法制定,报国务院批准后施行。

第一百一十条 本法自1996年1月1日起施行。

支付结算办法

(1997年9月19日 中国人民银行 银发〔1997〕393号)

第一章 总 则

第一条 为了规范支付结算行为,保障支付结算活动中当事人的合法权益,加速资金周转和商品流通,促进社会主义市场经济的发展,依据《中华人民共和国票据法》(以下简称《票据法》)和《票据管理实施办法》以及有关法律、行政法规,制定本办法。

第二条 中华人民共和国境内人民币的支付结算适用本办法,但中国人民银行另有规定的除外。

第三条 本办法所称支付结算是指单位、个人在社会经济活动中使用票据、信用卡和汇兑、托收承付、委托收款等结算方式进行货币给付及其资金清算的行为。

第四条 支付结算工作的任务,是根据经济往来组织支付结算,准确、及时、安全地办理支付结算,按照有关法律、行政法规和本办法的规定管理支付结算,保障支付结算活动的正常进行。

第五条 银行、城市信用合作社、农村信用合作社(以下简称银行)以及单位和个人(含个体工商户),办理支付结算必须遵守国家的法律、行政法规和本办法的各项规定,不得损害社会公共利益。

第六条 银行是支付结算和资金清算的中介机构。未经中国人民银行批准的非银行金融机构和其他单位不得作为中介机构经营支付结算业务。但法律、行政法规另有规定的除外。

第七条 单位、个人和银行应当按照《银行账户管理办法》的规定开立、使用账户。

第八条 在银行开立存款账户的单位和个人办理支付结算,账户内须有足够的资金保证支付,本办法另有规定的除外。没有开立存款账户的个人向银行交付款项后,也可以通过银行办理支付结算。

第九条 票据和结算凭证是办理支付结算的工具。单位、个人和银行办理支付结算,必须使用按中国人民银行统一规定印制的票据凭证和统一规定的结算凭证。

未使用按中国人民银行统一规定印制的票据,票据无效;未使用中国人民银行统一规定格式的结算凭证,银行不予受理。

第十条 单位、个人和银行签发票据、填写结算凭证,应按照本办法和附一《正确填写票据和结算凭证的基本规定》记载,单位和银行的名称应当记载全称或者规范化简称。

第十一条 票据和结算凭证上的签章,为签名、盖章或者签名加盖章。

单位、银行在票据上的签章和单位在结算凭证上的签章,为该单位、银行的盖章加其法定代表人或其授权的代理人的签名或盖章。

个人在票据和结算凭证上的签章,应为该个人本名的签名或盖章。

第十二条 票据和结算凭证的金额、出票或签发日期、收款人名称不得更改,更改的票据无效;更改的结算凭证,银行不予受理。

对票据和结算凭证上的其他记载事项,原记载人可以更改,更改时应当由原记载人在更改处签章证明。

第十三条 票据和结算凭证金额以中文大写和阿拉伯数码同时记载,二者必须一致,二者不一致的票据无效;二者不一致的结算凭证,银行不予受理。

少数民族地区和外国驻华使领馆根据实际需要,金额大写可以使用少数民族文字或者外国文字记载。

第十四条 票据和结算凭证上的签章和其他记载事项应当真实,不得伪造、变造。

票据上有伪造、变造的签章的,不影响票据上其他当事人真实签章的效力。

本条所称的伪造是指无权限人假冒他人或虚构人名义签章的行为。签章的变造属于伪造。

本条所称的变造是指无权更改票据内容的人,对票据上签章以外的记载事项加以改变的行为。

第十五条 办理支付结算需要交验的个人有效身份证件是指居民身份证、军官证、警官证、文职干部证、士兵证、户口簿、护照、港澳台同胞回乡证等符合法律、行政法规以及国家有关规定的身份证件。

第十六条 单位、个人和银行办理支付结算必须遵守下列原则:

(一) 恪守信用,履约付款;

(二) 谁的钱进谁的账,由谁支配;

(三) 银行不垫款。

第十七条 银行以善意且符合规定和正常操作程序审查,对伪造、变造的票据和结算凭证上的签章以及需要交验的个人有效身份证件,未发现异常而支付金额的,对出票人或付款人不再承担受委托付款的责任,对持票人或收款人不再承担付款的责任。

第十八条 依法背书转让的票据,任何单位和个人不得冻结票据款项。但是法律另有规定的除外。

第十九条 银行依法为单位、个人在银行开立的基本存款账户、一般存款账户、专用存款账户和临时存款账户的存款保密,维护其资金的自主支配权。对单位、个人在银行开立上述存款账户的存款,除国家法律、行政法规另有规定外,银行不得为任何单位或者个人查询;除国家法律另有规定外,银行不代任何单位或者个人冻结、扣款,不得停止单位、个人存款的正常支付。

第二十条 支付结算实行集中统一和分级管理相结合的管理体制。

中国人民银行总行负责制定统一的支付结算制度,组织、协调、管理、监督全国的支付结算工作,调解、处理银行之间的支付结算纠纷。

中国人民银行省、自治区、直辖市分行根据统一的支付结算制度制定实施细则,报总行备案;根据需要可以制定单项支付结算办法,报经中国人民银行总行批准后执行。中国人民银行分、支行负责组织、协调、管理、监督本辖区的支付结算工作,调解、处理本辖区银行之间的支付结算纠纷。

政策性银行、商业银行总行可以根据统一的支付结算制度,结合本行情况,制定具体管理实施办法,报经中国人民银行总行批准后执行。政策性银行、商业银行负责组织、管理、协调本行内的支付结算工作,调解、处理本行内分支机构之间的支付结算纠纷。

第二章 票 据

第一节 基本规定

第二十一条 本办法所称票据,是指银行汇票、商业汇票、银行本票和支票。

第二十二条 票据的签发、取得和转让,必须具有真实的交易关系和债权债务关系。

票据的取得,必须给付对价。但因税收、继承、赠与可以依法无偿取得票据的,不受给付对价的限制。

第二十三条 银行汇票的出票人在票据上的签章,应为经中国人民银行批准使用的该银行汇票专用章加其法定代表人或其授权经办人的签名或者盖章。银行承兑商业汇票、办理商业汇票转贴现、再贴现时的签章,应为经中国人民银行批准使用的该银行汇票专用章加其法定代表人或其授权经办人的签名或者盖章。银行本票的出票人在票据上的签章,应为经中国人民银行批准使用的该银行本票专用章加其法定代表人或其授权经办人的签名或者盖章。

单位在票据上的签章,应为该单位的财务专用章或者公章加其法定代表人或其授权的代理人的签名或者盖章。个人在票据上的签章,应为该个人的签名或者盖章。

支票的出票人和商业承兑汇票的承兑人在票据上的签章,应为其预留银行的签章。

第二十四条 出票人在票据上的签章不符合《票据法》、《票据管理实施办法》和本办法规定的,票据无效;承兑人、保证人在票据上的签章不符合《票据法》、《票据管理实施办法》和本办法规定的,其签章无效,但不影响其他符合规定签章的效力;背书人在票据上的签章不符合《票据法》、《票据管理实施办法》和本办法规定的,其签章无效,但不影响其前手符合规定签章的效力。

第二十五条　出票人在票据上的记载事项必须符合《票据法》、《票据管理实施办法》和本办法的规定。票据上可以记载《票据法》和本办法规定事项以外的其他出票事项，但是该记载事项不具有票据上的效力，银行不负审查责任。

第二十六条　区域性银行汇票仅限于出票人向本区域内的收款人出票，银行本票和支票仅限于出票人向其票据交换区域内的收款人出票。

第二十七条　票据可以背书转让，但填有"现金"字样的银行汇票、银行本票和用于支取现金的支票不得背书转让。

区域性银行汇票仅限于在本区域内背书转让。银行本票、支票仅限于在其票据交换区域内背书转让。

第二十八条　区域性银行汇票和银行本票、支票出票人向规定区域以外的收款人出票的，背书人向规定区域以外的被背书人转让票据的，区域外的银行不予受理，但出票人、背书人仍应承担票据责任。

第二十九条　票据背书转让时，由背书人在票据背面签章、记载被背书人名称和背书日期。背书未记载日期的，视为在票据到期日前背书。

持票人委托银行收款或以票据质押的，除按上款规定记载背书外，还应在背书人栏记载"委托收款"或"质押"字样。

第三十条　票据出票人在票据正面记载"不得转让"字样的，票据不得转让；其直接后手再背书转让的，出票人对其直接后手的被背书人不承担保证责任，对被背书人提示付款或委托收款的票据，银行不予受理。

票据背书人在票据背面背书人栏记载"不得转让"字样的，其后手再背书转让的，记载"不得转让"字样的背书人对其后手的被背书人不承担保证责任。

第三十一条　票据被拒绝承兑、拒绝付款或者超过付款提示期限的，不得背书转让。背书转让的，背书人应当承担票据责任。

第三十二条　背书不得附有条件。背书附有条件的，所附条件不具有票据上的效力。

第三十三条　以背书转让的票据，背书应当连续。持票人以背书的连续，证明其票据权利。非经背书转让，而以其他合法方式取得票据的，依法举证，证明其票据权利。

背书连续，是指票据第一次背书转让的背书人是票据上记载的收款人，前次背书转让的被背书人是后一次背书转让的背书人，依次前后衔接，最后一次背书转让的被背书人是票据的最后持票人。

第三十四条　票据的背书人应当在票据背面的背书栏依次背书。背书栏不敷背书的，可以使用统一格式的粘单，粘附于票据凭证上规定的粘接处。粘单上的第一记载人，应当在票据和粘单的粘接处签章。

第三十五条　银行汇票、商业汇票和银行本票的债务可以依法由保证人承担保证责任。

保证人必须按照《票据法》的规定在票据上记载保证事项。保证人为出票人、承兑人保证的，应将保证事项记载在票据的正面；保证人为背书人保证的，应将保证事项记载在票据的背面或粘单上。

第三十六条　商业汇票的持票人超过规定期限提示付款的，丧失对其前手的追索权，持票人在作出说明后，仍可以向承兑人请求付款。

银行汇票、银行本票的持票人超过规定期限提示付款的，丧失对出票人以外的前手的追索权，持票人在作出说明后，仍可以向出票人请求付款。

支票的持票人超过规定的期限提示付款的，丧失对出票人以外的前手的追索权。

第三十七条　通过委托收款银行或者通过票据交换系统向付款人或代理付款人提示付款的，视同持票人提示付款；其提示付款日期以持票人向开户银行提交票据日为准。

付款人或代理付款人应于见票当日足额付款。

本条所称"代理付款人"是指根据付款人的委托，代理其支付票据金额的银行。

第三十八条　票据债务人对下列情况的持票人可以拒绝付款：

（一）对不履行约定义务的与自己有直接债权债务关系的持票人；
（二）以欺诈、偷盗或者胁迫等手段取得票据的持票人；
（三）对明知有欺诈、偷盗或者胁迫等情形，出于恶意取得票据的持票人；
（四）明知债务人与出票人或者持票人的前手之间存在抗辩事由而取得票据的持票人；
（五）因重大过失取得不符合《票据法》规定的票据的持票人；
（六）对取得背书不连续票据的持票人；
（七）符合《票据法》规定的其他抗辩事由。

第三十九条 票据债务人对下列情况不得拒绝付款：
（一）与出票人之间有抗辩事由；
（二）与持票人的前手之间有抗辩事由。

第四十条 票据到期被拒绝付款或者在到期前被拒绝承兑，承兑人或付款人死亡、逃匿的，承兑人或付款人被依法宣告破产的或者因违法被责令终止业务活动的，持票人可以对背书人、出票人以及票据的其他债务人行使追索权。

持票人行使追索权，应当提供被拒绝承兑或者被拒绝付款的拒绝证明或者退票理由书以及其他有关证明。

第四十一条 本办法所称"拒绝证明"应当包括下列事项：
（一）被拒绝承兑、付款的票据种类及其主要记载事项；
（二）拒绝承兑、付款的事实依据和法律依据；
（三）拒绝承兑、付款的时间；
（四）拒绝承兑人、拒绝付款人的签章。

第四十二条 本办法所称退票理由书应当包括下列事项：
（一）所退票据的种类；
（二）退票的事实依据和法律依据；
（三）退票时间；
（四）退票人签章。

第四十三条 本办法所称的其他证明是指：
（一）医院或者有关单位出具的承兑人、付款人死亡证明；
（二）司法机关出具的承兑人、付款人逃匿的证明；
（三）公证机关出具的具有拒绝证明效力的文书。

第四十四条 持票人应当自收到被拒绝承兑或者被拒绝付款的有关证明之日起3日内，将被拒绝事由书面通知其前手；其前手应当自收到通知之日起3日内书面通知其再前手。持票人也可以同时向各票据债务人发出书面通知。

未按照前款规定期限通知的，持票人仍可以行使追索权。

第四十五条 持票人可以不按照票据债务人的先后顺序，对其中任何一人、数人或者全体行使追索权。

持票人对票据债务人中的一人或者数人已经进行追索的，对其他票据债务人仍可以行使追索权。被追索人清偿债务后，与持票人享有同一权利。

第四十六条 持票人行使追索权，可以请求被追索人支付下列金额和费用：
（一）被拒绝付款的票据金额；
（二）票据金额自到期日或者提示付款日起至清偿日止按照中国人民银行规定的同档次流动资金贷款利率计算的利息；
（三）取得有关拒绝证明和发出通知书的费用。

被追索人清偿债务时，持票人应当交出票据和有关拒绝证明，并出具所收到利息和费用的收据。

第四十七条 被追索人依照前条规定清偿后，可以向其他票据债务人行使再追索权，请求其他票据债务人支付下列金额和费用：

（一）已清偿的全部金额；

（二）前项金额自清偿日起至再追索清偿日止，按照中国人民银行规定的同档次流动资金贷款利率计算的利息；

（三）发出通知书的费用。

行使再追索权的被追索人获得清偿时，应当交出票据和有关拒绝证明，并出具所收到利息和费用的收据。

第四十八条 已承兑的商业汇票、支票、填明"现金"字样和代理付款人的银行汇票以及填明"现金"字样的银行本票丧失，可以由失票人通知付款人或者代理付款人挂失止付。

未填明"现金"字样和代理付款人的银行汇票以及未填明"现金"字样的银行本票丧失，不得挂失止付。

第四十九条 允许挂失止付的票据丧失，失票人需要挂失止付的，应填写挂失止付通知书并签章。挂失止付通知书应当记载下列事项：

（一）票据丧失的时间、地点、原因；

（二）票据的种类、号码、金额、出票日期、付款日期、付款人名称、收款人名称；

（三）挂失止付人的姓名、营业场所或者住所以及联系方法。

欠缺上述记载事项之一的，银行不予受理。

第五十条 付款人或者代理付款人收到挂失止付通知书后，查明挂失票据确未付款时，应立即暂停支付。付款人或者代理付款人自收到挂失止付通知书之日起12日内没有收到人民法院的止付通知书的，自第13日起，持票人提示付款并依法向持票人付款的，不再承担责任。

第五十一条 付款人或者代理付款人在收到挂失止付通知书之前，已经向持票人付款的，不再承担责任。但是，付款人或者代理付款人以恶意或者重大过失付款的除外。

第五十二条 银行汇票的付款地为代理付款人或出票人所在地，银行本票的付款地为出票人所在地，商业汇票的付款地为承兑人所在地，支票的付款地为付款人所在地。

第二节 银行汇票

第五十三条 银行汇票是出票银行签发的，由其在见票时按照实际结算金额无条件支付给收款人或者持票人的票据。

银行汇票的出票银行为银行汇票的付款人。

第五十四条 单位和个人各种款项结算，均可使用银行汇票。

银行汇票可以用于转账，填明"现金"字样的银行汇票也可以用于支取现金。

第五十五条 银行汇票的出票和付款，全国范围限于中国人民银行和各商业银行参加"全国联行往来"的银行机构办理。跨系统银行签发的转账银行汇票的付款，应通过同城票据交换将银行汇票和解讫通知提交给同城的有关银行审核支付后抵用。代理付款人不得受理未在本行开立存款账户的持票人为单位直接提交的银行汇票。省、自治区、直辖市内和跨省、市的经济区域内银行汇票的出票和付款，按照有关规定办理。

银行汇票的代理付款人是代理本系统出票银行或跨系统签约银行审核支付汇票款项的银行。

第五十六条 签发银行汇票必须记载下列事项：

（一）表明"银行汇票"的字样；

（二）无条件支付的承诺；

（三）出票金额；

（四）付款人名称；

（五）收款人名称；

（六）出票日期；

（七）出票人签章。

欠缺记载上列事项之一的，银行汇票无效。

第五十七条 银行汇票的提示付款期限自出票日起1个月。

持票人超过付款期限提示付款的，代理付款人不予受理。

第五十八条 申请人使用银行汇票，应向出票银行填写"银行汇票申请书"，填明收款人名称、汇票金额、申请人名称、申请日期等事项并签章，签章为其预留银行的签章。

申请人和收款人均为个人，需要使用银行汇票向代理付款人支取现金的，申请人须在"银行汇票申请书"上填明代理付款人名称，在"汇票金额"栏先填写"现金"字样，后填写汇票金额。

申请人或者收款人为单位的，不得在"银行汇票申请书"上填明"现金"字样。

第五十九条 出票银行受理银行汇票申请书，收妥款项后签发银行汇票，并用压数机压印出票金额，将银行汇票和解讫通知一并交给申请人。

签发转账银行汇票，不得填写代理付款人名称，但由人民银行代理兑付银行汇票的商业银行，向设有分支机构地区签发转账银行汇票的除外。

签发现金银行汇票，申请人和收款人必须均为个人，收妥申请人交存的现金后，在银行汇票"出票金额"栏先填写"现金"字样，后填写出票金额，并填写代理付款人名称。申请人或者收款人为单位的，银行不得为其签发现金银行汇票。

第六十条 申请人应将银行汇票和解讫通知一并交付给汇票上记明的收款人。

收款人受理银行汇票时，应审查下列事项：

（一）银行汇票和解讫通知是否齐全，汇票号码和记载的内容是否一致；

（二）收款人是否确为本单位或本人；

（三）银行汇票是否在提示付款期限内；

（四）必须记载的事项是否齐全；

（五）出票人签章是否符合规定，是否有压数机压印的出票金额，并与大写出票金额一致；

（六）出票金额、出票日期、收款人名称是否更改，更改的其他记载事项是否由原记载人签章证明。

第六十一条 收款人受理申请人交付的银行汇票时，应在出票金额以内，根据实际需要的款项办理结算，并将实际结算金额和多余金额准确、清晰地填入银行汇票和解讫通知的有关栏内。未填明实际结算金额和多余金额或实际结算金额超过出票金额的，银行不予受理。

第六十二条 银行汇票的实际结算金额不得更改，更改实际结算金额的银行汇票无效。

第六十三条 收款人可以将银行汇票背书转让给被背书人。

银行汇票的背书转让以不超过出票金额的实际结算金额为准。未填写实际结算金额或实际结算金额超过出票金额的银行汇票不得背书转让。

第六十四条 被背书人受理银行汇票时，除按照第六十条的规定审查外，还应审查下列事项：

（一）银行汇票是否记载实际结算金额，有无更改，其金额是否超过出票金额；

（二）背书是否连续，背书人签章是否符合规定，背书使用粘单的是否按规定签章；

（三）背书人为个人的身份证件。

第六十五条 持票人向银行提示付款时，必须同时提交银行汇票和解讫通知，缺少任何一联，银行不予受理。

第六十六条 在银行开立存款账户的持票人向开户银行提示付款时，应在汇票背面"持票人向银行提示付款签章"处签章，签章须与预留银行签章相同，并将银行汇票和解讫通知、进账单送交开户银行。银行审查无误后办理转账。

第六十七条 未在银行开立存款账户的个人持票人，可以向选择的任何一家银行机构提示付款。提示付款时，应在汇票背面"持票人向银行提示付款签章"处签章，并填明本人身份证件名称、号码及发证机关，由其本人向银行提交身份证件及其复印件。银行审核无误后，将其身份证件复印件留存备查，并以持票人的姓名开立应解汇款及临时存款账户，该账户只付不收，付完清户，不计付利息。

转账支付的，应由原持票人向银行填制支款凭证，并由本人交验其身份证件办理支付款项。该账户的款项只能转入单位或个体工商户的存款账户，严禁转入储蓄和信用卡账户。

支取现金的，银行汇票上必须有出票银行按规定填明的"现金"字样，才能办理。未填明"现金"字样，需要支取现金的，由银行按照国家现金管理规定审查支付。

持票人对填明"现金"字样的银行汇票，需要委托他人向银行提示付款的，应在银行汇票背面背书栏签章，记载"委托收款"字样，被委托人姓名和背书日期以及委托人身份证件名称、号码、发证机关。被委托人向银行提示付款时，也应在银行汇票背面"持票人向银行提示付款签章"处签章，记载证件名称、号码及发证机关，并同时向银行交验委托人和被委托人的身份证件及其复印件。

第六十八条 银行汇票的实际结算金额低于出票金额的，其多余金额由出票银行退交申请人。

第六十九条 持票人超过期限向代理付款银行提示付款不获付款的，须在票据权利时效内向出票银行作出说明，并提供本人身份证件或单位证明，持银行汇票和解讫通知向出票银行请求付款。

第七十条 申请人因银行汇票超过付款提示期限或其他原因要求退款时，应将银行汇票和解讫通知同时提交到出票银行。申请人为单位的，应出具该单位的证明；申请人为个人的，应出具该本人的身份证件。对于代理付款银行查询的该张银行汇票，应在汇票提示付款期满后方能办理退款。出票银行对于转账银行汇票的退款，只能转入原申请人账户；对于符合规定填明"现金"字样银行汇票的退款，才能退付现金。

申请人缺少解讫通知要求退款的，出票银行应于银行汇票提示付款期满1个月后办理。

第七十一条 银行汇票丧失，失票人可以凭人民法院出具的其享有票据权利的证明，向出票银行请求付款或退款。

第三节 商业汇票

第七十二条 商业汇票是出票人签发的，委托付款人在指定日期无条件支付确定的金额给收款人或者持票人的票据。

第七十三条 商业汇票分为商业承兑汇票和银行承兑汇票。

商业承兑汇票由银行以外的付款人承兑。

银行承兑汇票由银行承兑。

商业汇票的付款人为承兑人。

第七十四条 在银行开立存款账户的法人以及其他组织之间，必须具有真实的交易关系或债权债务关系，才能使用商业汇票。

第七十五条 商业承兑汇票的出票人，为在银行开立存款账户的法人以及其他组织，与付款人具有真实的委托付款关系，具有支付汇票金额的可靠资金来源。

第七十六条 银行承兑汇票的出票人必须具备下列条件：

（一）在承兑银行开立存款账户的法人以及其他组织；

（二）与承兑银行具有真实的委托付款关系；

（三）资信状况良好，具有支付汇票金额的可靠资金来源。

第七十七条 出票人不得签发无对价的商业汇票用以骗取银行或者其他票据当事人的资金。

第七十八条 签发商业汇票必须记载下列事项：

（一）表明"商业承兑汇票"或"银行承兑汇票"的字样；

（二）无条件支付的委托；

（三）确定的金额；

（四）付款人名称；

（五）收款人名称；

（六）出票日期；

（七）出票人签章。

欠缺记载上列事项之一的，商业汇票无效。

第七十九条 商业承兑汇票可以由付款人签发并承兑，也可以由收款人签发交由付款人承兑。

银行承兑汇票应由在承兑银行开立存款账户的存款人签发。

第八十条 商业汇票可以在出票时向付款人提示承兑后使用，也可以在出票后先使用再向付款人提示承兑。

定日付款或者出票后定期付款的商业汇票，持票人应当在汇票到期日前向付款人提示承兑。见票后定期付款的汇票，持票人应当自出票日起1个月内向付款人提示承兑。

汇票未按照规定期限提示承兑的，持票人丧失对其前手的追索权。

第八十一条 商业汇票的付款人接到出票人或持票人向其提示承兑的汇票时，应当向出票人或持票人签收到汇票的回单，记明汇票提示承兑日期并签章。付款人应当在自收到提示承兑的汇票之日起3日内承兑或者拒绝承兑。

付款人拒绝承兑的，必须出具拒绝承兑的证明。

第八十二条 商业汇票的承兑银行，必须具备下列条件：

（一）与出票人具有真实的委托付款关系；

（二）具有支付汇票金额的可靠资金；

（三）内部管理完善，经其法人授权的银行审定。

第八十三条 银行承兑汇票的出票人或持票人向银行提示承兑时，银行的信贷部门负责按照有关规定和审批程序，对出票人的资格、资信、购销合同和汇票记载的内容进行认真审查，必要时可由出票人提供担保。符合规定和承兑条件的，与出票人签订承兑协议。

第八十四条 付款人承兑商业汇票，应当在汇票正面记载"承兑"字样和承兑日期并签章。

第八十五条 付款人承兑商业汇票，不得附有条件；承兑附有条件的，视为拒绝承兑。

第八十六条 银行承兑汇票的承兑银行，应按票面金额向出票人收取万分之五的手续费。

第八十七条 商业汇票的付款期限，最长不得超过6个月。

定日付款的汇票付款期限自出票日起计算，并在汇票上记载具体的到期日。

出票后定期付款的汇票付款期限自出票日起按月计算，并在汇票上记载。

见票后定期付款的汇票付款期限自承兑或拒绝承兑日起按月计算，并在汇票上记载。

第八十八条 商业汇票的提示付款期限，自汇票到期日起10日。

持票人应在提示付款期限内通过开户银行委托收款或直接向付款人提示付款。对异地委托收款的，持票人可匡算邮程，提前通过开户银行委托收款。持票人超过提示付款期限提示付款的，持票人开户银行不予受理。

第八十九条 商业承兑汇票的付款人开户银行收到通过委托收款寄来的商业承兑汇票，将商业承兑汇票留存，并及时通知付款人。

（一）付款人收到开户银行的付款通知，应在当日通知银行付款。付款人在接到通知日的次日起3日内（遇法定休假日顺延，下同）未通知银行付款的，视同付款人承诺付款，银行应于付款人接到通知日的次日起第4日（法定休假日顺延，下同）上午开始营业时，将票款划给持票人。

付款人提前收到由其承兑的商业汇票，应通知银行于汇票到期日付款。付款人在接到通知日的次日起3日内未通知银行付款，付款人接到通知日的次日起第4日在汇票到期日之前的，银行应于汇票到期日将票款划给持票人。

（二）银行在办理划款时，付款人存款账户不足支付的，应填制付款人未付票款通知书，连同商业承兑汇票邮寄持票人开户银行转交持票人。

（三）付款人存在合法抗辩事由拒绝支付的，应自接到通知日的次日起3日内，做成拒绝付款证明送交开户银行，银行将拒绝付款证明和商业承兑汇票邮寄持票人开户银行转交持票人。

第九十条 银行承兑汇票的出票人应于汇票到期前将票款足额交存其开户银行。承兑银行应在汇票到期日或到期日后的见票当日支付票款。

承兑银行存在合法抗辩事由拒绝支付的，应自接到商业汇票的次日起3日内，作为拒绝付款证明，连同商业银行承兑汇票邮寄持票人开户银行转交持票人。

第九十一条 银行承兑汇票的出票人于汇票到期日未能足额交存票款时，承兑银行除凭票向持票人无条件付款外，对出票人尚未支付的汇票金额按照每天万分之五计收利息。

第九十二条 商业汇票的持票人向银行办理贴现必须具备下列条件：

（一）在银行开立存款账户的企业法人以及其他组织；

（二）与出票人或者直接前手之间具有真实的商品交易关系；

（三）提供与其直接前手之间的增值税发票和商品发运单据复印件。

第九十三条 符合条件的商业汇票的持票人可持未到期的商业汇票连同贴现凭证向银行申请贴现。贴现银行可持未到期的商业汇票向其他银行转贴现，也可向中国人民银行申请再贴现。贴现、转贴现、再贴现时，应做成转让背书，并提供贴现申请人与其直接前手之间的增值税发票和商品发运单据复印件。

第九十四条 贴现、转贴现和再贴现的期限从其贴现之日起至汇票到期日止。实付贴现金额按票面金额扣除贴现日至汇票到期前 1 日的利息计算。

承兑人在异地的，贴现、转贴现和再贴现的期限以及贴现利息的计算应另加 3 天的划款日期。

第九十五条 贴现、转贴现、再贴现到期，贴现、转贴现、再贴现银行应向付款人收取票款。不获付款的，贴现、转贴现、再贴现银行应向其前手追索票款。贴现、再贴现银行追索票款时可从申请人的存款账户收取票款。

第九十六条 存款人领购商业汇票，必须填写"票据和结算凭证领用单"并签章，签章应与预留银行的签章相符。存款账户结清时，必须将全部剩余空白商业汇票交回银行注销。

第四节 银行本票

第九十七条 银行本票是银行签发的，承诺自己在见票时无条件支付确定的金额给收款人或者持票人的票据。

第九十八条 单位和个人在同一票据交换区域需要支付各种款项，均可以使用银行本票。

银行本票可以用于转账，注明"现金"字样的银行本票可以用于支取现金。

第九十九条 银行本票分为不定额本票和定额本票两种。

第一百条 银行本票的出票人，为经中国人民银行当地分支行批准办理银行本票业务的银行机构。

第一百零一条 签发银行本票必须记载下列事项：

（一）表明"银行本票"的字样；

（二）无条件支付的承诺；

（三）确定的金额；

（四）收款人名称；

（五）出票日期；

（六）出票人签章。

欠缺记载上列事项之一的，银行本票无效。

第一百零二条 定额银行本票面额为 1000 元、5000 元、1 万元和 5 万元。

第一百零三条 银行本票的提示付款期限自出票日起最长不得超过 2 个月。

持票人超过付款期限提示付款的，代理付款人不予受理。

银行本票的代理付款人是代理出票银行审核支付银行本票款项的银行。

第一百零四条 申请人使用银行本票，应向银行填写"银行本票申请书"，填明收款人名称、申请人名称、支付金额、申请日期等事项并签章。申请人和收款人均为个人需要支取现金的，应在"支付金额"栏先填写"现金"字样，后填写支付金额。

申请人或收款人为单位的，不得申请签发现金银行本票。

第一百零五条 出票银行受理银行本票申请书，收妥款项签发银行本票。用于转账的，在银行本票上划去"现金"字样；申请人和收款人均为个人需要支取现金的，在银行本票上划去"转账"字样。

不定额银行本票用压数机压印出票金额。出票银行在银行本票上签章后交给申请人。

申请人或收款人为单位的，银行不得为其签发现金银行本票。

第一百零六条 申请人应将银行本票交付给本票上记明的收款人。

收款人受理银行本票时，应审查下列事项：

（一）收款人是否确为本单位或本人；

（二）银行本票是否在提示付款期限内；

（三）必须记载的事项是否齐全；

（四）出票人签章是否符合规定，不定额银行本票是否有压数机压印的出票金额，并与大写出票金额一致；

（五）出票金额、出票日期、收款人名称是否更改，更改的其他记载事项是否由原记载人签章证明。

第一百零七条 收款人可以将银行本票背书转让给被背书人。

被背书人受理银行本票时，除按照第一百零六条的规定审查外，还应审查下列事项：

（一）背书是否连续，背书人签章是否符合规定，背书使用粘单的是否按规定签章；

（二）背书人为个人的身份证件。

第一百零八条 银行本票见票即付。跨系统银行本票的兑付，持票人开户银行可根据中国人民银行规定的金融机构同业往来利率向出票银行收取利息。

第一百零九条 在银行开立存款账户的持票人向开户银行提示付款时，应在银行本票背面"持票人向银行提示付款签章"处签章，签章须与预留银行签章相同，并将银行本票、进账单送交开户银行。银行审查无误后办理转账。

第一百一十条 未在银行开立存款账户的个人持票人，凭注明"现金"字样的银行本票向出票银行支取现金的，应在银行本票背面签章，记载本人身份证件名称、号码及发证机关，并交验本人身份证件及其复印件。

持票人对注明"现金"字样的银行本票需要委托他人向出票银行提示付款的，应在银行本票背面"持票人向银行提示付款签章"处签章，记载"委托收款"字样、被委托人姓名和背书日期以及委托人身份证件名称、号码、发证机关。被委托人向出票银行提示付款时，也应在银行本票背面"持票人向银行提示付款签章"处签章，记载证件名称、号码及发证机关，并同时交验委托人和被委托人的身份证件及其复印件。

第一百一十一条 持票人超过提示付款期限不获付款的，在票据权利时效内向出票银行作出说明，并提供本人身份证件或单位证明，可持银行本票向出票银行请求付款。

第一百一十二条 申请人因银行本票超过提示付款期限或其他原因要求退款时，应将银行本票提交到出票银行，申请人为单位的，应出具该单位的证明；申请人为个人的，应出具该本人的身份证件。出票银行对于在本行开立存款账户的申请人，只能将款项转入原申请人账户；对于现金银行本票和未在本行开立存款账户的申请人，才能退付现金。

第一百一十三条 银行本票丧失，失票人可以凭人民法院出具的其享有票据权利的证明，向出票银行请求付款或退款。

第五节 支票

第一百一十四条 支票是出票人签发的，委托办理支票存款业务的银行在见票时无条件支付确定的金额给收款人或者持票人的票据。

第一百一十五条 支票上印有"现金"字样的为现金支票，现金支票只能用于支取现金。

支票上印有"转账"字样的为转账支票，转账支票只能用于转账。

支票上未印有"现金"或"转账"字样的为普通支票，普通支票可以用于支取现金，也可以用于转账。在普通支票左上角划两条平行线的，为划线支票，划线支票只能用于转账，不得支取现金。

第一百一十六条 单位和个人在同一票据交换区域的各种款项结算，均可以使用支票。

第一百一十七条 支票的出票人，为在经中国人民银行当地分支行批准办理支票业务的银行机构开立可以使用支票的存款账户的单位和个人。

第一百一十八条 签发支票必须记载下列事项：
（一）表明"支票"的字样；
（二）无条件支付的委托；
（三）确定的金额；
（四）付款人名称；
（五）出票日期；
（六）出票人签章。
欠缺记载上列事项之一的，支票无效。
支票的付款人为支票上记载的出票人开户银行。

第一百一十九条 支票的金额、收款人名称，可以由出票人授权补记。未补记前不得背书转让和提示付款。

第一百二十条 签发支票应使用碳素墨水或墨汁填写，中国人民银行另有规定的除外。

第一百二十一条 签发现金支票和用于支取现金的普通支票，必须符合国家现金管理的规定。

第一百二十二条 支票的出票人签发支票的金额不得超过付款时在付款人处实有的存款金额。禁止签发空头支票。

第一百二十三条 支票的出票人预留银行签章是银行审核支票付款的依据。银行也可以与出票人约定使用支付密码，作为银行审核支付支票金额的条件。

第一百二十四条 出票人不得签发与其预留银行签章不符的支票；使用支付密码的，出票人不得签发支付密码错误的支票。

第一百二十五条 出票人签发空头支票、签章与预留银行签章不符的支票、使用支付密码地区，支付密码错误的支票，银行应予以退票，并按票面金额处以 5% 但不低于 1000 元的罚款；持票人有权要求出票人赔偿支票金额 2% 的赔偿金。对屡次签发的，银行应停止其签发支票。

第一百二十六条 支票的提示付款期限自出票日起 10 日，但中国人民银行另有规定的除外。超过提示付款期限提示付款的，持票人开户银行不予受理，付款人不予付款。

第一百二十七条 持票人可以委托开户银行收款或直接向付款人提示付款。用于支取现金的支票仅限于收款人向付款人提示付款。

持票人委托开户银行收款的支票，银行应通过票据交换系统收妥后入账。

持票人委托开户银行收款时，应作委托收款背书，在支票背面背书人签章栏签章、记载"委托收款"字样、背书日期，在被背书人栏记载开户银行名称，并将支票和填制的进账单送交开户银行。持票人持用于转账的支票向付款人提示付款时，应在支票背面背书人签章栏签章，并将支票和填制的进账单交送出票人开户银行。收款人持用于支取现金的支票向付款人提示付款时，应在支票背面"收款人签章"处签章，持票人为个人的，还需交验本人身份证件，并在支票背面注明证件名称、号码及发证机关。

第一百二十八条 出票人在付款人处的存款足以支付支票金额时，付款人应当在见票当日足额付款。

第一百二十九条 存款人领购支票，必须填写"票据和结算凭证领用单"并签章，签章应与预留银行的签章相符。存款账户结清时，必须将全部剩余空白支票交回银行注销。

第三章 信 用 卡

第一百三十条 信用卡是指商业银行向个人和单位发行的，凭以向特约单位购物、消费和向银行存取现金，且具有消费信用的特制载体卡片。

第一百三十一条 信用卡按使用对象分为单位卡和个人卡；按信誉等级分为金卡和普通卡。

第一百三十二条　商业银行（包括外资银行、合资银行）、非银行金融机构未经中国人民银行批准不得发行信用卡。

非金融机构、境外金融机构的驻华代表机构不得发行信用卡和代理收单结算业务。

第一百三十三条　申请发行信用卡的银行、非银行金融机构，必须具备下列条件：

（一）符合中国人民银行颁布的商业银行资产负债比例监控指标；

（二）相应的管理机构；

（三）合格的管理人员和技术人员；

（四）健全的管理制度和安全制度；

（五）必要的电信设备和营业场所；

（六）中国人民银行规定的其他条件。

第一百三十四条　商业银行、非银行金融机构开办信用卡业务须报经中国人民银行总行批准；其所属分、支机构开办信用卡业务，须报经辖区内中国人民银行分、支行备案。

第一百三十五条　凡在中国境内金融机构开立基本存款账户的单位可申领单位卡。单位卡可申领若干张，持卡人资格由申领单位法定代表人或其委托的代理人书面指定和注销。

凡具有完全民事行为能力的公民可申领个人卡。个人卡的主卡持卡人可为其配偶及年满18周岁的亲属申领附属卡，申领的附属卡最多不得超过两张，也有权要求注销其附属卡。

第一百三十六条　单位或个人申领信用卡，应按规定填制申请表，连同有关资料一并送交发卡银行。符合条件并按银行要求交存一定金额的备用金后，银行为申领人开立信用卡存款账户，并发给信用卡。

第一百三十七条　单位卡账户的资金一律从其基本存款账户转账存入，不得交存现金，不得将销货收入的款项存入其账户。

个人卡账户的资金以其持有的现金存入或以其工资性款项及属于个人的劳务报酬收入转账存入。严禁将单位的款项存入个人卡账户。

第一百三十八条　发卡银行可根据申请人的资信程度，要求其提供担保。担保的方式可采用保证、抵押或质押。

第一百三十九条　信用卡备用金存款利息，按照中国人民银行规定的活期存款利率及计息办法计算。

第一百四十条　信用卡仅限于合法持卡人本人使用，持卡人不得出租或转借信用卡。

第一百四十一条　发卡银行应建立授权审批制度；信用卡结算超过规定限额的必须取得发卡银行的授权。

第一百四十二条　持卡人可持信用卡在特约单位购物、消费。单位卡不得用于10万元以上的商品交易、劳务供应款项的结算。

第一百四十三条　持卡人凭卡购物、消费时，需将信用卡和身份证件一并交特约单位。智能卡（以下称IC卡）、照片卡可免验身份证件。

特约单位不得拒绝受理持卡人合法持有的、签约银行发行的有效信用卡，不得因持卡人使用信用卡而向其收取附加费用。

第一百四十四条　特约单位受理信用卡时，应审查下列事项：

（一）确为本单位可受理的信用卡；

（二）信用卡在有效期内，未列入"止付名单"；

（三）签名条上没有"样卡"或"专用卡"等非正常签名的字样；

（四）信用卡无打孔、剪角、毁坏或涂改的痕迹；

（五）持卡人身份证件或卡片上的照片与持卡人相符，但使用IC卡、照片卡或持卡人凭密码在销售点终端上消费、购物，可免验身份证件（下同）；

（六）卡片正面的拼音姓名与卡片背面的签名和身份证件上的姓名一致。

第一百四十五条 特约单位受理信用卡审查无误的，在签购单上压卡，填写实际结算金额、用途、持卡人身份证件号码、特约单位名称和编号。如超过支付限额的，应向发卡银行索权并填写授权号码，交持卡人签名确认，同时核对其签名与卡片背面签名是否一致。无误后，对同意按经办人填写的金额和用途付款的，由持卡人在签购单上签名确认，并将信用卡、身份证件和第一联签购单交还给持卡人。

审查发现问题的，应及时与签约银行联系，征求处理意见。对止付的信用卡，应收回并交还发卡银行。

第一百四十六条 特约单位不得通过压卡、签单和退货等方式支付持卡人现金。

第一百四十七条 特约单位在每日营业终了，应将当日受理的信用卡签购单汇总，计算手续费和净计金额，并填写汇（总）计单和进账单，连同签购单一并送交收单银行办理进账。

第一百四十八条 收单银行接到特约单位送交的各种单据，经审查无误后，为特约单位办理进账。

第一百四十九条 持卡人要求退货的，特约单位应使用退货单办理压（刷）卡，并将退货单金额从当日签购单累计金额中抵减，退货单随签购单一并送交收单银行。

第一百五十条 单位卡一律不得支取现金。

第一百五十一条 个人卡持卡人在银行支取现金时，应将信用卡和身份证件一并交发卡银行或代理银行。IC 卡、照片卡以及凭密码在 POS 上支取现金的可免验身份证件。

发卡银行或代理银行压（刷）卡后，填写取现单，经审查无误，交持卡人签名确认。超过支付限额的，代理银行应向发卡银行索权，并在取现单上填写授权号码。办理付款手续后，将现金、信用卡、身份证件和取现单回单联交给持卡人。

第一百五十二条 发卡银行收到代理银行通过同城票据交换或本系统联行划转的各种单据审核无误后办理付款。

第一百五十三条 信用卡透支额，金卡最高不得超过 1 万元，普通卡最高不得超过 5000 元。

信用卡透支期限最长为 60 日。

第一百五十四条 信用卡透支利息，自签单日或银行记账日起 15 日内按日息万分之五计算，超过 15 日按日息万分之十计算，超过 30 日或透支金额超过规定限额的，按日息万分之十五计算。透支计息不分段，按最后期限或者最高透支额的最高利率档次计息。

第一百五十五条 持卡人使用信用卡不得发生恶意透支。

恶意透支是指持卡人超过规定限额或规定期限，并且经发卡银行催收无效的透支行为。

第一百五十六条 单位卡在使用过程中，需要向其账户续存资金的，一律从其基本存款账户转账存入。

个人卡在使用过程中，需要向其账户续存资金的，只限于其持有的现金存入和工资性款项以及属于个人的劳务报酬收入转账存入。

第一百五十七条 个人卡持卡人或其代理人交存现金，应在发卡银行或其代理银行办理。

持卡人凭信用卡在发卡银行或代理银行交存现金的，银行经审查并收妥现金后，在存款单上压卡，将存款单回单联及信用卡交给持卡人。

持卡人委托他人在不压卡的情况下代为办理交存现金的，代理人应在信用卡存款单上填写持卡人的卡号、姓名、存款金额等内容，并将现金送交银行办理交存手续。

第一百五十八条 发卡银行收到代理银行通过同城票据交换或本系统联行划转的各种单据审核无误后，为持卡人办理收款。

第一百五十九条 持卡人不需要继续使用信用卡的，应持信用卡主动到发卡银行办理销户。

销户时，单位卡账户余额转入其基本存款账户，不得提取现金；个人卡账户可以转账结清，也可以提取现金。

第一百六十条 持卡人还清透支本息后，属于下列情况之一的，可以办理销户：

（一）信用卡有效期满 45 日后，持卡人不更换新卡的；

（二）信用卡挂失满 45 日后，没有附属卡又不更换新卡的；

（三）信用卡被列入止付名单，发卡银行已收回其信用卡 45 天的；

（四）持卡人死亡，发卡银行已收回其信用卡 45 天的；

（五）持卡人要求销户或担保人撤销担保，并已交回全部信用卡 45 天的；

（六）信用卡账户两年（含）以上未发生交易的；

（七）持卡人违反其他规定，发卡银行认为应该取消资格的。

发卡银行办理销户，应当收回信用卡。有效信用卡无法收回的，应当将其止付。

第一百六十一条　信用卡丧失，持卡人应立即持本人身份证件或其他有效证明，并按规定提供有关情况，向发卡银行或代办银行申请挂失。发卡银行或代办银行审核后办理挂失手续。

第四章　结算方式

第一节　基本规定

第一百六十二条　本办法所称结算方式，是指汇兑、托收承付和委托收款。

第一百六十三条　单位在结算凭证上的签章，应为该单位的财务专用章或者公章加其法定代表人或者其授权的代理人的签名或者盖章。

第一百六十四条　银行办理结算，给单位或个人的收、付款通知和汇兑回单，应加盖该银行的转讫章；银行给单位或个人的托收承付、委托收款的回单和向付款人发出的承付通知，应加盖该银行的业务公章。

第一百六十五条　结算凭证上的记载事项，必须符合本办法的规定。结算凭证上可以记载本办法规定以外的其他记载事项，除国家和中国人民银行另有规定外，该记载事项不具有支付结算的效力。

第一百六十六条　按照本办法的规定必须在结算凭证上记载汇款人、付款人和收款人账号的，账号与户名必须一致。

第一百六十七条　银行办理结算向外发出的结算凭证，必须于当日至迟次日寄发；收到的结算凭证，必须及时将款项支付给结算凭证上记载的收款人。

第二节　汇兑

第一百六十八条　汇兑是汇款人委托银行将其款项支付给收款人的结算方式。

第一百六十九条　单位和个人的各种款项的结算，均可使用汇兑结算方式。

第一百七十条　汇兑分为信汇、电汇两种，由汇款人选择使用。

第一百七十一条　签发汇兑凭证必须记载下列事项：

（一）表明"信汇"或"电汇"的字样；

（二）无条件支付的委托；

（三）确定的金额；

（四）收款人名称；

（五）汇款人名称；

（六）汇入地点、汇入行名称；

（七）汇出地点、汇出行名称；

（八）委托日期；

（九）汇款人签章。

汇兑凭证上欠缺上列记载事项之一的，银行不予受理。

汇兑凭证记载的汇款人名称、收款人名称，其在银行开立存款账户的，必须记载其账号。欠缺记载的，银行不予受理。

委托日期是指汇款人向汇出银行提交汇兑凭证的当日。

第一百七十二条　汇兑凭证上记载收款人为个人的，收款人需要到汇入银行领取汇款，汇款人应在汇兑凭证上注明"留行待取"字样；留行待取的汇款，需要指定单位的收款人领取汇款的，应注明收款人的单位名称；信汇凭收款人签章支取的，应在信汇凭证上预留其签章。

汇款人确定不得转汇的，应在汇兑凭证备注栏注明"不得转汇"字样。

第一百七十三条 汇款人和收款人均为个人，需要在汇入银行支取现金的，应在信、电汇凭证的"汇款金额"大写栏，先填写"现金"字样，后填写汇款金额。

第一百七十四条 汇出银行受理汇款人签发的汇兑凭证，经审查无误后，应及时向汇入银行办理汇款，并向汇款人签发汇款回单。

汇款回单只能作为汇出银行受理汇款的依据，不能作为该笔汇款已转入收款人账户的证明。

第一百七十五条 汇入银行对开立存款账户的收款人，应将汇给其的款项直接转入收款人账户，并向其发出收账通知。

收账通知是银行将款项确已收入收款人账户的凭据。

第一百七十六条 未在银行开立存款账户的收款人，凭信、电汇的取款通知或"留行待取"的，向汇入银行支取款项，必须交验本人的身份证件，在信、电汇凭证上注明证件名称、号码及发证机关，并在"收款人签盖章"处签章；信凭证签章支取的，收款人的签章必须与预留信汇凭证上的签章相符。银行审查无误后，以收款人的姓名开立应解汇款及临时存款账户，该账户只付不收，付完清户，不计付利息。

支取现金的，信、电汇凭证上必须有按规定填明的"现金"字样，才能办理。未填明"现金"字样，需要支取现金的，由汇入银行按照国家现金管理规定审查支付。

收款人需要委托他人向汇入银行支取款项的，应在取款通知上签章，注明本人身份证件名称、号码、发证机关和"代理"字样以及代理人姓名。代理人代理取款时，也应在取款通知上签章，注明其身份证件名称、号码及发证机关，并同时交验代理人和被代理人的身份证件。

转账支付的，应由原收款人向银行填制支款凭证，并由本人交验其身份证件办理支付款项。该账户的款项只能转入单位或个体工商户的存款账户，严禁转入储蓄和信用卡账户。

转汇的，应由原收款人向银行填制信、电汇凭证，并由本人交验其身份证件。转汇的收款人必须是原收款人。原汇入银行必须在信、电汇凭证上加盖"转汇"戳记。

第一百七十七条 汇款人对汇出银行尚未汇出的款项可以申请撤销。申请撤销时，应出具正式函件或本人身份证件及原信、电汇回单。汇出银行查明确未汇出款项的，收回原信、电汇回单，方可办理撤销。

第一百七十八条 汇款人对汇出银行已经汇出的款项可以申请退汇。对在汇入银行开立存款账户的收款人，由汇款人与收款人自行联系退汇；对未在汇入银行开立存款账户的收款人，汇款人应出具正式函件或本人身份证件以及原信、电汇回单，由汇出银行通知汇入银行，经汇入银行核实汇款确未支付，并将款项汇回汇出银行，方可办理退汇。

第一百七十九条 转汇银行不得受理汇款人或汇出银行对汇款的撤销或退汇。

第一百八十条 汇入银行对于收款人拒绝接受的汇款，应即办理退汇。汇入银行对于向收款人发出取款通知，经过2个月无法交付的汇款，应主动办理退汇。

第三节 托收承付

第一百八十一条 托收承付是根据购销合同由收款人发货后委托银行向异地付款人收取款项，由付款人向银行承认付款的结算方式。

第一百八十二条 使用托收承付结算方式的收款单位和付款单位，必须是国有企业、供销合作社以及经营管理较好，并经开户银行审查同意的城乡集体所有制工业企业。

第一百八十三条 办理托收承付结算的款项，必须是商品交易，以及因商品交易而产生的劳务供应的款项。代销、寄销、赊销商品的款项，不得办理托收承付结算。

第一百八十四条 收付双方使用托收承付结算必须签有符合《经济合同法》的购销合同，并在合同上订明使用托收承付结算方式。

第一百八十五条 收付双方办理托收承付结算，必须重合同、守信用。收款人对同一付款人发货托收累计3次收不回货款的，收款人开户银行应暂停收款人向该付款人办理托收；付款人累计3次提出无理拒付的,付款人开户银行应暂停其向外办理托收。

第一百八十六条 收款人办理托收,必须具有商品确已发运的证件(包括铁路、航运、公路等运输部门签发运单、运单副本和邮局包裹回执)。

没有发运证件,属于下列情况的,可凭其他有关证件办理托收:

(一)内贸、外贸部门系统内商品调拨,自备运输工具发送或自提的;易燃、易爆、剧毒、腐蚀性强的商品,以及电、石油、天然气等必须使用专用工具或线路、管道运输的,可凭付款人确已收到商品的证明(粮食部门凭提货单及发货明细表)。

(二)铁道部门的材料厂向铁道系统供应专用器材,可凭其签发注明车辆号码和发运日期的证明。

(三)军队使用军列整车装运物资,可凭注明车辆号码、发运日期的单据;军用仓库对军内发货,可凭总后勤部签发的提货单副本,各大军区、省军区也可比照办理。

(四)收款人承造或大修理船舶、锅炉和大型机器等,生产周期长,合同规定按工程进度分次结算的,可凭工程进度完工证明书。

(五)付款人购进的商品,在收款人所在地转厂加工、配套的,可凭付款人和承担加工、配套单位的书面证明。

(六)合同规定商品由收款人暂时代为保管的,可凭寄存证及付款人委托保管商品的证明。

(七)使用"铁路集装箱"或将零担凑整车发运商品的,由于铁路只签发一张运单,可凭持有发运证件单位出具的证明。

(八)外贸部门进口商品,可凭国外发来的账单、进口公司开出的结算账单。

第一百八十七条 托收承付结算每笔的金额起点为1万元。新华书店系统每笔的金额起点为1000元。

第一百八十八条 托收承付结算款项的划回方法,分邮寄和电报两种,由收款人选用。

第一百八十九条 签发托收承付凭证必须记载下列事项:

(一)表明"托收承付"的字样;

(二)确定的金额;

(三)付款人名称及账号;

(四)收款人名称及账号;

(五)付款人开户银行名称;

(六)收款人开户银行名称;

(七)托收附寄单证张数或册数;

(八)合同名称、号码;

(九)委托日期;

(十)收款人签章。

托收承付凭证上欠缺记载上列事项之一的,银行不予受理。

第一百九十条 托收。收款人按照签订的购销合同发货后,委托银行办理托收。

(一)收款人应将托收凭证并附发运证件或其他符合托收承付结算的有关证明和交易单证送交银行。收款人如需取回发运证件,银行应在托收凭证上加盖"已验发运证件"戳记。

对于军品托收,有驻厂军代表检验产品或有指定专人负责财务监督的,收款人还应当填制盖有驻厂军代表或指定人员印章(要在银行预留印模)的结算通知单,将交易单证和发运证件装入密封袋,并在密封袋上填明托收号码,同时,在托收凭证上填明结算通知单和密封袋的号码。然后,将托收凭证和结算通知单送交银行办理托收。

没有驻厂军代表使用代号明件办理托收的,不填结算通知单,但应在交易单证上填写保密代号,按照正常托收办法处理。

(二)收款人开户银行接到托收凭证及其附件后,应当按照托收的范围、条件和托收凭证记载的要求认真进行审查,必要时,还应查验收付款人签订的购销合同。凡不符合要求或违反购销合同发货的，不能办理。审查时间最长不得超过次日。

第一百九十一条 承付。付款人开户银行收到托收凭证及其附件后，应当及时通知付款人。通知的方法，可以根据具体情况与付款人签订协议，采取付款人来行自取、派人送达、对距离较远的付款人邮寄等。付款人应在承付期内审查核对，安排资金。

承付货款分为验单付款和验货付款两种，由收付双方商量选用，并在合同中明确规定。

（一）验单付款。验单付款的承付期为3天，从付款人开户银行发出承付通知的次日算起（承付期内遇法定休假日顺延）。

付款人在承付期内，未向银行表示拒绝付款，银行即视作承付，并在承付期满的次日（法定休假日顺延）上午银行开始营业时，将款项主动从付款人的账户内付出，按照收款人指定的划款方式，划给收款人。

（二）验货付款。验货付款的承付期为10天，从运输部门向付款人发出提货通知的次日算起。对收付双方在合同中明确规定，并在托收凭证上注明验货付款期限的，银行从其规定。

付款人收到提货通知后，应即向银行交验提货通知。付款人在银行发出承付通知的次日起10天内，未收到提货通知的，应在第10天将货物尚未到达的情况通知银行。在第10天付款人没有通知银行的，银行即视作已经验货，于10天期满的次日上午银行开始营业时，将款项划给收款人；在第10天付款人通知银行货物未到，而以后收到提货通知没有及时送交银行，银行仍按10天期满的次日作为划款日期，并按超过的天数，计扣逾期付款赔偿金。

采用验货付款的，收款人必须在托收凭证上加盖明显的"验货付款"字样戳记。托收凭证未注明验货付款，经付款人提出合同证明是验货付款的，银行可按验货付款处理。

（三）不论验单付款还是验货付款，付款人都可以在承付期内提前向银行表示承付，并通知银行提前付款，银行应立即办理划款；因商品的价格、数量或金额变动，付款人应多承付款项的，须在承付期内向银行提出书面通知，银行据以随同当次托收款项划给收款人。

付款人不得在承付货款中，扣抵其他款项或以前托收的货款。

第一百九十二条 逾期付款。付款人在承付期满日银行营业终了时，如无足够资金支付，其不足部分，即为逾期未付款项，按逾期付款处理。

（一）付款人开户银行对付款人逾期支付的款项，应当根据逾期付款金额和逾期天数，按每天万分之五计算逾期付款赔偿金。

逾期付款天数从承付期满日算起。承付期满日银行营业终了时，付款人如无足够资金支付，其不足部分，应当作逾期1天，计算1天的赔偿金。在承付期满的次日（遇法定休假日，逾期付款赔偿金的天数计算相应顺延，但在以后遇法定休假日应当照算逾期天数）银行营业终了时，仍无足够资金支付，其不足部分，应当算作逾期2天，计算2天的赔偿金。余类推。

银行审查拒绝付款期间，不能算作付款人逾期付款，但对无理的拒绝付款，而增加银行审查时间的，应从承付期满日起计算逾期付款赔偿金。

（二）赔偿金实行定期扣付，每月计算一次，于次月3日内单独划给收款人。在月内有部分付款的，其赔偿金随同部分支付的款项划给收款人，对尚未支付的款项，月终再计算赔偿金，于次月3日内划给收款人；次月又有部分付款时，从当月1日起计算赔偿金，随同部分支付的款项划给收款人，对尚未支付的款项，从当月1日起至月终再计算赔偿金，于第3月3日内划给收款人。第三月仍有部分付款的，按照上述方法计扣赔偿金。

赔偿金的扣付列为企业销货收入扣款顺序的首位。付款人账户余额不足全额支付时，应排列在工资之前，并对该账户采取"只收不付"的控制办法，待一次足额扣付赔偿金后，才准予办理其他款项的支付。因此而产生的经济后果，由付款人自行负责。

（三）付款人开户银行对付款人逾期未能付款的情况，应当及时通知收款人开户银行，由其转知收款人。

（四）付款人开户银行要随时掌握付款人账户逾期未付的资金情况，待账户有款时，必须将逾期未付款项和应付的赔偿金及时扣划给收款人，不得拖延扣划。在各单位的流动资金账户内扣付货款，要严格按照国务院关于国营企业销货收入扣款顺序的规定（即从企业销货收入中预留工资后，按照应缴纳税款、到期贷款、应偿付货款、应上缴利润的顺序）扣款；同类性质的款项按照应付时间的先后顺序扣款。

（五）付款人开户银行对不执行合同规定、三次拖欠货款的付款人，应当通知收款人开户银行转知收款人，停止对该付款人办理托收。收款人不听劝告，继续对该付款人办理托收，付款人开户银行对发出通知的次日起 1 个月之后收到的托收凭证，可以拒绝受理，注明理由，原件退回。

（六）付款人开户银行对逾期未付的托收凭证，负责进行扣款的期限为 3 个月（从承付期满日算起）。在此期限内，银行必须按照扣款顺序陆续扣款。期满时，付款人仍无足够资金支付该笔尚未付清的欠款，银行应于次日通知付款人将有关交易单证（单证已作账务处理或已部分支付的，可以填制应付款项证明单）在 2 日内退回银行。银行将有关结算凭证连同交易单证或应付款项证明单退回收款人开户银行转交收款人，并将应付的赔偿金划给收款人。

对付款人逾期不退回单证的，开户银行应当自发出通知的第 3 天起，按照该笔尚未付清欠款的金额，每天处以万分之五但不低于 50 元的罚款，并暂停付款人向外办理结算业务，直到退回单证时止。

第一百九十三条　拒绝付款。对下列情况，付款人在承付期内，可向银行提出全部或部分拒绝付款：

（一）没有签订购销合同或购销合同未订明托收承付结算方式的款项。

（二）未经双方事先达成协议，收款人提前交货或因逾期交货付款人不再需要该项货物的款项。

（三）未按合同规定的到货地址发货的款项。

（四）代销、寄销、赊销商品的款项。

（五）验单付款，发现所列货物的品种、规格、数量、价格与合同规定不符，或货物已到，经查验货物与合同规定或发货清单不符的款项。

（六）验货付款，经查验货物与合同规定或与发货清单不符的款项。

（七）货款已经支付或计算有错误的款项。

不属于上述情况的，付款人不得向银行提出拒绝付款。

外贸部门托收进口商品的款项，在承付期内，订货部门除因商品的质量问题不能提出拒绝付款，应当另行向外贸部门提出索赔外，属于上述其他情况，可以向银行提出全部或部分拒绝付款。

付款人对以上情况提出拒绝付款时，必须填写"拒绝付款理由书"并签章，注明拒绝付款理由，涉及合同的应引证合同上的有关条款。属于商品质量问题，需要提供商品检验部门的检验证明；属于商品数量问题，需要提供数量问题的证明及其有关数量的记录；属于外贸部门进口商品，应当提供国家商品检验或运输等部门出具的证明。

开户银行必须认真审查拒绝付款理由，查验合同。对于付款人提出拒绝付款的手续不全、依据不足、理由不符合规定和不属于本条七种拒绝付款情况的，以及超过承付期拒付和应当部分拒付提为全部拒付的，银行均不得受理，应实行强制扣款。

对于军品的拒绝付款，银行不审查拒绝付款理由。

银行同意部分或全部拒绝付款的，应在拒绝付款理由书上签注意见。部分拒绝付款，除办理部分付款外，应将拒绝付款理由书连同拒付证明和拒付商品清单邮寄收款人开户银行转交收款人。全部拒绝付款，应将拒绝付款理由书连同拒付证明和有关单证邮寄收款人开户银行转交收款人。

第一百九十四条　重办托收。收款人对被无理拒绝付款的托收款项，在收到退回的结算凭证及其所附单证后，需要委托银行重办托收，应当填写四联"重办托收理由书"，将其中三联连同购销合同、有关证据和退回的原托收凭证及交易单证，一并送交银行。经开户银行审查，确属无理拒绝付款，可以重办托收。

第一百九十五条　收款人开户银行对逾期尚未划回，又未收到付款人开户银行寄来逾期付款通知或拒绝付款理由书的托收款项，应当及时发出查询。付款人开户银行要积极查明，及时答复。

第一百九十六条 付款人提出的拒绝付款,银行按照本办法规定审查无法判明是非的,应由收付双方自行协商处理,或向仲裁机关、人民法院申请调解或裁决。

第一百九十七条 未经开户银行批准使用托收承付结算方式的城乡集体所有制工业企业,收款人开户银行不得受理其办理托收;付款人开户银行对其承付的款项应按规定支付款项外,还要对该付款人按结算金额处以 5% 罚款。

第四节 委托收款

第一百九十八条 委托收款是收款人委托银行向付款人收取款项的结算方式。

第一百九十九条 单位和个人凭已承兑商业汇票、债券、存单等付款人债务证明办理款项的结算,均可以使用委托收款结算方式。

第二百条 委托收款在同城、异地均可以使用。

第二百零一条 委托收款结算款项的划回方式,分邮寄和电报两种,由收款人选用。

第二百零二条 签发委托收款凭证必须记载下列事项:
(一)表明"委托收款"的字样;
(二)确定的金额;
(三)付款人名称;
(四)收款人名称;
(五)委托收款凭据名称及附寄单证张数;
(六)委托日期;
(七)收款人签章。
欠缺记载上列事项之一的,银行不予受理。

委托收款以银行以外的单位为付款人的,委托收款凭证必须记载付款人开户银行名称;以银行以外的单位或在银行开立存款账户的个人为收款人的,委托收款凭证必须记载收款人开户银行名称;未在银行开立存款账户的个人为收款人的,委托收款凭证必须记载被委托银行名称。欠缺记载的,银行不予受理。

第二百零三条 委托。收款人办理委托收款应向银行提交委托收款凭证和有关的债务证明。

第二百零四条 付款。银行接到寄来的委托收款凭证及债务证明,审查无误办理付款。
(一)以银行为付款人的,银行应在当日将款项主动支付给收款人。
(二)以单位为付款人的,银行应及时通知付款人,按照有关办法规定,需要将有关债务证明交给付款人的应交给付款人,并签收。

付款人应于接到通知的当日书面通知银行付款。

按照有关办法规定,付款人未在接到通知日的次日起 3 日内通知银行付款的,视同付款人同意付款,银行应于付款人接到通知日的次日起第 4 日上午开始营业时,将款项划给收款人。

付款人提前收到由其付款的债务证明,应通知银行于债务证明的到期日付款。付款人未于接到通知日的次日起 3 日内通知银行付款,付款人接到通知日的次日起第 4 日在债务证明到期日之前的,银行应于债务证明到期日将款项划给收款人。

银行在办理划款时,付款人存款账户不足支付的,应通过被委托银行向收款人发出未付款项通知书。按照有关办法规定,债务证明留存付款人开户银行的,应将其债务证明连同未付款项通知书邮寄被委托银行转交收款人。

第二百零五条 拒绝付款。付款人审查有关债务证明后,对收款人委托收取的款项需要拒绝付款的,可以办理拒绝付款。
(一)以银行为付款人的,应自收到委托收款及债务证明的次日起 3 日内出具拒绝证明连同有关债务证明、凭证寄给被委托银行,转交收款人。
(二)以单位为付款人的,应在付款人接到通知日的次日起 3 日内出具拒绝证明,持有债务证明的,应将其送交开户银行。银行将拒绝证明、债务证明和有关凭证一并寄给被委托银行,转交收款人。

第二百零六条 在同城范围内，收款人收取公用事业费或根据国务院的规定，可以使用同城特约委托收款。

收取公用事业费，必须具有收付双方事先签订的经济合同，由付款人向开户银行授权，并经开户银行同意，报经中国人民银行当地分、支行批准。

第五章 结算纪律与责任

第二百零七条 单位和个人办理支付结算，不准签发没有资金保证的票据或远期支票，套取银行信用；不准签发、取得和转让没有真实交易和债权债务的票据，套取银行和他人资金；不准无理拒绝付款，任意占用他人资金；不准违反规定开立和使用账户。

第二百零八条 银行办理支付结算，不准以任何理由压票、任意退票、截留挪用客户和他行资金；不准无理拒绝支付应由银行支付的票据款项，不准受理无理拒付、不扣少付滞纳金；不准违章签发、承兑、贴现票据，套取银行资金；不准签发空头银行汇票、银行本票和办理空头汇款；不准在支付结算制度之外规定附加条件，影响汇路畅通；不准违反规定为单位和个人开立账户；不准拒绝受理、代理他行正常结算业务；不准放弃对企事业单位和个人违反结算纪律的制裁；不准逃避向中国人民银行转汇大额汇划款项。

第二百零九条 单位、个人和银行按照法定条件在票据上签章的，必须按照所记载的事项承担票据责任。

第二百一十条 单位签发商业汇票后，必须承担保证该汇票承兑和付款的责任。

单位和个人签发支票后，必须承担保证该支票付款的责任。

银行签发银行汇票、银行本票后，即承担该票据付款的责任。

第二百一十一条 商业汇票的背书人背书转让票据后，即承担保证其后手所持票据承兑和付款责任。

银行汇票、银行本票或支票的背书人背书转让票据后，即承担保证其后手所持票据付款的责任。

单位或银行承兑商业汇票后，必须承担该票据付款的责任。

第二百一十二条 票据的保证人应当与被保证人对持票人承担连带责任。

第二百一十三条 变造票据除签章以外的记载事项的，在变造之前签章的人，对原记载事项负责；在变造之后签章的人，对变造之后的记载事项负责；不能辨别在票据被变造之前或者之后签章的，视同在变造之前签章。

第二百一十四条 持票人超过规定期限提示付款的，银行汇票、银行本票的出票人、商业汇票的承兑人，在持票人作出说明后，仍应当继续对持票人承担付款责任；支票的出票人对持票人的追索，仍应当承担清偿责任。

第二百一十五条 付款人及其代理付款人以恶意或者重大过失付款的，应当自行承担责任。

第二百一十六条 商业汇票的付款人在到期前付款的，由付款人自行承担所产生的责任。

第二百一十七条 承兑人或者付款人拒绝承兑或拒绝付款，未按规定出具拒绝证明或者出具退票理由书的，应当承担由此产生的民事责任。

第二百一十八条 持票人不能出示拒绝证明、退票理由书或者未按规定期限提供其他合法证明丧失对其前手追索权的，承兑人或者付款人应对持票人承担责任。

第二百一十九条 持票人因不获承兑或不获付款，对其前手行使追索权时，票据的出票人、背书人和保证人对持票人承担连带责任。

第二百二十条 持票人行使追索权时，持票人及其前手未按《票据法》规定期限将被拒绝事由书面通知其前手的，因延期通知给其前手或者出票人造成损失的，由没有按照规定期限通知的票据当事人，在票据金额内承担对该损失的赔偿责任。

第二百二十一条 票据债务人在持票人不获付款或不获承兑时，应向持票人清偿《票据法》规定的金额和费用。

第二百二十二条 单位和个人签发空头支票、签章与预留银行签章不符或者支付密码错误的支票，应按照《票据管理实施办法》和本办法的规定承担行政责任。

第二百二十三条 单位为票据的付款人，对见票即付或者到期的票据，故意压票、拖延支付的，应按照《票据管理实施办法》的规定承担行政责任。

第二百二十四条 持卡人必须妥善保管和正确使用其信用卡，否则，应按规定承担因此造成的资金损失。

第二百二十五条 持卡人使用单位卡发生透支的，由其单位承担透支金额的偿还和支付透支利息的责任。持卡人使用个人卡附属卡发生透支的，由其主持卡人承担透支金额的偿还和支付透支利息的责任；主卡持卡人丧失偿还能力的，由其附属卡持卡人承担透支金额的偿还和支付透支利息的责任。

第二百二十六条 持卡人办理挂失后，被冒用造成的损失，有关责任人按照信用卡章程的规定承担责任。

第二百二十七条 持卡人违反本办法规定使用信用卡进行商品交易、套取现金以及出租或转借信用卡的，应按规定承担行政责任。

第二百二十八条 单位卡持卡人违反本办法规定，将基本存款账户以外的存款和销货款收入的款项转入其信用卡账户的；个人卡持卡人违反本办法规定，将单位的款项转入其信用卡账户的，应按规定承担行政责任。

第二百二十九条 特约单位受理信用卡时，应当按照规定的操作程序办理，否则，由其承担因此造成的资金损失。

第二百三十条 发卡银行未按规定时间将止付名单发至特约单位的，应由其承担因此造成的资金损失。

第二百三十一条 银行违反本办法规定，未经批准发行信用卡的；帮助持卡人将其基本存款账户以外的存款或其他款项转入单位卡账户，将单位的款项转入个人卡账户的；违反规定帮助持卡人提取现金的，应按规定承担行政责任。

第二百三十二条 非金融机构、非银行金融机构、境外金融机构驻华代表机构违反规定，经营信用卡业务的，应按规定承担行政责任。

第二百三十三条 付款单位对收款单位托收的款项逾期付款，应按照规定承担赔偿责任；付款单位变更开户银行、账户名称和账号，未能及时通知收款单位，影响收取款项的，应由付款单位承担逾期付款赔偿责任；付款单位提出的无理拒绝付款，对收款单位重办的托收，应承担自第一次托收承付期满日起逾期付款赔偿责任。

第二百三十四条 单位和个人办理支付结算，未按照本办法的规定填写票据或结算凭证或者填写有误，影响资金使用或造成资金损失；票据或印章丢失，造成资金损失的，由其自行负责。

第二百三十五条 单位和个人违反本办法的规定，银行停止其使用有关支付结算工具，因此造成的后果，由单位和个人自行负责。

第二百三十六条 付款单位到期无款支付，逾期不退回托收承付有关单证的，应按规定承担行政责任。

第二百三十七条 城乡集体所有制工业企业未经银行批准，擅自办理托收承付结算的，应按规定承担行政责任。

第二百三十八条 单位和个人违反《银行账户管理办法》开立和使用账户的，应按规定承担行政责任。

第二百三十九条 对单位和个人承担行政责任的处罚，由中国人民银行委托商业银行执行。

第二百四十条 收款人或持票人委托的收款银行的责任，限于收到付款人支付的款项后按照票据和结算凭证上记载的事项将票据或结算凭证记载的金额转入收款人或持票人账户。

付款人委托的付款银行的责任，限于按照票据和结算凭证上记载事项从付款人账户支付金额。但托收承付结算中的付款人开户银行，应按照托收承付结算方式有关规定承担责任。

第二百四十一条 银行办理支付结算，因工作差错发生延误，影响客户和他行资金使用的，按中国人民银行规定的同档次流动资金贷款利率计付赔偿金。

第二百四十二条 银行违反规定故意压票、退票、拖延支付，受理无理拒付、擅自拒付退票、有款不扣以及不扣、少扣赔偿金，截留挪用结算资金，影响客户和他行资金使用的，要按规定承担赔偿责任。因重大过失错付或被冒领的，要负责资金赔偿。

第二百四十三条 银行违反本办法规定将支付结算的款项转入储蓄和信用卡账户的，应按规定承担行政责任。

第二百四十四条 银行违反规定签发空头银行汇票、银行本票和办理空头汇款的，应按照规定承担行政责任。

第二百四十五条 银行违反规定故意压票、退票、拖延支付，受理无理拒付、擅自拒付退票、有款不扣以及不扣、少扣赔偿金，截留、挪用结算资金的，应按规定承担行政责任。

第二百四十六条 银行未按规定通过中国人民银行办理大额转汇的，应按规定承担行政责任。

第二百四十七条 银行在结算制度之外规定附加条件，影响汇路畅通的，应按规定承担行政责任。

第二百四十八条 银行违反《银行账户管理办法》开立和管理账户的，应按规定承担行政责任。

第二百四十九条 违反国家法律、法规和未经中国人民银行批准，作为中介机构经营结算业务的；未经中国人民银行批准，开办银行汇票、银行本票、支票、信用卡业务的，应按规定承担行政责任。

第二百五十条 金融机构的工作人员在票据业务中玩忽职守，对违反规定的票据予以承兑、付款、保证或者贴现的，应按照《票据管理实施办法》的规定承担行政责任或刑事责任。

第二百五十一条 违反本办法规定擅自印制票据的，应按照《票据管理实施办法》的规定承担行政责任。

第二百五十二条 邮电部门在传递票据、结算凭证和拍发电报中，因工作差错而发生积压、丢失、错投、错拍、漏拍、重拍等，造成结算延误，影响单位、个人和银行资金使用或造成资金损失的，由邮电部门负责。

第二百五十三条 伪造、变造票据和结算凭证上的签章或其他记载事项的，应当承担民事责任或刑事责任。

第二百五十四条 有利用票据、信用卡、结算凭证欺诈的行为，构成犯罪的，应依法承担刑事责任。情节轻微，不构成犯罪的，应按照规定承担行政责任。

第六章 附 则

第二百五十五条 本办法规定的各项期限的计算，适用民法通则关于计算期间的规定。期限最后一日是法定休假日的，以休假日的次日为最后一日。

按月计算期限的，按到期月的对日计算；无对日的，月末日为到期日。

本办法所规定的各项期限，可以因不可抗力的原因而中止。不可抗力的原因消失时，期限可以顺延。

第二百五十六条 银行汇票、商业汇票由中国人民银行总行统一格式、联次、颜色、规格，并在中国人民银行总行批准的印制厂印制。由各家银行总行组织订货和管理。

银行本票、支票由中国人民银行总行统一格式、联次、颜色、规格，并在中国人民银行总行批准的印制厂印制，由中国人民银行各省、自治区、直辖市、计划单列市分行负责组织各商业银行订货和管理。

信用卡按中国人民银行的有关规定印制，信用卡结算凭证的格式、联次、颜色、规格由中国人民银行总行统一规定,各发卡银行总行负责印制。

汇兑凭证、托收承付凭证、委托收款凭证由中国人民银行总行统一格式、联次、颜色、规格,由各行负责印制和管理。

第二百五十七条 银行办理各项支付结算业务,根据承担的责任和业务成本以及应付给有关部门的费用,分别收取邮费、电报费、手续费、凭证工本费(信用卡卡片费)、挂失手续费,以及信用卡年费、特约手续费、异地存取款手续费。收费范围,除财政金库全部免收,存款不计息账户免收邮费、手续费外,对其他单位和个人都要按照规定收取费用。

邮费,单程的每笔按邮局挂号信每件收费标准收费;双程的每笔按邮局挂号信两件收费标准收费;客户要求使用特快专递的,按邮局规定的收费标准收取;超重部分按邮局规定的标准加收。

电报费,每笔按四十五个字照电报费标准收取,超过的字数按每字收费的标准加收。急电均加倍收取电报费。

手续费,按银行规定的标准收取。

银行办理支付结算业务按照附件二《支付结算业务收费表》(略)收取手续费和邮电费。

信用卡统一的收费标准,中国人民银行将另行规定。

支票的手续费由经办银行向购买人收取,其他结算的手续费、邮电费一律由经办银行向委托人收取。

凭证工本费,按照不同凭证的成本价格,向领用人收取。

第二百五十八条 各部门、各单位制定的有关规定,涉及支付结算而与本办法有抵触的,一律按照本办法的规定执行。

中国人民银行过去有关支付结算的规定与本办法有抵触的,以本办法为准。

第二百五十九条 本办法由中国人民银行总行负责解释、修改。

第二百六十条 本办法自1997年12月1日起施行。

附件一:

正确填写票据和结算凭证的基本规定

银行、单位和个人填写的各种票据和结算凭证是办理支付结算和现金收付的重要依据,直接关系到支付结算的准确、及时和安全。票据和结算凭证是银行、单位和个人凭以记载账务的会计凭证,是记载经济业务和明确经济责任的一种书面证明。因此,填写票据和结算凭证,必须做到标准化、规范化,要素齐全、数字正确、字迹清晰、不错漏、不潦草,防止涂改。

一、中文大写金额数字应用正楷或行书填写,如壹(壹)、贰(贰)、叁、肆(肆)、伍(伍)、陆(陆)、柒、捌、玖、拾、佰、仟、万(万)、亿、元、角、分、零、整(正)等字样。不得用一、二(两)、三、四、五、六、七、八、九、十、念、毛、另(或0)填写,不得自造简化字。如果金额数字书写中使用繁体字,如贰、陆、億、萬、圆的,也应受理。

二、中文大写金额数字到"元"为止的,在"元"之后,应写"整"(或"正")字,在"角"之后可以不写"整"(或"正")字。大写金额数字有"分"的,"分"后面不写"整"(或"正")字。

三、中文大写金额数字前应标明"人民币"字样,大写金额数字应紧接"人民币"字样填写,不得留有空白。大写金额数字前未印"人民币"字样的,应加填"人民币"三个字。在票据和结算凭证大写金额栏内不得预印固定的"仟、佰、拾、万、仟、佰、拾、元、角、分"字样。

四、阿拉伯小写金额数字中有"0"时,中文大写应按照汉语语言规律、金额数字构成和防止涂改的要求进行书写。举例如下:

(一)阿拉伯数字中间有"0"时,中文大写金额要写"零"字。如¥1409.50,应写成人民币壹仟肆佰零玖元伍角。

（二）阿拉伯数字中间连续有几个"0"时，中文大写金额中间可以只写一个"零"字。如￥6007.14，应写成人民币陆仟零柒元壹角肆分。

（三）阿拉伯金额数字万位或元位是"0"，或者数字中间连续有几个"0"，万位、元位也是"0"，但千位、角位不是"0"时，中文大写金额中可以只写一个"零"字，也可以不写"零"字。如￥1680.32，应写成人民币壹仟陆佰捌拾元零叁角贰分，或者写成人民币壹仟陆佰捌拾元叁角贰分；又如￥107000.53，应写成人民币壹拾万柒仟元零伍角叁分，或者写成人民币壹拾万零柒仟元伍角叁分。

（四）阿拉伯金额数字角位是"0"，而分位不是"0"时，中文大写金额"元"后面应写"零"字。如￥16409.02，应写成人民币壹万陆仟肆佰零玖元零贰分；又如￥325.04，应写成人民币叁佰贰拾伍元零肆分。

五、阿拉伯小写金额数字前面，均应填写人民币符号"￥"（或草写）。阿拉伯小写金额数字要认真填写，不得连写分辨不清。

六、票据的出票日期必须使用中文大写。为防止变造票据的出票日期，在填写月、日时，月为壹、贰和壹拾的，日为壹至玖和壹拾、贰拾和叁拾的，应在其前加"零"；日为拾壹至拾玖的，应在其前加"壹"。如1月15日，应写成零壹月壹拾伍日。再如10月20日，应写成壹拾月零贰拾日。

七、票据出票日期使用小写填写的，银行不予受理。大写日期未按要求规范填写的，银行可予受理，但由此造成损失的，由出票人自行承担。

附件二：（略）

人民币银行结算账户管理办法

(2003年4月10日　中国人民银行　中国人民银行令〔2003〕第5号)

第一章　总　　则

第一条　为规范人民币银行结算账户（以下简称银行结算账户）的开立和使用，加强银行结算账户管理，维护经济金融秩序稳定，根据《中华人民共和国中国人民银行法》和《中华人民共和国商业银行法》等法律法规，制定本办法。

第二条　存款人在中国境内的银行开立的银行结算账户适用本办法。

本办法所称存款人，是指在中国境内开立银行结算账户的机关、团体、部队、企业、事业单位、其他组织（以下统称单位）、个体工商户和自然人。

本办法所称银行，是指在中国境内经中国人民银行批准经营支付结算业务的政策性银行、商业银行（含外资独资银行、中外合资银行、外国银行分行）、城市信用合作社、农村信用合作社。

本办法所称银行结算账户，是指银行为存款人开立的办理资金收付结算的人民币活期存款账户。

第三条　银行结算账户按存款人分为单位银行结算账户和个人银行结算账户。

（一）存款人以单位名称开立的银行结算账户为单位银行结算账户。单位银行结算账户按用途分为基本存款账户、一般存款账户、专用存款账户、临时存款账户。

个体工商户凭营业执照以字号或经营者姓名开立的银行结算账户纳入单位银行结算账户管理。

（二）存款人凭个人身份证件以自然人名称开立的银行结算账户为个人银行结算账户。

邮政储蓄机构办理银行卡业务开立的账户纳入个人银行结算账户管理。

第四条　单位银行结算账户的存款人只能在银行开立一个基本存款账户。

第五条　存款人应在注册地或住所地开立银行结算账户。符合本办法规定可以在异地（跨省、市、县）开立银行结算账户的除外。

第六条 存款人开立基本存款账户、临时存款账户和预算单位开立专用存款账户实行核准制度，经中国人民银行核准后由开户银行核发开户登记证。但存款人因注册验资需要开立的临时存款账户除外。

第七条 存款人可以自主选择银行开立银行结算账户。除国家法律、行政法规和国务院规定外，任何单位和个人不得强令存款人到指定银行开立银行结算账户。

第八条 银行结算账户的开立和使用应当遵守法律、行政法规，不得利用银行结算账户进行偷逃税款、逃废债务、套取现金及其他违法犯罪活动。

第九条 银行应依法为存款人的银行结算账户信息保密。对单位银行结算账户的存款和有关资料，除国家法律、行政法规另有规定外，银行有权拒绝任何单位或个人查询。对个人银行结算账户的存款和有关资料，除国家法律另有规定外，银行有权拒绝任何单位或个人查询。

第十条 中国人民银行是银行结算账户的监督管理部门。

第二章 银行结算账户的开立

第十一条 基本存款账户是存款人因办理日常转账结算和现金收付需要开立的银行结算账户。下列存款人，可以申请开立基本存款账户：

（一）企业法人。
（二）非法人企业。
（三）机关、事业单位。
（四）团级（含）以上军队、武警部队及分散执勤的支（分）队。
（五）社会团体。
（六）民办非企业组织。
（七）异地常设机构。
（八）外国驻华机构。
（九）个体工商户。
（十）居民委员会、村民委员会、社区委员会。
（十一）单位设立的独立核算的附属机构。
（十二）其他组织。

第十二条 一般存款账户是存款人因借款或其他结算需要，在基本存款账户开户银行以外的银行营业机构开立的银行结算账户。

第十三条 专用存款账户是存款人按照法律、行政法规和规章，对其特定用途资金进行专项管理和使用而开立的银行结算账户。对下列资金的管理与使用，存款人可以申请开立专用存款账户：

（一）基本建设资金。
（二）更新改造资金。
（三）财政预算外资金。
（四）粮、棉、油收购资金。
（五）证券交易结算资金。
（六）期货交易保证金。
（七）信托基金。
（八）金融机构存放同业资金。
（九）政策性房地产开发资金。
（十）单位银行卡备用金。
（十一）住房基金。
（十二）社会保障基金。

(十三)收入汇缴资金和业务支出资金。
(十四)党、团、工会设在单位的组织机构经费。
(十五)其他需要专项管理和使用的资金。
收入汇缴资金和业务支出资金,是指基本存款账户存款人附属的非独立核算单位或派出机构发生的收入和支出的资金。
因收入汇缴资金和业务支出资金开立的专用存款账户,应使用隶属单位的名称。

第十四条 临时存款账户是存款人因临时需要并在规定期限内使用而开立的银行结算账户。有下列情况的,存款人可以申请开立临时存款账户:
(一)设立临时机构。
(二)异地临时经营活动。
(三)注册验资。

第十五条 个人银行结算账户是自然人因投资、消费、结算等而开立的可办理支付结算业务的存款账户。有下列情况的,可以申请开立个人银行结算账户:
(一)使用支票、信用卡等信用支付工具的。
(二)办理汇兑、定期借记、定期贷记、借记卡等结算业务的。
自然人可根据需要申请开立个人银行结算账户,也可以在已开立的储蓄账户中选择并向开户银行申请确认为个人银行结算账户。

第十六条 存款人有下列情形之一的,可以在异地开立有关银行结算账户:
(一)营业执照注册地与经营地不在同一行政区域(跨省、市、县)需要开立基本存款账户的。
(二)办理异地借款和其他结算需要开立一般存款账户的。
(三)存款人因附属的非独立核算单位或派出机构发生的收入汇缴或业务支出需要开立专用存款账户的。
(四)异地临时经营活动需要开立临时存款账户的。
(五)自然人根据需要在异地开立个人银行结算账户的。

第十七条 存款人申请开立基本存款账户,应向银行出具下列证明文件:
(一)企业法人,应出具企业法人营业执照正本。
(二)非法人企业,应出具企业营业执照正本。
(三)机关和实行预算管理的事业单位,应出具政府人事部门或编制委员会的批文或登记证书和财政部门同意其开户的证明;非预算管理的事业单位,应出具政府人事部门或编制委员会的批文或登记证书。
(四)军队、武警团级(含)以上单位以及分散执勤的支(分)队,应出具军队军级以上单位财务部门、武警总队财务部门的开户证明。
(五)社会团体,应出具社会团体登记证书,宗教组织还应出具宗教事务管理部门的批文或证明。
(六)民办非企业组织,应出具民办非企业登记证书。
(七)外地常设机构,应出具其驻在地政府主管部门的批文。
(八)外国驻华机构,应出具国家有关主管部门的批文或证明;外资企业驻华代表处、办事处应出具国家登记机关颁发的登记证。
(九)个体工商户,应出具个体工商户营业执照正本。
(十)居民委员会、村民委员会、社区委员会,应出具其主管部门的批文或证明。
(十一)独立核算的附属机构,应出具其主管部门的基本存款账户开户登记证和批文。
(十二)其他组织,应出具政府主管部门的批文或证明。
本条中的存款人为从事生产、经营活动纳税人的,还应出具税务部门颁发的税务登记证。

第十八条 存款人申请开立一般存款账户,应向银行出具其开立基本存款账户规定的证明文件、基本存款账户开户登记证和下列证明文件：

（一）存款人因向银行借款需要，应出具借款合同。

（二）存款人因其他结算需要，应出具有关证明。

第十九条 存款人申请开立专用存款账户，应向银行出具其开立基本存款账户规定的证明文件、基本存款账户开户登记证和下列证明文件：

（一）基本建设资金、更新改造资金、政策性房地产开发资金、住房基金、社会保障基金，应出具主管部门批文。

（二）财政预算外资金，应出具财政部门的证明。

（三）粮、棉、油收购资金，应出具主管部门批文。

（四）单位银行卡备用金，应按照中国人民银行批准的银行卡章程的规定出具有关证明和资料。

（五）证券交易结算资金，应出具证券公司或证券管理部门的证明。

（六）期货交易保证金，应出具期货公司或期货管理部门的证明。

（七）金融机构存放同业资金，应出具其证明。

（八）收入汇缴资金和业务支出资金，应出具基本存款账户存款人有关的证明。

（九）党、团、工会设在单位的组织机构经费，应出具该单位或有关部门的批文或证明。

（十）其他按规定需要专项管理和使用的资金，应出具有关法规、规章或政府部门的有关文件。

第二十条 合格境外机构投资者在境内从事证券投资开立的人民币特殊账户和人民币结算资金账户纳入专用存款账户管理。其开立人民币特殊账户时应出具国家外汇管理部门的批复文件，开立人民币结算资金账户时应出具证券管理部门的证券投资业务许可证。

第二十一条 存款人申请开立临时存款账户，应向银行出具下列证明文件：

（一）临时机构，应出具其驻在地主管部门同意设立临时机构的批文。

（二）异地建筑施工及安装单位，应出具其营业执照正本或其隶属单位的营业执照正本，以及施工及安装地建设主管部门核发的许可证或建筑施工及安装合同。

（三）异地从事临时经营活动的单位，应出具其营业执照正本以及临时经营地工商行政管理部门的批文。

（四）注册验资资金，应出具工商行政管理部门核发的企业名称预先核准通知书或有关部门的批文。

本条第（二）、（三）项还应出具其基本存款账户开户登记证。

第二十二条 存款人申请开立个人银行结算账户，应向银行出具下列证明文件：

（一）中国居民，应出具居民身份证或临时身份证。

（二）中国人民解放军军人，应出具军人身份证件。

（三）中国人民武装警察，应出具武警身份证件。

（四）香港、澳门居民，应出具港澳居民来往内地通行证；台湾居民，应出具台湾居民来往大陆通行证或者其他有效旅行证件。

（五）外国公民，应出具护照。

（六）法律、法规和国家有关文件规定的其他有效证件。

银行为个人开立银行结算账户时，根据需要还可要求申请人出具户口簿、驾驶执照、护照等有效证件。

第二十三条 存款人需要在异地开立单位银行结算账户，除出具本办法第十七条、十八条、十九条、二十一条规定的有关证明文件外，应出具下列相应的证明文件：

（一）经营地与注册地不在同一行政区域的存款人，在异地开立基本存款账户的，应出具注册地中国人民银行分支行的未开立基本存款账户的证明。

（二）异地借款的存款人，在异地开立一般存款账户的，应出具在异地取得贷款的借款合同。

（三）因经营需要在异地办理收入汇缴和业务支出的存款人，在异地开立专用存款账户的，应出具隶属单位的证明。

属本条第（二）、（三）项情况的，还应出具其基本存款账户开户登记证。

存款人需要在异地开立个人银行结算账户，应出具本办法第二十二条规定的证明文件。

第二十四条 单位开立银行结算账户的名称应与其提供的申请开户的证明文件的名称全称相一致。有字号的个体工商户开立银行结算账户的名称应与其营业执照的字号相一致；无字号的个体工商户开立银行结算账户的名称，由"个体户"字样和营业执照记载的经营者姓名组成。自然人开立银行结算账户的名称应与其提供的有效身份证件中的名称全称相一致。

第二十五条 银行为存款人开立一般存款账户、专用存款账户和临时存款账户的，应自开户之日起3个工作日内书面通知基本存款账户开户银行。

第二十六条 存款人申请开立单位银行结算账户时，可由法定代表人或单位负责人直接办理，也可授权他人办理。

由法定代表人或单位负责人直接办理的，除出具相应的证明文件外，还应出具法定代表人或单位负责人的身份证件；授权他人办理的，除出具相应的证明文件外，还应出具其法定代表人或单位负责人的授权书及其身份证件，以及被授权人的身份证件。

第二十七条 存款人申请开立银行结算账户时，应填制开户申请书。开户申请书按照中国人民银行的规定记载有关事项。

第二十八条 银行应对存款人的开户申请书填写的事项和证明文件的真实性、完整性、合规性进行认真审查。

开户申请书填写的事项齐全，符合开立基本存款账户、临时存款账户和预算单位专用存款账户条件的，银行应将存款人的开户申请书、相关的证明文件和银行审核意见等开户资料报送中国人民银行当地分支行，经其核准后办理开户手续；符合开立一般存款账户、其他专用存款账户和个人银行结算账户条件的，银行应办理开户手续，并于开户之日起5个工作日内向中国人民银行当地分支行备案。

第二十九条 中国人民银行应于2个工作日内对银行报送的基本存款账户、临时存款账户和预算单位专用存款账户的开户资料的合规性予以审核，符合开户条件的，予以核准；不符合开户条件的，应在开户申请书上签署意见，连同有关证明文件一并退回报送银行。

第三十条 银行为存款人开立银行结算账户，应与存款人签订银行结算账户管理协议，明确双方的权利与义务。除中国人民银行另有规定的以外，应建立存款人预留签章卡片，并将签章式样和有关证明文件的原件或复印件留存归档。

第三十一条 开户登记证是记载单位银行结算账户信息的有效证明，存款人应按本办法的规定使用，并妥善保管。

第三十二条 银行在为存款人开立一般存款账户、专用存款账户和临时存款账户时，应在其基本存款账户开户登记证上登记账户名称、账号、账户性质、开户银行、开户日期，并签章。但临时机构和注册验资需要开立的临时存款账户除外。

第三章 银行结算账户的使用

第三十三条 基本存款账户是存款人的主办账户。存款人日常经营活动的资金收付及其工资、奖金和现金的支取，应通过该账户办理。

第三十四条 一般存款账户用于办理存款人借款转存、借款归还和其他结算的资金收付。该账户可以办理现金缴存，但不得办理现金支取。

第三十五条 专用存款账户用于办理各项专用资金的收付。

单位银行卡账户的资金必须由其基本存款账户转账存入。该账户不得办理现金收付业务。

财政预算外资金、证券交易结算资金、期货交易保证金和信托基金专用存款账户不得支取现金。

基本建设资金、更新改造资金、政策性房地产开发资金、金融机构存放同业资金账户需要支取现金的，应在开户时报中国人民银行当地分支行批准。中国人民银行当地分支行应根据国家现金管理的规定审查批准。

粮、棉、油收购资金、社会保障基金、住房基金和党、团、工会经费等专用存款账户支取现金应按照国家现金管理的规定办理。

收入汇缴账户除向其基本存款账户或预算外资金财政专用存款户划缴款项外，只收不付，不得支取现金。业务支出账户除从其基本存款账户拨入款项外，只付不收，其现金支取必须按照国家现金管理的规定办理。

银行应按照本条的各项规定和国家对粮、棉、油收购资金使用管理规定加强监督，对不符合规定的资金收付和现金支取，不得办理。但对其他专用资金的使用不负监督责任。

第三十六条 临时存款账户用于办理临时机构以及存款人临时经营活动发生的资金收付。

临时存款账户应根据有关开户证明文件确定的期限或存款人的需要确定其有效期限。存款人在账户的使用中需要延长期限的，应在有效期限内向开户银行提出申请，并由开户银行报中国人民银行当地分支行核准后办理展期。临时存款账户的有效期最长不得超过2年。

临时存款账户支取现金，应按照国家现金管理的规定办理。

第三十七条 注册验资的临时存款账户在验资期间只收不付，注册验资资金的汇缴人应与出资人的名称一致。

第三十八条 存款人开立单位银行结算账户，自正式开立之日起3个工作日后，方可办理付款业务。但注册验资的临时存款账户转为基本存款账户和因借款转存开立的一般存款账户除外。

第三十九条 个人银行结算账户用于办理个人转账收付和现金存取。下列款项可以转入个人银行结算账户：

（一）工资、奖金收入。

（二）稿费、演出费等劳务收入。

（三）债券、期货、信托等投资的本金和收益。

（四）个人债权或产权转让收益。

（五）个人贷款转存。

（六）证券交易结算资金和期货交易保证金。

（七）继承、赠与款项。

（八）保险理赔、保费退还等款项。

（九）纳税退还。

（十）农、副、矿产品销售收入。

（十一）其他合法款项。

第四十条 单位从其银行结算账户支付给个人银行结算账户的款项，每笔超过5万元的，应向其开户银行提供下列付款依据：

（一）代发工资协议和收款人清单。

（二）奖励证明。

（三）新闻出版、演出主办等单位与收款人签订的劳务合同或支付给个人款项的证明。

（四）证券公司、期货公司、信托投资公司、奖券发行或承销部门支付或退还给自然人款项的证明。

（五）债权或产权转让协议。

（六）借款合同。

（七）保险公司的证明。

（八）税收征管部门的证明。

（九）农、副、矿产品购销合同。

（十）其他合法款项的证明。

从单位银行结算账户支付给个人银行结算账户的款项应纳税的，税收代扣单位付款时应向其开户银行提供完税证明。

第四十一条 有下列情形之一的，个人应出具本办法第四十条规定的有关收款依据。

（一）个人持出票人为单位的支票向开户银行委托收款，将款项转入其个人银行结算账户的。

（二）个人持申请人为单位的银行汇票和银行本票向开户银行提示付款，将款项转入其个人银行结算账户的。

第四十二条 单位银行结算账户支付给个人银行结算账户款项的，银行应按第四十条、第四十一条规定认真审查付款依据或收款依据的原件，并留存复印件，按会计档案保管。未提供相关依据或相关依据不符合规定的，银行应拒绝办理。

第四十三条 储蓄账户仅限于办理现金存取业务，不得办理转账结算。

第四十四条 银行应按规定与存款人核对账务。银行结算账户的存款人收到对账单或对账信息后，应及时核对账务并在规定期限内向银行发出对账回单或确认信息。

第四十五条 存款人应按照本办法的规定使用银行结算账户办理结算业务。

存款人不得出租、出借银行结算账户，不得利用银行结算账户套取银行信用。

第四章 银行结算账户的变更与撤销

第四十六条 存款人更改名称，但不改变开户银行及账号的，应于5个工作日内向开户银行提出银行结算账户的变更申请，并出具有关部门的证明文件。

第四十七条 单位的法定代表人或主要负责人、住址以及其他开户资料发生变更时，应于5个工作日内书面通知开户银行并提供有关证明。

第四十八条 银行接到存款人的变更通知后，应及时办理变更手续，并于2个工作日内向中国人民银行报告。

第四十九条 有下列情形之一的，存款人应向开户银行提出撤销银行结算账户的申请：

（一）被撤并、解散、宣告破产或关闭的。

（二）注销、被吊销营业执照的。

（三）因迁址需要变更开户银行的。

（四）其他原因需要撤销银行结算账户的。

存款人有本条第（一）、（二）项情形的，应于5个工作日内向开户银行提出撤销银行结算账户的申请。

本条所称撤销是指存款人因开户资格或其他原因终止银行结算账户使用的行为。

第五十条 存款人因本办法第四十九条第（一）、（二）项原因撤销基本存款账户的，存款人基本存款账户的开户银行应自撤销银行结算账户之日起2个工作日内将撤销该基本存款账户的情况书面通知该存款人其他银行结算账户的开户银行；存款人其他银行结算账户的开户银行，应自收到通知之日起2个工作日内通知存款人撤销有关银行结算账户；存款人应自收到通知之日起3个工作日内办理其他银行结算账户的撤销。

第五十一条 银行得知存款人有本办法第四十九条第（一）、（二）项情况，存款人超过规定期限未主动办理撤销银行结算账户手续的，银行有权停止其银行结算账户的对外支付。

第五十二条 未获得工商行政管理部门核准登记的单位，在验资期满后，应向银行申请撤销注册验资临时存款账户，其账户资金应退还给原汇款人账户。注册验资资金以现金方式存入，出资人需提取现金的，应出具缴存现金时的现金缴款单原件及其有效身份证件。

第五十三条 存款人尚未清偿其开户银行债务的，不得申请撤销该账户。

第五十四条 存款人撤销银行结算账户，必须与开户银行核对银行结算账户存款余额，交回各种重要空白票据及结算凭证和开户登记证，银行核对无误后方可办理销户手续。存款人未按规定交回各种重要空白票据及结算凭证的，应出具有关证明，造成损失的，由其自行承担。

第五十五条 银行撤销单位银行结算账户时应在其基本存款账户开户登记证上注明销户日期并签

章，同时于撤销银行结算账户之日起 2 个工作日内，向中国人民银行报告。

第五十六条　银行对一年未发生收付活动且未欠开户银行债务的单位银行结算账户，应通知单位自发出通知之日起 30 日内办理销户手续，逾期视同自愿销户，未划转款项列入久悬未取专户管理。

第五章　银行结算账户的管理

第五十七条　中国人民银行负责监督、检查银行结算账户的开立和使用，对存款人、银行违反银行结算账户管理规定的行为予以处罚。

第五十八条　中国人民银行对银行结算账户的开立和使用实施监控和管理。

第五十九条　中国人民银行负责基本存款账户、临时存款账户和预算单位专用存款账户开户登记证的管理。

任何单位及个人不得伪造、变造及私自印制开户登记证。

第六十条　银行负责所属营业机构银行结算账户开立和使用的管理，监督和检查其执行本办法的情况，纠正违规开立和使用银行结算账户的行为。

第六十一条　银行应明确专人负责银行结算账户的开立、使用和撤销的审查和管理，负责对存款人开户申请资料的审查，并按照本办法的规定及时报送存款人开销户信息资料，建立健全开销户登记制度，建立银行结算账户管理档案，按会计档案进行管理。

银行结算账户管理档案的保管期限为银行结算账户撤销后 10 年。

第六十二条　银行应对已开立的单位银行结算账户实行年检制度，检查开立的银行结算账户的合规性，核实开户资料的真实性；对不符合本办法规定开立的单位银行结算账户，应予以撤销。对经核实的各类银行结算账户的资料变动情况，应及时报告中国人民银行当地分支行。

银行应对存款人使用银行结算账户的情况进行监督，对存款人的可疑支付应按照中国人民银行规定的程序及时报告。

第六十三条　存款人应加强对预留银行签章的管理。单位遗失预留公章或财务专用章的，应向开户银行出具书面申请、开户登记证、营业执照等相关证明文件；更换预留公章或财务专用章时，应向开户银行出具书面申请、原预留签章的式样等相关证明文件。个人遗失或更换预留个人印章或更换签字人时，应向开户银行出具经签名确认的书面申请，以及原预留印章或签字人的个人身份证件。银行应留存相应的复印件，并凭以办理预留银行签章的变更。

第六章　罚　　则

第六十四条　存款人开立、撤销银行结算账户，不得有下列行为：

（一）违反本办法规定开立银行结算账户。

（二）伪造、变造证明文件欺骗银行开立银行结算账户。

（三）违反本办法规定不及时撤销银行结算账户。

非经营性的存款人，有上述所列行为之一的，给予警告并处以 1000 元的罚款；经营性的存款人有上述所列行为之一的，给予警告并处以 1 万元以上 3 万元以下的罚款；构成犯罪的，移交司法机关依法追究刑事责任。

第六十五条　存款人使用银行结算账户，不得有下列行为：

（一）违反本办法规定将单位款项转入个人银行结算账户。

（二）违反本办法规定支取现金。

（三）利用开立银行结算账户逃废银行债务。

（四）出租、出借银行结算账户。

（五）从基本存款账户之外的银行结算账户转账存入、将销货收入存入或现金存入单位信用卡账户。

（六）法定代表人或主要负责人、存款人地址以及其他开户资料的变更事项未在规定期限内通知银行。

非经营性的存款人有上述所列（一）至（五）项行为的，给予警告并处以 1000 元罚款；经营性的存款人有上述所列（一）至（五）项行为的，给予警告并处以 5000 元以上 3 万元以下的罚款；存款人有上述所列第（六）项行为的，给予警告并处以 1000 元的罚款。

第六十六条 银行在银行结算账户的开立中，不得有下列行为：

（一）违反本办法规定为存款人多头开立银行结算账户。

（二）明知或应知是单位资金，而允许以自然人名称开立账户存储。

银行有上述所列行为之一的，给予警告，并处以 5 万元以上 30 万元以下的罚款；对该银行直接负责的高级管理人员、其他直接负责的主管人员、直接责任人员按规定给予纪律处分；情节严重的，中国人民银行有权停止对其开立基本存款账户的核准，责令该银行停业整顿或者吊销经营金融业务许可证；构成犯罪的，移交司法机关依法追究刑事责任。

第六十七条 银行在银行结算账户的使用中，不得有下列行为：

（一）提供虚假开户申请资料欺骗中国人民银行许可开立基本存款账户、临时存款账户、预算单位专用存款账户。

（二）开立或撤销单位银行结算账户，未按本办法规定在其基本存款账户开户登记证上予以登记、签章或通知相关开户银行。

（三）违反本办法第四十二条规定办理个人银行结算账户转账结算。

（四）为储蓄账户办理转账结算。

（五）违反规定为存款人支付现金或办理现金存入。

（六）超过期限或未向中国人民银行报送账户开立、变更、撤销等资料。

银行有上述所列行为之一的，其他直接负责的主管人员、直接责任人员按规定给予纪律处分；情节严重的，中国人民银行有权停止对其开立基本存款账户的核准，构成犯罪的，移交司法机关依法追究刑事责任。

第六十八条 违反本办法规定伪造、变造、私有印制开户登记证的存款人，属非经营性的处以 1000 元罚款；属经营性的处以 1 万元以上 3 万元以下的罚款；构成犯罪的，移交司法机关依法追究刑事责任。

第七章 附 则

第六十九条 开户登记证由中国人民银行总行统一式样，中国人民银行各分行、营业管理部、省会（首府）城市中心支行负责监制。

第七十条 本办法由中国人民银行负责解释、修改。

第七十一条 本办法自 2003 年 9 月 1 日起施行。1994 年 10 月 9 日中国人民银行发布的《银行账户管理办法》同时废止。

人民币银行结算账户管理办法实施细则

（2005 年 1 月 19 日 中国人民银行 银发〔2005〕16 号）

第一章 总 则

第一条 为加强人民币银行结算账户（以下简称银行结算账户）管理，维护经济金融秩序稳定，根据《人民币银行结算账户管理办法》（以下简称《办法》），制定本实施细则。

第二条 《办法》和本实施细则所称银行，是指在中华人民共和国境内依法经批准设立，可经营人民币支付结算业务的银行业金融机构。

第三条 中国人民银行是银行结算账户的监督管理部门，负责对银行结算账户的开立、使用、变更和撤销进行检查监督。

第四条 中国人民银行通过人民币银行结算账户管理系统（以下简称账户管理系统）和其他合法手段，对银行结算账户的开立、使用、变更和撤销实施监控和管理。

第五条 中国人民银行对下列单位银行结算账户实行核准制度：

（一）基本存款账户；

（二）临时存款账户（因注册验资和增资验资开立的除外）；

（三）预算单位专用存款账户；

（四）合格境外机构投资者在境内从事证券投资开立的人民币特殊账户和人民币结算资金账户（以下简称QFII专用存款账户）。

上述银行结算账户统称核准类银行结算账户。

第六条 《办法》中"开户登记证"全部改为开户许可证。开户许可证是中国人民银行依法准予申请人在银行开立核准类银行结算账户的行政许可证件，是核准类银行结算账户合法性的有效证明。

中国人民银行在核准开立基本存款账户、临时存款账户（因注册验资和增资验资开立的除外）、预算单位专用存款账户和QFII专用存款账户时分别颁发基本存款账户开户许可证、临时存款账户开户许可证和专用存款账户开户许可证。

第七条 中国人民银行在颁发开户许可证时，应在开户许可证中载明下列事项：

（一）"开户许可证"字样；

（二）开户许可证编号；

（三）开户核准号；

（四）中国人民银行当地分支行账户管理专用章；

（五）核准日期；

（六）存款人名称；

（七）存款人的法定代表人或单位负责人姓名；

（八）开户银行名称；

（九）账户性质；

（十）账号。

临时存款账户开户许可证除记载上述事项外，还应记载临时存款账户的有效期限。

第八条 《办法》和本实施细则所称"注册地"是指存款人的营业执照等开户证明文件上记载的住所地。

第二章 银行结算账户的开立

第九条 存款人应以实名开立银行结算账户，并对其出具的开户申请资料实质内容的真实性负责，法律、行政法规另有规定的除外。银行应负责对存款人开户申请资料的真实性、完整性和合规性进行审查。中国人民银行应负责对银行报送的核准类银行结算账户的开户资料的合规性以及存款人开立基本存款账户的唯一性进行审核。

第十条 境外（含港澳台地区）机构在境内从事经营活动的，或境内单位在异地从事临时活动的，持政府有关部门批准其从事该项活动的证明文件，经中国人民银行当地分支行核准后可开立临时存款账户。

第十一条 单位存款人因增资验资需要开立银行结算账户的，应持其基本存款账户开户许可证、股东会或董事会决议等证明文件，在银行开立一个临时存款账户。该账户的使用和撤销比照因注册验资开立的临时存款账户管理。

第十二条 存款人为临时机构的，只能在其驻在地开立一个临时存款账户，不得开立其他银行结算账户。

存款人在异地从事临时活动的，只能在其临时活动地开立一个临时存款账户。

建筑施工及安装单位企业在异地同时承建多个项目的，可根据建筑施工及安装合同开立不超过项目合同个数的临时存款账户。

第十三条 《办法》第十七条所称"税务登记证"是指国税登记证或地税登记证。

存款人为从事生产、经营活动的纳税人，根据国家有关规定无法取得税务登记证的，在申请开立基本存款账户时可不出具税务登记证。

第十四条 存款人凭《办法》第十九条规定的同一证明文件，只能开立一个专用存款账户。

合格境外机构投资者申请开立QFII专用存款账户应根据《办法》第二十条的规定出具证明文件，无须出具基本存款账户开户许可证。

第十五条 自然人除可凭《办法》第二十二条规定的证明文件申请开立个人银行结算账户外，还可凭下列证明文件申请开立个人银行结算账户：

（一）居住在境内的中国公民，可出具户口簿或护照。

（二）军队（武装警察）离退休干部以及在解放军军事院校学习的现役军人，可出具离休干部荣誉证、军官退休证、文职干部退休证或军事院校学员证。

（三）居住在境内或境外的中国籍的华侨，可出具中国护照。

（四）外国边民在我国边境地区的银行开立个人银行账户，可出具所在国制发的《边民出入境通行证》。

（五）获得在中国永久居留资格的外国人，可出具外国人永久居留证。

第十六条 《办法》第二十三条第（一）项所称出具"未开立基本存款账户的证明"适用以下三种情形：

（一）注册地已运行账户管理系统，但经营地尚未运行账户管理系统的；

（二）经营地已运行账户管理系统，但注册地尚未运行账户管理系统的；

（三）注册地和经营地均未运行账户管理系统的。

第十七条 存款人为单位的，其预留签章为该单位的公章或财务专用章加其法定代表人（单位负责人）或其授权的代理人的签名或者盖章。存款人为个人的，其预留签章为该个人的签名或者盖章。

第十八条 存款人在申请开立单位银行结算账户时，其申请开立的银行结算账户的账户名称、出具的开户证明文件上记载的存款人名称以及预留银行签章中公章或财务专用章的名称应保持一致，但下列情形除外：

（一）因注册验资开立的临时存款账户，其账户名称为工商行政管理部门核发的"企业名称预先核准通知书"或政府有关部门批文中注明的名称，其预留银行签章中公章或财务专用章的名称应是存款人与银行在银行结算账户管理协议中约定的出资人名称；

（二）预留银行签章中公章或财务专用章的名称依法可使用简称的，账户名称应与其保持一致；

（三）没有字号的个体工商户开立的银行结算账户，其预留签章中公章或财务专用章应是个体户字样加营业执照上载明的经营者的签字或盖章。

第十九条 存款人因注册验资或增资验资开立临时存款账户后，需要在临时存款账户有效期届满前退还资金的，应出具工商行政管理部门的证明；无法出具证明的，应于账户有效期届满后办理销户退款手续。

第二十条 《办法》第二十七条所称"填制开户申请书"是指，存款人申请开立单位银行结算账户时，应填写"开立单位银行结算账户申请书"，并加盖单位公章。存款人有组织机构代码、上级法人或主管单位的，应在"开立单位银行结算账户申请书"上如实填写相关信息。存款人有关联企业的，应填写"关联企业登记表"。存款人申请开立个人银行结算账户时，应填写"开立个人银行结算账户申请书"，并加其个人签章。

第二十一条 中国人民银行当地分支行在核准存款人开立基本存款账户后，应为存款人打印初始密码，由开户银行转交存款人。

存款人可到中国人民银行当地分支行或基本存款账户开户银行，提交基本存款账户开户许可证，使用密码查询其已经开立的所有银行结算账户的相关信息。

第二十二条 开户银行和存款人签订的银行结算账户管理协议的内容可在开户申请书中列明，也可由开户银行与存款人另行约定。

第二十三条 存款人符合《办法》和本实施细则规定的开户条件的，银行应为其开立银行结算账户。

第三章 银行结算账户的使用

第二十四条 《办法》第三十六条所称"临时存款账户展期"的具体办理程序是，存款人在临时存款账户有效期届满前申请办理展期时，应填写"临时存款账户展期申请书"，并加盖单位公章，连同临时存款账户开户许可证及开立临时存款账户时需要出具的相关证明文件一并通过开户银行报送中国人民银行当地分支行。

符合展期条件的，中国人民银行当地分支行应核准其展期，收回原临时存款账户开户许可证，并颁发新的临时存款账户开户许可证。不符合展期条件的，中国人民银行当地分支行不核准其展期申请，存款人应及时办理该临时存款账户的撤销手续。

第二十五条 《办法》第三十八条所称"正式开立之日"具体是指：对于核准类银行结算账户，"正式开立之日"为中国人民银行当地分支行的核准日期；对于非核准类单位银行结算账户，"正式开立之日"为银行为存款人办理开户手续的日期。

第二十六条 当存款人在同一银行营业机构撤销银行结算账户后重新开立银行结算账户时，重新开立的银行结算账户可自开立之日起办理付款业务。

第二十七条 《办法》第四十一条所称"有下列情形之一的"，是指"有下列情形之一"，且符合"单位从其银行结算账户支付给个人银行结算账户的款项每笔超过5万元"的情形。

第二十八条 《办法》第四十二条所称"银行应按第四十条、第四十一条规定认真审查付款依据或收款依据的原件，并留存复印件"是指：对于《办法》第四十条规定的情形，单位银行结算账户的开户银行应认真审查付款依据的原件，并留存复印件；对于《办法》第四十一条规定的情形，个人银行结算账户的开户银行应认真审查依据的原件，并留存复印件。

存款人应对其提供的收款依据或付款依据的真实性、合法性负责，银行应按会计档案管理规定保管收款依据、付款依据的复印件。

第二十九条 个人持出票人（或申请人）为单位且一手或多手背书人为单位的支票、银行汇票或银行本票，向开户银行提示付款并将款项转入其个人银行结算账户的，应按照《办法》第四十一条和本实施细则第二十八条的规定，向开户银行出具最后一手背书人为单位且被背书人为个人的收款依据。

第三十条 《办法》第四十四条所称"规定期限"是指银行与存款人约定的期限。

第四章 银行结算账户的变更与撤销

第三十一条 《办法》第四十六条所称"提出银行结算账户的变更申请"是指，存款人申请办理银行结算账户信息变更时，应填写"变更银行结算账户申请书"。属于申请变更单位银行结算账户的，应加盖单位公章；属于申请变更个人银行结算账户的，应加其个人签章。

第三十二条 存款人申请变更核准类银行结算账户的存款人名称、法定代表人或单位负责人的，银行应在接到变更申请后的2个工作日内，将存款人的"变更银行结算账户申请书"、开户许可证以及有关证明文件报送中国人民银行当地分支行。

符合变更条件的，中国人民银行当地分支行核准其变更申请，收回原开户许可证，颁发新的开户许可证。不符合变更条件的，中国人民银行当地分支行不核准其变更申请。

第三十三条 存款人因《办法》第四十九条第（一）、（二）项原因撤销银行结算账户的，应先撤销一般存款账户、专用存款账户、临时存款账户，将账户资金转入基本存款账户后，方可办理基本存款账户的撤销。

第三十四条 存款人因《办法》第四十九条第（三）、（四）项原因撤销基本存款账户后，需要重新开立基本存款账户的，应在撤销其原基本存款账户后10日内申请重新开立基本存款账户。

存款人在申请重新开立基本存款账户时，除应根据《办法》第十七条的规定出具相关证明文件外，还应出具"已开立银行结算账户清单"。

第三十五条 存款人申请撤销银行结算账户时，应填写"撤销银行结算账户申请书"。属于申请撤销单位银行结算账户的，应加盖单位公章；属于申请撤销个人银行结算账户的，应加其个人签章。

第三十六条 银行在收到存款人撤销银行结算账户的申请后，对于符合销户条件的，应在2个工作日内办理撤销手续。

第三十七条 《办法》第五十四条所称交回"开户登记证"是指存款人撤销核准类银行结算账户时应交回开户许可证。

第三十八条 存款人申请临时存款账户展期，变更、撤销单位银行结算账户以及补（换）发开户许可证时，可由法定代表人或单位负责人直接办理，也可授权他人办理。

由法定代表人或单位负责人直接办理的，除出具相应的证明文件外，还应出具法定代表人或单位负责人的身份证件；授权他人办理的，除出具相应的证明文件外，还应出具法定代表人或单位负责人的身份证件及其出具的授权书，以及被授权人的身份证件。

第三十九条 对于按照《办法》和本实施细则规定应撤销而未办理销户手续的单位银行结算账户，银行应通知该单位银行结算账户的存款人自发出通知之日起30日内办理销户手续，逾期视同自愿销户，未划转款项列入久悬未取专户管理。

第五章 银行结算账户的管理

第四十条 中国人民银行当地分支行通过账户管理系统与支付系统、同城票据交换系统等系统的连接，实现相关银行结算账户信息的比对，依法监测和查处未经中国人民银行核准或未向中国人民银行备案的银行结算账户。

第四十一条 账户管理系统中的银行机构代码是按照中国人民银行规定的编码规则为银行编制的，用于识别银行身份的唯一标识，是账户管理系统的基础数据。

中国人民银行负责银行机构代码信息的统一管理和维护。银行应按要求准确、完整、及时地向中国人民银行当地分支行申报银行机构代码信息。

第四十二条 中国人民银行应将开户许可证作为重要空白凭证进行管理，建立健全开户许可证的印制、保管、领用、颁发、收缴和销毁制度。

第四十三条 开户许可证遗失或毁损时，存款人应填写"补（换）发开户许可证申请书"，并加盖单位公章，比照《办法》和本实施细则有关开立银行结算账户的规定，通过开户银行向中国人民银行当地分支行提出补（换）发开户许可证的申请。申请换发开户许可证的，存款人应缴回原开户许可证。

第四十四条 单位存款人申请更换预留公章或财务专用章，应向开户银行出具书面申请、原预留公章或财务专用章等相关证明材料。

单位存款人申请更换预留公章或财务专用章但无法提供原预留公章或财务专用章的，应向开户银行出具原印签卡片、开户许可证、营业执照正本、司法部门的证明等相关证明文件。

单位存款人申请变更预留公章或财务专用章，可由法定代表人或单位负责人直接办理，也可授权他人办理。由法定代表人或单位负责人直接办理的，除出具相应的证明文件外，还应出具法定代表人或单位负责人的身份证件；授权他人办理的，除出具相应的证明文件外，还应出具法定代表人或单位负责人的身份证件及其出具的授权书，以及被授权人的身份证件。

第四十五条 单位存款人申请更换预留个人签章，可由法定代表人或单位负责人直接办理，也可授权他人办理。

由法定代表人或单位负责人直接办理的，应出具加盖该单位公章的书面申请以及法定代表人或单位负责人的身份证件。

授权他人办理的，应出具加盖该单位公章的书面申请、法定代表人或单位负责人的身份证件及其出具的授权书、被授权人的身份证件。无法出具法定代表人或单位负责人的身份证件的，应出具加盖该单位公章的书面申请、该单位出具的授权书以及被授权人的身份证件。

第四十六条 存款人应妥善保管其密码。存款人在收到开户银行转交的初始密码之后，应到中国人民银行当地分支行或基本存款账户开户银行办理密码变更手续。

存款人遗失密码的，应持其开户时需要出具的证明文件和基本存款账户开户许可证到中国人民银行当地分支行申请重置密码。

第六章 附 则

第四十七条 本实施细则所称各类申请书，可由银行参照本实施细则所附申请书式样，结合本行的需要印制，但必须包含本实施细则所附申请书式样中列明的记载事项。

第四十八条 《办法》和本实施细则所称身份证件，是指符合《办法》第二十二条和本实施细则第十五条规定的身份证件。

第四十九条 本实施细则由中国人民银行负责解释、修改。

第五十条 本实施细则自 2005 年 1 月 31 日起施行。

票据交易管理办法

(2016 年 12 月 5 日 中国人民银行 中国人民银行公告〔2016〕第 29 号)

第一章 总 则

第一条 为规范票据市场交易行为，防范交易风险，维护交易各方合法权益，促进票据市场健康发展，依据《中华人民共和国中国人民银行法》、《中华人民共和国票据法》、《中华人民共和国电子签名法》等有关法律法规，制定本办法。

第二条 市场参与者从事票据交易应当遵守本办法，本办法所称票据包括但不限于纸质或者电子形式的银行承兑汇票、商业承兑汇票等可交易票据。

第三条 票据交易应当遵循公平自愿、诚信自律、风险自担的原则。

第四条 中国人民银行依法对票据市场进行监督管理，并根据宏观调控需要对票据市场进行宏观审慎管理。

第二章 票据市场参与者

第五条 票据市场参与者是指可以从事票据交易的市场主体，包括：

（一）法人类参与者。指金融机构法人，包括政策性银行、商业银行及其授权的分支机构，农村信用社、企业集团财务公司、信托公司、证券公司、基金管理公司、期货公司、保险公司等经金融监督管理部门许可的金融机构。

（二）非法人类参与者。指金融机构等作为资产管理人，在依法合规的前提下，接受客户的委托或者授权，按照与客户约定的投资计划和方式开展资产管理业务所设立的各类投资产品，包括证券投资基金、资产管理计划、银行理财产品、信托计划、保险产品、住房公积金、社会保障基金、企业年金、养老基金等。

（三）中国人民银行确定的其他市场参与者。

第六条 法人类参与者应当符合以下条件：

（一）依法合规设立。

（二）已制定票据业务内部管理制度和操作规程，具有健全的公司治理结构和完善的内部控制、风险管理机制。

（三）有熟悉票据市场和专门从事票据交易的人员。

（四）具备相应的风险识别和承担能力，知悉并承担票据投资风险。

（五）中国人民银行要求的其他条件。

第七条 非法人类参与者应当符合以下条件：

（一）产品设立符合相关法律法规和监管规定，并已依法在相关金融监督管理部门获得批准或者完成备案。

（二）产品已委托具有托管资格的金融机构（以下简称托管人）进行独立托管，托管人对委托人资金实行分账管理、单独核算。

（三）产品管理人具有相关金融监督管理部门批准的资产管理业务资格。

第八条 法人类参与者开展票据交易，应当遵守有关法律法规，强化内控制度建设，完善部门和岗位设置，并采取切实措施持续提高相关人员业务能力。

第九条 非法人类参与者开展票据交易，由其资产管理人代表其行使票据权利并以受托管理的资产承担相应的民事责任。资产管理人从事资管业务的部门、岗位、人员及其管理的资产应当与其自营业务相互独立。

第三章 票据市场基础设施

第十条 票据市场基础设施是指提供票据交易、登记托管、清算结算、信息服务的机构。

第十一条 票据市场基础设施应当经中国人民银行认可。中国人民银行对票据市场基础设施开展票据相关业务进行监督管理。

第十二条 票据市场基础设施可以为市场参与者提供以下服务：

（一）组织票据交易，公布票据交易即时行情。

（二）票据登记托管。

（三）票据交易的清算结算。

（四）票据信息服务。

（五）中国人民银行认可的其他服务。

第十三条 票据市场基础设施按照金融市场基础设施建设有关标准进行系统建设与管理。

第十四条 票据市场基础设施应当从其业务收入中提取一定比例的金额设立风险基金并存入开户银行专门账户，用于弥补因违约交收、技术故障、操作失误、不可抗力等造成的相关损失。

第十五条 上海票据交易所是中国人民银行指定的提供票据交易、登记托管、清算结算和信息服务的机构。

第四章 票据信息登记与电子化

第十六条 纸质票据贴现前，金融机构办理承兑、质押、保证等业务，应当不晚于业务办理的次一工作日在票据市场基础设施完成相关信息登记工作。

纸质商业承兑汇票完成承兑后，承兑人开户行应当根据承兑人委托代其进行承兑信息登记。承兑信息未能及时登记的，持票人有权要求承兑人补充登记承兑信息。

纸质票据票面信息与登记信息不一致的，以纸质票据票面信息为准。

第十七条　贴现人办理纸质票据贴现时，应当通过票据市场基础设施查询票据承兑信息，并在确认纸质票据必须记载事项与已登记承兑信息一致后，为贴现申请人办理贴现，贴现申请人无须提供合同、发票等资料；信息不存在或者纸质票据必须记载事项与已登记承兑信息不一致的，不得办理贴现。

本款所称纸质票据必须记载事项指《中华人民共和国票据法》第二十二条规定的票据必须记载事项。

第十八条　贴现人完成纸质票据贴现后，应当不晚于贴现次一工作日在票据市场基础设施完成贴现信息登记。

第十九条　承兑人或者承兑人开户行收到挂失止付通知或者公示催告等司法文书并确认相关票据未付款的，应当于当日依法暂停支付并在票据市场基础设施登记或者委托开户行在票据市场基础设施登记相关信息。

第二十条　金融机构通过票据市场基础设施进行相关业务信息登记，因信息登记错误给他人造成损失的，应当承担赔偿责任。

第二十一条　贴现人办理纸质票据贴现后，应当在票据上记载"已电子登记权属"字样，该票据不再以纸质形式进行背书转让、设立质押或者其他交易行为。贴现人应当对纸质票据妥善保管。

第二十二条　已贴现票据背书通过电子形式办理。电子形式背书是指在票据市场基础设施以数据电文形式记载的背书，和纸质形式背书具有同等法律效力。

第二十三条　纸质票据电子形式背书后，由票据权利人通过票据市场基础设施通知保管人变更寄存人的方式完成交付。

第二十四条　贴现人可以按市场化原则选择商业银行对纸质票据进行保证增信。保证增信行对纸质票据进行保管并为贴现人的偿付责任进行先行偿付。

第二十五条　已贴现票据应当通过票据市场基础设施办理背书转让、质押、保证、提示付款等票据业务。

第二十六条　纸质票据贴现后，其保管人可以向承兑人发起付款确认。付款确认可以采用实物确认或者影像确认。

实物确认是指票据保管人将票据实物送达承兑人或者承兑人开户行，由承兑人在对票据真实性和背书连续性审查的基础上对到期付款责任进行确认。

影像确认是指票据保管人将票据影像信息发送至承兑人或者承兑人开户行，由承兑人在对承兑信息和背书连续性审查的基础上对到期付款责任进行确认。

承兑人要求实物确认的，银行承兑汇票保管人应当将票据送达承兑人，实物确认后，纸质票据由其承兑人代票据权利人妥善保管；商业承兑汇票保管人应当将票据通过承兑人开户行送达承兑人进行实物确认，实物确认后，纸质票据由商业承兑汇票开户行代票据权利人妥善保管。

第二十七条　实物确认与影像确认具有同等效力。承兑人或者承兑人开户行进行付款确认后，除挂失止付、公示催告等合法抗辩情形外，应当在持票人提示付款后付款。

第二十八条　承兑人收到票据影像确认请求或者票据实物后，应当在3个工作日内作出或者委托其开户行作出同意或者拒绝到期付款的应答。拒绝到期付款的，应当说明理由。

第二十九条　票据保管人应当采取切实措施保证纸质票据不被挪用、污损、涂改和灭失，并承担因保管不善引发的相关法律责任。

第三十条　电子商业汇票签发、承兑、质押、保证、贴现等信息应当通过电子商业汇票系统同步传送至票据市场基础设施。

第三十一条　电子商业汇票一经承兑即视同承兑人已进行付款确认。

第五章　票据登记与托管

第三十二条　票据登记是指金融机构将票据权属在票据市场基础设施电子簿记系统予以记载的

行为。

第三十三条 票据托管是指票据市场基础设施根据票据权利人委托对其持有票据的相关权益进行管理和维护的行为。

第三十四条 市场参与者应当在票据市场基础设施开立票据托管账户。

市场参与者开立票据托管账户时，应当向票据市场基础设施提出申请，并保证所提交的开户资料真实、准确、完整。

第三十五条 票据托管账户采用实名制，不得出租、出借或者转让。

第三十六条 一个市场参与者只能开立一个票据托管账户，中国人民银行另有规定的除外。

具有法人资格的市场参与者应当以法人名义开立票据托管账户；经法人授权的分支机构应当以分支机构名义开立票据托管账户；非法人市场参与者应当以产品名义单独开立票据托管账户。

第三十七条 贴现人应当于票据交易前在票据市场基础设施完成纸质票据登记工作，确保其提交的票据登记信息真实、有效，并承担相应法律责任。

第三十八条 票据市场基础设施依据电子商业汇票系统相关信息为持票人完成电子票据登记。

第三十九条 因票据的交易过户、非交易过户等原因引起票据托管账户余额变化的，票据市场基础设施应当为权利人办理票据变更登记。

第六章 票据交易

第四十条 票据交易采取全国统一的运营管理模式，通过票据市场基础设施进行。

第四十一条 票据交易包括转贴现、质押式回购和买断式回购等。

转贴现是指卖出方将未到期的已贴现票据向买入方转让的交易行为。

质押式回购是指正回购方在将票据出质给逆回购方融入资金的同时，双方约定在未来某一日期由正回购方按约定金额向逆回购方返还资金、逆回购方向正回购方返还原出质票据的交易行为。

买断式回购是指正回购方将票据卖给逆回购方的同时，双方约定在未来某一日期，正回购方再以约定价格从逆回购方买回票据的交易行为。

第四十二条 市场参与者完成票据登记后即可以开展交易，或者在付款确认、保证增信后开展交易。贴现人申请保证增信的，应当在首次交易前完成。

第四十三条 票据到期后偿付顺序如下：

（一）票据未经承兑人付款确认和保证增信即交易的，若承兑人未付款，应当由贴现人先行偿付。该票据在交易后又经承兑人付款确认的，应当由承兑人付款；若承兑人未付款，应当由贴现人先行偿付。

（二）票据经承兑人付款确认且未保证增信即交易的，应当由承兑人付款；若承兑人未付款，应当由贴现人先行偿付。

（三）票据保证增信即交易且未经承兑人付款确认的，若承兑人未付款，应当由保证增信行先行偿付；保证增信行未偿付的，应当由贴现人先行偿付。

（四）票据保证增信后且经承兑人付款确认的，应当由承兑人付款；若承兑人未付款，应当由保证增信行先行偿付；保证增信行未偿付的，应当由贴现人先行偿付。

第四十四条 票据交易应当通过票据市场基础设施进行并生成成交单。成交单应当对交易日期、交易品种、交易利率等要素作出明确约定。

票据成交单、票据交易主协议及补充协议（若有）构成交易双方完整的交易合同。

票据交易合同一经成立，交易双方应当认真履行，不得擅自变更或者解除合同。

第四十五条 票据交易无须提供转贴现凭证、贴现凭证复印件、查询查复书及票面复印件等纸质资料。

第四十六条 票据贴现、转贴现的计息期限，从贴现、转贴现之日起至票据到期日止，到期日遇法定节假日的顺延至下一工作日。

第四十七条 质押式回购和买断式回购最短期限为 1 天,并应当小于票据剩余期限。

第四十八条 质押式回购的回购金额不得超过质押票据的票面总额。

第七章 票据交易结算与到期处理

第四十九条 票据交易的结算通过票据市场基础设施电子簿记系统进行,包括票款对付和纯票过户。

票款对付是指结算双方同步办理票据过户和资金支付并互为条件的结算方式。

纯票过户是指结算双方的票据过户与资金支付相互独立的结算方式。

第五十条 市场参与者开展票据交易应当采用票款对付,同一法人分支机构间的票据交易可以采用纯票过户。

第五十一条 已在大额支付系统开立清算账户的市场参与者,应当通过其在大额支付系统的清算账户办理票款对付的资金结算。

未在大额支付系统开立清算账户的市场参与者,应当委托票据市场基础设施代理票款对付的资金结算。

第五十二条 票据市场基础设施代理票款对付的资金结算时,应当通过其在大额支付系统的清算账户进行。票据市场基础设施应当在该账户下,为委托其代理资金结算的市场参与者开立票据结算资金专户。

第五十三条 交易双方应当根据合同约定,确保在约定结算日有用于结算的足额票据和资金。

第五十四条 在票据交易达成后结算完成之前,不得动用该笔交易项下用于结算的票据、资金或者担保物。

第五十五条 办理法院强制执行、税收、债权债务承继、赠与等非交易票据过户的,票据市场基础设施应当要求当事人提交合法有效的法律文件。

第五十六条 持票人在提示付款期内通过票据市场基础设施提示付款的,承兑人应当在提示付款当日进行应答或者委托其开户行进行应答。

承兑人存在合法抗辩事由拒绝付款的,应当在提示付款当日出具或者委托其开户行出具拒绝付款证明,并通过票据市场基础设施通知持票人。

承兑人或者承兑人开户行在提示付款当日未作出应答的,视为拒绝付款,票据市场基础设施提供拒绝付款证明并通知持票人。

第五十七条 商业承兑汇票承兑人在提示付款当日同意付款的,承兑人开户行应当根据承兑人账户余额情况予以处理。

(一)承兑人账户余额足够支付票款的,承兑人开户行应当代承兑人作出同意付款应答,并于提示付款日向持票人付款。

(二)承兑人账户余额不足以支付票款的,则视同承兑人拒绝付款。承兑人开户行应当于提示付款日代承兑人作出拒付应答并说明理由,同时通过票据市场基础设施通知持票人。

第五十八条 银行承兑汇票的承兑人已于到期前进行付款确认的,票据市场基础设施应当根据承兑人的委托于提示付款日代承兑人发送指令划付资金至持票人资金账户。

商业承兑汇票的承兑人已于到期前进行付款确认的,承兑人开户行应当根据承兑人委托于提示付款日扣划承兑人账户资金,并将相应款项划付至持票人资金账户。

第五十九条 保证增信行或者贴现人承担偿付责任时,应当委托票据市场基础设施代其发送指令划付资金至持票人资金账户。

第六十条 承兑人或者出票人付款后,票据保管人应当参照会计档案保管要求对票据进行保管。承兑人进行影像确认并付款的,可以凭票据市场基础设施的提示付款通知、划款通知以及留存的票据底卡联作为会计记账凭证。

第六十一条 票据发生法律纠纷时,依据有权申请人的请求,票据市场基础设施应当出具票据登记、托管和交易流转记录；票据保管人应当提供相应票据实物。

第八章 附 则

第六十二条 票据市场基础设施依照本办法及中国人民银行有关规定制定相关业务规则，报中国人民银行同意后施行。

第六十三条 本办法施行前制定的相关规定，与本办法相抵触的，以本办法为准。

第六十四条 本办法由中国人民银行负责解释。

第六十五条 本办法自公布之日起施行，过渡期按照《中国人民银行办公厅关于做好票据交易平台接入准备工作的通知》（银办发〔2016〕224号）执行。

票据管理实施办法

（1997年6月23日国务院批准 1997年8月21日中国人民银行令第2号
2011年1月8日国务院令第588号修正）

第一条 为了加强票据管理，维护金融秩序，根据《中华人民共和国票据法》（以下简称票据法）的规定，制定本办法。

第二条 在中华人民共和国境内的票据管理，适用本办法。

第三条 中国人民银行是票据的管理部门。

票据管理应当遵守票据法和本办法以及有关法律、行政法规的规定，不得损害票据当事人的合法权益。

第四条 票据当事人应当依法从事票据活动，行使票据权利，履行票据义务。

第五条 票据当事人应当使用中国人民银行规定的统一格式的票据。

第六条 银行汇票的出票人，为经中国人民银行批准办理银行汇票业务的银行。

第七条 银行本票的出票人，为经中国人民银行批准办理银行本票业务的银行。

第八条 商业汇票的出票人，为银行以外的企业和其他组织。

向银行申请办理汇票承兑的商业汇票的出票人，必须具备下列条件：

（一）在承兑银行开立存款账户；

（二）资信状况良好，并具有支付汇票金额的可靠资金来源。

第九条 承兑商业汇票的银行，必须具备下列条件：

（一）与出票人具有真实的委托付款关系；

（二）具有支付汇票金额的可靠资金。

第十条 向银行申请办理票据贴现的商业汇票的持票人，必须具备下列条件：

（一）在银行开立存款账户；

（二）与出票人、前手之间具有真实的交易关系和债权债务关系。

第十一条 支票的出票人，为在经中国人民银行批准办理支票存款业务的银行、城市信用合作社和农村信用合作社开立支票存款账户的企业、其他组织和个人。

第十二条 票据法所称"保证人"，是指具有代为清偿票据债务能力的法人、其他组织或者个人。
国家机关、以公益为目的的事业单位、社会团体、企业法人的分支机构和职能部门不得为保证人；但是，法律另有规定的除外。

第十三条 银行汇票上的出票人的签章、银行承兑商业汇票的签章，为该银行的汇票专用章加其法定代表人或者其授权的代理人的签名或者盖章。

银行本票上的出票人的签章，为该银行的本票专用章加其法定代表人或者其授权的代理人的签名或者盖章。

银行汇票专用章、银行本票专用章须经中国人民银行批准。

第十四条 商业汇票上的出票人的签章，为该单位的财务专用章或者公章加其法定代表人或者其授权的代理人的签名或者盖章。

第十五条 支票上的出票人的签章，出票人为单位的，为与该单位在银行预留签章一致的财务专用章或者公章加其法定代表人或者其授权的代理人的签名或者盖章；出票人为个人的，为与该个人在银行预留签章一致的签名或者盖章。

第十六条 票据法所称"本名"，是指符合法律、行政法规以及国家有关规定的身份证件上的姓名。

第十七条 出票人在票据上的签章不符合票据法和本办法规定的，票据无效；背书人、承兑人、保证人在票据上的签章不符合票据法和本办法规定的，其签章无效，但是不影响票据上其他签章的效力。

第十八条 票据法所称"代理付款人"，是指根据付款人的委托，代其支付票据金额的银行、城市信用合作社和农村信用合作社。

第十九条 票据法规定可以办理挂失止付的票据丧失的，失票人可以依照票据法的规定及时通知付款人或者代理付款人挂失止付。

失票人通知票据的付款人或者代理付款人挂失止付时，应当填写挂失止付通知书并签章。挂失止付通知书应当记载下列事项：

（一）票据丧失的时间和事由；

（二）票据种类、号码、金额、出票日期、付款日期、付款人名称、收款人名称；

（三）挂失止付人的名称、营业场所或者住所以及联系方法。

第二十条 付款人或者代理付款人收到挂失止付通知书，应当立即暂停支付。付款人或者代理付款人自收到挂失止付通知书之日起12日内没有收到人民法院的止付通知书的，自第13日起，挂失止付通知书失效。

第二十一条 付款人或者代理付款人在收到挂失止付通知书前，已经依法向持票人付款的，不再接受挂失止付。

第二十二条 申请人申请开立支票存款账户的，银行、城市信用合作社和农村信用合作社可以与申请人约定在支票上使用支付密码，作为支付支票金额的条件。

第二十三条 保证人应当依照票据法的规定，在票据或者其粘单上记载保证事项。保证人为出票人、付款人、承兑人保证的，应当在票据的正面记载保证事项；保证人为背书人保证的，应当在票据的背面或者其粘单上记载保证事项。

第二十四条 依法背书转让的票据，任何单位和个人不得冻结票据款项；但是，法律另有规定的除外。

第二十五条 票据法第五十五条所称"签收"，是指持票人在票据的正面签章，表明持票人已经获得付款。

第二十六条 通过委托收款银行或者通过票据交换系统向付款人提示付款的，持票人向银行提交票据日为提示付款日。

第二十七条 票据法第六十二条所称"拒绝证明"应当包括下列事项：

（一）被拒绝承兑、付款的票据的种类及其主要记载事项；

（二）拒绝承兑、付款的事实依据和法律依据；

（三）拒绝承兑、付款的时间；

（四）拒绝承兑人、拒绝付款人的签章。

票据法第六十二条所称"退票理由书"应当包括下列事项：

（一）所退票据的种类；

（二）退票的事实依据和法律依据；
（三）退票时间；
（四）退票人签章。

第二十八条 票据法第六十三条规定的"其他有关证明"是指：
（一）医院或者有关单位出具的承兑人、付款人死亡的证明；
（二）司法机关出具的承兑人、付款人逃匿的证明；
（三）公证机关出具的具有拒绝证明效力的文书。

第二十九条 票据法第七十条第一款第（二）项、第七十一条第一款第（二）项规定的"利率"，是指中国人民银行规定的流动资金贷款利率。

第三十条 有票据法第一百零二条所列行为之一，情节轻微，不构成犯罪的，由公安机关依法予以处罚。

第三十一条 签发空头支票或者签发与其预留的签章不符的支票，不以骗取财物为目的的，由中国人民银行处以票面金额5%但不低于1000元的罚款；持票人有权要求出票人赔偿支票金额2%的赔偿金。

第三十二条 金融机构的工作人员在票据业务中玩忽职守，对违反票据法和本办法规定的票据予以承兑、付款、保证或者贴现的，对直接负责的主管人员和其他直接责任人员给予警告、记过、撤职或者开除的处分；造成重大损失，构成犯罪的，依法追究刑事责任。

第三十三条 票据的付款人对见票即付或者到期的票据，故意压票、拖延支付的，由中国人民银行处以压票、拖延支付期间内每日票据金额0.7‰的罚款；对直接负责的主管人员和其他直接责任人员给予警告、记过、撤职或者开除的处分。

第三十四条 违反中国人民银行规定，擅自印制票据的，由中国人民银行责令改正，处以1万元以上20万元以下的罚款；情节严重的，中国人民银行有权提请有关部门吊销其营业执照。

第三十五条 票据的格式、联次、颜色、规格及防伪技术要求和印制，由中国人民银行规定。
中国人民银行在确定票据格式时，可以根据少数民族地区和外国驻华使领馆的实际需要，在票据格式中增加少数民族文字或者外国文字。

第三十六条 本办法自1997年10月1日起施行。

支付机构预付卡业务管理办法

(2012年9月27日　中国人民银行公告〔2012〕第12号)

第一章　总　　则

第一条 为规范支付机构预付卡业务管理，防范支付风险，维护持卡人合法权益，根据《中华人民共和国中国人民银行法》、《非金融机构支付服务管理办法》（中国人民银行令〔2010〕第2号公布），制定本办法。

第二条 支付机构在中华人民共和国境内从事预付卡业务，适用本办法。
本办法所称支付机构，是指取得《支付业务许可证》，获准办理"预付卡发行与受理"业务的发卡机构和获准办理"预付卡受理"业务的受理机构。
本办法所称预付卡，是指发卡机构以特定载体和形式发行的、可在发卡机构之外购买商品或服务的预付价值。

第三条 支付机构应当依法维护相关当事人的合法权益，保障信息安全和交易安全。

第四条 支付机构应当严格按照《支付业务许可证》核准的业务类型和业务覆盖范围从事预付

卡业务，不得在未设立省级分支机构的省（自治区、直辖市、计划单列市）从事预付卡业务。

第五条 支付机构应当严格执行中国人民银行关于支付机构客户备付金管理等规定，履行反洗钱和反恐怖融资义务。

第二章 发 行

第六条 预付卡分为记名预付卡和不记名预付卡。

记名预付卡是指预付卡业务处理系统中记载持卡人身份信息的预付卡。

不记名预付卡是指预付卡业务处理系统中不记载持卡人身份信息的预付卡。

第七条 发卡机构发行的预付卡应当以人民币计价，单张记名预付卡资金限额不超过 5000 元，单张不记名预付卡资金限额不超过 1000 元。

中国人民银行可视情况调整预付卡资金限额。

第八条 记名预付卡应当可挂失，可赎回，不得设置有效期。

不记名预付卡不挂失，不赎回，本办法另有规定的除外。不记名预付卡有效期不得低于 3 年。预付卡不得具有透支功能。

发卡机构发行销售预付卡时，应向持卡人告知预付卡的有效期及计算方法。超过有效期尚有资金余额的预付卡，发卡机构应当提供延期、激活、换卡等服务，保障持卡人继续使用。

第九条 预付卡卡面应当记载预付卡名称、发卡机构名称、是否记名、卡号、有效期限或有效期截止日、持卡人注意事项、客户服务电话等要素。

第十条 个人或单位购买记名预付卡或一次性购买不记名预付卡 1 万元以上的，应当使用实名并提供有效身份证件。

发卡机构应当识别购卡人、单位经办人的身份，核对有效身份证件，登记身份基本信息，并留存有效身份证件的复印件或影印件。代理他人购买预付卡的，发卡机构应当采取合理方式确认代理关系，核对代理人和被代理人的有效身份证件，登记代理人和被代理人的身份基本信息，并留存代理人和被代理人的有效身份证件的复印件或影印件。

第十一条 使用实名购买预付卡的，发卡机构应当登记购卡人姓名或单位名称、单位经办人姓名、有效身份证件名称和号码、联系方式、购卡数量、购卡日期、购卡总金额、预付卡卡号及金额等信息。

对于记名预付卡，发卡机构还应当在预付卡核心业务处理系统中记载持卡人的有效身份证件信息、预付卡卡号、金额等信息。

第十二条 单位一次性购买预付卡 5000 元以上，个人一次性购买预付卡 5 万元以上的，应当通过银行转账等非现金结算方式购买，不得使用现金。

购卡人不得使用信用卡购买预付卡。

第十三条 采用银行转账等非现金结算方式购买预付卡的，付款人银行账户名称和购卡人名称应当一致。

发卡机构应当核对账户信息和身份信息的一致性，在预付卡核心业务处理系统中记载付款人银行账户名称和账号、收款人银行账户名称和账号、转账金额等信息。

第十四条 发卡机构应当向购卡人公示、提供预付卡章程或签订协议。

预付卡章程或协议应当包括但不限于以下内容：

（一）预付卡的名称、种类和功能；

（二）预付卡的有效期及计算方法；

（三）预付卡购买、使用、赎回、挂失的条件和方法；

（四）为持卡人提供的消费便利或优惠内容；

（五）预付卡发行、延期、激活、换发、赎回、挂失等服务的收费项目和收费标准；

（六）有关当事人的权利、义务和违约责任；

（七）交易、账务纠纷处理程序。

发卡机构变更预付卡章程或协议文本的，应当提前30日在其网点、网站显著位置进行公告。新章程或协议文本中涉及新增收费项目、提高收费标准、降低优惠条件等内容的，发卡机构在新章程或协议文本生效之日起180日内，对原有客户应当按照原章程或协议执行。

第十五条 发卡机构应当采取有效措施加强对购卡人和持卡人信息的保护，确保信息安全，防止信息泄露和滥用。未经购卡人和持卡人同意，不得用于与购卡人和持卡人的预付卡业务无关的目的。法律法规另有规定的除外。

第十六条 发卡机构应当按照实收人民币资金等值发行预付卡，严格按照《中华人民共和国发票管理办法》等有关规定开具发票。

第十七条 发卡机构应当通过实体网点发行销售预付卡。除单张资金限额200元以下的预付卡外，不得采取代理销售方式。

发卡机构委托销售合作机构代理销售的，应当建立代销风险控制机制。销售资金应当直接存入发卡机构备付金银行账户。发卡机构应当要求销售合作机构在购卡人达到本办法实名购卡要求时，参照相关规定销售预付卡。

发卡机构作为预付卡发行主体的所有责任和义务不因代理销售而转移。

第十八条 发卡机构应当在中华人民共和国境内拥有并自主运行独立、安全的预付卡核心业务处理系统，建立突发事件应急处置机制，确保预付卡业务处理的及时性、准确性和安全性。

预付卡核心业务处理系统包含但不限于发卡系统、账务主机系统、卡片管理系统及客户信息管理系统。

预付卡核心业务处理系统不得外包或变相外包。

第十九条 发卡机构不得发行或代理销售采用或变相采用银行卡清算机构分配的发卡机构标识代码的预付卡，卡面上不得使用银行卡清算机构品牌标识；不得与其他支付机构合作发行预付卡；不同的发卡机构不得采用具有统一识别性的品牌标识。

第三章 受 理

第二十条 发卡机构应当为其发行的预付卡提供受理服务，其自行拓展、签约和管理的特约商户数不低于受理该预付卡全部特约商户数的70%。

第二十一条 受理机构只能受理发卡机构按照本办法规定发行的预付卡，受理范围不得超过发卡机构获准办理"预付卡发行与受理"的业务覆盖范围。

受理机构应当获得发卡机构的委托，并参照本办法第二十五条的规定，与发卡机构、特约商户签订三方合作协议。受理机构不得将发卡机构委托其开展的预付卡受理业务外包。

预付卡只能在本发卡机构参与签署合作协议的特约商户使用，卡面上不得使用发卡机构委托的受理机构的品牌标识。发卡机构对特约商户应承担的资金结算与风险管理责任不因受理机构参与预付卡受理而转移。

第二十二条 预付卡可与银行卡共用受理终端，但应当使用与银行卡不同的应用程序和受理网络，并采取安全隔离措施，与银行卡交易分别处理和管理。

第二十三条 发卡机构、受理机构不得发展非法设立、非法经营或无实体经营场所的特约商户。发卡机构、受理机构拓展特约商户时应当严格审核特约商户营业执照、税务登记证、法定代表人或负责人的有效身份证件，留存相关证件的复印件或影印件，并对商户的经营场所进行现场核实、拍照留存。

第二十四条 发卡机构应当通过其客户备付金存管银行直接向特约商户划转结算资金，受理机构不得参与资金结算。

特约商户只能指定其一个单位银行结算账户进行收款。发卡机构应当核验特约商户指定的单位银行结算账户开户许可证或其开户银行出具的开户证明，留存加盖公章的复印件。

第二十五条 发卡机构应当与特约商户签订预付卡受理协议。受理协议应当包括但不限于以下内容：

（一）特约商户基本信息；

（二）收费项目和标准；

（三）持卡人用卡权益的保障要求；

（四）卡片信息、交易数据、受理终端、交易凭证的管理要求；

（五）特约商户收款账户名称、开户行、账号及资金结算周期；

（六）账务核对、差错处理和业务纠纷的处置要求；

（七）相关业务风险承担和违约责任的承担机制；

（八）协议终止条件、终止后的债权债务清偿方式。

第二十六条 发卡机构、受理机构应当在中华人民共和国境内拥有并自主运行独立、安全的预付卡受理系统，建立突发事件应急处置机制，确保预付卡业务处理的及时性、准确性和安全性。

发卡机构、受理机构应当分别建立特约商户信息管理系统及业务风险防控系统。受理机构不得以任何形式存储与受理业务无关的预付卡信息。

第二十七条 特约商户向持卡人办理退货，只能通过发卡机构将资金退回至原预付卡。无法退回的，发卡机构应当将资金退回至持卡人提供的同一发卡机构的同类预付卡。

预付卡接受退货后的卡内资金余额不得超过规定限额。

第二十八条 发卡机构、受理机构应当加强对特约商户的巡检和监控，要求特约商户在营业场所显著位置标明受理的预付卡名称和种类，按照预付卡受理协议的要求受理预付卡，履行相关义务。

特约商户不得以任何形式存储与商户结算、对账无关的预付卡信息。

特约商户出现损害当事人合法权益及其他严重违规违约操作的，发卡机构、受理机构应当立即终止其预付卡受理服务。

特约商户不得协助持卡人进行任何形式的预付卡套现。

第四章 使用、充值和赎回

第二十九条 预付卡不得用于或变相用于提取现金；不得用于购买、交换非本发卡机构发行的预付卡、单一行业卡及其他商业预付卡或向其充值；卡内资金不得向银行账户或向非本发卡机构开立的网络支付账户转移。

第三十条 预付卡不得用于网络支付渠道，下列情形除外：

（一）缴纳公共事业费；

（二）在本发卡机构合法拓展的实体特约商户的网络商店中使用；

（三）同时获准办理"互联网支付"业务的发卡机构，其发行的预付卡可向在本发卡机构开立的实名网络支付账户充值，但同一客户的所有网络支付账户的年累计充值金额合计不超过 5000 元。

以上情形下的预付卡交易，均应当由发卡机构自主受理，不得由受理机构受理。

第三十一条 发卡机构办理记名预付卡或一次性金额 1 万元以上不记名预付卡充值业务的，应当参照本办法第十条、第十一条的规定办理。

第三十二条 预付卡只能通过现金、银行转账方式进行充值。同时获准办理"互联网支付"业务的发卡机构，还可通过持卡人在本发卡机构开立的实名网络支付账户进行充值。

不得使用信用卡为预付卡充值。

办理一次性金额 5000 元以上预付卡充值业务的，不得使用现金。单张预付卡充值后的资金余额不得超过规定限额。

第三十三条 预付卡现金充值应当通过发卡机构网点进行，但单张预付卡同日累计现金充值在 200 元以下的，可通过自助充值终端、销售合作机构代理等方式充值，收取的现金应当直接存入发卡机构备付金银行账户。

第三十四条　发卡机构应当向记名预付卡持卡人提供紧急挂失服务，并提供至少一种24小时免费紧急挂失渠道。正式挂失和补卡应当在约定时间内通过网点，以书面形式办理。以书面形式挂失的，发卡机构应当要求持卡人出示有效身份证件，并按协议约定办理挂失手续。

发卡机构应当免费向持卡人提供特约商户名录、卡内资金余额及一年以内的交易明细查询服务，并提供至少一种24小时免费查询渠道。

第三十五条　记名预付卡可在购卡3个月后办理赎回，赎回时，持卡人应当出示预付卡及持卡人和购卡人的有效身份证件。由他人代理赎回的，应当同时出示代理人和被代理人的有效身份证件。单位购买的记名预付卡，只能由单位办理赎回。发卡机构应当参照本办法第十条、第十一条的规定，识别、核实赎回人及代理人的身份信息，确保与购卡时登记的持卡人和购卡人身份信息一致，并保存赎回记录。

第三十六条　发行可在公共交通领域使用的预付卡发卡机构，其在公共交通领域实现的当年累计预付卡交易总额不得低于同期发卡总金额的70%；其发行的不记名预付卡，单张卡片余额在100元以下的，可按约定赎回。

第三十七条　发卡机构按照规定终止预付卡业务的，应当向持卡人免费赎回所发行的全部记名、不记名预付卡。

赎回不记名预付卡的，发卡机构应当核实和登记持卡人的身份信息，采用密码验证方式的预付卡还应当核验密码，并保存赎回记录。

第三十八条　发卡机构办理赎回业务的网点数应当不低于办理发行销售业务网点数的70%。预付卡赎回业务营业时间应当不短于发行销售业务的营业时间。

第三十九条　预付卡赎回应当使用银行转账方式，由发卡机构将赎回资金退至原购卡银行账户。用现金购买或原购卡银行账户已撤销的，赎回资金应当退至持卡人提供的与购卡人同名的单位或个人银行账户。

单张预付卡赎回金额在100元以下的，可使用现金。

第五章　监督管理

第四十条　中国人民银行及其分支机构依法对支付机构的预付卡业务活动、内部控制及风险状况等进行非现场监管及现场检查。

支付机构应当按照中国人民银行及其分支机构的相关规定履行报告义务。

第四十一条　支付机构应当加入中国支付清算协会。中国支付清算协会应当组织制定预付卡行业自律规范，并按照中国人民银行有关要求，对支付机构执行中国人民银行规定和行业自律规范的情况进行检查。

第四十二条　支付机构不得为任何单位或个人查询、冻结、扣划预付卡内资金，国家法律法规另有规定或得到持卡人授权的除外。

第四十三条　支付机构办理预付卡发行业务活动获得和产生的相关信息，应当保存至该预付卡实收人民币资金全部结算后5年以上；办理预付卡受理、使用、充值和赎回等业务活动获得和产生的相关信息，应当保存至该业务活动终止后5年以上。

第四十四条　支付机构不得以股权合作、业务合作及其他任何形式，出租、出借、转让或变相出租、出借、转让预付卡业务资质。

第四十五条　支付机构及其分支机构违反本办法的，中国人民银行可依据《非金融机构支付服务管理办法》等法律法规规章的规定，给予警告、限期改正、罚款、暂停部分或全部业务等处罚；情节严重的，依法注销其《支付业务许可证》。

支付机构违反本办法规定，涉嫌犯罪的，依法移送公安机关处理。

第四十六条　特约商户有下列情形之一的，中国人民银行及其分支机构责令支付机构取消其特约商户资格，其他支付机构不得再将其发展为特约商户；涉嫌犯罪的，依法移送公安机关处理。

（一）为持卡人进行洗钱、赌博等犯罪活动提供协助的；
（二）使用虚假材料申请受理终端后进行欺诈活动，或转卖、提供机具给他人使用的；
（三）违规存储、泄露、转卖预付卡信息或交易信息的；
（四）以虚构交易、虚开价格、现金退货等方式为持卡人提供预付卡套现的；
（五）在持卡人不知情的情况下，编造虚假交易或重复刷卡盗取资金的；
（六）具有其他危害持卡人权益、市场秩序或社会稳定行为的。

第四十七条 任何单位和个人不得私自设立预付卡交易场所；不得以牟利为目的倒卖预付卡，不得伪造、变造预付卡，不得使用明知是伪造、变造的预付卡。涉嫌犯罪的，依法移送公安机关处理。

第六章 附 则

第四十八条 本办法所称中国人民银行分支机构，是指中国人民银行上海总部，各分行、营业管理部、省会（首府）城市中心支行、副省级城市中心支行。

第四十九条 本办法所称个人有效身份证件包括居民身份证件、军人身份证件、武警身份证件、港澳台居民通行证、外国公民护照等；单位有效身份证件包括营业执照、有关政府部门的批文、登记证书或其他能证实其合法真实身份的证明等。

第五十条 本办法所称"以上"、"以下"、"不超过"、"不低于"均包含本数。

第五十一条 本办法由中国人民银行负责解释。

第五十二条 本办法自2012年11月1日起施行。

非金融机构支付服务管理办法

（2010年6月14日 中国人民银行令〔2010〕第2号）

第一章 总 则

第一条 为促进支付服务市场健康发展，规范非金融机构支付服务行为，防范支付风险，保护当事人的合法权益，根据《中华人民共和国中国人民银行法》等法律法规，制定本办法。

第二条 本办法所称非金融机构支付服务，是指非金融机构在收付款人之间作为中介机构提供下列部分或全部货币资金转移服务：
（一）网络支付；
（二）预付卡的发行与受理；
（三）银行卡收单；
（四）中国人民银行确定的其他支付服务。

本办法所称网络支付，是指依托公共网络或专用网络在收付款人之间转移货币资金的行为，包括货币汇兑、互联网支付、移动电话支付、固定电话支付、数字电视支付等。

本办法所称预付卡，是指以营利为目的发行的、在发行机构之外购买商品或服务的预付价值，包括采取磁条、芯片等技术以卡片、密码等形式发行的预付卡。

本办法所称银行卡收单，是指通过销售点（POS）终端等为银行卡特约商户代收货币资金的行为。

第三条 非金融机构提供支付服务，应当依据本办法规定取得《支付业务许可证》，成为支付机构。

支付机构依法接受中国人民银行的监督管理。

未经中国人民银行批准，任何非金融机构和个人不得从事或变相从事支付业务。

第四条 支付机构之间的货币资金转移应当委托银行业金融机构办理，不得通过支付机构相互存放货币资金或委托其他支付机构等形式办理。

支付机构不得办理银行业金融机构之间的货币资金转移，经特别许可的除外。

第五条 支付机构应当遵循安全、效率、诚信和公平竞争的原则，不得损害国家利益、社会公共利益和客户合法权益。

第六条 支付机构应当遵守反洗钱的有关规定，履行反洗钱义务。

第二章 申请与许可

第七条 中国人民银行负责《支付业务许可证》的颁发和管理。

申请《支付业务许可证》的，需经所在地中国人民银行分支机构审查后，报中国人民银行批准。

本办法所称中国人民银行分支机构，是指中国人民银行副省级城市中心支行以上的分支机构。

第八条 《支付业务许可证》的申请人应当具备下列条件：

（一）在中华人民共和国境内依法设立的有限责任公司或股份有限公司，且为非金融机构法人；

（二）有符合本办法规定的注册资本最低限额；

（三）有符合本办法规定的出资人；

（四）有5名以上熟悉支付业务的高级管理人员；

（五）有符合要求的反洗钱措施；

（六）有符合要求的支付业务设施；

（七）有健全的组织机构、内部控制制度和风险管理措施；

（八）有符合要求的营业场所和安全保障措施；

（九）申请人及其高级管理人员最近3年内未因利用支付业务实施违法犯罪活动或为违法犯罪活动办理支付业务等受过处罚。

第九条 申请人拟在全国范围内从事支付业务的，其注册资本最低限额为1亿元人民币；拟在省（自治区、直辖市）范围内从事支付业务的，其注册资本最低限额为3千万元人民币。注册资本最低限额为实缴货币资本。

本办法所称在全国范围内从事支付业务，包括申请人跨省（自治区、直辖市）设立分支机构从事支付业务，或客户可跨省（自治区、直辖市）办理支付业务的情形。

中国人民银行根据国家有关法律法规和政策规定，调整申请人的注册资本最低限额。

外商投资支付机构的业务范围、境外出资人的资格条件和出资比例等，由中国人民银行另行规定，报国务院批准。

第十条 申请人的主要出资人应当符合以下条件：

（一）为依法设立的有限责任公司或股份有限公司；

（二）截至申请日，连续为金融机构提供信息处理支持服务2年以上，或连续为电子商务活动提供信息处理支持服务2年以上；

（三）截至申请日，连续盈利2年以上；

（四）最近3年内未因利用支付业务实施违法犯罪活动或为违法犯罪活动办理支付业务等受过处罚。

本办法所称主要出资人，包括拥有申请人实际控制权的出资人和持有申请人10%以上股权的出资人。

第十一条 申请人应当向所在地中国人民银行分支机构提交下列文件、资料：

（一）书面申请，载明申请人的名称、住所、注册资本、组织机构设置、拟申请支付业务等；

（二）公司营业执照（副本）复印件；

（三）公司章程；

（四）验资证明；

（五）经会计师事务所审计的财务会计报告；
（六）支付业务可行性研究报告；
（七）反洗钱措施验收材料；
（八）技术安全检测认证证明；
（九）高级管理人员的履历材料；
（十）申请人及其高级管理人员的无犯罪记录证明材料；
（十一）主要出资人的相关材料；
（十二）申请资料真实性声明。

第十二条 申请人应当在收到受理通知后按规定公告下列事项：
（一）申请人的注册资本及股权结构；
（二）主要出资人的名单、持股比例及其财务状况；
（三）拟申请的支付业务；
（四）申请人的营业场所；
（五）支付业务设施的技术安全检测认证证明。

第十三条 中国人民银行分支机构依法受理符合要求的各项申请，并将初审意见和申请资料报送中国人民银行。中国人民银行审查批准的，依法颁发《支付业务许可证》，并予以公告。

《支付业务许可证》自颁发之日起，有效期5年。支付机构拟于《支付业务许可证》期满后继续从事支付业务的，应当在期满前6个月内向所在地中国人民银行分支机构提出续展申请。中国人民银行准予续展的，每次续展的有效期为5年。

第十四条 支付机构变更下列事项之一的，应当在向公司登记机关申请变更登记前报中国人民银行同意：
（一）变更公司名称、注册资本或组织形式；
（二）变更主要出资人；
（三）合并或分立；
（四）调整业务类型或改变业务覆盖范围。

第十五条 支付机构申请终止支付业务的，应当向所在地中国人民银行分支机构提交下列文件、资料：
（一）公司法定代表人签署的书面申请，载明公司名称、支付业务开展情况、拟终止支付业务及终止原因等；
（二）公司营业执照（副本）复印件；
（三）《支付业务许可证》复印件；
（四）客户合法权益保障方案；
（五）支付业务信息处理方案。

准予终止的，支付机构应当按照中国人民银行的批复完成终止工作，交回《支付业务许可证》。

第十六条 本章对许可程序未作规定的事项，适用《中国人民银行行政许可实施办法》（中国人民银行令〔2004〕第3号）。

第三章 监督与管理

第十七条 支付机构应当按照《支付业务许可证》核准的业务范围从事经营活动，不得从事核准范围之外的业务，不得将业务外包。

支付机构不得转让、出租、出借《支付业务许可证》。

第十八条 支付机构应当按照审慎经营的要求，制定支付业务办法及客户权益保障措施，建立健全风险管理和内部控制制度，并报所在地中国人民银行分支机构备案。

第十九条 支付机构应当确定支付业务的收费项目和收费标准，并报所在地中国人民银行分支机构备案。

支付机构应当公开披露其支付业务的收费项目和收费标准。

第二十条 支付机构应当按规定向所在地中国人民银行分支机构报送支付业务统计报表和财务会计报告等资料。

第二十一条 支付机构应当制定支付服务协议，明确其与客户的权利和义务、纠纷处理原则、违约责任等事项。

支付机构应当公开披露支付服务协议的格式条款，并报所在地中国人民银行分支机构备案。

第二十二条 支付机构的分公司从事支付业务的，支付机构及其分公司应当分别到所在地中国人民银行分支机构备案。

支付机构的分公司终止支付业务的，比照前款办理。

第二十三条 支付机构接受客户备付金时，只能按收取的支付服务费向客户开具发票，不得按接受的客户备付金金额开具发票。

第二十四条 支付机构接受的客户备付金不属于支付机构的自有财产。

支付机构只能根据客户发起的支付指令转移备付金。禁止支付机构以任何形式挪用客户备付金。

第二十五条 支付机构应当在客户发起的支付指令中记载下列事项：

（一）付款人名称；

（二）确定的金额；

（三）收款人名称；

（四）付款人的开户银行名称或支付机构名称；

（五）收款人的开户银行名称或支付机构名称；

（六）支付指令的发起日期。

客户通过银行结算账户进行支付的，支付机构还应当记载相应的银行结算账号。客户通过非银行结算账户进行支付的，支付机构还应当记载客户有效身份证件上的名称和号码。

第二十六条 支付机构接受客户备付金的，应当在商业银行开立备付金专用存款账户存放备付金。中国人民银行另有规定的除外。

支付机构只能选择一家商业银行作为备付金存管银行，且在该商业银行的一个分支机构只能开立一个备付金专用存款账户。

支付机构应当与商业银行的法人机构或授权的分支机构签订备付金存管协议，明确双方的权利、义务和责任。

支付机构应当向所在地中国人民银行分支机构报送备付金存管协议和备付金专用存款账户的信息资料。

第二十七条 支付机构的分公司不得以自己的名义开立备付金专用存款账户，只能将接受的备付金存放在支付机构开立的备付金专用存款账户。

第二十八条 支付机构调整不同备付金专用存款账户头寸的，由备付金存管银行的法人机构对支付机构拟调整的备付金专用存款账户的余额情况进行复核，并将复核意见告知支付机构及有关备付金存管银行。

支付机构应当持备付金存管银行的法人机构出具的复核意见办理有关备付金专用存款账户的头寸调拨。

第二十九条 备付金存管银行应当对存放在本机构的客户备付金的使用情况进行监督，并按规定向备付金存管银行所在地中国人民银行分支机构及备付金存管银行的法人机构报送客户备付金的存管或使用情况等信息资料。

对支付机构违反第二十五条至第二十八条相关规定使用客户备付金的申请或指令，备付金存管银行应当予以拒绝；发现客户备付金被违法使用或有其他异常情况的，应当立即向备付金存管银行所在地中国人民银行分支机构及备付金存管银行的法人机构报告。

第三十条 支付机构的实缴货币资本与客户备付金日均余额的比例，不得低于 10%。

本办法所称客户备付金日均余额，是指备付金存管银行的法人机构根据最近 90 日内支付机构每日日终的客户备付金总量计算的平均值。

第三十一条 支付机构应当按规定核对客户的有效身份证件或其他有效身份证明文件，并登记客户身份基本信息。

支付机构明知或应知客户利用其支付业务实施违法犯罪活动的，应当停止为其办理支付业务。

第三十二条 支付机构应当具备必要的技术手段，确保支付指令的完整性、一致性和不可抵赖性，支付业务处理的及时性、准确性和支付业务的安全性；具备灾难恢复处理能力和应急处理能力，确保支付业务的连续性。

第三十三条 支付机构应当依法保守客户的商业秘密，不得对外泄露。法律法规另有规定的除外。

第三十四条 支付机构应当按规定妥善保管客户身份基本信息、支付业务信息、会计档案等资料。

第三十五条 支付机构应当接受中国人民银行及其分支机构定期或不定期的现场检查和非现场检查，如实提供有关资料，不得拒绝、阻挠、逃避检查，不得谎报、隐匿、销毁相关证据材料。

第三十六条 中国人民银行及其分支机构依据法律、行政法规、中国人民银行的有关规定对支付机构的公司治理、业务活动、内部控制、风险状况、反洗钱工作等进行定期或不定期现场检查和非现场检查。

中国人民银行及其分支机构依法对支付机构进行现场检查，适用《中国人民银行执法检查程序规定》（中国人民银行令〔2010〕第1号发布）。

第三十七条 中国人民银行及其分支机构可以采取下列措施对支付机构进行现场检查：

（一）询问支付机构的工作人员，要求其对被检查事项作出解释、说明；

（二）查阅、复制与被检查事项有关的文件、资料，对可能被转移、藏匿或毁损的文件、资料予以封存；

（三）检查支付机构的客户备付金专用存款账户及相关账户；

（四）检查支付业务设施及相关设施。

第三十八条 支付机构有下列情形之一的，中国人民银行及其分支机构有权责令其停止办理部分或全部支付业务：

（一）累计亏损超过其实缴货币资本的 50%；

（二）有重大经营风险；

（三）有重大违法违规行为。

第三十九条 支付机构因解散、依法被撤销或被宣告破产而终止的，其清算事宜按照国家有关法律规定办理。

第四章 罚　则

第四十条 中国人民银行及其分支机构的工作人员有下列情形之一的，依法给予行政处分；构成犯罪的，依法追究刑事责任：

（一）违反规定审查批准《支付业务许可证》的申请、变更、终止等事项的；

（二）违反规定对支付机构进行检查的；

（三）泄露知悉的国家秘密或商业秘密的；

（四）滥用职权、玩忽职守的其他行为。

第四十一条 商业银行有下列情形之一的，中国人民银行及其分支机构责令其限期改正，并给予警告或处 1 万元以上 3 万元以下罚款；情节严重的，中国人民银行责令其暂停或终止客户备付金存管业务：

（一）未按规定报送客户备付金的存管或使用情况等信息资料的；
（二）未按规定对支付机构调整备付金专用存款账户头寸的行为进行复核的；
（三）未对支付机构违反规定使用客户备付金的申请或指令予以拒绝的。

第四十二条 支付机构有下列情形之一的，中国人民银行分支机构责令其限期改正，并给予警告或处1万元以上3万元以下罚款：
（一）未按规定建立有关制度办法或风险管理措施的；
（二）未按规定办理相关备案手续的；
（三）未按规定公开披露相关事项的；
（四）未按规定报送或保管相关资料的；
（五）未按规定办理相关变更事项的；
（六）未按规定向客户开具发票的；
（七）未按规定保守客户商业秘密的。

第四十三条 支付机构有下列情形之一的，中国人民银行分支机构责令其限期改正，并处3万元罚款；情节严重的，中国人民银行注销其《支付业务许可证》；涉嫌犯罪的，依法移送公安机关立案侦查；构成犯罪的，依法追究刑事责任：
（一）转让、出租、出借《支付业务许可证》的；
（二）超出核准业务范围或将业务外包的；
（三）未按规定存放或使用客户备付金的；
（四）未遵守实缴货币资本与客户备付金比例管理规定的；
（五）无正当理由中断或终止支付业务的；
（六）拒绝或阻碍相关检查监督的；
（七）其他危及支付机构稳健运行、损害客户合法权益或危害支付服务市场的违法违规行为。

第四十四条 支付机构未按规定履行反洗钱义务的，中国人民银行及其分支机构依据国家有关反洗钱法律法规等进行处罚；情节严重的，中国人民银行注销其《支付业务许可证》。

第四十五条 支付机构超出《支付业务许可证》有效期限继续从事支付业务的，中国人民银行及其分支机构责令其终止支付业务；涉嫌犯罪的，依法移送公安机关立案侦查；构成犯罪的，依法追究刑事责任。

第四十六条 以欺骗等不正当手段申请《支付业务许可证》但未获批准的，申请人及持有其5%以上股权的出资人3年内不得再次申请或参与申请《支付业务许可证》。

以欺骗等不正当手段申请《支付业务许可证》且已获批准的，由中国人民银行及其分支机构责令其终止支付业务，注销其《支付业务许可证》；涉嫌犯罪的，依法移送公安机关立案侦查；构成犯罪的，依法追究刑事责任；申请人及持有其5%以上股权的出资人不得再次申请或参与申请《支付业务许可证》。

第四十七条 任何非金融机构和个人未经中国人民银行批准擅自从事或变相从事支付业务的，中国人民银行及其分支机构责令其终止支付业务；涉嫌犯罪的，依法移送公安机关立案侦查；构成犯罪的，依法追究刑事责任。

第五章 附 则

第四十八条 本办法实施前已经从事支付业务的非金融机构，应当在本办法实施之日起1年内申请取得《支付业务许可证》。逾期未取得的，不得继续从事支付业务。

第四十九条 本办法由中国人民银行负责解释。

第五十条 本办法自2010年9月1日起施行。

电子商业汇票业务管理办法

(2009年10月16日 中国人民银行令2009年第2号)

第一章 总 则

第一条 为规范电子商业汇票业务，保障电子商业汇票活动中当事人的合法权益，促进电子商业汇票业务发展，依据《中华人民共和国中国人民银行法》、《中华人民共和国票据法》、《中华人民共和国电子签名法》、《中华人民共和国物权法》、《中华人民共和国票据管理实施办法》等有关法律法规，制定本办法。

第二条 电子商业汇票是指出票人依托电子商业汇票系统，以数据电文形式制作的，委托付款人在指定日期无条件支付确定金额给收款人或者持票人的票据。

电子商业汇票分为电子银行承兑汇票和电子商业承兑汇票。

电子银行承兑汇票由银行业金融机构、财务公司（以下统称金融机构）承兑；电子商业承兑汇票由金融机构以外的法人或其他组织承兑。电子商业汇票的付款人为承兑人。

第三条 电子商业汇票系统是经中国人民银行批准建立，依托网络和计算机技术，接收、存储、发送电子商业汇票数据电文，提供与电子商业汇票货币给付、资金清算行为相关服务的业务处理平台。

第四条 电子商业汇票各当事人应本着诚实信用原则，按照本办法的规定作出票据行为。

第五条 电子商业汇票的出票、承兑、背书、保证、提示付款和追索等业务，必须通过电子商业汇票系统办理。

第六条 电子商业汇票业务主体的类别分为：

（一）直接接入电子商业汇票系统的金融机构（以下简称接入机构）；

（二）通过接入机构办理电子商业汇票业务的金融机构（以下简称被代理机构）；

（三）金融机构以外的法人及其他组织。

电子商业汇票系统对不同业务主体分配不同的类别代码。

第七条 票据当事人办理电子商业汇票业务应具备中华人民共和国组织机构代码。

被代理机构、金融机构以外的法人及其他组织办理电子商业汇票业务，应在接入机构开立账户。

第八条 接入机构提供电子商业汇票业务服务，应对客户基本信息的真实性负审核责任，并依据本办法及相关规定，与客户签订电子商业汇票业务服务协议，明确双方的权利和义务。

客户基本信息包括客户名称、账号、组织机构代码和业务主体类别等信息。

第九条 电子商业汇票系统运营者由中国人民银行指定和监管。

第十条 接入机构应按规定向客户和电子商业汇票系统转发电子商业汇票信息，并保证内部系统存储的电子商业汇票信息与电子商业汇票系统存储的相关信息相符。

第十一条 电子商业汇票信息以电子商业汇票系统的记录为准。

第十二条 电子商业汇票以人民币为计价单位。

第二章 基 本 规 定

第十三条 电子商业汇票为定日付款票据。电子商业汇票的付款期限自出票日起至到期日止，最长不得超过1年。

第十四条 票据当事人在电子商业汇票上的签章，为该当事人可靠的电子签名。

电子签名所需的认证服务应由合法的电子认证服务提供者提供。

可靠的电子签名必须符合《中华人民共和国电子签名法》第十三条第一款的规定。

第十五条 电子商业汇票业务活动中，票据当事人所使用的数据电文和电子签名应符合《中华人民共和国电子签名法》的有关规定。

第十六条 客户开展电子商业汇票活动时，其签章所依赖的电子签名制作数据和电子签名认证证书，应向接入机构指定的电子认证服务提供者的注册审批机构申请。

接入机构为客户提供电子商业汇票业务服务或作为电子商业汇票当事人时，其签章所依赖的电子签名制作数据和电子签名认证证书，应向电子商业汇票系统运营者指定的电子认证服务提供者的注册审批机构申请。

第十七条 接入机构、电子商业汇票系统运营者指定的电子认证服务机构提供者，应对电子签名认证证书申请者的身份真实性负审核责任。

电子认证服务提供者依据《中华人民共和国电子签名法》承担相应责任。

第十八条 接入机构应对通过其办理电子商业汇票业务客户的电子签名真实性负审核责任。

电子商业汇票系统运营者应对接入机构的身份真实性和电子签名真实性负审核责任。

第十九条 电子商业汇票系统应实时接收、处理电子商业汇票信息，并向相关票据当事人的接入机构实时发送该信息；接入机构应实时接收、处理电子商业汇票信息，并向相关票据当事人实时发送该信息。

第二十条 出票人签发电子商业汇票时，应将其交付收款人。

电子商业汇票背书，背书人应将电子商业汇票交付被背书人。

电子商业汇票质押解除，质权人应将电子商业汇票交付出质人。

交付是指票据当事人将电子商业汇票发送给受让人，且受让人签收的行为。

第二十一条 签收是指票据当事人同意接受其他票据当事人的行为申请，签章并发送电子指令予以确认的行为。

驳回是指票据当事人拒绝接受其他票据当事人的行为申请，签章并发送电子指令予以确认的行为。

收款人、被背书人可与接入机构签订协议，委托接入机构代为签收或驳回行为申请，并代理签章。

商业承兑汇票的承兑人应与接入机构签订协议，在符合本办法规定的情况下，由接入机构代为签收或驳回提示付款指令，并代理签章。

第二十二条 出票人或背书人在电子商业汇票上记载了"不得转让"事项的，电子商业汇票不得继续背书。

第二十三条 票据当事人通过电子商业汇票系统作出行为申请，行为接收方未签收且未驳回的，票据当事人可撤销该行为申请。电子商业汇票系统为行为接收方的，票据当事人不得撤销。

第二十四条 电子商业汇票的出票日是指出票人记载在电子商业汇票上的出票日期。

电子商业汇票的提示付款日是指提示付款申请的指令进入电子商业汇票系统的日期。

电子商业汇票的拒绝付款日是指驳回提示付款申请的指令进入电子商业汇票系统的日期。

电子商业汇票追索行为的发生日是指追索通知的指令进入电子商业汇票系统的日期。

承兑、背书、保证、质押解除、付款和追索清偿等行为的发生日是指相应的签收指令进入电子商业汇票系统的日期。

第二十五条 电子商业汇票责任解除前，电子商业汇票的承兑人不得撤销原办理电子商业汇票业务的账户，接入机构不得为其办理销户手续。

第二十六条 接入机构终止提供电子商业汇票业务服务的，应按规定由其他接入机构承接其电子商业汇票业务服务。

第三章 票据行为

第一节 出票

第二十七条 电子商业汇票的出票，是指出票人签发电子商业汇票并交付收款人的票据行为。

出票人在电子商业汇票交付收款人前，可办理票据的未用退回。

出票人不得在提示付款期后将票据交付收款人。

第二十八条 电子商业汇票的出票人必须为银行业金融机构以外的法人或其他组织。

电子银行承兑汇票的出票人应在承兑金融机构开立账户。

第二十九条 电子商业汇票出票必须记载下列事项：

（一）表明"电子银行承兑汇票"或"电子商业承兑汇票"的字样；

（二）无条件支付的委托；

（三）确定的金额；

（四）出票人名称；

（五）付款人名称；

（六）收款人名称；

（七）出票日期；

（八）票据到期日；

（九）出票人签章。

第三十条 出票人可在电子商业汇票上记载自身的评级信息，并对记载信息的真实性负责，但该记载事项不具有票据上的效力。

评级信息包括评级机构、信用等级和评级到期日。

第二节 承兑

第三十一条 电子商业汇票的承兑，是指付款人承诺在票据到期日支付电子商业汇票金额的票据行为。

第三十二条 电子商业汇票交付收款人前，应由付款人承兑。

第三十三条 电子银行承兑汇票由真实交易关系或债权债务关系中的债务人签发，并交由金融机构承兑。

电子银行承兑汇票的出票人与收款人不得为同一人。

第三十四条 电子商业承兑汇票的承兑有以下几种方式：

（一）真实交易关系或债权债务关系中的债务人签发并承兑；

（二）真实交易关系或债权债务关系中的债务人签发，交由第三人承兑；

（三）第三人签发，交由真实交易关系或债权债务关系中的债务人承兑；

（四）收款人签发，交由真实交易关系或债权债务关系中的债务人承兑。

第三十五条 电子银行承兑汇票的出票人应向承兑金融机构提交真实、有效、用以证实真实交易关系或债权债务关系的交易合同或其他证明材料，并在电子商业汇票上作相应记录，承兑金融机构应负责审核。

第三十六条 承兑人应在票据到期日前，承兑电子商业汇票。

第三十七条 承兑人承兑电子商业汇票，必须记载下列事项：

（一）表明"承兑"的字样；

（二）承兑日期；

（三）承兑人签章。

第三十八条 承兑人可在电子商业汇票上记载自身的评级信息，并对记载信息的真实性负责，但该记载事项不具有票据上的效力。

评级信息包括评级机构、信用等级和评级到期日。

第三节 转让背书

第三十九条 转让背书是指持票人将电子商业汇票权利依法转让给他人的票据行为。

票据在提示付款期后，不得进行转让背书。

第四十条 转让背书应当基于真实、合法的交易关系和债权债务关系，或以税收、继承、捐赠、股利分配等合法行为为基础。

第四十一条 转让背书必须记载下列事项：

（一）背书人名称；

（二）被背书人名称；

（三）背书日期；

（四）背书人签章。

第四节 贴现、转贴现和再贴现

第四十二条 贴现是指持票人在票据到期日前，将票据权利背书转让给金融机构，由其扣除一定利息后，将约定金额支付给持票人的票据行为。

转贴现是指持有票据的金融机构在票据到期日前，将票据权利背书转让给其他金融机构，由其扣除一定利息后，将约定金额支付给持票人的票据行为。

再贴现是指持有票据的金融机构在票据到期日前，将票据权利背书转让给中国人民银行，由其扣除一定利息后，将约定金额支付给持票人的票据行为。

第四十三条 贴现、转贴现和再贴现按照交易方式，分为买断式和回购式。

买断式是指贴出人将票据权利转让给贴入人，不约定日后赎回的交易方式。

回购式是指贴出人将票据权利转让给贴入人，约定日后赎回的交易方式。

电子商业汇票贴现、转贴现和再贴现业务中转让票据权利的票据当事人为贴出人，受让票据权利的票据当事人为贴入人。

第四十四条 电子商业汇票当事人在办理回购式贴现、回购式转贴现和回购式再贴现业务时，应明确赎回开放日、赎回截止日。

赎回开放日是指办理回购式贴现赎回、回购式转贴现赎回和回购式再贴现赎回业务的起始日期。

赎回截止日是指办理回购式贴现赎回、回购式转贴现赎回和回购式再贴现赎回业务的截止日期，该日期应早于票据到期日。

自赎回开放日起至赎回截止日止，为赎回开放期。

第四十五条 在赎回开放日前，原贴出人、原贴入人不得作出除追索行为外的其他票据行为。

回购式贴现、回购式转贴现和回购式再贴现业务的原贴出人、原贴入人应按照协议约定，在赎回开放期赎回票据。

在赎回开放期未赎回票据的，原贴入人在赎回截止日后只可将票据背书给他人或行使票据权利，除票据关系以外的其他权利义务关系由双方协议约定。

第四十六条 持票人申请贴现时，应向贴入人提供用以证明其与直接前手间真实交易关系或债权债务关系的合同、发票等其他材料，并在电子商业汇票上作相应记录，贴入人应负责审查。

第四十七条 电子商业汇票贴现、转贴现和再贴现必须记载下列事项：

（一）贴出人名称；

（二）贴入人名称；

（三）贴现、转贴现或再贴现日期；

（四）贴现、转贴现或再贴现类型；

（五）贴现、转贴现或再贴现利率；

（六）实付金额；

（七）贴出人签章。

实付金额为贴入人实际支付给贴出人的金额。

回购式贴现、回购式转贴现和回购式再贴现还应记载赎回开放日和赎回截止日。

贴现还应记载贴出人贴现资金入账信息。

第四十八条 电子商业汇票回购式贴现、回购式转贴现和回购式再贴现赎回应作成背书，并记载下列事项：

（一）原贴出人名称；
（二）原贴入人名称；
（三）赎回日期；
（四）赎回利率；
（五）赎回金额；
（六）原贴入人签章。

第四十九条 贴现和转贴现利率、期限等由贴出人与贴入人协商确定。

再贴现利率由中国人民银行规定。

第五十条 电子商业汇票贴现、转贴现和再贴现可选择票款对付方式或其他方式清算资金。

本办法所称票款对付，是指票据交付和资金交割同时完成，并互为条件的一种交易方式。

第五节 质押

第五十一条 电子商业汇票的质押，是指电子商业汇票持票人为了给债权提供担保，在票据到期日前在电子商业汇票系统中进行登记，以该票据为债权人设立质权的票据行为。

第五十二条 主债务到期日先于票据到期日，且主债务已经履行完毕的，质权人应按约定解除质押。

主债务到期日先于票据到期日，且主债务到期未履行的，质权人可行使票据权利，但不得继续背书。

票据到期日先于主债务到期日的，质权人可在票据到期后行使票据权利，并与出质人协议将兑现的票款用于提前清偿所担保的债权或继续作为债权的担保。

第五十三条 电子商业汇票质押，必须记载下列事项：
（一）出质人名称；
（二）质权人名称；
（三）质押日期；
（四）表明"质押"的字样；
（五）出质人签章。

第五十四条 电子商业汇票质押解除，必须记载下列事项：
（一）表明"质押解除"的字样；
（二）质押解除日期。

第六节 保证

第五十五条 电子商业汇票的保证，是指电子商业汇票上记载的债务人以外的第三人保证该票据获得付款的票据行为。

第五十六条 电子商业汇票获得承兑前，保证人作出保证行为的，被保证人为出票人。

电子商业汇票获得承兑后、出票人将电子商业汇票交付收款人前，保证人作出保证行为的，被保证人为承兑人。

出票人将电子商业汇票交付收款人后，保证人作出保证行为的，被保证人为背书人。

第五十七条 电子商业汇票保证，必须记载下列事项：
（一）表明"保证"的字样；
（二）保证人名称；
（三）保证人住所；
（四）被保证人名称；
（五）保证日期；
（六）保证人签章。

第七节 付款

第五十八条 提示付款是指持票人通过电子商业汇票系统向承兑人请求付款的行为。

持票人应在提示付款期内向承兑人提示付款。

提示付款期自票据到期日起 10 日，最后一日遇法定休假日、大额支付系统非营业日、电子商业汇票系统非营业日顺延。

第五十九条 持票人在票据到期日前提示付款的，承兑人可付款或拒绝付款，或于到期日付款。承兑人拒绝付款或未予应答的，持票人可待票据到期后再次提示付款。

第六十条 持票人在提示付款期内提示付款的，承兑人应在收到提示付款请求的当日至迟次日（遇法定休假日、大额支付系统非营业日、电子商业汇票系统非营业日顺延）付款或拒绝付款。

持票人超过提示付款期提示付款的，接入机构不得拒绝受理。持票人在作出合理说明后，承兑人仍应当承担付款责任，并在上款规定的期限内付款或拒绝付款。

电子商业承兑汇票承兑人在票据到期后收到提示付款请求，且在收到该请求次日起第 3 日（遇法定休假日、大额支付系统非营业日、电子商业汇票系统非营业日顺延）仍未应答的，接入机构应按其与承兑人签订的《电子商业汇票业务服务协议》，进行如下处理：

（一）承兑人账户余额在该日电子商业汇票系统营业截止时足够支付票款的，则视同承兑人同意付款，接入机构应扣划承兑人账户资金支付票款，并在下一日（遇法定休假日、大额支付系统非营业日、电子商业汇票系统非营业日顺延）电子商业汇票系统营业开始时，代承兑人作出付款应答，并代理签章；

（二）承兑人账户余额在该日电子商业汇票系统营业截止时不足以支付票款的，则视同承兑人拒绝付款，接入机构应在下一日（遇法定休假日、大额支付系统非营业日、电子商业汇票系统非营业日顺延）电子商业汇票系统营业开始时，代承兑人作出拒付应答，并代理签章。

第六十一条 接入机构应及时将持票人的提示付款请求通知电子商业承兑汇票的承兑人。通知方式由接入机构与承兑人自行约定。

第六十二条 持票人可选择票款对付方式或其他方式向承兑人提示付款。

第六十三条 电子商业汇票提示付款，必须记载下列事项：

（一）提示付款日期；

（二）提示付款人签章。

持票人可与接入机构签订协议，委托接入机构代为提示付款并代理签章。

第六十四条 承兑人付款或拒绝付款，必须记载下列事项：

（一）承兑人名称；

（二）付款日期或拒绝付款日期；

（三）承兑人签章。

承兑人拒绝付款的，还应注明拒绝付款的理由。

第八节 追索

第六十五条 追索分为拒付追索和非拒付追索。

拒付追索是指电子商业汇票到期后被拒绝付款，持票人请求前手付款的行为。

非拒付追索是指存在下列情形之一，持票人请求前手付款的行为：

（一）承兑人被依法宣告破产的；

（二）承兑人因违法被责令终止业务活动的。

第六十六条 持票人在票据到期日前被拒付的，不得拒付追索。

持票人在提示付款期内被拒付的，可向所有前手拒付追索。

持票人超过提示付款期提示付款被拒付的，若持票人在提示付款期内曾发出过提示付款，则可向所有前手拒付追索；若未在提示付款期内发出过提示付款，则只可向出票人、承兑人拒付追索。

第六十七条 追索时，追索人应当提供拒付证明。拒付追索时，拒付证明为票据信息和拒付理由。非拒付追索时，拒付证明为票据信息和相关法律文件。

第六十八条 持票人因电子商业汇票到期后被拒绝付款或法律法规规定其他原因，拥有的向票据债务人追索的权利时效规定如下：

（一）持票人对出票人、承兑人追索和再追索权利时效，自票据到期日起 2 年，且不短于持票人对其他前手的追索和再追索权利时效。

（二）持票人对其他前手的追索权利时效，自被拒绝付款之日起 6 个月；持票人对其他前手的再追索权利时效，自清偿日或被提起诉讼之日起 3 个月。

第六十九条 持票人发出追索通知，必须记载下列事项：

（一）追索人名称；

（二）被追索人名称；

（三）追索通知日期；

（四）追索类型；

（五）追索金额；

（六）追索人签章。

第七十条 电子商业汇票清偿，必须记载下列事项：

（一）追索人名称；

（二）清偿人名称；

（三）同意清偿金额；

（四）清偿日期；

（五）清偿人签章。

第四章 信息查询

第七十一条 票据当事人可通过接入机构查询与其相关的电子商业汇票票据信息。

第七十二条 接入机构应记录其与电子商业汇票系统之间发送和接收的电子商业汇票票据信息，并按规定将该信息向客户展示。

票据信息包括票面信息和行为信息。

票面信息是指出票人将票据交付收款人后、其他行为发生前，记载在票据上的所有信息。

行为信息是指票据行为的必须记载事项。

第七十三条 出票人可查询电子商业汇票票面信息。

承兑人在收到提示付款申请前，可查询电子商业汇票票面信息。收到提示付款申请后，可查询该票据的所有票据信息。

收款人、被背书人和保证人可查询自身作出的行为信息及之前的票据信息。

持票人可查询所有票据信息。

在追索阶段，被追索人可查询所有票据信息。

第七十四条 票据当事人对票据信息有异议的，应通过接入机构向电子商业汇票系统运营者提出书面申请，电子商业汇票系统运营者应在 10 个工作日内按照查询权限办理相关查询业务。

第七十五条 电子商业汇票所有票据行为中，处于待签收状态的接收方可向电子商业汇票系统查询该票据承兑人和行为发起方的电子商业汇票支付信用信息。

第七十六条 电子商业汇票系统仅提供票据当事人的电子商业汇票支付信用信息，不对其进行信用评价或评级。

第五章 法律责任

第七十七条 电子商业汇票发生法律纠纷时，电子商业汇票系统运营者负有出具电子商业汇票系统相关记录的义务。

第七十八条 承兑人应及时足额支付电子商业汇票票款。承兑人故意压票、拖延支付，影响持票人资金使用的，按中国人民银行规定的同档次流动资金贷款利率计付赔偿金。

第七十九条 电子银行承兑汇票的出票人于票据到期日未能足额交存票款时，承兑人除向持票人无条件付款外，对出票人尚未支付的汇票金额转入逾期贷款处理，并按照每天万分之五计收罚息。

第八十条 电子商业汇票相关各方存在下列情形之一，影响电子商业汇票业务处理或造成其他票据当事人资金损失的，应承担相应赔偿责任。中国人民银行有权视情节轻重对其处以警告或 3 万元以下罚款：

（一）作为电子银行承兑汇票承兑人的财务公司、电子商业承兑汇票的承兑人违反《中华人民共和国票据法》、《票据管理实施办法》和本办法规定无理拒付或拖延支付的；

（二）接入机构为客户提供电子商业汇票业务服务，未对客户基本信息尽审核义务的；

（三）为电子商业汇票业务活动提供电子认证服务的电子认证服务提供者，未依据《中华人民共和国电子签名法》承担相应责任的；

（四）接入机构为客户提供电子商业汇票业务服务，未对客户电子签名真实性进行认真审核，造成资金损失的；

（五）电子商业汇票系统运营者未对接入机构身份真实性和电子签名真实性进行认真审核，造成资金损失的；

（六）接入机构因清算资金不足导致电子商业汇票资金清算失败，给票据当事人造成损失的；

（七）接入机构因人为或系统原因未及时转发电子商业汇票信息，给票据当事人造成损失的；

（八）接入机构内部系统存储的电子商业汇票信息与电子商业汇票系统相关信息严重不符，给票据当事人造成损失的；

（九）接入机构的内部系统出现故障，未及时排除，造成重大影响的；

（十）电子商业汇票系统运营者运营的电子商业汇票系统出现故障，未及时排除，造成重大影响的；

（十一）电子商业汇票债务解除前，接入机构违反本办法规定为承兑人撤销账户的；

（十二）其他违反《中华人民共和国票据法》、《票据管理实施办法》及本办法规定的行为。

第八十一条 电子商业汇票当事人应当妥善保管电子签名制作数据，严防泄露。因保管不善造成资金损失的，有关责任方应当依法承担赔偿责任。

第八十二条 金融机构发现利用电子商业汇票从事违法犯罪活动的，应依法履行报告义务。

第六章 附 则

第八十三条 电子商业汇票的数据电文格式和票据显示样式由中国人民银行统一规定。

第八十四条 本办法未尽事宜，遵照《中华人民共和国票据法》、《票据管理实施办法》等法律法规执行。

第八十五条 本办法由中国人民银行负责解释和修订。

第八十六条 本办法自公布之日起施行。

银行卡业务管理办法

（1999 年 1 月 5 日　中国人民银行　银发〔1999〕17 号）

第一章 总 则

第一条 为加强银行卡业务的管理，防范银行卡业务风险，维护商业银行、持卡人、特约单位及其他当事人的合法权益，依据《中华人民共和国中国人民银行法》、《中华人民共和国商业银行法》、《中华人民共和国外汇管理条例》及有关行政法规制定本办法。

第二条 本办法所称银行卡，是指由商业银行（含邮政金融机构，下同）向社会发行的具有消费信用、转账结算、存取现金等全部或部分功能的信用支付工具。

商业银行未经中国人民银行批准不得发行银行卡。

第三条 凡在中华人民共和国境内办理银行卡业务的商业银行、持卡人、商户及其他当事人均应遵守本办法。

第四条 商业银行应在协商、互利的基础上开展信息共享、商户共享、机具共享等类型的银行卡业务联合。

第二章 分类及定义

第五条 银行卡包括信用卡和借记卡。

银行卡按币种不同分为人民币卡、外币卡；按发行对象不同分为单位卡（商务卡）、个人卡；按信息载体不同分为磁条卡、芯片（IC）卡。

第六条 信用卡按是否向发卡银行交存备用金分为贷记卡、准贷记卡两类。

贷记卡是指发卡银行给予持卡人一定的信用额度，持卡人可在信用额度内先消费、后还款的信用卡。

准贷记卡是指持卡人须先按发卡银行要求交存一定金额的备用金，当备用金账户余额不足支付时，可在发卡银行规定的信用额度内透支的信用卡。

第七条 借记卡按功能不同分为转账卡（含储蓄卡，下同）、专用卡、储值卡。借记卡不具备透支功能。

第八条 转账卡是实时扣账的借记卡。具有转账结算、存取现金和消费功能。

第九条 专用卡是具有专门用途、在特定区域使用的借记卡。具有转账结算、存取现金功能。

专门用途是指在百货、餐饮、饭店、娱乐行业以外的用途。

第十条 储值卡是发卡银行根据持卡人要求将其资金转至卡内储存，交易时直接从卡内扣款的预付钱包式借记卡。

第十一条 联名/认同卡是商业银行与营利性机构/非营利性机构合作发行的银行卡附属产品，其所依附的银行卡品种必须是已经中国人民银行批准的品种，并应当遵守相应品种的业务章程或管理办法。

发卡银行和联名单位应当为联名卡持卡人在联名单位用卡提供一定比例的折扣优惠或特殊服务；持卡人领用认同卡表示对认同单位事业的支持。

第十二条 芯片（IC）卡既可应用于单一的银行卡品种，又可应用于组合的银行卡品种。

第三章 银行卡业务审批

第十三条 商业银行开办银行卡业务应当具备下列条件：

（一）开业3年以上，具有办理零售业务的良好业务基础；

（二）符合中国人民银行颁布的资产负债比例管理监控指标，经营状况良好；

（三）已就该项业务建立了科学完善的内部控制制度，有明确的内部授权审批程序；

（四）合格的管理人员和技术人员、相应的管理机构；

（五）安全、高效的计算机处理系统；

（六）发行外币卡还需具备经营外汇业务的资格和相应的外汇业务经营管理水平；

（七）中国人民银行规定的其他条件。

第十四条 符合上述条件的商业银行，可向中国人民银行申请开办银行卡业务，并提交下列材料：

（一）申请报告：论证必要性、可行性，进行市场预测；

（二）银行卡章程或管理办法、卡样设计草案；

（三）内部控制制度、风险防范措施；
（四）由中国人民银行科技主管部门出具的有关系统安全性和技术标准合格的测试报告；
（五）中国人民银行要求提供的其他材料。

第十五条 发卡银行各类银行卡章程应载明下列事项：
（一）卡的名称、种类、功能、用途；
（二）卡的发行对象、申领条件、申领手续；
（三）卡的使用范围（包括使用方面的限制）及使用方法；
（四）卡的账户适用的利率，面向持卡人的收费项目及标准；
（五）发卡银行、持卡人及其他有关当事人的权利、义务；
（六）中国人民银行要求的其他事项。

第十六条 银行卡的管理权限和审批程序：
（一）商业银行开办各类银行卡业务，应当按照中国人民银行有关加强内部控制和授权授信管理的规定，分别制定统一的章程或业务管理办法，报中国人民银行总行审批。

商业银行总行不在北京的，应当先向中国人民银行当地中心支行申报，经审查同意后，由中国人民银行分行转报中国人民银行总行审批。

（二）已开办信用卡或转账卡业务的商业银行可向中国人民银行申请发行联名/认同卡、专用卡、储值卡；已开办人民币信用卡业务的商业银行可向中国人民银行申请发行外币信用卡。

（三）商业银行发行全国使用的联名卡、IC 卡、储值卡应当报中国人民银行总行审批。

（四）商业银行分支机构办理经中国人民银行总行批准的银行卡业务应当持中国人民银行批准文件和其总行授权文件向中国人民银行当地行备案。

商业银行分支机构发行区域使用的专用卡、联名卡应当持商业银行总行授权文件、联名双方的协议书报中国人民银行当地中心支行备案。

（五）商业银行变更银行卡名称、修改银行卡章程应当报中国人民银行审批。

第十七条 外资金融机构经营银行卡收单业务应当报中国人民银行总行批准。

银行卡收单业务是指签约银行向商户提供的本外币资金结算服务。

第四章 计息和收费标准

第十八条 银行卡的计息包括计收利息和计付利息，均按照《金融保险企业财务制度》的规定进行核算。

第十九条 发卡银行对准贷记卡及借记卡（不含储值卡）账户内的存款，按照中国人民银行规定的同期同档次存款利率及计息办法计付利息。

发卡银行对贷记卡账户的存款、储值卡（含 IC 卡的电子钱包）内的币值不计付利息。

第二十条 贷记卡持卡人非现金交易享受如下优惠条件：
（一）免息还款期待遇。银行记账日至发卡银行规定的到期还款日之间为免息还款期。免息还款期最长为 60 天。持卡人在到期还款日前偿还所使用全部银行款项即可享受免息还款期待遇，无须支付非现金交易的利息。
（二）最低还款额待遇。持卡人在到期还款日前偿还所使用全部银行款项有困难的，可按照发卡银行规定的最低还款额还款。

第二十一条 贷记卡持卡人选择最低还款额方式或超过发卡银行批准的信用额度用卡时，不再享受免息还款期待遇，应当支付未偿还部分自银行记账日起，按规定利率计算的透支利息。

贷记卡持卡人支取现金、准贷记卡透支，不享受免息还款期和最低还款额待遇，应当支付现金交易额或透支额自银行记账日起，按规定利率计算的透支利息。

第二十二条 发卡银行对贷记卡持卡人未偿还最低还款额和超信用额度用卡的行为，应当分别按最低还款额未还部分、超过信用额度部分的 5% 收取滞纳金和超限费。

第二十三条 贷记卡透支按月记收复利，准贷记卡透支按月计收单利，透支利率为日利率万分之五，并根据中国人民银行的此项利率调整而调整。

第二十四条 商业银行办理银行卡收单业务应当按下列标准向商户收取结算手续费：

（一）宾馆、餐饮、娱乐、旅游等行业不得低于交易金额的2%；

（二）其他行业不得低于交易金额的1%。

第二十五条 跨行交易执行下列分润比例：

（一）未建信息交换中心的城市，从商户所得结算手续费，按发卡行90%，收单行10%的比例进行分配；

商业银行也可以通过协商，实行机具分摊、相互代理、互不收费的方式进行跨行交易。

（二）已建信息交换中心的城市，从商户所得结算手续费，按发卡行80%，收单行10%，信息交换中心10%的比例进行分配。

第二十六条 持卡人在ATM机跨行取款的费用由其本人承担，并执行如下收费标准：

（一）持卡人在其领卡城市之内取款，每笔收费不得超过2元人民币；

（二）持卡人在其领卡城市以外取款，每笔收费不得低于8元人民币。

从ATM机跨行取款所得的手续费，按机具所有行70%，信息交换中心30%的比例进行分配。

第二十七条 商业银行代理境外银行卡收单业务应当向商户收取结算手续费，其手续费标准不得低于交易金额的4%。

境内银行与境外机构签订信用卡代理收单协议，其分润比率按境内银行与境外机构分别占商户所交手续费的37.5%和62.5%执行。

第五章 账户及交易管理

第二十八条 个人申领银行卡（储值卡除外），应当向发卡银行提供公安部门规定的本人有效身份证件，经发卡银行审查合格后，为其开立记名账户；

凡在中国境内金融机构开立基本存款账户的单位，应当凭中国人民银行核发的开户许可证申领单位卡；

银行卡及其账户只限经发卡银行批准的持卡人本人使用，不得出租和转借。

第二十九条 单位人民币卡账户的资金一律从其基本存款账户转账存入，不得存取现金，不得将销货收入存入单位卡账户。

第三十条 单位外币卡账户的资金应从其单位的外汇账户转账存入，不得在境内存取外币现钞。其外汇账户应符合下列条件：

（一）按照中国人民银行境内外汇账户管理的有关规定开立；

（二）其外汇账户收支范围内具有相应的支付内容。

第三十一条 个人人民币卡账户的资金以其持有的现金存入或以其工资性款项、属于个人的合法的劳务报酬、投资回报等收入转账存入。

第三十二条 个人外币卡账户的资金以其个人持有的外币现钞存入或从其外汇账户（含外钞账户）转账存入。该账户的转账及存款均按国家外汇管理局《个人外汇管理办法》办理。

个人外币卡在境内提取外币现钞时应按照我国个人外汇管理制度办理。

第三十三条 除国家外汇管理局指定的范围和区域外，外币卡原则上不得在境内办理外币计价结算。

第三十四条 持卡人在还清全部交易款项、透支本息和有关费用后，可申请办理销户。销户时，单位人民币卡账户的资金应当转入其基本存款账户，单位外币卡账户的资金应当转回相应的外汇账户，不得提取现金。

第三十五条 单位人民币卡可办理商品交易和劳务供应款项的结算，但不得透支；超过中国人民银行规定起点的，应当经中国人民银行当地分行办理转汇。

第三十六条　发卡银行对贷记卡的取现应当每笔授权，每卡每日累计取现不得超过 2000 元人民币。

发卡银行应当对持卡人在自动柜员机（ATM 机）取款设定交易上限，每卡每日累计提款不得超过 5000 元人民币。

第三十七条　储值卡的面值或卡内币值不得超过 1000 元人民币。

第三十八条　商业银行发行认同卡时，不得从其收入中向认同单位支付捐赠等费用。

第三十九条　发卡银行依据密码等电子信息为持卡人办理的存取款、转账结算等各类交易所产生的电子信息记录，均为该项交易的有效凭据。发卡银行可凭交易明细记录或清单作为记账凭证。

第四十条　银行卡通过联网的各类终端交易的原始单据至少保留二年备查。

第六章　银行卡风险管理

第四十一条　发卡银行应当认真审查信用卡申请人的资信状况，根据申请人的资信状况确定有效担保及担保方式。

发卡银行应当对信用卡持卡人的资信状况进行定期复查，并应当根据资信状况的变化调整其信用额度。

第四十二条　发卡银行应当建立授权审批制度，明确对不同级别内部工作人员的授权权限和授权限额。

第四十三条　发卡银行应当加强对止付名单的管理，及时接收和发送止付名单。

第四十四条　通过借记卡办理的各项代理业务，发卡银行不得为持卡人或委托单位垫付资金。

第四十五条　发卡银行应当遵守下列信用卡业务风险控制指标：

（一）同一持卡人单笔透支发生额个人卡不得超过 2 万元（含等值外币）、单位卡不得超过 5 万元（含等值外币）。

（二）同一账户月透支余额个人卡不得超过 5 万元（含等值外币），单位卡不得超过发卡银行对该单位综合授信额度的 3%。无综合授信额度可参照的单位，其月透支余额不得超过 10 万元（含等值外币）。

（三）外币卡的透支额度不得超过持卡人保证金（含储蓄存单质押金额）的 80%。

（四）从本办法施行之日起新发生的 180 天（含 180 天，下同）以上的月均透支余额不得超过月均总透支余额的 15%。

第四十六条　准贷记卡的透支期限最长为 60 天。贷记卡的首月最低还款额不得低于其当月透支余额的 10%。

第四十七条　发卡银行通过下列途径追偿透支款项和诈骗款项：

（一）扣减持卡人保证金、依法处理抵押物和质物；

（二）向保证人追索透支款项；

（三）通过司法机关的诉讼程序进行追偿。

第四十八条　发卡银行采取了第四十七条所列措施后仍不足以弥补的，将按照财政部《呆账准备金管理办法》执行。

第四十九条　对已核销的透支款项又收回的，本金和利息作增加"呆账准备金"处理。

第五十条　商业银行分支机构出资加入所在城市的银行卡信息交换中心，应当报经其总行批准。

第七章　银行卡当事人之间的职责

第五十一条　发卡银行的权利：

（一）发卡银行有权审查申请人的资信状况、索取申请人的个人资料，并有权决定是否向申请人发卡及确定信用卡持卡人的透支额度。

（二）发卡银行对持卡人透支有追偿权。对持卡人不在规定期限内归还透支款项的，发卡银行有权申请法律保护并依法追究持卡人或有关当事人的法律责任。

（三）发卡银行对不遵守其章程规定的持卡人，有权取消其持卡人资格，并可授权有关单位收回其银行卡。

（四）发卡银行对储值卡和IC卡内的电子钱包可不予挂失。

第五十二条 发卡银行的义务：

（一）发卡银行应当向银行卡申请人提供有关银行卡的使用说明资料，包括章程、使用说明及收费标准。现有持卡人亦可索取上述资料。

（二）发卡银行应当设立针对银行卡服务的公平、有效的投诉制度，并公开投诉程序和投诉电话。发卡银行对持卡人关于账务情况的查询和改正要求应当在30天内给予答复。

（三）发卡银行应当向持卡人提供对账服务。按月向持卡人提供账户结单，在下列情况下发卡银行可不向持卡人提供账户结单：

1. 已向持卡人提供存折或其他交易记录；
2. 自上一份月结单后，没有进行任何交易，账户没有任何未偿还余额；
3. 已与持卡人另行商定。

（四）发卡银行向持卡人提供的银行卡对账单应当列出以下内容：

1. 交易金额、账户余额（贷记卡还应列出到期还款日、最低还款额、可用信用额度）；
2. 交易金额记入有关账户或自有关账户扣除的日期；
3. 交易日期与类别；
4. 交易记录号码；
5. 作为支付对象的商户名称或代号（异地交易除外）；
6. 查询或报告不符账务的地址或电话号码。

（五）发卡银行应当向持卡人提供银行卡挂失服务，应当设立24小时挂失服务电话，提供电话和书面两种挂失方式，书面挂失为正式挂失方式。并在章程或有关协议中明确发卡银行与持卡人之间的挂失责任。

（六）发卡银行应当在有关卡的章程或使用说明中向持卡人说明密码的重要性及丢失的责任。

（七）发卡银行对持卡人的资信资料负有保密的责任。

第五十三条 持卡人的权利：

（一）持卡人享有发卡银行对其银行卡所承诺的各项服务的权利，有权监督服务质量并对不符服务质量进行投诉。

（二）申请人、持卡人有权知悉其选用的银行卡的功能、使用方法、收费项目、收费标准、适用利率及有关的计算公式。

（三）持卡人有权在规定时间内向发卡银行索取对账单，并有权要求对不符账务内容进行查询或改正。

（四）借记卡的挂失手续办妥后，持卡人不再承担相应卡账户资金变动的责任，司法机关、仲裁机关另有判决的除外。

（五）持卡人有权索取信用卡领用合约，并应妥善保管。

第五十四条 持卡人的义务：

（一）申请人应当向发卡银行提供真实的申请资料并按照发卡银行规定向其提供符合条件的担保。

（二）持卡人应当遵守发卡银行的章程及《领用合约》的有关条款。

（三）持卡人或保证人通讯地址、职业等发生变化，应当及时书面通知发卡银行。

（四）持卡人不得以和商户发生纠纷为由拒绝支付所欠银行款项。

第五十五条 商业银行发展受理银行卡的商户，应当与商户签订受理合约。

受理合约不得包括排他性条款。受理合约中的手续费率标准低于本办法规定标准的不受法律保护。

第五十六条 银行卡申请表、领用合约是发卡银行向银行卡持卡人提供的明确双方权责的契约性文件，持卡人签字，即表示接受其中各项约定。

发卡银行应当本着权利与义务对等的原则制定银行卡申请表及信用卡领用合约。

第八章 罚 则

第五十七条 商业银行有下列情形之一者，中国人民银行应当责令改正，有违法所得的，处以违法所得1倍以上3倍以下的罚款，但最高不超过30000元；没有违法所得的，按有关法律、规章处以罚款；情节严重的，应当追究直接负责的主管人员和有关直接责任人员的行政责任，情节严重的追究有关领导人的责任：

（一）擅自发行银行卡或在申请开办银行卡业务过程中弄虚作假的；

（二）违反本办法规定的计息和收费标准的；

（三）违反本办法规定的银行卡账户及交易管理规定的。

第五十八条 发卡银行未遵守本办法规定的风险管理措施和控制指标的，中国人民银行应当责令改正，并给以通报批评。

第五十九条 持卡人出租或转借其信用卡及其账户的，发卡银行应当责令其改正，并对其处以1000元人民币以内的罚款（由发卡银行在申请表、领用合约等契约性文件中事先约定）。

第六十条 持卡人将单位的现金存入单位卡账户或将单位的款项存入个人卡账户的，中国人民银行应责令改正，并对单位卡所属单位及个人卡持卡人处以1000元人民币以内的罚款。

第六十一条 任何单位和个人有下列情形之一的，根据《中华人民共和国刑法》及相关法规进行处理：

（一）骗领、冒用信用卡的；

（二）伪造、变造银行卡的；

（三）恶意透支的；

（四）利用银行卡及其机具欺诈银行资金的。

第六十二条 外资金融机构擅自经营信用卡收单业务的，中国人民银行应当责令改正，并按照《外资金融机构管理条例》的有关规定予以处罚。

第六十三条 非金融机构、金融机构的代表机构经营银行卡业务的，由中国人民银行依法予以取缔。

第九章 附 则

第六十四条 中华人民共和国境内的商业银行（或金融机构）发行的各类银行卡，应当执行国家规定的技术标准，但发行带有国际信用卡组织标记的银行卡除外。

单位卡应当在卡面左下方的适当位置凸印"DWK"字样。

银行卡卡面应当载有以下要素：发卡银行一级法人名称、统一品牌名称、品牌标识（专用卡除外）、卡号（IC卡除外）、持卡人使用注意事项、客户服务电话、持卡人签名条（IC卡除外）等。

第六十五条 经中国人民银行批准办理银行卡业务的其他金融机构、境外机构发行的银行卡在境内流通使用适用本办法。

第六十六条 本办法由中国人民银行负责解释。

第六十七条 本办法从1999年3月1日起施行，发卡银行应当在半年内达到本办法有关要求。中国人民银行1996年颁布的《信用卡业务管理办法》（银发〔1996〕27号）同时废止；中国人民银行在本办法颁布之前制定的银行卡管理规定与本办法相抵触的，以本办法为准。

银行卡收单业务管理办法

(2013年7月5日发布 中国人民银行公告〔2013〕第9号)

第一章 总 则

第一条 为规范银行卡收单业务，保障各参与方合法权益，防范支付风险，促进银行卡业务健康有序发展，根据《中华人民共和国中国人民银行法》、《非金融机构支付服务管理办法》等规定，制定本办法。

第二条 本办法所称银行卡收单业务，是指收单机构与特约商户签订银行卡受理协议，在特约商户按约定受理银行卡并与持卡人达成交易后，为特约商户提供交易资金结算服务的行为。

第三条 收单机构在中华人民共和国境内从事银行卡收单业务，适用本办法。

本办法所称收单机构，包括从事银行卡收单业务的银行业金融机构，获得银行卡收单业务许可、为实体特约商户提供银行卡受理并完成资金结算服务的支付机构，以及获得网络支付业务许可、为网络特约商户提供银行卡受理并完成资金结算服务的支付机构。

第四条 收单机构应当依法维护当事人的合法权益，保障信息安全和交易安全。

第五条 收单机构应当遵守反洗钱法律法规要求，履行反洗钱和反恐怖融资义务。

第六条 收单机构为境外特约商户提供银行卡收单服务，适用本办法，并应同时符合业务开办国家（地区）的监管要求。

业务开办国家（地区）法律禁止或者限制收单机构实施本办法的，收单机构应当及时向中国人民银行报告。

第二章 特约商户管理

第七条 收单机构拓展特约商户，应当遵循"了解你的客户"原则，确保所拓展特约商户是依法设立、从事合法经营活动的商户，并承担特约商户收单业务管理责任。

第八条 商户及其法定代表人或负责人在中国人民银行指定的风险信息管理系统中存在不良信息的，收单机构应当谨慎或拒绝为该商户提供银行卡收单服务。

第九条 收单机构应当对特约商户实行实名制管理，严格审核特约商户的营业执照等证明文件，以及法定代表人或负责人有效身份证件等申请材料。特约商户为自然人的，收单机构应当审核其有效身份证件。

特约商户使用单位银行结算账户作为收单银行结算账户的，收单机构还应当审核其合法拥有该账户的证明文件。

第十条 收单机构应当制定特约商户资质审核流程和标准，明确资质审核权限。负责特约商户拓展和资质审核的岗位人员不得兼岗。

第十一条 收单机构应当与特约商户签订银行卡受理协议，就可受理的银行卡种类、开通的交易类型、收单银行结算账户的设置和变更、资金结算周期、结算手续费标准、差错和争议处理等事项，明确双方的权利、义务和违约责任。

第十二条 收单机构在银行卡受理协议中，应当要求特约商户履行以下基本义务：

（一）基于真实的商品或服务交易背景受理银行卡，并遵守相应银行卡品牌的受理要求，不得歧视和拒绝同一银行卡品牌的不同发卡银行的持卡人；

（二）按规定使用受理终端（网络支付接口）和收单银行结算账户，不得利用其从事或协助他人从事非法活动；

（三）妥善处理交易数据信息、保存交易凭证，保障交易信息安全；

（四）不得因持卡人使用银行卡而向持卡人收取或变相收取附加费用，或降低服务水平。

第十三条 收单机构应当在提供收单服务前对特约商户开展业务培训，并根据特约商户的经营特点和风险等级，定期开展后续培训，保存培训记录。

第十四条 对特约商户申请材料、资质审核材料、受理协议、培训和检查记录、信息变更、终止合作等档案资料，收单机构应当至少保存至收单服务终止后5年。

第十五条 收单机构应当建立特约商户信息管理系统，记录特约商户名称和经营地址、特约商户身份资料信息、特约商户类别、结算手续费标准、收单银行结算账户信息、开通的交易类型和开通时间、受理终端（网络支付接口）类型和安装地址等信息，并及时进行更新。其中网络支付接口的安装地址为特约商户的办公地址和从事经营活动的网络地址。

第十六条 收单机构应当对实体特约商户收单业务进行本地化经营和管理，通过在特约商户及其分支机构所在省（区、市）域内的收单机构或其分支机构提供收单服务，不得跨省（区、市）域开展收单业务。

对于连锁式经营或集团化管理的特约商户，收单机构或经其授权的特约商户所在地的分支机构可与特约商户签订总对总银行卡受理协议，并按照前款规定落实本地化服务和管理责任。

第十七条 收单机构应当按照有关规定向特约商户收取结算手续费，不得变相向持卡人转嫁结算手续费，不得采取不正当竞争手段损害他人合法权益。

第十八条 收单机构与特约商户终止银行卡受理协议的，应当及时收回受理终端或关闭网络支付接口，进行账务清理，妥善处理后续事项。

第三章　业务与风险管理

第十九条 收单机构应当综合考虑特约商户的区域和行业特征、经营规模、财务和资信状况等因素，对实体特约商户、网络特约商户分别进行风险评级。

对于风险等级较高的特约商户，收单机构应当对其开通的受理卡种和交易类型进行限制，并采取强化交易监测、设置交易限额、延迟结算、增加检查频率、建立特约商户风险准备金等风险管理措施。

第二十条 收单机构应当建立特约商户检查制度，明确检查频率、检查内容、检查记录等管理要求，落实检查责任。

对于实体特约商户，收单机构应当进行现场检查；对于网络特约商户，收单机构应当采取有效的检查措施和技术手段对其经营内容和交易情况进行检查。

第二十一条 收单机构应当针对风险较高的交易类型制定专门的风险管理制度。对无卡、无密交易，以及预授权、消费撤销、退货等交易类型，收单机构应当强化风险管理措施。

第二十二条 收单机构应当建立收单交易风险监测系统，对可疑交易及时核查并采取有效措施。

第二十三条 收单机构应当建立覆盖受理终端（网络支付接口）审批、使用、撤销等各环节的风险管理制度，明确受理终端（网络支付接口）的使用范围、交易类型、交易限额、审批权限，以及相关密钥的管理要求。

第二十四条 收单机构为特约商户提供的受理终端（网络支付接口）应当符合国家、金融行业技术标准和相关信息安全管理要求。

第二十五条 收单机构应当根据特约商户受理银行卡交易的真实场景，按照相关银行卡清算机构和发卡银行的业务规则和管理要求，正确选用交易类型，准确标识交易信息并完整发送，确保交易信息的完整性、真实性和可追溯性。

交易信息至少应包括：直接提供商品或服务的商户名称、类别和代码，受理终端（网络支付接口）类型和代码，交易时间和地点（网络特约商户的网络地址），交易金额，交易类型和渠道，交易发起方式等。网络特约商户的交易信息还应当包括商品订单号和网络交易平台名称。

特约商户和受理终端（网络支付接口）的编码应当具有唯一性。

第二十六条 收单机构将交易信息直接发送发卡银行的，应当在发卡银行遵守与相关银行卡清算机构的协议约定下，与其签订合作协议，明确交易信息和资金安全、持卡人和商户权益保护等方面的权利、义务和违约责任。

第二十七条 收单机构应当对发送的收单交易信息采用加密和数据校验措施。

第二十八条 收单机构不得以任何形式存储银行卡磁道信息或芯片信息、卡片验证码、卡片有效期、个人标识码等敏感信息，并应采取有效措施防止特约商户和外包服务机构存储银行卡敏感信息。

因特殊业务需要，收单机构确需存储银行卡敏感信息的，应当经持卡人本人同意、确保存储的信息仅用于持卡人指定用途，并承担相应信息安全管理责任。

第二十九条 收单机构应当建立特约商户收单银行结算账户设置和变更审核制度，严格审核设置和变更申请材料的真实性、有效性。

特约商户的收单银行结算账户应当为其同名单位银行结算账户，或其指定的、与其存在合法资金管理关系的单位银行结算账户。特约商户为个体工商户和自然人的，可使用其同名个人银行结算账户作为收单银行结算账户。

第三十条 收单机构应按协议约定及时将交易资金结算到特约商户的收单银行结算账户，资金结算时限最迟不得超过持卡人确认可直接向特约商户付款的支付指令生效之日起30个自然日，因涉嫌违法违规等风险交易需延迟结算的除外。

第三十一条 收单机构应当建立资金结算风险管理制度，不得挪用特约商户待结算资金。

第三十二条 收单机构应当根据交易发生时的原交易信息发起银行卡交易差错处理、退货交易，将资金退至持卡人原银行卡账户。若持卡人原银行卡账户已撤销的，应当退至持卡人指定的本人其他银行账户。

第三十三条 收单机构应当及时调查核实、妥善处理并如实反馈发卡银行的调单、协查要求和银行卡清算机构发出的风险提示。

第三十四条 收单机构发现特约商户发生疑似银行卡套现、洗钱、欺诈、移机、留存或泄漏持卡人账户信息等风险事件的，应当对特约商户采取延迟资金结算、暂停银行卡交易或收回受理终端（关闭网络支付接口）等措施，并承担因未采取措施导致的风险损失责任；发现涉嫌违法犯罪活动的，应当及时向公安机关报案。

第三十五条 收单机构应当自主完成特约商户资质审核、受理协议签订、收单业务交易处理、资金结算、风险监测、受理终端主密钥生成和管理、差错和争议处理等业务活动。

第三十六条 收单机构应当在收单业务外包前制定收单业务外包管理办法，明确外包的业务范围、外包服务机构的准入标准及管理要求、外包业务风险管理和应急预案等内容。收单机构作为收单业务主体的管理责任和风险承担责任不因外包关系而转移。

第三十七条 收单机构同时提供收单外包服务的，应当对收单业务和外包服务业务分别进行管理。

第三十八条 收单机构应当制定突发事件应急预案，建立灾难备份系统，确保收单业务的连续性和收单业务系统安全运行。

第四章 监督管理

第三十九条 中国人民银行依法对收单机构进行监督和管理。

第四十条 银行业金融机构开办、终止收单业务，应当向中国人民银行及其分支机构报告。

第四十一条 收单机构应当加入中国支付清算协会，接受行业协会自律管理。中国支付清算协会应当根据本办法，制定银行卡收单业务行业自律规范，向中国人民银行备案后组织实施。

第四十二条 中国人民银行及其分支机构可以采取如下措施，对收单机构进行现场检查：

（一）进入与收单活动相关的经营场所进行检查；

（二）查阅、复制与检查事项有关的文件、资料；

（三）询问有关工作人员，要求其对有关事项进行说明；
（四）检查有关系统和设施，复制有关数据资料。

第四十三条 收单机构应当配合中国人民银行及其分支机构依法开展的现场检查及非现场监管，及时报送收单业务统计信息和管理信息，并按照规定将收单业务发展和管理情况的年度专项报告于次年3月31日前报送中国人民银行及其分支机构。报告内容至少应包括收单机构组织架构、收单业务运营状况、创新业务、外包业务、风险管理等情况及下一年度业务发展规划。

收单机构开展跨境或境外收单业务的，专项报告内容还应包括跨境或境外收单业务模式、清算安排及结算币种、合作方基本情况、业务管理制度、业务开办国家（地区）监管要求等。

第四十四条 支付机构拟成立分支机构开展收单业务的，应当提前向法人所在地中国人民银行分支机构及拟成立分支机构所在地中国人民银行分支机构备案。

第四十五条 收单机构布放新型受理终端、开展收单创新业务、与境外机构合作开展跨境银行卡收单业务等，应当至少提前30日向中国人民银行及其分支机构备案。

第四十六条 收单机构应当在收单业务外包前，将收单业务外包管理办法和所选择的外包服务机构相关情况，向中国人民银行及其分支机构报告。

第四十七条 收单机构或其外包服务机构、特约商户发生涉嫌银行卡违法犯罪案件或重大风险事件的，收单机构应当于2个工作日内向中国人民银行及其分支机构报告。

第五章 罚 则

第四十八条 支付机构从事收单业务有下列情形之一的，由中国人民银行分支机构按照《非金融机构支付服务管理办法》第四十二条的规定责令其限期改正，并给予警告或处1万元以上3万元以下罚款：

（一）未按规定建立并落实特约商户实名制、资质审核、风险评级、收单银行结算账户管理、档案管理、外包业务管理、交易和信息安全管理等制度的；

（二）未按规定建立特约商户培训、检查制度和交易风险监测系统，发现特约商户疑似或涉嫌违法违规行为未采取有效措施的；

（三）未按规定对高风险交易实行分类管理、落实风险防范措施的；

（四）未按规定建立受理终端（网络支付接口）管理制度，或未能采取有效管理措施造成特约商户违规使用受理终端（网络支付接口）的；

（五）未按规定收取特约商户结算手续费的；

（六）未按规定落实收单业务本地化经营和管理责任的。

第四十九条 支付机构从事收单业务有下列情形之一的，由中国人民银行分支机构按照《非金融机构支付服务管理办法》第四十三条的规定责令其限期改正，并处3万元罚款；情节严重的，中国人民银行注销其《支付业务许可证》；涉嫌犯罪的，依法移送公安机关：

（一）未按规定设置、发送收单交易信息的；

（二）无故未按约定时限为特约商户办理资金结算，或截留、挪用特约商户或持卡人待结算资金的；

（三）对发卡银行的调单、协查和银行卡清算机构发出的风险提示，未尽调查等处理职责，或导致发生风险事件并造成持卡人或发卡银行资金损失的；

（四）对外包业务疏于管理，造成他人利益损失的；

（五）支付机构或其特约商户、外包服务机构发生账户信息泄露事件的。

第五十条 银行业金融机构从事收单业务，有第四十八条、第四十九条所列行为之一的，由中国人民银行给予通报批评，并可建议银行业金融机构对直接负责的董事、高级管理人员和其他直接责任人员给予纪律处分；情节严重或拒不改正的，中国人民银行可以责成银行卡清算机构停止为其服务，并向中国人民银行保险监督管理委员会及其分支机构建议采取下列处罚措施：

（一）责令银行业金融机构限期整改、暂停收单业务或注销金融业务经营许可证；
（二）取消银行业金融机构直接负责的董事、高级管理人员和其他直接责任人员的任职资格。

第六章 附 则

第五十一条 本办法相关用语含义如下：

特约商户，是指与收单机构签订银行卡受理协议、按约定受理银行卡并委托收单机构为其完成交易资金结算的企事业单位、个体工商户或其他组织，以及按照国家工商行政管理机关有关规定，开展网络商品交易等经营活动的自然人。实体特约商户，是指通过实体经营场所提供商品或服务的特约商户。网络特约商户，是指基于公共网络信息系统提供商品或服务的特约商户。

受理终端，是指通过银行卡信息（磁条、芯片或银行卡账户信息）读取、采集或录入装置生成银行卡交易指令，能够保证银行卡交易信息处理安全的各类实体支付终端。

网络支付接口，是指收单机构与网络特约商户基于约定的业务规则，用于网络支付数据交换的规范和技术实现。

银行卡清算机构，是指经中国人民银行批准，通过设立银行卡清算标准和规则，运营银行卡业务系统，为发卡机构和收单机构提供银行卡交易处理，协助完成资金结算服务的机构。

第五十二条 中国人民银行分支机构可根据本办法，结合辖区实际制定实施细则，向中国人民银行备案后组织实施。

第五十三条 本办法由中国人民银行负责解释。

第五十四条 本办法自发布之日起施行。中国人民银行此前发布的银行卡收单业务有关规定，与本办法不一致的，以本办法为准。

四、其他法律制度部分

中华人民共和国劳动法

（1994年7月5日第八届全国人民代表大会常务委员会第八次会议通过 2009年8月27日第十一届全国人民代表大会常务委员会第十次会议第一次修正 2018年12月29日第十三届全国人民代表大会常务委员会第七次会议第二次修正）

第一章 总 则

第一条 为了保护劳动者的合法权益，调整劳动关系，建立和维护适应社会主义市场经济的劳动制度，促进经济发展和社会进步，根据宪法，制定本法。

第二条 在中华人民共和国境内的企业、个体经济组织（以下统称用人单位）和与之形成劳动关系的劳动者，适用本法。

国家机关、事业组织、社会团体和与之建立劳动合同关系的劳动者，依照本法执行。

第三条 劳动者享有平等就业和选择职业的权利、取得劳动报酬的权利、休息休假的权利、获得劳动安全卫生保护的权利、接受职业技能培训的权利、享受社会保险和福利的权利、提请劳动争议处理的权利以及法律规定的其他劳动权利。

劳动者应当完成劳动任务，提高职业技能，执行劳动安全卫生规程，遵守劳动纪律和职业道德。

第四条 用人单位应当依法建立和完善规章制度，保障劳动者享有劳动权利和履行劳动义务。

第五条 国家采取各种措施，促进劳动就业，发展职业教育，制定劳动标准，调节社会收入，完善社会保险，协调劳动关系，逐步提高劳动者的生活水平。

第六条 国家提倡劳动者参加社会义务劳动，开展劳动竞赛和合理化建议活动，鼓励和保护劳动者进行科学研究、技术革新和发明创造，表彰和奖励劳动模范和先进工作者。

第七条 劳动者有权依法参加和组织工会。

工会代表和维护劳动者的合法权益，依法独立自主地开展活动。

第八条 劳动者依照法律规定，通过职工大会、职工代表大会或者其他形式，参与民主管理或者就保护劳动者合法权益与用人单位进行平等协商。

第九条 国务院劳动行政部门主管全国劳动工作。

县级以上地方人民政府劳动行政部门主管本行政区域内的劳动工作。

第二章 促 进 就 业

第十条 国家通过促进经济和社会发展，创造就业条件，扩大就业机会。

国家鼓励企业、事业组织、社会团体在法律、行政法规规定的范围内兴办产业或者拓展经营，增加就业。

国家支持劳动者自愿组织起来就业和从事个体经营实现就业。

第十一条 地方各级人民政府应当采取措施，发展多种类型的职业介绍机构，提供就业服务。

第十二条 劳动者就业，不因民族、种族、性别、宗教信仰不同而受歧视。

第十三条 妇女享有与男子平等的就业权利。在录用职工时，除国家规定的不适合妇女的工种或者岗位外，不得以性别为由拒绝录用妇女或者提高对妇女的录用标准。

第十四条 残疾人、少数民族人员、退出现役的军人的就业，法律、法规有特别规定的，从其规定。

第十五条 禁止用人单位招用未满十六周岁的未成年人。

文艺、体育和特种工艺单位招用未满十六周岁的未成年人，必须遵守国家有关规定，并保障其接受义务教育的权利。

第三章 劳动合同和集体合同

第十六条 劳动合同是劳动者与用人单位确立劳动关系、明确双方权利和义务的协议。

建立劳动关系应当订立劳动合同。

第十七条 订立和变更劳动合同，应当遵循平等自愿、协商一致的原则，不得违反法律、行政法规的规定。

劳动合同依法订立即具有法律约束力，当事人必须履行劳动合同规定的义务。

第十八条 下列劳动合同无效：

（一）违反法律、行政法规的劳动合同；

（二）采取欺诈、威胁等手段订立的劳动合同。

无效的劳动合同，从订立的时候起，就没有法律约束力。确认劳动合同部分无效的，如果不影响其余部分的效力，其余部分仍然有效。

劳动合同的无效，由劳动争议仲裁委员会或者人民法院确认。

第十九条 劳动合同应当以书面形式订立，并具备以下条款：

（一）劳动合同期限；

（二）工作内容；

（三）劳动保护和劳动条件；

（四）劳动报酬；

（五）劳动纪律；

（六）劳动合同终止的条件；

（七）违反劳动合同的责任。

劳动合同除前款规定的必备条款外，当事人可以协商约定其他内容。

第二十条 劳动合同的期限分为有固定期限、无固定期限和以完成一定的工作为期限。

劳动者在同一用人单位连续工作满十年以上，当事人双方同意续延劳动合同的，如果劳动者提出订立无固定期限的劳动合同，应当订立无固定期限的劳动合同。

第二十一条 劳动合同可以约定试用期。试用期最长不得超过六个月。

第二十二条 劳动合同当事人可以在劳动合同中约定保守用人单位商业秘密的有关事项。

第二十三条 劳动合同期满或者当事人约定的劳动合同终止条件出现，劳动合同即行终止。

第二十四条 经劳动合同当事人协商一致，劳动合同可以解除。

第二十五条 劳动者有下列情形之一的，用人单位可以解除劳动合同：

（一）在试用期间被证明不符合录用条件的；

（二）严重违反劳动纪律或者用人单位规章制度的；

（三）严重失职，营私舞弊，对用人单位利益造成重大损害的；

（四）被依法追究刑事责任的。

第二十六条 有下列情形之一的，用人单位可以解除劳动合同，但是应当提前三十日以书面形式通知劳动者本人：

（一）劳动者患病或者非因工负伤，医疗期满后，不能从事原工作也不能从事由用人单位另行安排的工作的；

（二）劳动者不能胜任工作，经过培训或者调整工作岗位，仍不能胜任工作的；

（三）劳动合同订立时所依据的客观情况发生重大变化，致使原劳动合同无法履行，经当事人协商不能就变更劳动合同达成协议的。

第二十七条　用人单位濒临破产进行法定整顿期间或者生产经营状况发生严重困难，确需裁减人员的，应当提前三十日向工会或者全体职工说明情况，听取工会或者职工的意见，经向劳动行政部门报告后，可以裁减人员。

用人单位依据本条规定裁减人员，在六个月内录用人员的，应当优先录用被裁减的人员。

第二十八条　用人单位依据本法第二十四条、第二十六条、第二十七条的规定解除劳动合同的，应当依照国家有关规定给予经济补偿。

第二十九条　劳动者有下列情形之一的，用人单位不得依据本法第二十六条、第二十七条的规定解除劳动合同：

（一）患职业病或者因工负伤并被确认丧失或者部分丧失劳动能力的；
（二）患病或者负伤，在规定的医疗期内的；
（三）女职工在孕期、产期、哺乳期内的；
（四）法律、行政法规规定的其他情形。

第三十条　用人单位解除劳动合同，工会认为不适当的，有权提出意见。如果用人单位违反法律、法规或者劳动合同，工会有权要求重新处理；劳动者申请仲裁或者提起诉讼的，工会应当依法给予支持和帮助。

第三十一条　劳动者解除劳动合同，应当提前三十日以书面形式通知用人单位。

第三十二条　有下列情形之一的，劳动者可以随时通知用人单位解除劳动合同：

（一）在试用期内的；
（二）用人单位以暴力、威胁或者非法限制人身自由的手段强迫劳动的；
（三）用人单位未按照劳动合同约定支付劳动报酬或者提供劳动条件的。

第三十三条　企业职工一方与企业可以就劳动报酬、工作时间、休息休假、劳动安全卫生、保险福利等事项，签订集体合同。集体合同草案应当提交职工代表大会或者全体职工讨论通过。

集体合同由工会代表职工与企业签订；没有建立工会的企业，由职工推举的代表与企业签订。

第三十四条　集体合同签订后应当报送劳动行政部门；劳动行政部门自收到集体合同文本之日起十五日内未提出异议的，集体合同即行生效。

第三十五条　依法签订的集体合同对企业和企业全体职工具有约束力。职工个人与企业订立的劳动合同中劳动条件和劳动报酬等标准不得低于集体合同的规定。

第四章　工作时间和休息休假

第三十六条　国家实行劳动者每日工作时间不超过八小时、平均每周工作时间不超过四十四小时的工时制度。

第三十七条　对实行计件工作的劳动者，用人单位应当根据本法第三十六条规定的工时制度合理确定其劳动定额和计件报酬标准。

第三十八条　用人单位应当保证劳动者每周至少休息一日。

第三十九条　企业因生产特点不能实行本法第三十六条、第三十八条规定的，经劳动行政部门批准，可以实行其他工作和休息办法。

第四十条　用人单位在下列节日期间应当依法安排劳动者休假：

（一）元旦；
（二）春节；
（三）国际劳动节；
（四）国庆节；
（五）法律、法规规定的其他休假节日。

第四十一条　用人单位由于生产经营需要，经与工会和劳动者协商后可以延长工作时间，一般每日不得超过一小时；因特殊原因需要延长工作时间的，在保障劳动者身体健康的条件下延长工作时间每日不得超过三小时,但是每月不得超过三十六小时。

第四十二条 有下列情形之一的,延长工作时间不受本法第四十一条规定的限制:
(一) 发生自然灾害、事故或者因其他原因,威胁劳动者生命健康和财产安全,需要紧急处理的;
(二) 生产设备、交通运输线路、公共设施发生故障,影响生产和公众利益,必须及时抢修的;
(三) 法律、行政法规规定的其他情形。

第四十三条 用人单位不得违反本法规定延长劳动者的工作时间。

第四十四条 有下列情形之一的,用人单位应当按照下列标准支付高于劳动者正常工作时间工资的工资报酬:
(一) 安排劳动者延长工作时间的,支付不低于工资的百分之一百五十的工资报酬;
(二) 休息日安排劳动者工作又不能安排补休的,支付不低于工资的百分之二百的工资报酬;
(三) 法定休假日安排劳动者工作的,支付不低于工资的百分之三百的工资报酬。

第四十五条 国家实行带薪年休假制度。
劳动者连续工作一年以上的,享受带薪年休假。具体办法由国务院规定。

第五章 工 资

第四十六条 工资分配应当遵循按劳分配原则,实行同工同酬。
工资水平在经济发展的基础上逐步提高。国家对工资总量实行宏观调控。

第四十七条 用人单位根据本单位的生产经营特点和经济效益,依法自主确定本单位的工资分配方式和工资水平。

第四十八条 国家实行最低工资保障制度。最低工资的具体标准由省、自治区、直辖市人民政府规定,报国务院备案。
用人单位支付劳动者的工资不得低于当地最低工资标准。

第四十九条 确定和调整最低工资标准应当综合参考下列因素:
(一) 劳动者本人及平均赡养人口的最低生活费用;
(二) 社会平均工资水平;
(三) 劳动生产率;
(四) 就业状况;
(五) 地区之间经济发展水平的差异。

第五十条 工资应当以货币形式按月支付给劳动者本人。不得克扣或者无故拖欠劳动者的工资。

第五十一条 劳动者在法定休假日和婚丧假期间以及依法参加社会活动期间,用人单位应当依法支付工资。

第六章 劳动安全卫生

第五十二条 用人单位必须建立、健全劳动安全卫生制度,严格执行国家劳动安全卫生规程和标准,对劳动者进行劳动安全卫生教育,防止劳动过程中的事故,减少职业危害。

第五十三条 劳动安全卫生设施必须符合国家规定的标准。
新建、改建、扩建工程的劳动安全卫生设施必须与主体工程同时设计、同时施工、同时投入生产和使用。

第五十四条 用人单位必须为劳动者提供符合国家规定的劳动安全卫生条件和必要的劳动防护用品,对从事有职业危害作业的劳动者应当定期进行健康检查。

第五十五条 从事特种作业的劳动者必须经过专门培训并取得特种作业资格。

第五十六条 劳动者在劳动过程中必须严格遵守安全操作规程。
劳动者对用人单位管理人员违章指挥、强令冒险作业,有权拒绝执行;对危害生命安全和身体健康的行为,有权提出批评、检举和控告。

第五十七条 国家建立伤亡事故和职业病统计报告和处理制度。县级以上各级人民政府劳动行政部门、有关部门和用人单位应当依法对劳动者在劳动过程中发生的伤亡事故和劳动者的职业病状况,进行统计、报告和处理。

第七章 女职工和未成年工特殊保护

第五十八条 国家对女职工和未成年工实行特殊劳动保护。

未成年工是指年满十六周岁未满十八周岁的劳动者。

第五十九条 禁止安排女职工从事矿山井下、国家规定的第四级体力劳动强度的劳动和其他禁忌从事的劳动。

第六十条 不得安排女职工在经期从事高处、低温、冷水作业和国家规定的第三级体力劳动强度的劳动。

第六十一条 不得安排女职工在怀孕期间从事国家规定的第三级体力劳动强度的劳动和孕期禁忌从事的劳动。对怀孕七个月以上的女职工,不得安排其延长工作时间和夜班劳动。

第六十二条 女职工生育享受不少于九十天的产假。

第六十三条 不得安排女职工在哺乳未满一周岁的婴儿期间从事国家规定的第三级体力劳动强度的劳动和哺乳期禁忌从事的其他劳动,不得安排其延长工作时间和夜班劳动。

第六十四条 不得安排未成年工从事矿山井下、有毒有害、国家规定的第四级体力劳动强度的劳动和其他禁忌从事的劳动。

第六十五条 用人单位应当对未成年工定期进行健康检查。

第八章 职业培训

第六十六条 国家通过各种途径,采取各种措施,发展职业培训事业,开发劳动者的职业技能,提高劳动者素质,增强劳动者的就业能力和工作能力。

第六十七条 各级人民政府应当把发展职业培训纳入社会经济发展的规划,鼓励和支持有条件的企业、事业组织、社会团体和个人进行各种形式的职业培训。

第六十八条 用人单位应当建立职业培训制度,按照国家规定提取和使用职业培训经费,根据本单位实际,有计划地对劳动者进行职业培训。

从事技术工种的劳动者,上岗前必须经过培训。

第六十九条 国家确定职业分类,对规定的职业制定职业技能标准,实行职业资格证书制度,由经备案的考核鉴定机构负责对劳动者实施职业技能考核鉴定。

第九章 社会保险和福利

第七十条 国家发展社会保险事业,建立社会保险制度,设立社会保险基金,使劳动者在年老、患病、工伤、失业、生育等情况下获得帮助和补偿。

第七十一条 社会保险水平应当与社会经济发展水平和社会承受能力相适应。

第七十二条 社会保险基金按照保险类型确定资金来源,逐步实行社会统筹。用人单位和劳动者必须依法参加社会保险,缴纳社会保险费。

第七十三条 劳动者在下列情形下,依法享受社会保险待遇:

(一) 退休;

(二) 患病、负伤;

(三) 因工伤残或者患职业病;

(四) 失业;

(五) 生育。

劳动者死亡后,其遗属依法享受遗属津贴。

劳动者享受社会保险待遇的条件和标准由法律、法规规定。

劳动者享受的社会保险金必须按时足额支付。

第七十四条 社会保险基金经办机构依照法律规定收支、管理和运营社会保险基金,并负有使社会保险基金保值增值的责任。

社会保险基金监督机构依照法律规定,对社会保险基金的收支、管理和运营实施监督。

社会保险基金经办机构和社会保险基金监督机构的设立和职能由法律规定。

任何组织和个人不得挪用社会保险基金。

第七十五条 国家鼓励用人单位根据本单位实际情况为劳动者建立补充保险。

国家提倡劳动者个人进行储蓄性保险。

第七十六条 国家发展社会福利事业,兴建公共福利设施,为劳动者休息、休养和疗养提供条件。

用人单位应当创造条件,改善集体福利,提高劳动者的福利待遇。

第十章 劳动争议

第七十七条 用人单位与劳动者发生劳动争议,当事人可以依法申请调解、仲裁、提起诉讼,也可以协商解决。

调解原则适用于仲裁和诉讼程序。

第七十八条 解决劳动争议,应当根据合法、公正、及时处理的原则,依法维护劳动争议当事人的合法权益。

第七十九条 劳动争议发生后,当事人可以向本单位劳动争议调解委员会申请调解;调解不成,当事人一方要求仲裁的,可以向劳动争议仲裁委员会申请仲裁。当事人一方也可以直接向劳动争议仲裁委员会申请仲裁。对仲裁裁决不服的,可以向人民法院提起诉讼。

第八十条 在用人单位内,可以设立劳动争议调解委员会。劳动争议调解委员会由职工代表、用人单位代表和工会代表组成。劳动争议调解委员会主任由工会代表担任。

劳动争议经调解达成协议的,当事人应当履行。

第八十一条 劳动争议仲裁委员会由劳动行政部门代表、同级工会代表、用人单位方面的代表组成。劳动争议仲裁委员会主任由劳动行政部门代表担任。

第八十二条 提出仲裁要求的一方应当自劳动争议发生之日起六十日内向劳动争议仲裁委员会提出书面申请。仲裁裁决一般应在收到仲裁申请的六十日内作出。对仲裁裁决无异议的,当事人必须履行。

第八十三条 劳动争议当事人对仲裁裁决不服的,可以自收到仲裁裁决书之日起十五日内向人民法院提起诉讼。一方当事人在法定期限内不起诉又不履行仲裁裁决的,另一方当事人可以申请人民法院强制执行。

第八十四条 因签订集体合同发生争议,当事人协商解决不成的,当地人民政府劳动行政部门可以组织有关各方协调处理。

因履行集体合同发生争议,当事人协商解决不成的,可以向劳动争议仲裁委员会申请仲裁;对仲裁裁决不服的,可以自收到仲裁裁决书之日起十五日内向人民法院提起诉讼。

第十一章 监督检查

第八十五条 县级以上各级人民政府劳动行政部门依法对用人单位遵守劳动法律、法规的情况进行监督检查,对违反劳动法律、法规的行为有权制止,并责令改正。

第八十六条 县级以上各级人民政府劳动行政部门监督检查人员执行公务,有权进入用人单位了解执行劳动法律、法规的情况,查阅必要的资料,并对劳动场所进行检查。

县级以上各级人民政府劳动行政部门监督检查人员执行公务,必须出示证件,秉公执法并遵守有关规定。

第八十七条　县级以上各级人民政府有关部门在各自职责范围内，对用人单位遵守劳动法律、法规的情况进行监督。

第八十八条　各级工会依法维护劳动者的合法权益，对用人单位遵守劳动法律、法规的情况进行监督。

任何组织和个人对于违反劳动法律、法规的行为有权检举和控告。

第十二章　法律责任

第八十九条　用人单位制定的劳动规章制度违反法律、法规规定的，由劳动行政部门给予警告，责令改正；对劳动者造成损害的，应当承担赔偿责任。

第九十条　用人单位违反本法规定，延长劳动者工作时间的，由劳动行政部门给予警告，责令改正，并可以处以罚款。

第九十一条　用人单位有下列侵害劳动者合法权益情形之一的，由劳动行政部门责令支付劳动者的工资报酬、经济补偿，并可以责令支付赔偿金：

（一）克扣或者无故拖欠劳动者工资的；

（二）拒不支付劳动者延长工作时间工资报酬的；

（三）低于当地最低工资标准支付劳动者工资的；

（四）解除劳动合同后，未依照本法规定给予劳动者经济补偿的。

第九十二条　用人单位的劳动安全设施和劳动卫生条件不符合国家规定或者未向劳动者提供必要的劳动防护用品和劳动保护设施的，由劳动行政部门或者有关部门责令改正，可以处以罚款；情节严重的，提请县级以上人民政府决定责令停产整顿；对事故隐患不采取措施，致使发生重大事故，造成劳动者生命和财产损失的，对责任人员依照刑法有关规定追究刑事责任。

第九十三条　用人单位强令劳动者违章冒险作业，发生重大伤亡事故，造成严重后果的，对责任人员依法追究刑事责任。

第九十四条　用人单位非法招用未满十六周岁的未成年人的，由劳动行政部门责令改正，处以罚款；情节严重的，由市场监督管理部门吊销营业执照。

第九十五条　用人单位违反本法对女职工和未成年工的保护规定，侵害其合法权益的，由劳动行政部门责令改正，处以罚款；对女职工或者未成年工造成损害的，应当承担赔偿责任。

第九十六条　用人单位有下列行为之一，由公安机关对责任人员处以十五日以下拘留、罚款或者警告；构成犯罪的，对责任人员依法追究刑事责任：

（一）以暴力、威胁或者非法限制人身自由的手段强迫劳动的；

（二）侮辱、体罚、殴打、非法搜查和拘禁劳动者的。

第九十七条　由于用人单位的原因订立的无效合同，对劳动者造成损害的，应当承担赔偿责任。

第九十八条　用人单位违反本法规定的条件解除劳动合同或者故意拖延不订立劳动合同的，由劳动行政部门责令改正；对劳动者造成损害的，应当承担赔偿责任。

第九十九条　用人单位招用尚未解除劳动合同的劳动者，对原用人单位造成经济损失的，该用人单位应当依法承担连带赔偿责任。

第一百条　用人单位无故不缴纳社会保险费的，由劳动行政部门责令其限期缴纳；逾期不缴的，可以加收滞纳金。

第一百零一条　用人单位无理阻挠劳动行政部门、有关部门及其工作人员行使监督检查权，打击报复举报人员的，由劳动行政部门或者有关部门处以罚款；构成犯罪的，对责任人员依法追究刑事责任。

第一百零二条　劳动者违反本法规定的条件解除劳动合同或者违反劳动合同中约定的保密事项，对用人单位造成经济损失的，应当依法承担赔偿责任。

第一百零三条　劳动行政部门或者有关部门的工作人员滥用职权、玩忽职守、徇私舞弊，构成犯罪的，依法追究刑事责任；不构成犯罪的，给予行政处分。

第一百零四条 国家工作人员和社会保险基金经办机构的工作人员挪用社会保险基金，构成犯罪的，依法追究刑事责任。

第一百零五条 违反本法规定侵害劳动者合法权益，其他法律、行政法规已规定处罚的，依照该法律、行政法规的规定处罚。

第十三章 附 则

第一百零六条 省、自治区、直辖市人民政府根据本法和本地区的实际情况，规定劳动合同制度的实施步骤，报国务院备案。

第一百零七条 本法自1995年1月1日起施行。

中华人民共和国劳动合同法

(2007年6月29日第十届全国人民代表大会常务委员会第二十八次会议通过
2012年12月28日第十一届全国人民代表大会常务委员会第三十次会议修正)

第一章 总 则

第一条 为了完善劳动合同制度，明确劳动合同双方当事人的权利和义务，保护劳动者的合法权益，构建和发展和谐稳定的劳动关系，制定本法。

第二条 中华人民共和国境内的企业、个体经济组织、民办非企业单位等组织（以下称用人单位）与劳动者建立劳动关系，订立、履行、变更、解除或者终止劳动合同，适用本法。

国家机关、事业单位、社会团体和与其建立劳动关系的劳动者，订立、履行、变更、解除或者终止劳动合同，依照本法执行。

第三条 订立劳动合同，应当遵循合法、公平、平等自愿、协商一致、诚实信用的原则。

依法订立的劳动合同具有约束力，用人单位与劳动者应当履行劳动合同约定的义务。

第四条 用人单位应当依法建立和完善劳动规章制度，保障劳动者享有劳动权利、履行劳动义务。

用人单位在制定、修改或者决定有关劳动报酬、工作时间、休息休假、劳动安全卫生、保险福利、职工培训、劳动纪律以及劳动定额管理等直接涉及劳动者切身利益的规章制度或者重大事项时，应当经职工代表大会或者全体职工讨论，提出方案和意见，与工会或者职工代表平等协商确定。

在规章制度和重大事项决定实施过程中，工会或者职工认为不适当的，有权向用人单位提出，通过协商予以修改完善。

用人单位应当将直接涉及劳动者切身利益的规章制度和重大事项决定公示，或者告知劳动者。

第五条 县级以上人民政府劳动行政部门会同工会和企业方面代表，建立健全协调劳动关系三方机制，共同研究解决有关劳动关系的重大问题。

第六条 工会应当帮助、指导劳动者与用人单位依法订立和履行劳动合同，并与用人单位建立集体协商机制，维护劳动者的合法权益。

第二章 劳动合同的订立

第七条 用人单位自用工之日起即与劳动者建立劳动关系。用人单位应当建立职工名册备查。

第八条 用人单位招用劳动者时，应当如实告知劳动者工作内容、工作条件、工作地点、职业危害、安全生产状况、劳动报酬，以及劳动者要求了解的其他情况；用人单位有权了解劳动者与劳动合同直接相关的基本情况，劳动者应当如实说明。

第九条 用人单位招用劳动者，不得扣押劳动者的居民身份证和其他证件，不得要求劳动者提供担保或者以其他名义向劳动者收取财物。

第十条 建立劳动关系，应当订立书面劳动合同。

已建立劳动关系，未同时订立书面劳动合同的，应当自用工之日起一个月内订立书面劳动合同。

用人单位与劳动者在用工前订立劳动合同的，劳动关系自用工之日起建立。

第十一条 用人单位未在用工的同时订立书面劳动合同，与劳动者约定的劳动报酬不明确的，新招用的劳动者的劳动报酬按照集体合同规定的标准执行；没有集体合同或者集体合同未规定的，实行同工同酬。

第十二条 劳动合同分为固定期限劳动合同、无固定期限劳动合同和以完成一定工作任务为期限的劳动合同。

第十三条 固定期限劳动合同，是指用人单位与劳动者约定合同终止时间的劳动合同。

用人单位与劳动者协商一致，可以订立固定期限劳动合同。

第十四条 无固定期限劳动合同，是指用人单位与劳动者约定无确定终止时间的劳动合同。

用人单位与劳动者协商一致，可以订立无固定期限劳动合同。有下列情形之一，劳动者提出或者同意续订、订立劳动合同的，除劳动者提出订立固定期限劳动合同外，应当订立无固定期限劳动合同：

（一）劳动者在该用人单位连续工作满十年的；

（二）用人单位初次实行劳动合同制度或者国有企业改制重新订立劳动合同时，劳动者在该用人单位连续工作满十年且距法定退休年龄不足十年的；

（三）连续订立二次固定期限劳动合同，且劳动者没有本法第三十九条和第四十条第（一）项、第（二）项规定的情形，续订劳动合同的。

用人单位自用工之日起满一年不与劳动者订立书面劳动合同的，视为用人单位与劳动者已订立无固定期限劳动合同。

第十五条 以完成一定工作任务为期限的劳动合同，是指用人单位与劳动者约定以某项工作的完成为合同期限的劳动合同。

用人单位与劳动者协商一致，可以订立以完成一定工作任务为期限的劳动合同。

第十六条 劳动合同由用人单位与劳动者协商一致，并经用人单位与劳动者在劳动合同文本上签字或者盖章生效。

劳动合同文本由用人单位和劳动者各执一份。

第十七条 劳动合同应当具备以下条款：

（一）用人单位的名称、住所和法定代表人或者主要负责人；

（二）劳动者的姓名、住址和居民身份证或者其他有效身份证件号码；

（三）劳动合同期限；

（四）工作内容和工作地点；

（五）工作时间和休息休假；

（六）劳动报酬；

（七）社会保险；

（八）劳动保护、劳动条件和职业危害防护；

（九）法律、法规规定应当纳入劳动合同的其他事项。

劳动合同除前款规定的必备条款外，用人单位与劳动者可以约定试用期、培训、保守秘密、补充保险和福利待遇等其他事项。

第十八条 劳动合同对劳动报酬和劳动条件等标准约定不明确，引发争议的，用人单位与劳动者可以重新协商；协商不成的，适用集体合同规定；没有集体合同或者集体合同未规定劳动报酬的，实行同工同酬；没有集体合同或者集体合同未规定劳动条件等标准的，适用国家有关规定。

第十九条 劳动合同期限三个月以上不满一年的，试用期不得超过一个月；劳动合同期限一年以上不满三年的，试用期不得超过二个月；三年以上固定期限和无固定期限的劳动合同，试用期不得超过六个月。

同一用人单位与同一劳动者只能约定一次试用期。

以完成一定工作任务为期限的劳动合同或者劳动合同期限不满三个月的，不得约定试用期。

试用期包含在劳动合同期限内。劳动合同仅约定试用期的，试用期不成立，该期限为劳动合同期限。

第二十条　劳动者在试用期的工资不得低于本单位相同岗位最低档工资或者劳动合同约定工资的百分之八十，并不得低于用人单位所在地的最低工资标准。

第二十一条　在试用期中，除劳动者有本法第三十九条和第四十条第（一）项、第（二）项规定的情形外，用人单位不得解除劳动合同。用人单位在试用期解除劳动合同的，应当向劳动者说明理由。

第二十二条　用人单位为劳动者提供专项培训费用，对其进行专业技术培训的，可以与该劳动者订立协议，约定服务期。

劳动者违反服务期约定的，应当按照约定向用人单位支付违约金。违约金的数额不得超过用人单位提供的培训费用。用人单位要求劳动者支付的违约金不得超过服务期尚未履行部分所应分摊的培训费用。

用人单位与劳动者约定服务期的，不影响按照正常的工资调整机制提高劳动者在服务期期间的劳动报酬。

第二十三条　用人单位与劳动者可以在劳动合同中约定保守用人单位的商业秘密和与知识产权相关的保密事项。

对负有保密义务的劳动者，用人单位可以在劳动合同或者保密协议中与劳动者约定竞业限制条款，并约定在解除或者终止劳动合同后，在竞业限制期限内按月给予劳动者经济补偿。劳动者违反竞业限制约定的，应当按照约定向用人单位支付违约金。

第二十四条　竞业限制的人员限于用人单位的高级管理人员、高级技术人员和其他负有保密义务的人员。竞业限制的范围、地域、期限由用人单位与劳动者约定，竞业限制的约定不得违反法律、法规的规定。

在解除或者终止劳动合同后，前款规定的人员到与本单位生产或者经营同类产品、从事同类业务的有竞争关系的其他用人单位，或者自己开业生产或者经营同类产品、从事同类业务的竞业限制期限，不得超过二年。

第二十五条　除本法第二十二条和第二十三条规定的情形外，用人单位不得与劳动者约定由劳动者承担违约金。

第二十六条　下列劳动合同无效或者部分无效：

（一）以欺诈、胁迫的手段或者乘人之危，使对方在违背真实意思的情况下订立或者变更劳动合同的；

（二）用人单位免除自己的法定责任、排除劳动者权利的；

（三）违反法律、行政法规强制性规定的。

对劳动合同的无效或者部分无效有争议的，由劳动争议仲裁机构或者人民法院确认。

第二十七条　劳动合同部分无效，不影响其他部分效力的，其他部分仍然有效。

第二十八条　劳动合同被确认无效，劳动者已付出劳动的，用人单位应当向劳动者支付劳动报酬。劳动报酬的数额，参照本单位相同或者相近岗位劳动者的劳动报酬确定。

第三章　劳动合同的履行和变更

第二十九条　用人单位与劳动者应当按照劳动合同的约定，全面履行各自的义务。

第三十条　用人单位应当按照劳动合同约定和国家规定，向劳动者及时足额支付劳动报酬。

用人单位拖欠或者未足额支付劳动报酬的，劳动者可以依法向当地人民法院申请支付令，人民法院应当依法发出支付令。

第三十一条 用人单位应当严格执行劳动定额标准，不得强迫或者变相强迫劳动者加班。用人单位安排加班的，应当按照国家有关规定向劳动者支付加班费。

第三十二条 劳动者拒绝用人单位管理人员违章指挥、强令冒险作业的，不视为违反劳动合同。

劳动者对危害生命安全和身体健康的劳动条件，有权对用人单位提出批评、检举和控告。

第三十三条 用人单位变更名称、法定代表人、主要负责人或者投资人等事项，不影响劳动合同的履行。

第三十四条 用人单位发生合并或者分立等情况，原劳动合同继续有效，劳动合同由承继其权利和义务的用人单位继续履行。

第三十五条 用人单位与劳动者协商一致，可以变更劳动合同约定的内容。变更劳动合同，应当采用书面形式。

变更后的劳动合同文本由用人单位和劳动者各执一份。

第四章　劳动合同的解除和终止

第三十六条 用人单位与劳动者协商一致，可以解除劳动合同。

第三十七条 劳动者提前三十日以书面形式通知用人单位，可以解除劳动合同。劳动者在试用期内提前三日通知用人单位，可以解除劳动合同。

第三十八条 用人单位有下列情形之一的，劳动者可以解除劳动合同：

（一）未按照劳动合同约定提供劳动保护或者劳动条件的；

（二）未及时足额支付劳动报酬的；

（三）未依法为劳动者缴纳社会保险费的；

（四）用人单位的规章制度违反法律、法规的规定，损害劳动者权益的；

（五）因本法第二十六条第一款规定的情形致使劳动合同无效的；

（六）法律、行政法规规定劳动者可以解除劳动合同的其他情形。

用人单位以暴力、威胁或者非法限制人身自由的手段强迫劳动者劳动的，或者用人单位违章指挥、强令冒险作业危及劳动者人身安全的，劳动者可以立即解除劳动合同，不需事先告知用人单位。

第三十九条 劳动者有下列情形之一的，用人单位可以解除劳动合同：

（一）在试用期间被证明不符合录用条件的；

（二）严重违反用人单位的规章制度的；

（三）严重失职，营私舞弊，给用人单位造成重大损害的；

（四）劳动者同时与其他用人单位建立劳动关系，对完成本单位的工作任务造成严重影响，或者经用人单位提出，拒不改正的；

（五）因本法第二十六条第一款第（一）项规定的情形致使劳动合同无效的；

（六）被依法追究刑事责任的。

第四十条 有下列情形之一的，用人单位提前三十日以书面形式通知劳动者本人或者额外支付劳动者一个月工资后，可以解除劳动合同：

（一）劳动者患病或者非因工负伤，在规定的医疗期满后不能从事原工作，也不能从事由用人单位另行安排的工作的；

（二）劳动者不能胜任工作，经过培训或者调整工作岗位，仍不能胜任工作的；

（三）劳动合同订立时所依据的客观情况发生重大变化，致使劳动合同无法履行，经用人单位与劳动者协商，未能就变更劳动合同内容达成协议的。

第四十一条 有下列情形之一，需要裁减人员二十人以上或者裁减不足二十人但占企业职工总数百分之十以上的，用人单位提前三十日向工会或者全体职工说明情况，听取工会或者职工的意见后，裁减人员方案经向劳动行政部门报告，可以裁减人员：

（一）依照企业破产法规定进行重整的；

（二）生产经营发生严重困难的；

（三）企业转产、重大技术革新或者经营方式调整，经变更劳动合同后，仍需裁减人员的；

（四）其他因劳动合同订立时所依据的客观经济情况发生重大变化，致使劳动合同无法履行的。

裁减人员时，应当优先留用下列人员：

（一）与本单位订立较长期限的固定期限劳动合同的；

（二）与本单位订立无固定期限劳动合同的；

（三）家庭无其他就业人员，有需要扶养的老人或者未成年人的。

用人单位依照本条第一款规定裁减人员，在六个月内重新招用人员的，应当通知被裁减的人员，并在同等条件下优先招用被裁减的人员。

第四十二条　劳动者有下列情形之一的，用人单位不得依照本法第四十条、第四十一条的规定解除劳动合同：

（一）从事接触职业病危害作业的劳动者未进行离岗前职业健康检查，或者疑似职业病病人在诊断或者医学观察期间的；

（二）在本单位患职业病或者因工负伤并被确认丧失或者部分丧失劳动能力的；

（三）患病或者非因工负伤，在规定的医疗期内的；

（四）女职工在孕期、产期、哺乳期的；

（五）在本单位连续工作满十五年，且距法定退休年龄不足五年的；

（六）法律、行政法规规定的其他情形。

第四十三条　用人单位单方解除劳动合同，应当事先将理由通知工会。用人单位违反法律、行政法规规定或者劳动合同约定的，工会有权要求用人单位纠正。用人单位应当研究工会的意见，并将处理结果书面通知工会。

第四十四条　有下列情形之一的，劳动合同终止：

（一）劳动合同期满的；

（二）劳动者开始依法享受基本养老保险待遇的；

（三）劳动者死亡，或者被人民法院宣告死亡或者宣告失踪的；

（四）用人单位被依法宣告破产的；

（五）用人单位被吊销营业执照、责令关闭、撤销或者用人单位决定提前解散的；

（六）法律、行政法规规定的其他情形。

第四十五条　劳动合同期满，有本法第四十二条规定情形之一的，劳动合同应当续延至相应的情形消失时终止。但是，本法第四十二条第（二）项规定丧失或者部分丧失劳动能力劳动者的劳动合同的终止，按照国家有关工伤保险的规定执行。

第四十六条　有下列情形之一的，用人单位应当向劳动者支付经济补偿：

（一）劳动者依照本法第三十八条规定解除劳动合同的；

（二）用人单位依照本法第三十六条规定向劳动者提出解除劳动合同并与劳动者协商一致解除劳动合同的；

（三）用人单位依照本法第四十条规定解除劳动合同的；

（四）用人单位依照本法第四十一条第一款规定解除劳动合同的；

（五）除用人单位维持或者提高劳动合同约定条件续订劳动合同，劳动者不同意续订的情形外，依照本法第四十四条第（一）项规定终止固定期限劳动合同的；

（六）依照本法第四十四条第（四）项、第（五）项规定终止劳动合同的；

（七）法律、行政法规规定的其他情形。

第四十七条　经济补偿按劳动者在本单位工作的年限，每满一年支付一个月工资的标准向劳动者支付。六个月以上不满一年的,按一年计算;不满六个月的,向劳动者支付半个月工资的经济补偿。

劳动者月工资高于用人单位所在直辖市、设区的市级人民政府公布的本地区上年度职工月平均工资三倍的,向其支付经济补偿的标准按职工月平均工资三倍的数额支付,向其支付经济补偿的年限最高不超过十二年。

本条所称月工资是指劳动者在劳动合同解除或者终止前十二个月的平均工资。

第四十八条 用人单位违反本法规定解除或者终止劳动合同,劳动者要求继续履行劳动合同的,用人单位应当继续履行;劳动者不要求继续履行劳动合同或者劳动合同已经不能继续履行的,用人单位应当依照本法第八十七条规定支付赔偿金。

第四十九条 国家采取措施,建立健全劳动者社会保险关系跨地区转移接续制度。

第五十条 用人单位应当在解除或者终止劳动合同时出具解除或者终止劳动合同的证明,并在十五日内为劳动者办理档案和社会保险关系转移手续。

劳动者应当按照双方约定,办理工作交接。用人单位依照本法有关规定应当向劳动者支付经济补偿的,在办结工作交接时支付。

用人单位对已经解除或者终止的劳动合同的文本,至少保存二年备查。

第五章 特别规定

第一节 集体合同

第五十一条 企业职工一方与用人单位通过平等协商,可以就劳动报酬、工作时间、休息休假、劳动安全卫生、保险福利等事项订立集体合同。集体合同草案应当提交职工代表大会或者全体职工讨论通过。

集体合同由工会代表企业职工一方与用人单位订立;尚未建立工会的用人单位,由上级工会指导劳动者推举的代表与用人单位订立。

第五十二条 企业职工一方与用人单位可以订立劳动安全卫生、女职工权益保护、工资调整机制等专项集体合同。

第五十三条 在县级以下区域内,建筑业、采矿业、餐饮服务业等行业可以由工会与企业方面代表订立行业性集体合同,或者订立区域性集体合同。

第五十四条 集体合同订立后,应当报送劳动行政部门;劳动行政部门自收到集体合同文本之日起十五日内未提出异议的,集体合同即行生效。

依法订立的集体合同对用人单位和劳动者具有约束力。行业性、区域性集体合同对当地本行业、本区域的用人单位和劳动者具有约束力。

第五十五条 集体合同中劳动报酬和劳动条件等标准不得低于当地人民政府规定的最低标准;用人单位与劳动者订立的劳动合同中劳动报酬和劳动条件等标准不得低于集体合同规定的标准。

第五十六条 用人单位违反集体合同,侵犯职工劳动权益的,工会可以依法要求用人单位承担责任;因履行集体合同发生争议,经协商解决不成的,工会可以依法申请仲裁、提起诉讼。

第二节 劳务派遣

第五十七条 经营劳务派遣业务应当具备下列条件:

(一)注册资本不得少于人民币二百万元;
(二)有与开展业务相适应的固定的经营场所和设施;
(三)有符合法律、行政法规规定的劳务派遣管理制度;
(四)法律、行政法规规定的其他条件。

经营劳务派遣业务,应当向劳动行政部门依法申请行政许可;经许可的,依法办理相应的公司登记。未经许可,任何单位和个人不得经营劳务派遣业务。

第五十八条 劳务派遣单位是本法所称用人单位,应当履行用人单位对劳动者的义务。劳务派遣单位与被派遣劳动者订立的劳动合同,除应当载明本法第十七条规定的事项外,还应当载明被派遣劳动者的用工单位以及派遣期限、工作岗位等情况。

劳务派遣单位应当与被派遣劳动者订立二年以上的固定期限劳动合同，按月支付劳动报酬；被派遣劳动者在无工作期间，劳务派遣单位应当按照所在地人民政府规定的最低工资标准，向其按月支付报酬。

第五十九条 劳务派遣单位派遣劳动者应当与接受以劳务派遣形式用工的单位（以下称用工单位）订立劳务派遣协议。劳务派遣协议应当约定派遣岗位和人员数量、派遣期限、劳动报酬和社会保险费的数额与支付方式以及违反协议的责任。

用工单位应当根据工作岗位的实际需要与劳务派遣单位确定派遣期限，不得将连续用工期限分割订立数个短期劳务派遣协议。

第六十条 劳务派遣单位应当将劳务派遣协议的内容告知被派遣劳动者。

劳务派遣单位不得克扣用工单位按照劳务派遣协议支付给被派遣劳动者的劳动报酬。

劳务派遣单位和用工单位不得向被派遣劳动者收取费用。

第六十一条 劳务派遣单位跨地区派遣劳动者的，被派遣劳动者享有的劳动报酬和劳动条件，按照用工单位所在地的标准执行。

第六十二条 用工单位应当履行下列义务：

（一）执行国家劳动标准，提供相应的劳动条件和劳动保护；
（二）告知被派遣劳动者的工作要求和劳动报酬；
（三）支付加班费、绩效奖金，提供与工作岗位相关的福利待遇；
（四）对在岗被派遣劳动者进行工作岗位所必需的培训；
（五）连续用工的，实行正常的工资调整机制。

用工单位不得将被派遣劳动者再派遣到其他用人单位。

第六十三条 被派遣劳动者享有与用工单位的劳动者同工同酬的权利。用工单位应当按照同工同酬原则，对被派遣劳动者与本单位同类岗位的劳动者实行相同的劳动报酬分配办法。用工单位无同类岗位劳动者的，参照用工单位所在地相同或者相近岗位劳动者的劳动报酬确定。

劳务派遣单位与被派遣劳动者订立的劳动合同和与用工单位订立的劳务派遣协议，载明或者约定的向被派遣劳动者支付的劳动报酬应当符合前款规定。

第六十四条 被派遣劳动者有权在劳务派遣单位或者用工单位依法参加或者组织工会，维护自身的合法权益。

第六十五条 被派遣劳动者可以依照本法第三十六条、第三十八条的规定与劳务派遣单位解除劳动合同。

被派遣劳动者有本法第三十九条和第四十条第（一）项、第（二）项规定情形的，用工单位可以将劳动者退回劳务派遣单位，劳务派遣单位依照本法有关规定，可以与劳动者解除劳动合同。

第六十六条 劳动合同用工是我国的企业基本用工形式。劳务派遣用工是补充形式，只能在临时性、辅助性或者替代性的工作岗位上实施。

前款规定的临时性工作岗位是指存续时间不超过六个月的岗位；辅助性工作岗位是指为主营业务岗位提供服务的非主营业务岗位；替代性工作岗位是指用工单位的劳动者因脱产学习、休假等原因无法工作的一定期间内，可以由其他劳动者替代工作的岗位。

用工单位应当严格控制劳务派遣用工数量，不得超过其用工总量的一定比例，具体比例由国务院劳动行政部门规定。

第六十七条 用人单位不得设立劳务派遣单位向本单位或者所属单位派遣劳动者。

第三节 非全日制用工

第六十八条 非全日制用工，是指以小时计酬为主，劳动者在同一用人单位一般平均每日工作时间不超过四小时，每周工作时间累计不超过二十四小时的用工形式。

第六十九条 非全日制用工双方当事人可以订立口头协议。

从事非全日制用工的劳动者可以与一个或者一个以上用人单位订立劳动合同；但是，后订立的劳动合同不得影响先订立的劳动合同的履行。

第七十条 非全日制用工双方当事人不得约定试用期。

第七十一条 非全日制用工双方当事人任何一方都可以随时通知对方终止用工。终止用工，用人单位不向劳动者支付经济补偿。

第七十二条 非全日制用工小时计酬标准不得低于用人单位所在地人民政府规定的最低小时工资标准。

非全日制用工劳动报酬结算支付周期最长不得超过十五日。

第六章 监督检查

第七十三条 国务院劳动行政部门负责全国劳动合同制度实施的监督管理。

县级以上地方人民政府劳动行政部门负责本行政区域内劳动合同制度实施的监督管理。

县级以上各级人民政府劳动行政部门在劳动合同制度实施的监督管理工作中，应当听取工会、企业方面代表以及有关行业主管部门的意见。

第七十四条 县级以上地方人民政府劳动行政部门依法对下列实施劳动合同制度的情况进行监督检查：

（一）用人单位制定直接涉及劳动者切身利益的规章制度及其执行的情况；

（二）用人单位与劳动者订立和解除劳动合同的情况；

（三）劳务派遣单位和用工单位遵守劳务派遣有关规定的情况；

（四）用人单位遵守国家关于劳动者工作时间和休息休假规定的情况；

（五）用人单位支付劳动合同约定的劳动报酬和执行最低工资标准的情况；

（六）用人单位参加各项社会保险和缴纳社会保险费的情况；

（七）法律、法规规定的其他劳动监察事项。

第七十五条 县级以上地方人民政府劳动行政部门实施监督检查时，有权查阅与劳动合同、集体合同有关的材料，有权对劳动场所进行实地检查，用人单位和劳动者都应当如实提供有关情况和材料。

劳动行政部门的工作人员进行监督检查，应当出示证件，依法行使职权，文明执法。

第七十六条 县级以上人民政府建设、卫生、安全生产监督管理等有关主管部门在各自职责范围内，对用人单位执行劳动合同制度的情况进行监督管理。

第七十七条 劳动者合法权益受到侵害的，有权要求有关部门依法处理，或者依法申请仲裁、提起诉讼。

第七十八条 工会依法维护劳动者的合法权益，对用人单位履行劳动合同、集体合同的情况进行监督。用人单位违反劳动法律、法规和劳动合同、集体合同的，工会有权提出意见或者要求纠正；劳动者申请仲裁、提起诉讼的，工会依法给予支持和帮助。

第七十九条 任何组织或者个人对违反本法的行为都有权举报，县级以上人民政府劳动行政部门应当及时核实、处理，并对举报有功人员给予奖励。

第七章 法律责任

第八十条 用人单位直接涉及劳动者切身利益的规章制度违反法律、法规规定的，由劳动行政部门责令改正，给予警告；给劳动者造成损害的，应当承担赔偿责任。

第八十一条 用人单位提供的劳动合同文本未载明本法规定的劳动合同必备条款或者用人单位未将劳动合同文本交付劳动者的，由劳动行政部门责令改正；给劳动者造成损害的，应当承担赔偿责任。

第八十二条 用人单位自用工之日起超过一个月不满一年未与劳动者订立书面劳动合同的，应当向劳动者每月支付二倍的工资。

用人单位违反本法规定不与劳动者订立无固定期限劳动合同的，自应当订立无固定期限劳动合同之日起向劳动者每月支付二倍的工资。

　　第八十三条　用人单位违反本法规定与劳动者约定试用期的，由劳动行政部门责令改正；违法约定的试用期已经履行的，由用人单位以劳动者试用期满月工资为标准，按已经履行的超过法定试用期的期间向劳动者支付赔偿金。

　　第八十四条　用人单位违反本法规定，扣押劳动者居民身份证等证件的，由劳动行政部门责令限期退还劳动者本人，并依照有关法律规定给予处罚。

　　用人单位违反本法规定，以担保或者其他名义向劳动者收取财物的，由劳动行政部门责令限期退还劳动者本人，并以每人五百元以上二千元以下的标准处以罚款；给劳动者造成损害的，应当承担赔偿责任。

　　劳动者依法解除或者终止劳动合同，用人单位扣押劳动者档案或者其他物品的，依照前款规定处罚。

　　第八十五条　用人单位有下列情形之一的，由劳动行政部门责令限期支付劳动报酬、加班费或者经济补偿；劳动报酬低于当地最低工资标准的，应当支付其差额部分；逾期不支付的，责令用人单位按应付金额百分之五十以上百分之一百以下的标准向劳动者加付赔偿金：

　　（一）未按照劳动合同的约定或者国家规定及时足额支付劳动者劳动报酬的；

　　（二）低于当地最低工资标准支付劳动者工资的；

　　（三）安排加班不支付加班费的；

　　（四）解除或者终止劳动合同，未依照本法规定向劳动者支付经济补偿的。

　　第八十六条　劳动合同依照本法第二十六条规定被确认无效，给对方造成损害的，有过错的一方应当承担赔偿责任。

　　第八十七条　用人单位违反本法规定解除或者终止劳动合同的，应当依照本法第四十七条规定的经济补偿标准的二倍向劳动者支付赔偿金。

　　第八十八条　用人单位有下列情形之一的，依法给予行政处罚；构成犯罪的，依法追究刑事责任；给劳动者造成损害的，应当承担赔偿责任：

　　（一）以暴力、威胁或者非法限制人身自由的手段强迫劳动的；

　　（二）违章指挥或者强令冒险作业危及劳动者人身安全的；

　　（三）侮辱、体罚、殴打、非法搜查或者拘禁劳动者的；

　　（四）劳动条件恶劣、环境污染严重，给劳动者身心健康造成严重损害的。

　　第八十九条　用人单位违反本法规定未向劳动者出具解除或者终止劳动合同的书面证明，由劳动行政部门责令改正；给劳动者造成损害的，应当承担赔偿责任。

　　第九十条　劳动者违反本法规定解除劳动合同，或者违反劳动合同中约定的保密义务或者竞业限制，给用人单位造成损失的，应当承担赔偿责任。

　　第九十一条　用人单位招用与其他用人单位尚未解除或者终止劳动合同的劳动者，给其他用人单位造成损失的，应当承担连带赔偿责任。

　　第九十二条　违反本法规定，未经许可，擅自经营劳务派遣业务的，由劳动行政部门责令停止违法行为，没收违法所得，并处违法所得一倍以上五倍以下的罚款；没有违法所得的，可以处五万元以下的罚款。

　　劳务派遣单位、用工单位违反本法有关劳务派遣规定的，由劳动行政部门责令限期改正；逾期不改正的，以每人五千元以上一万元以下的标准处以罚款，对劳务派遣单位，吊销其劳务派遣业务经营许可证。用工单位给被派遣劳动者造成损害的，劳务派遣单位与用工单位承担连带赔偿责任。

　　第九十三条　对不具备合法经营资格的用人单位的违法犯罪行为，依法追究法律责任；劳动者已经付出劳动的，该单位或者其出资人应当依照本法有关规定向劳动者支付劳动报酬、经济补偿、赔偿金；给劳动者造成损害的，应当承担赔偿责任。

　　第九十四条　个人承包经营违反本法规定招用劳动者，给劳动者造成损害的，发包的组织与个人承包经营者承担连带赔偿责任。

第九十五条 劳动行政部门和其他有关主管部门及其工作人员玩忽职守、不履行法定职责，或者违法行使职权，给劳动者或者用人单位造成损害的，应当承担赔偿责任；对直接负责的主管人员和其他直接责任人员，依法给予行政处分；构成犯罪的，依法追究刑事责任。

第八章 附 则

第九十六条 事业单位与实行聘用制的工作人员订立、履行、变更、解除或者终止劳动合同，法律、行政法规或者国务院另有规定的，依照其规定；未作规定的，依照本法有关规定执行。

第九十七条 本法施行前已依法订立且在本法施行之日存续的劳动合同，继续履行；本法第十四条第二款第（三）项规定连续订立固定期限劳动合同的次数，自本法施行后续订固定期限劳动合同时开始计算。

本法施行前已建立劳动关系，尚未订立书面劳动合同的，应当自本法施行之日起一个月内订立。

本法施行之日存续的劳动合同在本法施行后解除或者终止，依照本法第四十六条规定应当支付经济补偿的，经济补偿年限自本法施行之日起计算；本法施行前按照当时有关规定，用人单位应当向劳动者支付经济补偿的，按照当时有关规定执行。

第九十八条 本法自2008年1月1日起施行。

中华人民共和国劳动合同法实施条例

(2008年9月18日　国务院令第535号)

第一章 总 则

第一条 为了贯彻实施《中华人民共和国劳动合同法》（以下简称劳动合同法），制定本条例。

第二条 各级人民政府和县级以上人民政府劳动行政等有关部门以及工会等组织，应当采取措施，推动劳动合同法的贯彻实施，促进劳动关系的和谐。

第三条 依法成立的会计师事务所、律师事务所等合伙组织和基金会，属于劳动合同法规定的用人单位。

第二章 劳动合同的订立

第四条 劳动合同法规定的用人单位设立的分支机构，依法取得营业执照或者登记证书的，可以作为用人单位与劳动者订立劳动合同；未依法取得营业执照或者登记证书的，受用人单位委托可以与劳动者订立劳动合同。

第五条 自用工之日起一个月内，经用人单位书面通知后，劳动者不与用人单位订立书面劳动合同的，用人单位应当书面通知劳动者终止劳动关系，无须向劳动者支付经济补偿，但是应当依法向劳动者支付其实际工作时间的劳动报酬。

第六条 用人单位自用工之日起超过一个月不满一年未与劳动者订立书面劳动合同的，应当依照劳动合同法第八十二条的规定向劳动者每月支付两倍的工资，并与劳动者补订书面劳动合同；劳动者不与用人单位订立书面劳动合同的，用人单位应当书面通知劳动者终止劳动关系，并依照劳动合同法第四十七条的规定支付经济补偿。

前款规定的用人单位向劳动者每月支付两倍工资的起算时间为用工之日起满一个月的次日，截止时间为补订书面劳动合同的前一日。

第七条 用人单位自用工之日起满一年未与劳动者订立书面劳动合同的，自用工之日起满一个月的次日至满一年的前一日应当依照劳动合同法第八十二条的规定向劳动者每月支付两倍的工资，并视为自用工之日起满一年的当日已经与劳动者订立无固定期限劳动合同，应当立即与劳动者补订书面劳动合同。

第八条 劳动合同法第七条规定的职工名册，应当包括劳动者姓名、性别、公民身份号码、户籍地址及现住址、联系方式、用工形式、用工起始时间、劳动合同期限等内容。

第九条 劳动合同法第十四条第二款规定的连续工作满10年的起始时间，应当自用人单位用工之日起计算，包括劳动合同法施行前的工作年限。

第十条 劳动者非因本人原因从原用人单位被安排到新用人单位工作的，劳动者在原用人单位的工作年限合并计算为新用人单位的工作年限。原用人单位已经向劳动者支付经济补偿的，新用人单位在依法解除、终止劳动合同计算支付经济补偿的工作年限时，不再计算劳动者在原用人单位的工作年限。

第十一条 除劳动者与用人单位协商一致的情形外，劳动者依照劳动合同法第十四条第二款的规定，提出订立无固定期限劳动合同的，用人单位应当与其订立无固定期限劳动合同。对劳动合同的内容，双方应当按照合法、公平、平等自愿、协商一致、诚实信用的原则协商确定；对协商不一致的内容，依照劳动合同法第十八条的规定执行。

第十二条 地方各级人民政府及县级以上地方人民政府有关部门为安置就业困难人员提供的给予岗位补贴和社会保险补贴的公益性岗位，其劳动合同不适用劳动合同法有关无固定期限劳动合同的规定以及支付经济补偿的规定。

第十三条 用人单位与劳动者不得在劳动合同法第四十四条规定的劳动合同终止情形之外约定其他的劳动合同终止条件。

第十四条 劳动合同履行地与用人单位注册地不一致的，有关劳动者的最低工资标准、劳动保护、劳动条件、职业危害防护和本地区上年度职工月平均工资标准等事项，按照劳动合同履行地的有关规定执行；用人单位注册地的有关标准高于劳动合同履行地的有关标准，且用人单位与劳动者约定按照用人单位注册地的有关规定执行的，从其约定。

第十五条 劳动者在试用期的工资不得低于本单位相同岗位最低档工资的80%或者不得低于劳动合同约定工资的80%，并不得低于用人单位所在地的最低工资标准。

第十六条 劳动合同法第二十二条第二款规定的培训费用，包括用人单位为了对劳动者进行专业技术培训而支付的有凭证的培训费用、培训期间的差旅费用以及因培训产生的用于该劳动者的其他直接费用。

第十七条 劳动合同期满，但是用人单位与劳动者依照劳动合同法第二十二条的规定约定的服务期尚未到期的，劳动合同应当续延至服务期满；双方另有约定的，从其约定。

第三章　劳动合同的解除和终止

第十八条 有下列情形之一的，依照劳动合同法规定的条件、程序，劳动者可以与用人单位解除固定期限劳动合同、无固定期限劳动合同或者以完成一定工作任务为期限的劳动合同：

（一）劳动者与用人单位协商一致的；

（二）劳动者提前30日以书面形式通知用人单位的；

（三）劳动者在试用期内提前3日通知用人单位的；

（四）用人单位未按照劳动合同约定提供劳动保护或者劳动条件的；

（五）用人单位未及时足额支付劳动报酬的；

（六）用人单位未依法为劳动者缴纳社会保险费的；

（七）用人单位的规章制度违反法律、法规的规定，损害劳动者权益的；

（八）用人单位以欺诈、胁迫的手段或者乘人之危，使劳动者在违背真实意思的情况下订立或者变更劳动合同的；

（九）用人单位在劳动合同中免除自己的法定责任、排除劳动者权利的；

（十）用人单位违反法律、行政法规强制性规定的；

（十一）用人单位以暴力、威胁或者非法限制人身自由的手段强迫劳动者劳动的；

（十二）用人单位违章指挥、强令冒险作业危及劳动者人身安全的；

（十三）法律、行政法规规定劳动者可以解除劳动合同的其他情形。

第十九条 有下列情形之一的，依照劳动合同法规定的条件、程序，用人单位可以与劳动者解除固定期限劳动合同、无固定期限劳动合同或者以完成一定工作任务为期限的劳动合同：

（一）用人单位与劳动者协商一致的；

（二）劳动者在试用期间被证明不符合录用条件的；

（三）劳动者严重违反用人单位的规章制度的；

（四）劳动者严重失职，营私舞弊，给用人单位造成重大损害的；

（五）劳动者同时与其他用人单位建立劳动关系，对完成本单位的工作任务造成严重影响，或者经用人单位提出，拒不改正的；

（六）劳动者以欺诈、胁迫的手段或者乘人之危，使用人单位在违背真实意思的情况下订立或者变更劳动合同的；

（七）劳动者被依法追究刑事责任的；

（八）劳动者患病或者非因工负伤，在规定的医疗期满后不能从事原工作，也不能从事由用人单位另行安排的工作的；

（九）劳动者不能胜任工作，经过培训或者调整工作岗位，仍不能胜任工作的；

（十）劳动合同订立时所依据的客观情况发生重大变化，致使劳动合同无法履行，经用人单位与劳动者协商，未能就变更劳动合同内容达成协议的；

（十一）用人单位依照企业破产法规定进行重整的；

（十二）用人单位生产经营发生严重困难的；

（十三）企业转产、重大技术革新或者经营方式调整，经变更劳动合同后，仍需裁减人员的；

（十四）其他因劳动合同订立时所依据的客观经济情况发生重大变化，致使劳动合同无法履行的。

第二十条 用人单位依照劳动合同法第四十条的规定，选择额外支付劳动者一个月工资解除劳动合同的，其额外支付的工资应当按照该劳动者上一个月的工资标准确定。

第二十一条 劳动者达到法定退休年龄的，劳动合同终止。

第二十二条 以完成一定工作任务为期限的劳动合同因任务完成而终止的，用人单位应当依照劳动合同法第四十七条的规定向劳动者支付经济补偿。

第二十三条 用人单位依法终止工伤职工的劳动合同的，除依照劳动合同法第四十七条的规定支付经济补偿外，还应当依照国家有关工伤保险的规定支付一次性工伤医疗补助金和伤残就业补助金。

第二十四条 用人单位出具的解除、终止劳动合同的证明，应当写明劳动合同期限、解除或者终止劳动合同的日期、工作岗位、在本单位的工作年限。

第二十五条 用人单位违反劳动合同法的规定解除或者终止劳动合同，依照劳动合同法第八十七条的规定支付了赔偿金的，不再支付经济补偿。赔偿金的计算年限自用工之日起计算。

第二十六条 用人单位与劳动者约定了服务期，劳动者依照劳动合同法第三十八条的规定解除劳动合同的，不属于违反服务期的约定，用人单位不得要求劳动者支付违约金。

有下列情形之一，用人单位与劳动者解除约定服务期的劳动合同的，劳动者应当按照劳动合同的约定向用人单位支付违约金：

（一）劳动者严重违反用人单位的规章制度的；

（二）劳动者严重失职，营私舞弊，给用人单位造成重大损害的；

（三）劳动者同时与其他用人单位建立劳动关系，对完成本单位的工作任务造成严重影响，或者经用人单位提出，拒不改正的；

（四）劳动者以欺诈、胁迫的手段或者乘人之危，使用人单位在违背真实意思的情况下订立或者

变更劳动合同的;

(五)劳动者被依法追究刑事责任的。

第二十七条 劳动合同法第四十七条规定的经济补偿的月工资按照劳动者应得工资计算,包括计时工资或者计件工资以及奖金、津贴和补贴等货币性收入。劳动者在劳动合同解除或者终止前12个月的平均工资低于当地最低工资标准的,按照当地最低工资标准计算。劳动者工作不满12个月的,按照实际工作的月数计算平均工资。

第四章 劳务派遣特别规定

第二十八条 用人单位或者其所属单位出资或者合伙设立的劳务派遣单位,向本单位或者所属单位派遣劳动者的,属于劳动合同法第六十七条规定的不得设立的劳务派遣单位。

第二十九条 用工单位应当履行劳动合同法第六十二条规定的义务,维护被派遣劳动者的合法权益。

第三十条 劳务派遣单位不得以非全日制用工形式招用被派遣劳动者。

第三十一条 劳务派遣单位或者被派遣劳动者依法解除、终止劳动合同的经济补偿,依照劳动合同法第四十六条、第四十七条的规定执行。

第三十二条 劳务派遣单位违法解除或者终止被派遣劳动者的劳动合同的,依照劳动合同法第四十八条的规定执行。

第五章 法律责任

第三十三条 用人单位违反劳动合同法有关建立职工名册规定的,由劳动行政部门责令限期改正;逾期不改正的,由劳动行政部门处2000元以上2万元以下的罚款。

第三十四条 用人单位依照劳动合同法的规定应当向劳动者每月支付两倍的工资或者应当向劳动者支付赔偿金而未支付的,劳动行政部门应当责令用人单位支付。

第三十五条 用工单位违反劳动合同法和本条例有关劳务派遣规定的,由劳动行政部门和其他有关主管部门责令改正;情节严重的,以每位被派遣劳动者1000元以上5000元以下的标准处以罚款;给被派遣劳动者造成损害的,劳务派遣单位和用工单位承担连带赔偿责任。

第六章 附 则

第三十六条 对违反劳动合同法和本条例的行为的投诉、举报,县级以上地方人民政府劳动行政部门依照《劳动保障监察条例》的规定处理。

第三十七条 劳动者与用人单位因订立、履行、变更、解除或者终止劳动合同发生争议的,依照《中华人民共和国劳动争议调解仲裁法》的规定处理。

第三十八条 本条例自公布之日起施行。

中华人民共和国社会保险法

(2010年10月28日第十一届全国人民代表大会常务委员会第十七次会议通过
2018年12月29日第十三届全国人民代表大会常务委员会第七次会议修正)

第一章 总 则

第一条 为了规范社会保险关系,维护公民参加社会保险和享受社会保险待遇的合法权益,使公民共享发展成果,促进社会和谐稳定,根据宪法,制定本法。

第二条 国家建立基本养老保险、基本医疗保险、工伤保险、失业保险、生育保险等社会保险制度，保障公民在年老、疾病、工伤、失业、生育等情况下依法从国家和社会获得物质帮助的权利。

第三条 社会保险制度坚持广覆盖、保基本、多层次、可持续的方针，社会保险水平应当与经济社会发展水平相适应。

第四条 中华人民共和国境内的用人单位和个人依法缴纳社会保险费，有权查询缴费记录、个人权益记录，要求社会保险经办机构提供社会保险咨询等相关服务。个人依法享受社会保险待遇，有权监督本单位为其缴费情况。

第五条 县级以上人民政府将社会保险事业纳入国民经济和社会发展规划。国家多渠道筹集社会保险资金。县级以上人民政府对社会保险事业给予必要的经费支持。国家通过税收优惠政策支持社会保险事业。

第六条 国家对社会保险基金实行严格监管。国务院和省、自治区、直辖市人民政府建立健全社会保险基金监督管理制度，保障社会保险基金安全、有效运行。县级以上人民政府采取措施，鼓励和支持社会各方面参与社会保险基金的监督。

第七条 国务院社会保险行政部门负责全国的社会保险管理工作，国务院其他有关部门在各自的职责范围内负责有关的社会保险工作。县级以上地方人民政府社会保险行政部门负责本行政区域的社会保险管理工作，县级以上地方人民政府其他有关部门在各自的职责范围内负责有关的社会保险工作。

第八条 社会保险经办机构提供社会保险服务，负责社会保险登记、个人权益记录、社会保险待遇支付等工作。

第九条 工会依法维护职工的合法权益，有权参与社会保险重大事项的研究，参加社会保险监督委员会，对与职工社会保险权益有关的事项进行监督。

第二章　基本养老保险

第十条 职工应当参加基本养老保险，由用人单位和职工共同缴纳基本养老保险费。无雇工的个体工商户、未在用人单位参加基本养老保险的非全日制从业人员以及其他灵活就业人员可以参加基本养老保险，由个人缴纳基本养老保险费。公务员和参照公务员法管理的工作人员养老保险的办法由国务院规定。

第十一条 基本养老保险实行社会统筹与个人账户相结合。基本养老保险基金由用人单位和个人缴费以及政府补贴等组成。

第十二条 用人单位应当按照国家规定的本单位职工工资总额的比例缴纳基本养老保险费，记入基本养老保险统筹基金。职工应当按照国家规定的本人工资的比例缴纳基本养老保险费，记入个人账户。无雇工的个体工商户、未在用人单位参加基本养老保险的非全日制从业人员以及其他灵活就业人员参加基本养老保险的，应当按照国家规定缴纳基本养老保险费，分别记入基本养老保险统筹基金和个人账户。

第十三条 国有企业、事业单位职工参加基本养老保险前，视同缴费年限期间应当缴纳的基本养老保险费由政府承担。基本养老保险基金出现支付不足时，政府给予补贴。

第十四条 个人账户不得提前支取，记账利率不得低于银行定期存款利率，免征利息税。个人死亡的，个人账户余额可以继承。

第十五条 基本养老金由统筹养老金和个人账户养老金组成。基本养老金根据个人累计缴费年限、缴费工资、当地职工平均工资、个人账户金额、城镇人口平均预期寿命等因素确定。

第十六条 参加基本养老保险的个人，达到法定退休年龄时累计缴费满十五年的，按月领取基本养老金。参加基本养老保险的个人，达到法定退休年龄时累计缴费不足十五年的，可以缴费至满十五年，按月领取基本养老金；也可以转入新型农村社会养老保险或者城镇居民社会养老保险，按照国务院规定享受相应的养老保险待遇。

第十七条 参加基本养老保险的个人，因病或者非因工死亡的，其遗属可以领取丧葬补助金和抚恤金；在未达到法定退休年龄时因病或者非因工致残完全丧失劳动能力的，可以领取病残津贴。所需资金从基本养老保险基金中支付。

第十八条　国家建立基本养老金正常调整机制。根据职工平均工资增长、物价上涨情况，适时提高基本养老保险待遇水平。

第十九条　个人跨统筹地区就业的，其基本养老保险关系随本人转移，缴费年限累计计算。个人达到法定退休年龄时，基本养老金分段计算、统一支付。具体办法由国务院规定。

第二十条　国家建立和完善新型农村社会养老保险制度。新型农村社会养老保险实行个人缴费、集体补助和政府补贴相结合。

第二十一条　新型农村社会养老保险待遇由基础养老金和个人账户养老金组成。参加新型农村社会养老保险的农村居民，符合国家规定条件的，按月领取新型农村社会养老保险待遇。

第二十二条　国家建立和完善城镇居民社会养老保险制度。省、自治区、直辖市人民政府根据实际情况，可以将城镇居民社会养老保险和新型农村社会养老保险合并实施。

第三章　基本医疗保险

第二十三条　职工应当参加职工基本医疗保险，由用人单位和职工按照国家规定共同缴纳基本医疗保险费。无雇工的个体工商户、未在用人单位参加职工基本医疗保险的非全日制从业人员以及其他灵活就业人员可以参加职工基本医疗保险，由个人按照国家规定缴纳基本医疗保险费。

第二十四条　国家建立和完善新型农村合作医疗制度。新型农村合作医疗的管理办法，由国务院规定。

第二十五条　国家建立和完善城镇居民基本医疗保险制度。城镇居民基本医疗保险实行个人缴费和政府补贴相结合。享受最低生活保障的人、丧失劳动能力的残疾人、低收入家庭六十周岁以上的老年人和未成年人等所需个人缴费部分，由政府给予补贴。

第二十六条　职工基本医疗保险、新型农村合作医疗和城镇居民基本医疗保险的待遇标准按照国家规定执行。

第二十七条　参加职工基本医疗保险的个人，达到法定退休年龄时累计缴费达到国家规定年限的，退休后不再缴纳基本医疗保险费，按照国家规定享受基本医疗保险待遇；未达到国家规定年限的，可以缴费至国家规定年限。

第二十八条　符合基本医疗保险药品目录、诊疗项目、医疗服务设施标准以及急诊、抢救的医疗费用，按照国家规定从基本医疗保险基金中支付。

第二十九条　参保人员医疗费用中应当由基本医疗保险基金支付的部分，由社会保险经办机构与医疗机构、药品经营单位直接结算。社会保险行政部门和卫生行政部门应当建立异地就医医疗费用结算制度，方便参保人员享受基本医疗保险待遇。

第三十条　下列医疗费用不纳入基本医疗保险基金支付范围：（一）应当从工伤保险基金中支付的；（二）应当由第三人负担的；（三）应当由公共卫生负担的；（四）在境外就医的。医疗费用依法应当由第三人负担，第三人不支付或者无法确定第三人的，由基本医疗保险基金先行支付。基本医疗保险基金先行支付后，有权向第三人追偿。

第三十一条　社会保险经办机构根据管理服务的需要，可以与医疗机构、药品经营单位签订服务协议，规范医疗服务行为。医疗机构应当为参保人员提供合理、必要的医疗服务。

第三十二条　个人跨统筹地区就业的，其基本医疗保险关系随本人转移，缴费年限累计计算。

第四章　工伤保险

第三十三条　职工应当参加工伤保险，由用人单位缴纳工伤保险费，职工不缴纳工伤保险费。

第三十四条　国家根据不同行业的工伤风险程度确定行业的差别费率，并根据使用工伤保险基金、工伤发生率等情况在每个行业内确定费率档次。行业差别费率和行业内费率档次由国务院社会保险行政部门制定，报国务院批准后公布施行。社会保险经办机构根据用人单位使用工伤保险基金、工伤发生率和所属行业费率档次等情况，确定用人单位缴费费率。

第三十五条 用人单位应当按照本单位职工工资总额，根据社会保险经办机构确定的费率缴纳工伤保险费。

第三十六条 职工因工作原因受到事故伤害或者患职业病，且经工伤认定的，享受工伤保险待遇；其中，经劳动能力鉴定丧失劳动能力的，享受伤残待遇。工伤认定和劳动能力鉴定应当简捷、方便。

第三十七条 职工因下列情形之一导致本人在工作中伤亡的，不认定为工伤：（一）故意犯罪；（二）醉酒或者吸毒；（三）自残或者自杀；（四）法律、行政法规规定的其他情形。

第三十八条 因工伤发生的下列费用，按照国家规定从工伤保险基金中支付：（一）治疗工伤的医疗费用和康复费用；（二）住院伙食补助费；（三）到统筹地区以外就医的交通食宿费；（四）安装配置伤残辅助器具所需费用；（五）生活不能自理的，经劳动能力鉴定委员会确认的生活护理费；（六）一次性伤残补助金和一至四级伤残职工按月领取的伤残津贴；（七）终止或者解除劳动合同时，应当享受的一次性医疗补助金；（八）因工死亡的，其遗属领取的丧葬补助金、供养亲属抚恤金和因工死亡补助金；（九）劳动能力鉴定费。

第三十九条 因工伤发生的下列费用，按照国家规定由用人单位支付：（一）治疗工伤期间的工资福利；（二）五级、六级伤残职工按月领取的伤残津贴；（三）终止或者解除劳动合同时，应当享受的一次性伤残就业补助金。

第四十条 工伤职工符合领取基本养老金条件的，停发伤残津贴，享受基本养老保险待遇。基本养老保险待遇低于伤残津贴的，从工伤保险基金中补足差额。

第四十一条 职工所在用人单位未依法缴纳工伤保险费，发生工伤事故的，由用人单位支付工伤保险待遇。用人单位不支付的，从工伤保险基金中先行支付。从工伤保险基金中先行支付的工伤保险待遇应当由用人单位偿还。用人单位不偿还的，社会保险经办机构可以依照本法第六十三条的规定追偿。

第四十二条 由于第三人的原因造成工伤，第三人不支付工伤医疗费用或者无法确定第三人的，由工伤保险基金先行支付。工伤保险基金先行支付后，有权向第三人追偿。

第四十三条 工伤职工有下列情形之一的，停止享受工伤保险待遇：（一）丧失享受待遇条件的；（二）拒不接受劳动能力鉴定的；（三）拒绝治疗的。

第五章 失 业 保 险

第四十四条 职工应当参加失业保险，由用人单位和职工按照国家规定共同缴纳失业保险费。

第四十五条 失业人员符合下列条件的，从失业保险基金中领取失业保险金：（一）失业前用人单位和本人已经缴纳失业保险费满一年的；（二）非因本人意愿中断就业的；（三）已经进行失业登记，并有求职要求的。

第四十六条 失业人员失业前用人单位和本人累计缴费满一年不足五年的，领取失业保险金的期限最长为十二个月；累计缴费满五年不足十年的，领取失业保险金的期限最长为十八个月；累计缴费十年以上的，领取失业保险金的期限最长为二十四个月。重新就业后，再次失业的，缴费时间重新计算，领取失业保险金的期限与前次失业应当领取而尚未领取的失业保险金的期限合并计算，最长不超过二十四个月。

第四十七条 失业保险金的标准，由省、自治区、直辖市人民政府确定，不得低于城市居民最低生活保障标准。

第四十八条 失业人员在领取失业保险金期间，参加职工基本医疗保险，享受基本医疗保险待遇。失业人员应当缴纳的基本医疗保险费从失业保险基金中支付，个人不缴纳基本医疗保险费。

第四十九条 失业人员在领取失业保险金期间死亡的，参照当地对在职职工死亡的规定，向其遗属发给一次性丧葬补助金和抚恤金。所需资金从失业保险基金中支付。个人死亡同时符合领取基本养老保险丧葬补助金、工伤保险丧葬补助金和失业保险丧葬补助金条件的，其遗属只能选择领取其中的一项。

第五十条 用人单位应当及时为失业人员出具终止或者解除劳动关系的证明，并将失业人员的名单自终止或者解除劳动关系之日起十五日内告知社会保险经办机构。失业人员应当持本单位为其出具的终止或者解除劳动关系的证明，及时到指定的公共就业服务机构办理失业登记。失业人员凭失业登记证明和个人身份证明，到社会保险经办机构办理领取失业保险金的手续。失业保险金领取期限自办理失业登记之日起计算。

第五十一条 失业人员在领取失业保险金期间有下列情形之一的，停止领取失业保险金，并同时停止享受其他失业保险待遇：（一）重新就业的；（二）应征服兵役的；（三）移居境外的；（四）享受基本养老保险待遇的；（五）无正当理由，拒不接受当地人民政府指定部门或者机构介绍的适当工作或者提供的培训的。

第五十二条 职工跨统筹地区就业的，其失业保险关系随本人转移，缴费年限累计计算。

第六章 生 育 保 险

第五十三条 职工应当参加生育保险，由用人单位按照国家规定缴纳生育保险费，职工不缴纳生育保险费。

第五十四条 用人单位已经缴纳生育保险费的，其职工享受生育保险待遇；职工未就业配偶按照国家规定享受生育医疗费用待遇。所需资金从生育保险基金中支付。生育保险待遇包括生育医疗费用和生育津贴。

第五十五条 生育医疗费用包括下列各项：（一）生育的医疗费用；（二）计划生育的医疗费用；（三）法律、法规规定的其他项目费用。

第五十六条 职工有下列情形之一的，可以按照国家规定享受生育津贴：（一）女职工生育享受产假；（二）享受计划生育手术休假；（三）法律、法规规定的其他情形。生育津贴按照职工所在用人单位上年度职工月平均工资计发。

第七章 社会保险费征缴

第五十七条 用人单位应当自成立之日起三十日内凭营业执照、登记证书或者单位印章，向当地社会保险经办机构申请办理社会保险登记。社会保险经办机构应当自收到申请之日起十五日内予以审核，发给社会保险登记证件。用人单位的社会保险登记事项发生变更或者用人单位依法终止的，应当自变更或者终止之日起三十日内，到社会保险经办机构办理变更或者注销社会保险登记。市场监督管理部门、民政部门和机构编制管理机关应当及时向社会保险经办机构通报用人单位的成立、终止情况，公安机关应当及时向社会保险经办机构通报个人的出生、死亡以及户口登记、迁移、注销等情况。

第五十八条 用人单位应当自用工之日起三十日内为其职工向社会保险经办机构申请办理社会保险登记。未办理社会保险登记的，由社会保险经办机构核定其应当缴纳的社会保险费。自愿参加社会保险的无雇工的个体工商户、未在用人单位参加社会保险的非全日制从业人员以及其他灵活就业人员，应当向社会保险经办机构申请办理社会保险登记。国家建立全国统一的个人社会保障号码。个人社会保障号码为公民身份号码。

第五十九条 县级以上人民政府加强社会保险费的征收工作。社会保险费实行统一征收，实施步骤和具体办法由国务院规定。

第六十条 用人单位应当自行申报、按时足额缴纳社会保险费，非因不可抗力等法定事由不得缓缴、减免。职工应当缴纳的社会保险费由用人单位代扣代缴，用人单位应当按月将缴纳社会保险费的明细情况告知本人。无雇工的个体工商户、未在用人单位参加社会保险的非全日制从业人员以及其他灵活就业人员，可以直接向社会保险费征收机构缴纳社会保险费。

第六十一条 社会保险费征收机构应当依法按时足额征收社会保险费，并将缴费情况定期告知用人单位和个人。

第六十二条 用人单位未按规定申报应当缴纳的社会保险费数额的，按照该单位上月缴费额的百分之一百一十确定应当缴纳数额；缴费单位补办申报手续后，由社会保险费征收机构按照规定结算。

第六十三条 用人单位未按时足额缴纳社会保险费的，由社会保险费征收机构责令其限期缴纳或者补足。用人单位逾期仍未缴纳或者补足社会保险费的，社会保险费征收机构可以向银行和其他金融机构查询其存款账户；并可以申请县级以上有关行政部门作出划拨社会保险费的决定，书面通知其开户银行或者其他金融机构划拨社会保险费。用人单位账户余额少于应当缴纳的社会保险费的，社会保险费征收机构可以要求该用人单位提供担保，签订延期缴费协议。用人单位未足额缴纳社会保险费且未提供担保的，社会保险费征收机构可以申请人民法院扣押、查封、拍卖其价值相当于应当缴纳社会保险费的财产，以拍卖所得抵缴社会保险费。

第八章 社会保险基金

第六十四条 社会保险基金包括基本养老保险基金、基本医疗保险基金、工伤保险基金、失业保险基金和生育保险基金。除基本医疗保险基金与生育保险基金合并建账及核算外，其他各项社会保险基金按照社会保险险种分别建账，分账核算。社会保险基金执行国家统一的会计制度。社会保险基金专款专用，任何组织和个人不得侵占或者挪用。基本养老保险基金逐步实行全国统筹，其他社会保险基金逐步实行省级统筹，具体时间、步骤由国务院规定。

第六十五条 社会保险基金通过预算实现收支平衡。县级以上人民政府在社会保险基金出现支付不足时，给予补贴。

第六十六条 社会保险基金按照统筹层次设立预算。除基本医疗保险基金与生育保险基金预算合并编制外，其他社会保险基金预算按照社会保险项目分别编制。

第六十七条 社会保险基金预算、决算草案的编制、审核和批准，依照法律和国务院规定执行。

第六十八条 社会保险基金存入财政专户，具体管理办法由国务院规定。

第六十九条 社会保险基金在保证安全的前提下，按照国务院规定投资运营实现保值增值。社会保险基金不得违规投资运营，不得用于平衡其他政府预算，不得用于兴建、改建办公场所和支付人员经费、运行费用、管理费用，或者违反法律、行政法规规定挪作其他用途。

第七十条 社会保险经办机构应当定期向社会公布参加社会保险情况以及社会保险基金的收入、支出、结余和收益情况。

第七十一条 国家设立全国社会保障基金，由中央财政预算拨款以及国务院批准的其他方式筹集的资金构成，用于社会保障支出的补充、调剂。全国社会保障基金由全国社会保障基金管理运营机构负责管理运营，在保证安全的前提下实现保值增值。全国社会保障基金应当定期向社会公布收支、管理和投资运营的情况。国务院财政部门、社会保险行政部门、审计机关对全国社会保障基金的收支、管理和投资运营情况实施监督。

第九章 社会保险经办

第七十二条 统筹地区设立社会保险经办机构。社会保险经办机构根据工作需要，经所在地的社会保险行政部门和机构编制管理机关批准，可以在本统筹地区设立分支机构和服务网点。社会保险经办机构的人员经费和经办社会保险发生的基本运行费用、管理费用，由同级财政按照国家规定予以保障。

第七十三条 社会保险经办机构应当建立健全业务、财务、安全和风险管理制度。社会保险经办机构应当按时足额支付社会保险待遇。

第七十四条 社会保险经办机构通过业务经办、统计、调查获取社会保险工作所需的数据，有关单位和个人应当及时、如实提供。社会保险经办机构应当及时为用人单位建立档案，完整、准确地记录参加社会保险的人员、缴费等社会保险数据，妥善保管登记、申报的原始凭证和支付结算的会计凭证。社会保险经办机构应当及时、完整、准确地记录参加社会保险的个人缴费和用人单位为其缴费，以及享受社会保险待遇等个人权益记录，定期将个人权益记录单免费寄送本人。用人单位和个人可以免费向社会保险经办机构查询、核对其缴费和享受社会保险待遇记录，要求社会保险经办机构提供社会保险咨询等相关服务。

第七十五条　全国社会保险信息系统按照国家统一规划，由县级以上人民政府按照分级负责的原则共同建设。

第十章　社会保险监督

第七十六条　各级人民代表大会常务委员会听取和审议本级人民政府对社会保险基金的收支、管理、投资运营以及监督检查情况的专项工作报告，组织对本法实施情况的执法检查等，依法行使监督职权。

第七十七条　县级以上人民政府社会保险行政部门应当加强对用人单位和个人遵守社会保险法律、法规情况的监督检查。社会保险行政部门实施监督检查时，被检查的用人单位和个人应当如实提供与社会保险有关的资料，不得拒绝检查或者谎报、瞒报。

第七十八条　财政部门、审计机关按照各自职责，对社会保险基金的收支、管理和投资运营情况实施监督。

第七十九条　社会保险行政部门对社会保险基金的收支、管理和投资运营情况进行监督检查，发现存在问题的，应当提出整改建议，依法作出处理决定或者向有关行政部门提出处理建议。社会保险基金检查结果应当定期向社会公布。社会保险行政部门对社会保险基金实施监督检查，有权采取下列措施：（一）查阅、记录、复制与社会保险基金收支、管理和投资运营相关的资料，对可能被转移、隐匿或者灭失的资料予以封存；（二）询问与调查事项有关的单位和个人，要求其对与调查事项有关的问题作出说明、提供有关证明材料；（三）对隐匿、转移、侵占、挪用社会保险基金的行为予以制止并责令改正。

第八十条　统筹地区人民政府成立由用人单位代表、参保人员代表，以及工会代表、专家等组成的社会保险监督委员会，掌握、分析社会保险基金的收支、管理和投资运营情况，对社会保险工作提出咨询意见和建议，实施社会监督。社会保险经办机构应当定期向社会保险监督委员会汇报社会保险基金的收支、管理和投资运营情况。社会保险监督委员会可以聘请会计师事务所对社会保险基金的收支、管理和投资运营情况进行年度审计和专项审计。审计结果应当向社会公开。社会保险监督委员会发现社会保险基金收支、管理和投资运营中存在问题的，有权提出改正建议；对社会保险经办机构及其工作人员的违法行为，有权向有关部门提出依法处理建议。

第八十一条　社会保险行政部门和其他有关行政部门、社会保险经办机构、社会保险费征收机构及其工作人员，应当依法为用人单位和个人的信息保密，不得以任何形式泄露。

第八十二条　任何组织或者个人有权对违反社会保险法律、法规的行为进行举报、投诉。社会保险行政部门、卫生行政部门、社会保险经办机构、社会保险费征收机构和财政部门、审计机关对属于本部门、本机构职责范围的举报、投诉，应当依法处理；对不属于本部门、本机构职责范围的，应当书面通知并移交有权处理的部门、机构处理。有权处理的部门、机构应当及时处理，不得推诿。

第八十三条　用人单位或者个人认为社会保险费征收机构的行为侵害自己合法权益的，可以依法申请行政复议或者提起行政诉讼。用人单位或者个人对社会保险经办机构不依法办理社会保险登记、核定社会保险费、支付社会保险待遇、办理社会保险转移接续手续或者侵害其他社会保险权益的行为，可以依法申请行政复议或者提起行政诉讼。个人与所在用人单位发生社会保险争议的，可以依法申请调解、仲裁，提起诉讼。用人单位侵害个人社会保险权益的，个人也可以要求社会保险行政部门或者社会保险费征收机构依法处理。

第十一章　法律责任

第八十四条　用人单位不办理社会保险登记的，由社会保险行政部门责令限期改正；逾期不改正的，对用人单位处应缴社会保险费数额一倍以上三倍以下的罚款，对其直接负责的主管人员和其他直接责任人员处五百元以上三千元以下的罚款。

第八十五条　用人单位拒不出具终止或者解除劳动关系证明的，依照《中华人民共和国劳动合同法》的规定处理。

第八十六条 用人单位未按时足额缴纳社会保险费的，由社会保险费征收机构责令限期缴纳或者补足，并自欠缴之日起，按日加收万分之五的滞纳金；逾期仍不缴纳的，由有关行政部门处欠缴数额一倍以上三倍以下的罚款。

第八十七条 社会保险经办机构以及医疗机构、药品经营单位等社会保险服务机构以欺诈、伪造证明材料或者其他手段骗取社会保险基金支出的，由社会保险行政部门责令退回骗取的社会保险金，处骗取金额二倍以上五倍以下的罚款；属于社会保险服务机构的，解除服务协议；直接负责的主管人员和其他直接责任人员有执业资格的，依法吊销其执业资格。

第八十八条 以欺诈、伪造证明材料或者其他手段骗取社会保险待遇的，由社会保险行政部门责令退回骗取的社会保险金，处骗取金额二倍以上五倍以下的罚款。

第八十九条 社会保险经办机构及其工作人员有下列行为之一的，由社会保险行政部门责令改正；给社会保险基金、用人单位或者个人造成损失的，依法承担赔偿责任；对直接负责的主管人员和其他直接责任人员依法给予处分：（一）未履行社会保险法定职责的；（二）未将社会保险基金存入财政专户的；（三）克扣或者拒不按时支付社会保险待遇的；（四）丢失或者篡改缴费记录、享受社会保险待遇记录等社会保险数据、个人权益记录的；（五）有违反社会保险法律、法规的其他行为的。

第九十条 社会保险费征收机构擅自更改社会保险费缴费基数、费率，导致少收或者多收社会保险费的，由有关行政部门责令其追缴应当缴纳的社会保险费或者退还不应当缴纳的社会保险费；对直接负责的主管人员和其他直接责任人员依法给予处分。

第九十一条 违反本法规定，隐匿、转移、侵占、挪用社会保险基金或者违规投资运营的，由社会保险行政部门、财政部门、审计机关责令追回；有违法所得的，没收违法所得；对直接负责的主管人员和其他直接责任人员依法给予处分。

第九十二条 社会保险行政部门和其他有关行政部门、社会保险经办机构、社会保险费征收机构及其工作人员泄露用人单位和个人信息的，对直接负责的主管人员和其他直接责任人员依法给予处分；给用人单位或者个人造成损失的，应当承担赔偿责任。

第九十三条 国家工作人员在社会保险管理、监督工作中滥用职权、玩忽职守、徇私舞弊的，依法给予处分。

第九十四条 违反本法规定，构成犯罪的，依法追究刑事责任。

第十二章 附 则

第九十五条 进城务工的农村居民依照本法规定参加社会保险。

第九十六条 征收农村集体所有的土地，应当足额安排被征地农民的社会保险费，按照国务院规定将被征地农民纳入相应的社会保险制度。

第九十七条 外国人在中国境内就业的，参照本法规定参加社会保险。

第九十八条 本法自 2011 年 7 月 1 日起施行。

中华人民共和国劳动争议调解仲裁法

（2007 年 12 月 29 日第十届全国人民代表大会常务委员会第三十一次会议通过）

第一章 总 则

第一条 为了公正及时解决劳动争议，保护当事人合法权益，促进劳动关系和谐稳定，制定本法。

第二条 中华人民共和国境内的用人单位与劳动者发生的下列劳动争议，适用本法：

（一）因确认劳动关系发生的争议；
（二）因订立、履行、变更、解除和终止劳动合同发生的争议；
（三）因除名、辞退和辞职、离职发生的争议；
（四）因工作时间、休息休假、社会保险、福利、培训以及劳动保护发生的争议；
（五）因劳动报酬、工伤医疗费、经济补偿或者赔偿金等发生的争议；
（六）法律、法规规定的其他劳动争议。

第三条 解决劳动争议，应当根据事实，遵循合法、公正、及时、着重调解的原则，依法保护当事人的合法权益。

第四条 发生劳动争议，劳动者可以与用人单位协商，也可以请工会或者第三方共同与用人单位协商，达成和解协议。

第五条 发生劳动争议，当事人不愿协商、协商不成或者达成和解协议后不履行的，可以向调解组织申请调解；不愿调解、调解不成或者达成调解协议后不履行的，可以向劳动争议仲裁委员会申请仲裁；对仲裁裁决不服的，除本法另有规定的外，可以向人民法院提起诉讼。

第六条 发生劳动争议，当事人对自己提出的主张，有责任提供证据。与争议事项有关的证据属于用人单位掌握管理的，用人单位应当提供；用人单位不提供的，应当承担不利后果。

第七条 发生劳动争议的劳动者一方在 10 人以上，并有共同请求的，可以推举代表参加调解、仲裁或者诉讼活动。

第八条 县级以上人民政府劳动行政部门会同工会和企业方面代表建立协调劳动关系三方机制，共同研究解决劳动争议的重大问题。

第九条 用人单位违反国家规定，拖欠或者未足额支付劳动报酬，或者拖欠工伤医疗费、经济补偿或者赔偿金的，劳动者可以向劳动行政部门投诉，劳动行政部门应当依法处理。

第二章 调 解

第十条 发生劳动争议，当事人可以到下列调解组织申请调解：
（一）企业劳动争议调解委员会；
（二）依法设立的基层人民调解组织；
（三）在乡镇、街道设立的具有劳动争议调解职能的组织。

企业劳动争议调解委员会由职工代表和企业代表组成。职工代表由工会成员担任或者由全体职工推举产生，企业代表由企业负责人指定。企业劳动争议调解委员会主任由工会成员或者双方推举的人员担任。

第十一条 劳动争议调解组织的调解员应当由公道正派、联系群众、热心调解工作，并具有一定法律知识、政策水平和文化水平的成年公民担任。

第十二条 当事人申请劳动争议调解可以书面申请，也可以口头申请。口头申请的，调解组织应当当场记录申请人基本情况、申请调解的争议事项、理由和时间。

第十三条 调解劳动争议，应当充分听取双方当事人对事实和理由的陈述，耐心疏导，帮助其达成协议。

第十四条 经调解达成协议的，应当制作调解协议书。

调解协议书由双方当事人签名或者盖章，经调解员签名并加盖调解组织印章后生效，对双方当事人具有约束力，当事人应当履行。

自劳动争议调解组织收到调解申请之日起 15 日内未达成调解协议的，当事人可以依法申请仲裁。

第十五条 达成调解协议后，一方当事人在协议约定期限内不履行调解协议的，另一方当事人可以依法申请仲裁。

第十六条 因支付拖欠劳动报酬、工伤医疗费、经济补偿或者赔偿金事项达成调解协议，用人单位在协议约定期限内不履行的，劳动者可以持调解协议书依法向人民法院申请支付令。人民法院应当依法发出支付令。

第三章 仲　裁

第一节　一般规定

第十七条　劳动争议仲裁委员会按照统筹规划、合理布局和适应实际需要的原则设立。省、自治区人民政府可以决定在市、县设立；直辖市人民政府可以决定在区、县设立。直辖市、设区的市也可以设立一个或者若干个劳动争议仲裁委员会。劳动争议仲裁委员会不按行政区划层层设立。

第十八条　国务院劳动行政部门依照本法有关规定制定仲裁规则。省、自治区、直辖市人民政府劳动行政部门对本行政区域的劳动争议仲裁工作进行指导。

第十九条　劳动争议仲裁委员会由劳动行政部门代表、工会代表和企业方面代表组成。劳动争议仲裁委员会组成人员应当是单数。

劳动争议仲裁委员会依法履行下列职责：

（一）聘任、解聘专职或者兼职仲裁员；

（二）受理劳动争议案件；

（三）讨论重大或者疑难的劳动争议案件；

（四）对仲裁活动进行监督。

劳动争议仲裁委员会下设办事机构，负责办理劳动争议仲裁委员会的日常工作。

第二十条　劳动争议仲裁委员会应当设仲裁员名册。

仲裁员应当公道正派并符合下列条件之一：

（一）曾任审判员的；

（二）从事法律研究、教学工作并具有中级以上职称的；

（三）具有法律知识、从事人力资源管理或者工会等专业工作满五年的；

（四）律师执业满三年的。

第二十一条　劳动争议仲裁委员会负责管辖本区域内发生的劳动争议。

劳动争议由劳动合同履行地或者用人单位所在地的劳动争议仲裁委员会管辖。双方当事人分别向劳动合同履行地和用人单位所在地的劳动争议仲裁委员会申请仲裁的，由劳动合同履行地的劳动争议仲裁委员会管辖。

第二十二条　发生劳动争议的劳动者和用人单位为劳动争议仲裁案件的双方当事人。

劳务派遣单位或者用工单位与劳动者发生劳动争议的，劳务派遣单位和用工单位为共同当事人。

第二十三条　与劳动争议案件的处理结果有利害关系的第三人，可以申请参加仲裁活动或者由劳动争议仲裁委员会通知其参加仲裁活动。

第二十四条　当事人可以委托代理人参加仲裁活动。委托他人参加仲裁活动，应当向劳动争议仲裁委员会提交有委托人签名或者盖章的委托书，委托书应当载明委托事项和权限。

第二十五条　丧失或者部分丧失民事行为能力的劳动者，由其法定代理人代为参加仲裁活动；无法定代理人的，由劳动争议仲裁委员会为其指定代理人。劳动者死亡的，由其近亲属或者代理人参加仲裁活动。

第二十六条　劳动争议仲裁公开进行，但当事人协议不公开进行或者涉及国家秘密、商业秘密和个人隐私的除外。

第二节　申请和受理

第二十七条　劳动争议申请仲裁的时效期间为一年。仲裁时效期间从当事人知道或者应当知道其权利被侵害之日起计算。

前款规定的仲裁时效，因当事人一方向对方当事人主张权利，或者向有关部门请求权利救济，或者对方当事人同意履行义务而中断。从中断时起，仲裁时效期间重新计算。

因不可抗力或者有其他正当理由，当事人不能在本条第一款规定的仲裁时效期间申请仲裁的，仲裁时效中止。从中止时效的原因消除之日起，仲裁时效期间继续计算。

劳动关系存续期间因拖欠劳动报酬发生争议的，劳动者申请仲裁不受本条第一款规定的仲裁时效期间的限制；但是，劳动关系终止的，应当自劳动关系终止之日起一年内提出。

第二十八条 申请人申请仲裁应当提交书面仲裁申请，并按照被申请人人数提交副本。

仲裁申请书应当载明下列事项：

（一）劳动者的姓名、性别、年龄、职业、工作单位和住所，用人单位的名称、住所和法定代表人或者主要负责人的姓名、职务；

（二）仲裁请求和所根据的事实、理由；

（三）证据和证据来源、证人姓名和住所。

书写仲裁申请确有困难的，可以口头申请，由劳动争议仲裁委员会记入笔录，并告知对方当事人。

第二十九条 劳动争议仲裁委员会收到仲裁申请之日起 5 日内，认为符合受理条件的，应当受理，并通知申请人；认为不符合受理条件的，应当书面通知申请人不予受理，并说明理由。对劳动争议仲裁委员会不予受理或者逾期未作出决定的，申请人可以就该劳动争议事项向人民法院提起诉讼。

第三十条 劳动争议仲裁委员会受理仲裁申请后，应当在 5 日内将仲裁申请书副本送达被申请人。

被申请人收到仲裁申请书副本后，应当在 10 日内向劳动争议仲裁委员会提交答辩书。劳动争议仲裁委员会收到答辩书后，应当在 5 日内将答辩书副本送达申请人。被申请人未提交答辩书的，不影响仲裁程序的进行。

第三节　开庭和裁决

第三十一条 劳动争议仲裁委员会裁决劳动争议案件实行仲裁庭制。仲裁庭由 3 名仲裁员组成，设首席仲裁员。简单劳动争议案件可以由 1 名仲裁员独任仲裁。

第三十二条 劳动争议仲裁委员会应当在受理仲裁申请之日起 5 日内将仲裁庭的组成情况书面通知当事人。

第三十三条 仲裁员有下列情形之一，应当回避，当事人也有权以口头或者书面方式提出回避申请：

（一）是本案当事人或者当事人、代理人的近亲属的；

（二）与本案有利害关系的；

（三）与本案当事人、代理人有其他关系，可能影响公正裁决的；

（四）私自会见当事人、代理人，或者接受当事人、代理人的请客送礼的。

劳动争议仲裁委员会对回避申请应当及时作出决定，并以口头或者书面方式通知当事人。

第三十四条 仲裁员有本法第三十三条第（四）项规定情形，或者有索贿受贿、徇私舞弊、枉法裁决行为的，应当依法承担法律责任。劳动争议仲裁委员会应当将其解聘。

第三十五条 仲裁庭应当在开庭 5 日前，将开庭日期、地点书面通知双方当事人。当事人有正当理由的，可以在开庭 3 日前请求延期开庭。是否延期，由劳动争议仲裁委员会决定。

第三十六条 申请人收到书面通知，无正当理由拒不到庭或者未经仲裁庭同意中途退庭的，可以视为撤回仲裁申请。

被申请人收到书面通知，无正当理由拒不到庭或者未经仲裁庭同意中途退庭的，可以缺席裁决。

第三十七条 仲裁庭对专门性问题认为需要鉴定的，可以交由当事人约定的鉴定机构鉴定；当事人没有约定或者无法达成约定的，由仲裁庭指定的鉴定机构鉴定。

根据当事人的请求或者仲裁庭的要求，鉴定机构应当派鉴定人参加开庭。当事人经仲裁庭许可，可以向鉴定人提问。

第三十八条 当事人在仲裁过程中有权进行质证和辩论。质证和辩论终结时，首席仲裁员或者独任仲裁员应当征询当事人的最后意见。

第三十九条 当事人提供的证据经查证属实的，仲裁庭应当将其作为认定事实的根据。

劳动者无法提供由用人单位掌握管理的与仲裁请求有关的证据，仲裁庭可以要求用人单位在指定期限内提供。用人单位在指定期限内不提供的，应当承担不利后果。

第四十条 仲裁庭应当将开庭情况记入笔录。当事人和其他仲裁参加人认为对自己陈述的记录有遗漏或者差错的,有权申请补正。如果不予补正,应当记录该申请。

笔录由仲裁员、记录人员、当事人和其他仲裁参加人签名或者盖章。

第四十一条 当事人申请劳动争议仲裁后,可以自行和解。达成和解协议的,可以撤回仲裁申请。

第四十二条 仲裁庭在作出裁决前,应当先行调解。

调解达成协议的,仲裁庭应当制作调解书。

调解书应当写明仲裁请求和当事人协议的结果。调解书由仲裁员签名,加盖劳动争议仲裁委员会印章,送达双方当事人。调解书经双方当事人签收后,发生法律效力。

调解不成或者调解书送达前,一方当事人反悔的,仲裁庭应当及时作出裁决。

第四十三条 仲裁庭裁决劳动争议案件,应当自劳动争议仲裁委员会受理仲裁申请之日起45日内结束。案情复杂需要延期的,经劳动争议仲裁委员会主任批准,可以延期并书面通知当事人,但是延长期限不得超过15日。逾期未作出仲裁裁决的,当事人可以就该劳动争议事项向人民法院提起诉讼。

仲裁庭裁决劳动争议案件时,其中一部分事实已经清楚,可以就该部分先行裁决。

第四十四条 仲裁庭对追索劳动报酬、工伤医疗费、经济补偿或者赔偿金的案件,根据当事人的申请,可以裁决先予执行,移送人民法院执行。

仲裁庭裁决先予执行的,应当符合下列条件:

(一) 当事人之间权利义务关系明确;

(二) 不先予执行将严重影响申请人的生活。

劳动者申请先予执行的,可以不提供担保。

第四十五条 裁决应当按照多数仲裁员的意见作出,少数仲裁员的不同意见应当记入笔录。仲裁庭不能形成多数意见时,裁决应当按照首席仲裁员的意见作出。

第四十六条 裁决书应当载明仲裁请求、争议事实、裁决理由、裁决结果和裁决日期。裁决书由仲裁员签名,加盖劳动争议仲裁委员会印章。对裁决持不同意见的仲裁员,可以签名,也可以不签名。

第四十七条 下列劳动争议,除本法另有规定的外,仲裁裁决为终局裁决,裁决书自作出之日起发生法律效力:

(一) 追索劳动报酬、工伤医疗费、经济补偿或者赔偿金,不超过当地月最低工资标准12个月金额的争议;

(二) 因执行国家的劳动标准在工作时间、休息休假、社会保险等方面发生的争议。

第四十八条 劳动者对本法第四十七条规定的仲裁裁决不服的,可以自收到仲裁裁决书之日起15日内向人民法院提起诉讼。

第四十九条 用人单位有证据证明本法第四十七条规定的仲裁裁决有下列情形之一,可以自收到仲裁裁决书之日起30日内向劳动争议仲裁委员会所在地的中级人民法院申请撤销裁决:

(一) 适用法律、法规确有错误的;

(二) 劳动争议仲裁委员会无管辖权的;

(三) 违反法定程序的;

(四) 裁决所根据的证据是伪造的;

(五) 对方当事人隐瞒了足以影响公正裁决的证据的;

(六) 仲裁员在仲裁该案时有索贿受贿、徇私舞弊、枉法裁决行为的。

人民法院经组成合议庭审查核实裁决有前款规定情形之一的,应当裁定撤销。

仲裁裁决被人民法院裁定撤销的,当事人可以自收到裁定书之日起15日内就该劳动争议事项向人民法院提起诉讼。

第五十条 当事人对本法第四十七条规定以外的其他劳动争议案件的仲裁裁决不服的,可以自收到仲裁裁决书之日起15日内向人民法院提起诉讼;期满不起诉的,裁决书发生法律效力。

第五十一条 当事人对发生法律效力的调解书、裁决书,应当依照规定的期限履行。一方当事人逾期不履行的,另一方当事人可以依照民事诉讼法的有关规定向人民法院申请执行。受理申请的人民法院应当依法执行。

第四章 附 则

第五十二条 事业单位实行聘用制的工作人员与本单位发生劳动争议的,依照本法执行;法律、行政法规或者国务院另有规定的,依照其规定。

第五十三条 劳动争议仲裁不收费。劳动争议仲裁委员会的经费由财政予以保障。

第五十四条 本法自2008年5月1日起施行。